AF888492

Möglichkeiten individueller Aufsichtsratsvergütungen in der deutschen Aktiengesellschaft

Göttinger Schriften zum Wirtschaftsrecht

Herausgegeben von Olaf Deinert, Torsten Körber, Rüdiger Krause, Gerald Spindler und Andreas Wiebe

Band 7

PL ACADEMIC RESEARCH

Florian Krack

Möglichkeiten individueller Aufsichtsratsvergütungen in der deutschen Aktiengesellschaft

PL ACADEMIC RESEARCH

Bibliografische Information der Deutschen Nationalbibliothek
Die Deutsche Nationalbibliothek verzeichnet diese Publikation in der Deutschen Nationalbibliografie; detaillierte bibliografische Daten sind im Internet über http://dnb.d-nb.de abrufbar.

Zugl.: Göttingen, Univ., Diss., 2015

Gedruckt auf alterungsbeständigem,
säurefreiem Papier.

D 7
ISSN 2192-2438
ISBN 978-3-631-67052-1 (Print)
E-ISBN 978-3-653-06264-9 (E-Book)
DOI 10.3726/ 978-3-653-06264-9

© Peter Lang GmbH
Internationaler Verlag der Wissenschaften
Frankfurt am Main 2015
Alle Rechte vorbehalten.
PL Academic Research ist ein Imprint der Peter Lang GmbH.
Peter Lang – Frankfurt am Main · Bern · Bruxelles · New York · Oxford · Warszawa · Wien

Das Werk einschließlich aller seiner Teile ist urheberrechtlich geschützt. Jede Verwertung außerhalb der engen Grenzen des Urheberrechtsgesetzes ist ohne Zustimmung des Verlages unzulässig und strafbar. Das gilt insbesondere für Vervielfältigungen, Übersetzungen, Mikroverfilmungen und die Einspeicherung und Verarbeitung in elektronischen Systemen.

Diese Publikation wurde begutachtet.

www.peterlang.com

Meinen Eltern

Vorwort

Mit dieser Arbeit habe ich neben meiner Tätigkeit als Wissenschaftlicher Mitarbeiter am Lehrstuhl von Prof. Dr. Gerald Spindler begonnen. Sie wurde im Juni 2014 zur Begutachtung eingereicht.

An erster Stelle danke ich meinem Doktorvater Herrn Prof. Dr. Gerald Spindler. Durch ihn wurde mir die Möglichkeit zur Anfertigung dieser Arbeit gegeben und von ihm stammt die Anregung des Themas der Aufsichtsratsvergütung. Die Tätigkeit am Lehrstuhl lieferte mir unter seiner Anleitung stets positive Synergieeffekte für die wissenschaftliche Arbeitsmethodik, die ich für die vorliegende Arbeit sehr gut nutzen konnte. Ihm danke ich auch für die zeitnahe und ausführliche Erstellung des Erstgutachtens.

Herrn Prof. Dr. Rüdiger Krause danke ich für die zügige und ebenso mit wertvollen Hinweisen versehene Erstellung des Zweitgutachtens.

Ein weiterer Dank geht an alle, die mich während dieser Zeit fachlich und privat unterstützt haben und so zum Erfolg dieser Arbeit beitrugen. Besonders hervorheben möchte ich an dieser Stelle meinen ehemaligen Lehrstuhlkollegen Dr. Mohamed Bou Sleiman. Damals wie heute hat er stets Ratschläge parat, die mir immer sehr geholfen haben.

Jetzt ist es an der Zeit, zwei ganz besonderen Menschen meinen Dank auszusprechen. Man könnte meinen, als dritter von drei Söhnen schon genügend Anstrengungen und Stress verursacht zu haben. Nun ist das Werk vollbracht und der allergrößte Dank gilt daher meinen Eltern. Ohne sie wäre es schlichtweg nicht möglich gewesen diese Arbeit in Angriff zu nehmen. Erst durch ihre Unterstützung auf all meinen bisherigen Wegen konnte ich meine Ziele erreichen. Ihnen ist diese Arbeit gewidmet.

Hannover, im August 2015
Florian Krack

Inhaltsverzeichnis

2. Teil Die Vergütung der outside directors in der US-amerikanischen Public Corporation

Abkürzungsverzeichnis

A.1	Atlantic Reporter, First Series
A.2d	Atlantic Reporter, Second Series
A.3d	Atlantic Reporter, Third Series
aA	andere Ansicht
Abl. EU	Amtsblatt der Europäischen Union
Abs.	Absatz
Acad. Mgmt. Rev.	Academy of Management Review
Acc. Rev.	The Accounting Review
AcP	Archiv für die civilistische Praxis
AEUV	Vertrag über die Arbeitsweise der Europäischen Union
AG	Die Aktiengesellschaft
AGG	Allgemeines Gleichbehandlungsgesetz
AJS	American Journal of Sociology
AKEIÜ	Arbeitskreis Externe und Interne Überwachung der Unternehmung der Schmalenbach-Gesellschaft für Betriebswirtschaft e.V.
AKEU	Arbeitskreis Externe Unternehmensrechnung der Schmalenbach-Gesellschaft für Betriebswirtschaft e.V.
AktG	Aktiengesetz
Americ. Econ. Rev.	The American Economic Review
Anh.	Anhang
Anm.	Anmerkung
Appl. Econ. Let.	Applied Economics Letters
Art.	Artikel
AuR	Arbeit und Recht
BB	Betriebs-Berater
Begr. Reg-E	Begründung des Regierungsentwurfs
Bell Journal Econ.	The Bell Journal of Economics
BFuP	Betriebswirtschaftliche Forschung und Praxis
BGB	Bürgerliches Gesetzbuch
BGH	Bundesgerichtshof
BGHZ	Entscheidungen des Bundesgerichtshofs in Zivilsachen
BilMoG	Bilanzrechtsmodernisierungsgesetz

BKR	Zeitschrift für Bank- und Kapitalmarktrecht
bspw.	Beispielsweise
BT-Drucks.	Drucksache des deutschen Bundestages
Bus. Law.	The Business Lawyer
BVerfG	Bundesverfassungsgericht
BVerfGE	Entscheidungen des Bundesverfassungsgerichts
BWNotZ	Zeitschrift für das Notariat in Baden-Württemberg
bzgl.	Bezüglich
Cal. L. Rev.	California Law Review
CCZ	Corporate Compliance Zeitschrift
CGCL	California General Corporation Law
Colum. L. Rev.	Columbia Law Review
CRD-IV	Capital Requirements Directive IV
DB	Der Betrieb
DBW	Die Betriebswirtschaft
DCGK	Deutscher Corporate Governance Kodex
Del. J. Corp. L.	The Delaware Journal of Corporate Law
ders.	Derselbe
DGCL	Delaware General Corporation Code
dies.	dieselben/dieselbe
Diss.	Dissertation
DNotZ	Deutsche Notar-Zeitschrift
Dodd-Frank-Act	Dodd-Frank Wall Street Reform and Consumer Protection Act
DStR	Deutsches Steuerrecht
Duke L. J.	Duke Law Journal
DZWIR	Deutsche Zeitschrift für Wirtschafts- und Insolvenzrecht
Emory L. J.	Emory Law Journal
Eur. Fin. Mgmt.	European Financial Management
EuZW	Europäische Zeitschrift für Wirtschaftsrecht
EWiR	Entscheidungen zum Wirtschaftsrecht
F. Supp.	Federal Supplement
F.2d	Federal Reporter, Second Series
FAZ	Frankfurter Allgemeine Zeitung
Fn.	Fußnote
FS	Festschrift
gem.	Gemäß
ggf.	Gegebenenfalls

ggü.	Gegenüber
GmbHG	Gesetz betreffend die Gesellschaften mit beschränkter Haftung
GmbHR	GmbHRundschau
GS	Gedächtnisschrift
GWR	Gesellschafts- und Wirtschaftsrecht
Harv. Bus. Rev.	Harvard Business Review
Harv. L. Rev.	Harvard Law Review
Hdb.	Handbuch
HGB	Handelsgesetzbuch
HV	Hauptversammlung
i. R. d.	im Rahmen des
i. S. d.	im Sinne des
i. S. v.	im Sinne von
i.d.F.	in der Fassung
i.E.	Im Ergebnis
i.V.m.	In Verbindung mit
IDW	Institut der Wirtschaftsprüfer
Intl. Leg. Prac.	International Legal Practitioner
InvG	Investmentgesetz
J. Abn. Soc. Psych.	Journal of Abnormal and Social Psychology
J. Acc. & Econ.	Journal of Accounting and Economics
J. Bus.	The Journal of Business
J. Corp. Fin.	Journal of Corporate Finance
J. Fin.	The Journal of Finance
J. Fin. Econ.	Journal of Financial Economics
J. L. Econ.	The Journal of Law and Economics
J. of Management	Journal of Management
J. Pers. Soc. Psych.	Journal of Personality and Social Psychology
J. Pol. Econ.	Journal of Political Economy
J. Pub. Econ.	Journal of Public Economics
jew.	Jeweils
JfB	Journal für Betriebswirtschaft
JITE	Journal of Institutional and Theoretical Economics
JZ	Juristenzeitung
KAGB	Kapitalanlagegesetzbuch
KAGG	Gesetz über Kapitalanlagegesellschaften
Kölner Komm. AktG	Kölner Kommentar zum Aktiengesetz

KonTraG	Gesetz zur Kontrolle und Transparenz im Unternehmensbereich
KWG	Gesetz über das Kreditwesen
LG	Landgericht
liSp	Linke Spalte
m.w.N.	mit weiteren Nachweisen
Mich. L. Rev.	Michigan Law Review
Mich. St. L. Rev.	Michigan State Law Review
Minn. L. Rev.	Minnesota Law Review
MitbestG	Gesetz über die Mitbestimmung der Arbeitnehmer
MitbestR	Mitbestimmungsrecht
MittRhNotK	Mitteilungen der Rheinischen Notarkammer
MünchHdb	Münchener Handbuch
MünchKomm	Münchener Kommentar
N.E	North Eastern Reporter
N.E.2d	North Eastern Reporter, Second Series
N.Y.S.	New York Supplement
Nasdaq	National Association of Securities Dealers Automated Quotation
NJW	Neue Juristische Wochenschrift
NJW-RR	Neue Juristische Wochenschrift Rechtsprechungs-Report
Nr.	Nummer
Nw. U. L. Rev.	Northwestern University Law Review
NYSE	New York Stock Exchange
NYU L. Rev.	New York University Law Review
NZG	Neue Zeitschrift für Gesellschaftsrecht
OLG	Oberlandesgericht
P.	Pacific Reporter
P.2d	Pacific Reporter, Second Series
P.3d	Pacific Reporter, Third Series
Psych. Bulletin	Psychological Bulletin
Psych. Inquiry	Psychological Inquiry
Quart. J. Econ.	The Quarterly Journal of Economics
RegE	Regierungsentwurf
reSp	Rechte Spalte
RG	Reichsgericht
RGZ	Entscheidungen des Reichsgerichts in Zivilsachen
RIW	Recht der internationalen Wirtschaft

RMBCA	Revised Model Business Corporation Act
Rn.	Randnummer
RNotZ	Rheinische Notar-Zeitschrift
S.	Seite
SEC	Securities and Exchange Commission
S.M.U. L. Rev.	Southern Methodist University Law Review
s.o.	siehe oben
s.u.	siehe unten
S.W.2d	Sotuh Western Reporter, Second Series
Sec.	Section
So.2d	Southern Reporter, Second Series
SOX	Sarbanes-Oxley-Act
Stan. L. Rev.	Stanford Law Review
Strat. Mgmt. J.	Strategic Management Journal
TransPUG	Gesetz zur weiteren Reform des Aktien- und Bilanzrechts, zu Transparenz und Publizität
U. Balt. L. Rev.	University Of Baltimore Law Review
U. Chic. L. Rev.	The University of Chicago Law Review
U. Det. J. Urb. L.	University of Detroit Journal Of Urban Law
U. Rich. L. Rev.	University Of Richmond Law Review
u. a.	Unter anderem
U.S.	United States Reports
Urt.	Urteil
Urt. v.	Urteil vom
v.	Vom
VAG	Gesetz über die Beaufsichtigung der Versicherungsunternehmen
VersR	Versicherungsrecht
VIZ	Zeitschrift für Vermögens- und Immobilienrecht
VorstAG	Gesetz zur Angemessenheit der Vorstandsvergütung
VorstandsR	Vorstandsrecht
VorstOG	Gesetz über die Offenlegung der Vorstandsvergütungen
VW	Versicherungswirtschaft
WamS	Welt am Sonntag
WiSt	Wirtschaftswissenschaftliches Studium
WL	Westlaw
WM	Wertpapier-Mitteilungen
Wpg	Die Wirtschaftsprüfung

Yale L. J.	The Yale Law Journal
z. B.	zum Beispiel
ZBB	Zeitschrift für Bankrecht und Bankwirtschaft
ZCG	Zeitschrift für Corporate Governance
ZfA	Zeitschrift für Arbeitsrecht
ZfB	Zeitschrift für Betriebswirtschaft
zfbf	Schmalenbachs Zeitschrift für betriebswirtschaftliche Forschung
zfo	Zeitschrift Führung + Organisation
ZfP	Zeitschrift für Personalforschung
ZfRV	Zeitschrift für Europarecht, Internationales Privatrecht und Rechtsvergleichung
ZGR	Zeitschrift für Unternehmens- und Gesellschaftsrecht
ZHR	Zeitschrift für das gesamte Handelsrecht und Wirtschaftsrecht
Ziff.	Ziffer
ZIP	Zeitschrift für Wirtschaftsrecht
zit.	Zitiert
ZRP	Zeitschrift für Rechtspolitik
zust.	Zustimmender

1. Teil Einleitung

A. Ausgangspunkt

Das Verständnis von der Arbeit eines Aufsichtsrats entwickelt sich stetig weiter. Zwar liegt der Schwerpunkt öffentlicher Meinungsbildung noch immer auf dem Vorstand einer Gesellschaft. Insbesondere entfachen Vorstandsvergütungen immer wieder neue Diskussionen. Aber auch der Aufsichtsrat rückt langsam aber sicher in das Zentrum öffentlich geführter Debatten. Ein Grund dafür mag in der Erkenntnis liegen, dass mittlerweile auch die Verantwortung des Aufsichtsrats als Überwacher und Berater des Vorstands gesehen wird, wenn eine Gesellschaft in eine wirtschaftlich kritische Lage gerät. Dazu gehört es auch, dass die Verantwortung des Aufsichtsrats für eine sorgfältige Ausgestaltung der Vorstandsvergütung,[1] eine ordentliche Kontrolle des Vorstandshandelns[2] sowie die Besetzung der Vorstandsämter mit den „richtigen" Personen[3] zunehmend betont wird.

Die damit einhergehende Verantwortung des Aufsichtsrats wirft Fragen über den Aufsichtsrat selbst auf. Denn um dieser Verantwortung gerecht zu werden, bedarf es kompetenter Aufsichtsratsmitglieder.[4] Insbesondere sollen unabhängige Aufsichtsratsmitglieder dem „Gruppendenken"[5] entgegenwirken, damit die Kompetenz einzelner Mitglieder stärker in den Vordergrund tritt.[6] Hierfür wird von anderer Seite zugleich auf das Vertrauen innerhalb der Aufsichtsratsgruppe hingewiesen, das durch Einzelkämpfer nicht gestört werden sollte.[7]

An die Besetzung des Aufsichtsrats mit geeigneten Kandidaten schließt sich die Frage an, wie diese Personen angemessen vergütet werden können. Auch diese Frage rückt mehr und mehr in den Mittelpunkt öffentlicher Meinungsbildung. So wird nach dem „Wert eines Aufsichtsrates"[8] gefragt. Auch besteht der Vorschlag, dass der Aufsichtsratsvorsitzende eine ähnliche Vergütung wie der Vorstandsvorsitzende erhalten sollte.[9]

Die Eindrücke aus der öffentlichen Diskussion sollen hier zum Anlass genommen werden, um die Aufsichtsratsvergütung näher zu beleuchten.

---

1 *Hommelhoff*, FAZ vom 11.09.2013, S. 19.
2 *Löhr*, FAZ vom 22.12.2012, S. 20.
3 *Clausen/Eigendorf*, WamS vom 19.01.2014, S. 14.
4 So betont auch *Wilsing*, FAZ vom 29.01.2014, S. 19 die Relevanz von Zusammensetzung und Qualifikation der Aufsichtsratsmitglieder.
5 *Friese-Dormann*, FAZ vom 31.07.2013, S. 19.
6 *Friese-Dormann*, FAZ vom 31.07.2013, S. 19.
7 *Weber-Rey* in: Veil, Unternehmensrecht in der Reformdiskussion, 2013, S. 161, 168.
8 *Giersberg*, FAZ vom 11.11.2013, S. 18.
9 Ulrich Lehner, Aufsichtsratsvorsitzender der ThyssenKrupp AG zit. nach *Clausen/Eigendorf*, WamS vom 19.01.2014, S. 18.

Bisherige monografische Abhandlungen betrachteten die Aufsichtsratsvergütung entweder in einer ganzheitlichen Untersuchung oder fokussierten sich auf aktienkursorientierte Vergütungen.[10] Die vorliegende Arbeit soll hingegen die Frage beantworten, inwiefern individuelle Aufsichtsratsvergütungen nach geltendem Recht in der AG zulässig sind.

Vor dem Hintergrund, dass einige große Gesellschaften dazu übergegangen sind, reine Fixvergütungen zu zahlen,[11] erscheint es sinnvoll, in dieser Vergütungsart die rechtlichen Ausgestaltungsspielräume auszuloten. Der Trend zur reinen Fixvergütung setzt sich auch weiterhin fort, wie die Vergütungsregelung der ThyssenKrupp AG zeigt. Dort soll die reine Fixvergütung eine Stärkung der Unabhängigkeit bezwecken.[12]

Bei der Durchsicht rechtswissenschaftlicher Abhandlungen über die Aufsichtsratsvergütung ist festzustellen, dass die Frage nach individuellen Vergütungen nicht neu ist. Die gesetzliche Entwicklung des Aufsichtsrats hin zu einem Gremium, das immer mehr in die unternehmerischen Tätigkeiten des Vorstands involviert ist,[13] hat von Teilen der Literatur die Tendenz beobachten lassen, dass es mehr denn je auf die besonderen persönlichen Eigenschaften des einzelnen Aufsichtsratsmitglieds ankommt, um die bevorstehenden Aufgaben durch den Aufsichtsrat als Gesamtgremium bewältigen zu können.[14] In der wirtschaftswissenschaftlichen Literatur geht es bereits darum, wie die Aufsichtsratsposten mit Personen besetzt werden können, die mit individuell besten Qualifikationen aufwarten.[15] Dies lässt den Blick auf die mit der Tätigkeit verbundene Vergütung schweifen. Hier ist die Frage aufzuwerfen, ob sich die Vergütung nicht korrespondierend dazu verhalten sollte oder sogar

10 Exemplarisch aus der Rechtswissenschaft: *Berger*, Die Kosten der Aufsichtsratstätigkeit in der Aktiengesellschaft, 2000; *Plagemann*, Die Vergütung des Aufsichtsrats in der börsennotierten Aktiengesellschaft, 2008; *Ludwig*, Die Vergütung des Aufsichtsrats, 2011; den Schwerpunkt auf eine aktienkursorientierte Vergütung legten: *Roller*, Die Vergütung des Aufsichtsrats in Abhängigkeit vom Aktienkurs, 2000 und *Lüpkes*, Zulässigkeit und Zweckmäßigkeit aktienkursorientierter Vergütung von Mitgliedern des Aufsichtsrats, 2008.

11 *Martinius/Zimmer*, BB 2011, 3014 mit dem Hinweis auf Siemens, E.on und Allianz; ebenso *Wilsing*, DStR 2012, 1391, 1393; *Theisen* in: FS Säcker, 2011, S. 487, 498 (Adidas, Daimler und die Fresenius SE); ebenso bei: Bayer AG, Deutsche Börse AG, Deutsche Telekom AG, K+S AG, Linde AG, Lufthansa AG, Münchener Rück AG, RWE AG (jew. Stand: Februar 2014).

12 ThyssenKrupp AG, Einladung zur Hauptversammlung 2014, Tagesordnungspunkt 7.

13 *Bezzenberger/Keul* in: FS Schwark, 2009, S. 121, 122.

14 *Lutter*, EuZW 2009, 799, 802; *Weber-Rey*, NZG 2013, 766, 768; *dies.*, ZRP 2013, 151, 152.

15 Siehe z. B. *Leube* in: Grundei, Der Aufsichtsrat im System der Corporate Governance, 2012, S. 202 ff.

vielleicht muss.[16] Die Rspr. musste sich (soweit ersichtlich) jedenfalls noch nicht mit einer qualifikations- oder marktwertorientierten Vergütung für Aufsichtsratsmitglieder in der AG befassen.[17]

I. Die europäische Dimension

Die Ausgestaltung von Aufsichtsratsvergütungen ist ebenso ein Thema auf europäischer Ebene. Hierzu gab es in letzter Zeit drei Empfehlungen,[18] die jedoch aufgrund ihres rechtlichen Charakters gem. Art. 288 Abs. 5 AEUV nicht verbindlich sind.[19] Hierbei wurde von der Kommission das Ausgestaltungsermessen der Eigentümer und damit ihre Stellung hervorgehoben.[20] Allerdings wendete sich eine zunächst offene Haltung ggü. aktienkursorientierter Vergütungen[21] zu einer ausdrücklichen Ablehnung dieser Vergütungsart für Aufsichtsratsmitglieder.[22] Es bleibt jedoch die

---

16 Offen für eine derartige Entwicklung: *Haarmann* in: FS Hüffer, 2010, S. 243 ff.; *Hönsch/Kaspar* in: Grundei, Der Aufsichtsrat im System der Corporate Governance, 2012, S. 256, 267 f.

17 *Haarmann* in: FS Hüffer, 2010, S. 243, 246; aA *Kalss* in: MünchKommAktG § 113 Rn. 68 mit Fn. 243, die sich hierbei jedoch auf BGH-Rspr. beruft, die keinen Bezug zur Aufsichtsratsvergütung hat.

18 Empfehlung der Kommission vom 14. Dezember 2004 zur Einführung einer angemessenen Regelung für die Vergütung von Mitgliedern der Unternehmensleitung börsennotierter Gesellschaften, 2004/913/EG, Abl. L 385 vom 29.12.2004, S. 55; Empfehlung der Kommission vom 15. Februar 2005 zu den Aufgaben von nicht geschäftsführenden Direktoren/Aufsichtsratsmitgliedern börsennotierter Gesellschaften sowie zu den Ausschüssen des Verwaltungs-/Aufsichtsrats, 2005/162/EG, ABl. L 52 vom 25. 2. 2005, S. 51; Empfehlung der Kommission vom 30. April 2009 zur Ergänzung der Empfehlungen 2004/913/EG und 2005/162/EG zur Regelung der Vergütung von Mitgliedern der Unternehmensleitung börsennotierter Gesellschaften, 2009/385/EG, ABl. L 120 vom 15.05.2009, S. 28.

19 *Maul/Lanfermann*, DB 2004, 2407; *Lehrl*, BKR 2010, 485, 490.

20 Empfehlung der Kommission vom 14. Dezember 2004 zur Einführung einer angemessenen Regelung für die Vergütung von Mitgliedern der Unternehmensleitung börsennotierter Gesellschaften, 2004/913/EG, Abl. L 385 vom 29.12.2004, S. 55 Erwägungsgrund (2); bestätigt durch Empfehlung der Kommission vom 30. April 2009 zur Ergänzung der Empfehlungen 2004/913/EG und 2005/162/EG zur Regelung der Vergütung von Mitgliedern der Unternehmensleitung börsennotierter Gesellschaften, 2009/385/EG, ABl. L 120 vom 15.05.2009, S. 28 Erwägungsgrund (3).

21 Empfehlung der Kommission vom 14. Dezember 2004 zur Einführung einer angemessenen Regelung für die Vergütung von Mitgliedern der Unternehmensleitung börsennotierter Gesellschaften, 2004/913/EG, Abl. L 385 vom 29.12.2004, S. 55 Nr. 6.

22 Empfehlung der Kommission vom 30. April 2009 zur Ergänzung der Empfehlungen 2004/913/EG und 2005/162/EG zur Regelung der Vergütung von Mitgliedern der Unternehmensleitung börsennotierter Gesellschaften, 2009/385/EG, ABl. L 120 vom 15.05.2009, S. 28 Nr. 4.4.

Forderung nach einer leistungsgerechten Vergütung.[23] Auch sollen die Vergütungen für jedes einzelne Aufsichtsratsmitglied individuell publiziert werden.[24] Korrespondierend mit diesem Vorschlag geht die Empfehlung zur jährlichen Publizierung des jeweiligen Qualifikationsniveaus jedes einzelnen Aufsichtsratsmitglieds einher.[25] Die Veröffentlichung der Qualifikation des einzelnen Aufsichtsratsmitglieds soll bereits zum Zweck seiner Bestellung in sein Amt erfolgen, damit die Anteilseigner eine überlegte Entscheidung über dessen Bestellung treffen können.[26] Um die regelmäßige Erfassung des Qualifikationsstands zu ermöglichen, geht die Empfehlung der Kommission auch auf eine Eigenevaluation des Aufsichtsrats ein, die neben einer Gesamtbewertung auch jedes einzelne Aufsichtsratsmitglied nach den aktuellen Qualifikationen bewerten soll.[27]

Weiterhin kam es auf europäischer Ebene auch zur Diskussion über die Kompetenz und Arbeitsweise der Aufsichtsgremien.[28] Hierin wurde insbesondere der bereits durch die Empfehlung aus 2005 eingebrachte Vorschlag bekräftigt, dass Aufsichtsratsmitglieder individuell durch eine Eigenevaluation bewertet werden sollen.[29] Der Diskussionsvorschlag in dem Grünbuch geht ausdrücklich davon aus, dass im Aufsichtsrat ein Mix aus Personen mit individuellen Spezialqualifikationen die Zusammenarbeit im Gremium fördern kann.[30] Damit diese Qualifikationen von

---

23 Empfehlung der Kommission vom 30. April 2009 zur Ergänzung der Empfehlungen 2004/913/EG und 2005/162/EG zur Regelung der Vergütung von Mitgliedern der Unternehmensleitung börsennotierter Gesellschaften, 2009/385/EG, ABl. L 120 vom 15.05.2009, S. 28 Erwägungsgrund (6).

24 Empfehlung der Kommission vom 14. Dezember 2004 zur Einführung einer angemessenen Regelung für die Vergütung von Mitgliedern der Unternehmensleitung börsennotierter Gesellschaften, 2004/913/EG, Abl. L 385 vom 29.12.2004, S. 55 Nr. 5.

25 Dies ergibt sich aus der Empfehlung zur Aufstellung eines Gesamtprofils, welches die jeweiligen Einzelkompetenzen beinhalten soll: Empfehlung der Kommission vom 15. Februar 2005 zu den Aufgaben von nicht geschäftsführenden Direktoren/Aufsichtsratsmitgliedern börsennotierter Gesellschaften sowie zu den Ausschüssen des Verwaltungs-/Aufsichtsrats, 2005/162/EG, ABl. L 52 vom 25.2.2005, S. 51 Nr. 11.4.

26 Empfehlung der Kommission vom 15. Februar 2005 zu den Aufgaben von nicht geschäftsführenden Direktoren/Aufsichtsratsmitgliedern börsennotierter Gesellschaften sowie zu den Ausschüssen des Verwaltungs-/Aufsichtsrats, 2005/162/EG, ABl. L 52 vom 25.2.2005, S. 51 Nr. 11.4, wobei hier nur „die Märkte und die Öffentlichkeit" als Adressat der Information genannt werden.

27 Empfehlung der Kommission vom 15. Februar 2005 zu den Aufgaben von nicht geschäftsführenden Direktoren/Aufsichtsratsmitgliedern börsennotierter Gesellschaften sowie zu den Ausschüssen des Verwaltungs-/Aufsichtsrats, 2005/162/EG, ABl. L 52 vom 25.2.2005, S. 51 Nr. 8.

28 Grünbuch KOM(2011) 164/3, Europäischer Corporate Governance-Rahmen, 2012.

29 Grünbuch KOM(2011) 164/3, Europäischer Corporate Governance-Rahmen, 2012, S. 9 Nr. 1.3.

30 Grünbuch KOM(2011) 164/3, Europäischer Corporate Governance-Rahmen, 2012, S. 6 Nr. 1.1.

den entsprechenden Personen aber auch eingebracht werden, muss die Vergütung Anreize bieten, um dieses Verhalten hervorzurufen.[31]

II. Einflüsse aus der Aufsichtsratspraxis

Das Problem jeder Untersuchung über die Vergütung der Aufsichtsratsmitglieder ist, dass es Außenstehenden schwerfällt, Einblick in die „Black-Box"[32] des Aufsichtsrats zu nehmen. Daher bleibt es bei wissenschaftlichen Abhandlungen meistens nur bei einer theoretischen Betrachtung, ohne die Praxistauglichkeit hinreichend zu bewerten.[33] Dennoch gibt es Ansatzpunkte, die auch einer wissenschaftlichen Betrachtung Einblick in die gelebte Aufsichtsratspraxis geben lassen. So gaben im Rahmen einer nicht-repräsentativen Umfrage unter Aufsichtsräten[34] die befragten Aufsichtsratsmitglieder interessante Antworten im Hinblick auf die Ausgestaltung der Aufsichtsratsvergütung. Sie bewerteten die Höhe ihrer Vergütung demnach auch anhand eines Haftungs- und Verantwortungsmaßstabs.[35] Ebenso zogen sie Vergleiche zu anderen Aufsichtsratsvergütungen in vergleichbaren Positionen.[36] Eine Vergütung anhand der Leistung einzelner Mitglieder, der Qualifikation oder nach einem bestimmten Zeiteinsatz stieß auf ein geteiltes Echo.[37] Denn aufgrund des Gleichbehandlungsgrundsatzes und der bereits vorhandenen Vergütung nach Funktionen sollen diese Vergütungsparameter nach Ansicht der ablehnenden Aufsichtsratsmitglieder nicht zur Anwendung kommen.[38] Einer zusätzlichen Vergütung der Aufsichtsratstätigkeit durch Dritte standen die meisten Befragten skeptisch gegenüber, da sie Interessenkonflikte hervorrufen und weder transparent, noch relevant sind.[39] Auch eine durch die Hauptversammlung beschlossene Gesamtvergütung mit anschließender aufsichtsratsinterner Verteilung wird nur von den wenigsten befürwortet.[40]

Einen weiteren Einblick in die Praxis der Aufsichtsratstätigkeit gab jüngst *Semler*, der seine Erfahrungen als Aufsichtsratsmitglied der Öffentlichkeit näher brachte.[41] So wurde auch von in der Praxis bereits bestehenden Überwachungsressorts

31 Das bekräftigt auch die Kommision: Empfehlung der Kommission vom 14. Dezember 2004 zur Einführung einer angemessenen Regelung für die Vergütung von Mitgliedern der Unternehmensleitung börsennotierter Gesellschaften, 2004/913/EG, Abl. L 385 vom 29.12.2004, S. 55 Erwägungsgrund (2).

32 *Eulerich/Welge*, ZCG 2011, 129.

33 So ähnlich der Vorwurf von *Semler*, NZG 2013, 771, 775 gegenüber der Wissenschaft bei der Thematik der unternehmerischen Überwachung.

34 *Theisen/Probst*, DB 2012, 1553 ff.

35 *Theisen/Probst*, DB 2012, 1553, 1556.

36 *Theisen/Probst*, DB 2012, 1553, 1556.

37 *Theisen/Probst*, DB 2012, 1553, 1556 f.

38 *Theisen/Probst*, DB 2012, 1553, 1557.

39 *Theisen/Probst*, DB 2012, 1553, 1557.

40 *Theisen/Probst*, DB 2012, 1553, 1557.

41 *Semler*, NZG 2013, 771 ff.

berichtet, die einzelnen Aufsichtsratsmitgliedern zugeordnet werden und dazu führen, dass die übrigen Aufsichtsratsmitglieder von dieser Aufgabenerledigung nur noch Bericht erstattet bekommen.[42] Dies ähnelt sehr dem Prinzip der Ressortverantwortung im Vorstandsrecht, was zu dem Gedanken verleiten könnte, dass die Binnenorganisation in der Aufsichtsratspraxis mit der Vorstandsorganisation vergleichbar ist.[43]

Die gegenwärtigen Diskussionen über Aufsichtsratsmitglieder bieten somit genügend Ansatzpunkte, die eine Ausrichtung auf das einzelne Aufsichtsratsmitglied erkennen lassen. Da dies ebenso auf die Vergütungsdiskussion zutrifft, bieten Aufsichtsratspraxis und Rechtswissenschaft genügend Anlass, sich mit der Problematik von individuellen Vergütungszahlungen an Aufsichtsratsmitglieder auseinanderzusetzen.

B. Fragestellungen der Untersuchung

Auch mit der vorliegenden Untersuchung muss es bei theoretischen Betrachtungen bleiben, die sich auf die Gesetzesauslegung stützen. Dennoch wird zumindest der Versuch unternommen, einen Ansatz von praktischen Erwägungen (wiederum basierend auf Ergebnissen der Wissenschaft) aufzubauen, der als Brücke zur praktischen Wirklichkeit dienen könnte [dazu 4.TeilB].

Dazu werden zunächst die Faktoren dargestellt und abgegrenzt, die für die Bestimmung einer individuellen Vergütung herangezogen werden können [C]. Dieser Darstellung bedarf es, um im Vorhinein der Gefahr synonymer Verwendung der Begriffe zuvorzukommen.

Danach erfolgt in einem Länderbericht die Darstellung der *outside director compensation* in der US-amerikanischen Public Corporation [2.Teil]. Der Schwerpunkt wird dabei auf die Parameter gelegt, die eine Vergütungsausgestaltung beeinflussen [2.TeilC]. Da insbesondere Regelungen aus dem US-amerikanischen Gesellschaftsrecht gerne als Vorbild für deutsches Recht genommen werden,[44] bietet sich diese rechtsvergleichende Auseinandersetzung an.

Im nächsten Teil wird auf die Aufsichtsratsvergütung im deutschen Aktienrecht eingegangen [3.Teil]. Dabei erfolgt die Untersuchung in einem Dreiklang, aufgeteilt in das Verfahren zur Vergütungsfestlegung [3.TeilB], den Vergütungsgründen [3.TeilC.I] und den konkreten Ausgestaltungsvorschlägen zur individuellen Vergütung [3.TeilC.III]. Anhand von abschließenden Gegenüberstellungen zur *director compensation* erfolgt in jedem Abschnitt eine rechtsvergleichende Betrachtung.

Im letzten Untersuchungsteil [4.Teil] wird die Qualifikation einer Person zum Anlass genommen, um sich mit den ökonomischen und zum Teil

42 *Semler*, NZG 2013, 771, 775.

43 Unabhängig davon, ob dies Zu- oder Unzulässig ist.

44 Exemplarisch sei hier auf das *audit committee* hingewiesen.

verhaltenspsychologischen Auswirkungen einer qualifikationsbasierten Aufsichtsratsvergütung auseinanderzusetzen.

Im Anschluss erfolgt eine kompakte Zusammenstellung der gefundenen Ergebnisse mit abschließender Bewertung [5.Teil].

Der Schwerpunkt der Arbeit liegt damit auf Möglichkeiten individueller Aufsichtsratsvergütungen. Sie befasst sich somit nur mit einem Teilbereich der Aufsichtsratsvergütung und klammert insbesondere eine Untersuchung variabler Vergütungsbestandteile anhand von Erfolgskennzahlen oder dem Aktienkurs aus. Auch wird der Bezug zu Beratungsverträgen nach § 114 AktG nur in den Teilbereichen gestreift, in denen es sinnvoll ist.

C. Bestimmungsfaktoren individueller Vergütungen

An dieser Stelle soll auf die Begrifflichkeiten eingegangen werden, die zur Bestimmung einer individuellen Vergütung herangezogen werden könnten. Dabei wird das Augenmerk auf die Qualifikation, Reputation, Leistung und den Marktwert von Aufsichtsräten gelegt. Hierzu erfolgt eine abstrakte Betrachtung dieser Begriffe, sowohl anhand von rechtswissenschaftlichen Quellen, als auch nach Ansätzen anderer Disziplinen. Wichtig ist hierbei, dass die begriffliche Erfassung lediglich den Facettenreichtum der Merkmale darstellen soll, um sie auf einen gemeinsamen Nenner zu bringen. Anlässlich der häufigen Vermischung der Begrifflichkeiten oder Verwendung als Synonyme erscheint die Darstellung geboten. Damit ist nicht gesagt, dass die Aufsichtsräte diejenigen Teilmerkmale auch aufweisen müssen, um überhaupt das Aufsichtsratsamt ausüben zu dürfen.[45]

I. Qualifikation

Unter Qualifikation kann die Fähigkeit einer Person zur Erledigung ihr zugewiesener Aufgaben verstanden werden. Auch muss darunter die Fähigkeit zum Vorhersehen bisher unbekannter Probleme fallen, die aus der abstrakten Aufgabenbeschreibung resultieren.

1. Rechtswissenschaftliche Ansichten

Aus rechtswissenschaftlicher Sicht beschreibt die Qualifikation eine personengebundene Fähigkeit.[46] Eine häufig aufzufindende Umschreibung für die Qualifikation

45 Hiermit ist die Gefahr eines etwaig unzulässigen Rückschlusses von gebotenen auf verpflichtende persönliche Voraussetzungen i.S.d. § 100 AktG, wie sie *Hopt/Roth* in: Großkommentar AktG § 100 Rn. 22 betonen, gebannt; ähnlich auf das allgemeine Profil der Aufsichtsräte und die damit fehlende gesetzliche Konturierung bezogen: *Feddersen,* AG 2000, 385, 389.

46 *Mertens* in: Kölner Komm. AktG, 2. Auflage, § 113 Rn. 9; zu Verwaltungsratsmitgliedern: Bundesrechtsanwaltskammer, NZG 2012, 96, 97 f.; davon zu unterscheiden ist

von Aufsichtsräten bedient sich der Begriffe der Kenntnisse[47] und Fähigkeiten[48] einer Person, die auch unter dem Oberbegriff der Sachkunde[49], Sachqualifikation[50] oder fachliche Eignung[51] subsumiert werden. Bei den Aufsichtsratsmitgliedern wird sich die Kenntnis auf die zu beachtenden Normen zu beziehen haben.[52] Die Fähigkeiten sind hingegen kognitive Vorgänge, bei denen die Aufsichtsratsmitglieder die Fähigkeit besitzen die Kenntnisse nach außen hin kommunizieren.[53] Mit zur Qualifikation

---

das Qualifikationsprofil des Gesamt-Aufsichtsrats, welches sich aus den einzelnen Qualifikationen aller Mitglieder zusammensetzt, hierzu: *Weber-Rey,* ZGR 2010, 543, 583; *Breuer/Fraune* in: Heidel AktG § 100 Rn. 2; *Drygala* in: Schmidt-Lutter AktG § 100 Rn. 31.

47 *Schiessl,* AG 2002, 593, 597; *Säcker,* AG 2004, 180, 182; *Schwalbach,* AG 2004, 186, 188; *Bihr/Blättchen,* BB 2007, 1285, 1290; *Nonnenmacher/Pohle/von Werder,* DB 2009, 1447, 1449; *Loritz,* ZfA 2009, 477, 503 f.; *Bosse/Malchow,* NZG 2010, 972; *Theisen* in: Dörner: Reform des Aufsichtsrats, 2003, S. 431, 502; *Opitz,* BKR 2013, 177 f.; *Semler* in: FS K. Schmidt, 2009, S. 1489, 1490; *Dreher* in: FS Hoffmann-Becking, 2013, S. 313, 316; *Kremer* in: Ringleb/Kremer/Lutter/von Werder DCGK Rn. 967; *Wilsing* in: Wilsing DCGK, 2012, Ziff. 5.4.1 Rn. 2; *Berger,* Die Kosten der Aufsichtsratstätigkeit in der Aktiengesellschaft, 2000, S. 54; *Lutter* in: Hommelhoff, Handbuch Corporate Governance, 2009, S. 321, 323 f.; *Breuer/Fraune* in: Heidel AktG § 100 Rn. 2; zwischen Pflicht- und Haftungsbezug unterscheidend: *Wagner* in: von Schenck, Arbeitshandbuch für Aufsichtsratsmitglieder, 2013, § 2 Rn. 82; *Louven/Raapke,* VersR 2012, 257, 259.

48 *Schiessl,* AG 2002, 593, 597; *Schwalbach,* AG 2004, 186, 188; *Bihr/Blättchen,* BB 2007, 1285, 1290; *Bosse/Malchow,* NZG 2010, 972, 972; *Loritz,* ZfA 2009, 477, 503 f.; *Bosse/Malchow,* NZG 2010, 972; *Opitz,* BKR 2013, 177 f.; *Theisen* in: Dörner: Reform des Aufsichtsrats, 2003, S. 431, 502; *Semler* in: FS K. Schmidt, 2009, S. 1489, 1490; bzgl. Mindestqualifikationen im Prüfungsausschuss *Böcking* in: FS Krumnow, 2004, S. 565, 575; *Kremer* in: Ringleb/Kremer/Lutter/von Werder DCGK Rn. 967; *Wilsing* in: Wilsing DCGK, 2012, Ziff. 5.4.1 Rn. 2; *Berger,* Die Kosten der Aufsichtsratstätigkeit in der Aktiengesellschaft, 2000, S. 54; *Lutter* in: Hommelhoff, Handbuch Corporate Governance, 2009, S. 321, 323 f.; *Drygala* in: Schmidt-Lutter AktG § 100 Rn. 30 f.; *Breuer/Fraune* in: Heidel AktG § 100 Rn. 2; *Bürgers/Israel* in: Bürgers/Körber AktG § 100 Rn. 2; zwischen Pflicht- und Haftungsbezug unterscheidend: *Wagner* in: von Schenck, Arbeitshandbuch für Aufsichtsratsmitglieder, 2013, § 2 Rn. 82; *Louven/Raapke,* VersR 2012, 257, 259.

49 *Loritz,* ZfA 2009, 477, 505; *Langenbucher,* ZGR 2012, 314, 325; „Sachverstand" *Altmeppen,* ZGR 2004, 390, 409; i.S.d. VAG: *Louven/Raapke,* VersR 2012, 257, 259; i.S.d. § 100 Abs. 5 AktG: *Rieder/Holzmann,* AG 2010, 570, 573 f.; *Dreher,* ZGR 2010, 496, 508 f.; i.S.d. § 4 Abs. 1 KAGG: *ders.* in: FS Boujong, 1996, S. 71, 73 f.; *Hoffmann-Becking* in: MünchHdb AG § 30 Rn. 2a; *Hopt/Roth* in: Großkommentar AktG § 100 Rn. 20; *Drygala* in: Schmidt-Lutter AktG § 100 Rn. 30; *Simons* in: Hölters AktG § 100 Rn. 13.

50 *Mertens* in: Kölner Komm. AktG, 2. Auflage § 100 Rn. 9.

51 *Dreher* in: FS Hoffmann-Becking, 2013, S. 313, 315.

52 *Semler* in: FS K. Schmidt, 2009, S. 1489, 1501.

53 *Semler* in: FS K. Schmidt, 2009, S. 1489, 1502.

zu rechnen sind die bereits gemachten Erfahrungen[54] der Person mit unternehmerischen oder branchentypischen Sachverhalten. Diese lassen sich aufteilen in die Erfahrungen aus den operativen Geschäftsabläufen, als auch nach Erfahrungen mit einer bereits geleisteten Überwachungs- und Beratungstätigkeit.[55] Weiterhin sollen besondere Merkmale, wie Charaktereigenschaften[56] i.S.v. Durchsetzungskraft[57] Einfluss auf die Qualifikation eines Aufsichtsratsmitglieds haben.[58] Aus den spezialgesetzlichen Regelungen[59] lässt sich außerdem herauslesen, dass neben der Sachkunde auch die Zuverlässigkeit[60] einer Person zur Qualifikation beitragen kann. Die Zuverlässigkeit darf allerdings nicht mit der übrigen Qualifikation vermengt werden, da die Zuverlässigkeit mit den zu bewertenden Charaktereigenschaften

54 *Schiessl,* AG 2002, 593, 598; *Säcker,* AG 2004, 180, 182; *Bihr/Blättchen,* BB 2007, 1285, 1290; *Nonnenmacher/Pohle/von Werder,* DB 2009, 1447, 1449; *Rieder/Holzmann,* AG 2010, 570, 573; *Bosse/Malchow,* NZG 2010, 972; *Opitz,* BKR 2013, 177, 179; *Theisen* in: Dörner: Reform des Aufsichtsrats, 2003, S. 431, 502; *Semler* in: FS K. Schmidt, 2009, S. 1489, 1490; *Dreher* in: FS Hoffmann-Becking, 2013, S. 313, 316; *Berger,* Die Kosten der Aufsichtsratstätigkeit in der Aktiengesellschaft, 2000, S. 54; *Lutter* in: Hommelhoff, Handbuch Corporate Governance, 2009, S. 321, 324; *Hopt/Roth* in: Großkommentar AktG § 100 Rn. 20; *Breuer/Fraune* in: Heidel AktG § 100 Rn. 2; *Kremer* in: Ringleb/Kremer/Lutter/von Werder DCGK Rn. 967; *Wilsing* in: Wilsing DCGK, 2012, Ziff. 5.4.1 Rn. 2; *Wagner* in: von Schenck, Arbeitshandbuch für Aufsichtsratsmitglieder, 2013, § 2 Rn. 83; so sieht dies auch die EU-Kommission: Empfehlung der Kommission vom 15. Februar 2005 zu den Aufgaben von nicht geschäftsführenden Direktoren/Aufsichtsratsmitgliedern börsennotierter Gesellschaften sowie zu den Ausschüssen des Verwaltungs-/Aufsichtsrats, 2005/162/EG, ABl. L 52 vom 25. 2. 2005, S. 51 Erwägungsgrund (16) und Nr. 11.1.

55 *Feddersen,* AG 2000, 385, 389; *Semler* in: FS K. Schmidt, 2009, S. 1489, 1502.

56 *Drygala* in: Schmidt-Lutter AktG § 100 Rn. 32; *Wagner* in: von Schenck, Arbeitshandbuch für Aufsichtsratsmitglieder, 2013, § 2 Rn. 87 f., 101.

57 *Weber-Rey,* NZG 2013, 766, 768; *Breuer/Fraune* in: Heidel AktG § 100 Rn. 3; „Rückgrat" bzgl. der Gesamtqualifikation: *Dreher* in: FS Hoffmann-Becking, 2013, S. 313, 328.

58 *Semler* in: FS K. Schmidt, 2009, S. 1489, 1498 („Geradlinigkeit, Verlässlichkeit und Stehvermögen"); *Weber-Rey,* NZG 2013, 766, 768; *dies.,* ZRP 2013, 151, 152.

59 Zu nennen sind auszugsweise: § 25d Abs. 1 S. 1 KWG, § 7a Abs. 4 S. 1 VAG; hierzu auch: *Weber-Rey,* ZGR 2010, 543, 583 f.; *Rieder/Holzmann,* AG 2010, 570, 573; *Knapp,* DStR 2010, 56, 58; *Lehrl,* BKR 2010, 485, 494 f.; *Louven/Raapke,* VersR 2012, 257, 258 f.; *Krauel/Broichhausen,* VersR 2012, 823 ff.; *Lang/Balzer,* WM 2012, 1167, 1172; *Hopt/Roth* in: Großkommentar AktG § 100 Rn. 21; *Breuer/Fraune* in: Heidel AktG § 100 Rn. 2; *Simons* in: Hölters AktG § 100 Rn. 14; zur Präzisierung durch CRD-IV: *Merkelbach,* Der Konzern 2013, 227, 228 f.

60 *Loritz,* ZfA 2009, 477, 505; *Louven/Raapke,* VersR 2012, 257, 257 f.; 259 m.w.N.; *Dreher,* ZGR 2010, 496, 508; *Krauel/Broichhausen,* VersR 2012, 823, 825; *Simons* in: Hölters AktG § 100 Rn. 14.

vornehmlich subjektive Präferenzen[61] wiedergibt und somit etwas anderes ist, als die einfacher nachzuweisende Sachkunde und Erfahrung.

Die Rechtsprechung hat sich der Kommentarliteratur angeschlossen, indem sie in der Qualifikation eines Aufsichtsratsmitglieds die „ [...] Mindestkenntnisse und -fähigkeiten [...]“[62] einer Person sieht, um die sich aus dem Amt ergebenden Aufgaben ordnungsgemäß erledigen zu können.[63] Daneben sollen „Berufserfahrung [...] [und] Vorbildung“[64] ebenso eine Rolle spielen.

Der DCGK erweitert in Ziff. 5.4.1 Abs. 1[65] dieses Verständnis dahingehend, dass er neben den Kenntnissen und Fähigkeiten zur Aufgabenerledigung auch eine fachspezifische Erfahrung festschreibt.[66]

Somit besteht durch die Kenntnisse, Fähigkeiten, Erfahrung und besonderen inneren Eigenschaften einer Person ein Fundus an Merkmalen, die Einfluss auf die Qualifikation haben können.

2. *Begriffsansatz aus anderen Disziplinen*

Ein ausdifferenziertes Bild von der Qualifikation einer Person zeichnet sich durch die Befassung mit Quellen anderer Disziplinen ab. Ausgangspunkt ist die grundlegende Erkenntnis, dass die Qualifikation und die Person, die sie trägt, nicht voneinander unterschieden werden können.[67] Dies ist einleuchtend, da selbst bei der Übertragung von Qualifikationen auf andere Individuen, zum Beispiel durch Wissensübermittlung, diese Qualifikation abermals an die Person des Empfängers

---

61 Bzgl. der Unabhängigkeit und Objektivität eines Beraters: *Fleischer*, ZIP 2009, 1397, 1403 m.w.N.; *Rieder/Jerg*, CCZ 2010, 201, 203 m.w.N.

62 BGH, Urt. v. 15.11.1982 – II ZR 27/82, BGHZ 85, 293, 295 f. = NJW 1983, 991.

63 BGH, Urt. v. 15.11.1982 – II ZR 27/82, BGHZ 85, 293, 295 f. = NJW 1983, 991; dazu auch: *Altmeppen*, ZGR 2004, 390, 409 m.w.N.; *Loritz*, ZfA 2009, 477, 505 f.; *Rieder/Holzmann*, AG 2010, 570, 573; *Louven/Raapke*, VersR 2012, 257, 259; *Bosse/Malchow*, NZG 2010, 972, 972; *Dreher*, ZGR 2010, 496, 508 f.; *ders.* in: FS Boujong, 1996, S. 71, 75; *Lutter* in: Hommelhoff, Handbuch Corporate Governance, 2009, S. 321, 323; *Hoffmann-Becking* in: MünchHdb AG § 30 Rn. 2a; *Wagner* in: von Schenck, Arbeitshandbuch für Aufsichtsratsmitglieder, 2013, § 2 Rn. 80 ff.

64 LG Hamburg – Urt. v. 16.12.1980–8 O 229/79 – ZIP 1981, 194, 197 = AG 1982, 51, 53, dazu: *Dreher* in: FS Boujong, 1996, S. 71, 77.

65 Deutscher Corporate Governance Kodex in der Fassung vom 13. Mai 2013.

66 *Weber-Rey*, ZGR 2010, 543, 583; *Altmeppen*, ZGR 2004, 390, 410; *Schwalbach*, AG 2004, 186, 188; *Loritz*, ZfA 2009, 477, 507; *Bosse/Malchow*, NZG 2010, 972, 972; *Schiessl*, AG 2002, 593, 597; *Hoffmann-Becking* in: MünchHdb AG § 30 Rn. 2a; *Lutter* in: Hommelhoff, Handbuch Corporate Governance, 2009, S. 321, 324; *Hopt/Roth* in: Großkommentar AktG § 100 Rn. 23; *Simons* in: Hölters AktG § 100 Rn. 13; *Kremer* in: Ringleb/Kremer/Lutter/von Werder DCGK Rn. 967; *Wilsing* in: Wilsing DCGK, 2012, Ziff. 5.4.1 Rn. 2.

67 *Eigler*, ZfP 1997, 5, 13, 15; *Lawler* in: Schmidt, Humanvermögensrechnung, 1982, S. 191, 194.

gebunden wird. Zu unterscheiden sind die formalen[68] Qualifikationen von den faktischen[69] Qualifikationen.[70] Während Erstere die durch Wissens- und Kompetenzaufbau nachweisbar erlangte Fähigkeit darstellen,[71] sollen Letztere den gegenwärtigen Qualifikationsstatus, der sich zwischenzeitlich durch Vergessen, Verlernen oder Hinzulernen geändert haben kann, beschreiben.[72] Die Qualifikation einer Person kann noch tief gehender differenziert werden, indem die konkreten, am Charakter einer Person gebundenen Faktoren [b)] von den abstrakten Eigenschaften [a)] auseinandergehalten werden.[73]

a) Abstrakte Leistungsfähigkeit

Zu den abstrakten Teilbegriffen[74] gehört als erstes der Fundus an kognitiven Fähigkeiten, die den Wissensbestand einer Person abdecken.[75] Darin spielt auch das Ausmaß der Erfahrung hinein, das die Person mit fortlaufender Zeit erwirbt.[76] Als zweiter Teilbegriff gilt die Möglichkeit zu Transformationsleistungen, die aus dem ersten Teilbegriff abgeleitet werden.[77] Darunter ist das Benutzen der kognitiven Fähigkeiten zu verstehen, um durch eigenständiges Handeln eine Aufgabenerledigung

---

68 *Becker*, Lexikon des Personalmanagements, 2002, Stichwort: Qualifikation, S. 470.

69 *Becker*, Lexikon des Personalmanagements, 2002, Stichwort: Qualifikation, S. 470.

70 *Becker*, Lexikon des Personalmanagements, 2002, Stichwort: Qualifikation, S. 470, sowie noch weitergehende Differenzierungen in Bezug auf den Einsatzort der Qualifikationen.

71 *Becker*, Lexikon des Personalmanagements, 2002, Stichwort: Qualifikation, S. 470.

72 *Becker*, Lexikon des Personalmanagements, 2002, Stichwort: Qualifikation, S. 470; bzgl. des Verlernens: *Brummet* in: Schmidt, Humanvermögensrechnung, 1982, S. 61, 69.

73 Subjektive Eigenschaften mit Qualifikation gleichsetzend: *Mayerhofer* in: von Eckardstein/Kasper/Mayrhofer, Management, 1999, S. 495.

74 Zwar sind die Teilbegriffe allesamt von Subjektivität gekennzeichnet, jedoch soll der Terminus der Abstraktheit hier dazu dienen, den Unterschied zu den willkürlich einsetzbaren Charaktereigenschaften (hierzu 1.TeilC.I.2.b)) herauszustellen.

75 *Mayerhofer* in: von Eckardstein/Kasper/Mayrhofer, Management, 1999, S. 493; *Eigler*, ZfP 1997, 5, 15; *Alewell*, Interne Arbeitsmärkte, 1993, S. 77 f.; *von Werder* in: Hommelhoff, Handbuch Corporate Governance, 2009, S. 331, 333; *Mentzel*, Unternehmenssicherung durch Personalentwicklung, 1997, S. 166 f.; *Becker*, Lexikon des Personalmanagements, 2002, Stichwort: Qualifikation, S. 470; *Gabler*, Wirtschafts-Lexikon, P-Sk, 2010, Stichwort: Qualifikation, S. 2501 liSp.

76 *Mohr* in: Clar/Doré/Mohr, Humankapital und Wissen, 1997, S. 13, 15; *von Werder* in: Hommelhoff, Handbuch Corporate Governance, 2009, S. 331, 333; *Mentzel*, Unternehmenssicherung durch Personalentwicklung, 1997, S. 166 f.

77 *Eigler*, ZfP 1997, 5, 15; *Weibler*, DBW 1996, 649, 652 m.w.N.; *Alewell*, Interne Arbeitsmärkte, 1993, S. 77 f.; *Becker*, Lexikon des Personalmanagements, 2002, Stichwort: Qualifikation, S. 470; *Gabler*, Wirtschafts-Lexikon, P-Sk, 2010, Stichwort: Qualifikation, S. 2501 liSp; *Mayerhofer* in: von Eckardstein/Kasper/Mayrhofer, Management, 1999, S. 493.

oder Problemlösung zu produzieren.[78] Es geht demnach bei diesem Teilbegriff um die sichere Anwendung der erworbenen kognitiven Fähigkeiten. Eine Unterscheidung der beiden Teilbegriffe erscheint notwendig, da bei gleichen kognitiven Fähigkeiten zweier Personen die tatsächliche Umsetzung dieser Fähigkeiten in konkrete Leistungen unterschiedlich ausfallen kann.[79] Die Zusammenfügung dieser Teilbegriffe in einer Person bildet das Leistungspotenzial einer Person ab, das allein aufgrund der Qualifikation abgerufen werden kann und mit dem anstehende Aufgaben und Probleme abgearbeitet werden können.[80] Ebenso zur Qualifikation soll die bereits gemachte Erfahrung in einer Organisation gehören, sodass Personen, die innerhalb der Organisation neue Posten besetzen, bereits höher qualifiziert sind, als diejenigen, die von externer Seite in die Organisation neu einsteigen.[81] Zwar ist Letzteres eine Vermutung, jedoch ist die bisherige Organisationszugehörigkeit aufgrund des leichten Beweiszugangs rein objektiv bestimmbar und somit ein handhabbares Kriterium.

b) Konkrete Leistungsfähigkeit

Die innere Einstellung, um eine Aufgabe zu erledigen, kann einer streng subjektiven Komponente der Qualifikation zugerechnet werden.[82] Diese ist je nach Charakter stärker oder schwächer ausgeprägt. Aufgrund ihrer mangelnden objektiven Messbarkeit muss sie deshalb der Komponente der konkreten Leistungsfähigkeit zugerechnet werden. Die innere Einstellung zur Arbeit erfährt ihre Ausprägung durch die Einsatzbereitschaft, sich Aufgaben und Problemen zu stellen und nach Lösungen zu suchen.[83] Je stärker diese Komponente ausgeprägt ist, desto höher ist die Qualifikation einer Person zu bewerten, da hierdurch die Person sich der Aufgaben selbst

78 *Mayerhofer* in: von Eckardstein/Kasper/Mayrhofer, Management, 1999, S. 493; *Mentzel*, Unternehmenssicherung durch Personalentwicklung, 1997, S. 168.

79 *Lawler* in: Schmidt, Humanvermögensrechnung, 1982, S. 191, 200; *Mentzel*, Unternehmenssicherung durch Personalentwicklung, 1997, S. 239.

80 *Mayerhofer* in: von Eckardstein/Kasper/Mayrhofer, Management, 1999, S. 490; *Alewell*, Interne Arbeitsmärkte, 1993, S. 77; *Becker*, Lexikon des Personalmanagements, 2002, Stichwort: Qualifikation, S. 470; *Gabler*, Wirtschafts-Lexikon, P-Sk, 2010, Stichwort: Qualifikation, S. 2501 liSp.

81 *Drumm*, Personalwirtschaft, 2008, S. 277.

82 *Becker*, Lexikon des Personalmanagements, 2002, Stichwort: Qualifikation, S. 470; *Mayerhofer* in: von Eckardstein/Kasper/Mayrhofer, Management, 1999, S. 495; zurückhaltend ggü. der Einbeziehung von „Motivation" in den Qualifikationsbegriff: *Alewell*, Interne Arbeitsmärkte, 1993, S. 80; kritisch, aber i.E. zur Qualifikation dazurechnend: *Simoleit/Feldhoff/Jacke* in: Braczyk, Qualifikation und Qualifizierung, 1991, S. 44 Fn. 3.

83 *Weibler*, DBW 1996, 649, 652 m.w.N.; *Mayerhofer* in: von Eckardstein/Kasper/Mayrhofer, Management, 1999, S. 490, 493; *von Werder* in: Hommelhoff, Handbuch Corporate Governance, 2009, S. 331, 336; *Mentzel*, Unternehmenssicherung durch Personalentwicklung, 1997, S. 169.

annimmt und ihre Erledigung nicht anderen Personen überlässt. Ebenfalls wird die Fähigkeit zu sozialverträglichem Verhalten innerhalb einer Gruppe als Teil der Qualifikation[84] zur subjektiven Komponente hinzuzurechnen sein, da sie sehr stark von den Charaktereigenschaften einer Person abhängt.

3. Gegenüberstellung und vorläufige Schlussfolgerungen

Der Vergleich vom Verständnis der Qualifikation einer Person aus rechtswissenschaftlicher Sicht einerseits und fachfremder Sicht andererseits fördert eine ähnliche Sichtweise auf den Qualifikationsbegriff zutage. Die rechtswissenschaftlichen Umschreibungen der Kenntnisse und Erfahrungen finden sich in der abstrakten Leistungsfähigkeit wieder. Die Fähigkeiten beschreiben die Transformationsleistungen. Die besonderen inneren Eigenschaften finden ihren Niederschlag in der Beschreibung der konkreten Leistungsfähigkeit. Dass sich aus der Gegenüberstellung der Begriffe keine Widersprüche ergeben überrascht nicht weiter, geht es im Kern in beiden Fällen doch um die Betrachtung der Qualifikation einer Person, die ihre Arbeitskraft zur Verfügung stellt. Dieses Ergebnis rechtfertigt eine weitergehende Betrachtung der Qualifikation von Aufsichtsratsmitgliedern unter Zuhilfenahme fachfremder Erwägungen zur Qualifikation von Personen im Allgemeinen.

Je länger eine Person „on-the-job“ ist, desto umfangreicher wird ihre Befähigung ausgestaltet sein, um auch mit unerwarteten Sachverhalten in kürzester Zeit angemessen umgehen zu können.[85] In dieser Erkenntnis zeigt sich der Qualifikationsvorteil der Personen, die bereits Erfahrungen in ihrem Tätigkeitsbereich aufweisen. Ihre Befähigung weist ebenso eine effiziente Zeitnutzung und geringere Fehleranfälligkeit auf.[86] Daher kann auch der vorsichtige Schluss gezogen werden, dass dies bei Aufsichtsratsmitgliedern ähnlich sein wird. Je intensiver und länger die Aufsichtsratstätigkeit ausgeübt wird, umso erfahrener werden die den Posten ausfüllenden Personen im Vergleich zu weniger erfahrenen Personen sein. Ebenso wird sich diese Erfahrung in einer effizienten Erledigung ihrer Aufgaben niederschlagen. Bei Aufsichtsratsmitgliedern scheinen insbesondere die „Horizontalqualifikationen“[87] maßgeblich, die sie von anderen Aufsichtsratsmitgliedern abgrenzen lassen. Dahinter verbirgt sich die Fähigkeit der Informationsverarbeitung,[88] welche je nach Qualifikation des Aufsichtsratsmitglieds unterschiedlich ausgereift sein dürfte. Diese beeinflusst das Ausmaß der Fähigkeit, welche ein Aufsichtsratsmitglied hat, um

84 *Simoleit/Feldhoff/Jacke* in: Braczyk, Qualifikation und Qualifizierung, 1991, S. 45; *Mayerhofer* in: von Eckardstein/Kasper/Mayrhofer, Management, 1999, S. 496; *Lawler* in: Schmidt, Humanvermögensrechnung, 1982, S. 191, 202; *von Werder* in: Hommelhoff, Handbuch Corporate Governance, 2009, S. 331, 336; *Mentzel*, Unternehmenssicherung durch Personalentwicklung, 1997, S. 167, 169.

85 *Mohr* in: Clar/Doré/Mohr, Humankapital und Wissen, 1997, S. 13, 15.

86 *Mohr* in: Clar/Doré/Mohr, Humankapital und Wissen, 1997, S. 13, 15.

87 *Mayerhofer* in: von Eckardstein/Kasper/Mayrhofer, Management, 1999, S. 494.

88 *Mayerhofer* in: von Eckardstein/Kasper/Mayrhofer, Management, 1999, S. 494.

der Überwachungs- und Beratungsaufgabe durch Erlangung und Auswertung der zur Verfügung stehenden Informationen gerecht zu werden und bestimmt dadurch eine Abstufung der Qualifikation unter den Mitgliedern des Aufsichtsrats. Bezüglich der Vermutung, dass Personen, die von gesellschaftsinterner Seite aus kommen, besser qualifiziert sind als externe Personen, kann eine Parallele zu ehemaligen Vorstandsmitgliedern gezogen werden, die nach der grundsätzlichen 2-jährigen Zwangspause i. S. d. § 100 Abs. 2 Nr. 4 AktG in den Aufsichtsrat wechseln. Diese haben bereits intensive Erfahrungen mit den Gesellschaftsangelegenheiten gemacht und sind mit den operativen Geschäftsabläufen vertraut. Sie geben ihnen gegenüber externen Anwärtern auf den Aufsichtsratsposten einen Wissensvorsprung, der als Teilaspekt mit einer höheren Qualifikation gleichzusetzen ist, indem sie die (nun durch Zeitverlust geminderten) Informationen über die Ausrichtung der Gesellschaft schon vorher erlangten.

II. Reputation

Als Nächstes gilt es, den Begriff der Reputation einer Person genauer zu betrachten. Diese stellt das Ansehen einer Person im Verhältnis zu einem bestimmten Faktor dar. Bei Aufsichtsratsmitgliedern geht es hierbei um das Verhältnis der Person zu seiner Mandatstätigkeit.

1. Quellen mit rechtswissenschaftlichem Bezug

Rechtswissenschaftlich geprägte Quellen sind im Hinblick auf eine Begriffsbestimmung zur Reputation einer Person wenig ergiebig. Es finden sich lediglich andeutungsweise Stellen, in denen sich Rückschlüsse auf die Reputation von Personen und insbesondere Aufsichtsräten ziehen lassen. Zum Beispiel stellt die Gefahr einer Pflichtverletzung gleichzeitig eine Gefahr für die Reputation von Aufsichtsräten dar.[89] Wenn pflichtwidriges Verhalten demnach reputationszerstörend wirkt, lässt sich daraus ableiten, dass pflichtgemäßem Verhalten ein reputationssteigernder Einfluss zugesprochen werden kann. Demnach hat die Art und Weise der Aufgabenerledigung und die daraus nach außen dringende Wahrnehmung Einfluss auf die Reputation von Aufsichtsräten. Wenn allein schon das pflichtgemäße Verhalten zur Reputationssteigerung beiträgt, so muss dies erst recht für ein Verhalten gelten, mit dem positive Effekte einhergehen. So wird darauf hingewiesen, dass eine erfolgreiche Arbeit von Aufsichtsräten ebenso mit einer Reputationssteigerung einhergehen kann.[90]

---

89 *AKEU/AKEIÜ*, DB 2009, 1279, 1280; *Wohlmannstetter*, ZGR 2010, 472, 480.

90 *Bischof*, BB 2006, 2627, 2631, unter anderem auf die US-Literatur i.S.v. *Fama/Jensen*, 26 J. L. Econ. (1983), 301, 315 und *Coles/Hoi*, 58 J. Fin. (2003), 197, 199 f. verweisend; im Ansatz auch, aber kritisch: *Martinius/Zimmer*, BB 2011, 3014, 1017 f.

2. *Reputationsbegriff fremder Disziplinen für Personen im Allgemeinen*

Mehr Erfolg verspricht die Auseinandersetzung mit dem Reputationsbegriff, wenn auf andere Disziplinen zurückgegriffen wird. Reputation ist die aufgrund einer subjektiven Wahrnehmung getroffene Einschätzung einer Person über bisheriges und zukünftiges Verhalten.[91] Gerade die Erfahrung über früheres Verhalten einer Person dient als Basis, um zu einer Einschätzung der Person zu kommen.[92] Entscheidend für die Reputation von Führungskräften soll dabei insbesondere die jeweilige wirtschaftliche Situation der eigenen Gesellschaft sowie die allgemeine Meinung über die Bewertung von getroffenen Entscheidungen in der Öffentlichkeit sein.[93] Der gegenwärtige Reputationsbegriff nehme die Funktion des früheren Ehr- und Tugendbegriffs wahr[94] und wird heutzutage vornehmlich durch den „Status"[95] beschrieben. Parallelen könnten weiterhin zum Vertrauen auf bekannte und bewährte Produkte in einem Markt gezogen werden.[96] Durch den Vergleich von Produkten kann ein Produkt eine bessere Bewertung erfahren, als das andere Produkt.[97] Der daraus resultierende Ruf eines Produkts bildet Vertrauen in das Produkt, welches auch maßgeblich durch das frühere Verhalten des Produzenten beeinflusst wird.[98] Veränderungen können dabei nur beobachtet werden, wenn ein stetiger Vergleich mit anderen Produkten erfolgt.[99] Übertragen auf Personen würde dies bedeuten, dass durch den Vergleich von Verhaltensweisen und das Gesamtbild über die Arbeitstätigkeiten ein Rückschluss auf den Ruf einer Person genommen werden kann, der wiederum in Vertrauen oder Misstrauen münden wird.

Weiterer Parameter für den Reputationsgrad können soziale Kontakte zu anderen Personen darstellen, indem diese Personen mit ihrem eigenen Ruf allein durch die bekanntgewordene Interaktion die Reputation des anderen beeinflussen.[100] Weiterhin kann die Reputation an sich nur ein belastbarer Faktor sein, wenn sie über einen längeren Zeitraum hinweg aufgebaut wurde und nicht nur

91 *Gabler*, Wirtschafts-Lexikon, P-Sk, 2010, Stichwort: Reputation, S. 2597 liSp.; für die Reputation eines Unternehmens: *Möller*, VW 2012, 1368, 1368; der reputationsbeeinflussende Faktor muss für andere erkennbar sein: *Tuschke*, zfbf 2002, 46, 49 Fn. 15 (für Bewerber am Arbeitsmarkt).

92 *Milgrom/Roberts*, Economics, organization, and management, 1992, S. 261.

93 *Bültel*, Starmanager, 2011, 2011, S. 277 ff., sowie ausführlich m.w.N. zur Reputation von „Top-Managern".

94 *Gabler*, Wirtschafts-Lexikon, P-Sk, 2010, Stichwort: Reputation, S. 2597 liSp.

95 *Tuschke*, zfbf 2002, 46, 52.

96 *Podolny*, 98 AJS (1993), 829, 829 ff., wobei nur Anleihen genommen werden können, da Reputation hiermit nicht Eins-zu-Eins gleichgesetzt werden kann: *Podolny*, 98 AJS (1993), 829, 838 Fn. 7.

97 *Podolny*, 98 AJS (1993), 829, 830 f.

98 *Podolny*, 98 AJS (1993), 829, 831, 835.

99 *Podolny*, 98 AJS (1993), 829, 832.

100 *Podolny*, 98 AJS (1993), 829, 833 f.

auf kurzfristige Erscheinungen zurückzuführen ist, die lediglich ein verzerrtes Bild abgeben können.[101]

3. Gegenüberstellungen und weitergehende Ausformung

In der Gegenüberstellung ergibt sich ein Gleichlauf, wenn die Reputation einer Person davon abhängt, wie die Person sich in der Vergangenheit verhalten hat. Nimmt man den fachfremden Begriffsansatz zur Hilfe[102], so können weitergehende Aussagen über die Reputation von Aufsichtsräten getroffen werden. Sie wird sich demnach aus der Sicht von Dritten bestimmen, die durch ein Urteil über das bisherige Verhalten Rückschlüsse auf zukünftiges Verhalten ziehen. Zusätzlich zum eigenen Verhalten des zu beurteilenden Aufsichtsratsmitglieds kommen die Bewertungen der Institutionen (z. B. der angehörigen Gesellschaft) und Personen (z. B. der sozialen Kontakte) mit hinzu, mit denen das Mitglied im Kontakt steht. Einfluss auf die Reputation hat auch der Vergleich mit anderen Aufsichtsratsmitgliedern, vorausgesetzt sie befinden sich in einer vergleichbaren Position. Im Ergebnis ist die Reputation eines Aufsichtsratsmitglieds somit nicht nur von der Person selbst geprägt, sondern geradezu abhängig vom Ansehen anderer Personen und Institutionen. Es bietet sich daher an, die Reputation nicht als Vergütungsfaktor, sondern als Druckmittel zu benutzen, um Fehlverhalten präventiv auszuschalten.[103] Denn ein Leistungserbringer kann und wird von einer guten Reputation profitieren, indem er weniger Überzeugungsarbeit leisten muss, dass seine Leistung den versprochenen Wert besitzt.[104] Infolge dessen muss dieser potenzielle Profit nicht zusätzlich monetär belohnt werden.

III. Tatsächliche Leistungserbringung mit entsprechenden Auswirkungen

Von der Qualifikation abzugrenzen ist die tatsächlich durchgeführte Arbeitsleistung der Aufsichtsräte. Zu unterscheiden sind hiernach Leistungen, denen ein positiver Wert zugesprochen werden kann, sowie Leistungen, die mit negativen Folgen behaftet sind. Konkret geht es also um die tatsächliche Tätigkeit eines Aufsichtsratsmitglieds und den damit verbundenen Vor- oder Nachteilen für die Aufgabenerfüllung des Gesamt-Aufsichtsrats. Hieraus ergibt sich bereits, dass zwischen tatsächlicher Leistung und dem damit verbundenen Erfolg bzw. Misserfolg differenziert werden muss.

---

101 *Sadowski/Schröder*, zfbf 1994, 127, 128.

102 Methodisch bietet sich hier die gleiche Vorgehensweise wie beim Qualifikationsbegriff an.

103 *Sadowski/Schröder*, zfbf 1994, 127, 141.

104 Aus spieltheoretischer Sicht: *Milgrom/Roberts*, Economics, organization, and management, 1992, S. 262 f.

1. *Der Leistungsbegriff nach rechtswissenschaftlichen Ansichten*

Von den rechtswissenschaftlichen Autoren wird ein uneinheitliches Bild vom Verständnis der Leistung einer Person gezeichnet. Ein Teil setzt die Leistung mit dem Erfolg gleich.[105] Andere sehen in der Leistung und dem Erfolg unterschiedliche Aspekte und trennen beide Merkmale voneinander.[106] Die Leistung ist die schlichte Erfüllung der zugewiesenen Aufgaben,[107] wohingegen der Erfolg anhand von positiven Kennzahlen der Gesellschaft geprägt wird[108]. Eine strenge Unabhängigkeit beider Begriffe wird jedoch nicht gefordert, da die Leistung den Erfolg beeinflussen kann.[109]

2. *Leistungsverständnis in der ökonomischen Literatur*

Ausweislich der ökonomischen Literatur beschreiben Leistung und Erfolg unterschiedliche Sachverhalte.[110] Sie sind demnach zu trennen. Die notwendige Trennung ergibt sich aus dem Begriffsverständnis. Die Leistung soll sich allein aus der aufgewendeten Anstrengung zur Erledigung der Aufgaben ergeben.[111] Versuche, die Leistung nach Arbeitszeit oder Qualität der Aufgabenerledigung zu bestimmen,

---

105 *Annuß/Theusinger,* BB 2009, 2434, 2434; *Hoffmann-Becking,* NZG 1999, 797, 798; *ders.,* ZHR 169 (2005), 155, 158; *Suchan/Winter,* DB 2009, 2531, 2533; *Reichert/Ullrich* in: FS U.H. Schneider, 2011, S. 1017, 1024.

106 *Kramarsch,* ZHR 169 (2005), 112, 122; *Ringleb* in: Ringleb/Kremer/Lutter/von Werder DCGK Rn. 706 f., 709, 711; *Goette,* Stellungnahme zum Entwurf eines Gesetzes zur Angemessenheit der Vorstandsvergütung, S. 4, der anmerkt, dass Leistung nicht nur mit positivem Erfolg gleichzusetzen ist.

107 *Kiethe,* BB 2003, 1573, 1578; *Kort* in: Großkommentar AktG, § 87 Rn. 32; *Suchan/Winter,* DB 2009, 2531, 2533; *Ringleb* in: Ringleb/Kremer/Lutter/von Werder DCGK Rn. 701; *Plagemann,* Die Vergütung des Aufsichtsrats in der börsennotierten Aktiengesellschaft, 2008, S. 44 f.; anders herum können die abstrakten Aufgaben jedoch nicht automatisch als Leistung begriffen werden: *Schwark* in: FS Raiser, 2005, 377, 383; unter Bezugnahme auf das Vorstandsrecht die Leistung von Aufsichtsratsmitgliedern mit deren Aufgaben gleichsetzend: *Ludwig,* Die Vergütung des Aufsichtsrats, 2011, S. 176; für ein sehr weites Verständnis plädieren: *Annuß/Theusinger,* BB 2009, 2434, 2434.

108 *Schwark* in: FS Raiser, 2005, S. 377, 386; *Semler* in: FS Budde, 1995, S. 599, 601 ff.; *Kling,* DZWIR 2010, 221, 223.

109 *Ringleb* in: Ringleb/Kremer/Lutter/von Werder DCGK Rn. 706 f., 709, 711.

110 *AKEIÜ,* DB 2006, 1625, 1629; *Suchan/Winter,* DB 2009, 2531, 2532 f.; *Kling,* DZWIR 2010, 221, 223; *Winter,* zfbf 1996, 898, 899; am Beispiel vom Leistungseinfluss auf den Aktienkurs: *Tuschke,* zfbf 2002, 46, 47; siehe auch die Darstellung bei *Becker,* Grundlagen betrieblicher Leistungsbeurteilungen, 2009, S. 86 ff.

111 „Input" *Suchan/Winter,* DB 2009, 2531, 2532 f.; Einsatz von Arbeit: *Schmidt* in: Schmidt, Humanvermögensrechnung, 1982, S. 3, 4.

werden kritisch gesehen.[112] Die Leistung ist lediglich der „Input"[113], den eine Person einbringt. Dagegen ist der Erfolg als „Output"[114] zu verstehen.[115] Dieser stellt das positive oder negative Resultat einer Leistung dar. Der Grund für die Trennung von Leistung und Erfolg liegt in der Intensität der Erfolgsbeeinflussung durch die Leistung. Diese kann je nach Situation variieren, denn eine Leistung muss nicht zwangsläufig immer zu demselben Erfolg führen. Dies folgt aus der Abhängigkeit des Erfolgs von weiteren äußeren Einflüssen, auf die die Leistung keinen Einfluss hat.[116] Außerdem soll der Produktivitätsfaktor[117] maßgeblichen Einfluss auf den Leistungsfaktor besitzen, sodass allein hieraus ein volatiler Leistungsfaktor resultieren kann. Da somit die Leistung für sich genommen keine zwangsläufige Aussage über den sich daraus ergebenden Erfolg zulässt, müssen beide Begriffe voneinander unterschieden werden.

3. Schlussfolgerungen

Im Ergebnis ist zwischen der Leistung und dem daraus resultierenden Erfolg zu trennen. Der Auffassung, dass die Leistung mit dem Erfolg gleichzusetzen ist, kann nicht gefolgt werden. Dies lässt sich auch anhand der gesetzgeberischen Auffassung im bürgerlichen Recht nachvollziehen. Hier wird zwischen den vertraglichen Pflichten der Leistungserbringung in § 611 BGB und der Erbringung eines konkreten Erfolgs bei § 631 BGB unterschieden. Insofern ist der ökonomischen und der teilweisen rechtswissenschaftlichen Literatur zu folgen, die eine Gleichsetzung von Leistung und Erfolg ablehnen und die Leistung nur als Faktor des Erfolgs zulassen. Es kommt demnach darauf an, die Leistung isoliert zu betrachten, ohne das Problem der Erfolgsmessung hineinzubringen. Aufgrund einer notwendigen ex-ante Beurteilung, ob die Leistung einen Nutzen hat, erscheint der Leistungsbegriff allerdings nicht mehr handhabbar.[118] Anders als bei der Qualifikation von Personen würde

---

112 *Suchan/Winter,* DB 2009, 2531, 2532; *Kling,* DZWIR 2010, 221, 223.

113 „Input" *Suchan/Winter,* DB 2009, 2531, 2532 f.; *Böcking/Dutzi* in: Seicht, Controlling interne Revision Segmentberichterstattung, 2004, S. 391, 400; *Siegel* in: FS Pohle, 2003, S. 405, 414.

114 *Winter,* zfbf 1996, 898, 899; *Suchan/Winter,* DB 2009, 2531, 2532.

115 *AKEIÜ,* DB 2006, 1625, 1629; zur Unterscheidung auch *Böcking/Dutzi* in: Seicht, Controlling interne Revision Segmentberichterstattung, 2004, S. 391, 400; *Andreas,* Determinanten der Aufsichtsratsvergütung in deutschen Aktiengesellschaften, 2011, S. 36; eine ausführliche Darstellung der verschiedensten Definitionsversuche, auch mit anderen Auffassungen, findet sich bei *Becker,* Grundlagen betrieblicher Leistungsbeurteilungen, 2009, S. 41 ff.

116 „Umwelteinflüsse" *Winter,* zfbf 1996, 898, 899; „Zufallseinfluss" *Suchan/Winter,* DB 2009, 2531, 2532.

117 *Winter,* zfbf 1996, 898, 899.

118 Auf die Schwierigkeiten bei der Leistungsbemessung hindeutend: *Fallgatter,* DBW 2003, 703, 709; ohne Abstellen auf die Qualität der Leistung würde die Gesellschaft die Gefahr der Schlechtleistung tragen, worauf *Coester* in: Schanz,

er die Bewertung jeder einzelnen Leistungshandlung jedes einzelnen Aufsichtsratsmitglieds innerhalb des Vergütungsjahres erforderlich machen.[119] Dies ergibt einen zusätzlichen Aufwand bei der Vergütungsbemessung, der wohl ein negatives Kosten-Nutzen-Verhältnis dieser Vergütungsart mit sich bringen wird. Eine generelle Vergütung anhand der tatsächlichen Leistungserbringung ist damit bereits begrifflich abzulehnen.[120] Beim Qualifikationsbegriff drohen diese Probleme nicht in demselben Ausmaß. Dort geht es nur um Qualifikationsüberprüfungen in maximal jährlichen Zeitperioden. Auch besteht das Problem der Qualität in geringerem Maße, denn die Qualifikation impliziert bereits eine entsprechende Qualität.[121]

IV. Marktwert

Als letztes Merkmal soll der Marktwert näher beleuchtet werden. Dies ist schon deshalb interessant, weil begriffsnotwendig ein Markt vorausgesetzt wird. Die Diskussion um den Marktwert einer Person nimmt somit die Antwort auf die Frage vorweg, ob überhaupt ein Markt für eine bestimmte Personengruppe existiert. Die Diskussion über die Vergütung von Aufsichtsräten anhand derer Marktwerte könnte somit schon einen Arbeitsmarkt für Aufsichtsräte implizieren.[122]

1. Rechtswissenschaftliche Ansichten

Für Vorstände gilt, dass deren Marktwert von einer Reihe von Faktoren bestimmt wird. Darunter fallen insbesondere persönliche Eigenschaften der Person, die sich in den Begriffen der Qualifikation und den bisher angeeigneten Erfahrungen mit dem Beruf niederschlagen.[123] Weiterhin spielt der in der Vergangenheit erreichte Erfolg oder Misserfolg eine erhebliche Rolle.[124] Im Ergebnis kommt es stets darauf an, was der Empfänger der nachgefragten Leistung bereit ist, für die Arbeitsleistung

Handbuch Anreizsysteme, 1991, S. 305, 309 f. im Hinblick auf einen Akkordlohn für Arbeitnehmer hinweist.

119 *Kramarsch,* ZHR 169 (2005), 112, 122; auf das Messungsproblem hinweisend: *Peltzer* in: FS Zimmerer, 1997, S. 377, 380; *Siegel* in: FS Pohle, 2003, S. 405, 414.

120 *Kramarsch,* ZHR 169 (2005), 112, 122.

121 Eine davon zu unterscheidende Frage ist, ob die Qualifikation auch tatsächlich eingebracht wird: Dazu 4.TeilB.

122 Für die USA: Pro Markt für *outside directors* sind *Fama,* 88 J. Pol. Econ. (1980), 288, 294; *Fama/Jensen,* 26 J. L. Econ. (1983), 301, 315; ähnlich *Brown,* 82 NYU L. Rev. (2007), 1102, 1121; *Farrell/Hersch,* 19 Appl. Econ. Let. (2012), 1401; *Bartlett,* Outside director compensation trends and developments, 2011, S. 1; dagegen sind z.B.: *Gilson/Kraakman,* 43 Stan. L. Rev. (1991), 863, 875 f., 886; *Lin,* 90 Nw. U. L. Rev. (1996), 898, 940 Fn. 247.

123 *Schwark* in: FS Raiser, 2005, S. 377, 385; *Kling,* DZWIR 2010, 221, 227.

124 *Kling,* DZWIR 2010, 221, 224; *Thüsing,* ZGR 2003, 457, 476; für Manager in den USA *Fama,* 88 J. Pol. Econ. (1980), 288, 291 f.

der Person zu zahlen.[125] Zu dessen Bestimmung kann auch der Vergleich mit einer anderen Position in branchenähnlichen Gesellschaften dienen, indem der Marktwert sozusagen „getestet“ wird.[126] Dies ist Ausfluss der grundlegenden Funktionsweise von Märkten, in denen das Angebot mit der Nachfrage korreliert.

In ähnlicher Weise wird der Marktwert von Aufsichtsräten gesehen. Der Marktwert eines Aufsichtsrats ist abhängig von seinen persönlichen Eigenschaften.[127] Zu den persönlichen Eigenschaften zählen unter anderem das bisherige Verhalten der Person und das daraus resultierende Image in der Branche, der Fundus an sozialen Kontakten, sowie die Übung in den zu erledigenden Aufgabenbereichen.[128] In diesen Merkmalen kommt der Teilbereich der Qualifikation zum Vorschein, der somit auch marktwertbildend für Aufsichtsräte ist.[129] Die konkrete Marktwertbildung soll auch bei Aufsichtsräten am Markt über das Angebot und die Nachfrage von Arbeitsleistungen erfolgen.[130] Folglich ist der Marktwert von Aufsichtsräten im Großen und Ganzen wie der Marktwert von Vorständen ausgestaltet.

2. Marktwertbegriff anderer Disziplinen

Aus den Quellen anderer Disziplinen zeichnet sich ein ähnliches Bild ab. Der Marktwert an sich soll eine bestimmte Vermögenssumme darstellen, die für ein Gut mittlerer Art und Güte an einem Ort gezahlt wird, an dem üblicherweise der Gütertausch von statten geht.[131] Darin wird das Zusammenspiel von Angebot und Nachfrage deutlich, welches Voraussetzung für einen Arbeitsmarkt ist.[132] Der Marktwert eines Arbeitnehmers soll sich direkt aus dessen Qualifikation ableiten lassen.[133] Dabei spielen sowohl die kognitiven Fähigkeiten und die daraus resultierenden Transformationsleistungspotenziale, als auch die subjektiven Qualifikationsmerkmale eine Rolle.[134] Weiterhin wird ein Zusammenhang zwischen dem vergütungswürdigen Wert von

---

125 *Kling*, DZWIR 2010, 221, 227.

126 *Feudner*, NZG 2007, 779, 780.

127 In Abgrenzung zur Leistung und Funktion: *Mertens* in: Kölner Komm. AktG, 2. Auflage, § 113 Rn. 9.

128 *Lutter*, AG 1979, 85, 89; *von Frankenberg und Ludwigsdorf*, Bedeutung und Grenzen der Gleichbehandlung der Aufsichtsratsmitglieder in der Aktiengesellschaft, 2006, S. 215.

129 *Haarmann* in: FS Hüffer, 2010, 243, 247; *von Frankenberg und Ludwigsdorf*, Bedeutung und Grenzen der Gleichbehandlung der Aufsichtsratsmitglieder in der Aktiengesellschaft, 2006, S. 215.

130 *Rieder/Holzmann*, AG 2010, 570, 579; *Haarmann* in: FS Hüffer, 2010, 243, 246.

131 *Gabler*, Wirtschafts-Lexikon, P-Sk, 2010, Stichwort: Marktwert, S. 2032 liSp.

132 *Höckels*, Möglichkeiten der Absicherung von Humankapitalinvestitionen zur Vermeidung unerwünschter Mitarbeiterfluktuation, 2000, S. 23; *Hiller*, WiSt 2006, 285, 286.

133 *Jost/Webers*, ZfB 2001, 183, 190; „Leistungsfähigkeit“ *Backes-Gellner/Wolff* in: Jost, Die Prinzipal-Agenten-Theorie in der Betriebswirtschaftslehre, 2001, S. 395, 399.

134 Siehe hierzu 1.TeilC.I.2.

Führungskräften und dem Wert des auf dem Kapitalmarkt agierenden Unternehmens dahingehend gesehen, dass eine schlechte Unternehmenslage negativen Einfluss auf die Vergütung von Führungskräften (und umgekehrt) hat.[135] Somit kann festgehalten werden, dass sowohl personenbezogene Merkmale unter dem Oberbegriff der Qualifikation, als auch die unternehmensbezogene wirtschaftliche Lage des Unternehmens, dem die Person angehört, als Teileinflüsse den Marktwert einer Person bilden.

3. Gegenüberstellung

Auch hier zeigt sich, dass rechtswissenschaftliches und fachfremdes Verständnis vom Marktwert von Personen nicht weit auseinander liegen. Der Marktwert von Personen und insbesondere von Aufsichtsräten wird durch verschiedenste Einflussfaktoren gebildet. Darunter fallen unter anderem die bisher definierten Begriffe der Qualifikation und Reputation. Somit bildet der Marktwertbegriff eine Summe der bisher betrachteten Begriffe. Die Besonderheit ist, dass die Marktwertbildung ein Zusammenspiel von Angebot und Nachfrage erfordert. Wichtig ist zu sehen, dass der Terminus des „Marktwerts einer Person" einen Markt für die Personen voraussetzt. Ohne Markt kann es keinen Marktwert geben. Ob ein Markt für Aufsichtsräte existiert, ist eine weitergehende Frage. Einen Hinweis auf die Existenz eines Markts für Aufsichtsräte sind unterschiedliche Vergütungshöhen für vergleichbare Posten in vergleichbaren Branchen. Hier kommt das Merkmal zum Tragen, dass unterschiedliche Nachfrager einer Leistung verschiedene Präferenzen haben, sodass es zu unterschiedlichen Angeboten kommt.

Die Betrachtung dieser Gemengelage bringt nun die Frage zum Vorschein, ob es überhaupt Sinn macht über einen Markt für Aufsichtsräte zu spekulieren. Im Mittelpunkt steht dabei die These, dass es auf den Markt beim Marktwert im ersten Schritt überhaupt nicht ankommt. Nach Auswertung des Begriffsverständnisses vom Marktwert einer Person stellt der „Marktwert" nichts anderes, als ein Synonym für eine Verhandlungssituation dar. Erst, wenn Aufsichtsräte nach ihrem Marktwert vergütet werden sollen, erfolgt eine Betrachtung des Angebots durch das Aufsichtsratsmitglied und der Nachfrage nach den Eigenschaften dieser Person. Sofern keine oder wenige andere Personen die gewünschten Präferenzen aufweisen, kann das (potenzielle) Aufsichtsratsmitglied eine gegenwärtig knappe Summe von persönlichen Eigenschaften bieten, die einen entsprechend hohen Wert aufweist. Dieser Wert stellt den Marktwert dar. In diesem Segment entsteht somit erst ein Markt für die nachgefragte Art von Aufsichtsräten, wenn der Marktwert als Vergütungsparameter eingesetzt werden soll. Im Ergebnis bedeutet dies, dass der Begriff des Marktwerts nicht unbedingt einen Markt voraussetzt, sondern bei dessen Beachtung erst einen Markt schafft. Die Diskussion über die Existenz eines Markts für Aufsichtsräte kann damit nicht dazu führen, dass diese Personen mangels vorhandenen Markts nicht nach ihrem Marktwert vergütet werden können.

---

135 *Fama,* 88 J. Pol. Econ. (1980), 288, 291 f.

2. Teil Die Vergütung der outside directors in der US-amerikanischen Public Corporation

A. Einleitung

Bisher diente das US-Gesellschaftsrecht dem deutschen Gesetzgeber und teilweise auch der Rechtsprechung hin und wieder als Vorlage[136], sodass ein rechtsvergleichender Blick sinnvoll erscheint. Eine rechtsvergleichende Betrachtung muss sich nicht mehr ausschließlich an der englischen Mutterrechtsordnung orientieren, da sich das US-Recht von ihr losgelöst hat und eigene Wege beschreitet.[137] Allerdings wird nach den Skandalen bei Enron und WorldCom[138] in der Literatur die Frage aufgeworfen, ob das US-Gesellschaftsrecht tatsächlich ein besserer Weg ist, den das deutsche Recht zu beschreiten hat.[139] Unter diesem Eindruck wird im Folgenden die Frage untersucht, nach welchen Maßstäben sich die Vergütung der *outside directors* in der *public corporation*[140] in den USA bemisst und ob eine Vergütung anhand individueller Kriterien möglich, sowie sinnvoll ist. Im Mittelpunkt der Diskussion um die *compensation* steht dabei die Frage, wie professionell agierende *directors* am besten zur effektiven Aufgabenerledigung ermutigt werden können. Zur Beantwortung dieser Frage werden in der Literatur die Zusammenhänge zwischen einzelnen Faktoren und der *Board*-Aktivität untersucht. Die *shareholders* streben nach der Sicherheit, dass nur geeignete *directors* im *board* sitzen, um den Wert ihrer Beteiligungen zu maximieren.[141] In diesem Zusammenhang wird auch der Begriff des *professional board* benutzt, welcher durch konsequente Aufgabenwahrnehmung und Managementunabhängigkeit definiert wird.[142] Die Literatur fokussiert ihre Untersuchungen darauf, Anreize für die *directors* zu finden, welche sie zu einer effektiven Aufgabenerledigung verleiten,[143] denn akuter Zeit- und Informationsmangel führen

---

136 *Goette,* DStR 2005, 561, 561; *von Hein,* Die Rezeption US-amerikanischen Gesellschaftsrechts in Deutschland, 2008, § 1 S. 1 ff.

137 *Zweigert/Kötz,* Einführung in die Rechtsvergleichung auf dem Gebiete des Privatrechts, 1996, § 3 IV S. 40.

138 Weiterhin wird noch auf ähnliche Fälle bei Global Crossing, Adelphia und Tyco verwiesen: *Schiessl,* AG 2002, 593.

139 *Martin,* NZG 2003, 948, 952.

140 Im Folgenden nur noch als *corporation* bezeichnet.

141 *Carey/Elson/England,* How should corporate directors be compensated?, 1996.

142 *Millstein/MacAvoy,* 98 Colum. L. Rev. (1998), 1283, 1283, ähnlich *Elson,* 50 S.M.U. L. Rev. (1996), 127, 129.

143 *Cunningham,* 92 Minn. L. Rev. (2007), 323, 323, 354.

immer noch zu schlechten Ergebnissen in der Aufgabenerledigung.[144] Damit Anreize gefunden werden können, muss vorher festgestellt werden, was die *directors* zur Übernahme einer Position im *board* bewegt. Dieser Gedanke führt wiederum direkt zu der Frage nach den Parametern, an welchen sich die *compensation* orientiert. Einige gehen davon aus, dass nicht die Vergütung an sich, sondern *„power, connections, or status"*[145] oder *„challenge, prestige, and contacts"*[146] die maßgebliche Motivation darstellen. Allerdings wird klargestellt, dass dies nur Teilaspekte sind, welche neben dem Vergütungsanreiz bestehen sollen.[147] Denn auch *directors* wollen angemessen bezahlt werden.[148] Wurde früher noch versucht mit potenziellen Haftungsgefahren auf die Motivation einzuwirken, so ist man heute dazu übergegangen finanzielle Anreize ins Auge zu fassen.[149] Jedoch sollen die üblichen Vergütungsarten nicht zufriedenstellend sein, um hinreichende Anreize zu schaffen.[150] Ein Hauptproblem bleibt dabei die Messbarkeit isolierter Faktoren und deren Auswirkungen auf die *board*-Aktivitäten, da die meisten *board*-Tätigkeiten hinter verschlossenen Türen stattfinden.[151] Einen ersten Schritt in eine neue Richtung geht dabei der Vorschlag eines *„regime of reverse negligence"*[152], welches eine individuelle Zahlung eines Betrags an *directors* zulässt, wenn der *director* beweisen kann, eine bestimmte Leistung erbracht zu haben.[153] Dieser Vorschlag geht in die Richtung von individuellen Vergütungszahlungen an *outside directors*. Andererseits wird auch vertreten, dass *directors* besser nicht mit den normalen Angestellten in Vergütungsangelegenheiten gleichgestellt werden sollen,[154] was dahingehend problematisch ist, als dass eine individuelle *director compensation* in diese Richtung tendieren würde. Seit dem Vorschlag des *„regime of reverse negligence"*[155] ist einige Zeit vergangen. Ein individuelles Vergütungssystem hat sich, soweit ersichtlich,[156] bisher nicht in der

144 *Gilson/Kraakman*, 43 Stan. L. Rev. (1991), 863, 872; *Gevurtz*, Corporation law, 2010, § 3.1 S. 234.
145 *Carey/Elson/England*, How should corporate directors be compensated?, 1996.
146 *Overton* in: Foulkes, Executive Compensation, 1991, S. 383.
147 *Stout*, 28 Del. J. Corp. L. (2003), 1, 4 ff.; *Adams/Ferreira*, 46 Journal of Accounting and Economics (2004), 154, 157; so auch *Carey/Elson/England*, How should corporate directors be compensated?, 1996 und *Overton* in: Foulkes, Executive Compensation, 1991, S. 383, welche Ausnahmen zulassen.
148 *Brown*, 82 NYU L. Rev. (2007), 1102, 1116.
149 *Cunningham*, 92 Minn. L. Rev. (2007), 323, 323 f., 361 welcher den Gedanken des finanziellen Anreizes für externe Prüfer untersucht.
150 *Hamdani/Kraakman*, 105 Mich. L. Rev. (2007), 1677, 1685.
151 *Millstein/MacAvoy*, 98 Colum. L. Rev. (1998), 1283, 1299.
152 *Hamdani/Kraakman*, 105 Mich. L. Rev. (2007), 1677, 1681.
153 *Hamdani/Kraakman*, 105 Mich. L. Rev. (2007), 1677, 1681 ff.
154 *Carey/Elson/England*, How should corporate directors be compensated?, 1996.
155 *Hamdani/Kraakman*, 105 Mich. L. Rev. (2007), 1677, 1681.
156 Unklar ist, was in *Yermack*, 59 J. Fin. (2004), 2281, 2289 mit *„ex-post performance rewards"* gemeint ist, und ob diese an Individuen oder an alle *directors* geleistet wurden.

Praxis etabliert. Nach Meinung eines ehemaligen *directors* werde es zu individuellen Verhandlungen über die Vergütung der *directors* in Zukunft auch nicht kommen.[157] Daher wird es unter anderem auch Aufgabe der nachfolgenden Betrachtung sein Gründe dafür zu finden, warum die Vergütungspraxis in den *boards* keine individuellen Vergütungen eingeführt hat.

Im Folgenden wird auf die *compensation* der *outside directors* in der *corporation* eingegangen. Ein konkreter Vergleich einzelner Themenkomplexe erfolgt an späterer Stelle,[158] wenn es darum geht, individuelle Vergütungsmöglichkeiten für deutsche Aufsichtsräte zu ergründen. Da *inside directors* in der Regel keine Vergütung für ihre Tätigkeit im *board* erhalten,[159] befasst sich die hierfür vorhandene Literatur hauptsächlich mit der *compensation* der *outside directors*. Bevor auf die Eigenheiten der *compensation* für *outside directors* in der *corporation* eingegangen wird, erfolgt eine kurze Einordnung der *outside directors* in das System der *corporation*. Dadurch wird deutlich, auf welche Aspekte sich die darauf folgenden Ausführungen beschränken.

I. Outside directors im System der corporation – Eingrenzung

Es wird zunächst auf die bei der *corporation* zu beachtenden Rechtsquellen eingegangen (1.) und anschließend an den organisatorischen Aufbau der *corporation* herangeführt (2.). Dies wird die Grundlage der darauf folgenden Überlegungen schaffen und verdeutlichen, warum die *corporation* diejenige Gesellschaftsform ist, die der deutschen AG am nächsten steht.

1. Anwendbare Rechtsquellen

Im Recht der *corporation* hat im Allgemeinen das Gesetzesrecht größeren Einfluss, als das Richterrecht, welches sonst als primäre Bezugsquelle dient.[160] Durch das Gesetzesrecht offengelassene Lücken werden durch das Richterrecht geschlossen.[161]

157 *Lear*, Equal Pay for All Directors?, 2001.

158 Orientiert am Aufbauvorschlag in *Zweigert/Kötz*, Einführung in die Rechtsvergleichung auf dem Gebiete des Privatrechts, 1996, § 3 V S. 42.

159 *Adams/Ferreira*, 46 Journal of Accounting and Economics (2004), 154, 158; *Farrell/ Friesen/Hersch*, 14 J. Corp. Fin. (2008), 153, 153 Fn. 3; Ausnahmen für eine Vergütung der *inside directors* für ihre *board* Tätigkeit: *Adams*, What do Boards do? Evidence from Board Committee and Director Compensation Data, 2003, S. 8, Fn. 11; *Brown*, 82 NYU L. Rev. (2007), 1102, 1105.

160 *Bainbridge*, Corporation law and economics, 2002, § 1.3 S. 13; *Merkt/Göthel*, US-amerikanisches Gesellschaftsrecht, 2006, Rn. 182.

161 *Bainbridge*, Corporation law and economics, 2002, § 1.3 S. 13 Fn. 1, wo das Beispiel der fiduciary duties der directors & officers angeführt wird; *Merkt/Göthel*, US-amerikanisches Gesellschaftsrecht, 2006, Rn. 220.

a) State law

Die Kompetenz zur Ausgestaltung des Gesellschaftsrechts in den USA liegt bei den 50 Einzelstaaten, sodass die *corporation* theoretisch 50 unterschiedliche Ausformungen erfahren kann.[162] Daraus folgt, dass Primärrechtsquelle für gesellschaftsrechtliche Fragen das *corporation statute* des einzelnen Staates ist. Um die Frage zu klären, welches einzelstaatliche Recht auf einen Sachverhalt anzuwenden ist, kommt die Gründungstheorie zum Tragen, sodass das *state law* des Gründungsstaates Anwendung findet.[163] Auch bedient man sich der *internal affairs doctrine*, welche für Angelegenheiten aus dem Innenverhältnis der Gesellschaft (*internal affairs)* das anzuwendende Gesellschaftsecht derart bestimmt, als dass es das Recht des Staates ist, in welchem die Gesellschaft gegründet wurde.[164] Als Beispiele für *internal affairs* wird die *indemnification* der *directors*[165] oder aber die Darlehensvergabe an *directors* und *officers*[166] beschrieben. Ebenso zum *state law* gehören die sog. *blue-sky laws*,[167] welche die kapitalmarktrechtlichen Normen im Staat darstellen, aber aufgrund ihrer begrenzten territorialen Anwendbarkeit und ihrer mannigfaltigen Ausnahmetatbestände teilweise als ineffektiv bezeichnet werden.[168] Ausnahmen von der Regel der Gründungstheorie sollen gelten, wenn eine *most significant relationship* zu einem anderen Staat vorhanden ist, sodass zum Gründungsstaat kaum noch Verbindungen bestehen.[169] Weitere Ausnahmen können *outreach statutes* anderer Staaten sein, welche den Fall regeln, dass nicht an der Börse gelistete[170] *corporations* hauptsächlich in anderen Staaten aktiv sind und deshalb deren *statutes* Anwendung finden sollen.[171]

---

162 *Gevurtz*, Corporation law, 2010, § 1.2 S. 34; *Merkt/Göthel*, US-amerikanisches Gesellschaftsrecht, 2006, Rn. 182; *Armour/Hansmann/Kraakman*, The anatomy of corporate law, 2009, 1.4.3 S. 25 f.

163 Bank of Augusta v. Earle, 38 U.S. (13. Pet.) 519, 524 ff. (1839); *Kozyris*, 1 Duke L. J. (2002), 1, 3 ff.; *Merkt/Göthel*, US-amerikanisches Gesellschaftsrecht, 2006, Rn. 184; *Forstinger*, ZfRV 2002, 41, 42 f.

164 *Kozyris*, 1 Duke L. J. (2002), 1, 24 ff.; *Note*, 115 Harv. L. Rev. (2002), 1480 ff.; *Gevurtz*, Corporation law, 2010, § 1.2.1 S. 34 f.; *Bainbridge*, Corporation law and economics, 2002, § 1.3 S. 14; *Merkt/Göthel*, US-amerikanisches Gesellschaftsrecht, 2006, Rn. 185.

165 Davis Cox v. Summa Corp., 751 F.Supp 1507, 1527 (9th Cir. 1985); *Merkt/Göthel*, US-amerikanisches Gesellschaftsrecht, 2006, Rn. 185.

166 *Merkt/Göthel*, US-amerikanisches Gesellschaftsrecht, 2006, Rn. 185.

167 *Bainbridge*, Corporation law and economics, 2002, § 1.3 S. 17; *Merkt/Göthel*, US-amerikanisches Gesellschaftsrecht, 2006, Rn. 221.

168 *Bainbridge*, Corporation law and economics, 2002, § 1.3 S. 17.

169 *Merkt/Göthel*, US-amerikanisches Gesellschaftsrecht, 2006, Rn. 187.

170 *Merkt/Göthel*, US-amerikanisches Gesellschaftsrecht, 2006, Rn. 194 f.

171 *Merkt/Göthel*, US-amerikanisches Gesellschaftsrecht, 2006, Rn. 193, mit Verweis auf New York und Kalifornien; *Gevurtz*, Corporation law, 2010, § 1.2.1 S. 36, mit dem Beispiel aus Kalifornien.

Ob diese *outreach statutes* überhaupt mit der Verfassung der USA vereinbar sind, ist zwar umstritten[172], kann und soll hier aber nicht weiter vertieft werden.

b) Federal law

Die zweite wichtige Rechtsquelle besteht im *federal law*. Dazu gehören neben anderen Gesetzen die für die börsengelisteten *corporations* wichtigen *Securities Acts* mit dem *Securities Act* von 1933 bzgl. den Primärmarkt und dem *Securities Exchange Act* von 1934 für den Sekundärmarkt.[173] Voraussetzung für deren Anwendbarkeit soll zudem ein *interstate commerce* sein, also ein Sachverhalt, bei dem mindestens das Recht zweier Staaten betroffen ist.[174] Die wichtigsten Neuerungen in diesem Bereich stellen der *Sarbanes-Oxley Act* aus 2002, sowie der *Dodd-Frank Wall Street Reform and Consumer Protection Act* aus 2010 dar.

c) Sonstige Regelungen

Zum Erkenntnisgewinn beitragen können als dritte Rechtsquelle der *Revised Model Business Corporation Act (R.M.B.C.A)*, die *Principles of Corporate Governance* des American Law Institute, sowie die Börsenzulassungsregeln der NYSE oder der Nasdaq. Der R.M.B.C.A wurde als Versuch der Vereinheitlichung des Gesellschaftsrechts gestartet und im Zuge dessen von einigen, aber bei Weitem nicht allen Staaten ganz oder teilweise übernommen, sodass ein gewisser Einfluss auf das Recht der *corporations* festzustellen ist.[175] Die *Principles of Corporate Governance* vom American Law Institute erschienen 1992 und beinhalten Regeln für eine ordentliche Unternehmensführung, welche zumindest die Gesetzgebung beeinflussen.[176] Streitig ist jedoch, ob diese *Principles* von der Rechtsnatur *restatements of law* oder lediglich Vorschläge sein sollen.[177] Aufgrund der Tatsache, dass die Autoren die *principles* selbst nur als Vorschläge betrachten,[178] ist Letzteres vorzugswürdig. Die Börsenzulassungsregeln sind kein Gesetzesrecht, da sie von der Börse als privater Einrichtung

---

172 Ein Fall der Unzulässigkeit: Edgar v. Mite Corp., 457 U.S. 624, 643 (1982); dazu *Kozyris*, 1 Duke L. J. (2002), 1, 35 ff., 45; *Gevurtz*, Corporation law, 2010, § 1.2.1 S. 36 f.; *Merkt/Göthel*, US-amerikanisches Gesellschaftsrecht, 2006, Rn. 198.

173 *Bainbridge*, Corporation law and economics, 2002, § 1.3 S. 13, 17; *Merkt/Göthel*, US-amerikanisches Gesellschaftsrecht, 2006, Rn. 202, 235, 725.

174 *Merkt/Göthel*, US-amerikanisches Gesellschaftsrecht, 2006, Rn. 235.

175 *Bainbridge*, Corporation law and economics, 2002, § 1.3 S. 16; *Merkt/Göthel*, US-amerikanisches Gesellschaftsrecht, 2006, Rn. 215 ff.

176 *Bainbridge*, Corporation law and economics, 2002, § 1.3 S. 16; *Merkt/Göthel*, US-amerikanisches Gesellschaftsrecht, 2006, Rn. 219.

177 *Bainbridge*, Corporation law and economics, 2002, § 1.3 S. 16; für beides zusammen *Merkt/Göthel*, US-amerikanisches Gesellschaftsrecht, 2006, Rn. 219.

178 *The American Law Institute*, Principles of corporate governance, 1994, S. 109.

erlassen wurden, haben aber insofern Bedeutung, als dass die *corporations* diese Regeln einhalten müssen, solange sie an der Börse gelistet sind.[179]

d) Eingrenzung

Es ist hier nicht der Ort, um sämtliche Gesetze der einzelnen Staaten zu erfassen. Ziel soll es sein, eine generelle Aussage über eine Vergleichbarkeit der *director compensation* in der *corporation* mit der Vergütung von Aufsichtsräten in der deutschen AG zu treffen, ohne sich in Detailprobleme zu verlieren. Aufgrund der Anzahl[180] von registrierten *corporations* in Delaware und Kalifornien wird auf diese *corporation statutes* ein besonderes Augenmerk gelegt werden. Bei Gerichtsentscheidungen wird keine Begrenzung auf die Staaten stattfinden, um Detailfragen nicht auszulassen. Bei den Gerichtsentscheidungen ist das Zusammenspiel mit den *statutes* zu beachten. Denn durch die Einführung der *statutes*, wie für Delaware der DGCL 1969, wurden davorliegende Gerichtsentscheidungen teilweise überholt.[181] Dennoch lassen sich aus den älteren Entscheidungen Hinweise auf die Auslegung bestimmter Begriffe gewinnen. Ebenso werden die zuvor als zweite und dritte Rechtsquellen beschriebenen Regelungen bei Bedarf angeführt, sodass sich aus dieser Beschränkung auf die wesentlichen Rechtsquellen[182] ein Rechtsvergleich anstellen lässt.

2. Organisatorischer Aufbau der corporation

Eine Darstellung der grundlegenden Strukturmerkmale im organisatorischen Aufbau der *corporation* kann eine erste Hilfestellung geben, um Gemeinsamkeiten und Unterschiede zwischen der deutschen börsennotierten AG und der amerikanischen *corporation* herauszufiltern. Die *corporation* als solche wird teilweise mit den sechs Eigenschaften des formalen Gründungsakts, der eigenständigen Rechtspersönlichkeit, der Trennung von Eigentum und Leitung, der freien Übertragbarkeit der Anteile, der unbestimmten Laufzeit und der beschränkten Haftung definiert.[183] Die *articles*[184] und *bylaws* der *corporation* spielen beim organisatorischen Aufbau eine

---

179 *Merkt/Göthel*, US-amerikanisches Gesellschaftsrecht, 2006, Rn. 242.

180 *Bainbridge*, Corporation law and economics, 2002, § 1.3 S. 16; *Armour/Hansmann/Kraakman*, The anatomy of corporate law, 2009, 1.4.2 S. 24, 1.4.3 S. 27; *Merkt/Göthel*, US-amerikanisches Gesellschaftsrecht, 2006, Rn. 207 ff.; *Forstinger*, ZfRV 2002, 41, 41 ff.

181 L.A. Family Housing Corp. v. Cipsoft, Inc., 1996 WL 33674591 (Cal.App. 2 Dist.), *1, *2.

182 *Merkt/Göthel*, US-amerikanisches Gesellschaftsrecht, 2006, Rn. 212.

183 *Bainbridge*, Corporation law and economics, 2002, § 1.1 S. 2; *Armour/Hansmann/Kraakman*, The anatomy of corporate law, 2009, 1.2 S. 5, welche sich auf fünf Attribute beschränken und den Gründungsakt als Ausgangspunkt darstellen.

184 *Gevurtz*, Corporation law, 2010, § 1.4 S. 53: Auch *certificate of incorporation* oder *the charter* genannt, wobei die Bezeichnung vom jeweiligen *statute* des Staates abhängig ist.

gewichtige Rolle, da sie die durch die *statutes* vorgegebenen Organisationsmöglichkeiten innerhalb der *corporation* inhaltlich ausfüllen.[185] Am Beispiel von Delaware[186] lässt sich bereits erahnen, wie großzügig der Spielraum der *corporation* bei der individuellen Ausgestaltung ist. Die Kompetenzträger in der *corporation* lassen sich gemäß dem *„statutory scheme"* grob in die *shareholders,* dem *Board of Directors* und den *executive officers* aufteilen.[187] Die Bedeutung der *articles* und *bylaws,* sowie die Funktion der Akteure soll in den nächsten Unterabschnitten kurz dargestellt werden.

a) Articles und bylaws

Die *articles* dienen als Dokument, bestehend aus *mandatory* und *optional provisions,* welches eingereicht werden muss, um die Gesellschaft zum Entstehen zu bringen.[188] Zu den *mandatory provisions* gehören, abhängig vom jeweiligen *statute,* unter anderem der Gesellschaftszweck, sowie der Name der Gesellschaft und der Gesellschaftsgründer.[189]

Die *bylaws* sind von den *articles* zu unterscheiden und hingegen kein zwingendes Erfordernis, um eine *corporation* zu gründen.[190] In der Hierarchie gehen die *articles* den *bylaws* vor.[191] Daraus ergibt sich, dass in den *bylaws* alles bestimmt werden kann, was den *statutes* oder den *articles* nicht entgegensteht.[192] *Bylaws* sollen demgemäß fehlenden Regelungen in den *articles* entgegenwirken.[193] In den *bylaws* können Regeln für die interne Organisation der *corporation* aufgestellt werden, wie zum Beispiel Ort und Zeitpunkt des *annual shareholder meetings,* die Kompetenzzuweisung

---

185 *Gevurtz,* Corporation law, 2010, § 1.4 S. 53 f., 57; *Bainbridge,* Corporation law and economics, 2002, § 2.3 S. 41.

186 § 141 (a), (b) DGCL.

187 *Merkt/Göthel,* US-amerikanisches Gesellschaftsrecht, 2006, Rn. 566; zur Aufgabenverteilung zwischen *board* und *shareholders*: *Buxbaum,* 73 Cal. L. Rev. (1985), 1671, 1671 ff., 1699.

188 *Gevurtz,* Corporation law, 2010, § 1.4 S. 53 f.; DGCL § 102 (a); CGCL sec. 200 (a), (c); RMBCA § 2.02 (a).

189 *Gevurtz,* Corporation law, 2010, § 1.4 S. 54 f.

190 *Gevurtz,* Corporation law, 2010, § 1.4 S. 57; *Bainbridge,* Corporation law and economics, 2002, § 2.3 S. 43.

191 *Bainbridge,* Corporation law and economics, 2002, § 2.3 S. 43; *Merkt/Göthel,* US-amerikanisches Gesellschaftsrecht, 2006, Rn. 328.

192 Paulek v. Isgar, Colo.App., 551 P.2d 213, 215 (1976); *Bainbridge,* Corporation law and economics, 2002, § 2.3 S. 45; *Merkt/Göthel,* US-amerikanisches Gesellschaftsrecht, 2006, Rn. 328; DGCL § 109 (b); CGCL sec. 212 (b); RMBCA § 2.06 (b).

193 *Merkt/Göthel,* US-amerikanisches Gesellschaftsrecht, 2006, Rn. 328.

zur Einberufung von *special meetings* der *shareholders*, die Häufigkeit der *board meetings*[194] oder besondere Pflichtenzuweisungen an die *officers*.[195]

b) Shareholders

Die *shareholders* werden zum einen als die Eigentümer der *corporation* bezeichnet, welche die Mitglieder des *Board of Directors* wählen.[196] Diese Konstruktion basiert auf dem Gedanken der *separation of ownership & control*, welche als notwendig angesehen wird, damit in kleiner Gruppe effiziente Entscheidungen getroffen werden können.[197] Dadurch wird der *board* zum Agenten der *shareholders* gemacht.[198] An anderer Stelle wird betont, dass die *shareholders* gerade nicht die Eigentümer der *corporation* sind, sondern lediglich Eigentümer der Rechte am Vermögen und dem Gewinn.[199] Die Wahl der Mitglieder des *boards* stellt die wichtigste Aufgabe der *shareholders* dar.[200] Diese Wahl findet in der Regel auf dem *annual shareholder meeting* statt, welches verpflichtend abgehalten werden muss.[201] Die *shareholder meetings* sind relativ zu sehen, da die meisten *shareholders* sich per Stimmrechtsvollmacht vertreten lassen.[202] Ein Initiativrecht haben die *shareholders* lediglich, wenn es um die Implementierung neuer Bestimmungen in den *bylaws* geht.[203] Interessant ist, dass der *board* den Prozess zur Einbringung von *bylaws* durch die *shareholders* durch Abänderungen oder Aufhebungen stören kann.[204] Daneben kommt ihnen eine Art Mitbestimmungsrecht bei bestimmten Entscheidungen zu, wie bei Zusätzen zu den *articles*, Fusionen mit anderen Gesellschaften, dem Verkauf des wesentlichen

---

194 *Merkt/Göthel*, US-amerikanisches Gesellschaftsrecht, 2006, Rn. 584.

195 *Gevurtz*, Corporation law, 2010, § 1.4 S. 57, § 3.1 S. 197; *Bainbridge*, Corporation law and economics, 2002, § 2.3 S. 43; *Merkt/Göthel*, US-amerikanisches Gesellschaftsrecht, 2006, Rn. 328.

196 *Gevurtz*, Corporation law, 2010, § 3.1 S. 179; *Merkt/Göthel*, US-amerikanisches Gesellschaftsrecht, 2006, Rn. 567.

197 *Bainbridge*, Corporation law and economics, 2002, § 2.3 S. 47 f.

198 *Bainbridge*, Corporation law and economics, 2002, § 2.3 S. 48.

199 *Bainbridge*, Corporation law and economics, 2002, § 10.1 S. 442, § 10.3 S. 464.

200 *Gevurtz*, Corporation law, 2010, § 3.1 S. 195, 201.

201 *Bainbridge*, Corporation law and economics, 2002, § 10.2 S. 442; *Merkt/Göthel*, US-amerikanisches Gesellschaftsrecht, 2006, Rn. 663 ff.; DGCL § 211 (a) – (c); CGCL sec. 600 (b); RMBCA § 7.01.

202 *Bainbridge*, Corporation law and economics, 2002, § 10.2 S. 443.

203 *Gevurtz*, Corporation law, 2010, § 3.1 S. 196; CGCL sec. 211; RMBCA § 10.20 (a); DGCL § 109 (a), sofern die Kompetenz in den *articles* nicht den *directors* zugewiesen ist, *Bainbridge*, Corporation law and economics, 2002, § 2.3 S. 43, § 5.1 193 Fn. 8; *Merkt/Göthel*, US-amerikanisches Gesellschaftsrecht, 2006, Rn. 570.

204 DGCL § 109 (a); CGCL sec. 212; *Merkt/Göthel*, US-amerikanisches Gesellschaftsrecht, 2006, Rn. 330.

Gesellschaftsvermögens und der Abwicklung der Gesellschaft.[205] Über *shareholder resolutions* kann ein gewisser Einfluss auf die weisungsungebundenen *directors* genommen werden,[206] ohne jedoch eine bindende Entscheidung dem *board* vorgeben zu können.[207] Ansonsten bleibt den *shareholders* die Möglichkeit über das Auskunftsrecht an den Unternehmungen der Gesellschaft teilzuhaben, welches auf bestimmte Informationen begrenzt ist und nur bei berechtigtem Grund und genügend Anteilsbesitz geltend gemacht werden kann.[208] In Bezug auf diese eingeschränkten Einflussmöglichkeiten[209] der *shareholders* auf die Geschäftsleitung wird festgestellt, dass deren Motivation zum Einfluss auf die Geschäftsleitung dadurch getrübt ist, dass der einzelne *shareholder* allein wenig Macht ausüben kann und er gemäß der *Wall-Street-Rule* den einfacheren Weg des Anteilsverkaufs dem langwierigen und auch kostenintensiven Prozess der Einflussnahme auf die Geschäftsleitung vorziehen wird.[210]

c) Board of Directors

Der *Board of Directors* ist der Entscheidungsträger in der *corporation*.[211] Durch das Trennungsprinzip (*separation of ownership and control*) ist die Installation eines *boards* verpflichtend.[212] Seine Funktion liegt in der Zustimmung bzw. Ablehnung von Managemententscheidungen, sowie in der Überwachung ihrer Umsetzungen.[213] Die Kompetenz leitet er primär aus den *statutes* ab.[214] In welcher Anzahl Personen im *board* aufgenommen werden, wird durch die *articles* oder *bylaws* bestimmt.[215]

---

205 *Gevurtz*, Corporation law, 2010, § 3.1 S. 196; *Merkt/Göthel*, US-amerikanisches Gesellschaftsrecht, 2006, Rn. 567.

206 Auer v. Dressel, 118 N.E.2d 590, 592 f. (N.Y. 1954) (u.a. bzgl. Wiedereinsetzung eines Vorsitzenden); *Merkt/Göthel*, US-amerikanisches Gesellschaftsrecht, 2006, Rn. 573 Fn. 17.

207 Auer v. Dressel, 118 N.E.2d 590, 593 (N.Y. 1954).

208 RMBCA § 16.01–16.04; *Gevurtz*, Corporation law, 2010, § 3.1 S. 212 ff.

209 *Bainbridge*, Corporation law and economics, 2002, § 5.1 S. 192.

210 *Gevurtz*, Corporation law, 2010, § 3.1 S. 232; *Bainbridge*, Corporation law and economics, 2002, § 10.7 S. 514; *Merkt/Göthel*, US-amerikanisches Gesellschaftsrecht, 2006, Rn. 778.

211 DGCL § 141 (a); CGCL sec. 300 (a); RMBCA § 8.01 (b); *Gevurtz*, Corporation law, 2010, §3.1 S. 179, 190; *Merkt/Göthel*, US-amerikanisches Gesellschaftsrecht, 2006, Rn. 567, 607.

212 *Bainbridge*, Corporation law and economics, 2002, § 1.2 S. 8 f.; *Armour/Hansmann/Kraakman*, The anatomy of corporate law, 2009, 1.2.4 S. 12 f.

213 *Fama/Jensen*, 26 J. L. Econ. (1983), 301, 303 f., 311; *Bainbridge*, Corporate Governance After the Financial Crisis, 2012, S. 44 f.

214 *Gevurtz*, Corporation law, 2010, § 3.1 S. 190.

215 *Gevurtz*, Corporation law, 2010, § 3.1 S. 186; *Merkt/Göthel*, US-amerikanisches Gesellschaftsrecht, 2006, Rn. 580; DGCL § 141 (b); CGCL sec. 212 (a); RMBCA § 8.03 (a).

Auch gibt es die Möglichkeit, dass die *articles* oder *bylaws* eine gewisse Anzahl von Mitgliedern zulassen, die tatsächliche Zahl aber der Entscheidung der *directors* oder *shareholders* überlassen wird.[216] Sogar *boards* mit nur einer Person sind zulässig.[217] Der einzelne *director* hat keine Befugnis die *corporation* rechtlich zu binden, denn dazu ist stets eine Entscheidung des gesamten *boards* notwendig.[218] Aus dieser Feststellung folgt, dass die *directors* keine Agenten der *corporation* sind,[219] denn die *directors* handeln an Stelle der *corporation*.

d) Executive officers

Die *officers* sind die kompetente Stelle in der *corporation*, wenn es darum geht, neue Vorschläge zu machen[220] und die von dem *board* getroffenen Entscheidungen umzusetzen.[221] Teilweise verlangen die *statutes* die Existenz von bestimmten *officers* wie dem *President, Secretary, Treasurer* und *Vice President*.[222] Wo die *statutes* keine bestimmten *officers* vorschreiben, sind die *corporations* in der Regel frei, die Anzahl der *officers* in den *bylaws* oder durch den *board* oder die *shareholders* bestimmen zu lassen.[223] Die Wahl des *Chief Executive Officers* erfolgt durch den *board*.[224] Auch die Vertretungsmacht[225] und Pflichten der *officers* können durch die *bylaws* oder durch eine Entscheidung des *boards* festgelegt werden.[226] Das den *officers* zugrunde liegende Rechtsverhältnis zur *corporation* stellt einen Anstellungsvertrag dar.[227]

---

216 *Gevurtz*, Corporation law, 2010, § 3.1 S. 186; CGCL sec. 212 (a); RMBCA § 8.03 (b), (c).

217 *Gevurtz*, Corporation law, 2010, § 3.1 S. 186; DGCL § 141 (b); RMBCA § 8.03 (a).

218 Gartrell v. Knight, 546 F. Supp. 449, 452 (N.D.Ala. 1982); *Cox/Hazen*, Cox & Hazen on corporations, 2003, § 8.03 S. 333; *Gevurtz*, Corporation law, 2010, § 3.1 S. 190.

219 *Cox/Hazen*, Cox & Hazen on corporations, 2003, § 8.03 S. 333; *Bainbridge*, Corporation law and economics, 2002, § 5.8 S. 235.

220 *Fama/Jensen*, 26 J. L. Econ. (1983), 301, 303 f.

221 *Fama/Jensen*, 26 J. L. Econ. (1983), 301, 303 f., 311; *Gevurtz*, Corporation law, 2010, § 3.1 S. 179; *Merkt/Göthel*, US-amerikanisches Gesellschaftsrecht, 2006, Rn. 567.

222 *Gevurtz*, Corporation law, 2010, § 3.1 S. 179 f.; CGCL Sec. 312 (a); *Merkt/Göthel*, US-amerikanisches Gesellschaftsrecht, 2006, Rn. 605: DCGL § 142 (a) und RMBCA §8.40 (a) setzen lediglich einen *secretary* voraus.

223 *Gevurtz*, Corporation law, 2010, § 3.1 S. 179 f.; DGCL § 142 (a), (b); RMBCA § 8.40 (a), (b).

224 *Bainbridge*, Corporation law and economics, 2002, § 5.8 S. 231; *Merkt/Göthel*, US-amerikanisches Gesellschaftsrecht, 2006, Rn. 605.

225 *Merkt/Göthel*, US-amerikanisches Gesellschaftsrecht, 2006, Rn. 608.

226 Musulin v. Woodtek, Inc., Or., 491 P.2d 1173, 1176 f. (Or.1971); Daniel Webster Council, Inc. v. St. Jarnes Ass'n, lnc., 533 A.2d 329, 330 (N.H.1987); *Bainbridge*, Corporation law and economics, 2002, § 5.8 S. 236 f.

227 *Merkt/Göthel*, US-amerikanisches Gesellschaftsrecht, 2006, Rn. 606.

II. Outside directors im System der corporation – die Vergleichsperspektive

Aufgrund dieses groben Überblicks kann festgestellt werden, dass die rechtlichen Rahmenbedingungen der US-amerikanischen *corporation* zwar im Grundsatz mit der deutschen AG vergleichbar sind, aber im gleichen Zuge auch wesentliche Unterschiede zur deutschen AG aufweisen. Unterschiede ergeben sich in der Stellung des *Chief Executive Officers*, welcher im Gegensatz zum Vorstandsvorsitzenden mehr Einfluss ausüben kann.[228] Die *corporation* hat im Gegensatz zum deutschen Vorstand und Aufsichtsrat nur ein *board* in dem die *executive directors* und *outisde directors* agieren, wobei die Trennung zwischen Leitung und Aufsicht durch die Einsetzung von *committees* erfolgt.[229] Gemeinsamkeiten ergeben sich dadurch, dass die *corporation outside directors* haben muss, welche eine Überwachungsaufgabe erfüllen.[230] Auch wenn die *corporation* nur den *board* hat, so ergibt sich schon aus der Unterscheidung zwischen *executive directors* und *outside* bzw. *independent directors*, dass auch im System der *corporation* zwischen Leitungs- und Aufsichtsaufgaben getrennt wird.[231] Diese Trennung ist durch die faktische Möglichkeit der *outside directors* auf die Geschäftsführung einzuwirken allerdings nicht streng zu sehen.[232] Als Konsequenz ergibt sich, dass bei einem Vergleich zur deutschen AG die *corporation* in den USA das passende Gegenstück ist. Die Existenz des *boards* in der *corporation* (*one-tier system*) macht es im Gegensatz zur deutschen AG mit dem Vorstand und Aufsichtsrat (*two-tier system*) als voneinander getrennte Organe nun erforderlich, dass mit den deutschen Aufsichtsräten Vergleichbares gefunden werden muss. Dies basiert auf dem Grundgedanken, dass nur vergleichbar ist, was denselben Zweck erfüllt.[233] Hauptaufgabe[234] des Aufsichtsrats ist es gem. § 111 Abs. 1 AktG die Geschäftsführung zu überwachen. Daher muss nach der Institution in der *corporation* gesucht werden, die genau diese Überwachungsfunktion erfüllt. Dabei lässt sich in einer Ausgangsthese festhalten, dass dies nur die *outside directors* in der *corporation* sein können. Allein wenn man die zu vergleichenden Personengruppen auf die *outside directors* eingrenzt und die Betrachtungsperspektive nach ihnen ausrichtet, wird man einen

228 *Martin,* NZG 2003, 948, 950; ähnlich *Spindler* in: MünchKommAktG § 93 Rn. 163.

229 *Donald,* WM 2003, 705, 713; *Bezzenberger/Keul* in: FS Schwark, 2009, S. 121, 124 m.w.N.

230 *Donald,* WM 2003,705, 712 f.

231 *Donald,* WM 2003,705, 712.

232 *Baums,* ZIP 1995, 11, 14 f.; *Davies,* ZGR 2001, 268, 283; *Hopt/Roth* in: Großkommentar AktG § 111 Rn. 97; *Bezzenberger/Keul* in: FS Schwark, 2009, S. 121, 124.

233 *Zweigert/Kötz,* Einführung in die Rechtsvergleichung auf dem Gebiete des Privatrechts, 1996, S. 33.

234 Die daneben bestehenden Aufgaben wie z. B. die Vertretung ggü. dem Vorstand gem. § 112 AktG oder die Bestellung des Vorstands gem. § 84 AktG sind zwar genauso wichtig, beschreiben den Überwachungszweck des Aufsichtsrats jedoch nur mittelbar.

sinnvollen Vergleich zu den deutschen Aufsichtsratsmitgliedern anstellen können. Bei den Ausprägungen von *directors* lassen sich *inside directors, outside directors* und *independent directors* begrifflich unterscheiden. Interessant ist, dass die Empfehlung eindeutig dahin geht, die *boards* hauptsächlich mit *outside directors* zu besetzen.[235] *Inside directors* sind Personen, die ebenso durch vertragliche Bindungen für die Gesellschaft arbeiten, also deren Arbeitnehmer sind.[236] *Outside directors* sind Personen, die keine Arbeitnehmerstellung einnehmen.[237] Die *corporations*, die den Regeln der NYSE oder Nasdaq unterfallen, sind gezwungen *independent directors* in der Mehrheit zu bestellen.[238] Der Begriff des *independent directors* ist von dem des *outside directors* zu unterscheiden.[239] Einige bezeichnen *outside directors* mit einer *significant relationship* zur *corporation* als *"grey"* bzw. *"gray" director*, um den Unterschied zum *independent director* deutlich zu machen.[240] *Independent directors* sollen Personen sein, welche weder mit der *corporation* in einer vertraglichen Verbindung stehen, noch von *inside directors* beeinflusst werden,[241] und deren Vergütung für frühere Dienste

---

235 *Gevurtz*, Corporation law, 2010, § 3.1 S. 242.

236 *Elson*, 50 S.M.U. L. Rev. (1996), 127, 141; *Yermack*, 59 J. Fin. (2004), 2281, 2283; *Leech/Mundheim*, 31 Bus. Law. (1976), 1799, 1803; *Lin*, 90 Nw. U. L. Rev. (1996), 898, 900; *Fich/Shivdasani*, 78 J. Bus. (2005), 2229, 2233; *Gevurtz*, Corporation law, 2010, § 3.1 S. 233; *Merkt/Göthel*, US-amerikanisches Gesellschaftsrecht, 2006, Rn. 581.

237 Unitrin, Inc. v. American General Corp., 651 A.2d 1361, 1375 (Del. 1995); *Lin*, 90 Nw. U. L. Rev. (1996), 898, 900, 909; *Elson*, 50 S.M.U. L. Rev. (1996), 127, 141; *Fama/Jensen*, 26 J. L. Econ. (1983), 301, 315; *Bishop*, 77 Yale L. J. (1968), 1078, 1092; *Gevurtz*, Corporation law, 2010, § 3.1 S. 233.

238 NYSE Manual §§ 303A.01; Nasdaq Rule 5605 (b); *Merkt/Göthel*, US-amerikanisches Gesellschaftsrecht, 2006, Rn. 581.

239 *Donald*, WM 2003,705, 711, Fn. 96, der an anderer Stelle (705, 713) den *independent director* mit dem *outside director* gleichsetzt; Begrifflich strikt zwischen *outside* und *independent director* unterscheidend auch: *Bainbridge*, Corporation law and economics, 2002, § 5.5 S. 220.

240 *Yermack*, 59 J. Fin. (2004), 2281, 2283; hierzu auch *Hermalin/Weisbach*, 88 Americ. Econ. Rev. (1998), 96, 97 Fn. 3; *Lin*, 90 Nw. U. L. Rev. (1996), 898, 919; *Fich/Shivdasani*, 78 J. Bus. (2005), 2229, 2233, welche allerdings den *outside director* nicht als *„gray director"* sehen (2229, 2234).

241 Zur fehlenden Beeinflussung: Aronson v. Lewis, 473 A.2d 805, 816 (Del. 1984),: *"Independence means that a director's decision is based on the corporate merits of the subject before the board rather than extraneous considerations or influences."*; Unitrin, Inc. v. American General Corp., 651 A.2d 1361, 1375 (Del. 1995); *Lin*, 90 Nw. U. L. Rev. (1996), 898, 904; ähnlich *Gilson/Kraakman*, 43 Stan. L. Rev. (1991), 863, 873, welche ein fehlendes finanzielles Interesse bei Managementangelegenheiten als Unabhängigkeit beschreiben; *Leech/Mundheim*, 31 Bus. Law. (1976), 1799, 1804, 1830; allgemein: *Elson*, 50 S.M.U. L. Rev. (1996), 127, 149; *Brown*, 82 NYU L. Rev. (2007), 1102, 1110; *Fich/Shivdasani*, 78 J. Bus. (2005), 2229, 2233; *Bainbridge*, Corporation law and economics, 2002, § 5.5 S. 219.

$ 120.000[242] bzw. $ 60.000[243] jährlich nicht überstiegen hat. *Director compensation fees* werden hierbei ausdrücklich von dem Vergütungsbegriff ausgeschlossen,[244] sodass eine zuvor erhaltene *director compensation*, die $ 120.000 bzw. $ 60.000 übersteigt, nicht zur Abhängigkeit führt. Die ALI Principles beschreiben einen *independent director* als eine Person, bei der keine wesentliche Verbindung (*significant relationship*) mit den leitenden Angestellten besteht.[245] Eine *significant relationship* besteht unter anderem, wenn innerhalb der letzten zwei Jahre ein Arbeitsverhältnis mit der *corporation* bestand, familiäre oder geschäftliche Kontakte zu der *corporation* bestehen oder bei Zahlungen an den *director* von insgesamt mehr als $ 200.000 in den letzten zwei Jahren.[246] Dabei wird auch hier klargestellt, dass die *director compensation* nicht unter den Zahlungsbegriff fällt.[247] Gemäß den NYSE Regeln ist eine Person ein *independent director*, wenn sie in den letzten drei Jahren nicht bei der *corporation* oder einer verbundenen Gesellschaft angestellt war, kein Familienmitglied hat, welches innerhalb der letzten drei Jahre als *executive officer* für die *corporation* oder für mit ihr verbundene Gesellschaften tätig war, keine direkten geschäftlichen Verbindungen (*no material relationship*) zur *corporation* pflegt und kein Partner, kontrollierender Aktionär oder *executive officer* einer Organisation ist, welche direkte geschäftliche Kontakte mit der *corporation* unterhält.[248] Der Unabhängigkeits-Standard der Nasdaq

---

242 NYSE Manual §303A.02 (b) (ii).

243 Nasdaq Rule 5605 (a) (2) (B).

244 NYSE Manual §303A.02 (b) (ii): "The director has received, or has an immediate family member who has received, during any twelve-month period within the last three years, more than $120,000 in direct compensation from the listed company, other than director and committee fees and pension or other forms of deferred compensation for prior service (provided such compensation is not contingent in any way on continued service)."; Nasdaq Rule 5605 (a) (2) (B): "...a director who accepted or who has a Family Member who accepted any compensation from the Company in excess of $120,000 during any period of twelve consecutive months within the three years preceding the determination of independence, other than the following: **(i)** compensation for board or board committee service..."; *Altmeppen*, ZGR 2004, 390, 400; unklar daher *Merkt/Göthel*, US-amerikanisches Gesellschaftsrecht, 2006, Rn. 581 und *Lederer*, Die Haftung von Aufsichtsratsmitgliedern und nicht geschäftsführenden Direktoren, 2011, S. 24, wo allgemein von der Vergütung gesprochen wird, obwohl in den Zulassungsregeln eindeutig die Vergütung für die Arbeit als *director* nicht in diesen Betrag miteingerechnet wird (",[...] other than [...]").

245 *The American Law Institute*, Principles of corporate governance, 1994, § 3A.01, § 1.34; *Bainbridge*, Corporation law and economics, 2002, § 5.5 S. 219.

246 *The American Law Institute*, Principles of corporate governance, 1994, § 1.34.

247 *The American Law Institute*, Principles of corporate governance, 1994, § 1.34 (a) (3) i.V.m. § 1.07.

248 NYSE Manual 303A.02; *Bainbridge*, Corporation law and economics, 2002, § 5.5 S. 219.

ist ähnlich definiert.[249] Die zumindest begriffliche Unterscheidung zwischen *outside directors* und *independent directors* sollte jedoch nicht alternativ verstanden werden. *Outside directors* sind bei Erfüllung der soeben genannten Voraussetzungen gleichzeitig *independent directors*.[250] Im Gegensatz zum *inside director* steht bei den *outside directors* nicht die leitende Funktion, sondern der Überwachungsaspekt im Vordergrund.[251] Aufgrund dessen sind die *outside directors* diejenige Personengruppe in der *corporation*, die hauptsächlich dem Zweck der Überwachung der Geschäftsführung nachkommt. Somit stellen sie das zu vergleichende Pendant zum deutschen Aufsichtsratsmitglied dar.[252]

B. Rechtsgrundlage der *compensation*

I. Ausgangspunkt- Die Wahl zum *outside director*

Die Wahl zum *director* führt zwar noch nicht automatisch zu einem Vergütungsanspruch.[253] Jedoch ist seine Wahl in das Amt eines *directors* eine Teilvoraussetzung dafür, dass ein *director* eine *compensation* für seine Tätigkeit als *director* erlangen kann und behalten darf. Der *board* kann entweder jährlich durch das *annual shareholder meeting* komplett neu besetzt werden.[254] Oder es wird ein sogenanntes *classified* bzw. *staggered board* gewählt, was sich dadurch auszeichnet, dass die *directors* zwei bzw. drei Jahre im Amt bleiben und jährlich nur die Hälfte oder ein Drittel der *director* Posten neu besetzt werden.[255] Hinter dem *classified* bzw. *staggered board* steckt der Sinn, dass damit ein Mittel gegen Übernahmen und die *proxy contests* besteht, sowie

249 Siehe hierzu Nasdaq Rule 5605 (a) (2).

250 *Bainbridge*, Corporation law and economics, 2002, § 5.5 S. 223, 227; *Donald*, WM 2003, 705, 711 Fn. 96.

251 Rowen v. Le Mars Mut. Ins. Co. of Iowa 282 N.W.2d 639, 652 (Iowa 1979),: "*an outside director does not have the same duty or responsibility that falls upon those who are in active charge and who dictate day-to-day policy*"; *Brown*, 82 NYU L. Rev. (2007), 1102, 1105 Fn. 13.

252 *Bishop*, 77 Yale L. J. (1968), 1078, 1092; *Donald*, WM 2003, 705, 711 Fn. 96.

253 Cahall v. Lofland, 114 A. 224, 229 f. (Del. Ch. 1921); National Loan & Inv. Co. v. Rockland Co., 94 F. 335, 337 (8th Cir. 1899); *Elson*, 50 S.M.U. L. Rev. (1996), 127, 131, 135 f.; *Cox/Hazen*, Cox & Hazen on corporations, 2003, § 11.01 S. 548; *Merkt/Göthel*, US-amerikanisches Gesellschaftsrecht, 2006, Rn. 618.

254 *Bainbridge*, Corporation law and economics, 2002, § 10.2 S. 444, 446; *Gevurtz*, Corporation law, 2010, § 3.1 S. 179, 186 f., 195, 201; *Merkt/Göthel*, US-amerikanisches Gesellschaftsrecht, 2006, Rn. 571; *Overton* in: Foulkes, Executive Compensation, 1991, S. 383; *Adams/Ferreira*, 46 Journal of Accounting and Economics (2004), 154, 158 Fn. 7; *Adams*, What do Boards do? Evidence from Board Committee and Director Compensation Data, 2003, S. 7; *Gilson/Kraakman*, 43 Stan. L. Rev. (1991), 863, 873; DGCL § 141 (b); CGCL sec. 301 (a); RMBCA § 8.03 ff.

255 *Bainbridge*, Corporation law and economics, 2002, § 5.5 S. 217, § 10.2 S. 444, 446; *Gevurtz*, Corporation law, 2010, § 3.1 S. 187; *Merkt/Göthel*, US-amerikanisches

ein stärkerer Grad an Beständigkeit und Erfahrung im *board* vorherrscht.[256] Eine Beschränkung der Anzahl von Amtszeiten enthalten die *statutes* nicht, jedoch kann sich eine Beschränkung aus den *articles* ergeben.[257] Sowohl die Anzahl der *directors*, als auch die Qualifikationsanforderungen an die Person des *directors* können durch die *articles* oder *bylaws* festgelegt werden.[258]

Die Wahl der *directors* durch die *shareholders* darf jedoch nicht darüber hinwegtäuschen, dass die *executive directors* trotzdem großen Einfluss auf die Wahl von *outside directors* ausüben können.[259] Das hieraus resultierende Problem wird in einer Abhängigkeit bzw. einer zu starken Verbundenheit zwischen dem Management und den *directors* gesehen, indem die Berufung des *directors* in sein Amt zumindest faktisch vom Management abhängt.[260] Infolgedessen hängt auch mittelbar die Vergütung der *directors* vom Management ab, wenn dieses faktisch über die Anzahl der Amtszeiten bestimmen kann,[261] da die Wahl zum *director* eine der Grundvoraussetzungen für eine *director compensation* ist. Ausgangspunkt für diese Überlegung ist die Tatsache, dass die potenziellen *directors* üblicherweise vom Management ausgewählt und danach den *shareholders* zur Wahl präsentiert werden.[262] Infolge dessen werden diese Kandidaten in der Regel von den *shareholders* angenommen.[263] Zwar werden die *directors* hauptsächlich durch ein mit unabhängigen *directors* besetztes *nominating committee* vorgeschlagen, jedoch werden dadurch die Einflussmöglichkeit des Managements nicht gestört.[264] Die einflussreichste Person soll dabei der

---

Gesellschaftsrecht, 2006, Rn. 571; DGCL § 141 (d); CGCL sec. 301.05 (a) RMBCA § 8.06.

256 Für *proxy contests* und Übernahmen: *Bainbridge*, Corporation law and economics, 2002, § 10.2 S. 446; für Übernahmen und Erfahrung: *Gevurtz*, Corporation law, 2010, § 3.1 S. 187; für Übernahmen: *Overton* in: Foulkes, Executive Compensation, 1991, S. 383, 384.

257 *Bainbridge*, Corporation law and economics, 2002, § 5.5 S. 217.

258 *Gevurtz*, Corporation law, 2010, § 1.4 S. 57, §3.1 S. 186; *Bainbridge*, Corporation law and economics, 2002, § 2.3 S. 43, § 5.5 S. 217; DGCL § 141 (b); CGCL sec. 212 (a), (b) (4); RMBCA § 8.03 (b), (c).

259 *Strine Jr.*, 57 Bus. Law. (2002), 1371, 1377 f.; *Donald*, WM 2003, 705, 714; *Gevurtz*, Corporation law, 2010, § 3.1 S. 234; in diese Richtung gehend auch *Yermack*, 59 J. Fin. (2004), 2281, 2282.

260 *Elson*, 50 S.M.U. L. Rev. (1996), 127, 132; *Lin*, 90 Nw. U. L. Rev. (1996), 898, 915 f.; *Kor/Misangyi*, 29 Strat. Mgmt. J. (2008), 1345, 1352.

261 In diese Richtung *Elson*, 50 S.M.U. L. Rev. (1996), 127, 132.

262 *Elson*, 50 S.M.U. L. Rev. (1996), 127, 139 f., 157; *Gilson/Kraakman*, 43 Stan. L. Rev. (1991), 863, 875, 884; *Fama/Jensen*, 26 J. L. Econ. (1983), 301, 314; *Hermalin/Weisbach*, 88 Americ. Econ. Rev. (1998), 96, 96.

263 *Lin*, 90 Nw. U. L. Rev. (1996), 898, 954 f.; *Hermalin/Weisbach*, 88 Americ. Econ. Rev. (1998), 96.

264 *Hamdani/Kraakman*, 105 Mich. L. Rev. (2007), 1677, 1685; *Perry*, Incentive Compensation For Outside Directors And CEO Turnover, 1999, S. 1.

Chief Executive Officer sein,[265] begünstigt durch seinen starken Einfluss auf das *nominating committee*, in welchem er sogar Mitglied sein kann.[266] Dies kann auch damit erklärt werden, dass der *Chief Executive Officer* dem gesamten Management vorsteht und somit zumindest die Entscheidungen seitens der Management-Angehörigen vorgibt.[267] Letztendlich entscheidet ebenso das persönliche und geschäftliche Verhältnis der *directors* zum Management, ob ein *director* ein weiteres Mal für eine *board* Position vorgeschlagen wird oder nicht.[268] Wenn diese Beziehungen über Jahre hinweg gepflegt werden, ist es als *director* schwierig, dem Einfluss des Managements zu entgehen. Außerdem wird der Einfluss von institutionellen Investoren als Aktionäre bei der Wahl der *directors* dahingehend kritisch gesehen, dass diese eher auf kurzfristige Gewinne aus sind, anstatt den langfristigen Geschäftserfolg im Sinn zu haben.[269]

Sollte sich innerhalb einer Zeitperiode des *boards* ein freier *director* Posten ergeben, so kann diese freie Stelle entweder durch eine Wahl der *shareholders* in einem *special shareholders meeting* oder durch den *board* neu besetzt werden, sofern der *board* zu dieser Entscheidung in den *statutes, articles oder bylaws* ermächtigt wurde.[270]

Um einen *director* noch vor Ende der Amtszeit aus dem *board* zu entfernen bestehen verschiedene Möglichkeiten. Zum einen kann dies per *shareholder vote* mit und ohne Begründung geschehen,[271] wobei die Abwahl nur mit Grund erfolgen darf, wenn die *articles* einen Grund erfordern[272] oder ein Fall des *staggered boards*[273] vorliegt. Zum anderen kann die Entfernung aus dem Amt nur mit Grund

---

265 *Yermack,* 59 J. Fin. (2004), 2281, 2298; *Lin,* 90 Nw. U. L. Rev. (1996), 898, 954 f.; *Perry,* Incentive Compensation For Outside Directors And CEO Turnover, 1999, S. 1; *Bainbridge,* Corporation law and economics, 2002, § 5.3 S. 205.

266 *Perry,* Incentive Compensation For Outside Directors And CEO Turnover, 1999, S. 1.

267 *Leech/Mundheim,* 31 Bus. Law. (1976), 1799, 1803 f.

268 *Leech/Mundheim,* 31 Bus. Law. (1976), 1799, 1826 f.; *Lin,* 90 Nw. U. L. Rev. (1996), 898, 915 f.; *Kor/Misangyi,* 29 Strat. Mgmt. J. (2008), 1345, 1352.

269 *Gevurtz,* Corporation law, 2010, § 3.2 S. 276; zum Einfluss institutioneller Investoren auch *Gilson/Kraakman,* 43 Stan. L. Rev. (1991), 863, 868, 872 f.

270 *Gevurtz,* Corporation law, 2010, § 3.1 S. 189; *Merkt/Göthel,* US-amerikanisches Gesellschaftsrecht, 2006, Rn. 571; *Bainbridge,* Corporation law and economics, 2002, § 5.6 S. 230; RMBCA § 8.10.

271 Mit Grund, wenn die *shareholders* auch die die Wahl zuständig sind: Auer v. Dressel, 118 N.E.2d 590, 593 (N.Y. 1954); *Bainbridge,* Corporation law and economics, 2002, § 5.6 S. 230; *Gevurtz,* Corporation law, 2010, § 3.1 S. 188; DGCL § 141 (k); CGCL sec. 303; RMBCA § 8.08 (a).

272 *Bainbridge,* Corporation law and economics, 2002, § 5.6 S. 230; *Gevurtz,* Corporation law, 2010, § 3.1 S. 188; RMBCA § 8.08 (a).

273 *Gevurtz,* Corporation law, 2010, § 3.1 S. 188; DGCL § 141 (k).

erfolgen, wenn dies durch einen Beschluss des *boards* selbst oder per Gerichtsentscheid geschieht.[274]

II. Rechtsnatur der *compensation* der *outside directors*

Ausgangspunkt für die Betrachtung der *compensation* der *directors* ist der in der Vergangenheit bestandene Grundgedanke, dass sie ihre Dienste der *corporation* unentgeltlich entgegenbrachten.[275] Früher war der Streubesitz an den Anteilen der *corporation* noch nicht so groß, sodass die wenigen *shareholders* selbst die Rolle der *directors* übernahmen und in dem Bestreben ihren Anteilsbesitz zu schützen, genügend Anreiz zur Ausübung ihres Amtes hatten.[276] Falls Zahlungen an die *directors* für ihre Dienste als *directors* erfolgen, ergeben sich die Fragestellungen, auf welchen rechtlichen Anknüpfungspunkt dies zurückgeht (1.) und wer die dafür kompetente Stelle in der *corporation* ist (2.). Damit die *compensation* für erbrachte Dienste im Rahmen der Tätigkeit nicht mit anderen Zahlungen an die *directors* vermengt werden, ist eine Abgrenzung zu den sonstigen Zahlungen aus *service contracts* (3.), sowie zur *indemnification* (4.) sinnvoll.

1. Rechtlicher Anknüpfungspunkt

Durch die lediglich Wahl der *directors* in ihre Ämter stellt sich die Frage, wie die rechtliche Verbindung der *directors* zur *corporation* bezüglich ihrer Aufgabenwahrnehmung ausgestaltet ist, sodass hieraus Schlüsse für die Rechtsgrundlage der *compensation* getroffen werden können. Für die Vergütung der *officers* gibt es die Möglichkeit bei mangelnden vertraglichen Absprachen, einen Vergütungsanspruch aus einem *implied contract* herzuleiten.[277] Mit der Begründung, dass *directors* üblicherweise ohne Vergütung ihre Tätigkeit verrichten, haben die Gerichte es nicht zugelassen, für *directors* eine vertragliche Beziehung zur *corporation* herzuleiten.[278]

---

274 Durch *board*-Beschluss: *Gevurtz,* Corporation law, 2010, § 3.1 S. 188 f.; gegen eine Abwahl durch *board*-Beschluss: *Bainbridge,* Corporation law and economics, 2002, § 5.6 S. 230 und Bruch v. National Guarantee Credit Corp., 116 A. 738, 741 f. (Del.Ch. 1922); per Gerichtsentscheid: sec. 304 CGCL; RMBCA § 8.09.

275 Cahall v. Lofland, 114 A. 224, 229 f. (Del. Ch. 1921); National Loan & Inv. Co. v. Rockland Co., 94 F. 335, 337 (8th Cir. 1899); *Elson,* 50 S.M.U. L. Rev. (1996), 127, 131, 135 f.; *Cox/Hazen,* Cox & Hazen on corporations, 2003, § 11.01 S. 548; *Merkt/Göthel,* US-amerikanisches Gesellschaftsrecht, 2006, Rn. 618.

276 *Elson,* 50 S.M.U. L. Rev. (1996), 127, 131, 135 f.

277 *Merkt/Göthel,* US-amerikanisches Gesellschaftsrecht, 2006, Rn. 620.

278 Strax v. Murray Hill Mews Owners Corp. 809 N.Y.S. 2d 759, 762 (N.Y. Sup. App. 2005); Corinne Mill, Canal & Stock Co. v. Toponce, 152 U.S. 405, 410 (1894), (für Management Tätigkeiten); Lofland v. Cahall, 118 A. 1, 6 f. (Del. Ch. 1922); Fox v. Arctic Placer Min. & Mill. Co., 128 N.E. 154, 155 ff. (N.Y. 1920); *Elson,* 50 S.M.U. L. Rev. (1996), 127, 131, 135 f.; *Cox/Hazen,* Cox & Hazen on corporations, 2003, § 11.01 S. 548; missverständlich daher *Farrell/Friesen/Hersch,* 14 J. Corp. Fin. (2008),

Aus diesem Grund kann in der Konstruktion der *quantum meruit,* welche grob besagt, dass einer Leistung grundsätzlich eine Gegenleistung gegenüberstehen muss, ebenfalls keine Rechtsgrundlage für eine Vergütung gesehen werden, wenn es um die Erledigung der üblichen Aufgaben geht.[279] *Directors* sind in ihrer Funktion keine Angestellten der *corporation,*[280] sodass mangels Vertragsverhältnisses eine andere Rechtsgrundlage gefunden werden muss.

Die Grundlage für die *compensation* kann in den *statutes* angelegt sein, in einem Beschluss der *shareholders* liegen oder durch *provisions* in den *bylaws* festgeschrieben werden.[281] Durch die Möglichkeit, die Vergütungsbestandteile in den *articles* festzulegen,[282] ergeben sich die *articles* konsequenterweise ebenfalls als mögliche Rechtsgrundlage einer *director compensation.* Dementsprechend findet sich auch in der Rspr. der einzelnen Staaten die Aussage, dass eine *compensation* für die *directors* nur in Betracht kommt, wenn diese vorher in den *articles,* den *bylaws* oder etwa durch einen Beschluss des *board* festgelegt wurde.[283]

Gemäß den *statutes* von Delaware kann die Vergütung in den *articles, bylaws* oder durch einen Beschluss des *board* selbst festgesetzt werden,[284] sodass hierin die Rechtsgrundlage zu sehen ist. In Kalifornien geht aus den *statutes* hervor,[285] dass die *bylaws* der rechtliche Anknüpfungspunkt für die *director compensation* ist. Es wird ausdrücklich klargestellt, dass die Vergütung nicht durch einen Beschluss

---

153, 154, 156, 162, welche den Terminus "*compensation contract*" für die *director compensation* benutzen.

279 Für *officers*: Air Traffic & Serv. Corp. v. Fay, 196 F.2d 40, 43 (D.C. Cir. 1952); Portman v. American Home Products Co., 98 F. Supp. 494, 498 ff. (S.D.N.Y. 1951); *Cox/Hazen,* Cox & Hazen on corporations, 2003, § 11.01 S. 549; für die *officers* dagegen schon: *Merkt/Göthel,* US-amerikanisches Gesellschaftsrecht, 2006, Rn. 620.

280 *Elson,* 50 S.M.U. L. Rev. (1996), 127, 136.

281 Lofland v. Cahall, 118 A. 1, 3 (Del. Ch. 1922); *Elson,* 50 S.M.U. L. Rev. (1996), 127, 136 f.; *Cox/Hazen,* Cox & Hazen on corporations, 2003, § 11.01 S. 549; *Merkt/Göthel,* US-amerikanisches Gesellschaftsrecht, 2006, Rn. 618.

282 Lofland v. Cahall, 118 A. 1, 3, 6 f. (Del. Ch. 1922); *Elson,* 50 S.M.U. L. Rev. (1996), 127, 136; *Bainbridge,* Corporation law and economics, 2002, § 5.5 S. 217.

283 Fitch v. J.A. Tobin Construction Company, Inc., 829 S.W.2d 497, 500 m.w.N. (Mo. App. 1992); etwas abweichend: Fox v. Arctic Placer Min. & Mill. Co., 128 N.E. 154 (N.Y. 1920), (*"statute, charter, by-laws, or agreement"),* dem folgend Aries Ventures Limited and Raymond T. Mundy v. Axa Finance S.A. 729 F.Supp. 289, 294 (S.D.N.Y. 1990); Cahall v. Lofland, 114 A. 224, 232 (Del. Ch. 1921) (*statute, charter, bylaws, stockholder confirmation*); Finch et al. v. Warrior Cement Corporation et al., 141 A. 54, 63 (Del. Ch. 1928), (*"charters, by-laws, or the stockholders"*); Paine v. Kentucky Refining Co. 167 S.W. 375 f. (Ky. App. 1914); Pindell v. Conlon Corporation, 24 N.E.2d 882 (Ill. App. 1 Dist. 1940), (*"by-law or resolution of board of directors"*).

284 DGCL § 141 (h).

285 CGCL sec. 212 (b) (4). Dies gilt allerdings nicht für einen *provisional director,* welcher bei *deadlocks* eingesetzt wird, CGCL sec. 308 (c).

eines *committees* erfolgen darf.[286] Der RMBCA wiederum lässt einen Beschluss des *boards* als Rechtsgrundlage der *director compensation* zu, sofern nichts anderes in den *articles* oder *bylaws* festgelegt wurde.[287]

Somit ergibt sich, dass die *directors* grundsätzlich keinen Anspruch auf eine Vergütung haben. Ein solcher Anspruch kann nur bestehen, wenn eine *director compensation* explizit festgesetzt wurde.

2. *Vergütungsfestsetzungsverfahren*

Dass den *directors* eine *compensation* für ihre Tätigkeiten gewährt werden kann, folgt aus der allgemeinen *general corporate power*,[288] die jedoch wenig zur Kompetenzzuweisung aussagt. Oftmals wird die *director compensation* jährlich angepasst,[289] sodass das Vergütungsfestsetzungsverfahren eine sehr hohe Relevanz aufweist. Daher wird im Folgenden dargestellt, wer die *director compensation* festlegen kann [a)] und welche Probleme sich daraus ergeben können [b)].

a) Kompetente Festsetzungsinstanz

Grundlage einer an die *directors* gezahlten *compensation* soll entweder ein Beschluss der *shareholders* oder die Festsetzung durch *provisions* in den *bylaws* sein.[290] Durch die Möglichkeit, die Art und Weise der *compensation* in den *articles* festzulegen,[291] können ebenso die *articles* die Vorgaben zur Vergütungsfestsetzung machen.[292] Dies fügt sich in den allgemeinen hierarchischen Aufbau ein, in dem die *articles* die durch die *statutes* vorgegebenen Möglichkeiten ausschöpfen können und den *bylaws* im Rangverhältnis vorgehen.[293] Es fragt sich hiernach, ob bei entsprechender Bestimmung in den *articles* nicht der *board* selbst über die *compensation* entscheiden kann. Grundsätzlich soll der *board* für sich selbst keine sogenannte *fee* als *compensation* festsetzen.[294] Allerdings ist eine *board*-Entscheidung über die eigene Vergütung heutzutage üblich geworden.[295] Eine Vergütungsentscheidung der *shareholders* wird

286 CGCL sec. 311 (c).

287 RMBCA § 8.11.

288 *Merkt/Göthel*, US-amerikanisches Gesellschaftsrecht, 2006, Rn. 661.

289 *Farrell/Friesen/Hersch*, 14 J. Corp. Fin. (2008), 153, 158.

290 Lofland v. Cahall, 118 A. 1, 3 (Del. Ch. 1922); *Cox/Hazen*, Cox & Hazen on corporations, 2003, § 11.01 S. 549.

291 *Bainbridge*, Corporation law and economics, 2002, § 5.5 S. 217.

292 Lofland v. Cahall, 118 A. 1, 3, 6 f. (Del. Ch. 1922); *Elson*, 50 S.M.U. L. Rev. (1996), 127, 144; *Cox/Hazen*, Cox & Hazen on corporations, 2003, § 11.01 S. 549.

293 *Bainbridge*, Corporation law and economics, 2002, § 2.3 S. 43; *Merkt/Göthel*, US-amerikanisches Gesellschaftsrecht, 2006, Rn. 328.

294 Palmer v. Scheftel, 170 N.Y.S. 588, 590 (N.Y. App.Div. 1918), m.w.N; *Cox/Hazen*, Cox & Hazen on corporations, 2003, § 11.01 S. 549 Fn. 7.

295 *Carey/Elson/England*, How should corporate directors be compensated?, 1996; *Elson*, 50 S.M.U. L. Rev. (1996), 127, 144; *Adams/Ferreira*, 46 Journal of Accounting

hingegen kritisch gesehen, sofern es keine Kompetenzzuweisung durch Gesetz oder *articles* bzw. *bylaws* gibt, da die Entscheidung gemäß dem Trennungsgrundsatz von *ownership and control* beim *board* liegt.[296] Vor diesem Hintergrund sollte die Frage beantwortet werden, ob eine Entscheidung der *shareholders* über die *compensation* der *directors* möglich ist. Wenn die *directors* in Vergütungsfragen erst bei entsprechender Übertragung einer Kompetenz Entscheidungen treffen können, und das *statute* keine Vorgaben zur Kompetenz macht, so kann in einem *one-tier system* nur der letzte verbleibende Entscheidungsträger die Handlung vornehmen, der in diesem Fall die *shareholders* im Rahmen eines *meetings* ist. Dieses Ergebnis lässt sich durch die Möglichkeit von *shareholder proposals* untermauern, durch welche die *shareholders* die Möglichkeit haben auf Entscheidungen der *executive compensation* Einfluss zu nehmen.[297] Ein weiteres Argument für dieses Ergebnis ist das Initiativrecht der *shareholders* zur Implementierung von *bylaws*,[298] sodass sie sich selbst die Vergütungskompetenz zuweisen könnten im Falle einer bisher fehlenden Kompetenz. In Delaware[299], sowie gemäß dem RMBCA[300] hat der *board* die Kompetenz, die *director compensation* festzulegen. Dies gilt jedoch nur, wenn in den *articles* oder *bylaws* nichts anderes bestimmt wurde,[301] sodass auch auf diesem Wege die *director compensation* geregelt werden kann. In Kalifornien[302] hingegen besteht nur eine Bestimmung, dass die *director compensation* per *bylaws* festsetzt werden kann. Somit kann in Kalifornien die *director compensation* per *shareholder vote* oder durch einen *Beschluss* des *boards* festgelegt werden, da sie[303] die Kompetenz innehaben, *bylaws* zu implementieren.

b) Mögliche Interessenkonflikte

Sofern die Vergütungsfestsetzung durch den *board* selbst erfolgt, könnten sich hieraus Interessenkonflikte ergeben. Seine Berechtigung findet diese Überlegung in der

---

and Economics (2004), 154, 157; *Yermack*, 59 J. Fin. (2004), 2281, 2282; *Brown*, 82 NYU L. Rev. (2007), 1102, 1104 f.; *Cox/Hazen*, Cox & Hazen on corporations, 2003, § 11.01 S. 549.

296 *Bainbridge*, Corporation law and economics, 2002, § 10.4 S. 482, allerdings für die *executive compensation*; ähnlich auch *Merkt/Göthel*, US-amerikanisches Gesellschaftsrecht, 2006, Rn. 678, welche ein *voting agreement* von *shareholders* über die *director compensation* aufgrund fehlender Kompetenz für unzulässig erachten, an anderer Stelle lassen sie eine generelle Vergütungsentscheidung durch Gesellschafterbeschluss jedoch zu: *Merkt/Göthel*, US-amerikanisches Gesellschaftsrecht, 2006, Rn. 618.

297 *Bainbridge*, Corporation law and economics, 2002, § 10.5 S. 496, § 10.6 S. 505.

298 *Gevurtz*, Corporation law, 2010, § 3.1 S. 196.

299 DGCL § 141 (h).

300 RMBCA §§ 3.02 (11), 8.11.

301 DGCL § 141 (h); RMBCA § 8.11.

302 CGCL sec. 212 (b) (4).

303 CGCL sec. 211.

möglichen Selbstbegünstigung der *directors*, denn die *directors* haben gleichsam die Treuepflicht gegenüber den *shareholders*, deren Vermögen nicht zu schmälern.[304] Dennoch ist dieser Grundsatz nicht unantastbar, sondern kann durch eine Festlegung in den *articles* durchbrochen werden, indem dort bestimmt wird, dass die *directors* zur Festsetzung der eigenen *compensation* ermächtigt werden.[305] Das Thema der *interested directors* bei der Festsetzung der eigenen Vergütung hat nur bedingt praktische Relevanz. Die *statutes* stellen teilweise explizit klar, dass kein Fall von *interested directors* vorliegt, wenn die *directors* über ihre eigene Vergütung entscheiden.[306] Anders wiederum in Delaware, wo eine solche Ausnahme fehlt.

Die ALI-Principles stellen ausdrücklich klar, dass *directors* bei eigener Festsetzung *interested* sind, sodass es hier weiterer zu erfüllenden Voraussetzungen bedarf.[307] Bei Festlegung der *compensation* durch den *board* müssen aufgrund des daraus resultierenden Interessenkonflikts die Beschlüsse besonderen Wirksamkeitserfordernissen gerecht werden.[308] Unter anderem muss die *compensation* dem *fair-dealing* Standard entsprechen.[309] Diesem kann wiederum am besten (aber nicht zwingend) vorgebeugt werden, wenn die *director compensation* von den *shareholders* genehmigt wird.[310] Damit sich das Konfliktpotenzial bei der Festsetzung der eigenen Vergütung in Grenzen hält, gibt es die Empfehlung zur Einrichtung eines *compensation committees*, in das bestimmte Entscheidungen bezüglich der Vergütung des *boards* delegiert werden.[311] Hierbei sind wiederum die Vorgaben der *statutes* vorrangig zu beachten. Zum Beispiel verbietet Kalifornien eine Delegation der *director compensation* in ein *committee*.[312] Auch wird die detaillierte Aufschlüsselung der Vergütungsstruktur

---

304 *Bainbridge*, Corporation law and economics, 2002, § 7.2 S. 307; *Gevurtz*, Corporation law, 2010, § 3.1 S. 236 f.

305 Oil Fields Corp. v. Hess, 186 Ark. 241, 53 S.W.2d 444, 446; National Oil Co. v. Reeves, 310 S.W.2d 242, 247 (Ark. 1958); Godley v. Crandall & Godley Co., 105 N.E. 818, 821 (N.Y. 1914); *Cox/Hazen*, Cox & Hazen on corporations, 2003, § 11.01 S. 549.

306 Für Kalifornien: CGCL sec. 310 (a) (3).

307 *The American Law Institute*, Principles of corporate governance, 1994, § 5.03 S. 250.

308 Lofland v. Cahall, 118 A. 1, 3 (Del. Ch. 1922); Binz v. St. Louis Hide & Tallow Co., 378 S.W.2d 228, 230 f. (Mo.Ct.App. 1964); *Merkt/Göthel*, US-amerikanisches Gesellschaftsrecht, 2006, Rn. 618.

309 Lynch v. Patterson, 701 P.2d 1126, 1132 ff. (Wyo. 1985); *The American Law Institute*, Principles of corporate governance, 1994, § 5.03 (a).

310 *The American Law Institute*, Principles of corporate governance, 1994, § 5.03 S. 250; *McNally*, When May Directors Vote Themselves Bonuses?, 2012.

311 *Merkt/Göthel*, US-amerikanisches Gesellschaftsrecht, 2006, Rn. 619; *The American Law Institute*, Principles of corporate governance, 1994, § 3 A.05, welcher sich allerdings hauptsächlich mit der *executive compensation* befasst.

312 CGCL sec. 311 (c).

empfohlen, um keinen Angriffspunkt unter dem *fair-dealing* Standard zu schaffen.[313] Auf den genauen Inhalt dieses Standards wird noch zurückzukommen sein.[314]

Ein weiteres Mittel zur Abschwächung möglicher Interessenkonflikte besteht in den Publizitätserfordernissen. *Shareholders* haben die Möglichkeit über eine *shareholder inspection* Informationen einzuholen.[315] Die Art der damit einzuholenden Informationen ist jedoch oftmals beschränkt[316] und daher nicht immer nützlich, wenn es um Auskünfte über die von den *directors* erhaltenen Vergütungen geht. Ein Publizitätserfordernis besteht in den sogenannten *proxy statements*, bei denen eine Offenlegung der *board compensation* erfolgen muss, bevor mit der Einwerbung von Vollmachten (*proxy solicitation*) begonnen wird.[317] Aus dem Grundgedanken, dass die *compensation* nicht von denjenigen entschieden werden soll, die sie am Ende erhalten,[318] könnte man an eine Pflicht zur Einholung eines zustimmenden *shareholder votes* für die *director compensation* denken. Ähnlich dem *say-on-pay* für die *executive compensation*[319] besteht aber eine solche Pflicht für die *director compensation* nicht.[320]

3. Service contracts

Die *director compensation* darf nicht mit der Vergütung der *directors* für Dienste, welche im Rahmen eines *service contracts* erbracht werden, verwechselt werden. *Service contracts* können mit den *directors* geschlossen werden, wenn Dienste (z.B. fachspezifische Beratungen) erbracht werden sollen, die nicht zu den Aufgaben der *directors* gehören.[321]

Sofern eine Vergütungsvereinbarung hierüber getroffen wurde, ist zu beachten, dass dies zu Interessenkonflikten, zwischen Eigeninteresse und dasjenige der

---

313 Seinfeld v. Slager, WL 2501105 (Del. Ch. 2012), *1, *12; *McNally*, When May Directors Vote Themselves Bonuses?, 2012.

314 S.u. 2.TeilC.II.

315 *Gevurtz*, Corporation law, 2010, § 3.1 S. 212; DGCL § 220; CGCL sec. 1600; RMBCA §§ 16.02 f.

316 *Gevurtz*, Corporation law, 2010, § 3.1 S. 213 ff.; DGCL §220 (b); CGCL § 1600 (a); RMBCA §§ 16.01 (e), 16.02 (a).

317 *Bainbridge*, Corporation law and economics, 2002, § 10.4 S. 480 f.; zum *disclosure* der *compensation plans* auch: *Brown*, 82 NYU L. Rev. (2007), 1102, 1112.

318 Zur *executive compensation*: *Leech/Mundheim*, 31 Bus. Law. (1976), 1799, 1823.

319 Sec. 14A. Securities Exchange Act.

320 *Farrell/Friesen/Hersch*, 14 J. Corp. Fin. (2008), 153, 154; *McNally*, When May Directors Vote Themselves Bonuses?, 2012.

321 Alexander v. Equitable Life Assurance Socy., 135 N.E. 509, 511 (N.Y. 1922); Corinne Mill, Canal & Stock Co. v. Toponce, 152 U.S. 405, 407 ff. (1894); Cahall v. Lofland, 114 A. 224, 231 (Del. Ch. 1921); *Yermack*, 59 J. Fin. (2004), 2281, 2305; *Elson*, 50 S.M.U. L. Rev. (1996), 127, 155, 167; *Cox/Hazen*, Cox & Hazen on corporations, 2003, § 11.01 S. 550; *Overton* in: Foulkes, Executive Compensation, 1991, S. 383, 396.

Eigentümer an der Vermehrung ihres Vermögens, führen kann.[322] Solche Vereinbarungen können unter den Begriff der *interested director transactions* gefasst werden und sind nur wirksam, wenn sie offen gelegt, von einer Mehrheit von *disinterested directors* und durch einen *shareholders vote* genehmigt werden, sowie nicht unangemessen gegenüber der *corporation* sind.[323] Wenn *directors* der *corporation* Dienste erbringen, welche außerhalb ihrer Pflichten als *directors* angelegt sind, so kann für diese Dienste, wenn nicht ausdrücklich eine Vereinbarung im Sinne eines *service contracts* getroffen wurde, eine vertragliche Basis hergeleitet werden, auf dessen Grundlage der *director* eine Vergütung verlangen kann.[324] In diesem Fall können die Grundsätze zum *implied contract* bzw. zur *quantum meruit* herangezogen werden.[325] Zwar wird insbesondere von der Rspr. in Delaware auch für die *compensation* von Tätigkeiten außerhalb der Pflichten der *directors* trotzdem ein bestimmter Vertrag oder zumindest eine gegenseitiger Vergütungswille gefordert.[326] Jedoch zeigt die Rspr. hier eindeutig mehr Flexibilität, als das bei der originären *director compensation* der Fall ist.[327] Es bleibt somit festzuhalten, dass mit den *directors* auf vertraglicher Basis Vergütungsabreden nur getroffen werden können, sofern sie Dienste für die *corporation* erbringen, welche über die Pflichten als *director* hinausgehen.

4. *Indemnification*

Von der *director compensation* sind die Regeln über eine *indemnification* begrifflich zu trennen. Der folgende Abschnitt soll lediglich dazu dienen, die *indemnification* von der *director compensation* abzugrenzen. Die detaillierte Funktionsweise

---

322 Sullivan v. Easco, 656 F. Supp. 531, 532 ff. (D. Md. 1987); *Bainbridge*, Corporation law and economics, 2002, § 7.2 S. 307.

323 *Bainbridge*, Corporation law and economics, 2002, § 7.2 S. 310 f.; DGCL § 144 (a); CGCL sec. 310 (a), (b); RMBCA §§ 8.60, 8.62; so ähnlich auch schon die frühere Rspr., die ein *approval of the stockholders* als Wirksamkeitsvoraussetzung vorschrieb: Cahall v. Lofland, 114 A. 224, 232 (Del. Ch. 1921).

324 Alexander v. Equitable Life Assurance Socy., 135 N.E. 509, 511 (N.Y. 1922); *Cox/Hazen*, Cox & Hazen on corporations, 2003, § 11.01 S. 550, noch zurückhaltender Lofland v. Cahall, 118 A. 1, 3 (Del. Ch. 1922).

325 Cahall v. Lofland, 114 A. 224, 231 (Del. Ch. 1921); Corning Custom Gin Co. et. al. v. Oliver, 283 S.W. 977, 978 (Ark. 1926); Ruby Chief Mining & Milling Co. v. Prentice 52 P. 210, 211 (Colo. 1898); Hjorth Oil Co. v. Curtis, 163 P. 362, 369 m.w.N. (Wyo. 1917); Holms v. Republic Steel Corporation 69 N.E.2d 396, 402 (Ohio 1946); Hudson v. Belzoni Equipment Co., 51 So.2d 223, 225 (Miss. 1951); Gauger v. Hintz, 55 N.W.2d 426, 434 (Wis. 1953); Rocky Mountain Powder Company v. Hamlin, 310 P.2d 404, 406 m.w.N. (Nev. 1957).

326 Finch et al. v. Warrior Cement Corporation et al., 141 A. 54, 63 (Del. Ch. 1928); Beacon Wool Corp. v. Johnson et al., 119 N.E.2d 195, 200 (Mass. 1954); in Lofland v. Cahall, 118 A. 1, 3 (Del. Ch. 1922) wird ausdrücklich auf die unterschiedlichen Auslegungen (*strict rule/ liberal rule*) in den einzelnen Staaten hingewiesen.

327 S.o. 2.TeilB.II.1.

der *indemnification* mit den jeweiligen Voraussetzungen gehört nicht in diesen Themenbereich und wird daher nur rudimentär dargestellt.

Bei der *indemnification* handelt es sich um eine Ersatzleistung von der *corporation* für die *directors,* damit diese sich gegen gerichtliches Vorgehen Dritter wehren können, wenn dieses Vorgehen ein Resultat aus der Tätigkeit als *director* sei.[328] Die sich aus der *indemnification* ergebenden Möglichkeiten zur Entschädigung der *directors* sollen die erhöhten Haftungsgefahren abmildern, denen die *directors* ausgesetzt sind.[329] Bei der *indemnification* sind Klagen Dritter und Klagen der *corporation* gegen einen *director* zu unterscheiden.[330] In beiden Fällen können dem *director* bei gegebenen Voraussetzungen Entschädigungen geleistet werden.[331] Die Ersatzleistung umfasst die Kosten, die durch die Verteidigung entstehen.[332] Vergleichskosten sollen hingegen nur im Falle von Klagen Dritter getragen werden.[333]

Indemnification rules und daraus resultierende Ansprüche der *directors* werden teilweise durch die *statutes* selbst vorgegeben.[334] Selbst bei nicht vorsätzlichen Straftaten sollen sie Anwendung finden.[335] Die Regelung der *indemnification* kann auch durch die *articles, bylaws* oder Gesellschafterbeschluss erfolgen.[336] Die ALI Principles geben eine Empfehlung zur freiwilligen *indemnification,* sowie zum Rechtsanspruch der *directors* auf eine Entschädigung bei gegebenen Voraussetzungen.[337]

Das Verfahren der *indemnification* läuft meistens zweistufig ab (*determination* und *authorization*), indem auf erster Stufe eine Überprüfung des *directors* erfolgt, ob er in den Anwendungsbereich der Regelungen fällt und auf zweiter Stufe die Entscheidung des *boards,* eines *committees* oder der *shareholders* über die tatsächliche

---

328 *Merkt/Göthel,* US-amerikanisches Gesellschaftsrecht, 2006, Rn. 640.

329 *Leech/Mundheim,* 31 Bus. Law. (1976), 1799, 1833; *Black/Cheffins/Klausner,* 58 Stan. L. Rev. (2006), 1055, 1083.

330 *Leech/Mundheim,* 31 Bus. Law. (1976), 1799, 1833; *Black/Cheffins/Klausner,* 58 Stan. L. Rev. (2006), 1055, 1093.

331 *Leech/Mundheim,* 31 Bus. Law. (1976), 1799, 1833.

332 *Leech/Mundheim,* 31 Bus. Law. (1976), 1799, 1833; *Black/Cheffins/Klausner,* 58 Stan. L. Rev. (2006), 1055, 1093; *Merkt/Göthel,* US-amerikanisches Gesellschaftsrecht, 2006, Rn. 640.

333 *Leech/Mundheim,* 31 Bus. Law. (1976), 1799, 1833; *Black/Cheffins/Klausner,* 58 Stan. L. Rev. (2006), 1055, 1093; *Merkt/Göthel,* US-amerikanisches Gesellschaftsrecht, 2006, Rn. 640.

334 *Leech/Mundheim,* 31 Bus. Law. (1976), 1799, 1833; *Bainbridge,* Corporation law and economics, 2002, § 2.3 S. 42.

335 *Merkt/Göthel,* US-amerikanisches Gesellschaftsrecht, 2006, Rn. 643 f.; RMBCA § 2.02 (b) (5); DGCL § 145 (a) – (c); CGCL sec. 317 (a), (b), (d).

336 Griesse v. Lang, 175 N.E. 222, 223 (Ohio 1931); Figge v. Bergenthal, 109 N.W. 581, 592 (Wis. 1906); *Leech/Mundheim,* 31 Bus. Law. (1976), 1799, 1834; *Black/Cheffins/Klausner,* 58 Stan. L. Rev. (2006), 1055, 1083; *Merkt/Göthel,* US-amerikanisches Gesellschaftsrecht, 2006, Rn. 642, 649; CGCL sec. 204 (a) (11); RMBCA § 8.58.

337 *The American Law Institute,* Principles of corporate governance, 1994, § 7.20 (b) (1); *Merkt/Göthel,* US-amerikanisches Gesellschaftsrecht, 2006, Rn. 657.

Entschädigung des *directors.*[338]Aufgrund der Tatsache, dass die Gerichte trotzdem den *directors* nicht immer eine *indemnification* zugestanden haben, soll sich die Einführung einer D&O-Versicherung ergeben haben.[339] Im Ergebnis bleibt festzuhalten, dass Entschädigungszahlungen an *directors* im Rahmen der *indemnification* als Ausgleich zu deren Haftung bestehen. Sie dienen somit nicht primär dem Zweck zur Vergütung der *directors.* Lediglich mittelbar lässt sich hieraus ein Vergütungsbezug herstellen. Dies geschieht insofern, als dass die *directors* die für ihre Dienste erhaltene Vergütung nicht in die Abwehr von Haftungsfolgen investieren müssen. Dies erfolgt durch die *indemnification* der *corporation.*

C. Beeinflussende Parameter für die Vergütung

Zum tiefergehenden Verständnis der *director compensation* muss festgestellt werden, wofür die *director compensation* gezahlt wird. Dazu ist es erforderlich, die Determinanten zu finden, welche Einfluss auf die Vergütung haben können. Bei Vertragsverhältnissen deutet sich dies als einfacher an, da entweder auf die Vertragsvereinbarungen oder im Zweifel im Rahmen der *consideration doctrine*[340] auf die Leistung abgestellt werden kann. Anders gestaltet sich die Suche nach den Parametern bei den *directors.* Da die Rechtsgrundlage der *director compensation* keine vertragliche Grundlage hat,[341] ist die Bestimmung der Parameter umso schwieriger.

I. Die Zusammensetzung der Vergütung

Vergütungsbestandteile können so angeordnet werden, dass sie die Aufgabenerledigung der *directors* beeinflussen können. Im Mittelpunkt der Frage nach der Vergütungszusammensetzung steht die Diskussion, mit welchen Mitteln die *director compensation* einen Anreiz für die *directors* zur effektiven Überwachungstätigkeit darstellen kann.[342] Ein Ausgangsproblem bei der Vergütung der *outside directors* stellt die enge Verflechtung mit dem Management dar, welches mittels der Vergütung teilweise gelöst werden soll.[343] Es gibt verschiedene Möglichkeiten in welcher Art und Weise die *directors* ihre Vergütung erhalten. So kann die Vergütung einen jährlich festen Grundbetrag darstellen (*fixed fee*).[344] Dieser soll dazu dienen die

338 *Merkt/Göthel,* US-amerikanisches Gesellschaftsrecht, 2006, Rn. 651 ff.; RMBCA § 8.55.

339 *Merkt/Göthel,* US-amerikanisches Gesellschaftsrecht, 2006, Rn. 659.

340 *Merkt/Göthel,* US-amerikanisches Gesellschaftsrecht, 2006, Rn. 312.

341 S.o. 2.TeilB.II.1.

342 Siehe als Beispiel: *Perry,* Incentive Compensation For Outside Directors And CEO Turnover, 1999, S. 1 ff., 17; *Elson,* 50 S.M.U. L. Rev. (1996), 127, 134.

343 *Elson,* 50 S.M.U. L. Rev. (1996), 127, 159 ff.

344 *Farrell/Friesen/Hersch,* 14 J. Corp. Fin. (2008), 153, 153; *Brown,* 82 NYU L. Rev. (2007), 1102, 1121; *Yermack,* 59 J. Fin. (2004), 2281, 2286; *Adams,* What do Boards do? Evidence from Board Committee and Director Compensation Data, 2003, S. 6;

Unabhängigkeit der *directors* vom Management zu stärken.[345] Ebenso kann die Vergütung oder ein Teil der Vergütung ein Betrag sein, welcher pro Zusammenkunft im *board* gezahlt wird (*meeting fee*).[346] Einer der Gründe dafür ist der Mehraufwand der Anwesenheit, für den es eine Entschädigung zu zahlen gilt.[347] Bei den *meeting fees* geht der Trend allerdings zur Abschaffung, was mit Praktikabilitätsgründen begründet wird.[348] Daneben gibt es Leistungen der *corporation* an die *directors*, welche als Vergütungskomponenten vorgeschlagen werden. Diese Leistungen können unter anderem in Form einer Krankenversicherung[349] oder Pensionszahlung[350] bestehen. Andererseits wird an solchen zusätzlichen Leistungen derart Kritik geübt, als dass sie zur Anreizvergütung schlecht geeignet sind, da sie zu sehr der Vergütung eines Angestellten entsprechen,[351] sodass sie mittlerweile wieder weniger eingesetzt werden.[352]

Neben den normalen Geldzahlungen nimmt die Vergütung mittels Aktien[353] oder Aktienoptionen[354] einen hohen Stellenwert bei der *director compensation* ein. Diese

---

Elson, 50 S.M.U. L. Rev. (1996), 127, 142; *Lin*, 90 Nw. U. L. Rev. (1996), 898, 916; *Leech/Mundheim*, 31 Bus. Law. (1976), 1799, 1831; *Overton* in: Foulkes, Executive Compensation, 1991, S. 383, 389; *Cox/Hazen*, Cox & Hazen on corporations, 2003, § 11.01 S. 549.

345 *Brown*, 82 NYU L. Rev. (2007), 1102, 1121 f.

346 *Farrell/Friesen/Hersch*, 14 J. Corp. Fin. (2008), 153, 153; *Yermack*, 59 J. Fin. (2004), 2281, 2286; *Adams/Ferreira*, 46 Journal of Accounting and Economics (2004), 154, 154; *Adams*, What do Boards do? Evidence from Board Committee and Director Compensation Data, 2003, S. 3; *Elson*, 50 S.M.U. L. Rev. (1996), 127, 142; *Leech/Mundheim*, 31 Bus. Law. (1976), 1799, 1831; *Overton* in: Foulkes, Executive Compensation, 1991, S. 383, 387; *Cox/Hazen*, Cox & Hazen on corporations, 2003, § 11.01 S. 549.

347 *Overton* in: Foulkes, Executive Compensation, 1991, S. 383, 389.

348 *Bartlett*, Outside director compensation trends and developments, 2011, S. 2; aufgrund empirischer Befunde einen Rückgang feststellend: *Adams/Ferreira*, 46 Journal of Accounting and Economics (2004), 154, 158.

349 *Elson*, 50 S.M.U. L. Rev. (1996), 127, 147, 154, 156; *Overton* in: Foulkes, Executive Compensation, 1991, S. 383, 391.

350 *Yermack*, 59 J. Fin. (2004), 2281, 2286; *Elson*, 50 S.M.U. L. Rev. (1996), 127, 147, 154; *Overton* in: Foulkes, Executive Compensation, 1991, S. 383, 388, 391.

351 *Elson*, 50 S.M.U. L. Rev. (1996), 127, 134, 163 f., 166.

352 *Yermack*, 59 J. Fin. (2004), 2281, 2286; die best practice Empfehlung zielt auf deren Abschaffung: *National Association Of Corporate Directors*, Report Of The NACD Blue Ribbon Commission, 2005, S. 7.

353 *Farrell/Friesen/Hersch*, 14 J. Corp. Fin. (2008), 153, 155; *Brown*, 82 NYU L. Rev. (2007), 1102, 1122; *Yermack*, 59 J. Fin. (2004), 2281, 2284, 2286; *Adams*, What do Boards do? Evidence from Board Committee and Director Compensation Data, 2003, S. 3; *Elson*, 50 S.M.U. L. Rev. (1996), 127, 130; *Overton* in: Foulkes, Executive Compensation, 1991, S. 383, 387, 390.

354 *Farrell/Friesen/Hersch*, 14 J. Corp. Fin. (2008), 153, 155; *Brown*, 82 NYU L. Rev. (2007), 1102, 1123; *Yermack*, 59 J. Fin. (2004), 2281, 2284, 2286.

können durch die Instrumente der *restricted stocks* bzw. *deferred stocks* zeitversetzt als Vergütung dienen, indem sie erst nach einer vorher bestimmten Zeit verkauft bzw. in richtige Aktien umgewandelt werden dürfen.[355] Die dafür notwendigen Aktien dürfen von der *corporation* erworben und als *treasury stocks* vorgehalten werden.[356] Gegen eine solche Vergütungsart wird angeführt, dass damit die Unabhängigkeit der *directors* gefährdet sei und gewinnbringende, aber risikoreiche Geschäfte zusehends nicht beanstandet würden.[357] Für diese Vergütungsart spricht wiederum, dass damit die *directors* genötigt werden, intensiver Informationen nachzufragen und zu hinterfragen, damit fehlgehenden Entscheidungen vorgebeugt wird, um damit ihre eigenen Beteiligungen zu schützen.[358] Gerade Aktienoptionen sollen der Anreizvergütung dienlich sein, indem sie die Überwachungstätigkeiten steigern.[359] Zudem sollen durch die Vergütung mittels Aktien oder Aktienoptionen die Interessen der *directors* an die der *shareholders* angepasst werden.[360] Damit würde erreicht, dass durch das persönliche Interesse der *directors* am Wert ihrer Beteiligungen die Überwachungstätigkeit gesteigert wird,[361] und das Trennungsprinzip von *ownership & control* wieder ein wenig umgekehrt würde.[362]

II. Die *director compensation* als *(dis-)interested transaction* – Maßstäbe zur inhaltlichen Überprüfung

Für die Fallgruppe, dass der *board* seine eigene *compensation* festlegt, sind einige Besonderheiten zu beachten. Denn in diesem Fall könnte ein Interessenkonflikt vorliegen, der an die Rechtmäßigkeit einer beschlossenen *compensation* je nach anwendbaren *statutes* besondere Anforderungen stellt. Darauf wurde bereits im Rahmen der Vergütungsfestlegung hingewiesen[363] und soll hier vertieft werden.

---

355 *Brown,* 82 NYU L. Rev. (2007), 1102, 1122 mit Fn. 130; allgemein: *Overton* in: Foulkes, Executive Compensation, 1991, S. 383, 390; *zu restricted stocks: Elson,* 50 S.M.U. L. Rev. (1996), 127, 130 f., 133.

356 *Gevurtz,* Corporation law, 2010, § 3.1 S. 205.

357 *Hamdani/Kraakman,* 105 Mich. L. Rev. (2007), 1677, 1683.

358 *Gong/Li,* Outside Directors' Equity Compensation and Information Acquisition, 2011, S. 2 f.

359 *Fich/Shivdasani,* 78 J. Bus. (2005), 2229, 2230 f.

360 *Brown,* 82 NYU L. Rev. (2007), 1102, 1124 f.; *Elson,* 50 S.M.U. L. Rev. (1996), 127, 133; *Lin,* 90 Nw. U. L. Rev. (1996), 989, 918; *Overton* in: Foulkes, Executive Compensation, 1991, S. 383, 387 f., 390; *Bainbridge,* Corporation law and economics, 2002, § 5.3 S. 206.

361 *Elson,* 50 S.M.U. L. Rev. (1996), 127, 134, 168 ff.; *Lin,* 90 Nw. U. L. Rev. (1996), 898, 918.

362 *Elson,* 50 S.M.U. L. Rev. (1996), 127, 135.

363 S.o. 2.TeilB.II.2.b).

1. *Einordnung als* transaction

Ausgangspunkt ist die Einordnung der *directors* in das Ordnungsgefüge der *corporation.* Denn die *directors* werden in den Angelegenheiten der *corporation* tätig und sind daher den Interessen der *shareholders* besonders verpflichtet.[364] Wenn die *directors* Handlungen vornehmen, die für die *corporation* bindend sind und dazu noch ihre eigenen Interessen betreffen, unterliegen diese Handlungen deshalb besonderen Anforderungen i.S.v. *good faith* und *fair dealing.*[365] Einer dieser Fälle kann in der Festlegung der eigenen *compensation* liegen, da die *directors* ein eigenes Interesse an diesen Vergütungszahlungen haben.[366] Hierfür hat sich der *entire fairness test* für *self-interested transactions* herausgebildet, den die Rspr. je nach Vorgaben der *statutes* auch auf die *director compensation* anwendet.[367] Die eigene Festlegung der *director compensation* kann somit eine *transaction* der *directors* darstellen, deren Ausgestaltung anhand eines *entire fairness tests* gerichtlich überprüft werden kann.

2. *Fälle außerhalb des Anwendungsbereichs des* entire fairness tests

Bevor auf die Vorgaben des *entire fairness tests* eingegangen wird, sind die Fälle davon abzugrenzen, in denen der Test keine Anwendung findet. Die Business Judgment Rule kann dabei nicht generell, sondern nur unter bestimmten Umständen auf die Festlegung der eigenen *director compensation* angewendet werden.[368]

In Delaware gibt sec. 144 DGCL die Antwort auf die Frage, wann der Test nicht angewendet werden muss. Gem. sec. 144 (a) (1) DGCL reicht es auch aus, wenn die *interested transaction* durch ein *committee* genehmigt wird, das aus *disinterested directors* besteht.[369] Die gleiche Wirkung hat eine Genehmigung durch eine Mehrheit von *disinterested stockholders* gem. sec. 144 (a) (2) DGCL, die diese Genehmigung bei offengelegten Informationen über die *transaction* erteilen können.[370] Wenn diese

---

364 Lofland v. Cahall, 118 A. 1, 3 (Del. Ch. 1922); Finch et al. v. Warrior Cement Corporation et al., 141 A. 54, 63 (Del. Ch. 1928); Beacon Wool Corp. v. Johnson et al., 119 N.E.2d 195, 199 f. (Mass. 1954).

365 Lofland v. Cahall, 118 A. 1, 3 (Del. Ch. 1922); Finch et al. v. Warrior Cement Corporation et al., 141 A. 54, 63 (Del. Ch. 1928); Beacon Wool Corp. v. Johnson et al., 119 N.E.2d 195, 199 f. (Mass. 1954).

366 Cohen v. Ayers et al., 596 F.2d 733, 729 m.w.N. (C.A.Ill. 1979); Valeant Pharmaceuticals International v. Jerney 921 A.2d 732, 739 (Del.Ch. 2007).

367 Wilderman v. Wilderman, 315 A.2d 610, 615 m.w.N. (Del.Ch. 1974); Cohen v. Ayers et al., 596 F.2d 733, 739 f. (C.A.Ill. 1979); Telxon Corp. v. Meyerson, 802 A.2d 257, 265 m.w.N. (Del.Supr. 2002); Valeant Pharmaceuticals International v. Jerney 921 A.2d 732, 745 (Del.Ch. 2007).

368 Cohen v. Ayers et al., 596 F.2d 733, 739 (C.A.Ill. 1979); Telxon Corp. v. Meyerson, 802 A.2d 257, 265 m.w.N. (Del.Supr. 2002).

369 Valeant Pharmaceuticals International v. Jerney 921 A.2d 732, 745 (Del.Ch. 2007).

370 Valeant Pharmaceuticals International v. Jerney 921 A.2d 732, 745 (Del.Ch. 2007).

beiden Verfahrensmöglichkeiten nicht genutzt werden, kommt in Delaware gem. sec. 144 (a) (2) DGCL eine gerichtliche Überprüfung anhand des *entire fairness tests* in Betracht.[371]

Für New York gelten die Ausnahmen vom Erfordernis des *entire fairness tests* ebenso in dem Sinne, dass dieser Test nicht erforderlich ist, wenn nach Offenlegung der *transaction* die *compensation* entweder durch *disinterested directors* oder durch einen Beschluss der Aktionäre genehmigt wurde.[372]

Für den Fall, dass eine wirksame Genehmigung durch die *disinterested directors* oder die Aktionäre vorliegt, wird allerdings der Anwendungsbereich der Business Judgment Rule wieder eröffnet.[373] Dann kann die festgelegte *director compensation* nur noch angegriffen werden, wenn bewiesen wird, dass diese eine Verschwendung von Gesellschaftsvermögen darstellt (*corporate waste*).[374]

In Maryland besteht generell eine gesetzliche Ausnahme dahingehend, dass der *entire fairness test* nicht auf die *director compensation* angewendet wird.[375] In Kalifornien wird diese Frage dahingehend gelöst, dass die *directors* bei Festlegung der *director compensation* keinem Interessenkonflikt unterliegen,[376] sodass auch hier der *entire fairness test* für *interested transactions* bereits keine Anwendung finden kann.

3. *Vorgaben des* entire fairness tests

Falls die Genehmigung der *compensation* nach den strengeren Voraussetzungen nicht vorliegen, kommt zur gerichtlichen Überprüfung der *entire fairness test* zur Anwendung.[377] Dieser ist Ausprägung der *duty of loyalty*[378] und dient den Gerichten als Mittel zur Überprüfung, ob die getroffenen Beschlüsse für alle Betroffenen akzeptabel sind.[379] Die Beweislast tragen bei dem Test die *directors*, die nachweisen

---

371 Telxon Corp. v. Meyerson, 802 A.2d 257, 265 m.w.N. (Del.Supr. 2002); Valeant Pharmaceuticals International v. Jerney 921 A.2d 732, 745 (Del.Ch. 2007).

372 Cohen v. Ayers et al., 596 F.2d 733, 740 (C.A.Ill. 1979).

373 Cohen v. Ayers et al., 596 F.2d 733, 740 m.w.N. (C.A.Ill. 1979); Valeant Pharmaceuticals International v. Jerney 921 A.2d 732, 745 (Del.Ch. 2007).

374 Cohen v. Ayers et al., 596 F.2d 733, 740 f. (C.A.Ill. 1979); zur *corporate waste doctrine* unten 2.Teil C.III.2.a).

375 § 2–419 (d) (2) Maryland Corporation Code.

376 CGCL sec. 310 (a) (3).

377 Telxon Corp. v. Meyerson, 802 A.2d 257, 265 m.w.N. (Del.Supr. 2002); Valeant Pharmaceuticals International v. Jerney 921 A.2d 732, 745 (Del.Ch. 2007); Julian v. Eastern States Construction Service, Inc., 34 Del. J. Corp. L. 301, 328 (Del. Ch. 2008) (hier für Management Boni).

378 eBay Domestic Holdings, Inc. v. Newmark, 16 A.3d 1, 41 (Del.Ch. 2010); In re Southern Peru Copper Corporation Shareholder Derivative Litigation, 30 A.3d 60, 114 (Del.Ch. 2011).

379 Sterling v. Mayflower Hotel Corp., 93 A.2d 107, 110 (Del. 1952); Weinberger v. UOP, Inc., 457 A.2d 701, 710 (Del. 1983); Montgomery v. Aetna Plywood, Inc., 956 F.Supp. 781, 787 (N.D. Ill. 1997); Boyer v. Wilmington Materials, Inc., 754 A.2d 881,

müssen, dass die *transaction* gutgläubig getätigt wurde und *fair* war.[380] Hauptsächlich betrifft der *entire fairness test* Verträge der *directors* mit der *corporation* oder zwischen zwei *corporations*, bei denen die beschließenden *directors* identisch sind.[381] Bei der *compensation* sind vordergründig die Fälle der *service contracts* relevant.[382] Aber auch die *director compensation* für die Pflichterfüllung als *director* kann unter diesen Test fallen.[383] Der *entire fairness test* wird bestanden, wenn die *transaction* mit den beiden Elementen des Tests (*fair dealing* und *fair price*) im Einklang steht.[384] Diese sind kumulativ zu beachten.[385] Dem *fair dealing* wird entsprochen, wenn die Umstände der *transaction* angemessen waren.[386] Dazu gehören Faktoren wie der

---

898 (Del.Ch. 1999); Carlson v. Hallinan, 925 A.2d 506, 529 (Del.Ch. 2006); Kim v. Grover C. Coors Trust, 179 P.3d 86, 93 (Colo.App. 2007); Valeant Pharmaceuticals International v. Jerney 921 A.2d 732, 746 (Del.Ch. 2007); In re Reading Broadcasting, Inc., 390 B.R. 532, 555 m.w.N. (Bkrtcy. E.D. Pa. 2008).

380 Gottlieb v. Heyden Chemical Corp., 90 A.2d 660, 663 (Del. 1952); Cohen v. Ayers et al., 596 F.2d 733, 739 f. (C.A.Ill. 1979); Weinberger v. UOP, Inc., 457 A.2d 701, 710 m.w.N. (Del. 1983); Boyer v. Wilmington Materials, Inc., 754 A.2d 881, 898 (Del.Ch. 1999); Valeant Pharmaceuticals International v. Jerney 921 A.2d 732, 746 (Del.Ch. 2007); Julian v. Eastern States Construction Service, Inc., 34 Del. J. Corp. L. 301, 328 (Del. Ch. 2008); eBay Domestic Holdings, Inc. v. Newmark, 16 A.3d 1, 41 (Del.Ch. 2010); In re Southern Peru Copper Corporation Shareholder Derivative Litigation, 30 A.3d 60, 87 (Del.Ch. 2011).

381 S. z. B. *Notes*, 61 Harv. L. Rev. (1948), 316, 335 ff.

382 S. z. B. *Notes*, 61 Harv. L. Rev. (1948), 316, 338 f.

383 S.o. 2.TeilC.II.1.

384 Weinberger v. UOP, Inc., 457 A.2d 701, 711 (Del. 1983); Boyer v. Wilmington Materials, Inc., 754 A.2d 881, 898 (Del.Ch. 1999); Solomon v. Armstrong, 747 A.2d 1098, 1112 (Del.Ch. 1999); In re Digex Inc. Shareholders Litigation, 789 A.2d 1176, 1207 (Del.Ch. 2000); Carlson v. Hallinan, 925 A.2d 506, 531 (Del.Ch. 2006); Valeant Pharmaceuticals International v. Jerney 921 A.2d 732, 746 (Del.Ch. 2007); Julian v. Eastern States Construction Service, Inc., 34 Del. J. Corp. L. 301, 328 (Del. Ch. 2008); eBay Domestic Holdings, Inc. v. Newmark, 16 A.3d 1, 42 (Del.Ch. 2010); In re Southern Peru Copper Corporation Shareholder Derivative Litigation, 30 A.3d 60, 88 (Del.Ch. 2011).

385 Weinberger v. UOP, Inc., 457 A.2d 701, 711 (Del. 1983); Boyer v. Wilmington Materials, Inc., 754 A.2d 881, 898 f. (Del.Ch. 1999); Carlson v. Hallinan, 925 A.2d 506, 531 (Del.Ch. 2006); Valeant Pharmaceuticals International v. Jerney 921 A.2d 732, 746 (Del.Ch. 2007); Julian v. Eastern States Construction Service, Inc., 34 Del. J. Corp. L. 301, 328 (Del. Ch. 2008); eBay Domestic Holdings, Inc. v. Newmark, 16 A.3d 1, 42 (Del.Ch. 2010); In re Southern Peru Copper Corporation Shareholder Derivative Litigation, 30 A.3d 60, 88 (Del.Ch. 2011).

386 Weinberger v. UOP, Inc., 457 A.2d 701, 711 (Del. 1983); Boyer v. Wilmington Materials, Inc., 754 A.2d 881, 898 (Del.Ch. 1999); In re Digex Inc. Shareholders Litigation, 789 A.2d 1176, 1207 (Del.Ch. 2000); Carlson v. Hallinan, 925 A.2d 506, 531 (Del.Ch. 2006); Valeant Pharmaceuticals International v. Jerney 921 A.2d 732, 746 (Del.Ch. 2007); Julian v. Eastern States Construction Service, Inc., 34 Del. J.

Zeitpunkt, die Gründe, die Struktur, der Ablauf von Verhandlungen, die Offenlegung der Informationen und die Art und Weise wie der Beschluss über die *transaction* ablief.[387] Dagegen ist die Voraussetzung des *fair price* gegeben, wenn eine angemessene Abwägung der wirtschaftlichen und finanziellen Eckpunkte der *transaction,* wie insbesondere vergleichbare Marktwerte und erwartete Gewinne, erfolgte.[388] So können Marktüblichkeiten oder ähnliche vorausgegangene Transaktionen einen Hinweis darauf geben, dass die Voraussetzung des *fair price* gegeben ist.[389] Die kumulative Beachtung beider Vorgaben führt jedoch auch dazu, dass selbst bei gegebenem *fair price,* ein *unfair dealing* zum nicht Bestehen des Tests führen kann.[390]

Der *entire fairness test* zeigt damit einen gewissen Rahmen auf, der für eine angemessene Vergütung eingehalten werden muss, sofern der Test zur Anwendung kommt. Um diesen Rahmen auszufüllen, müssen in den weiteren Schritten die Parameter identifiziert werden, die auf die Ausgestaltung der *director compensation* Einfluss nehmen.

III. Pflichten der directors als primärer Vergütungsparameter

Wurde ein *director* in der Vergangenheit noch nicht für seine Arbeit im *board* vergütet,[391] so hat sich dieses Blatt zwischenzeitlich gewendet. Heutzutage erhalten *directors* ihre Vergütung primär für die Erledigung der ihnen zukommenden Aufgaben.[392] Die Bestimmung der Aufgaben als Parameter für die Vergütung erfordert

---

Corp. L. 301, 328 f. (Del. Ch. 2008); eBay Domestic Holdings, Inc. v. Newmark, 16 A.3d 1, 42 (Del.Ch. 2010); In re Southern Peru Copper Corporation Shareholder Derivative Litigation, 30 A.3d 60, 88 (Del.Ch. 2011).

387 Weinberger v. UOP, Inc., 457 A.2d 701, 711 (Del. 1983); Boyer v. Wilmington Materials, Inc., 754 A.2d 881, 898 (Del.Ch. 1999); In re Digex Inc. Shareholders Litigation, 789 A.2d 1176, 1207 (Del.Ch. 2000); Carlson v. Hallinan, 925 A.2d 506, 531 (Del.Ch. 2006); Valeant Pharmaceuticals International v. Jerney 921 A.2d 732, 746 (Del.Ch. 2007); Julian v. Eastern States Construction Service, Inc., 34 Del. J. Corp. L. 301, 328 f. (Del. Ch. 2008); eBay Domestic Holdings, Inc. v. Newmark, 16 A.3d 1, 42 (Del.Ch. 2010); In re Southern Peru Copper Corporation Shareholder Derivative Litigation, 30 A.3d 60, 88 (Del.Ch. 2011).

388 Weinberger v. UOP, Inc., 457 A.2d 701, 711 (Del. 1983); Boyer v. Wilmington Materials, Inc., 754 A.2d 881, 898 (Del.Ch. 1999); In re Digex Inc. Shareholders Litigation, 789 A.2d 1176, 1207 (Del.Ch. 2000); Carlson v. Hallinan, 925 A.2d 506, 531 (Del.Ch. 2006); Valeant Pharmaceuticals International v. Jerney 921 A.2d 732, 746 (Del.Ch. 2007); Julian v. Eastern States Construction Service, Inc., 34 Del. J. Corp. L. 301, 329 (Del. Ch. 2008) eBay Domestic Holdings, Inc. v. Newmark, 16 A.3d 1, 42 (Del.Ch. 2010); In re Southern Peru Copper Corporation Shareholder Derivative Litigation, 30 A.3d 60, 88 (Del.Ch. 2011).

389 Valeant Pharmaceuticals International v. Jerney 921 A.2d 732, 748 (Del.Ch. 2007).

390 Valeant Pharmaceuticals International v. Jerney 921 A.2d 732, 748 (Del.Ch. 2007).

391 S.o. 2.TeilB.II.

392 *Elson,* 50 S.M.U. L. Rev. (1996), 127, 130.

wiederum die Feststellung, welche spezifischen Aufgaben den *outside directors* zukommt (1.). Eine Ausformung der Pflicht zur Aufgabenerfüllung, genauer gesagt als *fiduciary duty*, besteht in der Verbesserung der Vermögenssituation der *shareholders*,[393] wobei auf die *shareholder interests* an späterer Stelle noch gesondert eingegangen wird. Bei der Aufgabenwahrnehmung haben sich die *directors* an den Sorgfaltsmaßstab eines ordentlichen und gewissenhaften *directors* (*duty of care*) auszurichten und die Treuepflicht (*duty of loyalty*) zu beachten.[394] Hierein spielt die Frage nach der Haftung der *outside directors* für ihre Aufgabenwahrnehmung und ob diese eine Vergütungsrelevanz aufweist (2.). Erst danach kann eine Aussage darüber getroffen werden, in welcher Relation Aufgabenwahrnehmung und Haftung zur Vergütung stehen (3.).

1. *Time & Effort*

Bei der Suche nach Einflussfaktoren für die *director compensation* sticht deutlich heraus, dass die *directors* vorrangig für ihre Aufgabenerledigung im *board* vergütet werden sollen. Zwar müssen die *directors* im Gegensatz zu den *executives* noch nicht tagtäglich ihre Zeit der *corporation* widmen,[395] jedoch wird auch von ihrer Seite aus erwartet, dass ihr Einsatz angemessen vergütet wird.[396] Dies wird durch die in der Literatur vorherrschende Auffassung bekräftigt, dass die *directors* zum einen für ihren Zeiteinsatz vergütet werden sollen.[397] Zum anderen soll die Vergütung erfolgen, um die mit dem Einsatz zusammenhängenden Anstrengungen zu honorieren.[398] Dabei lässt sich die Höhe der Vergütung an die Intensität der Einsatzverpflichtung knüpfen,[399] sodass hieraus eine differenzierte Vergütung für einige *directors* möglich ist. Nicht klar wird hieraus, ob auch *directors* in derselben Stellung unterschiedlich vergütet werden können. Diese Feststellungen kratzen nur an der Oberfläche, sodass im Folgenden vertieft werden muss, für was die *directors* ihre Zeit im *board* aufwenden und welche Anstrengungen sie unternehmen müssen.

---

393 Dodge v. Ford Motor Co., 170 N.W. 668, 684 (Mich. 1919); *Bainbridge*, Corporation law and economics, 2002, §§ 7.1, 7.2 S. 306 f.

394 *Black/Cheffins/Klausner* in: Armour/McCahery, After Enron, 2006, S. 343, 346.

395 *Overton* in: Foulkes, Executive Compensation, 1991, S. 383.

396 *Overton* in: Foulkes, Executive Compensation, 1991, S. 383, 386.

397 *Brown,* 82 NYU L. Rev. (2007), 1102, 1116, 1132; *Elson,* 50 S.M.U. L. Rev. (1996), 127, 131, 141, 156 f.; *Lin,* 90 Nw. U. L. Rev. (1996), 898, 917; *Leech/Mundheim,* 31 Bus. Law. (1976), 1799, 1831; *Overton* in: Foulkes, Executive Compensation, 1991, S. 383, 393.

398 *Brown,* 82 NYU L. Rev. (2007), 1102, 1116; *Adams,* What do Boards do? Evidence from Board Committee and Director Compensation Data, 2003, S. 8; *Leech/Mundheim,* 31 Bus. Law. (1976), 1799, 1831 f.; *Elson,* 50 S.M.U. L. Rev. (1996), 127, 131, 141 f., 147, 156 f.

399 *Adams,* What do Boards do? Evidence from Board Committee and Director Compensation Data, 2003, S. 8.

a) Aufgabenspektrum der directors

aa) *Die Aufgaben im Allgemeinen*

Ausgangspunkt für die Betrachtung der Aufgaben der *directors* ist, dass der *board* seine Kompetenz aus den *statutes* herleitet und als Kollektiv die grundlegenden Entscheidungen für die allgemeine Leitung der *corporation* trifft.[400] Die Ausführung der im *board* getroffenen Entscheidungen obliegt hingegen den *officers*.[401] Die Bedeutung der durch die Aufgaben vorgegebenen Entscheidungen der *directors* wird teilweise vor dem Hintergrund kritisch gesehen, dass *directors* im Gegensatz zu den *officers* wenig Zeit für die *corporation* investieren und aufgrund einer Informationsabhängigkeit von den *officers*, trotz besonderem Einsichtsrecht, einem beschränkten Informationszugang unterliegen.[402] Weiterer Kritikpunkt ist, dass aufgrund von Eigeninteressen durch Verbindungen mit der *corporation* außerhalb der Tätigkeit als *director* keine objektive Aufgabenwahrnehmung stattfindet, da die *directors* ein Interesse daran haben sich mit den *officers* zu arrangieren.[403] Teilweise wird dieser Ablauf so modifiziert, dass die *executive officers* ebenso die Grundentscheidungen für die Geschäftsleitung festlegen und sich der *board* auf deren Überwachung und Kontrolle beschränkt.[404] Diese Möglichkeit wird durch die *statutes* vorgegeben, indem sie die Delegation des Managements an die *officers* zulassen.[405] Nach der Delegation beschränken sich die Aufgaben auf die Überwachung und Kontrolle der Aufgabenausführung.[406] *Outside directors* werden grundsätzlich nicht mehr im Management tätig.[407] Eine Ausnahme von diesem Grundsatz besteht zum Beispiel

---

400 *Millstein/MacAvoy*, 98 Colum. L. Rev. (1998), 1283; *Elson*, 50 S.M.U. L. Rev. (1996), 127, 159; *Leech/Mundheim*, 31 Bus. Law. (1976), 1799, 1806; *Overton* in: Foulkes, Executive Compensation, 1991, S. 383, 384; *Gevurtz*, Corporation law, 2010, § 3.1 S. 179, 190; *Bainbridge*, Corporation law and economics, 2002, § 5.1 S. 192, § 5.3 S. 206 f.; *Bainbridge*, Corporate Governance After the Financial Crisis, 2012, S. 45; *Merkt/Göthel*, US-amerikanisches Gesellschaftsrecht, 2006, Rn. 567, 573; DGCL § 141 (a); CGCL sec. 300 (a); RMBCA § 8.01 (b).

401 *Gevurtz*, Corporation law, 2010, § 3.1 S. 179.

402 *Gevurtz*, Corporation law, 2010, § 3.1 S. 233 f.

403 *Gevurtz*, Corporation law, 2010, § 3.1 S. 234.

404 *Merkt/Göthel*, US-amerikanisches Gesellschaftsrecht, 2006, Rn. 573.

405 DGCL § 141 (a): "*The business and affairs [...] shall be managed [...] under the direction of a board of directors, [...].*"; CGCL sec. 300 (a): "*[...], the business and affairs of the corporation shall be managed and all corporate powers shall be exercised by or under the direction of the board. The board may delegate the management of the day-to-day operation of the business of the corporation [...].*"; RMBCA § 8.01 (b): "*[...] and the business and affairs of the corporation shall be managed by or under the direction [...].*"

406 *Millstein/MacAvoy*, 98 Colum. L. Rev. (1998), 1283, 1284; *Carey/Elson/England*, How should corporate directors be compensated?, 1996.

407 Rowen v. Le Mars Mut. Ins. Co. of Iowa 282 N.W.2d 639, 652 (Iowa 1979); *Brown*, 82 NYU L. Rev. (2007), 1102, 1105 Fn. 13; *Elson*, 50 S.M.U. L. Rev. (1996), 127, 160;

bei der Teilnahme in Fusionsentscheidungen.[408] Die Empfehlungen gehen auch dahin, dass der *board* eine umfängliche Aufsichtsfunktion wahrnehmen soll, um die Handlungen der leitenden Stellen in der *corporation* zu überwachen.[409] Die Überwachungsfunktion soll den überwiegenden Teil der Aufgaben des *boards* ausmachen, wohingegen konkrete Entscheidungen eher die Ausnahme sind.[410] Zusammenfassend sieht man die Aufgaben des *board* in der Überwachung und Beratung des *senior managements,* der Erweiterung von möglichen Kontakten in der Geschäftswelt, sowie im Treffen der grundlegenden Entscheidungen über die weitere Ausrichtung der *corporation.*[411] Die überwiegende Literatur beschreibt mit der Überwachung des Managements die Hauptrolle der *directors.*[412] Die Überwachungsfunktion stellt nur den allgemeinen Oberbegriff dar. Dieses Bild lässt sich noch weiter ausdifferenzieren. Hierzu gehört ebenso die Auswertung und Kontrolle des Managements bei wesentlichen Entscheidungen.[413] Eine weitere Aufgabe der *directors* stellt die Beratung des Managements bei wesentlichen Entscheidungen dar, um fehlendes Wissen oder mangelnde Erfahrung auszugleichen.[414] Letztendlich sind die *directors*

Leech/Mundheim, 31 Bus. Law. (1976), 1799, 1805; *Bainbridge,* Corporate Governance After the Financial Crisis, 2012, S. 50.

408 *Leech/Mundheim,* 31 Bus. Law. (1976), 1799, 1816 f.

409 *Gevurtz,* Corporation law, 2010, § 3.1 S. 243 f.; *The American Law Institute,* Principles of corporate governance, 1994, § 3.02.

410 *Manning,* 39 Bus. Law. (1984), 1477, 1494; *Bainbridge,* Corporation law and economics, 2002, § 5.1 S. 193.

411 Cahall v. Lofland, 114 A. 224, 229 (Del. Ch. 1921); *Bainbridge,* Corporation law and economics, 2002, § 5.2 S. 194 f., § 5.3 S. 206 f., § 5.8 S. 234; *Bainbridge,* Corporate Governance After the Financial Crisis, 2012, S. 45, 49; *Black/Cheffins/Klausner* in: Armour/McCahery, After Enron, 2006, S. 343.

412 *Gong/Li,* Outside Directors' Equity Compensation and Information Acquisition, 2011, S. 1; *Kor/Misangyi,* 29 Strat. Mgmt. J. (2008), 1345; *Hamdani/Kraakman,* 105 Mich. L. Rev. (2007), 1677, 1709; *Brown,* 82 NYU L. Rev. (2007), 1102, 1106 f.; *Adams,* What do Boards do? Evidence from Board Committee and Director Compensation Data, 2003, S. 4, 9; *Perry,* Incentive Compensation For Outside Directors And CEO Turnover, 1999, S. 1; *Lin,* 90 Nw. U. L. Rev. (1996), 898, 901; *Carey/Elson/England,* How should corporate directors be compensated?, 1996; *Elson,* 50 S.M.U. L. Rev. (1996), 127, 127 f., 157 ff.; *Fama/Jensen,* 26 J. L. Econ. (1983), 301, 313; *Leech/Mundheim,* 31 Bus. Law. (1976), 1799, 1804, 1806; *Overton* in: Foulkes, Executive Compensation, 1991, S. 383, 385.

413 *Perry,* Incentive Compensation For Outside Directors And CEO Turnover, 1999, S. 1; *Carey/Elson/England,* How should corporate directors be compensated?, 1996; *Lin,* 90 Nw. U. L. Rev. (1996), 898, 901; *Overton* in: Foulkes, Executive Compensation, 1991, S. 383, 385.

414 *Hamdani/Kraakman,* 105 Mich. L. Rev. (2007), 1677, 1709; *Gong/Li,* Outside Directors' Equity Compensation and Information Acquisition, 2011, S. 1; *Kor/Misangyi,* 29 Strat. Mgmt. J. (2008), 1345, 1345 ff.; *Brown,* 82 NYU L. Rev. (2007), 1102, 1106 f.; *Adams,* What do Boards do? Evidence from Board Committee and Director Compensation Data, 2003, S. 4, 9; *Carey/Elson/England,* How should corporate directors

dazu angehalten, bei ihrer Aufgabenerledigung das Wohl der Aktionäre und anderer Interessenträger[415] im Auge zu behalten, indem sie den Wert ihrer Beteiligungen schützen und vermehren.[416]

Somit wurde das allgemeine Aufgabenspektrum der *directors* herausgestellt und der Begriff von *time & effort*[417] näher konkretisiert. Die Betrachtung der Aufgaben unter der Überwachungsaufgabe ist das Hauptanliegen der vorliegenden Arbeit, die sich auf die Aufgaben der *outside directors* beschränkt. Eine weitere Ausdifferenzierung dieses allgemeinen Spektrums wäre zwar möglich. Dies würde allerdings dem Zweck der Arbeit nicht wesentlich weiterhelfen, welcher darauf ausgerichtet ist, die abstrakten Aufgaben der *directors* mit deren Vergütung in Relation zu bringen.

bb) *Änderungen durch den Sarbanes-Oxley Act und Dodd-Frank Act*

Die Bedeutung der Aufgaben der *outside directors* hat sich speziell durch die vom Sarbanes-Oxley Act ausgelösten Veränderungen deutlich erhöht.[418] Der Sarbanes-Oxley Act gilt als bundesgesetzliche Reaktion auf die Skandale bei Enron, WorldCom und weiteren Gesellschaften.[419] Seit den durch den Sarbanes-Oxley Act hervorgerufenen geänderten Ansprüchen an die Person eines *directors* soll ein Mangel an geeigneten *directors* bestehen.[420] Der bürokratische Aufwand hat sich durch gestiegene Anforderungen in der Verwaltung erhöht.[421] Teils wird jedoch vertreten, dass sich zumindest an den Überwachungspflichten durch den Sarbanes-Oxley Act kaum etwas geändert hat.[422] Die Änderungen würden sich hauptsächlich auf die Einrichtung neuer *committees* beziehen.[423] Dagegen lässt sich einwenden, dass der Sarbanes-Oxley Act sehr wohl noch andere Änderungen wie zum Beispiel in dem Unabhängigkeitsstandard der *directors*, den Beziehungen des *boards*

be compensated?, 1996; *Leech/Mundheim*, 31 Bus. Law. (1976), 1799, 1806; *Overton* in: Foulkes, Executive Compensation, 1991, S. 383, 385.

415 *Adams*, What do Boards do? Evidence from Board Committee and Director Compensation Data, 2003, S. 4, 9.

416 *Gong/Li*, Outside Directors' Equity Compensation and Information Acquisition, 2011, S. 3; *Brown*, 82 NYU L. Rev. (2007), 1102, 1106 f.; *Elson*, 50 S.M.U. L. Rev. (1996), 127, 136.

417 S.o. 2.TeilC.III.1.

418 *Black/Cheffins/Klausner*, 11 Eur. Fin. Mgmt. (2005), 153, 154; *National Association Of Corporate Directors*, Report Of The NACD Blue Ribbon Commission, 2005, S. v; *Black/Cheffins/Klausner* in: Armour/McCahery, After Enron, 2006, S. 343.

419 *Bainbridge*, Corporate Governance After the Financial Crisis, 2012, S. 59.

420 *Ribstein*, 2004 Mich. St. L. Rev. (2004), 279, 285; *von Hein*, Die Rezeption US-amerikanischen Gesellschaftsrechts in Deutschland, 2008, S. 716.

421 *von Hein*, Die Rezeption US-amerikanischen Gesellschaftsrechts in Deutschland, 2008, S. 717.

422 *Fisch/Gentile*, 53 Duke L. J. (2003), 517, 572; *Hamdani/Kraakman*, 105 Mich. L. Rev. (2007), 1677, 1688.

423 *Hamdani/Kraakman*, 105 Mich. L. Rev. (2007), 1677, 1688.

zum Management und der allgemeinen Überwachungsaufgabe mit sich brachte.[424] Insgesamt ist eine gestiegene Arbeitsbelastung festzustellen, was sich mit einem Vergleich der tatsächlichen Arbeitsbelastung von *outside directors* vor und nach dem Sarbanes-Oxley Act beweisen lässt.[425]

Der Dodd-Frank Act hat maßgebliche Änderungen für die *executive compensation* gebracht, welche durch die Zuständigkeit der *directors* für die *executive compensation* großen Einfluss auf deren Arbeitsbelastung hat.[426] Ein Hauptanliegen des Dodd-Frank Acts ist bezüglich der *board*-Tätigkeit die Einrichtung und Ausstattung des *compensation committees.*[427] Daneben macht er Vorgaben zu den branchenspezifischen *boards*, indem detaillierte Regelungen über deren Ausgestaltung, Besetzungen mit unabhängigen Mitgliedern, sowie speziell auf die Branche zugeschnittene Pflichten statuiert werden.[428]

Es wird ausdrücklich auf einen Richtungswechsel hingewiesen, welcher durch den Sarbanes-Oxley Act und Dodd-Frank Act ausgelöst wurde.[429] Beide Gesetze richten den *board* stärker an der Überwachungsaufgabe aus, welche sich weiter von der Management-Funktion entfernen soll, um diese Überwachungsaufgabe effektiv wahrnehmen zu können.[430]

cc) *Vergütungsrelevanz der Aufgaben*

Wesentlicher Anknüpfungspunkt für die Vergütung der *directors* ist der Einsatz für die Erledigung der ihnen zufallenden Aufgaben.[431] Zwischen dem Einsatz von Arbeitskraft auf der einen Seite und der Vergütung auf der anderen, besteht ein direkter Zusammenhang.[432] Die Vergütung stellt damit einen Anreiz dar, um überhaupt als *director* tätig zu werden.[433] Dies gilt sowohl für die Überwachungsfunktion,[434] als auch für die Aufgaben bei der Beratung des Managements und der Wahrnehmung von Interessen Dritter.[435] In zeitlicher Hinsicht soll die durch die Vergütung

---

424 *Bainbridge*, Corporate Governance After the Financial Crisis, 2012, S. 60; zur Unabhängigkeit und der Überwachung der finanziellen Lage: Sec. 301 SOX = sec. 10A (m) Securities Exchange Act.

425 *Bainbridge*, Corporate Governance After the Financial Crisis, 2012, S. 66.

426 *Fredrik C W. Cook & Co.*, Director Compensation – Non-Employee Director Compensation Across Industries And Size, 2011, S. 4, 21.

427 *Bainbridge*, Corporate Governance After the Financial Crisis, 2012, S. 60.

428 Nur ein Beispiel von Vielen sind die Regelungen für *boards* von Rating-Gesellschaften: sec. 932 (t) Dodd-Frank Act = sec. 15 E (t) Securities Exchange Act.

429 *Bainbridge*, Corporate Governance After the Financial Crisis, 2012, S. 43.

430 *Bainbridge*, Corporate Governance After the Financial Crisis, 2012, S. 44 f.

431 S.o. 2.TeilC.III.1.

432 *Brown*, 82 NYU L. Rev. (2007), 1102, 1110 f.; *Blair*, 28 Harv. Bus. Rev. (1950), 101, 111; *Elson*, 50 S.M.U. L. Rev. (1996), 127, 143.

433 *Blair*, 28 Harv. Bus. Rev. (1950), 101, 111.

434 *Carey/Elson/England*, How should corporate directors be compensated?, 1996.

435 *Overton* in: Foulkes, Executive Compensation, 1991, S. 383, 388 f.

bewirkte Anreizfunktion sowohl das frühere Verhalten des *directors* honorieren, als auch Motivation für die zukünftige Arbeit sein.[436] Ob hierdurch einzelne *directors* in gleicher Funktion besser bezahlt werden dürfen, als andere, wenn sie in der Vergangenheit mehr geleistet haben, lässt sich nicht eindeutig feststellen.[437] Jedenfalls besteht Einigkeit darüber, dass bei höheren Anforderungen in der Aufgabenerledigung als *director*, eine differenzierte Vergütung zulässig und auch notwendig ist.[438] Ein Beispiel dafür bietet der sog. „*lead director*"[439], welcher als Individuum für bestimmte zusätzliche Aufgaben eingesetzt werden kann, obwohl er nebenbei auch einen normalen *director*-Posten innehat.[440] Dieser Art von *director* wird aufgrund seiner gesteigerten Arbeitsbelastung in der Praxis eine höhere Vergütung zugesprochen.[441] Die Schaffung eines solchen *director*-Postens für besondere Aufgaben stellt zumindest einen Hinweis darauf dar, dass es möglich ist, höher qualifizierte *directors* individuell differenziert zu vergüten, wenn damit eine Aufgabenerweiterung einhergeht.

Der *board* kann nur als Kollektiv handeln, sodass dem einzelnen *director* keine Kompetenzen als Individuum zukommen, was damit begründet wird, dass der *board* als Ganzes effektive Entscheidungen treffen kann und durch die gegenseitige Überwachung weniger Interessenkonflikten unterliegt.[442] Die Tatsache, dass der einzelne *director* nicht als Individuum handeln kann, spricht zunächst einmal gegen eine individuelle Vergütung desselben. Andererseits sind *board*-Besetzungen mit nur einer Person teilweise möglich,[443] sodass in diesem Fall zwangsläufig eine individuelle Vergütung stattfinden muss. Dies stimmt jedoch nur, wenn tatsächlich nur ein einziger *director* existiert. Eine verlässliche Aussage darüber, wie sich die Lage bei mehreren *directors* darstellt, lässt diese Argumentation nicht zu. Auch ist damit noch nicht geklärt, ob ein einzig vorhandener *director* für die Aufgabenerledigung oder auch für Persönlichkeitsmerkmale vergütet werden würde. In der Literatur

---

436 *Elson*, 50 S.M.U. L. Rev. (1996), 127, 156.

437 Unklar ist hier auch *Yermack*, 59 J. Fin. (2004), 2281, 2289, welcher aus der Evaluierung von Vergütungszahlungen in der Praxis „*ex-post performance rewards*" ausgemacht hat, allerdings nicht genau bei den Empfängern differenziert.

438 *Farrell/Hersch*, 19 Appl. Econ. Let. (2012), 1401, 1403; *Brown*, 82 NYU L. Rev. (2007), 1102, 1133; *Adams*, What do Boards do? Evidence from Board Committee and Director Compensation Data, 2003, S. 8 f.

439 *Millstein/MacAvoy*, 98 Colum. L. Rev. (1998), 1283, 1287 f.

440 *Millstein/MacAvoy*, 98 Colum. L. Rev. (1998), 1283, 1287 f.

441 *Bartlett*, Outside director compensation trends and developments, 2011, S. 2; *Fredrik C W. Cook & Co.*, Director Compensation – Non-Employee Director Compensation Across Industries And Size, 2011, S. 5, 19.

442 *Bainbridge*, Corporation law and economics, 2002, § 5.4 S. 209 ff.; von diesem Grundsatz ausgenommen sind die Rechte des einzelnen *director* wie zum Beispiel das Rede- und Fragerecht: Holcombe et al. v. Trenton White City Co. 82 A. 618 (Ch. N.J. 1912).

443 So zum Beispiel in Delaware: DGCL § 141 (b) oder im RMBCA §8.03 (a).

wird der erwartete Zeiteinsatz als Differenzierungskriterium anerkannt.[444] Danach ist es zulässig, verschiedene Kategorien von *directors* zu erschaffen, welche einen unterschiedlichen Zeiteinsatz erbringen müssen und dafür auch differenziert vergütet werden.[445] Die Zulässigkeit dieser Praxis lässt sich dadurch bestätigen, dass der Zeiteinsatz ein Hauptparameter für die Vergütung darstellt[446] und damit zulässiges Differenzierungskriterium ist. Eine individuelle Vergütung, gekoppelt an die individuelle Aufgabenerledigung eines einzelnen *directors*, sucht man indes vergebens in der tatsächlichen Vergütungspraxis.[447]

b) Aufgabendelegation in die committees

Dass die Pflichten der *directors* der primäre Vergütungsmaßstab sind, zeigt sich auch an der Aufgabenverteilung im *board* und die daraus folgenden Vergütungshöhen. Der *board* hat zur Verbesserung seiner Arbeitsabläufe die Möglichkeit, seine Aufgaben teilweise in sogenannte *committees* zu verlagern.[448] Daneben besteht auch die Möglichkeit zur Aufgabendelegation bestimmter Tätigkeiten auf individuelle Aufsichtsratsmitglieder, was sich auch daraus ergibt, dass eine Bildung von *committees* erlaubt ist, die nur aus einer Person bestehen (DGCL § 141 (c) (2)).[449] Einige *committees* sind bundesgesetzlich vorgeschrieben.[450] Je nach Vorgaben der *statutes* ist für die Einrichtungsentscheidung bezüglich eines *committees* eine qualifizierte Mehrheit im *board* erforderlich.[451] Die Einrichtung von *committees* kann ebenso durch *bylaw provisions* geregelt werden.[452] Ein *committee* kann je nach gesetzlicher Grundlage aus nur einer Person bestehen.[453] Zu den nicht delegierbaren Aufgaben gehören zum Beispiel die Änderungen der *articles* oder *bylaws* und die Neubesetzung offener

---

444 *Leech/Mundheim,* 31 Bus. Law. (1976), 1799, 1831 f.

445 *Leech/Mundheim,* 31 Bus. Law. (1976), 1799, 1831 f. unterscheiden zwischen *General Director* mit ca. 30 Tagen Einsatz und *Director* mit ca. 15 Tagen Einsatz.

446 S.o. 2.TeilC.III.1.

447 *Yermack,* 59 J. Fin. (2004), 2281, 2285.

448 *Gevurtz,* Corporation law, 2010, § 3.1 S. 194; *Merkt/Göthel,* US-amerikanisches Gesellschaftsrecht, 2006, Rn. 594; DGCL § 141 (c) (2); CGCL sec. 311; RMBCA § 8.25 (a).

449 *Bainbridge,* Corporation law and economics, 2002, § 5.7 S. 230; *Maushake,* Audit Committees, 2009, S. 138 f. mit anderen Beispielen; RMBCA § 8.25 (a); Kalifornien erfordert mind. zwei Mitglieder: CGCL sec. 311.

450 Zum Beispiel das *audit-committee* sec. 301 SOX = sec. 10A Securities Exchange Act.

451 *Gevurtz,* Corporation law, 2010, § 3.1 S. 194; RMBCA § 8.25 (b).

452 *Bainbridge,* Corporation law and economics, 2002, § 2.3 S. 43, § 5.7 S. 230; CGCL sec. 212 (b) (5).

453 *Bainbridge,* Corporation law and economics, 2002, § 5.7 S. 230; DGCL § 141 (c) (2); RMBCA § 8.25 (a); Kalifornien erfordert mind. zwei Mitglieder: CGCL sec. 311.

Posten im *board*,[454] sodass diese Aufgaben beim Gesamt-*board* verbleiben. Die Einrichtung eines *committee*-Systems wird auch als ein Lösungsbaustein für eine bessere (da spezialisiert) Aufgabenwahrnehmung gesehen.[455] Dies geschieht dadurch, dass die normalen Aufgaben in den kleineren *committees* erledigt werden und nur bei wesentlichen Fragen der Gesamt-*board* aktiv wird.[456] Sofern die *corporation* an einer Börse notiert ist, kann sich aus den Börsenzulassungsregeln die zwingende Einsetzung bestimmter *committees* ergeben.[457] Sobald ein *committee* eingerichtet ist, beschränkt sich die Aufgabe des gesamten *boards* auf die Überwachung und Kontrolle des *committees*.[458] Interessant ist, dass im Falle des *audit committees* zwar ein Recht, aber keine Pflicht zur Kontrolle durch den *board* besteht.[459] Bevor der Zusammenhang zwischen dem *committee*-System und der Vergütung der *outside directors* hergestellt wird [dd)(2)], erfolgt zunächst eine abstrakte Aufgabenbeschreibung der *directors* in den *committees*. Unter den am häufigsten implementierten *committees* befinden sich das *audit, nominating* und *compensation committee*.[460]

aa) *Audit committee*

Das *audit committee* hat zur Hauptaufgabe die finanzielle Lage der *corporation* überprüfen.[461] Ebenso ist es mitverantwortlich, wenn es um die Auswahl der externen Prüfer geht,[462] die es danach zu überwachen gilt.[463] Weitere Aufgabe der *audit committees* soll die Überwachung der von den leitenden Angestellten ausgeführten

---

454 *Gevurtz*, Corporation law, 2010, § 3.1 S. 194; *Merkt/Göthel*, US-amerikanisches Gesellschaftsrecht, 2006; DGCL § 141 (c); CGCL sec. 311 (a)-(g); RMBCA § 8.25 (e).

455 *Leech/Mundheim*, 31 Bus. Law. (1976), 1799, 1807, 1809; *Gevurtz*, Corporation law, 2010, § 3.1 S. 243.

456 *Adams*, What do Boards do? Evidence from Board Committee and Director Compensation Data, 2003, S. 3 f.

457 *Merkt/Göthel*, US-amerikanisches Gesellschaftsrecht, 2006, Rn. 593; NYSE Manual §§ 303A.04 (*nominating*), 303A.05 (*compensation*), 303A.06 (*audit*); Nasdaq rule 5605 (c) (1) (*audit*).

458 *Merkt/Göthel*, US-amerikanisches Gesellschaftsrecht, 2006, Rn. 596.

459 *Merkt/Göthel*, US-amerikanisches Gesellschaftsrecht, 2006, Rn. 600.

460 *Fredrik C W. Cook & Co.*, Director Compensation – Non-Employee Director Compensation Across Industries And Size, 2011, S. 8.

461 Sec. 301 SOX = sec. 10A (m) (2) Securities Exchange Act; *Adams*, What do Boards do? Evidence from Board Committee and Director Compensation Data, 2003, Appendix S. 1; *Gevurtz*, Corporation law, 2010, § 3.1 S. 194; *Overton* in: Foulkes, Executive Compensation, 1991, S. 383, 385; *Donald*, WM 2003, 705, 710.

462 Sec. 301 SOX = sec. 10A (m) (2) Securities Exchange Act; *Cunningham*, 92 Minn. L. Rev. (2007), 323, 373; *Adams*, What do Boards do? Evidence from Board Committee and Director Compensation Data, 2003, Appendix S. 1; *Gevurtz*, Corporation law, 2010, § 3.1 S. 243.

463 Sec. 301 SOX = sec. 10A (m) (2) Securities Exchange Act; *Cunningham*, 92 Minn. L. Rev. (2007), 323, 364, 373.

Geschäfte sein.[464] Es ist eine Reaktion der Skandale bei Enron und WorldCom und wurde durch den Sarbanes-Oxley Act erstmals gesetzlich im Bundesrecht verankert.[465] Kritisiert wird jedoch, dass auch der Sarbanes-Oxley-Act keine detaillierten Angaben über den Umfang der Aufgaben der *directors* im *audit committee* macht.[466] Das *committee* soll sich ausschließlich aus unabhängigen *outside directors* zusammensetzen.[467]Auch die NYSE und Nasdaq haben in ihren Zulassungsregelungen die Einrichtungspflicht festgeschrieben.[468] Gemäß den Regelungen der NYSE und der Nasdaq muss jede gelistete *corporation* ein aus unabhängigen Mitgliedern mit Vorwissen aus der Finanzwirtschaft bestehendes *audit committee* besitzen, in welchem sich mindestens ein *financial expert* befindet.[469] Die ALI Principles empfehlen ein *audit committee*, welches die Unabhängigkeit des externen *auditors* und das Prüfungsmanagement der *corporation* überwacht.[470]

bb) *Nominating committee*

Generell soll das *nominating committee* für die Beurteilung der Größe und Zusammensetzung des *boards* zuständig sein.[471] Dazu kann es Vorschläge zur Wahl von neuen *directors* ausarbeiten.[472] Ebenso ist es für die Nachfolge des CEO maßgeblich verantwortlich.[473]. Durch die Regeln der NYSE wird das *committee* sogar verpflichtend.[474] Die Regeln der Nasdaq sieht diese Verpflichtung nicht vor.[475] Bei der Besetzung des *nominating committees* gibt es Vorgaben zur vollständigen Besetzung

464 *Adams*, What do Boards do? Evidence from Board Committee and Director Compensation Data, 2003, Appendix S. 1; *Merkt/Göthel*, US-amerikanisches Gesellschaftsrecht, 2006, Rn. 599, 601.

465 Sec. 301 SOX = sec. 10A (m) Securities Exchange Act; *Cunningham*, 92 Minn. L. Rev. (2007), 323, 373; *Gevurtz*, Corporation law, 2010, § 3.1 S. 242 f.

466 *Hamdani/Kraakman*, 105 Mich. L. Rev. (2007), 1677, 1688.

467 § 301 SOX = sec. 10A (m) (3) Securities Exchange Act; *Gevurtz*, Corporation law, 2010, § 3.1 S. 242; *Merkt/Göthel*, US-amerikanisches Gesellschaftsrecht, 2006, Rn. 599; *Donald*, WM 2003, 705, 711.

468 NYSE §303A.06; Nasdaq rule 5605 (c).

469 NYSE Manual § 303A.07; Nasdaq rule 5605 (c) (2) (A); *Brown*, 82 NYU L. Rev. (2007), 1102, 1110; *Bainbridge*, Corporation law and economics, 2002, § 5.5 S. 222.

470 *The American Law Institute*, Principles of corporate governance, 1994, § 3A.03; *Bainbridge*, Corporation law and economics, 2002, § 5.5 S. 222.

471 *Adams*, What do Boards do? Evidence from Board Committee and Director Compensation Data, 2003, Appendix S. 2.

472 *Adams*, What do Boards do? Evidence from Board Committee and Director Compensation Data, 2003, Appendix S. 1; *Gevurtz*, Corporation law, 2010, § 3.1 S. 194.

473 *Overton* in: Foulkes, Executive Compensation, 1991, S. 383, 385; teils kann hierfür auch das *compensation committee* herangezogen werden: *Adams*, What do Boards do? Evidence from Board Committee and Director Compensation Data, 2003, Appendix S. 1; *Leech/Mundheim*, 31 Bus. Law. (1976), 1799, 1824.

474 NYSE Manual § 303A.04.

475 Nasdaq Rule 5605 (e).

mit unabhängigen *outside directors*,[476] sowie eine von der Nasdaq vorgeschriebene überwiegende Besetzung mit unabhängigen *outside directors*.[477] Die Ali Principles empfehlen ebenfalls die Besetzung mit ausschließlich *outside directors*.[478] Es soll für Personalfragen bei der Besetzung des *boards* mit neuen *directors* zuständig sein.[479]

cc) *Compensation committee*

Nachdem die Unabhängigkeitserfordernisse für Mitglieder eines *compensation committees* im Anwendungsbereich des Dodd-Frank Act neue bundesgesetzliche Aufmerksamkeit erfuhren,[480] gehört es spätestens jetzt zu einem der wichtigsten *committees* eines *boards*. Das *compensation committee* befasst sich unter anderem mit der Vergütung der leitenden Angestellten.[481] Weiterhin kann es auch mit der Beurteilung der *director compensation* betraut werden.[482] Die Arbeitsbelastung hat sich durch die neuen Regeln zur *executive compensation*[483] durch den Dodd-Frank Act[484] eindeutig erhöht.[485] Die Einrichtung eines *compensation committees* ist durch die NYSE und Nasdaq vorgeschrieben.[486] Bei der Besetzung mit unabhängigen *outside directors* gilt mit der Empfehlung bzw. zwingenden NYSE Bestimmung zur ausschließlichen, oder durch die Nasdaq mit mehrheitlicher Besetzung dasselbe wie im *nominating committee*.[487] Auch die Ali Principles empfehlen wieder die Besetzung ausschließlich mit *outside directors*.[488] Hiernach soll das *compensation committee* für den gesamten Bereich der *executive compensation* zuständig sein.[489]

---

476 NYSE Manual § 303A.04 (a); *Brown*, 82 NYU L. Rev. (2007), 1102, 1110.
477 Nasdaq Rule 5605 (e) (3); *Merkt/Göthel*, US-amerikanisches Gesellschaftsrecht, 2006, Rn. 602.
478 *The American Law Institute*, Principles of corporate governance, 1994, § 3A.04 (a).
479 *The American Law Institute*, Principles of corporate governance, 1994, § 3A.04 (b).
480 Sec. 952 Dodd-Frank-Act = Sec. 10C Securities Exchange Act.
481 *Adams*, What do Boards do? Evidence from Board Committee and Director Compensation Data, 2003, Appendix S. 1; *Leech/Mundheim*, 31 Bus. Law. (1976), 1799, 1823; *Overton* in: Foulkes, Executive Compensation, 1991, S. 383, 385.
482 *Adams*, What do Boards do? Evidence from Board Committee and Director Compensation Data, 2003, Appendix S. 1; zu beachten ist aber Kalifornien, wo dies nicht möglich ist: CGCL sec. 311 (c).
483 Sec. 951 Dodd-Frank-Act = Sec. 14A Securities Exchange Act.
484 Sec. 952 Dodd-Frank-Act = Sec. 10C Securities Exchange Act.
485 *Fredrik C W. Cook & Co.*, Director Compensation – Non-Employee Director Compensation Across Industries And Size, 2011, S. 4, 21; *Bainbridge*, Corporate Governance After the Financial Crisis, 2012, S. 60.
486 NYSE § 303A.05; Nasdaq rule 5605 (d) (1).
487 NYSE Manual § 303A.05; *Brown*, 82 NYU L. Rev. (2007), 1102, 1110; Nasdaq rule 5605 (d) (2) (A) (ii); *Merkt/Göthel*, US-amerikanisches Gesellschaftsrecht, 2006, Rn. 604; zu den bundesgesetzlichen Vorgaben: Sec. 952 Dodd-Frank-Act = Sec. 10C (a) (2) (B) Securities Exchange Act.
488 *The American Law Institute*, Principles of corporate governance, 1994, § 3A.05 (a).
489 *The American Law Institute*, Principles of corporate governance, 1994, § 3A.05 (b).

dd) *Weitere committee-Arten und Schlussfolgerungen für die Vergütungspraxis*

(1) Weitere committees

Neben diesen drei *committees* gibt es noch andere Arten mit Überwachungsfunktion, wie zum Beispiel das *governance committee* oder *stock-option committee.*[490] Die Betrachtung des *committee*-Systems beschränkt sich auf die drei zuerst dargestellten *committees*, da das *audit, nominating und compensation committee* teils verpflichtend vorgeschrieben sind und diese zumindest hauptsächlich mit *outside directors* besetzt sind. Diese *committees* sind zum Vergleich am besten geeignet, da ihnen reine Überwachungsfunktionen zugesprochen werden.[491] Für *outside directors* in anderweitigen *committees* gelten die folgenden Ausführungen gleichermaßen, jedoch ohne dass sich hieraus ein weiterer Erkenntnisgewinn ergibt.

(2) Schlussfolgerungen für die Vergütungspraxis in den committees

Um den Vergütungsbezug herzustellen, müssen die Vergütungszahlungen an die *directors* in den *committees* beurteilt werden. Hierbei zeigt sich die Bestätigung, dass die *directors* primär für ihre Aufgabenerledigung vergütet werden. Es besteht Einigkeit darüber, dass Positionen in *committees* eine gesonderte Vergütung erfahren, da mit der Position eine Vermehrung der Aufgaben einhergeht.[492] Das *committee*-System soll das Mittel sein, um die individuellen Talente einzelner *directors* effektiv einzusetzen.[493] Ebenso gibt es eine höhere Vergütung, wenn der Vorsitz (*chair*) eines *committees* übernommen wird, da dies ebenso eine Mehrbelastung darstellt, die es gesondert zu vergüten gilt.[494] Differenzierungen innerhalb eines *committees* sind dabei grundsätzlich nicht ersichtlich. Nur im Vergleich zwischen verschiedenen

---

490 Eine Übersicht bietet *Adams*, What do Boards do? Evidence from Board Committee and Director Compensation Data, 2003, S. 10 und Appendix S. 1 f.

491 *Fredrik C W. Cook & Co.*, Director Compensation – Non-Employee Director Compensation Across Industries And Size, 2011, S. 8; *Adams*, What do Boards do? Evidence from Board Committee and Director Compensation Data, 2003, S. 4, 10, Appendix S. 1 f.; für das *audit* und *nominating committee*: *The American Law Institute*, Principles of corporate governance, 1994, § 3A.04 c. S. 122.

492 *Farrell/Hersch*, 19 Appl. Econ. Let. (2012), 1401; *Bartlett*, Outside director compensation trends and developments, 2011, S. 2; *Farrell/Friesen/Hersch*, 14 J. Corp. Fin. (2008), 153, 153, 155; *Yermack*, 59 J. Fin. (2004), 2281, 2285; *Adams*, What do Boards do? Evidence from Board Committee and Director Compensation Data, 2003, S. 6 f.; *Strine Jr.*, 57 Bus. Law. (2002), 1371, 1397; *Lin*, 90 Nw. U. L. Rev. (1996), 898, 916; *Leech/Mundheim*, 31 Bus. Law. (1976), 1799, 1831; *Overton* in: Foulkes, Executive Compensation, 1991, S. 383, 387, 389.

493 *Leech/Mundheim*, 31 Bus. Law. (1976), 1799, 1809.

494 *Adams*, What do Boards do? Evidence from Board Committee and Director Compensation Data, 2003, S. 7; *Overton* in: Foulkes, Executive Compensation, 1991, S. 383, 396; *Fredrik C W. Cook & Co.*, Director Compensation – Non-Employee

committees kann es Abweichungen in der Vergütung einer *committee*-Mitgliedschaft geben.[495] Eine konkrete Ausnahme von der gleichen Vergütung innerhalb eines *boards* stellt der *financial expert* dar, welcher eine individuelle Vergütung erhalten kann.[496] Auch hier bestätigt sich wieder, dass die Vergütung von der Aufgabenintensität abhängig ist, welche beim *financial expert* höher sein dürfte. Allerdings lässt die individuelle Vergütung des *financial experts* auch einen vorsichtigen Schluss zu, dass dessen Merkmale als Experte vergütet werden, welche unabdingbare Voraussetzung für die Ausübung des Amtes sind und daher kaum von der Aufgabenwahrnehmung getrennt werden können. Zwar können *committees* auch nur mit einer Person besetzt werden,[497] sodass diese Person eine entsprechend individuelle Vergütung erfahren kann. Daraus lassen sich jedoch keine Rückschlüsse für eine personenbezogene Vergütung ziehen, da die Vergütung in diesem Fall wieder primär der Aufgabenbelastung durch die *committee*-Arbeit geschuldet sein dürfte.

2. *Haftung*

Im Folgenden wird untersucht, ob die Haftung der *directors* in irgendeinem Verhältnis zu deren Vergütungen steht. Dazu wird zunächst das Augenmerk auf potenzielle Haftungsmöglichkeiten gelegt [a)]. Dies soll keine losgelöste Darstellung aller konkreter Haftungstatbestände sein. Es sollen lediglich Beispiele gegeben werden, welche den Umfang der Haftung erkennen lassen, welchem die *directors* ausgesetzt sind. Damit einhergehend wird die Möglichkeit von Haftungsreduktionen beleuchtet, welche den Umfang der Haftung schmälern können [b)]. Abschließend wird versucht, den Zusammenhang zwischen der Haftung und Vergütung der *directors* zu beleuchten [c)].

a) Die Ausgangslage

Die Haftung der *directors* bemisst sich nach zwei verschiedenen Pflichten: Der Sorgfaltspflicht (*duty of care*) und Treuepflicht (*duty of loyalty*).[498] Die Sorgfaltspflichten finden unter anderem bei unternehmerischen Entscheidungen Anwendung.[499] Auch kommen sie zum Tragen, wenn es um die Erfüllung der Überwachungsfunktion

Director Compensation Across Industries And Size, 2011, S. 20; *Bartlett*, Outside director compensation trends and developments, 2011, S. 2.

495 *Fredrik C W. Cook & Co.*, Director Compensation – Non-Employee Director Compensation Across Industries And Size, 2011, S. 20 f.

496 *Farrell/Hersch*, 19 Appl. Econ. Let. (2012), 1401 Fn. 1.

497 *Bainbridge*, Corporation law and economics, 2002, § 5.7 S. 230.

498 *Black/Cheffins/Klausner*, 11 Eur. Fin. Mgmt. (2005), 153, 156; *Carey/Elson/England*, How should corporate directors be compensated?, 1996; *The American Law Institute*, Principles of corporate governance, 1994, S. 137 c.

499 *Carey/Elson/England*, How should corporate directors be compensated?, 1996.

geht.[500] Noch gewichtiger ist dagegen die Treuepflicht, da deren Verletzung eher zur Haftung der *directors* führt, als dies bei der Sorgfaltspflichtverletzung der Fall ist.[501] Die Sorgfaltspflichten können verletzt werden, indem Entscheidungen getroffen werden, welche sich nachteilig auf die *corporation* auswirken.[502] Ein weitaus häufigerer Anwendungsfall ist die Ungleichbehandlung der Aktionäre, welche ebenso einen Sorgfaltspflichtenverstoß darstellen kann.[503] Die Tatsache, dass *directors* nur einheitlich durch den *board* Beschlüsse fassen,[504] entbindet sie nicht von der individuellen Haftung.[505] Von der Haftung der *corporation* für Fehlverhalten der *directors* muss die persönliche Haftung der *directors* getrennt werden. Dass diese Trennung nur rechtlich zu verstehen ist, tatsächlich aber ganz anders aussehen kann, zeigt ein Fall aus der Rspr., in welchem *directors* persönlich haftbar gemacht wurden, die Haftsumme jedoch von der übernehmenden Gesellschaft bezahlt wurde.[506] Aufgrund der neuesten Entwicklungen durch die Rechtsprechung und neuer gesetzlicher Vorgaben soll es einen Anstieg der potenziellen zivilrechtlichen und strafrechtlichen Haftung geben.[507] Teils wird dies im Hinblick auf den Sarbanes-Oxley Act verneint, da dieser weniger die Haftung, sondern mehr an der Zusammensetzung des *boards* etwas geändert hat.[508] Ebenso ist die Haftung von *directors* noch immer eine Seltenheit, da die Hürden zu hoch sind, um ein haftungsrelevantes Verhalten eines *directors* sicher zu beweisen.[509] Ein *director* kann beispielsweise gegenüber der *corporation* haftbar gemacht werden, sobald er in einer sogenannten *ultra-vires action* agiert, also eine Entscheidung mitträgt, welche der *board* aufgrund seiner durch den Gesellschaftszweck begrenzten Kompetenz so nicht treffen darf.[510] Ebenso ist dies der Fall, wenn die Handlung nicht mehr von der Kompetenzzuweisung in den *articles* gedeckt ist.[511]

---

500 In re Caremark Int'l Inc. Derivative Litig., 698 A.2d 959, 968 ff. (Del. Ch. 1996); *Hamdani/Kraakman,* 105 Mich. L. Rev. (2007), 1677, 1686; *The American Law Institute,* Principles of corporate governance, 1994, S. 137 c.

501 *Black/Cheffins/Klausner,* 58 Stan. L. Rev. (2006), 1055, 1093.

502 *Black/Cheffins/Klausner,* 58 Stan. L. Rev. (2006), 1055, 1090; *Carey/Elson/England,* How should corporate directors be compensated?, 1996.

503 *Black/Cheffins/Klausner,* 58 Stan. L. Rev. (2006), 1055, 1090.

504 S.o. 2.TeilC.III.1.a)cc).

505 *Merkt/Göthel,* US-amerikanisches Gesellschaftsrecht, 2006, Rn. 630.

506 Smith v. van Gorkom, 488 A.2d 858 (Del. 1985); *Black/Cheffins/Klausner* in: Armour/McCahery, After Enron, 2006, S. 343, 348.

507 *Brown,* 82 NYU L. Rev. (2007), 1102, 1112; *Merkt/Göthel,* US-amerikanisches Gesellschaftsrecht, 2006, Rn. 660; *von Hein,* Die Rezeption US-amerikanischen Gesellschaftsrechts in Deutschland, 2008, S. 717.

508 *Fisch/Gentile,* 53 Duke L. J. (2003), 517, 572; *Hamdani/Kraakman,* 105 Mich. L. Rev. (2007), 1677, 1687 f.

509 *Black/Cheffins/Klausner,* 11 Eur. Fin. Mgmt. (2005), 153, 158 ff.; *Hamdani/Kraakman,* 105 Mich. L. Rev. (2007), 1677, 1679.

510 *Gevurtz,* Corporation law, 2010, § 3.1 S. 229; *Merkt/Göthel,* US-amerikanisches Gesellschaftsrecht, 2006, Rn. 308 ff.

511 *Gevurtz,* Corporation law, 2010, § 3.1 S. 222.

Die *ultra-vires doctrine* hat heutzutage keine besonders große Bedeutung mehr, da die meisten *corporations* ihren Gesellschaftszweck offen auf jeglichen Geschäftsbetrieb ausgeweitet haben.[512] Möglicher Anwendungsfall bleibt jedoch eine Darlehensgewährung an einen *director*, was zunächst noch kein *ultra-vires* Fall darstellt, jedoch durch den Sarbanes-Oxley Act verboten wurde.[513] Aktuelle Relevanz hat die *ultra-vires-doctrine* immer noch bei der Festsetzung der Vergütung der *directors*.[514] Ein anzusprechender Haftungsfall kann sich aus einer Entscheidung der *directors* über Transaktionen ergeben, sofern diese ohne jegliche Berechtigung und ohne zureichende Gegenleistung erfolgte (*corporate waste doctrine*).[515] Die *corporate waste doctrine* führt nicht zur Haftung der *directors*, sofern die Transaktion irgendeine Berechtigung für die *corporation* haben kann, sodass die Schlagkraft der Haftung deutlich abgeschwächt ist.[516] Beispiele für die Haftung für kapitalmarktorientierte *corporations* sind die unsorgfältige Aufklärung potenzieller Aktienkäufer oder die fehlerhaften Publikationen über laufende Geschäfte oder bevorstehende Änderungen in der *corporation*.[517] Teils wird die Frage angesprochen, ob ein *director* aufgrund eines Wissensvorsprungs einer höheren Haftung unterliegt.[518] Dies wird allerdings grundsätzlich verneint, da dieser Fall eher eine Unterlassungshaftung darstellen soll.[519]

b) Möglichkeiten der Haftungsreduzierung

Nun gilt es sich zu fragen, in welcher Intensität die Haftung der *directors* tatsächlich gegeben ist. Der Haftungsumfang erscheint zwar auf den ersten Blick bedrohlich. Dieser wird jedoch aufgrund mannigfaltiger Haftungsausschlussmöglichkeiten erheblich abgeschwächt. Der Gedanke könnte aufkommen, dass die drohende Haftung der *directors* einen Anreiz für effektives und sorgfältiges Arbeiten bietet.[520] Dies wird teilweise kritisch mit der Begründung gesehen, dass drohende Haftung eher die

---

512 *Gevurtz*, Corporation law, 2010, § 3.1 S. 223; *Bainbridge*, Corporation law and economics, 2002, § 2.3 S. 41 Fn. 1; *Merkt/Göthel*, US-amerikanisches Gesellschaftsrecht, 2006, Rn. 308.

513 *Donald*, WM 2003, 705, 710; sec. 402 (a) SOX = sec. 13 (k) Securities Exchange Act.

514 *Black/Cheffins/Klausner*, 58 Stan. L. Rev. (2006), 1055, 1060, 1064.

515 *Bainbridge*, Corporation law and economics, 2002, § 7.2 S. 315.

516 *Bainbridge*, Corporation law and economics, 2002, § 7.2 S. 315.

517 *Black/Cheffins/Klausner* in: Armour/McCahery, After Enron, 2006, S. 343, 346; weitere kapitalmarktrechtliche Haftungsfälle können durch Verfolgungen der SEC entstehen: *Black/Cheffins/Klausner*, 58 Stan. L. Rev. (2006), 1055, 1131 ff. oder im Falle von „*ERISA class action suits*“: *Black/Cheffins/Klausner*, 58 Stan. L. Rev. (2006), 1055, 1135 ff., *Black/Cheffins/Klausner*, 11 Eur. Fin. Mgmt. (2005), 153, 156.

518 *Leech/Mundheim*, 31 Bus. Law. (1976), 1799, 1814.

519 *Leech/Mundheim*, 31 Bus. Law. (1976), 1799, 1814.

520 *Black/Cheffins/Klausner*, 11 Eur. Fin. Mgmt. (2005), 153, 154; *Black/Cheffins/Klausner* in: Armour/McCahery, After Enron, 2006, S. 343, 344.

Arbeit behindert, als fördert.[521] Daher wurde bereits in den 1980er Jahren die Frage aufgeworfen, welche Anreize Haftungsreduzierungen ergeben können.[522] Allgemein wird in der Praxis von Haftungsausschlüssen bzw. Haftungsabmilderungen regen Gebrauch gemacht.[523] Es besteht die Möglichkeit der Haftungsbeschränkung, in manchen Fällen sogar des Haftungsausschlusses für *directors*, indem eine *limitation of liability* in die *articles* eingefügt wird.[524] Die Haftungsreduktion bei gesetzlichen Haftungsfällen durch die *articles* ist im Rahmen der *duty of care* ein zulässiges und beliebtes Mittel, um die *directors* zu entlasten.[525] Unzulässig ist diese Konstruktion bei der *duty of loyalty*.[526] Eine Delegation von Aufgaben auf ein *committee* soll grundsätzlich keine Haftungsbegrenzung implizieren.[527] Dieser Grundsatz gilt aber nicht für das *audit committee*, bei dem mit der Aufgabendelegation eine Verschiebung der Haftung einhergeht.[528] Ein direkter gesetzlicher Haftungsschutz besteht, wenn der *director* gutgläubig handelte und auf Informationen Dritter vertrauen durfte.[529] Weiteres Instrument zur Abmilderung von Haftungsfolgen ist die seit den 1960er Jahren bestehende Möglichkeit zur Einführung einer *D&O-Insurance*.[530] Die Gesetze lassen den Abschluss einer solchen Versicherung für *directors* ausdrücklich

---

521 *Hamdani/Kraakman,* 105 Mich. L. Rev. (2007), 1677, 1679; *Black/Cheffins/Klausner,* 11 Eur. Fin. Mgmt. (2005), 153, 154; *Black/Cheffins/Klausner* in: Armour/McCahery, After Enron, 2006, S. 343, 344.

522 *Finck,* 14 Intl. Leg. Prac. (1989), 71, 74.

523 *Black/Cheffins/Klausner,* 58 Stan. L. Rev. (2006), 1055, 1077 ff.; *Hamdani/Kraakman,* 105 Mich. L. Rev. (2007), 1677, 1679, 1688; *Stout,* 28 Del. J. Corp. L. (2003), 1, 23; *Elson,* 50 S.M.U. L. Rev. (1996), 127, 149.

524 DGCL § 102 (b) (7). Diese Norm wurde in Delaware als Reaktion auf den Fall Smith v. van Gorkom eingeführt: Cinemera, Inc. v. Technicolor, Inc., 663 A.2d 1156, 1166 (Del. 1995); CGCL sec. 204 (10); RMBCA § 2.02 (b) (4); *Black/Cheffins/Klausner,* 58 Stan. L. Rev. (2006), 1055, 1090; *Brown, JR.,* 38 U. Rich. L. Rev. (2004), 317, 332 Fn. 93; *Hamdani/Kraakman,* 105 Mich. L. Rev. (2007), 1677, 1688.

525 Cinemera, Inc. v. Technicolor, Inc., 663 A.2d 1156, 1165 f. (Del. 1995); Resolution Trust Corp. v. City Fed. Fin. Corp., 57 F.3d 1231, 1242 (3d Cir. 1995); *Merkt/Göthel,* US-amerikanisches Gesellschaftsrecht, 2006, Rn. 634, der aber auch auf *Veasey/Finkelstein/Bigler,* 42 Bus. Law. (1987), 399, 403 hinweist, wo auf den noch immer bestehenden Anwendungsbereich der *duty of care* trotz deren Ausschlusses hingewiesen wird.

526 *Merkt/Göthel,* US-amerikanisches Gesellschaftsrecht, 2006, Rn. 634.

527 *Kolb,* 9 U. Balt. L. Rev. (1980), 189; *Merkt/Göthel,* US-amerikanisches Gesellschaftsrecht, 2006, Rn. 598.

528 *Reinstein/Callaghan/Braiotta, JR.,* 61 U. Det. J. Urb. L. (1984), 375, 385 ff.; *Merkt/Göthel,* US-amerikanisches Gesellschaftsrecht, 2006, Rn. 600; *Bürgers/Israel* in: Bürgers/Körber AktG § 111 Rn. 2.

529 DGCL § 141 (e); CGCL sec. 309, 2700; RMBCA § 8.30.

530 *Black/Cheffins/Klausner* in: Armour/McCahery, After Enron, 2006, S. 343, 353; *Perry,* Incentive Compensation For Outside Directors And CEO Turnover, 1999, S. 3; *Bishop,* 77 Yale L. J. (1968), 1078, 1086.

zu.[531] Diese greift ein, wenn der *director* keinen Ersatz über die *indemnification rules*[532] erlangen kann.[533] In der Literatur wird darauf aufmerksam gemacht, dass die potenzielle persönliche Haftung (*out of own pocket)* der *directors* in keinem Verhältnis zu den tatsächlichen Haftungsfällen stünde, denn Letztere seien so gut wie nicht vorhanden.[534] Diese Tatsache soll seinen Ursprung in der Dynamik der gesellschaftsrechtlichen Entwicklung haben, welche zumindest bis zu den jüngsten Bilanzskandalen so funktionierte, dass einem bekannt gewordenen persönlichen Haftungsfall eines *directors* stets eine Möglichkeit zur Haftungserleichterung folgte.[535] Als Gründe für das Scheitern von Klagen für ein Fehlverhalten eines *directors* werden mangelnde Beweise, Haftungsausschlüsse in den *articles* für die *duty of care*, oder die *business judgment rule* angeführt.[536] Dadurch, dass Entscheidungen des *boards* meist unternehmerische Entscheidungen sind, bleiben die Gerichte in ihrer Prüfungskompetenz derart eingeschränkt, dass sie die *board* Entscheidungen grundsätzlich achten müssen.[537] Kapitalmarktrechtliche Fälle sollen aufgrund drohenden Reputationsverlustes oftmals mit einem Vergleich enden, mit der Folge, dass die *corporation* im Zuge der *indemnification rules* oder die D&O-Versicherung die Vergleichssumme bezahlt.[538] Selbst im Fall eines Urteils würde die persönliche Haftung der *directors* kaum Relevanz aufweisen, da entweder die *corporation* auch verurteilt würde und zahlt, oder eine Zahlung des *directors* wiederum über die *indemnification* der *corporation* kompensiert würde.[539] Für den Fall, dass ein *outside director* für sein Fehlverhalten persönlich zahlen muss bleibt somit ein eng eingegrenzter Anwendungsbereich, welcher teilweise als zwei Ausformungen „*perfect-storm*“[540] und „*can't afford to win*“[541] bezeichnet wird.[542] Aber selbst diese bereits stark eingegrenzten Szenarien sind sehr unwahrscheinlich, sodass die persönliche *director*-Haftung ein

531 DGCL § 145 (g); CGCL sec. 317 (i); RMBCA § 8.57.
532 Zur *indemnification* s.o. 2.TeilB.II.4.
533 *Black/Cheffins/Klausner*, 58 Stan. L. Rev. (2006), 1055, 1085.
534 *Black/Cheffins/Klausner* in: Armour/McCahery, After Enron, 2006, S. 343, 347 f.
535 *Black/Cheffins/Klausner* in: Armour/McCahery, After Enron, 2006, S. 343, 353 f.
536 *Black/Cheffins/Klausner* in: Armour/McCahery, After Enron, 2006, S. 343, 349.
537 *Hamdani/Kraakman*, 105 Mich. L. Rev. (2007), 1677, 1686 f.; *Black/Cheffins/Klausner*, 11 Eur. Fin. Mgmt. (2005), 153, 159; *Bainbridge*, Corporation law and economics, 2002, § 7.2 S. 320.
538 *Black/Cheffins/Klausner* in: Armour/McCahery, After Enron, 2006, S. 343, 350.
539 *Black/Cheffins/Klausner* in: Armour/McCahery, After Enron, 2006, S. 343, 351: Für den Fall gutgläubigen, nicht vorsätzlichen Verstoßes.
540 *Black/Cheffins/Klausner*, 58 Stan. L. Rev. (2006), 1055, 1060 f., 1107; *Black/Cheffins/Klausner*, 11 Eur. Fin. Mgmt. (2005), 153, 160; *Black/Cheffins/Klausner* in: Armour/McCahery, After Enron, 2006, S. 343, 352.
541 *Black/Cheffins/Klausner*, 58 Stan. L. Rev. (2006), 1055, 1061, 1109 f.
542 *Black/Cheffins/Klausner*, 58 Stan. L. Rev. (2006), 1055, 1060 ff.

krasser Ausnahmefall bleibt.[543] Auch gegen diese finanziellen Folgen kann ebenfalls mit einem Versicherungsschutz entgegengewirkt werden (*Side A policy*).[544]

Diese Ausführungen zeigen, dass der potenzielle Haftungsumfang für *directors* in tatsächlicher Hinsicht sehr eingeschränkt ist.

c) Auswirkungen der Haftung auf die Vergütung

Nun fragt sich, ob die Haftung ein Vergütungsparameter für die *directors* darstellt. Die Auswertung der vergütungsrelevanten Literatur zeigt, dass es gegenteilige Auffassungen darüber gibt, ob *directors* für potenzielle Haftungsgefahren vergütet werden sollen. Einige gehen davon aus, dass *directors* für mögliche Haftungsgefahren vergütet werden sollen.[545] Dies wird unter anderem mit dem Zusammenhang zwischen Aufgaben und Haftung begründet.[546] Wenn den *directors* mehr Aufgaben zukommen, so besteht eine größere Gefahr der Haftung für die Aufgabenausführung. Die Aufgaben wiederum stellen den Hauptparameter für die Vergütung dar.[547] Da Haftung und Aufgaben somit ineinander spielen, kann man sie nicht voneinander trennen, sodass die Haftung zwangsläufig Vergütungsrelevanz aufweist. In die andere Richtung gehen Stimmen, die behaupten, dass die Haftung keinen Einfluss auf die Vergütung der *directors* hat.[548] Begründet wird dies damit, dass rechtmäßiges Verhalten an sich noch nicht vergütet werden kann.[549] Hilfestellung kann die Frage geben, ob die D&O-Versicherung als Vergütungsbestandteil angesehen wird. Die D&O-Versicherung schützt die *directors* vor eigenen Aufwendungen im Rahmen eines Haftungsfalls.[550] Wenn die Versicherung Vergütungsbestandteil ist, so würde die Versicherungsprämie von der *corporation* für die Haftungsgefahren bezahlt werden, ohne dass die *directors* ihr eigenes Geld dafür aufwenden müssten. Dies würde dazu führen, dass für die potenzielle Haftung ein Vergütungsbestandteil i. S. d. Prämie bezahlt würde. Eine D&O-Versicherung kann als Vergütungsbestandteil kritisch angesehen werden, da die Literatur zwischen der Vergütung und Versicherung

---

543 *Black/Cheffins/Klausner,* 58 Stan. L. Rev. (2006), 1055, 1062.

544 *Black/Cheffins/Klausner,* 58 Stan. L. Rev. (2006), 1055, 1061, 1108 ff.

545 *Brown,* 82 NYU L. Rev. (2007), 1102, 1112; *Carey/Elson/England,* How should corporate directors be compensated?, 1996; *Leech/Mundheim,* 31 Bus. Law. (1976), 1799, 1832; *Blair,* 28 Harv. Bus. Rev. (1950), 101, 112; *Elson,* 50 S.M.U. L. Rev. (1996), 127, 143, 148.

546 *Elson,* 50 S.M.U. L. Rev. (1996), 127, 148, 151 f.; *Carey/Elson/England,* How should corporate directors be compensated?, 1996; *Leech/Mundheim,* 31 Bus. Law. (1976), 1799, 1832.

547 S.o. 2.TeilC.III.1.

548 *Hamdani/Kraakman,* 105 Mich. L. Rev. (2007), 1677, 1681, an anderer Stelle (1689) betonen sie jedoch, das seine erhöhte Haftungsgefahr entweder mit mehr Versicherungsschutz oder einer erhöhten Vergütung einhergehen müsse.

549 *Hamdani/Kraakman,* 105 Mich. L. Rev. (2007), 1677, 1678.

550 S.o. 2.TeilC.III.2.b).

trennt.[551] Sie ist somit nicht der Vergütung zuzurechnen. In Kalifornien lässt sich dieses Ergebnis durch das Gesetz bestätigen, wo die D&O-Versicherung nicht der *director compensation* zugerechnet wird.[552] Andererseits sagt dies wenig über die Verbindung zwischen Haftung und Vergütung aus. Bei fehlender Prämienzahlung durch die *corporation* wird eine Erhöhung der Vergütung empfohlen, damit sich die *directors* die Versicherung selbst leisten können.[553] Aus diesen gegensätzlichen Positionen ist noch keine klare Linie erkennbar, sodass die Vergütungsrelevanz der Haftung zunächst offenbleiben muss. Mehr Aufschluss kann der folgende Abschnitt geben, in dem die Aufgaben- und Haftungsentwicklung der letzten Jahrzehnte in Relation zur Höhe der Vergütung gesetzt wird.

3. *Relation zwischen Umfang der Tätigkeit und Haftung zur Vergütungsentwicklung*

Da die *directors* früher selbst die Hauptaktionäre der *corporation* waren und somit allein durch ihre Tätigkeit im *board* ihre eigenen Beteiligungen an der *corporation* kontrollieren konnten, gab es damals keinen triftigen Grund die *directors* noch einmal gesondert zu vergüten.[554] Die einzigen vergütungsrelevanten Zahlungen, die sie erhielten, bestanden in geringfügigen *meeting fees.*[555] Die Anfänge anderweitiger Vergütungszahlungen an die *directors* bildeten sich, als der Aktionärskreis sich vergrößerte und die Beteiligungen der *directors* an der *corporation* schwindeten.[556] Seit den 1950er Jahren ist ein ständiger Anstieg in der Vergütung der *directors* zu verzeichnen.[557] Aus dieser Zeit stammt auch die erste normative Regelung, die sich mit der Vergütung der *directors* beschäftigt hat.[558] Auch die Zusammensetzung der Vergütung änderte sich mit der Zeit von simplen *meeting fees* bis hin zu Festvergütungen mit zusätzlichen Leistungen (Versicherungen/Pensionen) und Mischformen.[559] Den Erhöhungen der Vergütungen ging eine Erweiterung des Aufgabenkatalogs

---

551 *Leech/Mundheim,* 31 Bus. Law. (1976), 1799, 1832, 1835; *Bishop,* 77 Yale L. J. (1968), 1078, 1091 f.

552 CGCL sec. 318 (d): "[...], *director compensation, director insurance or indemnification,* [...]".

553 *Leech/Mundheim,* 31 Bus. Law. (1976), 1799, 1832, 1835; *Bishop,* 77 Yale L. J. (1968), 1078, 1091 f.

554 *Elson,* 50 S.M.U. L. Rev. (1996), 127, 135 f., 139; *Carey/Elson/England,* How should corporate directors be compensated?, 1996.

555 *Elson,* 50 S.M.U. L. Rev. (1996), 127, 138.

556 *Elson,* 50 S.M.U. L. Rev. (1996), 127, 139 f.

557 *Elson,* 50 S.M.U. L. Rev. (1996), 127, 131 f., 143 ff.; *Carey/Elson/England,* How should corporate directors be compensated?, 1996; *Leech/Mundheim,* 31 Bus. Law. (1976), 1799, 1832; *Overton* in: Foulkes, Executive Compensation, 1991, S. 383, 386.

558 *Elson,* 50 S.M.U. L. Rev. (1996), 127, 144: Bezogen auf den Model Business Corporation Act (1953), § 33.

559 *Elson,* 50 S.M.U. L. Rev. (1996), 127, 132, 146; *Carey/Elson/England,* How should corporate directors be compensated?, 1996.

voraus.[560] Besonders im letzten Jahrzehnt haben sich die gesetzlichen Regelungen zur Aufgabenerfüllung der *directors* erweitert.[561] Die neuen gesetzlichen Regelungen wie der Sarbanes-Oxley Act haben dazu beigetragen, dass die Arbeitsbelastung der *outside directors* anstieg.[562] Vor diesem Hintergrund kann auch eine Steigerung der Vergütungen begründet werden, da der Arbeits- und Zeiteinsatz der Hauptvergütungsfaktor darstellt. Somit lässt sich festhalten, dass die Entwicklung der Vergütungshöhe parallel zur Erweiterung der Aufgaben der *directors* ablief.

Nun stellt sich die Frage, ob sich diese Interdependenz auch für die Haftung feststellen lässt. Früher gab es eher wenig Haftungspotenzial für die *directors*, allein um neuen Kandidaten genügend Anreize zur Amtsübernahme zu geben.[563] Daran hat sich heute nicht viel geändert.[564] Untersuchungen haben ergeben, dass es in der neueren Zeit immer noch relativ wenige Haftungsfälle gibt, bei denen die *directors* letztendlich in Anspruch genommen wurden.[565] Somit hat sich trotz gestiegener Vergütungen die Haftungssituation nicht sonderlich geändert. Dies führt zu dem Schluss, dass die Haftung keinen großen Einfluss auf die Vergütung der *directors* ausübt.[566] Demnach kann die Haftung als Vergütungsparameter für die Vergütung der *directors* vernachlässigt werden.

IV. Weitere Einflussfaktoren der director compensation

1. Qualifikationsanforderungen der directors

Die *statutes* lassen es zu, dass in den *articles* oder *bylaws* Qualifikationsanforderungen festgeschrieben werden, welche potenzielle *directors* erfüllen müssen, um ihr Amt im *board* ausführen zu können.[567] Ebenso können Qualifikation und die

560 *Carey/Elson/England*, How should corporate directors be compensated?, 1996; *Overton* in: Foulkes, Executive Compensation, 1991, S. 383, 386.

561 Insbesondere durch die Regelungen des SOX: *Farrell/Friesen/Hersch*, 14 J. Corp. Fin. (2008), 153, 157; *Brown*, 82 NYU L. Rev. (2007), 1102, 1109, 1111 f., 1120; *Bartlett*, Outside director compensation trends and developments, 2011, S. 1 f.; *Gong/Li*, Outside Directors' Equity Compensation and Information Acquisition, 2011, S. 10 Fn. 5 und Dodd-Frank-Act: *Fredrik C W. Cook & Co.*, Director Compensation – Non-Employee Director Compensation Across Industries And Size, 2011, S. 20 f.

562 S.o. 2.TeilC.III.1.a)bb).

563 *Hamdani/Kraakman*, 105 Mich. L. Rev. (2007), 1677, 1678 f.; *Bishop*, 77 Yale L. J. (1968), 1078, 1099.

564 *Rowland*, 102 Colum. L. Rev. (2002), 168, 201 f.; *Romano*, 39 Emory L. J. (1990), 1155, 1162; *Hamdani/Kraakman*, 105 Mich. L. Rev. (2007), 1677, 1690; *Black/Cheffins/Klausner*, 58 Stan. L. Rev. (2006), 1055, 1140.

565 *Black/Cheffins/Klausner*, 58 Stan. L. Rev. (2006), 1055, 1063 f.; siehe ebenso oben die Ausführungen zur Haftungsreduktion: 2.TeilC.III.2.b).

566 *Hamdani/Kraakman*, 105 Mich. L. Rev. (2007), 1677, 1681, 1689.

567 *Gevurtz*, Corporation law, 2010, § 1.4 S. 57, § 3.1 S. 186; DGCL § 141 (b); CGCL sec. 212 (b) (4); RMBCA § 8.02.

bisher erbrachte Leistung als *director* Faktoren sein, die für eine Wiederwahl als *director* in Betracht kommen.[568] Die Festlegung bestimmter Qualifikationsmerkmale zur Übernahme einer Position im *board* hat Auswirkungen auf die Vergütung der *directors*. Nur Personen, die den Qualifikationsanforderungen entsprechen, können Mitglied im *board* werden. Dies bedeutet gleichzeitig, dass nur die qualifizierten Personen eine Vergütung erhalten können. Personen ohne die Qualifikationsmerkmale können somit keine Vergütung erhalten, da sie keine Mitgliedschaft im *board* übernehmen können. Folglich wird die Vergütung der *directors* auch für deren Qualifikation gezahlt.[569] Dieses Ergebnis lässt sich durch eine Regelung in Kalifornien bestätigen. Dort können sich Minderheiten als potenzielle *directors* registrieren lassen.[570] Hierbei müssen sie Angaben machen, welche Eigenschaften sie als *director* qualifizieren,[571] und können gleichzeitig selbst Aspekte wie die *director compensation* vorgeben, welche sie bei einer potenziellen *board*-Mitgliedschaft für wichtig erachten.[572] Aus diesem Zusammenspiel lässt sich folgern, dass die Qualifikation einer Person zumindest mittelbare Vergütungsrelevanz aufweist. Mangels Anhaltspunkten in den *statutes* folgt hieraus aber noch keine Aussage zur Zu- oder Unzulässigkeit individueller Vergütungen. Es besagt nur, dass jede qualifizierte Person für die *board*-Mitgliedschaft bezahlt wird. Auch in der Literatur zeigt sich, dass eine Vergütung, allein basierend auf Merkmale einer Person, grundsätzlich nicht gezahlt wird,[573] obwohl eine allgemeine Anknüpfung an individuelle Fähigkeiten der *directors* durchaus sinnvoll wäre.[574] Dies kann mit der Unbestimmbarkeit einer Qualifikation in Relation mit der Vergütungshöhe begründet werden.[575] Eine Ausnahme stellt hierbei jedoch der Finanzexperte dar, bei dem es gerade auf eine bestimmte Qualifikation ankommt.[576]

---

568 So der best practice Standard von GM: *General Motors*, General Motors Company Board Of Directors Corporate Governance Guidelines, 2011, Guideline 22.

569 In diese Richtung geht auch der best practice Standard des Council Of Institutional Investors: *Council Of Institutional Investors*, Corporate Governance Policies, 2014, 6.1 S. 21, wo mittels der *director compensation* qualifizierte *directors* angeworben werden sollen.

570 CGCL sec. 318.

571 CGCL sec. 318 (b).

572 CGCL sec. 318 (d).

573 *Farrell/Hersch,* 19 Appl. Econ. Let. (2012), 1401; *Farrell/Friesen/Hersch,* 14 J. Corp. Fin. (2008), 153, 153; *Gong/Li,* Outside Directors' Equity Compensation and Information Acquisition, 2011, S. 10; *Hamdani/Kraakman,* 105 Mich. L. Rev. (2007), 1677, 1694 Fn. 85.

574 Zur Berücksichtigung individueller Fähigkeiten bei *board*-Entscheidungen: *Lin,* 90 Nw. U. L. Rev. (1996), 898, 963 ff.

575 *Hamdani/Kraakman,* 105 Mich. L. Rev. (2007), 1677, 1694, in Bezug auf einen Markt für *directors.*

576 *Farrell/Hersch,* 19 Appl. Econ. Let. (2012), 1401, 1401 Fn. 1.

2. *Gleichbehandlung im board?*

Fraglich ist das Vorliegen eines Gleichbehandlungsgrundsatzes, der bei Vergütungsentscheidungen zu beachten wäre. Wenn es diesen gibt, so hat er in logischer Konsequenz Einfluss auf die Vergütungen der *directors* und kann als Parameter festgestellt werden. Jedenfalls wird vertreten, dass der *board* als kollegiales Organ gesehen werden sollte, da er die meisten Entscheidungen mit der Mehrheit seiner Mitglieder trifft.[577] Aber ein gewisser Grad an Gleichheit besteht dadurch eher innerhalb der *inside directors* aufgrund gleicher Ausgangslage bei der Informationsbeschaffung und stetigen Involvierung in die laufenden Geschäfte, wohingegen die *outside directors* weniger Zeit und Informationen zur Entscheidungsfindung zur Verfügung haben.[578] Hieraus lässt sich ein differenziertes Bild ableiten, in dem nur bei den vergleichbaren *directors* eine Gleichbehandlung zu sehen sein könnte. Das verbietet eine zwingende Gleichbehandlung von *inside* und *outside directors.* Im Rahmen der Vergütung kann dies damit begründet werden, dass *inside directors* im Gegensatz zu den *outside directors* in der Regel keine gesonderte Vergütung für ihre *board*-Tätigkeit erhalten.[579] Bei Betrachtung der Lage der *inside directors* kommen Zweifel auf, ob ein Gleichbehandlungsgrundsatz, auch bei rechtlicher Existenz, tatsächlich zur Anwendung kommt. Die *inside directors* sind neben der *director*-Funktion normale Angestellte der *corporation* und damit in der Hierarchie ihrem Vorgesetzten unterstellt, der in den meisten Fällen der *Chief Executive Officer* im *board* ist.[580] Aus dieser Stellung wird eine Art Abhängigkeitsverhältnis abgeleitet, bei dem jeder im Sinne der leitenden Person – also des CEO – entscheidet, um das Verhältnis, welches durch die Anstellung außerhalb des *boards* noch besteht, nicht zu trüben.[581] Daraus ergibt sich eine faktische Über-/Unterordnung, welche eine Gleichbehandlung nicht mehr zulässt.[582]

---

577 Gartrell v. Knight, 546 F. Supp. 449, 452 (N.D.Ala. 1982); Corinne Mill, Canal & Stock Co. v. Toponce, 152 U.S. 405, 408 (1894); *Bainbridge,* Corporation law and economics, 2002, § 5.5 S. 224; *Bainbridge,* Corporate Governance After the Financial Crisis, 2012, S. 68; *Gevurtz,* Corporation law, 2010, § 3.1 S. 235.

578 *Bainbridge,* Corporation law and economics, 2002,§ 5.5 S. 224 f.; *Gevurtz,* Corporation law, 2010, § 3.1 S. 234 f.

579 *Adams/Ferreira,* 46 Journal of Accounting and Economics (2004), 154, 158; *Farrell/Friesen/Hersch,* 14 J. Corp. Fin. (2008), 153 Fn. 3; Ausnahmen für eine Vergütung der *inside directors* für ihre *board*-Tätigkeit: *Adams,* What do Boards do? Evidence from Board Committee and Director Compensation Data, 2003, S. 8, Fn. 11; *Brown,* 82 NYU L. Rev. (2007), 1102, 1105.

580 *Gevurtz,* Corporation law, 2010, § 3.1 S. 235.

581 *Gevurtz,* Corporation law, 2010, § 3.1 S. 235.

582 *Gevurtz,* Corporation law, 2010, § 3.1 S. 235.

a) *Gleichbehandlung im Rahmen der Vergütung?*

Wenn es aber rein rechtlich eine Art Gleichbehandlung zwischen *inside directors* gibt, so ist zunächst kein Grund ersichtlich, warum dies nicht auch für *outside directors* gelten soll. Die Literatur gibt diesbezüglich ein uneinheitliches Bild ab. Es wird darauf hingewiesen, dass die Vergütung nicht für den Einzelnen, sondern für die *outside directors* als Einheit konzipiert ist.[583] Die *outside directors* sind als einheitliche Gruppe zu betrachten.[584] Differenzierungen sollen sich lediglich aus unterschiedlicher Aufgabenbelastung ergeben.[585] Dies ergibt sich auch aus der unterschiedlichen Vergütung von Vorsitzposten der *audit* und *compensation committees*.[586] Eine *best practice* Empfehlung geht dahin, dass bei individuellen Leistungen die Person als *consultant* vertraglich gebunden werden sollte, sodass man diese Person nach der konkreten Leistung bezahlen könne, da eine Vergütung als *director* dafür nicht geeignet sei.[587] Dadurch wird jedoch keine Aussage zu der Frage impliziert, ob *directors* im Rahmen ihrer Vergütung nicht auch individuelle Zahlungen erhalten können. Aus den Gesetzen lassen sich keine eindeutigen Ergebnisse hierzu herleiten.[588] Teils wird von einer Regelung gesprochen, die eine Ungleichbehandlung verbiete.[589] Auch die Tatsache, dass bereits seit Jahrzehnten die Anreizmöglichkeiten gegenüber individuellen Talenten untersucht wird,[590] aber bisher keine individuelle Vergütung damit einherging, spricht für einen Gleichbehandlungsgrundsatz. Dies geht in die Richtung einer strengen Gleichbehandlung der *outside directors* bei der Vergütung. Die Ausnahmen von der Gleichbehandlungspflicht sind an besondere Leistungen des *directors* geknüpft, welche dieser im Rahmen seiner *director*-Verpflichtung ausüben muss.[591] Es ist fraglich, ob dies bereits ausreicht, um eine Unzulässigkeit von ungleichen Vergütungen festzustellen. Die Überlegungen über einheitliche *board*-Aktivitäten, welche nur im Kollektiv und nicht individuell ausgeübt werden sollen, bedienen sich mehr von ökonomischen Erkenntnissen, als von rechtlichen

583 *Farrell/Hersch,* 19 Appl. Econ. Let. (2012), 1401; *Farrell/Friesen/Hersch,* 14 J. Corp. Fin. (2008), 153.

584 *The American Law Institute*, Principles of corporate governance, 1994, S. 136; *Leech/Mundheim*, 31 Bus. Law. (1976), 1799, 1827; *Gevurtz*, Corporation law, 2010, § 3.1 S. 190.

585 *Farrell/Hersch,* 19 Appl. Econ. Let. (2012), 1401; *Farrell/Friesen/Hersch,* 14 J. Corp. Fin. (2008), 153.

586 *Fredrik C W. Cook & Co.*, Director Compensation – Non-Employee Director Compensation Across Industries And Size, 2011, S. 20.

587 *National Association Of Corporate Directors*, Report Of The NACD Blue Ribbon Commission, 2005, S. 12.

588 Zum Beispiel heißt es in Delaware nur: DGCL § 122 (15): „[...] *for any or all* [...]".

589 *Farrell/Hersch,* 19 Appl. Econ. Let. (2012), 1401, 1403, jedoch ohne nähere Begründung, woher diese Regelung stammt.

590 Z. B. *Leech/Mundheim,* 31 Bus. Law. (1976), 1799, 1828.

591 *Hamdani/Kraakman,* 105 Mich. L. Rev. (2007), 1677, 1705; ein Beispiel ist auch der „*financial expert*": *Farrell/Hersch,* 19 Appl. Econ. Let. (2012), 1401 Fn. 1.

Normen.[592] Eine Übertragung dieses Gedankens auf die Zulässigkeit von individuellen Vergütungen findet in der Literatur grundsätzlich nicht statt.[593]

b) Zulässige Ungleichbehandlung?

Auf der anderen Seite gibt es Anzeichen dafür, dass individuelle Vergütungsabstufungen für vergleichbare *outside directors* möglich sind.[594] Ein Verbot für individuelle Vergütungszahlungen soll es nicht geben.[595] Dafür spricht teilweise auch die Rechtsprechung, welche eine Zahlung von *attendance fees* an ausgewählte, aber nicht alle *directors* zulassen will, solange eine tragfähige Begründung dafür erfolgt, warum bestimmte *directors* diese Zahlungen nicht erhalten sollen.[596] Auch können Beratungsverträge mit individuell ausgewählten *directors* abgeschlossen werden,[597] was gegen eine Gleichbehandlungspflicht spricht. Dass es neben dem Kollegialitätsprinzip auch auf die individuellen Eigenschaften und Leistungen eines *directors* ankommt, zeigen schon die *best practice* Bestrebungen Maßstäbe zu formulieren, welche persönlichen Eigenschaften einen professionellen *director* ausmachen[598] und wie seine Leistungen bewertet werden können.[599] Die Einfügung von professionalisierten *directors,* welche das Management stärker als bisher überwachen können, würde das Kollegialitätsprinzip kaum belasten, da mit intensiverer Überwachung eine Verbesserung der wirtschaftlichen Lage der *corporation* einhergehen soll.[600] Dies spricht gegen das Argument, welches ungleiche Vergütungen aufgrund einer Kollegialität im *board* nicht zulässt. Weiterhin gibt es die Möglichkeit einem *director* bestimmte Aufgaben aufzuerlegen, wodurch dieser eine höhere Arbeitsbelastung erfährt.[601] Gemäß dem Grundsatz, dass Hauptvergütungsparameter die Aufgaben sind,[602] kann dieser bestimmte *director* auch individuell gesondert vergütet werden.

---

592 Siehe dazu die Überlegungen von *Bainbridge*, Corporate Governance After the Financial Crisis, 2012, S. 68 ff., welche auf die Vorteile von Gruppenentscheidungen ggü. Einzelentscheidungen abzielen.

593 Ausnahme hierzu bildet: *Farrell/Hersch,* 19 Appl. Econ. Let. (2012), 1401, 1403, jedoch ohne nähere Begründung.

594 *Hamdani/Kraakman,* 105 Mich. L. Rev. (2007), 1677, 1710; *Gilson/Kraakman,* 43 Stan. L. Rev. (1991), 863, 885.

595 *Leech/Mundheim,* 31 Bus. Law. (1976), 1799, 1832.

596 Lynch v. Patterson, 701 P.2d 1126, 1134 (Wyo. 1985).

597 *Elson,* 50 S.M.U. L. Rev. (1996), 127, 156.

598 *National Association Of Corporate Directors,* Report Of The NACD Blue Ribbon Commission, 2005, S. 9 ff.

599 *National Association Of Corporate Directors,* Report Of The NACD Blue Ribbon Commission, 2005, S. 17 ff., App. D1-D3.

600 *Gilson/Kraakman,* 43 Stan. L. Rev. (1991), 863, 889.

601 *The American Law Institute,* Principles of corporate governance, 1994, S. 141 c., 145 b.

602 S.o. 2.TeilC.III.1.

Dies spricht für eine individuell abgestufte Vergütung der *outside directors*. Daher muss eine Vergütung der *outside directors* nicht zwingend gleich ausgestaltet sein.

3. *Das Interesse der shareholders*

Ebenso können die Interessen der *shareholders* Einfluss auf die *director compensation* haben. Die *directors* werden primär für ihre Aufgabenerledigung vergütet.[603] Die *shareholders* haben ein Interesse an einer effektiven Aufgabenerledigung durch die *directors*, damit der Wert ihrer Beteiligungen steigt.[604] Dass die *shareholder*-Interessen Vergütungsrelevanz aufweisen und somit auch als deren Maßstab gelten, lässt sich aus dem Trennungsprinzip von *ownership and control* herleiten. Die *directors* treten an Stelle der *shareholders* auf und haben somit in deren Interesse zu handeln.[605] Ebenso spricht dafür das Bestreben der Angleichung an das *shareholder*-Interesse durch die Ausgestaltung der Vergütungsbestandteile, welche durch Aktien oder Optionen erreicht werden soll.[606] Daraus ergibt sich die Konsequenz, dass bei der Vergütung der *directors* für die Aufgabenerledigung die *shareholder*-Interessen eine gewichtige Rolle spielen. Belegen lässt sich dies auch mit dem Bestreben, die Vergütung der *directors* an die Entwicklung der *corporation* (*performance*)[607] zu koppeln. Allerdings gibt es auch kritische Stimmen, welche die Unbestimmbarkeit solcher entwicklungsbezogenen Vergütungen anführen,[608] eine Vergütungsrelevanz verneinen[609] und diese Vergütungsweise sogar als kontraproduktiv darstellen.[610] Dagegen müsse es vermieden werden, dass sich die *directors* zu sehr als Angestellte betrachten.[611] Dies würde mit einer Ausrichtung der Vergütungsbestandteile erreicht, die erkennen lässt, dass die *directors* sich als Vertreter der *shareholders*

---

603 S.o. 2.TeilC.III.1.a)cc).

604 Dodge v. Ford Motor Co., 170 N.W. 668, 684 (Mich. 1919); *Carey/Elson/England*, How should corporate directors be compensated?, 1996; *Bainbridge*, Corporation law and economics, 2002, §§ 7.1, 7.2 S. 306 f.; Vermögensmehrung als Aufgabe des *boards*: *National Association Of Corporate Directors*, Report Of The NACD Blue Ribbon Commission, 2005, S. 3; der Einfluss der *shareholder interests* findet sich auch in CGCL sec. 2700 (a).

605 *Fich/Shivdasani*, 78 J. Bus. (2005), 2229, 2252; *Brown*, 82 NYU L. Rev. (2007), 1102, 1107; *Overton* in: Foulkes, Executive Compensation, 1991, S. 383, 388.

606 *Elson*, 50 S.M.U. L. Rev. (1996), 127, 133 f.; *Stout*, 28 Del. J. Corp. L. (2003), 1, 4; *Fich/Shivdasani*, 78 J. Bus. (2005), 2229, 2231; *Brown*, 82 NYU L. Rev. (2007), 1102, 1108 f.; *Gong/Li*, Outside Directors' Equity Compensation and Information Acquisition, 2011, S. 8.

607 *Brown*, 82 NYU L. Rev. (2007), 1102, 1103 f., welche die Coca-Cola Company beleuchtet; *Perry*, Incentive Compensation For Outside Directors And CEO Turnover, 1999, S. 3.

608 *Brown*, 82 NYU L. Rev. (2007), 1102, 1132.

609 *Gilson*, 27 J. Fin. Econ. (1990), 355, 377; *Lin*, 90 Nw. U. L. Rev. (1996), 898, 916.

610 *Stout*, 28 Del. J. Corp. L. (2003), 1, 15.

611 *Elson*, 50 S.M.U. L. Rev. (1996), 127, 133, 149.

fühlen.[612] Wird der Gedanke weiter geführt, so kann es im *shareholder*-Interesse liegen, dass einige *directors* anders als andere *directors* vergütet werden, um damit eine andere Art und Weise der Aufgabenerledigung zu erreichen.[613]

4. Der Einfluss von Professionalisierungsbestrebungen

In der Literatur finden sich immer wieder Bestrebungen mittels der Vergütung der *directors* deren Arbeit effektiv zu gestalten. Das bedeutet, dass die Effektivität der *directors* Einfluss auf die Vergütung haben kann.

Bevor die Vergütungsrelevanz der Effektivität beleuchtet werden kann, muss klargestellt werden, was einen effektiven *director* ausmacht. Hierzu wird vertreten, dass *directors* effektiv sind, wenn sie mit Wissen und Erfahrung das Management unterstützen können.[614] Sie hinterfragen Management-Entscheidungen und runden damit das Bild einer ordentlich arbeitenden Organisation ab.[615] Effektiv soll ein *director* auch dann sein, wenn keine wesentlichen Verbindungen zum Management bestehen.[616] Ein Hinweis für einen effektiven *director* sind mehrere *board*-Mitgliedschaften und das Fehlen einer Involvierung in Management-Angelegenheiten.[617] Die Beschreibung von effektiven *directors* hat somit schon einige Ausformungen erfahren.

Ein Mittel zur Gewinnung solcher *directors* soll über die Vergütung gehen.[618] Die Vergütung soll so ausgestaltet werden, dass das Wissen und die Erfahrung der *directors* Berücksichtigung findet.[619] Es wird vertreten, dass die Höhe der Vergütung unmittelbar mit der Ab- bzw. Unabhängigkeit, sowie der allgemeinen Entwicklung der *corporation* korrelieren soll.[620] Besonders soll die Vergütung mit Anteilen der *corporation* die Effektivität stärken, da die *directors* dadurch zu intensiverer Informationsbeschaffung angehalten sind, um ihre eigenen Beteiligungen zu schützen und zu vermehren.[621] Durch diese Ausführungen wird deutlich, dass die vage Bezeichnung der „Effektivität" der *directors* durchaus Vergütungsrelevanz

612 *Elson,* 50 S.M.U. L. Rev. (1996), 127, 133, 149 165.

613 So der Vorschlag von *Hamdani/Kraakman,* 105 Mich. L. Rev. (2007), 1677, 1705, 1708.

614 *Fama/Jensen,* 26 J. L. Econ. (1983), 301, 314; *Leech/Mundheim,* 31 Bus. Law. (1976), 1799, 1811; *Bishop,* 77 Yale L. J. (1968), 1078, 1092.

615 *Leech/Mundheim,* 31 Bus. Law. (1976), 1799, 1811.

616 *Millstein,* 50 Bus. Law. (1995), 1427, 1431; *Millstein/MacAvoy,* 98 Colum. L. Rev. (1998), 1283, 1292; *Fama/Jensen,* 26 J. L. Econ. (1983), 301, 315.

617 *Lin,* 90 Nw. U. L. Rev. (1996), 898, 918, 940, 943; *Leech/Mundheim,* 31 Bus. Law. (1976), 1799, 1810 f.

618 *Brown,* 82 NYU L. Rev. (2007), 1102, 1108.

619 *Farrell/Hersch,* 19 Appl. Econ. Let. (2012), 1401; *Brown,* 82 NYU L. Rev. (2007), 1102, 1109.

620 *Elson,* 50 S.M.U. L. Rev. (1996), 127, 133, 149.

621 *Gong/Li,* Outside Directors' Equity Compensation and Information Acquisition, 2011, S. 6.

aufweist, indem die Vergütung Anreize bereitstellen soll, um diese *directors* zur *board*-Mitgliedschaft zu bewegen. Somit hat die Suche nach effektiven *directors* Einfluss auf die Vergütungsentscheidung und kann als Vergütungsfaktor festgestellt werden.

5. *Reputation*

Ein Grund für den Mangel an qualifizierten *directors* soll das hohe Potenzial an Imageverlusten darstellen.[622] Hierbei lässt sich die Frage aufwerfen, ob potenzielle Reputationsverluste als Einflussfaktoren für die Vergütungsentscheidung herangezogen werden, sodass diese als Parameter der Vergütung zu betrachten sind. Es wird behauptet, dass sich gerade die Gefahr des Reputationsverlustes durch den Dodd-Frank Act deutlich erhöht hat.[623] Die eigene Reputation und die Aussicht auf zukünftige Anstellungen als *director* eines anderen *boards* werden als Anreize gesehen, um die eigenen Aufgaben interessengerecht auszuführen.[624] Die dahinter stehende Aussage besagt, dass bei einem guten Ruf ein weiterer, besser bezahlter *director*-Posten möglich ist.[625] Bei schlechterem Ruf bleibt nur die Aussicht auf einen schlecht bezahlten *director*-Posten.[626] Daraus folgt, dass die Reputation zumindest mittelbare Vergütungsrelevanz aufweist, indem ein guter Ruf durchaus zur besseren Vergütung führen kann und sogar sollte.[627] Keine Aussage trifft sie zu einer individuell besseren Vergütung innerhalb eines *boards*, wenn ein *director* hohes Ansehen genießt. Dieses Ergebnis stützt wiederum den Ausgangspunkt für eine Vergütung der *directors*. Vergütet wird die Aufgabenerfüllung[628] an sich und nicht die Qualität der Aufgabenerfüllung.[629]

D. Zusammenfassung wesentlicher Ergebnisse

Trotz einiger Unterschiede stellt der *board* einer *corporation* mit seinen *outside directors* das mit den deutschen Aufsichtsräten einer AG zu vergleichende Pendant

622 *Hamdani/Kraakman*, 105 Mich. L. Rev. (2007), 1677, 1690; *Black/Cheffins/Klausner*, 58 Stan. L. Rev. (2006), 1055, 1140.

623 *Fredrik C W. Cook & Co.*, Director Compensation – Non-Employee Director Compensation Across Industries And Size, 2011, S. 4.

624 *Gilson*, 27 J. Fin. Econ. (1990), 355, 176 f.; *Bainbridge*, Corporation law and economics, 2002, § 10.2 S. 460.

625 *Farrell/Hersch*, 19 Appl. Econ. Let. (2012), 1401, 1403 und Fn. 9; *Lin*, 90 Nw. U. L. Rev. (1996), 898, 917.

626 *Farrell/Hersch*, 19 Appl. Econ. Let. (2012), 1401, 1403 und Fn. 9; *Lin*, 90 Nw. U. L. Rev. (1996), 898, 917 f.

627 *Hamdani/Kraakman*, 105 Mich. L. Rev. (2007), 1677, 1690, 1694.

628 S.o. 2.TeilC.III.1.

629 S.o. zur Haftung als unwesentlicher Einfluss auf die Vergütung: 2.TeilC.III.2.

dar.[630] Die Details der Wahl von *directors* in ihre Posten können durch die *articles* und *bylaws* geregelt werden, wobei die bloße Wahl keinen Anspruch auf eine Vergütung begründet.[631] Rechtlicher Anknüpfungspunkt für Vergütungszahlungen an *directors* für ihre Pflichten als *directors* ist keine vertragliche Grundlage, sondern je nach Kompetenzausgestaltung die *articles, bylaws* oder ein *shareholder*- bzw. *board*-Beschluss.[632] Meistens setzt der *board* selbst die Vergütung der *directors* fest, wobei ein *say-on-pay* der *shareholders* im Gegensatz zur *executive compensation* nicht notwendig ist.[633] Für Dienste, die außerhalb der Pflichten als *director* erbracht werden, können *service contracts* mit individuellen Vergütungsvereinbarungen verwendet werden.[634] Ersatzleistungszahlungen an *directors* für Aufwendungen im Rahmen von Klageverfahren stellen das überwiegende Mittel zur Abschwächung von Haftungsgefahren dar und sind von der Vergütung zu trennen.[635] Sofern der Anwendungsbereich des *entire fairness tests* eröffnet ist, gibt es mit diesem zumindest eine Art gerichtlicher Angemessenheitsprüfung für die Ausgestaltung der *director compensation.*[636] Die Zusammensetzung der Vergütung wird dazu benutzt, um Anreize zur Aufgabenerledigung zu setzen.[637] Als beeinflussende Vergütungsparameter stechen die Arbeitsbelastung und der Zeiteinsatz hervor, wobei gerade die neueren bundesgesetzlichen Regelungen einen Mehraufwand mit sich brachten.[638] Differenzierungen in der Vergütung ergeben sich demnach aus der unterschiedlichen Arbeits- und Zeitbelastung, insbesondere bei der *committee*-Arbeit.[639] Das bestehende Haftungspotenzial wird durch zahlreiche Haftungsabschwächungen minimiert und im Gegensatz zu den gestiegenen Aufgaben und Vergütungen ist die Haftungsgefahr faktisch gering, sodass die Haftung wenig Vergütungsrelevanz aufweist.[640] Zwar spielt die Qualifikation mittelbar in die Vergütungsentscheidungen mit hinein, jedoch gibt es noch keine Hinweise darauf, dass *directors* allein aufgrund ihrer Qualifikation vergütet werden.[641] Es gibt ein kontroverses Bild über einen streng zu beachtenden Gleichbehandlungsgrundsatz bei der Vergütung von *directors,* jedoch sprechen die besseren Argumente gegen einen strengen Grundsatz, sofern die individuelle Abweichung bei der Vergütungsentscheidung begründet

630 Siehe 2.TeilA.II.
631 Siehe 2.TeilB.I.
632 Siehe 2.TeilB.II.1.
633 Siehe 2.TeilB.II.2.
634 Siehe 2.TeilB.II.3.
635 Siehe 2.TeilB.II.4.
636 Siehe 2.TeilC.II.
637 Siehe 2.TeilC.I.
638 Siehe 2.TeilC.III.1.
639 Siehe 2.TeilC.III.1.
640 Siehe 2.TeilC.III.2 und 2.TeilC.III.3.
641 Siehe 2.TeilC.IV.1.

werden kann.[642] Dabei scheinen wohl die Negativaspekte[643] dieser Vergütungsart die Praxis abzuschrecken. Daneben können die *shareholder*-Interessen[644], andere persönliche Eigenschaften,[645] sowie die Vergütung von *directors* vergleichbarer *corporations*[646] durchaus eine Rolle bei der Vergütung der *directors* spielen, ohne jedoch damit ein Postulat individueller Vergütungen zu schaffen.

---

642 Siehe 2.TeilC.IV.2.

643 Siehe 2.TeilC.IV.2.a).

644 Siehe 2.TeilC.IV.3.

645 Siehe 2.TeilC.IV.4 und 2.TeilC.IV.5.

646 *General Motors*, General Motors Company Board Of Directors Corporate Governance Guidelines, 2011, Guideline 17.

3. Teil Maßstäbe der individuell bemessenen Vergütung für ein Aufsichtsratsmitglied

A. Einleitende Bemerkungen

Den Rahmenbedingungen und Parametern für die Aufsichtsratsvergütung i.S.v. § 113 Abs. 1 AktG kommt eine erhebliche praktische Bedeutung zu. Denn bei fehlerhafter Ausgestaltung der Vergütung droht dem Vorstand eine Schadensersatzpflicht gem. § 93 Abs. 3 Nr. 7 AktG, wenn er Vergütungszahlungen an die Aufsichtsratsmitglieder veranlasst, die nicht hätten gewährt werden dürfen.

B. Rahmenbedingungen zur Vergütungsfestlegung

I. Vergütungsfestlegung im deutschen Aktienrecht

Die Gewährung einer Vergütung für die Mitglieder des Aufsichtsrats erfolgt im deutschen Aktienrecht entweder durch eine Festsetzung in der Satzung oder durch eine Bewilligung der Hauptversammlung, § 113 Abs. 1 S. 2 AktG. Die Vergütungskompetenz für die Aufsichtsratstätigkeit ist in § 113 Abs. 1 S. 2 AktG abschließend geregelt.[647] Daher sind auch Vergütungen für Sonderaufträge nicht allein durch § 111 Abs. 2 S. 2 AktG zu rechtfertigen, sondern müssen den Voraussetzungen des § 113 AktG entsprechen.[648] Von der normalen Vergütung nach § 113 AktG sind Vergütungen für Beratungsleistungen i.S.v. § 114 AktG, sowie ein Auslagenersatz analog § 670 BGB[649] zu trennen. Während die Abgrenzung zu Beratungshonoraren i.S.v. § 114 Abs. 1 AktG durch die Art der Tätigkeit erfolgt,[650] kommt einer Zahlung dann kein Vergütungscharakter zu, wenn sie im überwiegenden Interesse der Gesellschaft liegt.[651]

---

647 *Wagner* in: von Schenck, Arbeitshandbuch für Aufsichtsratsmitglieder, 2013, § 11 Rn. 10; *Berger*, Die Kosten der Aufsichtsratstätigkeit in der Aktiengesellschaft, 2000, S. 46.

648 BGH, Urt. v. 25.03.1991 – II ZR 188/89, BGHZ 114, 127, 133 = NJW 1991, 1830, 1832; *Hüffer* in: Hüffer AktG § 113 Rn. 5; *Spindler* in: Spindler/Stilz AktG § 111 Rn. 45 jew. m.w.N.

649 *Theisen* in: FS Säcker, 2011, S. 487, 491 f. (aber mit der Zuständigkeit der Hauptversammlung, da die Aktionäre die Kosten zu tragen haben); aA *Fonk*, NZG 2009, 761, 762, *Bosse/Malchow*, NZG 2010, 972 und *Berger*, Die Kosten der Aufsichtsratstätigkeit in der Aktiengesellschaft, 2000, S. 117 f. (§ 104 Abs. 6 S. 1 AktG, ggf. analog); zu den verschiedentlich herangezogenen Rechtsgrundlagen für den Auslagenersatz siehe nur *Spindler* in: Spindler/Stilz AktG § 113 Rn. 9, insbesondere Fn. 30 m.w.N.

650 Dazu unten 3.TeilC.I.1.b).

651 *Thüsing/Veil*, AG 2008, 359, 361.

Nach diesen grundsätzlichen Gegebenheiten stellt sich zunächst die Frage, ob individuelle Vergütungen im Einklang mit den Kompetenzregeln zur Vergütungsfestsetzung i. S. d. § 113 Abs. 1 S. 2 AktG ausgestaltet werden können. Ebenso kann untersucht werden, ob es in der Vergütungsfestsetzung Mittel und Wege gibt, um eine individuelle Vergütung für Aufsichtsratsmitglieder bereits über modifizierte Kompetenz- und Verteilungsmechanismen zu realisieren. Zu unterscheiden sind hierbei zunächst die schlichte Festsetzungskompetenz für eine Vergütung und die darauf folgende Verteilungskompetenz mit einem bestimmten Verteilungsmechanismus. Während das Aktiengesetz in § 113 Abs. 1 S. 2 AktG zur Festsetzungskompetenz noch Ausführungen trifft, schweigt es zur Ausgestaltung von Verteilungskompetenzen und -mechanismen. Um die einzelnen Konstellationen tiefergehend aufzufächern, bedarf es zunächst der Darstellung der Grundkonstellation und dem damit zusammenhängenden Telos [1.]. Danach kann auf die einzelnen Vorschläge zur weitergehenden Ausgestaltung dieses Systems [2.] eingegangen werden.

1. Satzungsfestlegung und Hauptversammlungsbewilligung

§ 113 Abs. 1 S. 2 AktG lässt eine Vergütungsfestlegung in der Satzung und alternativ über eine Bewilligung der Hauptversammlung zu.

Ein einfacher Mehrheitsbeschluss der Hauptversammlung ist dann ausreichend, wenn die Satzung keine Regelungen über die Vergütung enthält.[652] Dagegen bedarf es der satzungsändernden 3/4 –Mehrheit gem. § 179 Abs. 2 S. 1 AktG, wenn die Satzung bereits Vorgaben über die Vergütung enthält, die mit einem erneuten Beschluss geändert werden sollen.[653] Das ergibt sich auch daraus, dass es sich bei der Vergütungsfestlegung in einer Satzung um einen materiellen Satzungsbestandteil handelt, der den entsprechend höheren 3/4-Mehrheitserfordernissen bedarf.[654] Die Vergütungsregelung an sich als formellen Satzungsbestandteil zu betrachten, kann

652 *Wellkamp,* WM 2001, 489, 494; *Gehling,* ZIP 2005, 549, 551; *Wagner* in: von Schenck, Arbeitshandbuch für Aufsichtsratsmitglieder, 2013, § 11 Rn. 22; *Hopt/Roth* in: Großkommentar AktG § 113 Rn. 87, 90; *Habersack* in: MünchKommAktG § 113 Rn. 31, 35; *Spindler* in: Spindler/Stilz AktG § 113 Rn. 24, 26; *Mertens/Cahn* in: Kölner Komm. AktG § 113 Rn. 43.

653 LG Memmingen, Urt. v. 31.01.2001 – 2 H O 1685/00, AG 2001, 375, 376; *Wellkamp,* WM 2001, 489, 494; *Gehling,* ZIP 2005, 549, 551; *Vetter,* BB 1989, 442; *Hopt/Roth* in: Großkommentar AktG § 113 Rn. 85; *Mertens/Cahn* in: Kölner Komm. AktG § 113 Rn. 43; *Spindler* in: Spindler/Stilz AktG § 113 Rn. 26; *Habersack* in: MünchKommAktG § 113 Rn. 31; *Hoffmann-Becking* in: MünchHdb AG § 33 Rn. 18; *Vetter* in: Marsch-Barner/Schäfer, Hdb. börsennotierte AG, 2014, § 29 Rn. 34.

654 Für einen materiellen Satzungsbestandteil: *Wellkamp,* WM 2001, 489 f.; *Habersack* in: MünchKommAktG § 113 Rn. 28; *Zöllner* in: Kölner Komm. AktG § 179 Rn. 79; *Spindler* in: Spindler/Stilz AktG § 113 Rn. 22 m.w.N.; *Bürgers/Israel* in: Bürgers/Körber AktG § 113 Rn. 16; wohl auch *Hopt/Roth* in: Großkommentar AktG § 113 Rn. 90; aA *Hüffer* in: Hüffer AktG § 113 Rn. 3; als „indifferenten Satzungsbestandteil“ sehend, da sie sowohl mitgliedschaftsrechtlicher, als auch schuldrechtlicher

nicht gefolgt werden.[655] Denn während ein formeller Satzungsbestandteil einen kurzzeitigen Sachverhalt regeln soll,[656] gleicht eine Vergütungsregelung einer dauerhaften Regelung des korporationsrechtlichen Verhältnisses, sodass dies einen materiellen Satzungsbestandteil darstellt.[657] Auch wird zutreffend darauf hingewiesen, dass es der abweichenden Regelung des § 113 Abs. 1 S. 4 AktG im Sinne eines einfachen Mehrheitserfordernisses nicht bedarf, wenn die Vergütungsfestsetzung an sich schon einen formellen Bestandteil darstellt.[658] Denn für die Änderung formeller Satzungsbestandteile bedarf es gerade nicht einer 3/4 –Mehrheit.[659] Ebenso ist eine satzungsändernde Mehrheit erforderlich, wenn neben der satzungsmäßig festgelegten Vergütung andere Vergütungsarten beschlossen werden, ohne dass eine entsprechende Satzungsregelung dazu existiert.[660] Denn dies kommt einer Änderung der bestehenden Satzungsvergütung entweder der Höhe oder der Art nach gleich.

Wiederum mit einfacher Mehrheit sind Beschlüsse möglich, wenn die Satzung nur eine Mindestvergütung vorgibt und darüber hinausgehende Vergütungen durch Hauptversammlungsbeschlüsse zulässt.[661] In diesem Fall findet keine Änderung der satzungsmäßig festgelegten Vergütung statt, sodass es keiner satzungsändernden 3/4-Mehrheit bedarf. Es erfolgt lediglich eine Ausgestaltung der durch die Satzung eröffneten Spielräume.

In zeitlicher Hinsicht wirkt ein Hauptversammlungsbeschluss ohne nähere Geltungsdauer solange fort, bis ein abweichender Beschluss erfolgt. Denn dieser Beschluss stellt dann einen Grundsatzbeschluss dar, auch wenn er nicht als solcher ausdrücklich bezeichnet wurde.[662] Um als Grundsatzbeschluss zu gelten, muss dieser

---

Ausgestaltung zugänglich sein soll: *Röhricht* in: GroßKomm AktG § 23 Rn. 25; *Drygala* in: Schmidt-Lutter AktG § 113 Rn. 7.

655 So aber *Hüffer* in: Hüffer AktG § 113 Rn. 3.

656 *Wellkamp,* WM 2001, 489.

657 *Wellkamp,* WM 2001, 489 f. m.w.N.; *Habersack* in: MünchKommAktG § 113 Rn. 28; *Spindler* in: Spindler/Stilz AktG § 113 Rn. 22 m.w.N.; *Bürgers/Israel* in: Bürgers/Körber AktG § 113 Rn. 16.

658 *Habersack* in: MünchKommAktG § 113 Rn. 28.

659 *Winkler,* DNotZ 1969, 394, 396; *Wellkamp,* WM 2001, 489, ähnlich, allerdings für einen indifferenten Satzungsbestandteil *Drygala* in: Schmidt-Lutter AktG § 113 Rn. 7.

660 LG Memmingen, Urt. v. 31.01.2001 – 2 H O 1685/00, AG 2001, 375, 376; *Spindler* in: Spindler/Stilz AktG § 113 Rn. 26.

661 *Gehling,* ZIP 2005, 549, 551; *Hopt/Roth* in: Großkommentar AktG § 113 Rn. 84 f.; *Mertens/Cahn* in: Kölner Komm. AktG § 113 Rn. 43; *Habersack* in: MünchKomm-AktG § 113 Rn. 31; *Vetter* in: Marsch-Barner/Schäfer, Hdb. börsennotierte AG, 2014, § 29 Rn. 34.

662 *Hopt/Roth* in: Großkommentar AktG § 113 Rn. 88 f.; *Habersack* in: MünchKomm-AktG § 113 Rn. 35; *Mertens/Cahn* in: Kölner Komm. AktG § 113 Rn. 44; *Spindler* in: Spindler/Stilz AktG § 113 Rn. 26; *Hüffer* in: Hüffer AktG § 113 Rn. 3; *Breuer/Fraune* in: Heidel AktG § 113 Rn. 7; *Hambloch-Gesinn/Gesinn* in: Hölters AktG § 113 Rn. 29; *Drygala* in: Schmidt-Lutter AktG § 113 Rn. 10; *Hoffmann-Becking* in:

deshalb auch keinen expliziten Willen für eine mehrjährige Geltung beinhalten. Dies kann auch nicht aus einem Vergleich zu einem ad hoc Beschluss gefolgert werden, der am Ende eines jeden Geschäftsjahres beschlossen werden muss.[663] Denn § 113 Abs. 1 S. 2 AktG unterscheidet nicht zwischen einem ad hoc Beschluss am Ende eines Geschäftsjahres und einem Hauptversammlungsbeschluss für das folgende Geschäftsjahr. Der Wortlautvergleich zwischen einer Satzungsregelung und einem Hauptversammlungsbeschluss i. S. d. § 113 Abs. 1 S. 2 AktG zielt vielmehr darauf ab, dass in beiden Fällen eine Vergütungsfestsetzung für die Zukunft den Regelfall darstellen soll.

a) *Telos des § 113 Abs. 1 S. 2 AktG*

Die Bestimmung zur Vergütungsfestsetzung in § 113 Abs. 1 S. 2 AktG verfolgt verschiedentliche Zwecke.

So dient die Vorschrift der Information von Anteilseignern über die finanziellen Zuwendungen an die Aufsichtsratsmitglieder für deren Aufgabenerledigungen im Rahmen ihrer Aufsichtsratstätigkeit.[664] Durch die Offenlegung der Informationen wird somit auch eine Möglichkeit zur rechtlichen Überprüfung eines entsprechenden Beschlusses bezweckt, sodass die Rechtskontrolle gefördert wird.[665]

Weiterhin wird versucht, dem Schutz des Gesellschaftsvermögens Rechnung zu tragen, indem den Anteilseignern der Gesellschaft die Entscheidungskompetenz über den Abfluss von Gesellschaftsvermögen zum Zweck der Vergütung zugetragen wird.[666]

MünchHdb AG § 33 Rn. 18a; *Maser/Göttle,* NZG 2013, 201, 202; ähnlich *Wagner* in: von Schenck, Arbeitshandbuch für Aufsichtsratsmitglieder, 2013, § 11 Rn. 23; aA *Vetter,* BB 1989, 442 f.; *ders.* in: Marsch-Barner/Schäfer, Hdb. börsennotierte AG, 2014, § 29 Rn. 33.

663 So aber *Vetter,* BB 1989, 442 f.

664 *Lutter,* AG 1979, 85, 88; *Lutter/Kremer,* ZGR 1992, 87, 92; *Beater,* ZHR 157 (1993), 420, 426; *Wellkamp,* WM 2001, 489, 490; *Wettich,* NZG 2009, 852, 853; *Mertens* in: FS Steindorff, 1990, S. 173, 174; *Thüsing* in: FS Säcker, 2011, S. 513, 521; *Hopt/Roth* in: Großkommentar AktG § 113 Rn. 4; *Hüffer* in: Hüffer AktG § 113 Rn. 1, 3; *Habersack* in: MünchKommAktG § 113 Rn. 2, 29; *Mertens/Cahn* in: Kölner Komm. AktG § 113 Rn. 3; *Spindler* in: Spindler/Stilz AktG § 113 Rn. 4, 22; *Drygala* in: Schmidt-Lutter AktG § 113 Rn. 8; *Breuer/Fraune* in: Heidel AktG § 113 Rn. 1, 7; *Wagner* in: von Schenck, Arbeitshandbuch für Aufsichtsratsmitglieder, 2013, § 11 Rn. 16; *Ludwig,* Die Vergütung des Aufsichtsrats, 2011, S. 121.

665 *Lutter,* AG 1979, 85, 88; *Mertens* in: FS Steindorff, 1990, S. 173, 174; *Lutter/Kremer,* ZGR 1992, 87, 92; *Wettich,* NZG 2009, 852, 853; *Mertens/Cahn* in: Kölner Komm. AktG § 113 Rn. 3; *Hüffer* in: Hüffer AktG Rn. 1; *Hopt/Roth* in: Großkommentar AktG Rn. 4; *Spindler* in: Spindler/Stilz AktG § 113 Rn. 4; *Habersack* in: MünchKommAktG § 113 Rn. 2.

666 BGH, Urt. v. 20.11.2006 – II ZR 279/05, BGHZ 170, 60, 63 Rn. 9 = AG 2007, 80, 81 Rn. 9; *Lutter,* AG 1979, 85, 88; *Reichard/Kaubisch,* AG 2013, 150, 152; *Neuhaus/*

Von hoher Relevanz erweist sich auch der Ausschluss des Aufsichtsrats bei Entscheidungen über die Festsetzung seiner eigenen Vergütung, um damit einer „Selbstbedienung" zuvor zu kommen.[667] Dieser Gefahr muss der § 113 Abs. 1 S. 2 AktG auch entgegentreten, da allein die Regelung in § 181 BGB eine eigene Festsetzung innerhalb des Aufsichtsrats nicht zu verhindern vermag.[668] Zwar fallen die Organe der AG und damit auch der Aufsichtsrat unter den Anwendungsbereich des § 181 BGB.[669] § 181 BGB hilft aber bereits dann nicht weiter, wenn der Aufsichtsrat für jedes einzelne Mitglied eine Vergütung festsetzen würde und das betroffene Mitglied von der jeweiligen Beschlussfassung ausgeschlossen wäre. In diesem Fall könnten sich die Aufsichtsratsmitglieder gegenseitig Vergütungen beschließen, ohne dass § 181 BGB zur Anwendung käme. Im Übrigen ist § 181 BGB dispositiv, sodass innerhalb der Satzung die Anwendbarkeit des § 181 BGB ausgeschlossen werden könnte.[670] Ähnlichkeiten finden sich ebenso bei Insichgeschäften von Vorstandsmitgliedern.

Gellißen, NZG 2011, 1361, 1364; *Mertens* in: FS Steindorff, 1990, S. 173, 174; *Dreher* in: FS K. Schmidt, 2009, S. 233, 243; *Hüffer* in: Hüffer AktG § 113 Rn. 1; *Hopt/Roth* in: Großkommentar AktG § 113 Rn. 3; *Habersack* in: MünchKommAktG § 113 Rn. 2; *Spindler* in: Spindler/Stilz AktG § 113 Rn. 4, 22; *Breuer/Fraune* in: Heidel AktG § 113 Rn. 1.

667 *Mertens* in: FS Steindorff, 1990, S. 173, 174; BGH, Urt. v. 03.07.2006 – II ZR 151/04, BGHZ 168, 188, 192 Rn. 9 = ZIP 2006, 1529, 1531 Rn. 9; BGH, Urt. v. 20.11.2006 – II ZR 279/05, BGHZ 170, 60, 63 Rn. 9 = AG 2007, 80, 81 Rn. 9; OLG München, Beschluss v. 27.02.2002 – 7 U 1906/01, NJW-RR 2002, 1117, 1118; *Lutter/Kremer,* ZGR 1992, 87, 92; *Beater,* ZHR 157 (1993), 420, 426; *Wellkamp,* WM 2001, 489; *Paefgen,* WM 2004, 1169, 1172; *Vetter,* AG 2004, 234, 235; *Lorenz/Pospiech,* NZG 2011, 81; *Neuhaus/Gellißen,* NZG 2011, 1361, 1364; *Maser/Göttle,* NZG 2013, 201; *Reichard/Kaubisch,* AG 2013, 150, 152; *Schatz/Schödel,* EWiR 2013, 27, 28; *Peltzer* in: FS Zimmerer, 1997, S. 377, 382; *Dreher* in: FS K. Schmidt, 2009, S. 233, 243; *Thüsing* in: FS Säcker, 2011, S. 513, 521; *Mertens/Cahn* in: Kölner Komm AktG § 113 Rn. 3; *Hüffer* in: Hüffer AktG § 113 Rn. 1; *Hopt/Roth* in: Großkommentar AktG § 113 Rn. 3; *Habersack* in: MünchKommAktG § 113 Rn. 2; *Breuer/Fraune* in: Heidel AktG § 113 Rn. 1; *Hambloch-Gesinn/Gesinn* in: Hölters AktG § 113 Rn. 1; *Drygala* in: Schmidt-Lutter AktG § 113 Rn. 1; *Semler/Wagner* in: Semler, Arbeitshandbuch für Aufsichtsratsmitglieder, 2009, 3. Auflage, § 10 Rn. 16; *Ludwig,* Die Vergütung des Aufsichtsrats, 2011, S. 121; aA *Lange,* ZIP 2001, 1524, 1527 Fn. 36.

668 So aber *Lange,* ZIP 2001, 1524, 1527 Fn. 36.

669 BGH, Urt. v. 06.10.1960 – II ZR 215/58, BGHZ 33, 189, 190 = NJW 1960, 2285; BGH, Urt. v. 19.04.1971 – II ZR 98/68, BGHZ 56, 97, 100 f. (allerdings mit aA in Bezug auf einen geschäftsführenden Alleingesellschafter) = NJW 1971, 1355, 1356 f.; BGH, Beschluss v. 28.02.1983 – II ZB 8/82, BGHZ 87, 59, 60; OLG Zweibrücken, Beschluss v. 30.12.2981 – 3 W 82/81, OLGZ 1983, 36, 37; *Schramm* in: MünchKommBGB § 181 Rn. 37 m.w.N.; *Valenthin* in: Bamberger/Roth § 181 BGB Rn. 12 m.w.N.

670 BGH, Beschluss v. 28.02.1983 – II ZB 8/82, BGHZ 87, 59, 60; OLG Zweibrücken, Beschluss v. 30.12.2981 – 3 W 82/81, OLGZ 1983, 36, 37; *Schilken* in: Staudinger BGB § 181 BGB Rn. 53 m.w.N.; *Valenthin* in: Bamberger/Roth § 181 BGB Rn. 36 m.w.N.; *Schramm* in: MünchKommBGB § 181 Rn. 47.

Dort besteht in § 112 AktG eine aktienrechtliche Regelung, von der nicht abgewichen werden darf.[671] Da von § 113 Abs. 1 S. 2 AktG als zwingende aktienrechtliche Norm nicht abgewichen werden darf, kommt ihr dadurch die Funktion zur Verhinderung der Selbstbedienung zu. Außerdem kann daran gezweifelt werden, dass der Schutzzweck des § 181 BGB im Falle eines Aufsichtsratsbeschlusses über die eigene Vergütung betroffen ist. § 181 BGB findet bei Vertretungen Anwendung. Eine Anwendung auf Gesellschafterbeschlüsse in der GmbH ist zwar anerkannt.[672] Jedoch ist § 181 BGB generell nicht dazu konzipiert worden, auch bei der Ausübung von Stimmrechten einzugreifen.[673] Für eine Ausdehnung auf Beschlüsse des Aufsichtsrats über eigene Vergütungen fehlt es an einer vergleichbaren Fallgestaltung. Auch unterscheiden sich die Rechtsfolgen eines Verstoßes voneinander. Während aus einem Verstoß gegen § 181 BGB die schwebende Unwirksamkeit eines Rechtsgeschäfts gem. § 177 Abs. 1 BGB folgt,[674] ergibt sich aus einem Verstoß gegen § 113 Abs. 1 S. 2 AktG die Nichtigkeit gem. § 134 BGB.[675] Folglich bedarf es einer Bestimmung innerhalb des Aktienrechts, von der aufgrund des § 23 Abs. 5 AktG nicht per Satzung abgewichen werden darf. Die Regelung in § 181 BGB reicht somit nicht aus.

Da es gem. § 87 Abs. 1 S. 1 AktG zu den Aufgaben des Aufsichtsrats gehört, über die Vorstandsvergütung zu entscheiden, soll mit der Regelung in § 113 Abs. 1 S. 2 AktG ebenso ein möglicher Vorstandseinfluss auf die Festsetzung der Aufsichtsratsvergütung ausgeschlossen werden, damit kein möglicher Interessenkonflikt i.S.v. reziprokem Verhalten zwischen dem Aufsichtsrat und dem Vorstand bei einer gegenseitigen Vergütungsfestlegung entsteht.[676] Dagegen trägt die Erwägung nicht,

---

671 *Hüffer* in: Hüffer AktG § 112 Rn. 1; *Habersack* in: MünchKommAktG § 112 Rn. 3; *Mertens/Cahn* in: Kölner Komm. AktG § 112 Rn. 2; *Spindler* in: Spindler/Stilz AktG § 112 Rn. 2; *Drygala* in: Schmidt-Lutter AktG § 112 Rn. 3; *Baetzgen,* RNotZ 2005, 193, 214 f.; *Fischer* in: GS Gruson, 2009, S. 151, 152.

672 *Römermann* in: Michalski GmbHG § 47 Rn. 116, 121 ff.; *Drescher* in: MünchKommGmbHG § 47 Rn. 222 ff. m.w.N.; *Schmidt* in: Scholz GmbHG § 47 Rn. 178; *Baetzgen,* RNotZ 2005, 193, 222 m.w.N.

673 *Braunfels,* MittRhNotK 1994, 233, 241 bzgl. Gesellschafterbeschlüsse m.w.N. zu abweichenden Fällen; dem folgend *Baetzgen,* RNotZ 2005, 193, 222 m.w.N.

674 BGH, Urt. v. 08.10.1975 – VIII ZR 115/74, BGHZ 65, 123, 125 f. = NJW 1976, 104, 105; BGH, Urt. v. 29.11.1993 – II ZR 107/92, NJW-RR 1994, 291, 292; *Baetzgen,* RNotZ 2005, 193, 198.

675 Siehe unten 3.TeilB.I.2.d).

676 BGH, Urt. v. 20.11.2006 – II ZR 279/05, BGHZ 170, 60, 63 Rn. 9 = AG 2007, 80, 81 Rn. 9; OLG München, Beschluss v. 27.02.2002 – 7 U 1906/01, NJW-RR 2002, 1117, 1118; *Mertens* in: FS Steindorff, 1990, S. 173, 174; *Hüffer,* ZHR 161 (1997), 214, 244; *Wellkamp,* WM 2001, 489; *Paefgen,* WM 2004, 1169, 1172; *Wettich,* NZG 2009, 852, 853; *Lorenz/Pospiech,* NZG 2011, 81; *Neuhaus/Gellißen,* NZG 2011, 1361, 1364; *Maser/Göttle,* NZG 2013, 201; *Reichard/Kaubisch,* AG 2013, 150, 152; *Dieckmann,* BWNotZ 2013, 2, 8; *Peltzer* in: FS Zimmerer, 1997, S. 377, 382; *Lutter* in: FS Hadding, 2004, S. 561; *Dreher* in: FS K. Schmidt, 2009, S. 233, 243; *Thüsing* in: FS Säcker, 2011, S. 513, 521; *Mertens/Cahn* in: Kölner Komm. AktG § 113 Rn. 3; *Hüffer* in: Hüffer

dass die Vergütungskompetenz bei fehlender Gesetzesbestimmung sowieso bei der Hauptversammlung läge und es somit nicht Zweck des § 113 Abs. 1 S. 2 AktG sein könne vor einem Vorstandseinfluss zu schützen.[677] Denn bei fehlender gesetzlicher Restriktion in § 113 Abs. 1 S. 2 AktG stünde der Hauptversammlung die Möglichkeit offen, ihre Vergütungskompetenz auf andere Organe zu delegieren. Ohne den § 113 Abs. 1 S. 2 AktG wäre somit eine Delegation auf den Vorstand möglich.[678] Den Anteilseignern soll daher die Kompetenz zur Vergütungsfestsetzung exklusiv zugestanden werden,[679] sodass auch eine vertragliche Regelung zwischen den Aufsichtsratsmitgliedern und der Gesellschaft diesem Zweck widerspricht.[680]

Einen Sonderfall stellt die Vergütungsfestsetzungskompetenz für den ersten Aufsichtsrat gem. § 113 Abs. 2 S. 1 AktG dar. Hiernach ist keine Satzungsbestimmung zulässig, sondern nur ein Hauptversammlungsbeschluss am Ende der Amtszeit des ersten Aufsichtsrats i.S.v. § 30 Abs. 3 S. 1 AktG möglich. Der seit dem Art. 192 ADHGB[681] bestehende Zweck der Norm soll den Gründern die Einflussmöglichkeiten auf die Vergütung des ersten Aufsichtsrats nehmen, die sie bei der Satzungserrichtung i.R.d. Gründung zur Verfügung hätten, um sich somit selbst eine hohe Vergütung zuzusprechen.[682] Auch gehören zu den Gründern oftmals Beteiligte, die ihre Anteile kurz nach der Gründung wieder veräußern und damit nicht an langfristigen Zielen interessiert sind.[683]

AktG § 113 Rn. 1; *Hopt/Roth* in: Großkommentar AktG § 113 Rn. 3; *Spindler* in: Spindler/Stilz AktG § 113 Rn. 4; *Habersack* in: MünchKommAktG § 113 Rn. 2; *Breuer/Fraune* in: Heidel AktG § 113 Rn. 1; *Hambloch-Gesinn/Gesinn* in: Hölters AktG § 113 Rn. 1; *Drygala* in: Schmidt-Lutter AktG § 113 Rn. 1; *Bürgers/Israel* in: Bürgers/Körber AktG § 113 Rn. 1; *Grigoleit/Tomasic* in: Grigoleit AktG § 113 Rn. 1; *Ludwig*, Die Vergütung des Aufsichtsrats, 2011, S. 121; aA *Lange*, ZIP 2001, 1524, 1527 Fn. 36.

677 So aber *Lange*, ZIP 2001, 1524, 1527 Fn. 36.

678 Siehe *Spindler* in: Spindler/Stilz AktG § 113 Rn. 4, wo von einer Vorstandszuständigkeit ausgegangen wird, wenn es § 113 AktG nicht geben würde.

679 *Hambloch-Gesinn/Gesinn* in: Hölters AktG § 113 Rn. 1.

680 *Mertens/Cahn* in: Kölner Komm. AktG § 113 Rn. 3.

681 *Lieder*, Der Aufsichtsrat im Wandel der Zeit, 2006, S. 196.

682 *Mertens/Cahn* in: Kölner Komm. AktG § 113 Rn. 4; *Hopt/Roth* in: Großkommentar AktG § 113 Rn. 4, 114 f.; *Habersack* in: MünchKommAktG § 113 Rn. 54; *Drygala* in: Schmidt-Lutter AktG § 113 Rn. 23; *Hüffer* in: Hüffer AktG § 113 Rn. 8; *Breuer/Fraune* in: Heidel AktG § 113 Rn. 10; *Wagner* in: von Schenck, Arbeitshandbuch für Aufsichtsratsmitglieder, 2013, § 11 Rn. 25; *Hoffmann-Becking* in: MünchHdb AG § 33 Rn. 31; *Spindler* in: Spindler/Stilz AktG § 113 Rn. 58; *Maser/Göttle*, NZG 2013, 201, 202.

683 *Hoffmann-Becking* in: MünchHdb AG § 33 Rn. 31; diesen Hintergrund für wenig praxisrelevant halten *Maser/Göttle*, NZG 2013, 201, 202 Fn. 9; wohl einen ähnlichen Hintergrund wie *Hoffmann-Becking* sehend *Grigoleit/Tomasic* in: Grigoleit AktG § 113 Rn. 24: „Zum Schutz der AG vor einer Selbstbedienung durch die Gründer [...]“.

b) Kein Erreichen des Idealziels

Vergütungsfestsetzungen, die den vorgenannten Zwecken widersprechen, sind aufgrund des Verbotscharakters von § 113 AktG nichtig.[684] Allerdings schließt das Zuständigkeitsgefüge des AktG eine Einflussnahme des Vorstands oder des Aufsichtsrats auf die Festsetzung der Aufsichtsratsvergütung nicht gänzlich aus.[685] Der Beschluss zur Satzungsänderung bzw. der einfache Hauptversammlungsbeschluss kann und wird auch i. d. R. durch eine gemeinsame Beschlussvorlage von Vorstand und Aufsichtsrat gem. § 124 Abs. 3 S. 1 AktG zur Entscheidung in die Hauptversammlung eingebracht.[686] Wegen der oftmals fehlenden Beweglichkeit der Hauptversammlung, einen anderen Beschlussvorschlag zur Abstimmung zu bringen, wird der gemeinsame Vorschlag meistens ohne Änderungen angenommen.[687] Aufgrund der Mitwirkung des Vorstands besteht somit schon im vorgelagerten Bereich die Gefahr von Interessenkonflikten durch reziprokes Verhalten. Denn wenn der Vorstand eine gutmütige Beschlussvorlage zur Aufsichtsratsvergütung billigt, könnte sich der Aufsichtsrat zu ähnlichem Verhalten bei der Vorstandsvergütung angehalten fühlen.[688] Angesichts der Letztentscheidungskompetenz der Hauptversammlung ist dieser Einfluss in der Theorie aber als gering zu bewerten, da die Hauptversammlung zumindest die Möglichkeit zu einer anderen Beschlussfassung, auch aufgrund

---

684 *Mertens* in: FS Steindorff, 1990, S. 173, 175; BGH, Urt. v. 25.03.1991 – II ZR 188/89, BGHZ 114, 127, 133 f. = NJW 1991, 1830, 1832; BGH, Urt. v. 04.07.1994 – II ZR 197/93, BGHZ 126, 340, 344 f. = AG 1994, 508, 509; *Vetter,* ZIP 2008, 1, 7; *Leuering/Simon,* NJW-Spezial 2006, 171 f.; *Hopt/Roth* in: Großkommentar AktG § 113 Rn. 85; *Mertens/Cahn* in: Kölner Komm. AktG § 113 Rn. 5; ausführlich s.u. 3.TeilB.I.2.d).

685 *Vetter,* AG 2004, 234, 237.

686 *Weiß,* Aktienoptionspläne für Führungskräfte, 1999, S. 208; *Vetter,* AG 2004, 234, 237; *Grigoleit/Tomasic* in: Grigoleit AktG § 113 Rn. 7; *Wagner* in: von Schenck, Arbeitshandbuch für Aufsichtsratsmitglieder, 2013, § 11 Rn. 21; *Berger,* Die Kosten der Aufsichtsratstätigkeit in der Aktiengesellschaft, 2000, S. 45; *Ludwig,* Die Vergütung des Aufsichtsrats, 2011, S. 142.

687 *Martens,* AG Sonderheft 1997, 83, 88; *Vetter,* AG 2004, 234, 237; *Paefgen,* WM 2004, 1169, 1174; *Lutter* in: Hommelhoff, Handbuch Corporate Governance, 2009, S. 321, 325; *Weiß,* Aktienoptionspläne für Führungskräfte, 1999, S. 208; *Berger,* Die Kosten der Aufsichtsratstätigkeit in der Aktiengesellschaft, 2000, S. 45; *Ludwig,* Die Vergütung des Aufsichtsrats, 2011, S. 142, 156; bzgl. der vergleichbaren Lage bei Beschlussvorlagen zu Aufsichtsratswahlen *Lutter,* DB 2009, 775, 778; *Ehren/Gros,* Der Konzern 2011, 277, 282; dies bestätigt auch eine nicht-repräsentative Umfrage unter Aufsichtsratsmitgliedern: *Theisen/Probst,* DB 2012, 1553, 1557.

688 „back-scratching“: *Ludwig,* Die Vergütung des Aufsichtsrats, 2011, S. 156 mit Verweis auf *Vetter,* AG 2004, 234, 236 und *Baums,* Bericht der Regierungskommission Corporate Governance, 2001, Rn. 64, bei denen es um die Angleichung von Leistungsanreizen durch Einführung von nackten Aktienoptionsprogrammen für Aufsichtsratsmitglieder geht und damit zu möglichen Anreizen zur Verringerung der Überwachungstätigkeit führen könnte.

eigener Beschlussvorlagen gem. § 122 Abs. 2 AktG behält.[689] Abgesichert wird dies ebenso durch die Bindung des Vorstands und des Aufsichtsrats an das Gesellschafts- und Unternehmensinteresse bei der Vorbereitung der Beschlussvorlage.[690] Zwar wird eine Bindung der Aufsichtsratsmitglieder an das Gesellschaftsinteresse bei der Vergütungsausgestaltung bestritten, indem jedem Mitglied die Verfolgung des Eigeninteresses zugestanden wird.[691] Da die Interessen allerdings ebenso Bestandteil der Angemessenheit i.S.v. § 113 Abs. 1 S. 3 AktG sind,[692] kann dem nicht gefolgt werden. Daher bedarf es auch keiner teleologischen Reduktion des § 124 Abs. 1 S. 1 AktG auf einen reinen Aufsichtsratsbeschlussvorschlag.[693] Eine teleologische Reduktion rechtfertigt sich dadurch, dass der Anwendungsbereich einer Norm aufgrund eines bestimmten Zwecks eingeschränkt wird.[694] Jedoch verfolgt § 113 Abs. 1 S. 2 AktG neben dem Ausschluss von Vorstandseinflüssen auch den Ausschluss des Aufsichtsratseinflusses,[695] sodass bei einem Ausschluss des Vorstands vom Beschlussvorschlagsrecht der Zweck des § 113 Abs. 1 S. 2 AktG noch nicht erreicht wird. Dies macht eine derartige teleologische Reduktion zumindest teilweise hinfällig. Vielmehr müsste der gemeinsame Beschlussvorschlag insgesamt bei der Aufsichtsratsvergütung unanwendbar werden, wenn der Zweckerreichung genüge getan werden soll. Zu einem solch strengen Eingriff in das Vorschlagsrecht aus § 124 Abs. 3 S. 1 AktG bedarf es jedoch bereits aufgrund der Letztentscheidungskompetenz der Hauptversammlung und der Bindung der Organe an das Gesellschaftsinteresse bei Abfassung der Beschlussvorlage nicht. Auch ist der Vorschlag zur Ausschussbildung in der Hauptversammlung, der über die Vergütung entscheiden soll, mit einem einhergehenden Ausschluss der Anfechtungsmöglichkeiten de lege

---

689 In Bezug auf Aktienoptionspläne *Weiß*, WM 1999, 353, 357; ähnlich zur Aufsichtsratswahl: *Tielmann*, AG 2013, 704, 707 ff.; *Dreher* in: FS K. Schmidt, 2009, S. 233, 239.

690 *Säcker*, AG 2004, 180, 182; *Grigoleit/Tomasic* in: Grigoleit AktG § 113 Rn. 7; zur Bindung an das Unternehmensinteresse i.R.d. Aufgabenausführung: BGH, Urt. v. 21.04.1997 – II ZR 175/95, BGHZ 135, 244, 255 = NJW 1997, 1926, 1928; *Säcker/Boesche*, BB 2006, 897, 899; *Kort*, ZIP 2008, 717, 720; *Thüsing/Veil*, AG 2008, 359, 364 m.w.N.; *Vetter*, GmbHR 2012, 181, 182 m.w.N.; *Louven/Ingwersen*, BB 2013, 1219, 1220; *Marsch-Barner* in: FS Röhricht, 2005, S. 401, 406; *Bezzenberger/Keul* in: FS Schwark, 2009, S. 121, 132; *Lutter/Krieger/Verse*, Rechte und Pflichten des Aufsichtsrats, 2014, § 12 Rn. 821; *Hoffmann-Becking* in: MünchHdb AG § 33 Rn. 1; *Vetter* in: Marsch-Barner/Schäfer, Hdb. börsennotierte AG, 2014, § 29 Rn. 7.

691 *Drygala* in: Schmidt-Lutter AktG § 113 Rn. 17.

692 *Ludwig*, Die Vergütung des Aufsichtsrats, 2011, S. 171; zur Angemessenheit näher unten 3.TeilC.I.2.

693 So aber der Vorschlag von *Ludwig*, Die Vergütung des Aufsichtsrats, 2011, S. 217.

694 BVerfG, Beschluss v. 30.03.1993 – 1 BvR 1045/89, 1381/90 und 1 BvL 11/90, BVerfGE 88, 145, 166 ff. m.w.N. = ZIP 1993, 838, 843; *Looschelders/Olzen* in: Satudinger § 242 BGB Rn. 346 m.w.N.

695 S.o. die Nachweise in Fn. 667.

ferenda kritisch zu sehen.[696] Denn eine Ausschussbildung erschwert die Information der übrigen Hauptversammlungsmitglieder und der Ausschluss der Anfechtbarkeit schließt eine Rechtskontrolle aus, sodass die Schutzzwecke des § 113 Abs. 1 S. 2 AktG dadurch erheblich beeinträchtigt werden.

c) Allgemeine Ausgestaltungsmöglichkeit i.R.e. Gesamtvergütung

Sowohl bei einer Satzungsregelung,[697] als auch bei der Bewilligung durch die Hauptversammlung[698] kann anstatt einer für jedes einzelne Aufsichtsratsmitglied bis ins Detail aufgegliederten Vergütungsregelung auch eine schlichte Summe beziffert werden, die dem Aufsichtsrat als Gesamtgremium zu Vergütungszwecken gewährt werden soll.[699] Allerdings darf im Hinblick auf den Zweck des § 113 Abs. 1 S. 2 AktG, der die Publizität gegenüber den Gläubigern und Anteilseignern, sowie den Bestand des Gesellschaftsvermögens wahren soll, auf die Feststellung der konkreten Summe nicht verzichtet werden.[700] Die Behandlung der davon zu trennenden Frage, wie diese Summe auf die einzelnen Aufsichtsratsmitglieder verteilt wird, erfolgt an späterer Stelle.[701]

2. Bewertung weiterer Ausgestaltungsvorschläge

In der Literatur und Praxis lassen sich Beispiele für eine Abweichung von der normalen Grundkonstellation der Vergütungsfestsetzung finden, sei es durch Begründung neuer Kompetenzen bzw. Vergütungsinstitute oder durch tiefergehende

---

696 Anders jedoch *Haarmann* in: FS Hüffer, 2010, S. 243, 256.

697 RG, Urt. v. 22.02.1911 – Rep. I. 580/09, RGZ 75, 308, 309 f.; *Wellkamp,* WM 2001, 489, 491; *Hopt/Roth* in: Großkommentar AktG § 113 Rn. 91 m.w.N.; *Habersack* in: MünchKommAktG § 113 Rn. 29; *Mertens/Cahn* in: Kölner Komm. AktG § 113 Rn. 47; *Drygala* in: Schmidt-Lutter AktG § 113 Rn. 8 f., jedoch in der Folge teils kritisch bzgl. der Verteilung; ebenso *Hüffer* in: Hüffer AktG § 113 Rn. 3 m.w.N.; *Breuer/Fraune* in: Heidel AktG § 113 Rn. 7; *Hambloch-Gesinn/Gesinn* in: Hölters AktG § 113 Rn. 27; *Spindler* in: Spindler/Stilz AktG § 113 Rn. 22 f.; *Vetter* in: Marsch-Barner/Schäfer, Hdb. börsennotierte AG, 2014, § 29 Rn. 48; *Hoffmann-Becking* in: MünchHdb AG § 33 Rn. 18; *Wagner* in: von Schenck, Arbeitshandbuch für Aufsichtsratsmitglieder, 2013, § 11 Rn. 17.

698 *Hopt/Roth* in: Großkommentar AktG § 113 Rn. 91 m.w.N.; *Mertens/Cahn* in: Kölner Komm. AktG § 113 Rn. 47; *Spindler* in: Spindler/Stilz AktG § 113 Rn. 25; *Hüffer* in: Hüffer AktG § 113 Rn. 3; *Hoffmann-Becking* in: MünchHdb AG § 33 Rn. 18.

699 *Mäger,* BB 1999, 1389, 1390; *Theisen,* DB 1999, 1665, 1670; *ders.* in: FS Säcker, 2011, S. 487, 492.

700 *Hüffer* in: Hüffer AktG § 113 Rn. 3; *Habersack* in: MünchKommAktG § 113 Rn. 29; *Hopt/Roth* in: Großkommentar AktG § 113 Rn. 87; *Wellkamp,* WM 2001, 489, 490; *Drygala* in: Schmidt-Lutter AktG § 113 Rn. 8; *Breuer/Fraune* in: Heidel AktG Rn. 7; *Spindler* in: Spindler/Stilz AktG § 113 Rn. 22; *Wagner* in: von Schenck, Arbeitshandbuch für Aufsichtsratsmitglieder, 2013, § 11 Rn. 16.

701 S.u. 3.TeilB.I.2.f).

Ausgestaltungsversuche der schlichten Festsetzungskompetenzen i.S.v. Verteilungsmechanismen für eine gewährte Vergütung.[702] Die verschiedenen Vorschläge sollen hier aufgegriffen werden, um sie sowohl in ihrer Eignung, als auch bzgl. ihrer Zulässigkeit im Hinblick auf einen geeigneten Rahmen für individuelle Vergütungen zu untersuchen.

a) Vergütungskompetenz bzw. -verteilung durch den Vorstand

Zunächst wäre eine Vergütungs- oder Verteilungskompetenz durch den Vorstand denkbar, um jedes Aufsichtsratsmitglied nach individuellen Eigenschaften zu vergüten.[703] Sie bringen jedoch im Hinblick auf individuelle Vergütungen keine Besserungen mit sich, da die Bewertung der Vergütungskriterien dem Vorstand obläge, sodass das zu überwachende Organ über die Eigenschaften seines Kontrolleurs zu befinden hätte.[704] Zwar ist das Vorstandsorgan i. d. R. kleiner als die Hauptversammlung und somit handlungsfähiger, sowie sachnäher am Geschehen des Aufsichtsrats im Gegensatz zur Hauptversammlung. Dies würde die Bewertung von Vergütungskriterien dem Vorstand leichter machen als der Hauptversammlung. Die Möglichkeit zur Steuerung des eigenen Kontrolleurs ist jedoch aus praktischen Gesichtspunkten zur individuellen Vergütung nicht geeignet, da sie keine Gewähr für eine objektive Beurteilung bietet.

Auch im Hinblick auf Überlegungen zur rechtlichen Zulässigkeit dahingehend, dem Vorstand entweder eine Kompetenz zur Festsetzung von Aufsichtsratsvergütungen oder zur Verteilung bereits durch die Hauptversammlung bewilligter Summen zuzugestehen, ist diese Möglichkeit abzulehnen.[705] Dies erschließt sich aus dem Zweck des § 113 Abs. 1 S. 2 AktG, der vor subjektiv motivierten Einflüssen des kontrollierten Organs (Vorstand) schützen soll.[706] Auf der rechtlichen Seite geht es somit nicht nur darum, dass dem Vorstand eine objektive Beurteilung der Vergütungskriterien nicht immer gelingen wird, sondern vielmehr darum, dass die Vergütung des eigenen Kontrolleurs im Hinblick auf die Aufgabenerledigung durch die Aufsichtsräte negativen Einfluss ausüben kann. Zweck des § 113 Abs. 1 S. 2 AktG ist es jedoch, den Einfluss der Hauptversammlung zu wahren und Einflüsse

702 Einige der folgenden Punkte wurden auch bei *Haarmann* in: FS Hüffer, 2010, S. 243, 250 ff. besprochen.

703 Angedacht, aber zu Recht abgelehnt *Haarmann* in: FS Hüffer, 2010, S. 243, 253.

704 *Haarmann* in: FS Hüffer, 2010, S. 243, 253.

705 Zutreffend sowohl de lege lata *Haarmann* in: FS Hüffer, 2010, S. 243, 253, als auch de lege ferenda (S. 243, 254).

706 OLG München, Beschluss v. 27.02.2002 – 7 U 1906/01, NJW-RR 2002, 1117, 1118; *Mertens* in: FS Steindorff, 1990, S. 173, 174; *Gehling,* ZIP 2005, 549, 551 f. mit Fn. 39; *Spindler* in: Spindler/Stilz AktG § 113 Rn. 24; *Hüffer* in: Hüffer AktG § 113 Rn. 1; *Habersack* in: MünchKommAktG § 113 Rn. 2; *Hoffmann-Becking* in: Münch-Hdb AG § 33 Rn. 18.

der anderen Organe auszuschließen.[707] Dieser Zweck wäre mit einer Festsetzungs- oder Verteilungsermächtigung des Vorstands konterkariert.

b) Zusatzbeschlüsse durch die Hauptversammlung

Erwähnenswert ist die Möglichkeit, dass in der Satzung eine Mindestvergütung festgesetzt wird, die weiterhin Raum für Vergütungszahlungen durch Zusatzbeschlüsse der Hauptversammlung zulässt.[708] Für die rechtliche Zulässigkeit bestehen allein aus der Kompetenzperspektive keine Bedenken.[709] Zu beachten ist jedoch, dass eine satzungsändernde Mehrheit für den Zusatzbeschluss notwendig wird, wenn Vergütungsarten beschlossen werden, die noch nicht in der Satzung geregelt sind.[710] Die Eignung dieser Art von Vergütungsfestsetzungen für individuelle Vergütungen ergibt sich aus dem Umstand, dass Vergütungen für individuelle Eigenschaften über das Instrument der Zusatzbeschlüsse geregelt werden könnten. Ebenso könnte dadurch der Forderung nach leistungsgerechter Vergütung nachgekommen werden.[711] Der Informationszweck wird hierdurch gefördert, wenn die individuellen Eigenschaften expliziter Gegenstand von Hauptversammlungsabstimmungen werden. Auch eröffnet dies einen konkreten Anhaltspunkt für die Anfechtbarkeit dieser Beschlüsse und stärkt damit die Rechtskontrolle bzgl. der individuellen Eigenschaften. Die damit einhergehende Kehrseite und somit größter Nachteil sind hingegen die Quantität der Beschlüsse, wenn für jedes einzelne Aufsichtsratsmitglied ein Zusatzbeschluss getroffen werden soll. Jedenfalls kann dies nicht damit umgangen werden, dass wiederum der Vorstand als Zwischeninstanz zwecks Verfahrensvereinfachung zur Vergütungszuwendung ermächtigt wird.[712] Die Zusatzbeschlüsse müssen somit zur direkten Vergütung des Aufsichtsrats führen. Aufgrund der Vielzahl notwendiger Beschlüsse ist diesem Vergütungsweg aber aus Praktikabilitätsgründen, allein aus der Perspektive der Festsetzungskompetenz wenig Bedeutung zuzumessen.[713]

---

707 S.o. 3.TeilB.I.1.

708 *Mertens/Cahn* in: Kölner Komm. AktG § 113 Rn. 43; *Hopt/Roth* in: Großkommentar AktG § 113 Rn. 87; *Haarmann* in: FS Hüffer, 2010, S. 243, 251.

709 Siehe Nachweise in Fn. 661. Die Vereinbarkeit mit den anderen Parametern des § 113 Abs. 1 AktG wird an späterer Stelle diskutiert, s.u. 3.TeilC.III.

710 LG Memmingen, Urt. v. 31.01.2001 – 2 H O 1685/00, AG 2001, 375, 376; *Spindler* in: Spindler/Stilz AktG § 113 Rn. 26. Zu den notwendigen Stimmenmehrheitserfordernissen siehe bereits oben 3.TeilB.I.1.

711 Für eine leistungsgrechte Vergütung: *Theisen*, Die Überwachung der Unternehmungsführung, 1987, S. 262; *ders.*, DB 1999, 1665; *Lieder*, Der Aufsichtsrat im Wandel der Zeit, 2006, S. 898 ff. (de lege ferenda).

712 OLG München, Beschluss v. 27.02.2002 – 7 U 1906/01, NJW-RR 2002, 1117, 1118; *Mertens/Cahn* in: Kölner Komm. AktG § 113 Rn. 43.

713 *von Frankenberg und Ludwigsdorf*, Bedeutung und Grenzen der Gleichbehandlung der Aufsichtsratsmitglieder in der Aktiengesellschaft, 2006, S. 220 f.

c) *Drittvergütungen durch Aktionäre*

Als weitere Möglichkeit zur Zahlung individualisierter Aufsichtsratsvergütungen ist ein in der deutschen Literatur aufgekommener und in der US-Literatur bereits angesprochener Vorschlag zur Drittvergütung durch Aktionäre denkbar.[714] Einzelne Vergütungszahlungen an die Aufsichtsratsmitglieder vonseiten der Aktionäre können sich insbesondere in den Fällen eignen, in denen besondere persönliche Eigenschaften von (künftigen) Aufsichtsratsmitgliedern honoriert werden sollen, um diese Personen speziell in Krisenzeiten zur Ausführung der Aufsichtsratsarbeit anzureizen.[715] Nur stellt sich aus Zuständigkeitsgesichtspunkten die Frage, ob solche Zahlungen für die reine Aufsichtsratstätigkeit zulässig sind.[716] Dazu bietet sich eine Untergliederung in die Verhältnisse einer einfachen Gesellschaft einerseits [aa)] und in die Konzerndimension andererseits [bb)] an.

aa) *Verhältnisse in der einfachen Gesellschaft*

Die Antwort auf die Zulässigkeit dieser Ausgestaltung hängt maßgeblich von der Frage ab, ob für Vergütungszahlungen durch Dritte an Aufsichtsratsmitglieder für ihre Aufsichtsratstätigkeit der Anwendungsbereich des § 113 Abs. 1 S. 2 AktG eröffnet ist und somit die Festsetzung der Vergütung per Satzung oder Hauptversammlungsbeschluss diesen Zahlungen entgegensteht. Jedenfalls ergibt sich aus § 114 AktG keine Unzulässigkeit von Vergütungszahlungen durch Dritte, da die Zahlung für die originäre Aufsichtsratstätigkeit erfolgen soll, sodass der Anwendungsbereich des § 114 AktG nicht direkt eröffnet ist.[717] Indirekt ergibt sich jedoch aus dem Zusammenspiel von § 113 Abs. 1 S. 2 AktG zu § 114 AktG, dass Vergütungszahlungen an den Aufsichtsrat abschließend geregelt sind, sodass sich jegliche Vergütungen an diesen beiden Vorgaben zu messen haben.[718] Denn die abschließenden Regelungen der §§ 113, 114 AktG dienen auch dazu, dass Aufsichtsratsmitglieder in der Ausübung ihrer Tätigkeit nicht durch Einflüsse gesteuert werden, die nicht von der Hauptversammlung kontrolliert werden können.[719] Dagegen wird jedoch

714 Aus der deutschen Literatur: *Haarmann* in: FS Hüffer, 2010, S. 243, 253; *Neuhaus/Gellißen,* NZG 2011, 1361 ff., ihnen folgend *Grigoleit/Tomasic* in: Grigoleit AktG § 113 Rn. 1; *Habersack* in: MünchKommAktG § 113 Rn. 9; aus der US-Literatur: *Hamdani/Kraakman,* 105 Mich. L. Rev. (2007), 1677, 1708.

715 *Neuhaus/Gellißen,* NZG 2011, 1361.

716 Für eine entsprechende Zulässigkeit: *Haarmann* in: FS Hüffer, 2010, S. 243, 253; *Neuhaus/Gellißen,* NZG 2011, 1361, 1364; *Grigoleit/Tomasic* in: Grigoleit AktG § 113 Rn. 1; *Wagner* in: von Schenck, Arbeitshandbuch für Aufsichtsratsmitglieder, 2013, § 11 Rn. 10.

717 *Neuhaus/Gellißen,* NZG 2011, 1361.

718 Zur Abschlussfunktion s.o. 3.TeilB.I.

719 BGH, Urt. v. 04.07.1994 – II ZR 197/93, BGHZ 126, 340, 346 f. = AG 1994, 508, 509 f.; BGH, Urt. v. 03.07.2006 – II ZR 151/04, BGHZ 168, 188, 192 f. Rn. 9 = ZIP 2006, 1529, 1531 Rn. 9; *Hopt/Roth* in: Großkommentar AktG § 113 Rn. 5; *Bürgers/Israel* in: Bürgers/Körber AktG § 113 Rn. 1.

vorgebracht, dass der Anwendungsbereich des § 113 Abs. 1 S. 2 AktG bereits gar nicht eröffnet ist, da mit den Zahlungen aus dem eigenen Vermögen der Aktionäre das Gesellschaftsvermögen unangetastet bleibt und damit der Schutzzweck des § 113 Abs. 1 S. 2 AktG[720] gewahrt ist.[721] Unter dem isolierten Gesichtspunkt des Gesellschaftsvermögens ist dieser Argumentation zuzustimmen, denn im Fall von Drittvergütungen durch Aktionäre persönlich bleibt das Gesellschaftsvermögen grds. verschont. Auch bleibt der Schutzzweck vor einer Selbstbedienung des Aufsichtsrats gewahrt, wenn Dritte (und nicht das Aufsichtsratsmitglied) über die Drittvergütung entscheiden.[722] Dies gilt selbst dann, wenn das betroffene Aufsichtsratsmitglied im Vorstand des zahlenden Aktionärs vertreten ist. Dann würde es zwar maßgeblich bei der eigenen Vergütung für die Aufsichtsratstätigkeit mitentscheiden. Jedoch ist fraglich, ob sich daraus bereits ein Stimmverbot wegen einer Entscheidung in eigener Sache ergibt. Ein allgemeines Stimmverbot analog § 34 BGB gibt es nicht.[723] Auch ein Stimmverbot analog § 136 AktG, wie es für die Entlastung eines Vorstandsmitglieds in einer abhängigen Gesellschaft mit Doppelmandat angenommen wird,[724] lässt sich nicht auf die Vergütung als Aufsichtsratsmitglied übertragen. Denn der Schutz vor Selbstbedienung ist auf die Gesellschaft bzw. den Gesellschaftsverbund ausgerichtet, in dem die Vergütung gewährt wird. Eine außenstehende Gesellschaft als Aktionärin, die keine Obergesellschaft i. S. d. Konzernrechts darstellt, fällt nicht mehr darunter. Allerdings ist ein Stimmverbot des Betroffenen anzunehmen, wenn die Vergütungsentscheidung im Rahmen des Entlastungsbeschlusses erfolgt. In diesem Fall kann das betroffene Aufsichtsratsmitglied gem. § 136 Abs. 1 S. 1 AktG nicht „Richter in eigener Sache" sein.[725]

720 Siehe hierzu 3.TeilB.I.1.

721 *Neuhaus/Gellißen,* NZG 2011, 1361, 1363 (in Bezug auf das Angemessenheitsgebot); *Grigoleit/Tomasic* in: Grigoleit AktG § 113 Rn. 1.

722 *Neuhaus/Gellißen,* NZG 2011, 1361, 1364.

723 *Hüffer* in: Hüffer AktG § 77 Rn. 8; *Mertens/Cahn* in: Kölner Komm. AktG § 77 Rn. 38; *Spindler* in: MünchKommAktG § 77 Rn. 21; *Fleischer* in: Fleischer, Handbuch VorstandsR, 2006, § 18 Rn. 129; *Kort,* ZIP 2008, 717, 719 m.w.N.; aA für Vorstandsdoppelmandate, wenn das Rechtsgeschäft von der Obergesellschaft angeregt wird *Semler* in: FS Stiefel, 1987, S. 719, 757.

724 *Kort* in: Großkommentar AktG § 76 Rn. 187; *Mertens/Cahn* in: Kölner Komm. AktG § 77 Rn. 41 (allerdings aus dem Rechtsgedanken der §§ 34 BGB, 47 Abs. 4 GmbHG); *Wiesner* in: MünchHdb AG § 20 Rn. 11 (aus dem Rechtgedanken des § 47 Abs. 4 GmbHG); *Fleischer* in: Fleischer, Handbuch VorstandsR, 2006, § 18 Rn. 130.

725 BGH, Urt. v. 12.06.1989 – II ZR 246/88, WM 1989, 1090, 1091 (für die GmbH); OLG München, Urt. v. 18.07.1991 – 24 U 880/90, NJW-RR 1993, 1507, 1510 (für die GmbH); *Kort,* ZIP 2008, 717, 719; *Braunfels,* MittRhNotK 1994, 233, 234.

(1) Keine pauschale Übertragung der Parallelproblematik aus § 114 Abs. 1 AktG

Für Beratungsverträge des Aufsichtsratsmitglieds, die mit Vorstandsmitgliedern oder Mehrheitsaktionären persönlich abgeschlossen werden, besteht zur Frage der Anwendbarkeit des § 114 Abs. 1 AktG ein Parallelproblem.[726] Gegen eine Anwendung des § 114 AktG auf diese Verträge wird vorgebracht, dass § 114 AktG keine Beeinträchtigung der Privatsphäre bezweckt, die entstehen würde, wenn die Aufsichtsratsmitglieder sämtliche Beratungsverträge offenzulegen hätten, die sie mit anderen Personen abschließen.[727] Weiterhin wird der Wortlaut des § 114 Abs. 1 AktG angeführt, der sich nur auf Verträge mit der „Gesellschaft" beziehe und daher Verträge mit anderen Personen oder Gesellschaften nicht erfasse.[728] Ebenso wird auf das Gesellschaftsvermögen Bezug genommen, was bei einer Drittvergütung für Beraterverträge i. S. d. § 114 Abs. 1 AktG nicht angetastet würde, sodass auch der Anwendungsbereich der Norm nicht eröffnet sein könne.[729] Die Frage über die Eröffnung des Anwendungsbereichs des § 114 AktG für Beratungsverträge des Aufsichtsratsmitglieds, die mit Vorstandsmitgliedern oder Mehrheitsaktionären persönlich abgeschlossen werden, ist jedoch in seiner konkreten Ausgestaltung auf die Situation der Aufsichtsratsvergütung nach § 113 Abs. 1 S. 2 AktG nicht übertragbar. Denn während es bei § 114 Abs. 1 AktG um Tätigkeiten außerhalb der Organpflichten geht,[730] betrifft der Anwendungsbereich des § 113 Abs. 1 S. 2 AktG nur die Tätigkeiten, zu denen die Aufsichtsratsmitglieder gesetzlich verpflichtet sind. Somit kann die Argumentation der zu weitreichenden Offenlegung privater Verhältnisse bei § 113 Abs. 1 S. 2 AktG nicht greifen.[731] Denn die Organpflichten betreffen die gesetzlich geschuldeten Aufgaben gegenüber der Gesellschaft und sind nicht der privaten Lebenssphäre anderer Personen zuzuordnen. Ebenso ist das Wortlautargument für § 114 Abs. 1 AktG bzgl. der Erfassung von Verträgen mit der „Gesellschaft" bei § 113 Abs. 1 S. 2 AktG unanwendbar.[732] Denn § 113 Abs. 1 AktG stellt lediglich auf die Vergütung der Aufsichtsratsmitglieder ab, ohne dass die Norm festlegt, aus welchem Vermögen die Vergütung herrührt. Allein das Argument für

---

726 Für eine entsprechende Anwednung des § 114 AktG auf Verträge mit dem Vorstand: *Säcker*, AG 2004, 180, 183; *Spindler* in: FS von Westphalen, 2010, S. 641, 647 f.; *Habersack* in: MünchKommAktG § 114 Rn. 18; dagegen: *Hoffmann-Becking* in: FS K. Schmidt, 2009, S. 657, 667 ff.; *Henssler* in: FS Goette, 2011, S. 135, 137 ff. (sowie auf Verträge mit einzelnen Aktionären); *Hüffer* in: Hüffer AktG § 114 Rn. 2b.

727 *Hoffmann-Becking* in: FS K. Schmidt, 2009, S. 657, 668 f.

728 *Henssler* in: FS Goette, 2011, S. 135, 144.

729 *Hoffmann-Becking* in: FS K. Schmidt, 2009, S. 657, 668; *Henssler* in: FS Goette, 2011, S. 135, 140 f.

730 Siehe unten 3.TeilC.I.1.b).

731 Zum Argument bei § 114 AktG: *Hoffmann-Becking* in: FS K. Schmidt, 2009, S. 657, 668 f.

732 Zum Argument bei § 114 AktG: *Henssler* in: FS Goette, 2011, S. 135, 144.

das unangetastete Gesellschaftsvermögen[733] ist daher auch hier übertragbar und somit bei § 113 Abs. 1 S. 2 AktG zu berücksichtigen. Der Schutz des Gesellschaftsvermögens lässt sich zwar nicht aus dem Wortlaut des § 113 Abs. 1 AktG entnehmen, jedoch sprechen Sinn und Zweck des § 113 Abs. 1 S. 2 AktG für den bezweckten Schutz.[734]

(2) Unzulässigkeit aufgrund des Informationszwecks des § 113 Abs. 1 S. 2 AktG

Fraglich ist jedoch, ob die Zuständigkeit der Hauptversammlung umgangen wird.[735] Die exklusive Kompetenz der Anteilseigner zur Aufsichtsratsvergütung im Rahmen der Hauptversammlung bezweckt ebenso eine Information der Gläubiger und der gesamten Anteilseigner über die Vergütungshöhe.[736] Sofern Drittvergütungen durch einzelne Aktionäre erfolgen, werden diese dem Informationszweck von § 113 Abs. 1 S. 2 AktG nicht gerecht, denn bislang fehlt es an einer strikten Verpflichtung zur individualisierten Offenlegung von Aufsichtsratsvergütungen.[737] Weiterhin wird den übrigen Anteilseignern aufgrund der fehlenden vollständigen Information über mögliche Drittvergütungen i. R. d. durch die Gesellschaft gewährten Aufsichtsratsvergütung die Möglichkeit genommen, den vollständigen Überblick über gewährte Vergütungen für die reine Aufsichtsratstätigkeit zu behalten. Ohne mögliche Drittvergütungen hätten sie ein genaueres Bild von bereits gewährten Vergütungen und könnten eine informierte Entscheidung über eine angemessene Vergütung treffen. Durch die Drittvergütungen wird somit die exklusive Zuständigkeit der Hauptversammlung teilweise beeinträchtigt. Dass die Kontrollmöglichkeit durch die Gesellschaftsorgane eine gewichtige Rolle bei der Zuwendung von geldwerten Vorteilen an die Aufsichtsratsmitglieder einnimmt, zeigt auch das Zustimmungserfordernis aus § 114 Abs. 1 AktG zu Beraterverträgen. Dabei soll insbesondere ein möglicherweise negativer Einfluss des Vorstands auf die Überwachungs- und Beratungstätigkeit durch den abzuschließenden Beratervertrag weites gehend ausgeschlossen werden. Dies zeigt sich insbesondere daran, dass bei einem möglichen Vorstandseinfluss auf den Vertragsschluss Beraterverträge von Aufsichtsratsmitgliedern mit abhängigen Gesellschaften auch einer Zustimmung des Aufsichtsrats der

---

733 *Hoffmann-Becking* in: FS K. Schmidt, 2009, S. 657, 668; *Henssler* in: FS Goette, 2011, S. 135, 140 f.

734 Siehe oben 3.TeilB.I.1.a).

735 Diese Frage stellen sich auch *Neuhaus/Gellißen,* NZG 2011, 1361, 1364.

736 S.o. 3.TeilB.I.1; dies verkennen *Neuhaus/Gellißen,* NZG 2011, 1361, 1364 f., wenn sie nur ein bilanzielles Interesse anerkennen wollen.

737 *Hüffer* in: Hüffer AktG § 113 Rn. 1; *Neuhaus/Gellißen,* NZG 2011, 1361, 1364, lediglich der DCGK gibt in Ziff. 5.4.6 Abs. 3 eine solche Empfehlung aus, von der allerdings durch Erklärung abgewichen werden kann.

Obergesellschaft bedürfen.[738] § 114 Abs. 1 AktG zwingt zur Transparenz ggü. dem Aufsichtsrat hinsichtlich vergütungsrelevanter Beratungsverträge, was wiederum mehr Kontrolle durch den Aufsichtsrat ermöglicht.[739] Dadurch, dass Drittvergütungen nicht offen gelegt werden müssen, wird der Transparenzzweck des § 113 Abs. 1 S. 2 AktG erheblich beeinträchtigt. Dies allein rechtfertigt eine Unzulässigkeit von Drittvergütungen. Auch ist das Argument des nicht betroffenen Gesellschaftsvermögens zu relativieren. Denn es kann nicht ausgeschlossen werden, dass die Hauptversammlung bei Kenntnis einer Drittvergütung andere Vergütungen für die Aufsichtsratsmitglieder beschlossen hätte. Durch die fehlende Anpassungsmöglichkeit durch die Hauptversammlung ist das Gesellschaftsvermögen betroffen, indem die Ermessensentscheidung der Hauptversammlung nicht mehr unter Abwägung aller relevanten Faktoren getroffen werden kann.

bb) *Konzerndimension*

Bei den Verhältnissen im Konzerngeflecht sind weitere Besonderheiten zu beachten. Dieser Unterpunkt betrifft die Frage, ob in jedweder Fallgestaltung ein Vorstandseinfluss auf die Aufsichtsratsvergütung ausgeschlossen werden kann, sodass dem Zweck des § 113 Abs. 1 S. 2 AktG entsprochen wird. Nicht dem Zweck des § 113 Abs. 1 S. 2 AktG entsprechend und damit auch unzulässig sind Vergütungszahlungen der abhängigen Gesellschaft an den Aufsichtsrat der Obergesellschaft für Aufsichtsratstätigkeiten im Rahmen der Organpflicht, da der Vorstand der Obergesellschaft in diesem Fall durch seinen Einfluss auf die abhängige Gesellschaft mittelbar auch Einfluss auf die Vergütung des eigenen Aufsichtsrats ausüben könnte.[740]

---

738 *Lutter/Kremer,* ZGR 1992, 87, 105 f.; *Hopt/Roth* in: Großkommentar AktG § 114 Rn. 41 m.w.N.; BGH, Urt. v. 10. 7. 2012 – II ZR 48/11, BGHZ 194,14, 19 Rn. 16 m. w. N. = NJW 2012, 3235, 3236 Rn. 16; *Henssler* in: FS Goette, 2011, S. 135, 141; zurückhaltend aufgrund Vergleichs mit § 115 AktG und fehlender Erstreckung dieser Konstellation im Wortlaut des § 114 AktG: *Mertens/Cahn* in: Kölner Komm. AktG § 114 Rn. 11 (nur bei Veranlassung des Vertrags durch den Vorstand); nur bei konkreten Umgehungen: *Mertens* in: FS Steindorff, 1990, S. 173, 186; *Hoffmann-Becking* in: FS K. Schmidt, 2009, S. 657, 665 m.w.N.; *Cahn,* Der Konzern 2012, 501, 503; *Ihrig,* ZGR 2013, 417, 435.

739 BGH, Urt. v. 03.07.2006 – II ZR 151/04, BGHZ 168, 188, 193 Rn. 9 = ZIP 2006, 1529, 1531 Rn. 9.

740 *Mertens* in: FS Steindorff, 1990, S. 173, 186; *Hopt/Roth* in: Großkommentar AktG § 113 Rn. 108 ff.; *Mertens/Cahn* in: Kölner Komm. AktG § 113 Rn. 7; *Spindler* in: Spindler/Stilz AktG § 113 Rn. 66; *Wagner* in: von Schenck, Arbeitshandbuch für Aufsichtsratsmitglieder, 2013, § 11 Rn. 10; *Neuhaus/Gellißen,* NZG 2011, 1361, 1364; für den anders gelagerten, aber vergleichbaren Fall von Vergütungszahlungen an eine zwischengeschaltete Gesellschaft, an der das betroffene Aufsichtsratsmitglied als Gesellschafter beteiligt ist BGH, Urt. v. 20.11.2006 – II ZR 279/05, BGHZ 170, 60, 62 Rn. 7 ff. = AG 2007, 80, 81 Rn. 7 ff., siehe dazu auch unten 3.TeilB.I.2.d).

Behandelt wird jedoch die Frage für die Fallgestaltung eines Aufsichtsratsmitglieds der abhängigen Gesellschaft, das zugleich Vorstandsmitglied in der Obergesellschaft ist und von der Obergesellschaft eine Vergütung für die Aufsichtsratstätigkeit in der abhängigen Gesellschaft erhält.[741] Bei einer solchen Fallgestaltung wird davon ausgegangen, dass aufgrund des fehlenden Einflusses des Vorstands der abhängigen Gesellschaft auf die Obergesellschaft, ein Vorstandseinfluss auf die Aufsichtsratsvergütung nicht zu befürchten ist.[742] Diese Konstellation ist für eine richtige Lösung weitergehend zu differenzieren.

(1) Vergütung als Teil der Vorstandsvergütung

Zuzustimmen ist dieser Auffassung dann, wenn die Vergütung für die Aufsichtsratstätigkeit in der abhängigen Gesellschaft an die Vorstandsvergütung in der Obergesellschaft gekoppelt wird,[743] da in diesem Fall die Vergütungsentscheidung gemäß der Zuständigkeitsregel aus § 87 Abs. 1 AktG dem Aufsichtsrat der Obergesellschaft zufällt und neuerdings durch ein unverbindliches Vergütungsvotum der Hauptversammlung der Obergesellschaft nach § 120 Abs. 4 AktG bestätigt werden kann. Ein Einfluss des zu überwachenden Vorstands aus der Untergesellschaft ist nun nicht mehr zu befürchten, da der Vorstand der Untergesellschaft gem. § 100 Abs. 2 Nr. 2 AktG nicht zugleich Aufsichtsratsmitglied in der Obergesellschaft sein kann.

(2) Eigenständige Vergütung bei Existenz von Vorstandsdoppelmandaten

Andererseits gibt es durchaus Konstellationen, in denen der Vorstand der abhängigen Gesellschaft ebenso Einfluss in der Obergesellschaft ausübt. Anzuführen ist hierzu der Fall, dass Personen mit Vorstandsdoppelmandaten vorhanden sein können,[744] die durch ihre Tätigkeit in beiden Vorständen auch auf die Vergütung der sie zu überwachenden Person in der abhängigen Gesellschaft einwirken können. Bei einer Vergütung des Aufsichtsrats der Untergesellschaft durch die Obergesellschaft ist gemäß den normalen Vertretungsregeln der Vorstand der Obergesellschaft nach § 78 Abs. 1 S. 1 AktG zuständig. Für den Fall, dass die Vergütung durch die

---

741 *Neuhaus/Gellißen,* NZG 2011, 1361, 1364; oftmals erfolgt einer Anrechnung der Aufsichtsratsvergütung an die eigene Vorstandsvergütung: *Hopt/Roth* in: Großkommentar AktG § 113 Rn. 12 m.w.N.; *Spindler* in: Spindler/Stilz AktG § 113 Rn. 66; zur gleichen Situation bei Beratungsverträgen *Semler,* NZG 2007, 881, 886.

742 *Neuhaus/Gellißen,* NZG 2011, 1361, 1364.

743 *Lutter,* AG 1979, 85, 87; *Peltzer* in: FS Zimmerer, 1997, S. 377, 380; *Hopt/Roth* in: Großkommentar AktG § 113 Rn. 12; *Spindler* in: Spindler/Stilz AktG § 113 Rn. 66.

744 Zur Zulässigkeit der Vorstandsdoppelmandate: BGH, Urt. v. 09.03.2009 – II ZR 170/07, BGHZ 180, 105, 110 Rn. 14 f. = NZG 2009, 744, 745, Rn. 14 f.; *Aschenbeck,* NZG 2000, 1015, 1018 ff.; *Noack* in: FS Hoffmann-Becking, 2013, S. 847; *Wiesner* in: MünchHdb AG § 20 Rn. 10 m.w.N.; *Emmerich* in: Emmerich/Habersack, Aktien- und GmbH-KonzernR § 308 Rn. 29 m.w.N.; *Fleischer* in: Fleischer, Handbuch VorstandsR, 2006, § 18 Rn. 127 m.w.N.

Hauptversammlung der Untergesellschaft erfolgt, hat der Vorstand im faktischen Konzern durch seine Einflussmacht in der Hauptversammlung der Untergesellschaft Möglichkeiten auf die Vergütung des eigenen Aufsichtsrats einzuwirken. Ein vollständiger Ausschluss des Vorstandseinflusses auf die Vergütung ist somit in der Theorie[745] nicht gewährleistet, sofern Vorstandsdoppelmandate bestehen. In der Parallelproblematik bei § 114 AktG[746] wird dem Argument der Vorstandsdoppelmandate mit einem Hinweis auf das nicht betroffene Gesellschaftsvermögen der abhängigen Gesellschaft entgegengetreten.[747] Diese Begründung kann indes nicht für § 113 Abs. 1 S. 2 AktG übernommen werden, da sie nicht das Problem des möglichen Vorstandseinflusses bei bestehendem Vorstandsdoppelmandat löst. Eine Übertragung auf § 113 Abs. 1 S. 2 AktG ist auch deshalb nicht erwägenswert, weil Drittvergütungen gegenüber der Hauptversammlung der abhängigen Gesellschaft nicht publik gemacht werden müssen. Die Betroffenheit des Gesellschaftsvermögens ist daher genauso zu bewerten, wie in der Konstellation der Drittvergütung in der eingliedrigen Gesellschaftsstruktur.

cc) *Fazit*

Somit bestehen Bedenken gegen die pauschale Aussage, dass Drittvergütungen mit der Zuständigkeitsregel des § 113 Abs. 1 S. 2 AktG vereinbar sind. Zur Zulässigkeit von Drittvergütungen aus der Kompetenzperspektive erscheint es zumindest notwendig, dass keine gesellschaftsübergreifenden Personalbesetzungen vorhanden sind. So kann sichergestellt werden, dass der Vorstand nicht über die Vergütung des ihn überwachenden Aufsichtsrats entscheidet und die Information der zuständigen Anteilseigner gewährleistet ist. Im Übrigen ist nur bei Offenlegung der Drittvergütung die Transparenz gewahrt und damit auch mittelbar das Gesellschaftsvermögen.

d) Zusätzliches Vertragsverhältnis

Ein geeignetes Mittel, um den Zweck einer individuellen Vergütung zu erreichen, können auch zusätzliche Verträge mit dem einzelnen Aufsichtsratsmitglied darstellen.[748] Je nach persönlichen Eigenschaften könnten diese flexibel auf die jeweiligen individuellen Gegebenheiten Rücksicht nehmen. Hielt man zusätzliche Vertragsverhältnisse in der Vergangenheit noch für zulässig,[749] so ergibt sich aus heutiger

745 Ob diese Konstellation in der Praxis vorkommt, ist für die theoretische Betrachtung zweitrangig.

746 OLG Hamburg, Urt. v. 17.01.2007 – 11 U 48/06 (nicht rechtskräftig), ZIP 2007, 814, 818 f. = NZG 2007, 470, 472 (unterscheidend zwischen Teil- und Vollidentität der Vorstände); *Hoffmann-Becking* in: FS K. Schmidt, 2009, S. 657, 667.

747 *Hoffmann-Becking* in: FS K. Schmidt, 2009, S. 657, 667.

748 Im Rahmen von Beratungsverträgen gem. § 114 AktG angedacht, aber zu Recht verworfen: *Haarmann* in: FS Hüffer, 2010, S. 243, 251 f.

749 *Wellkamp,* WM 2001, 489, 494 und *Ludwig*, Die Vergütung des Aufsichtsrats, 2011, S. 122, jew. m.w.N.

rechtlicher Perspektive eine klare Ablehnung zusätzlicher Vertragsverhältnisse zum Zweck individueller Vergütungen. Zum einen soll die abschließende Regelung des § 113 AktG keinen Spielraum für ein vertragliches Aushandeln der Aufsichtsratsvergütung geben.[750] Zudem ergibt sich aus der Möglichkeit des § 114 AktG, der den Abschluss von entgeltlichen Beratungsverträgen zwischen der Gesellschaft und den Aufsichtsratsmitgliedern für Beratungsleistungen außerhalb der Aufsichtsratstätigkeit erlaubt, der Umkehrschluss, dass Verträge zwischen der Gesellschaft und dem Aufsichtsratsmitglied gerade nicht für die normalen Aufsichtsratstätigkeiten erlaubt sein sollen.[751] Zum anderen zeichnet sich das Verhältnis zwischen Gesellschaft und Aufsichtsratsmitglied nicht durch ein Vertragsverhältnis, sondern durch ein korporationsrechtliches Grundverhältnis aus, welches zugleich ein weiteres Vertragsverhältnis über dieselben Tätigkeiten ausschließt.[752] Dass das Grundverhältnis nicht durch einen Vertrag gekennzeichnet werden kann, ergibt sich bereits aus der Systematik der §§ 113 und 114 AktG. Wenn § 114 AktG vom Wortlaut her ein vertragliches Verhältnis nur außerhalb der Aufsichtsratstätigkeiten von einer

---

750 BGH, Urt. v. 25.03.1991 – II ZR 188/89, BGHZ 114, 127, 133 = NJW 1991, 1830, 1832; BGH, Urt. v. 04.07.1994 – II ZR 197/93, BGHZ 126, 340, 346 = AG 1994, 508, 509; *Haarmann* in: FS Hüffer, 2010, S. 243, 251 f.; *Kort* in: FS Hüffer, 2010, S. 483, 484; *Henssler* in: FS Goette, 2011, S. 135, 136 f.; *Mertens/Cahn* in: Kölner Komm. AktG § 113 Rn. 3; *Habersack* in: MünchKommAktG § 113 Rn. 2, 9; *Hoffmann-Becking* in: MünchHdb AG § 33 Rn. 10; *Ludwig*, Die Vergütung des Aufsichtsrats, 2011, S. 122 f.; *Raapke*, Die Regulierung der Vergütung von Organmitgliedern und Angestellten im Aktien- und Kapitalmarktrecht, 2012, S. 108.

751 BGH, Urt. v. 25.03.1991 – II ZR 188/89, BGHZ 114, 127, 129 = NJW 1991, 1830, 1831; BGH, Urt. v. 20.11.2006 – II ZR 279/05, BGHZ 170, 60, 65 Rn. 13 = AG 2007, 80, 81 f. Rn. 13; *Lutter/Kremer*, ZGR 1992, 87, 92; *Boujong*, AG 1995, 203; *Semler*, NZG 2007, 881, 883; *Vetter*, ZIP 2008, 1, 2; *Scheuffele/Baumgartner*, GmbHR 2010, 400, 402; *Lorenz/Pospiech*, NZG 2011, 81; *Lutter* in: FS Westermann, 2008, S. 1171, 1174 m.w.N.; *Maser/Göttle*, NZG 2013, 201, 207; *Kort* in: FS Hüffer, 2010, S. 483, 484; *Haarmann* in: FS Hüffer, 2010, S. 243, 251 f.; *Habersack* in: MünchKommAktG § 113 Rn. 2; *Hopt/Roth* in: Großkommentar AktG § 113 Rn. 31; *Hoffmann-Becking* in: MünchHdb AG § 33 Rn. 35; *von Schenck* in: von Schenck, Arbeitshandbuch für Aufsichtsratsmitglieder, 2013, § 1 Rn. 294 m.w.N.

752 *Hopt/Roth* in: Großkommentar AktG § 113 Rn. 97; *Kort* in: FS Hüffer, 2010, S. 483, 484; *Lutter/Krieger/Verse*, Rechte und Pflichten des Aufsichtsrats, 2014, § 12 Rn. 842; *Hoffmann-Becking* in: MünchHdb AG § 33 Rn. 10; *Theusinger/Liese*, CCZ 2008, 190; ähnlich *Wellkamp*, WM 2001, 489, 494; *Buckel*, AG 2013, 451, 453; *Ludwig*, Die Vergütung des Aufsichtsrats, 2011, S. 122 f.; *Lutter* in: FS Westermann, 2008, S. 1171, 1173; *Theisen* in: FS Säcker, 2011, S. 487, 488; dem hat sich die instanzgerichtliche Rspr. angeschlossen LG München I, Urt. v. 27.12.2012 – 5 HK O 9109/12, BB 2013, 396; kritisch zu dieser Charakterisierung *Jänig/Schiemzik*, EWiR 2013, 567, 568; aA aus der früheren Rspr.: RG, Urt. v. 02.03.1929 – I 324/28, RGZ 123, 351, 354; RG, Urt. v. 02.11.1934 – II 186/34, RGZ 146, 145, 152 (für die GmbH); aus der Kommentarliteratur: *Raiser/Veil* in: MitbestG § 25 Rn. 100 m.w.N.; *Koberski* in: Wlotzke/Wißmann/Koberski/Kleinsorge MitbestR § 25 Rn. 79 (Dienstverhältnis).

Zustimmung des Aufsichtsrats abhängig macht, heißt dies im Umkehrschluss, dass es für Tätigkeiten innerhalb der Aufsichtsratstätigkeiten kein Vertragsverhältnis geben kann. Ebenso müsste der Vorstand diesen Vertrag abschließen, da § 112 S. 1 AktG keine Vertretung der Gesellschaft bei Vertragsschlüssen mit den Aufsichtsratsmitgliedern vorsieht. Der dadurch entstehende Einfluss des Vorstands auf eine etwaige Vertragsgestaltung widerspricht aber dem Zweck des § 113 Abs. 1 S. 2 AktG zum Ausschluss des Vorstands.[753] Auch ein vertragliches Aushandeln der Vergütung zwischen Vorstand und Aufsichtsrat scheidet aus,[754] wenn dem Zweck des § 113 Abs. 1 S. 2 AktG entsprochen werden soll. Dieser soll gerade einen Einfluss des Vorstands auf die Ausgestaltung der Aufsichtsratsvergütung verhindern,[755] was mit einem vertraglichen Aushandeln zwischen Vorstand und Aufsichtsratsmitglied nicht mehr gewährleistet wäre.[756] Auch können die §§ 113, 114 AktG nicht in der Weise umgangen werden, dass ein Beratungsvertrag mit einer zwischengeschalteten Gesellschaft abgeschlossen wird, wenn das betroffene Aufsichtsratsmitglied an dieser Gesellschaft beteiligt ist und somit über den Umweg der zwischengeschalteten Gesellschaft einen Teil des Beratungshonorars erhält.[757] Dies ist im Fall eines Beratungsvertrags nach § 114 AktG als Umgehung mit den zwingenden §§ 113, 114 AktG nicht zu vereinbaren, da es unerheblich ist, ob das Aufsichtsratsmitglied direkt oder nur indirekt über den Umweg einer Zwischengesellschaft ein Beratungshonorar bekommt.[758] Nur wenn bei einem Vertrag nach § 114 AktG die Beratungsvergütung im Verhältnis zur übrigen Vergütung relativ gering ist, ist davon eine Ausnahme zu machen, da in diesem Fall keine Gefahr für die Unabhängigkeit bei der Aufgabenwahrnehmung gegeben ist.[759] Eine ähnliche und damit unzulässige Situation ergibt sich, wenn der Beratungsvertrag mit einer abhängigen Gesellschaft

---

753 *Hoffmann-Becking* in: FS K. Schmidt, 2009, S. 657, 662; dazu auch oben 3.TeilB.I.1.a).

754 *Mertens* in: FS Steindorff, 1990, S. 173, 174 m.w.N.; *Hopt/Roth* in: Großkommentar AktG § 113 Rn. 5.

755 S.o. 3.TeilB.I.1.a).

756 So nun auch jüngst OLG Braunschweig, Beschluss v. 14.06.2012 – Ws 44/12, Ws 45/12, NZG 2012, 1196, 1197 = ZIP 2012, 1860, 1861 f. = mit zust. Anm. *Schatz/Schödel*, EWiR 2013, 27 f.

757 BGH, Urt. v. 03.07.2006 – II ZR 151/04, BGHZ 168, 188, 193 Rn. 10 = ZIP 2006, 1529, 1531 Rn. 10; BGH, Urt. v. 20.11.2006 – II ZR 279/05, BGHZ 170, 60, 62 f. Rn. 8 = AG 2007, 80, 81 Rn. 8; BGH, Urteil v. 2. 4. 2007 – II ZR 325/05, NZG 2007, 516, 517 Rn. 11 = ZIP 2007, 1056, 1058 Rn. 11; BGH, Urt. v. 10. 7. 2012 – II ZR 48/11, BGHZ 194,14, 18 Rn. 14 = NJW 2012, 3235, 3236 Rn. 14; *Lutter/Kremer*, ZGR 1992, 87, 106; *Werner*, DB 2006, 935, 936; *Scheuffele/Baumgartner*, GmbHR 2010, 400, 401; *Lorenz/Pospiech*, NZG 2011, 81, 82; *Spindler*, NZG 2012, 1161, 1162; *Dieckmann*, BWNotZ 2013, 2, 10; *Lutter* in: FS Westermann, 2008, S. 1171, 1178 ff.; *Hoffmann-Becking* in: FS K. Schmidt, 2009, S. 657, 662 ff.

758 BGH, Urt. v. 20.11.2006 – II ZR 279/05, BGHZ 170, 60, 64 Rn. 10 = AG 2007, 80, 81 Rn. 10; *von Schenck*, DStR 2007, 395, 397; *Goette*, ZGR 2008, 436, 450 f.

759 *Vetter*, AG 2006, 173, 177; BGH, Urt. v. 20.11.2006 – II ZR 279/05, BGHZ 170, 60, 63 Rn. 8 m.w.N. = AG 2007, 80, 81 Rn. 8; *Scheuffele/Baumgartner*, GmbHR 2010,

geschlossen wird und dies der Umgehung von § 114 AktG dienen soll, da in diesem Fall eine mittelbare Beeinflussung des Aufsichtsratsmitglieds durch Einwirkung des Vorstands der Obergesellschaft auf die abhängige Gesellschaft nicht ausgeschlossen werden kann.[760]

Es stellt sich aber die Frage, ob der Gedanke der Anwendung der Rechtsfolge von § 114 Abs. 1 AktG auch auf § 113 AktG für den Fall übertragbar ist, dass ein Beratungsunternehmen eine Beratungsleistung für einen Gegenstand leistet, der innerhalb der Organpflichten liegt. Denn nach einer Ansicht soll die bisher ergangene Rspr. dazu führen, dass ein Beratungsunternehmen diese Beratungsleistung nicht mehr erbringen darf, wenn ein Aufsichtsratsmitglied an dem Beratungsunternehmen beteiligt ist.[761] Diesen Fall hat die Rspr. hingegen nicht entschieden. Eine pauschale Übertragung auf die nicht entschiedene Fallgestaltung bietet sich hier auch nicht an. Zuzustimmen ist der Ansicht, dass eine Übertragung der Rechtsprechung zur Unzulässigkeit der Beratungsleistung führen würde, wenn das an dem Beratungsunternehmen beteiligte Aufsichtsratsmitglied selbst zur Ausführung der Beratungsleistung kompetent wäre.[762] Dies stellt auch kein zu missbilligendes Ergebnis dar. Denn ein Aufsichtsratsmitglied ist dazu verpflichtet, seine Kompetenz in die Aufsichtsratstätigkeit einzubringen, wenn es sich bei dem Aufgabengegenstand um eine Aufgabe i.R.d. Organpflicht handelt.[763] Dieser Vertrag mit einem Beratungsunternehmen würde aufgrund Verstoßes gegen § 113 Abs. 1 S. 1, 2 AktG unzulässig sein.

400, 401; *Kort,* ZIP 2008, 727, 723, jedoch mit der rechtspolitischen Forderung nach einer Beteiligungsschwelle; ebenso *von Schenck,* DStR 2007, 395, 397.

760 *Mertens/Cahn* in: Kölner Komm. AktG § 114 Rn. 11; *Hüffer* in: Hüffer AktG § 114 Rn. 2b; *Hoffmann-Becking* in: MünchHdb AG § 33 Rn. 41; *ders.* in: FS K. Schmidt, 2009, S. 657, 664 f. m.w.N.

761 *Cahn,* Der Konzern 2012, 501, 505; *Ihrig,* ZGR 2013, 417, 434.

762 *Cahn,* Der Konzern 2012, 501, 506 (bzgl. § 114 AktG); *Ihrig,* ZGR 2013, 417, 434.

763 *Mertens* in: FS Steindorff, 1990, S. 173, 181; *Müller,* NZG 2002, 797, 798; BGH, Urt. v. 03.07.2006 – II ZR 151/04, BGHZ 168, 188, 198 Rn. 17 = ZIP 2006, 1529, 1533 Rn. 17; BGH, Urteil v. 2. 4. 2007 – II ZR 325/05, NZG 2007, 516, 518 Rn. 16 = ZIP 2007, 1056, 1059 Rn. 16; BGH, Beschluss v. 27. 4. 2009 – II ZR 160/08, NZG 2009, 1027, 1028 Rn. 6 = ZIP 2009, 1661, 1662 Rn. 6; BGH, Urt. v. 20. 9. 2011 – II ZR 234/09, ZIP 2011, 2097, 2101 Rn. 28 = NZG 2011, 1271, 1274 Rn. 28; OLG Frankfurt/M., Urt. v. 21. 9. 2005 – 1 U 14/05, ZIP 2005, 2322, 2323 = NZG 2006, 29, 30; *Lutter/Kremer,* ZGR 1992, 87, 97 f.; *Vetter,* AG 2006, 173, 176; *Leuering/Simon,* NJW-Spezial 2006, 171; *Peltzer,* ZIP 2007, 305, 306; *Kort,* ZIP 2008, 717, 723; *Vetter,* ZIP 2008, 1, 7; *Scheuffele/Baumgartner,* GmbHR 2010, 400, 401; *Lorenz/Pospiech,* NZG 2011, 81, 83; *Haarmann* in: FS Hüffer, 2010, S. 243, 249; *Mertens/Cahn* in: Kölner Komm. AktG § 113 Rn. 5; *Spindler* in: Spindler/Stilz AktG § 113 Rn. 32, § 114 Rn. 17; *Habersack* in: MünchKommAktG § 114 Rn. 23; *Hopt/Roth* in: Großkommentar AktG § 114 Rn. 20; *Drygala* in: Schmidt-Lutter AktG § 114 Rn. 10; *Vetter* in: Marsch-Barner/Schäfer, Hdb. börsennotierte AG, 2014, § 30 Rn. 3 m.w.N.

Ein davon zu trennender Fall liegt aber vor, wenn das Aufsichtsratsmitglied, das an dem Beratungsunternehmen beteiligt ist, keine Kompetenz zur Ausführung der Beratungsleistung innerhalb einer Organaufgabe aufweist und der notwendige Sachverstand daher eingekauft werden muss. Problematisch erscheint zunächst, dass in diesem Fall das Aufsichtsratsmitglied durch eine Gewinnbeteiligung am Beratungsunternehmen von dem Vertrag profitieren kann, obwohl es sich um eine Beratungsleistung handelt, die den Organaufgaben hinzugerechnet wird. Würde hier die zu § 114 AktG ergangene Rspr. übertragen, würde ebenfalls ein Verbot dieses Vertrags wegen Umgehung des § 113 Abs. 1 S. 2 AktG resultieren.[764] In diesem Fall lässt sich die Rspr. zu § 114 AktG mit zwischengeschalteten Gesellschaften aber nicht auf § 113 AktG übertragen. Denn während es dort um eine Herstellung der durch § 114 Abs. 1 AktG bezweckten Transparenz ging, muss in diesem Fall bedacht werden, dass die Beratungsleistung auf jeden Fall hätte eingekauft werden müssen, da das Aufsichtsratsmitglied zur Leistungserbringung nicht in der Lage ist. Die Einholung von sachverständigem Rat Dritter ist gem. § 109 Abs. 1 S. 2 AktG in Einzelfällen zulässig, auch wenn es Gegenstände betrifft, die in den Rahmen der Organaufgaben fallen.[765] Sofern sich wie hier nur ein einzelnes Mitglied besonderen Rat einholt, um den eigenen Qualifikationsmangel auszugleichen, hat dieses Mitglied die Kosten des sachverständigen Dritten auch selbst zu tragen, da es eine Leistung einkauft, die es selbst zu erbringen hätte und dafür bereits vergütet wird.[766] Da das Aufsichtsratsmitglied die Kosten selbst zu tragen hätte, ist § 113 Abs. 1 S. 2 AktG nicht betroffen. Nur wenn dem Gesamtgremium die Kompetenz fehlt, die über die vorzuhaltende Mindestqualifikation hinausgeht, sind die Kosten für die Beratungsleistungen Dritter nach Zustimmung des Aufsichtsrats von der Gesellschaft selbst zu tragen.[767] In diesem Fall handelt es sich allerdings auch nicht mehr um eine Aufsichtsratstätigkeit, für die der Anwendungsbereich des § 113 Abs. 1 S. 2 AktG eröffnet ist, da der Beratungsgegenstand Kompetenzen außerhalb der vorhandenen Qualifikationen erfordert und somit unter den Anwendungsbereich des § 114 Abs. 1 AktG fällt.[768] In diesem Fall greifen wieder die Ausführungen zu § 114 AktG ein.

---

764 Darauf weisen *Cahn,* Der Konzern 2012, 501, 505; *Ihrig,* ZGR 2013, 417, 434 hin.

765 BGH, Urt. v. 15.11.1982 – II ZR 27/82, BGHZ 85, 293, 295 ff. = NJW 1983, 991, f.; *Lutter/Krieger,* DB 1995, 257, 259; *Schlitt,* DB 2005, 2007, 2009; *Mertens/Cahn* in: Kölner Komm. AktG § 111 Rn. 121 ff.; *Habersack* in: MünchKommAktG § 111 Rn. 135; *Hüffer* in: Hüffer AktG § 111 Rn. 23; *Spindler* in: Spindler/Stilz AktG § 111 Rn. 80; *Drygala* in: Schmidt-Lutter AktG § 111 Rn. 65; *Hambloch-Gesinn/Gesinn* in: Hölters AktG § 111 Rn. 54, 86; *Breuer/Fraune* in: Heidel AktG § 111 Rn. 35.

766 *Mertens/Cahn* in: Kölner Komm. AktG § 111 Rn. 128; *Drygala* in: Schmidt-Lutter AktG § 113 Rn. 21; *Hambloch-Gesinn/Gesinn* in: Hölters AktG § 111 Rn. 86; *Ulmer/Habersack* in: Habersack/Henssler/Ulmer MitbestG § 25 Rn. 87.

767 *Habersack* in: MünchKommAktG § 111 Rn. 135; *Mertens/Cahn* in: Kölner Komm. AktG § 111 Rn. 128; *Hambloch-Gesinn/Gesinn* in: Hölters AktG § 111 Rn. 86; *Haarmann* in: FS Hüffer, 2010, S. 243, 249.

768 Zur Abgrenzung § 113 AktG zu § 114 AktG s.u. 3.TeilC.I.1.b).

Ein zusätzliches Vertragsverhältnis über die Vergütung für Aufsichtsratstätigkeiten ist somit von Anfang an gem. § 134 BGB als nichtig anzusehen.[769] Die Rechtsfolge der Nichtigkeit ergibt sich dabei nicht schon aus der strikten Wortlautauslegung des § 113 Abs. 1 S. 2 AktG.[770] Für ein Verbotsgesetz i. S. d. § 134 BGB reicht es aber bereits aus, dass ein Verbot durch Auslegung ermittelbar ist.[771] Dies ist der Fall, wenn Sinn und Zweck der Norm sich gegen den zivilrechtlichen Erfolg des Rechtsgeschäfts richten und nicht nur Art und Weise des Abschlusses missbilligt.[772] Der Sinn und Zweck des § 113 Abs. 1 S. 2 AktG spricht für eine zwingende Vorschrift hinsichtlich anderer Ausgestaltungsversuche, denn es sollen bereits Verträge mit dem Aufsichtsratsmitglied über Aufsichtsratstätigkeiten im Rahmen der Organpflicht an sich ausgeschlossen werden.[773] Daher sind auch dem widersprechende Verträge von Anfang an gem. § 134 BGB nichtig und nicht nur (schwebend) unwirksam.[774] Lediglich ein Verstoß gegen § 113 Abs. 1 S. 3 AktG wirkt sich in einer Anfechtbarkeit aus und ist in der Rechtsfolge davon zu unterscheiden.[775]

e) Herabsetzungsmodell

Unzulässig ist es auch eine individuell ausgestaltete Vergütung mittels Herabsetzungsbeschlüsse i.S.v. § 113 Abs. 1 S. 4 AktG einzuführen. Gem. § 113 Abs. 1 S. 4 AktG ist es zwar möglich, dass per Satzung gewährte Vergütungszahlungen durch einen Hauptversammlungsbeschluss mit einfacher Mehrheit herabgesetzt werden. Somit ist eine zunächst per Satzung gewährte Grundvergütung für jedes

---

769 BGH, Urt. v. 25.03.1991 – II ZR 188/89, BGHZ 114, 127, 129 = NJW 1991, 1830, 1831; *Lutter/Kremer*, ZGR 1992, 87, 92; *Beater*, ZHR 157 (1993), 420, 435; *Peltzer*, ZIP 2007, 305, 307; *Vetter*, ZIP 2008, 1, 7; *Maser/Göttle*, NZG 2013, 201, 208; *Ihrig*, ZGR 2013, 417, 422; *Mertens* in: FS Steindorff, 1990, S. 173, 175; *Lutter* in: FS Westermann, 2008, S. 1171, 1176; *Henssler* in: FS Goette, 2011, S. 135, 136; *Hopt/Roth* in: Großkommentar AktG § 113 Rn. 97 m.w.N.; aA *Benecke*, WM 2007, 717, 719 f.

770 *Benecke*, WM 2007, 717, 719.

771 BGH, Urteil v. 19.12.1968 – VII ZR 83, 84/66, BGHZ 51, 255, 262 = NJW 1969, 750, 751; BGH, Urt. v. 22.10.1998 – VII ZR 99/97, BGHZ 139, 387, 391 f. = NJW 1999, 51, 52; *Armbrüster* in: MünchKommBGB § 134 BGB Rn. 41; *Wendtland* in: Bamberger/Roth § 134 BGB Rn. 9.

772 BGH, Urt. v. 22.10.1998 – VII ZR 99/97, BGHZ 139, 387, 391 f. = NJW 1999, 51, 52; *Armbrüster* in: MünchKommBGB § 134 BGB Rn. 42; *Wendtland* in: Bamberger/Roth § 134 BGB Rn. 11.

773 *Dreher* in: FS K. Schmidt, 2009, S. 233, 244; siehe auch oben 3.TeilB.I.1.a).

774 BGH, Urt. v. 25.03.1991 – II ZR 188/89, BGHZ 114, 127, 129 = NJW 1991, 1830, 1831; *Lutter/Kremer*, ZGR 1992, 87, 92; *Beater*, ZHR 157 (1993), 420, 435; *Peltzer*, ZIP 2007, 305, 307; *Vetter*, ZIP 2008, 1, 7; *Maser/Göttle*, NZG 2013, 201, 208; *Ihrig*, ZGR 2013, 417, 422; *Mertens* in: FS Steindorff, 1990, S. 173, 175; *Lutter* in: FS Westermann, 2008, S. 1171, 1176; *Henssler* in: FS Goette, 2011, S. 135, 136; *Hopt/Roth* in: Großkommentar AktG § 113 Rn. 97 m.w.N.; aA *Benecke*, WM 2007, 717, 719 f.

775 Hierzu unten 3.TeilC.I.2.a).

Aufsichtsratsmitglied denkbar, die an die individuellen Eigenschaften mit einem Herabsetzungsbeschluss angepasst werden könnte. Bei dem Herabsetzungsbeschluss handelt es sich um eine Satzungsänderung, sodass § 181 Abs. 3 AktG Anwendung findet.[776] Jedoch macht § 113 Abs. 1 S. 4 AktG eine explizite Ausnahme von den Mehrheitserfordernissen des § 179 Abs. 2 AktG, sodass eine einfache Mehrheit genügt.[777] Diese Lösung begegnet jedoch einigen Bedenken. Zwar ist streitig, ob ein Herabsetzungsbeschluss Geltung beanspruchen kann, wenn dieser eine Fix-[778] oder variable[779] Vergütung innerhalb eines laufenden Geschäftsjahres herabsetzen soll.[780] Die hier angesprochene Fallgestaltung bezieht sich jedoch nur auf die Situation, dass eine zunächst gewährte Gesamtvergütung am Ende des Geschäftsjahres durch eine individuelle Herabsetzung an die persönlichen Eigenschaften der Aufsichtsratsmitglieder angepasst wird. Somit ist der streitige Fall hier nicht entscheidungsrelevant, da sich dieser nur auf noch laufende Geschäftsjahre bezieht. Einigkeit besteht jedoch darüber, dass eine Herabsetzung für ein abgeschlossenes Geschäftsjahr unzulässig

776 *Habersack* in: MünchKommAktG § 113 Rn. 34; *Hüffer* in: Hüffer AktG § 113 Rn. 6; *Hopt/Roth* in: Großkommentar AktG § 113 Rn. 95; *Spindler* in: Spindler/Stilz AktG § 113 Rn. 36; *Mertens/Cahn* in: Kölner Komm. AktG § 113 Rn. 51; *Breuer/Fraune* in: Heidel AktG § 113 Rn. 9; *Drygala* in: Schmidt-Lutter AktG § 113 Rn. 20; *Vetter* in: Marsch-Barner/Schäfer, Hdb. börsennotierte AG, 2014, § 29 Rn. 36; *Kort* in: FS Hüffer, 2010, S. 483, 490.

777 *Hopt/Roth* in: Großkommentar AktG § 113 Rn. 95; *Hüffer* in: Hüffer AktG § 113 Rn. 6; *Habersack* in: MünchKommAktG § 113 Rn. 33; *Spindler* in: Spindler/Stilz AktG § 113 Rn. 35; *Hambloch-Gesinn/Gesinn* in: Hölters AktG § 113 Rn. 33; *Breuer/Fraune* in: Heidel AktG § 113 Rn. 9.

778 Gegen eine Zulässigkeit: *Hopt/Roth* in: Großkommentar AktG § 113 Rn. 96; *Habersack* in: MünchKommAktG § 113 Rn. 34 m.w.N.; *Mertens/Cahn* in: Kölner Komm. AktG § 113 Rn. 52; *Spindler* in: Spindler/Stilz AktG § 113 Rn. 36 m.w.N.; LG München I, Urt. v. 30. 8. 2012 – 5 HK O 1378/12, NZG 2012, 1310, 1312 = ZIP 2012, 2209, 2211; *Kort* in: FS Hüffer, 2010, S. 483, 492 f.; *Buckel*, AG 2013, 451, 454 f.; aA *Wolf*, EWiR 2013, 33, 34; *Hüffer* in: Hüffer AktG § 113 Rn. 6, *Breuer/Fraune* in: Heidel AktG § 113 Rn. 9.

779 Für eine Zulässigkeit: *Spindler* in: Spindler/Stilz AktG § 113 Rn. 36 m.w.N.; *Bürgers/Israel* in: Bürgers/Körber AktG § 113 Rn. 19; wohl auch *Hüffer* in: Hüffer AktG § 113 Rn. 6 und *Breuer/Fraune* in: Heidel AktG § 113 Rn. 9; *Kort* in: FS Hüffer, 2010, S. 483, 492 f.; dem hat sich das LG München I, Urt. v. 27.12.2012 – 5 HK O 9109/12, BB 2013, 396, 396, 397 angeschlossen; aA *Jänig/Schiemzik*, EWiR 2013, 567, 568; *Buckel*, AG 2013, 454 f.; *Vetter* in: Marsch-Barner/Schäfer, Hdb. börsennotierte AG, 2014, § 29 Rn. 36; *Habersack* in: MünchKommAktG § 113 Rn. 34 m.w.N.; *Hopt/Roth* in: Großkommentar AktG § 113 Rn. 96; *Mertens/Cahn* in: Kölner Komm. AktG § 113 Rn. 52 m.w.N.

780 Zum Ganzen: *Mertens/Cahn* in: Kölner Komm. AktG § 113 Rn. 52 m.w.N.; *Spindler* in: Spindler/Stilz AktG § 113 Rn. 36 m.w.N.; *Hopt/Roth* in: Großkommentar AktG § 113 Rn. 96.

ist.[781] Dies folgt aus der zukunftsgerichteten Wirkung der Registereintragung nach § 181 Abs. 3 AktG.[782] Somit dient eine Herabsetzung nach § 113 Abs. 1 S. 4 AktG nicht zur Gewährung individueller Vergütungen. Zudem kann keine individuelle Herabsetzung erfolgen, sondern sie muss alle Aufsichtsratsmitglieder gleichsam betreffen.[783] Dies erschließt sich aus dem Zweck des § 113 Abs. 1 S. 4 AktG, der eine zeitlich effektive Vergütungsanpassung ermöglichen soll, sofern nicht vorhergesehene (ggf. gefährdungsrelevante) Umstände in der Gesellschaft zu befürchten sind.[784] Diese Umstände betreffen grds. alle Aufsichtsratsmitglieder und nicht nur einige wenige. Ebenso kann mit der Herabsetzungsmöglichkeit keine Umgehungsmöglichkeit geschaffen werden, die die normalen Regeln der Vergütungsgewährung aushebeln sollen. Im Ergebnis kann über den Weg des § 113 Abs. 1 S. 4 AktG somit kein Modell für die Gewährung einer individuellen Vergütung geschaffen werden.

f) Aufsichtsratsinterne Verteilungslösung

aa) *Eignung*

Bei Betrachtung der bisherigen Eignungsüberlegungen verschiedener Vergütungswege kamen die Probleme auf, dass die Hauptversammlung zu unbeweglich ist, um eine flexible Vergütungsgestaltung zeitnah durchzuführen und dass ihr oftmals auch die notwendigen Informationen über die Aufsichtsratsmitglieder fehlen, um eine sachgerechte Vergütung der Aufsichtsratsmitglieder herbeizuführen.[785] Diesen Problemen kann auf den ersten Blick dadurch begegnet werden, dass sich die Hauptversammlung i. R. e. Beschlusses oder bei der Satzungsgestaltung darauf beschränkt,[786] dem Aufsichtsrat einen Gesamtbetrag als Vergütung zuzuweisen und

781 *Hüffer* in: Hüffer AktG § 113 Rn. 6; *Habersack* in: MünchKommAktG § 113 Rn. 34; *Mertens/Cahn* in: Kölner Komm. AktG § 113 Rn. 52 m.w.N.; *Hopt/Roth* in: Großkommentar AktG § 113 Rn. 96; *Spindler* in: Spindler/Stilz AktG § 113 Rn. 36 m.w.N.; *Drygala* in: Schmidt-Lutter AktG § 113 Rn. 20; *Buckel*, AG 2013, 451, 452; *Kort* in: FS Hüffer, 2010, S. 483, 492.

782 *Hüffer* in: Hüffer AktG § 113 Rn. 6; *Drygala* in: Schmidt-Lutter AktG § 113 Rn. 20; *Grigoleit/Tomasic* in: Grigoleit AktG § 113 Rn. 6.

783 *Spindler* in: Spindler/Stilz AktG § 113 Rn. 35; anders *Kort* in: FS Hüffer, 2010, S. 483, 492, der dem Aufsichtsratsvorsitzenden insbesondere in Krisenzeiten eine Sonderstellung einräumen will; dieses Thema betrifft ein mögliches Gleichbehandlungsgebot, das noch ausgeführt wird, siehe unten 3.TeilC.I.2.c)cc).

784 *Hopt/Roth* in: Großkommentar AktG § 113 Rn. 95; *Habersack* in: MünchKommAktG § 113 Rn. 33; *Spindler* in: Spindler/Stilz AktG § 113 Rn. 35 m.w.N.; *Maser/Göttle*, NZG 2013, 201, 202; *Kort* in: FS Hüffer, 2010, S. 483, 491.

785 I.E. bestätigen dies auch Aufsichtsratsmitglieder: *Theisen/Probst*, DB 2012, 1553, 1557 (nicht-repräsentative Umfrage).

786 *Hüffer* in: Hüffer AktG § 113 Rn. 3; *Vetter* in: Marsch-Barner/Schäfer, Hdb. börsennotierte AG, 2014, Rn. 48 (per Satzung); *Hoffmann-Becking* in: MünchHdb AG § 33 Rn. 18; zur Zulässigkeit eines Gesamtbetrags als Vergütung i.S.v. § 113 Abs. 1 S. 2 AktG siehe auch 3.TeilB.I.1.c).

in einem zweiten Schritt die Verteilung dieser Summe einem internen Verfahren innerhalb des Aufsichtsrats überlässt.[787] Die Vorteile einer internen Verteilung einer (individuellen) Aufsichtsratsvergütung liegen auf der Hand: Durch die eigenständige Zumessung der Beträge an die jeweiligen Aufsichtsratsmitglieder liegt die Verteilungsmacht in den Händen derer, die die Aufsichtsratstätigkeit und die persönlichen Eigenschaften der Aufsichtsratsmitglieder am besten Kennen. Die Vergütungsaufteilung erfolgt somit vom sachnächsten Organ, sodass das Problem fehlender Informationen über die Aufsichtsratstätigkeit oder von persönlichen Eigenschaften umgangen wird.[788] Ebenso ist der Aufsichtsrat aufgrund seiner Größe flexibler als die grds. weitaus mehr Mitglieder umfassende Hauptversammlung, sodass auch das Problem der unbeweglichen Hauptversammlung umgangen würde. Aus praktischen Gesichtspunkten erscheint eine aufsichtsratsinterne Verteilungslösung für die Vergütung somit als geeigneter Weg.

bb) *Zulässigkeit*

(1) Delegation der Verteilungskompetenz

Bei der Untersuchung der Zulässigkeit dieser Ausgestaltungsmöglichkeit tun sich jedoch Probleme auf. Die erste Frage betrifft den Komplex, ob neben der Festsetzung einer Gesamtsumme ebenfalls die abstrakte Kompetenz zur internen Verteilung der Summe auf den Aufsichtsrat delegiert werden muss. Es wird auf der einen Seite vertreten, dass nur bei einer ausdrücklichen Kompetenzdelegation zur Vergütungsverteilung durch die Hauptversammlung bzw. Satzung auf den Aufsichtsrat, dieser auch ermächtigt sei, eine Verteilung herbeizuführen.[789] Daran könnte zu zweifeln

787 Die Verteilung durch den Aufsichtsrat kann sowohl beim HV-Beschluss, als auch bei einer Satzungsvorgabe erfolgen: *Hopt/Roth* in: Großkommentar AktG § 113 Rn. 91 m.w.N. und Rn. 93; *Spindler* in: Spindler/Stilz AktG § 113 Rn. 23, *Gehling*, ZIP 2005,549, 552; aA (nur durch entsprechende Satzungsvorgaben): *Mertens/Cahn* in: Kölner Komm. AktG § 113 Rn. 48; *Berger*, Die Kosten der Aufsichtsratstätigkeit in der Aktiengesellschaft, 2000, S. 48; wohl auch *Wagner* in: von Schenck, Arbeitshandbuch für Aufsichtsratsmitglieder, 2013, § 11 Rn. 17 f.; *Habersack* in: MünchKommAktG § 113 Rn: 30; *Maser/Göttle*, NZG 2013, 201 f.; nicht eindeutig *Hoffmann-Becking* in: MünchHdb AG § 33 Rn. 18; *Hüffer* in: Hüffer AktG § 113 Rn. 3; de lege ferenda *Haarmann* in: FS Hüffer, 2010, S. 243, 255.

788 Sachnähe im Allgemeinen auch hervorhebend *Spindler* in: Spindler/Stilz AktG § 113 Rn. 23; für die Vergütung insgesamt *Ludwig*, Die Vergütung des Aufsichtsrats, 2011, S. 158.

789 *Hopt/Roth* in: Großkommentar AktG § 113 Rn. 92 m.w.N.; *Mertens/Cahn* in: Kölner Komm. AktG § 113 Rn. 48 bzgl. einer Verteilung nach billigem Ermessen; *Hüffer* in: Hüffer AktG § 113 Rn. 3; *Spindler* in: Spindler/Stilz AktG § 113 Rn. 23; *Habersack* in: MünchKommAktG § 113 Rn. 30; *Breuer/Fraune* in: Heidel AktG § 113 Rn. 7; *Bürgers/Israel* in: Bürgers/Körber AktG § 113 Rn. 4; *Hoffmann-Becking* in: MünchHdb AG § 33 Rn. 18; *Wagner* in: von Schenck, Arbeitshandbuch für Aufsichtsratsmitglieder, 2013, § 11 Rn. 17; wohl auch *Drygala* in: Schmidt-Lutter

sein, wenn die Vergütungsfestsetzung der Vergütungsverteilung gegenüber gestellt wird. Nach erfolgter Festsetzung ist die Verteilung ein reiner Folgemechanismus und damit ein Minus gegenüber der Festsetzung. Insofern könnte eine, in der Festsetzung enthaltene Verteilungsermächtigung durch die reine Festsetzung einer Gesamtsumme anzunehmen sein.[790] Anders betrachtet lässt sich dieses Argument auch ins Gegenteil verkehren. Wenn die Verteilung ein Minus zur Festsetzung ist, so gehört die Verteilungskompetenz ebenso zur Festsetzungskompetenz dazu und kann von ihr nicht automatisch getrennt werden, sondern muss gesondert übertragen werden. Wenn schon die Festsetzung nach § 113 Abs. 1 S. 2 AktG die alleinige Kompetenz der Hauptversammlung sichern soll, dann muss auch die Verteilung vor ungewollten Übertragungen geschützt werden.[791] Somit ist eine ausdrückliche Übertragung der Verteilungskompetenz notwendig, aber auch zulässig. Dahingegen kann eine ausdrückliche Delegation der Verteilungskompetenz nicht als „leerer Formalismus"[792] betrachtet werden, da sich anhand der Ausgestaltung der Delegation entscheidet, ob dem Aufsichtsrat ein weiteres Ermessen für die Verteilung zukommt, oder ob § 420 BGB mit der Folge einer gleichen Vergütung für alle Aufsichtsratsmitglieder eingreift.

(2) Vorgaben für einen Ermessensspielraum bei interner Verteilung

Mit diesem ersten Fragenkomplex zusammenhängend stellt sich somit die zweite Frage, ob dem Aufsichtsrat bei gegebener Verteilungskompetenz ein Ermessensspielraum zukommt. Zumindest kann nicht die bloße Festsetzung eines Gesamtbetrags dazu ausreichen, dass der Aufsichtsrat intern die Vergütungssumme nach billigem Ermessen unter sich aufteilen darf.[793] Wenn wie hier vertreten eine ausdrückliche Kompetenzübertragung zur Verteilung notwendig ist,[794] dann kann eine bloße Summenfestsetzung erst recht nicht zu einem weitergehenden Ermessen bei

AktG § 113 Rn. 9; die Übertragung empfehlend: *Haarmann* in: FS Hüffer, 2010, S. 243, 250 f.; anders *Wellkamp,* WM 2001, 489, 491 f., der in der Gewährung eines Gesamtbetrags ebenfalls eine implizite Verteilungsermächtigung sieht.

790 So i.E. *Roller*, Die Vergütung des Aufsichtsrats in Abhängigkeit vom Aktienkurs, 2000, S. 62 f.; *Wellkamp,* WM 2001, 489, 491 f.

791 Wohl auch *Geßler* in: Geßler/Hefermehl/Eckardt/Kropff AktG § 113 Rn. 60; *Potthoff/Trescher/Theisen*, Das Aufsichtsratsmitglied, 2003, Rn. 971 m.w.N.; *Wagner* in: von Schenck, Arbeitshandbuch für Aufsichtsratsmitglieder, 2013, § 11 Rn. 18, deutlicher noch in der Vorauflage: *Semler/Wagner* in: Semler, Arbeitshandbuch für Aufsichtsratsmitglieder, 2009, § 10 Rn. 19; *Ludwig*, Die Vergütung des Aufsichtsrats, 2011, S. 144, 158.

792 So aber *Roller*, Die Vergütung des Aufsichtsrats in Abhängigkeit vom Aktienkurs, 2000, S. 63; *Wellkamp,* WM 2001, 489, 492.

793 *Theisen,* DB 1999, 1665, 1670; *ders.* in: FS Säcker, 2011, S. 487, 498; anders de lege ferenda bei entsprechender gesetzlicher Klarstellung *Ludwig*, Die Vergütung des Aufsichtsrats, 2011, S. 158 f.

794 S.o. 3.TeilB.I.2.f)bb)(1).

einer Verteilung ermächtigen. Nach anderer Meinung ist das daher nur der Fall, sofern zuvor eine ausdrückliche Delegation der Verteilungskompetenz auf den Aufsichtsrat erfolgte.[795] Die Verteilung nach billigem Ermessen soll sich dogmatisch an § 315 BGB (analog) anschließen.[796] Billiges Ermessen meint in diesem Sinne eine Vergütungsdifferenzierung nach Funktion und Aufgabenintensität.[797] Weitergehend reicht es nicht aus, nur die Verteilungskompetenz dem Aufsichtsrat zuzuweisen, sondern es müssen ausdrückliche Regelungen im Beschluss oder in der Satzung erfolgen, aus denen ein Ermessensspielraum hervorgeht.[798] In diesem Fall bedarf es sogar keines Rückgriffs auf § 315 BGB, da mit den Ermessensregelungen in der Satzung bzw. in dem Hauptversammlungsbeschluss i.V.m. § 113 AktG eine hinreichende dogmatische Grundlage gegeben ist. Wenn diese ausdrückliche Bestimmung nicht erfolgt, hat sich die Verteilung nach § 420 BGB, also pro Person zu richten.[799] Einer Verteilung nach § 420 BGB kann jedenfalls nicht entgegen gehalten werden, dass sonst ein Widerspruch zu § 113 Abs. 1 S. 3 AktG entstünde, der nach einer Ansicht eine Beachtung des Funktions- und Aufgabenbezugs fordere.[800] So fordert § 113 Abs. 1 S. 3 AktG gerade keinen ausdrücklichen Bezug zur Funktion, sondern

---

795 *Hopt/Roth* in: Großkommentar AktG § 113 Rn. 92 m.w.N.; *Mertens/Cahn* in: Kölner Komm. AktG § 113 Rn. 48; *Habersack* in: MünchKommAktG § 113 Rn. 30; *Bürgers/Israel* in: Bürgers/Körber AktG § 113 Rn. 16; dazu auch *Ludwig*, Die Vergütung des Aufsichtsrats, 2011, S. 144.

796 *Wellkamp*, WM 2001, 489, 492; *Vetter* in: Marsch-Barner/Schäfer, Hdb. börsennotierte AG, 2014, § 29 Rn. 48; *Grigoleit/Tomasic* in: Grigoleit AktG § 113 Rn. 5; *Ludwig*, Die Vergütung des Aufsichtsrats, 2011, S. 144.

797 *Hambloch-Gesinn/Gesinn* in: Hölters AktG § 113 Rn. 27 mit Verweis auf *Gehling*, ZIP 2005, 549, 552; *Grigoleit/Tomasic* in: Grigoleit AktG § 113 Rn. 5.

798 *Hopt/Roth* in: Großkommentar AktG § 113 Rn. 92; *Habersack* in: MünchKommAktG § 113 Rn. 30; *Hambloch-Gesinn/Gesinn* in: Hölters AktG § 113 Rn. 27; *Bürgers/Israel* in: Bürgers/Körber AktG § 113 Rn. 16.

799 RG, Urt. v. 22.02.1911 – Rep. I. 580/09, RGZ 75, 308, 310; *Theisen*, DB 1999, 1665, 1670; *Wellkamp*, WM 2001, 489, 491; *Maser/Göttle*, NZG 2013, 201, 202; *Hopt/Roth* in: Großkommentar AktG § 113 Rn. 91; *Habersack* in: MünchKommAktG § 113 Rn. 29 m.w.N.; *Spindler* in: Spindler/Stilz AktG § 113 Rn. 23 m.w.N.; *Hambloch-Gesinn/Gesinn* in: Hölters AktG § 113 Rn. 27 m.w.N.; *Vetter* in: Marsch-Barner/Schäfer, Hdb. börsennotierte AG, 2014, § 29 Rn. 48; *Ludwig*, Die Vergütung des Aufsichtsrats, 2011, S. 159; *Raapke*, Die Regulierung der Vergütung von Organmitgliedern und Angestellten im Aktien- und Kapitalmarktrecht, 2012, S. 109; anders *Drygala* in: Schmidt-Lutter AktG § 113 Rn. 9, der wegen der unterschiedlichen Aufgabenbelastung eine gleiche Vergütung für Jeden nach § 420 BGB ablehnt; unklar *Mertens/Cahn* in: Kölner Komm. AktG § 113 Rn. 47, die wohl trotz der Anwendung von § 420 BGB noch Differenzierungen zulassen, sodass trotz § 420 BGB wohl keine strenge Gleichvergütung erfolgen muss; ebenso *Mäger*, BB 1999, 1389, 1390.

800 So aber *Drygala* in: Schmidt-Lutter AktG § 113 Rn. 9.

stellt lediglich Maßstäbe zur Begrenzung exzessiver Vergütungen auf.[801] Eine Mindestvergütung für bestimmte Aufgaben kann hieraus nicht gefolgert werden, zumal es keinen Anspruch auf eine Mindestvergütung gibt.[802] Gegen ein Ermessen bei bloßer Delegation der Verteilungskompetenz spricht hingegen die Folge, dass damit eine Abgrenzung zu § 420 BGB nicht mehr möglich ist. Im Ergebnis ist also nur ein billiges Ermessen des Aufsichtsrats anzunehmen, sofern die Hauptversammlung in ihrem Beschluss oder ihrer Satzung ein Ermessen ebenfalls ausdrücklich vorsieht. Falls keine ausdrückliche Bestimmung dieser Art erfolgt, so bleibt es bei der Anwendung des Grundgedankens des § 420 BGB. Grundsätzliche Bedenken gegen ein billiges Ermessen des Aufsichtsrats zur internen Vergütungsverteilung könnten in dem Zusammenspiel mit dem Erfordernis bestehen, dass die Vergütungszusage hinreichend bestimmt sein muss.[803] Zwar ist es zulässig, dass nur eine konkrete Summe dem Gesamt-Aufsichtsrat zur Vergütung bereitgestellt wird. Jedoch würde unter einer Verteilung nach billigem Ermessen die Publizität der Vergütung und damit zusammenhängend die Möglichkeit zur Rechtskontrolle leiden. Denn gegenwärtig besteht keine individuelle Offenlegungspflicht für Aufsichtsratsvergütungen, sodass die Vergütungszahlungen an einzelne Aufsichtsratsmitglieder im Verborgenen bleiben können. Damit wäre allerdings zugleich der Hauptversammlung aufgrund mangelnder Informationen die Möglichkeit genommen, die Vergütungszahlungen bei Bedarf anzufechten. Dass diesen Bedenken jedoch kein großes Gewicht zukommt, zeigt die Gesamtbetrachtung dieser Ausgestaltungsalternative. Die Hauptversammlung bedient sich in diesem Fall ausdrücklich der Möglichkeit zur Festsetzung einer Gesamtsumme. Indem sie sich ausdrücklich für eine aufsichtsratsinterne Verteilung mit einem Ermessensspielraum entscheidet, verzichtet sie auch gleichzeitig auf einen Teil ihres Publizitätsbedürfnisses, sodass sie sich im Nachhinein auch nicht mehr auf eine unbeschränkte Information zum Zwecke der Rechtskontrolle berufen kann.[804] Selbst bei einer internen Ermessensentscheidung über die Verteilung wird allerdings auch darauf aufmerksam gemacht, dass dies nicht dazu führen darf, dass das Aufsichtsratsgremium auch über die Messergebnisse

801 *Wellkamp,* WM 2001, 489, 494; *Kort* in: FS Hüffer, 2010, S. 483, 485; *Hüffer* in: Hüffer AktG § 113 Rn. 4; *Habersack* in: MünchKommAktG § 113 Rn. 40 f.; *Spindler* in: Spindler/Stilz AktG § 113 Rn. 27; *Mertens/Cahn* in: Kölner Komm. AktG § 113 Rn. 30; aA wohl *Theisen,* Die Überwachung der Unternehmungsführung, 1987, S. 263 f., der § 113 Abs. 1 S. 1 und 3 auch als Untermaßverbot ansieht, wenn gar keine Vergütung gezahlt wird.

802 *Vetter,* BB 1989, 442; *Wellkamp,* WM 2001, 489; *Kort* in: FS Hüffer, 2010, S. 483 ff.; *Habersack* in: MünchKommAktG § 113 Rn. 9, 27; *Hüffer* in: Hüffer AktG § 113 Rn. 2; *Hopt/Roth* in: Großkommentar AktG § 113 Rn. 9.

803 *Raapke,* Die Regulierung der Vergütung von Organmitgliedern und Angestellten im Aktien- und Kapitalmarktrecht, 2012, S. 109.; zur Bestimmtheit siehe 3.TeilB.I.1.

804 In Bezug auf den Aktionärsschutz *Ludwig,* Die Vergütung des Aufsichtsrats, 2011, S. 158.

der Vergütungsparameter zu entscheiden hat.[805] Gemessen am Zweck des § 113 Abs. 1 S. 2 AktG, eine Selbstbedienung so weit wie möglich auszuschließen, ist dies folgerichtig. Für eine Vergütung anhand individueller Eigenschaften bedeutet dies, dass etwaige Vergütungsparameter nicht durch die Aufsichtsratsmitglieder oder das Gesamtgremium selbst festgestellt werden dürfen. Da der Vorstand ebenfalls hiervon ausgeschlossen werden muss, um ihm gem. § 113 Abs. 1 S. 2 AktG keine Einflussmöglichkeit auf die Aufsichtsratsvergütung zu geben, hat die Feststellung durch die Hauptversammlung bzw. durch einen von der Hauptversammlung bestellten Dritten zu erfolgen. Zwar bleibt in diesem Fall die Restmöglichkeit zur eigenen Vergütungsbeeinflussung bestehen, indem die eigenen persönlichen Eigenschaften bspw. durch Qualifizierungsmaßnahmen verbessert werden, was auch eine bessere Vergütung zur Folge hätte. Jedoch richtet sich der Zweck des § 113 Abs. 1 S. 2 AktG auf einen Ausschluss der direkten Selbstbedienung. Mittelbare Beeinflussungen bleiben somit möglich und auch zulässig wie die variable Vergütungskomponente der Erfolgsbeteiligung gem. § 113 Abs. 3 AktG zeigt.

(3) Aufsichtsratsinterne Zuständigkeit für die Verteilung

Ebenso lässt sich als dritte Frage aufwerfen, ob zur Verteilung ein Beschluss des Gesamtgremiums erforderlich ist, oder ob der Aufsichtsratsvorsitzende die Verteilung vornehmen darf.[806] Jedenfalls scheidet eine Delegation der Verteilungskompetenz auf einen Aufsichtsratsausschuss aus, da dies die Selbstorganisation zum Gegenstand hätte, die zur Beschlussfassung nicht auf Ausschüsse delegiert werden kann.[807] Relevanz weist diese Frage jedoch nur auf, wenn ein Ermessen des Aufsichtsrats und kein Fall des § 420 BGB vorliegt, da die Verteilung ansonsten keiner weiteren Bestimmung bedarf. Hierbei wird vertreten, dass ein Gremienbeschluss mit einer 3/4-Mehrheit erforderlich sei, da nur ein hohes Mehrheitserfordernis dazu geeignet sei, bestehenden Interessenskonflikten entgegenzuwirken.[808] Einer alleinigen Zuständigkeit des Aufsichtsratsvorsitzenden ist nicht zuzustimmen, da im Aufsichtsrat als Kollegialorgan der gemeinsame Beschluss nach § 108 Abs. 1 AktG den Regelfall darstellt.[809] Weiterhin kann so auch einer direkten Selbstbedienung des Aufsichtsratsvorsitzenden bei der eigenen Vergütung wirksam entgegen gewirkt

805 *Hopt/Roth* in: Großkommentar AktG § 113 Rn. 92; ähnlich *Paefgen*, WM 2004, 1169, 1171 in Bezug auf ein Ermessen bei Aktienoptionsprogrammen.

806 *Hopt/Roth* in: Großkommentar AktG § 113 Rn. 94; de lege ferenda (ebenso innerhalb eines Ausschusses denkbar) bei *Haarmann* in: FS Hüffer, 2010, S. 243, 255.

807 *Habersack* in: MünchKommAktG § 113 Rn. 30; § 107 Rn. 144; zum Delegationsverbot bei Fragen der Selbstorganisation s. *Mertens/Cahn* in: Kölner Komm. AktG § 107 Rn. 168 m.w.N.

808 „sollte“ *Berger*, Die Kosten der Aufsichtsratstätigkeit in der Aktiengesellschaft, 2000, S. 48.

809 *Wellkamp*, WM 2001, 489, 492 m.w.N.; *Spindler* in: Spindler/Stilz AktG § 113 Rn. 24; *Plagemann*, Die Vergütung des Aufsichtsrats in der börsennotierten Aktiengesellschaft, 2008, S. 118.

werden. Somit ist der Aufsichtsrat als Gesamtgremium intern zur Verteilung der Vergütung zuständig, sofern ihm eine solche Kompetenz eingeräumt wurde. Um dem Zweck der Selbstbedienungsverhinderung angemessen Rechnung zu tragen, sollte bei einer Individualverteilung der Vergütung das jeweilig betroffene Mitglied von der Beratung und Beschlussfassung ausgeschlossen werden.

II. Die Vergleichsperspektive

Nach Betrachtung der abstrakten Ausführungen zur Vergütungsfestlegung und den konkreten Ausgestaltungsvorschlägen ist die Frage aufzuwerfen, welche Unterschiede und Gemeinsamkeiten zu der Vergütungsfestlegung in den USA bestehen und ob sich in den USA befindliche Gegebenheiten auch in Deutschland implementieren lassen.

In den USA führen die verschiedensten Wege zu einer Festsetzung der *outside director compensation*. So ist es möglich, dass sich die Vergütung aus einem Beschluss der *shareholders* oder aus den Festsetzungen von vorher beschlossenen *bylaw-provisions* oder den *articles* der Gesellschaft ergibt.[810] Dies ähnelt sehr stark dem deutschen System, das die Vergütungsfestsetzung durch § 113 Abs. 1 S. 2 AktG einem Hauptversammlungsbeschluss oder einer Satzungsregelung überlässt. Jedoch unterscheidet sich die Vergütungsfestsetzung maßgeblich in der tiefergehenden Kompetenzstruktur, denn üblicherweise wird die *outisde director compensation* durch den *board* selbst festgelegt, was im Übrigen auch durch den RMBCA und den *statutes* von Delaware ermöglicht wird, sofern es keine abweichenden *articles* oder *bylaws* gibt.[811] In Kalifornien können hingegen nur die *bylaws* als Grundlage für die *compensation* dienen, was allerdings durch die bei den *shareholders* und dem *board* liegende Kompetenz zur Implementierung entsprechender *bylaws* wiederum dazu führt, dass auch der *board* selbst über den Umweg der *bylaws* die Möglichkeit zur Festsetzung seiner eigenen Vergütung besitzt.[812] Während in den USA der *board* selbst eine weitergehende Kompetenz zur Vergütungsausgestaltung entweder explizit durch das bundesstaatliche Gesetz zur direkten Ausgestaltung der eigenen Vergütung oder mittelbar über die eigenen Festsetzungen in den *bylaws* zusteht, so sieht das deutsche Aktienrecht diese Kompetenz in jedweder Hinsicht nicht vor.

Einer Angleichung der deutschen Vergütungsfestsetzung an die Regelungen in den USA stellen sich erhebliche Bedenken entgegen. So ist zum einen das gesetzliche Umfeld in den USA ein anderes, wenn es wie im Fall des § 141 (h) DCGL oder § 8.11 RMBCA ohne abweichende *articles* oder *bylaws* eine Befugnis zur Festsetzung der

810 S.o. 2.TeilB.II.2.a).

811 S.o. 2.TeilB.II.2.a).

812 S.o. 2.TeilB.II.2.a); davon ist der Fall zu unterscheiden, dass per *bylaws* den *directors* eine Kompetenz zur Vergütungsfestlegung gegeben wird: Dies wird wohl als unzulässig anzusehen sein, da somit das Verbot der Festlegung durch *borad*-Beschluss umgangen würde. So auch die Rspr. in Alabama: Holcomb v. Forsyth, 113 So. 516, 520 (Ala. 1927) m.w.N.

eigenen Vergütung gibt, die es in Deutschland wegen der abschließenden Regelung des § 113 Abs. 1 S. 2 AktG nur durch eine Gesetzesänderung geben kann. Jedoch selbst wenn es diese Befugnis geben sollte, so müsste flankierend dazu eine Vermutungsregelung eingeführt werden, die klarstellt, dass die Aufsichtsratsmitglieder bei ihrer eigenen Vergütungsfestsetzung frei von Interessenkonflikten sind. Denn eine Selbstbedienung des Aufsichtsrats muss verhindert werden. Auch diese Art von klarstellender Regelung findet sich bereits in den *statutes* von Kalifornien, die besagt, dass die *directors* bei der Entscheidung über die *director compensation* als *not interested* einzustufen sind.[813]

Zwar werden bereits gegenwärtig durch Vorschlagsbeschlüsse nach § 124 Abs. 3 S. 1 AktG Entscheidungen des Aufsichtsrats über die eigene Vergütung getroffen, jedoch unterliegen sie durch die notwendige Zustimmung der Anteilseigner dem Korrektiv des Hauptversammlungsbeschlusses, das es bei einer originären Kompetenz des Aufsichtsrats über die eigene Vergütungsfestsetzung nicht geben wird.

Ein weiterer Unterschied in dem Ordnungsgefüge der deutschen AG liegt in der dualistischen Ausgestaltung, die es in den USA mit dem monistischen System des *boards* nicht gibt. Unter dieser Perspektive wäre eine Übertragung des US-Systems in die deutsche AG allerdings vorteilhafter, was die Verhinderung des Vorstandseinflusses auf die Vergütung des Aufsichtsrats betrifft. Während in den USA der gesamte *board* und damit auch die *executive officers* über die Vergütung entscheiden, so wäre bei einer reinen Aufsichtsratsentscheidung der Einfluss des Vorstands noch immer ausgeschlossen.

Die Informationsmöglichkeiten der Hauptversammlungsteilnehmer würde die Übertragung der Vergütungskompetenz auf den Aufsichtsrat wohl nicht sonderlich antasten, wenn die üblichen Publikationspflichten bzgl. der Offenlegung der Gesamtvergütung beibehalten werden. Allerdings trägt ein Ausschluss der Hauptversammlung von der Vergütungsentscheidung nicht mehr dem Schutz des Gesellschaftsvermögens Rechnung, da die Anteilseigner in diesem Fall die Kontrolle über den Abfluss des Gesellschaftsvermögens aus der Hand geben.

Festzuhalten bleibt somit, dass sich de lege lata die Übertragung der US-Lösung in Bezug auf eine originäre Aufsichtsratskompetenz zur Vergütungsfestsetzung nicht ohne Gesetzesänderungen durchführen lässt. Wegen der drohenden Schwächung der Hauptversammlung und damit der Rechte der Anteilseigner der Gesellschaft sollte jedoch von einer entsprechenden Gesetzesänderung wegen dem unterschiedlichen Gesamtgefüge der Gesellschaft de lege ferenda kein Gebrauch gemacht werden, um das Kompetenzgefüge in der dualistisch ausgestalteten Gesellschaft nicht

813 CGCL sec. 310 (a) (3); anders jedoch in den ALI Principles: *The American Law Institute*, Principles of corporate governance, 1994, § 5.03 S. 250, in denen von einem *interested board* ausgegangen wird, sodass die eigene Vergütungsentscheidung dem *fairness* und *reasonableness test* unterliegt (hierzu 2.TeilC.II). In Delaware fehlt diese ausdrückliche Bestimmung.

zwangsweise an das der davon zu unterscheidenden monistischen Gesellschaft anzugleichen.

C. Parameter und Ausgestaltungsmöglichkeiten individuell bemessener Vergütungen für die Aufsichtsratstätigkeit

Üblicherweise erfolgt die Aufsichtsratsvergütung im Rahmen eines starren Vergütungsschemas, das höchstens zwischen den einzelnen Funktionen der Aufsichtsratsmitglieder innerhalb des Aufsichtsratsgremiums differenziert. Diese wohl überwiegende Praxis in den deutschen AGs zeigt auch bisher keine Bestrebungen, dieses allgemeine Schema zugunsten einer individuellen Ausgestaltung zu ändern. Auf der anderen Seite werden die Rufe nach qualifizierten Persönlichkeiten immer lauter.[814] Daher lässt sich die Frage aufwerfen, ob der Ruf nach besonders qualifizierten Aufsichtsräten sich auch innerhalb der Vergütung widerspiegeln lässt. Insbesondere gilt dies vor dem Hintergrund von Feststellungen aus der Praxis, dass die bisher übliche Aufsichtsratsvergütung im Verhältnis zu den Aufgaben, dem Zeiteinsatz und den nötigen Qualifikationen meist zu niedrig ist.[815]

Es ist demnach in besonderem Maße überlegenswert, ob sich Änderungen nicht am, sondern innerhalb des Systems der Aufsichtsratsvergütung, welches sich durch jahrelange Übung herauskristallisiert hat, nach den Forderungen aus der Praxis umsetzen lassen. Dazu wird zunächst auf die Parameter eingegangen, an denen sich die Aufsichtsratsvergütung i.S.v. § 113 Abs. 1 AktG messen lassen muss [I.]. Nach einem vergleichenden Blick zur *director compensation* [II.] erfolgt die Untersuchung konkreter Ausgestaltungsvorschläge für individuelle Vergütungsformen anhand dieser Parameter für das deutsche Recht [III.] und in der Vergleichsperspektive für das US-Recht [III.2].

I. Parameter im deutschen Recht

Ausgangspunkt für das deutsche Recht bildet § 113 Abs. 1 AktG, der ausgehend von seinem Wortlaut bereits die Parameter der Tätigkeit [1.] und Angemessenheit [2.] vorgibt. Dabei bietet nach § 113 Abs. 1 S. 3 AktG insbesondere der Angemessenheitsbegriff im Verhältnis zu den Aufgaben der Aufsichtsratsmitglieder Potenzial zur Untersuchung weiterer Faktoren [2.c)], die in dieses Verhältnis mit hinein spielen.

1. Tätigkeit i.S.v. § 113 Abs. 1 S. 1 AktG

Wenn durch § 113 Abs. 1 S. 1 AktG konstatiert wird, dass „[d]en Aufsichtsratsmitgliedern [...] für ihre Tätigkeit eine Vergütung gewährt werden [kann]“, so verfolgt

814 S.o. 1.TeilA.

815 *Weber-Rey*, BB 2012, Die Erste Seite I.

diese Aussage zwei Funktionen. Zum einen wird der Vergütungsgrund klargestellt, der sich auf die konkreten Tätigkeiten der Aufsichtsratsmitglieder bezieht. Abstrakte Anknüpfungspunkte für den Vergütungsgrund sind somit nach § 113 Abs. 1 S. 1 AktG keine Maßstäbe für die Begründung einer Vergütung [a)]. Eine Einschränkung erfährt der relativ freizügige Vergütungsmaßstab des § 113 Abs. 1 S. 1 AktG jedoch durch das Angemessenheitserfordernis des § 113 Abs. 1 S. 3 AktG [2.]. Zum anderen wird auch die Abgrenzungsfunktion zum Anwendungsbereich des § 114 AktG herausgestellt, indem auf die Tätigkeiten der Aufsichtsratsmitglieder abgestellt wird und damit Tätigkeiten außerhalb der Funktion als Aufsichtsratsmitglied vom Anwendungsbereich des § 113 AktG ausgeschlossen werden [b)].

a) Die „Tätigkeit" als übergeordneter Vergütungsparameter

Die Vergütung der Aufsichtsratsmitglieder kann gem. § 113 Abs. 1 S. 1 AktG für ihre Tätigkeit erfolgen und diese muss erst in einem darauffolgenden Schritt gem. § 113 Abs. 1 S. 3 AktG in einem angemessenen Verhältnis zu den Aufgaben und der Gesellschaftslage stehen. Daher ist die Frage aufzuwerfen, ob der Vergütungsgrund nicht auf die Aufgaben der Aufsichtsratsmitglieder, sondern primär auf die Tätigkeit fokussiert werden sollte.

Der Wortlautvergleich zwischen § 113 Abs. 1 S. 1 und S. 3 AktG spricht für eine eigenständige Bedeutung der „Tätigkeit" aus § 113 Abs. 1 S. 1 AktG, da in § 113 Abs. 1 S. 3 AktG ausdrücklich festgelegt wird, dass die Vergütung für die Tätigkeit „in einem angemessenen Verhältnis zu den Aufgaben der Aufsichtsratsmitglieder und zur Lage der Gesellschaft stehen [soll]". Dadurch wird deutlich, dass sich die Tätigkeit von den Aufgaben unterscheiden kann. Zwar spricht gegen eine eigenständige Bedeutung der systematische Zusammenhang mit § 114 AktG. Denn während in § 98 AktG 1937 noch keine Auftrennung der Tätigkeit und den damit in Einklang stehenden Aufgaben und der Gesellschaftslage erfolgte, wurden in § 113 Abs. 1 AktG 1965 diese Bestandteile auf die Sätze 1 und 3 aufgeteilt. Daneben haben die Rechts-, Wirtschafts- und Arbeitsausschüsse den § 114 AktG eingebracht, der in seinem S. 1 auf die Tätigkeiten außerhalb des Aufsichtsrats abstellt.[816] Daraus könnte die Schlussfolgerung gezogen werden, dass die alleinige Funktion des § 113 Abs. 1 S. 1 AktG lediglich eine Abgrenzung zu § 114 Abs. 1 AktG sein soll, die im AktG 1937 noch nicht existierte. Dagegen sprechen jedoch die inhaltlichen Folgen, die aus der Anwendung des Begriffs „Tätigkeit" auf die Vergütung ergehen. So wird durch den Tätigkeitsbezug zunächst klargestellt, dass § 113 AktG nur auf Mitglieder mit entsprechenden Organpflichten anzuwenden ist, sodass mögliche Ehrenvorsitzende oder Ehrenmitglieder nicht unter § 113 AktG fallen, da ihrer „Bestellung" kein

816 Ausschussbericht *Kropff/Thölke*, Aktiengesetz 1965, S. 158; *Hopt/Roth* in: Großkommentar AktG § 114 Rn. 1; *Habersack* in: MünchKommAktG § 114 Rn. 4; *Mertens/Cahn* in: Kölner Komm. AktG § 114 Rn. 1; *Spindler* in: Spindler/Stilz AktG § 114 Rn. 3; *Grigoleit/Tomasic* in: Grigoleit AktG § 114 Rn. 2 erwägt de lege ferenda ein "Totalverbot" von Beratungsverträgen.

korporativer Akt vorausging.[817] In Abgrenzung zur vergütungswürdigen Tätigkeit sind für die Tätigkeit anfallende Kosten nicht unter § 113 Abs. 1 S. 1 AktG zu subsumieren, sondern stellen Auslagen dar, die über die Regeln des Auslagenersatzes zu ersetzen sind.[818] Die nach § 113 Abs. 1 S. 1 AktG gewährte Vergütung deckt die vollständige Aufsichtsratstätigkeit ab.[819]

Der Wortlautvergleich der „Tätigkeit" aus § 113 Abs. 1 S. 1 AktG mit dem Aufgabenbezug aus § 113 Abs. 1 S. 3 AktG zeigt weiterhin, dass ein abstrakter Aufgabenbezug als Vergütungsgrund nicht ausreicht, sondern dass eine konkrete Leistung zu verzeichnen sein muss, um eine Vergütung zu begründen.[820] Das folgt daraus, dass die Vergütung eine Gegenleistung der Gesellschaft für die erbrachten Tätigkeiten ist.[821] Durch den Hinweis auf die „erbrachten" Tätigkeiten kann es demnach nur um konkret geleistete Dienste gehen und nicht um einen abstrakten Aufgabenbezug.[822] Die Vergütung soll sich demnach unter anderem nach dem konkreten Tätigkeitsumfang richten.[823] Jedoch ist damit der Aufgabenbezug nicht komplett außen vor zu lassen.[824] Denn die Aufgaben geben den abstrakten Rahmen vor, aus dem die konkrete Tätigkeit erwächst. Daraus lässt sich zumindest ein Rückschluss

---

817 *Hüffer* in: Hüffer AktG § 107 Rn. 9; *Mertens/Cahn* in: Kölner Komm. AktG § 107 Rn. 76; *Habersack* in: MünchKommAktG § 107 Rn. 71 f.; *Spindler* in: Spindler/Stilz AktG § 113 Rn. 8; *Johannsen-Roth/Kießling*, NZG 2013, 972 f.

818 *Fonk*, NZG 2009, 761, 763; *Hüffer* in: Hüffer AktG § 113 Rn. 2b; *Habersack* in: MünchKommAktG § 113 Rn. 21; *Mertens/Cahn* in: Kölner Komm. AktG § 113 Rn. 12; *Hopt/Roth* in: Großkommentar AktG § 113 Rn. 18; *Spindler* in: Spindler/Stilz AktG § 113 Rn. 9 f.; *Drygala* in: Schmidt-Lutter AktG § 113 Rn. 21; *Hambloch-Gesinn/Gesinn* in: Hölters AktG § 113 Rn. 11, 24; *Breuer/Fraune* in: Heidel AktG § 113 Rn. 4; *Hoffmann-Becking* in: MünchHdb AG § 33 Rn. 13.

819 *Theisen*, DB 1999, 1665, 1669; *Vetter*, AG 2006, 173, 174; *Spindler* in: Spindler/Stilz AktG § 113 Rn. 32, 63 m.w.N.

820 Weitergehend noch *Theisen*, AG 1993, 49, 66 und *Wagner* in: von Schenck, Arbeitshandbuch für Aufsichtsratsmitglieder, 2013, § 11 Rn. 54, die eine leistungsgerechte Vergütung fordern; *Buckel*, AG 2013, 451, 455.

821 *Vetter*, AG 2000, 453, 457; *Thüsing/Veil*, AG 2008, 359, 361; *Theusinger/Liese*, CCZ 2008, 191; *Fonk*, NZG 2009, 761, 763; *Peetz*, GmbHR 2009, 977, 979; *Maser/Göttle*, NZG 2013, 201, 203; *Thüsing* in: FS Säcker, 2011, S. 513, 524; *Spindler* in: Spindler/Stilz AktG § 113 Rn. 6; *Mertens/Cahn* in: Kölner Komm. AktG § 113 Rn. 32; *Hopt/Roth* in: Großkommentar AktG § 113 Rn. 79; *Habersack* in: MünchKommAktG § 113 Rn. 9; *Hambloch-Gesinn/Gesinn* in: Hölters AktG § 113 Rn. 15: *Breuer/Fraune* in: Heidel AktG § 113 Rn. 3; *Kremer* in: Ringleb/Kremer/Lutter/von Werder DCGK Rn. 1062; *Wilsing* in: Wilsing DCGK, 2012, Ziff. 5.4.6 Rn. 2; *von Schenck* in: von Schenck, Arbeitshandbuch für Aufsichtsratsmitglieder, 2013, § 1 Rn. 293; *Wagner* in: von Schenck, Arbeitshandbuch für Aufsichtsratsmitglieder, 2013, § 11 Rn. 30.

822 *Wagner* in: von Schenck, Arbeitshandbuch für Aufsichtsratsmitglieder, 2013, § 11 Rn. 13; *Mertens/Cahn* in: Kölner Komm. AktG § 113 Rn. 32.

823 *Wellkamp*, WM 2001, 489, 495; *Mertens/Cahn* in: Kölner Komm. AktG § 113 Rn. 31; *Habersack* in: MünchKommAktG § 113 Rn. 9 f.

824 *Spindler* in: Spindler/Stilz AktG § 113 Rn. 29; strenger *Gehling*, ZIP 2005, 549, 553.

auf den Tätigkeitsumfang herleiten. Als Beispiel sei hierfür der Aufsichtsratsvorsitzende genannt, von dem eine höhere Tätigkeitsrate erwartet werden kann, da von ihm mehr Aufgaben zu erledigen sind. Die Leistung ist auch nicht mit einem Erfolg gleichzusetzen, sodass es auf etwaige Schlechtleistungen nicht ankommt.[825] Dafür, dass § 113 Abs. 1 S. 1 AktG nur die konkret geleistete Tätigkeit umfasst, sprechen auch die Folgen bloßer Untätigkeit. So begründet eine reine Ausschussmitgliedschaft noch keine Vergütung, wenn der Ausschuss im Geschäftsjahr keine Arbeit verrichtet hat.[826] Zeichnet sich ein Aufsichtsratsmitglied durch Abwesenheit aus oder ist es schlichtweg untätig, so kann eine Vergütung verwehrt werden.[827] Weiterhin kann diese Auffassung durch die Betrachtung der Rechtsfolgen einer Aufsichtsratsvergütung für in den Vorstand delegierte Aufsichtsratsmitglieder gestützt werden. Bei den Aufsichtsratsmitgliedern, die in den Vorstand delegiert werden, entfällt eine Aufsichtsratsvergütung, da die bloße Zugehörigkeit zum Aufsichtsrat keine Tätigkeit darstellt und damit nicht vergütungsbegründend sein kann.[828] Aus der Annahme der „Tätigkeit“ als übergeordnetem Vergütungsparameter folgt demnach, dass ihm ein größerer Inhalt als eigenständiger Maßstab zukommt, als bisher angenommen wurde.

Der Fokus auf die konkrete Tätigkeit lässt im Gegensatz zu einem abstrakten Aufgabenbezug aber auch mehr Raum für eine individualbezogene Betrachtungsweise. Die Betrachtung einer abstrakten Aufgabe läuft meist immer darauf hinaus, dass ohne Funktionsunterschiede innerhalb des Aufsichtsrats den Aufsichtsratsmitgliedern im Grundsatz die gleichen Aufgaben zukommen. Sieht man hingegen in der „Tätigkeit“ aus § 113 Abs. 1 S. 1 AktG den hauptsächlichen Vergütungsgrund, so lässt allein der Wortlaut bereits einen gewissen Spielraum für individuelle Differenzierungen, sofern diese auch tatsächlich vorhanden sind.

b) Abgrenzungsfunktion zu § 114 AktG und Bedeutung der „Tätigkeit“

Aus der systematischen Stellung des § 114 Abs. 1 AktG neben § 113 Abs. 1 S. 1 AktG ergibt sich, dass die „Tätigkeit“ neben der Funktion als Vergütungsparameter auch eine Abgrenzungsfunktion zugutekommt, indem sie im Rahmen des § 113 Abs. 1

825 *Habersack* in: MünchKommAktG § 113 Rn. 45; *Hambloch-Gesinn/Gesinn* in: Hölters AktG § 113 Rn. 15.

826 *Marsch-Barner* in: FS Röhricht, 2005, S. 401, 414; *Spindler* in: Spindler/Stilz AktG § 113 Rn. 2.

827 *Habersack* in: MünchKommAktG § 113 Rn. 45; *Hopt/Roth* in: Großkommentar AktG § 113 Rn. 78 f.; *Hambloch-Gesinn/Gesinn* in: Hölters AktG § 113 Rn. 15; *Wagner* in: von Schenck, Arbeitshandbuch für Aufsichtsratsmitglieder, 2013, § 11 Rn. 59; *Maser/Göttle,* NZG 2013, 201, 203.

828 *Habersack* in: MünchKommAktG § 105, Rn. 35, § 113 Rn. 37; *Hopt/Roth* in: Großkommentar AktG § 113 Rn. 72; *Spindler* in: Spindler/Stilz AktG § 113 Rn. 59; *Hambloch-Gesinn/Gesinn* in: Hölters AktG § 113 Rn. 13; anders *Mertens/Cahn* in: Kölner Komm. AktG § 113 Rn. 38, wonach allerdings eine Anrechnung der Vergütung auf die Vorstandsvergütung erfolgen soll.

S. 1 AktG nur auf Tätigkeiten der Aufsichtsratsmitglieder abstellt, während § 114 Abs. 1 AktG auf die Tätigkeiten außerhalb der Funktion als Aufsichtsratsmitglieder verweist. Demnach kann eine zusammenhängende Betrachtung beider Normen dazu dienen, den Bedeutungsgehalt der „Tätigkeit" i.S.v. § 113 Abs. 1 S. 1 AktG näher zu bestimmen.[829]

Unter § 113 Abs. 1 S. 1 AktG fallen jegliche Aktivitäten der Aufsichtsratsmitglieder, die sie im Rahmen ihrer Organstellung wahrnehmen.[830] Dabei kommt es nicht darauf an, ob sie sich dazu verpflichtet fühlen oder diese freiwillig übernehmen. Alleiniges Abgrenzungskriterium ist, ob die Tätigkeit an die Organstellung anknüpft.[831] Dies hat nach objektiven Gesichtspunkten zu erfolgen.[832] Denn der Vorstand kann den zwingenden § 113 AktG nicht dadurch umgehen, dass er durch Verträge besondere Leistungen abverlangt, auch wenn sie im Rahmen der Organtätigkeit geschuldet sind.[833] Da es dem Zweck des § 114 AktG entspricht, einzelne Aufsichtsratsmitglieder vor einer offenen oder verdeckten Beeinflussung durch den Vorstand zu schützen,[834] wäre es unsinnig, wenn dieser Zweck dadurch

829 *Mertens* in: FS Steindorff, 1990, S. 173; BGH, Urt. v. 04.07.1994 – II ZR 197/93, BGHZ 126, 340, 346 f. = AG 1994, 508, 509; BGH, Urt. v. 03.07.2006 – II ZR 151/04, BGHZ 168, 188, 192 Rn. 9 = ZIP 2006, 1529, 1531 Rn. 9; BGH, Urt. v. 20.11.2006 – II ZR 279/05, BGHZ 170, 60, 63 Rn. 9 = AG 2007, 80, 81 Rn. 9; BGH, Beschluss v. 27. 4. 2009 – II ZR 160/08, NZG 2009, 1027, Rn. 6 = ZIP 2009, 1661, 1662 Rn. 6; BGH, Urt. v. 10. 7. 2012 – II ZR 48/11, BGHZ 194,14, 18 Rn. 13 = NJW 2012, 3235, 3236 Rn. 13; *Vetter,* AG 2006, 173, 174; *Werner,* DB 2006, 935; *Maser/Göttle,* NZG 2013, 201, 207; *Ihrig,* ZGR 2013, 417, 427; *Hüffer* in: Hüffer AktG § 114 Rn. 4; *Mertens* in: Kölner Komm. AktG, 2. Auflage, § 113 Rn. 6; *Habersack* in: MünchKommAktG § 113 Rn. 2, 9, 27; *Spindler* in: Spindler/Stilz AktG § 113 Rn. 32, 63; *Bürgers/Israel* in: Bürgers/Körber AktG § 113 Rn. 5.

830 *Hopt/Roth* in: Großkommentar AktG § 113 Rn. 1, 4.

831 BGH, Urt. v. 25.03.1991 – II ZR 188/89, BGHZ 114, 127, 129 = NJW 1991, 1830, 1831; BGH, Urt. v. 04.07.1994 – II ZR 197/93, BGHZ 126, 340, 345 = AG 1994, 508, 509; OLG Köln, Urteil v. 27.05.1994 – 19 U 289/93, NJW-RR 1995, 230, 231; *Vetter,* AG 2006, 173, 174; *Peltzer,* ZIP 2007, 305, 306 f.; *Benecke,* WM 2007, 717, 718; *Thüsing/Veil,* AG 2008, 359, 361 f.; *Habersack* in: MünchKommAktG § 113 Rn. 9, 27; *Hopt/Roth* in: Großkommentar AktG § 113 Rn. 31, 83; *Spindler* in: Spindler/Stilz AktG § 113 Rn. 21.

832 BGH, Urt. v. 25.03.1991 – II ZR 188/89, BGHZ 114, 127, 130 f. = NJW 1991, 1830, 1831; *Lutter/Kremer,* ZGR 1992, 87, 94; *Beater,* ZHR 157 (1993), 420, 429 ff.; *Hopt/Roth* in: Großkommentar AktG § 114 Rn. 17; *Spindler* in: Spindler/Stilz AktG $ 114 Rn. 17 m.w.N.

833 BGH, Urt. v. 25.03.1991 – II ZR 188/89, BGHZ 114, 127, 131 = NJW 1991, 1830, 1831; *Mertens/Cahn* in: Kölner Komm. AktG § 114 Rn. 6; *Hopt/Roth* in: Großkommentar AktG § 114 Rn. 14; *Geßler* in: Geßler/Hefermehl/Eckardt/Kropff AktG § 114 Rn. 11.

834 BGH, Urt. v. 03.07.2006 – II ZR 151/04, BGHZ 168, 188, 193 Rn. 9 = ZIP 2006, 1529, 1531 Rn. 9; BGH, Urt. v. 20.11.2006 – II ZR 279/05, BGHZ 170, 60, 63 f. Rn. 9 = AG 2007, 80, 81 Rn. 9; BGH, Urt. v. 10. 7. 2012 – II ZR 48/11, BGHZ 194, 14, 18 ff. Rn. 13, Rn. 19 = NJW 2012, 3235, 3236 Rn. 13, 19; Ausschussbericht *Kropff/Thölke,*

konterkariert werden könnte, dass der Vorstand Verträge mit einzelnen Aufsichtsratsmitgliedern über Gegenstände der Organpflichten abschließt. § 114 AktG soll auch den Anwendungsbereich des § 113 Abs. 1 AktG schützen,[835] indem die Hauptversammlung über Vergütungen im Bereich der Organtätigkeit entscheidet[836] und in Bereichen außerhalb der Organtätigkeit die betroffenen Verträge dem Aufsichtsrat vorgelegt werden.[837]

Von § 113 Abs. 1 S. 1 AktG erfasste Tätigkeiten ergeben sich daher aus der Überwachungspflicht der Aufsichtsratsmitglieder.[838] Dies können neben einer vergangenheitsorientierten Kontrolle auch zukunftsgerichtete Beratungsleistungen sein,

---

Aktiengesetz 1965, S. 158; *Benecke,* WM 2007, 717; *Hellwig,* ZIP 1999, 2117, 2125; *Pietzke,* BB 2012, 658, 660; *Ruoff,* BB 2013, 899; *Hoffmann-Becking* in: FS K. Schmidt, 2009, S. 657 f.; *Hopt/Roth* in: Großkommentar AktG § 114 Rn. 4; *Mertens/Cahn* in: Kölner Komm. AktG § 114 Rn. 2 m.w.N.; *Spindler* in: Spindler/Stilz AktG § 114 Rn. 1 m.w.N.; *Hambloch-Gesinn/Gesinn* in: Hölters AktG § 114 Rn. 1; *Hoffmann-Becking* in: MünchHdb AG § 33 Rn. 35; *Drygala* in: Schmidt-Lutter AktG § 114 Rn. 2; *Breuer/Fraune* in: Heidel AktG § 114 Rn. 1; *Berger,* Die Kosten der Aufsichtsratstätigkeit in der Aktiengesellschaft, 2000, S. 90; ähnlich *Habersack* in: MünchKommAktG § 114 Rn. 2; *Vetter* in: Marsch-Barner/Schäfer, Hdb. börsennotierte AG, 2014, § 30 Rn. 1; *Ludwig,* Die Vergütung des Aufsichtsrats, 2011, S. 308.

835 *Hopt/Roth* in: Großkommentar AktG § 114 Rn. 5; *Mertens/Cahn* in: Kölner Komm. AktG § 114 Rn. 2 m.w.N.; BGH, Urt. v. 25.03.1991 – II ZR 188/89, BGHZ 114, 127, 129 = NJW 1991, 1830, 1831; BGH, Urt. v. 04.07.1994 – II ZR 197/93, BGHZ 126, 340, 347 = AG 1994, 508, 509; *Weiss,* BB 2007, 1853, 1854; *Hellwig,* ZIP 1999, 2117, 2125; *Maser/Göttle,* NZG 2013, 201, 207; *Ruoff,* BB 2013, 899; *Hambloch-Gesinn/Gesinn* in: Hölters AktG § 114 Rn. 1; *Drygala* in: Schmidt-Lutter AktG § 114 Rn. 3; *Vetter* in: Marsch-Barner/Schäfer, Hdb. börsennotierte AG, 2014, § 30 Rn. 1; *Berger,* Die Kosten der Aufsichtsratstätigkeit in der Aktiengesellschaft, 2000, S. 90.

836 BGH, Urt. v. 04.07.1994 – II ZR 197/93, BGHZ 126, 340, 346 f. = AG 1994, 508, 509; *Hoffmann-Becking* in: FS K. Schmidt, 2009, S. 657, 658; *Habersack* in: MünchKommAktG § 114 Rn. 3; *Spindler* in: Spindler/Stilz AktG § 114 Rn. 1 f. m.w.N.

837 *Mertens* in: FS Steindorff, 1990, S. 173, 175; *Lutter/Kremer,* ZGR 1992, 87, 93; BGH, Urt. v. 04.07.1994 – II ZR 197/93, BGHZ 126, 340, 347 = AG 1994, 508, 509; BGH, Urt. v. 10. 7. 2012 – II ZR 48/11, BGHZ 194,14, 18 Rn. 13 = NJW 2012, 3235, 3236 Rn. 13; *Kort,* ZIP 2008, 717, 722; *Lorenz/Pospiech,* NZG 2011, 81, 84; *Settle/Eichborn,* DStR 2010, 1444, 1446; *Ihrig,* ZGR 2013, 417, 427 f.; *Lutter* in: FS Westermann, 2008, S. 1171, 1173; *Hüffer* in: Hüffer AktG § 114 Rn. 1; *Hopt/Roth* in: Großkommentar AktG § 114 Rn. 5; *Hoffmann-Becking* in: MünchHdb AG § 33 Rn. 35.

838 *Mertens* in: FS Steindorff, 1990, S. 173, 175; BGH, Urt. v. 25.03.1991 – II ZR 188/89, BGHZ 114, 127, 129 = NJW 1991, 1830, 1831; BGH, Urt. v. 04.07.1994 – II ZR 197/93, BGHZ 126, 340, 344 = AG 1994, 508, 509; *Vetter,* ZIP 2008, 1, 6; *Habersack* in: MünchKommAktG § 113 Rn. 9; *Mertens/Cahn* in: Kölner Komm. AktG § 113 Rn. 5; *Hoffmann-Becking* in: MünchHdb AG § 33 Rn. 18, 35; ähnlich *von Schenck* in: von Schenck, Arbeitshandbuch für Aufsichtsratsmitglieder, 2013, § 1 Rn. 294 f.

sofern sie mit der Organstellung in Verbindung stehen.[839] Darunter können auch nach § 111 Abs. 2 S. 2 Alt. 1 AktG delegierte Aufgaben fallen, denn diese knüpfen ebenfalls an die Organstellung an.[840] Die Überwachung des Vorstands hat dabei allgemein unter Rechts-, Zweckmäßigkeits- und Wirtschaftlichkeitsgesichtspunkten zu erfolgen.[841]

Dass nach § 114 Abs. 1 AktG nur Verträge über Tätigkeiten höherer Art behandelt werden, hat für die Auslegung der Tätigkeit i. S. d. § 113 Abs. 1 S. 1 AktG nur wenig Bedeutung. Das Merkmal der „höheren Art" besagt, dass der Einsatz besonders kreativer oder intellektueller Fähigkeiten gefordert wird, der sich von Standardleistungen abzuheben hat.[842] Dies entspricht den Begrifflichkeiten des § 627 BGB.[843] Für Beratungstätigkeiten vermag dieses Merkmal keine Hilfestellung zur Abgrenzung zu geben. Da die Beratung auch zur Überwachungsaufgabe des Aufsichtsrats gem. § 111 Abs. 1 AktG gehört und die Aufsichtsratsmitglieder ihre Tätigkeiten auch in Form einer Beratungsleistung auszuführen haben,[844] ist fraglich, welches weitere Abgrenzungskriterium dazu dienen kann, um eine Tätigkeit i. S. d. § 113 Abs. 1 S. 1 AktG eindeutig von einer Tätigkeit i. S. d. § 114 Abs. 1 AktG abzugrenzen.[845] Nach

839 BGH, Urt. v. 25.03.1991 – II ZR 188/89, BGHZ 114, 127, 129 f. m.w.N. = NJW 1991, 1830, 1831; *Lutter/Kremer,* ZGR 1992, 87, 89; *Jäger,* DStR 1996, 671, 673 f.; *Henze,* BB 2000, 209, 214; *Lorenz/Pospiech,* NZG 2011, 81, 83; *Habersack* in: MünchKommAktG § 113 Rn. 9, 27; *Mertens/Cahn* in: Kölner Komm. AktG § 113 Rn. 5; *Hopt/Roth* in: Großkommentar AktG § 114 Rn. 15.

840 Siehe nur *Habersack* in: MünchKommAktG § 113 Rn. 27; *Spindler* in: Spindler/Stilz AktG § 113 Rn. 32 m.w.N.

841 BGH, Urt. v. 25.03.1991 – II ZR 188/89, BGHZ 114, 127, 129 f. = NJW 1991, 1830, 1831; *Lutter/Kremer,* ZGR 1992, 87, 88 m.w.N.; *Boujong,* AG 1995, 203, 204; *Ehren/Gros,* Der Konzern 2011, 277, 281; *Lorenz/Pospiech,* NZG 2011, 81, 83; *Lutter* in: FS Westermann, 2008, S. 1171, 1174; *Bezzenberger/Keul* in: FS Schwark, 2009, S. 121, 128.

842 *Beater,* ZHR 157 (1993), 420, 427; *Lorenz/Pospiech,* NZG 2011, 81, 82; *Ruoff,* BB 2013, 899; *Henssler* in: MünchKommBGB § 627 Rn. 20; *Hopt/Roth* in: Großkommentar AktG § 114 Rn. 10; *Habersack* in: MünchKommAktG § 114 Rn. 19; *Hüffer* in: Hüffer AktG § 114 Rn. 3; *Spindler* in: Spindler/Stilz AktG § 114 Rn. 14; *Breuer/Fraune* in: Heidel AktG § 114 Rn. 5; *Hambloch-Gesinn/Gesinn* in: Hölters AktG § 114 Rn. 12.

843 Ausschussbericht *Kropff/Thölke,* Aktiengesetz 1965, S. 158 mit Verweis auf § 622 BGB a.F.; ebenso *Beater,* ZHR 157 (1993), 420, 426 f.; *Vetter,* AG 2006, 173, 174; *Habersack* in: MünchKommAktG § 114 Rn. 19; *Spindler* in: Spindler/Stilz AktG § 114 Rn. 14; anders *Vetter,* ZIP 2008, 1, 7 und *ders.* in: Marsch-Barner/Schäfer, Hdb. börsennotierte AG, 2014, § 30 Rn. 2 der auf § 667 BGB abstellt.

844 *Mertens* in: FS Steindorff, 1990, S. 173, 175.

845 Zur Problematik: *Hüffer* in: Hüffer AktG § 114 Rn. 5; *Hopt/Roth* in: Großkommentar AktG § 114 Rn. 15; *Spindler* in: Spindler/Stilz AktG § 114 Rn. 17; *Breuer/Fraune* in: Heidel AktG § 114 Rn. 7; *Hoffmann-Becking* in: MünchHdb AG § 33 Rn. 37; *Berger,* Die Kosten der Aufsichtsratstätigkeit in der Aktiengesellschaft, 2000, S. 91 f.; *Ludwig,* Die Vergütung des Aufsichtsrats, 2011, S. 309 f.

überwiegender Meinung kommt es dabei auf den Gegenstand der Tätigkeit an.[846] Der Umfang der Tätigkeit kann hingegen kein geeignetes Abgrenzungskriterium sein.[847] Denn die Abgrenzung bedarf zusätzlich einer Berücksichtigung der Lage der Gesellschaft.[848] In Krisenzeiten und bei besonders risikoreichen Geschäften ist das Aufsichtsratsmitglied ebenso verpflichtet intensivere Tätigkeiten auszuführen, ohne dass dies bereits eine Tätigkeit außerhalb der Organtätigkeit begründen würde.[849] Ob daher ein über das Nebenamtsmandat hinausgehender Zeiteinsatz gegen eine Aufsichtsratstätigkeit i. S. d. § 113 Abs. 1 S. 1 AktG und daher für eine Beratung i. S. d. § 114 Abs. 1 AktG spricht,[850] ist demnach auch infrage zu stellen. Denn der

846 BGH, Urt. v. 25.03.1991 – II ZR 188/89, BGHZ 114, 127, 132 f. = NJW 1991, 1830, 1831 f.; BGH, Urt. v. 04.07.1994 – II ZR 197/93, BGHZ 126, 340, 344 = AG 1994, 508, 509; BGH, Urt. v. 03.07.2006 – II ZR 151/04, BGHZ 168, 188, 197 f. Rn. 16 = ZIP 2006, 1529, 1533 Rn. 16; BGH, Urt. v. 20.11.2006 – II ZR 279/05, BGHZ 170, 60, 65 f. Rn. 13 = AG 2007, 80, 82 Rn. 13; BGH, Urteil v. 2. 4. 2007 – II ZR 325/05, NZG 2007, 516, 518 Rn. 15 f. = ZIP 2007, 1056, 1058 f. Rn. 15 f.; KG, Urt. v. 25.09.1995 – 2 U 6753/94, AG 1997, 42, 43; *Semler,* NZG 2007, 881, 884; *Lorenz/Pospiech,* NZG 2011, 81, 83; *Peltzer* in: FS Zimmerer, 1997, S. 377, 383; *Hopt/Roth* in: Großkommentar AktG § 114 Rn. 17 m.w.N.; *Mertens/Cahn* in: Kölner Komm. AktG § 113 Rn. 5, § 114 Rn. 6; *Habersack* in: MünchKommAktG § 114 Rn. 24; *Hüffer* in: Hüffer AktG § 114 Rn. 5; *Hambloch-Gesinn/Gesinn* in: Hölters AktG § 114 Rn. 14; *Bürgers/Israel* in: Bürgers/Körber AktG § 113 Rn. 5.

847 *Mertens* in: FS Steindorff, 1990, S. 173, 181; BGH, Urt. v. 25.03.1991 – II ZR 188/89, BGHZ 114, 127, 131 = NJW 1991, 1830, 1831; BGH, Urt. v. 04.07.1994 – II ZR 197/93, BGHZ 126, 340, 344 f. = AG 1994, 508, 509; *Lutter/Kremer,* ZGR 1992, 87, 94; *Peltzer,* ZIP 2007, 305, 307; *Scheuffele/Baumgartner,* GmbHR 2010, 400, 401; *Lorenz/Pospiech,* NZG 2011, 81, 83; *Mertens/Cahn* in: Kölner Komm. AktG § 113 Rn. 5; *Hopt/Roth* in: Großkommentar AktG § 114 Rn. 16; *Habersack* in: MünchKommAktG § 114 Rn. 23; *Hambloch-Gesinn/Gesinn* in: Hölters AktG § 114 Rn. 14; *Drygala* in: Schmidt-Lutter AktG § 114 Rn. 9; *Bürgers/Israel* in: Bürgers/Körber AktG § 113 Rn. 5; *Hoffmann-Becking* in: MünchHdb AG § 33 Rn. 27; aA *Lehmann,* DB 1966, 1757.

848 *Hopt/Roth* in: Großkommentar AktG § 114 Rn. 17; *Breuer/Fraune* in: Heidel AktG § 114 Rn. 7.

849 BGH, Urt. v. 25.03.1991 – II ZR 188/89, BGHZ 114, 127, 131 = NJW 1991, 1830, 1831; OLG Stuttgart, Urt. v. 29. 2. 2012 – 20 U 3/11 (nicht rechtskräftig), ZIP 2012, 625, 627, bestätigt durch BGH, Beschluss v. 06.11.2012 – II ZR 111/12, AG 2013, 90, f. = ZIP 2012, 2438, f.; KG, Urt. v. 25.09.1995 – 2 U 6753/94, AG 1997, 42, 43; *Lutter/Kremer,* ZGR 1992, 87, 94; *Beater,* ZHR 157 (1993), 420, 422; *Scheuffele/Baumgartner,* GmbHR 2010, 400, 401; *Lorenz/Pospiech,* NZG 2011, 81, 83; *Hasselbach,* NZG 2012, 41 ff.; *Hoffmann,* AG 2012, 478, 479; *Selter,* NZG 2012, 660, 661; *Maser/Göttle,* NZG 2013, 208; *Habersack* in: MünchKommAktG § 114 Rn. 23; *Hopt/Roth* in: Großkommentar AktG § 114 Rn. 20; *Spindler* in: Spindler/Stilz AktG § 114 Rn. 18; *Mertens/Cahn* in: Kölner Komm. AktG § 114 Rn. 6; *Hambloch-Gesinn/Gesinn* in: Hölters AktG § 114 Rn. 14; *Breuer/Fraune* in: Heidel AktG § 114 Rn. 7; *Hoffmann-Becking* in: MünchHdb AG § 33 Rn. 37.

850 So *Scheuffele/Baumgartner,* GmbHR 2010, 400, 401.

Zeiteinsatz kann nur ein Indiz sein, was noch im Rahmen der Organtätigkeit geschuldet ist. Daneben muss in die Bewertung stets der Beratungsgegenstand miteinfließen, der in seiner Spezialität den Ausschlag für eine Einordnung nach § 114 Abs. 1 AktG geben kann. Auch kann es nicht auf den Adressaten der Beratungsleistung ankommen, da der Vorstand als geschäftsführendes Organ der Gesellschaft stets in irgendeiner Art und Weise involviert ist.[851]

Neben der allgemeinen Überwachungspflicht aus § 111 Abs. 1 AktG haben sich die Berichtspflichten des Vorstands aus § 90 Abs. 1 AktG als nützlicher Hinweis erwiesen, welche Tätigkeiten ebenfalls mit der Organstellung verbunden und damit als Tätigkeit i.S.v. § 113 Abs. 1 S. 1 AktG zu qualifizieren sind.[852] Nach § 90 Abs. 1 S. 1 Nr. 1 AktG hat der Vorstand über die beabsichtigte Geschäftspolitik und über grundsätzliche Fragen der Unternehmenspolitik zu berichten, sodass eine Beratung in diesen Bereichen der Organpflicht hinzuzurechnen ist.[853] Daher gehört Beratung in allgemeinen und richtungsweisenden Fragen der Unternehmensleitung zu den Organpflichten.[854] Dies gilt selbst dann, wenn es sich um ein spezifisches Fachgebiet

---

851 BGH, Urt. v. 25.03.1991 – II ZR 188/89, BGHZ 114, 127, 131 = NJW 1991, 1830, 1831; *Hopt/Roth* in: Großkommentar AktG § 114 Rn. 16; aA *Geßler* in: Geßler/Hefermehl/Eckardt/Kropff AktG § 114 Rn. 11.

852 *Mertens* in: FS Steindorff, 1990, S. 173, 176; BGH, Urt. v. 25.03.1991 – II ZR 188/89, BGHZ 114, 127, 129 f. = NJW 1991, 1830, 1831 (ohne § 90 AktG zu nennen); OLG Frankfurt/M., Urt. v. 21. 9. 2005 – 1 U 14/05, ZIP 2005, 2322, 2323 m.w.N. = NZG 2006, 29, 30; *Lutter/Kremer*, ZGR 1992, 87, 89; *Beater*, ZHR 157 (1993), 420, 421; *Boujong*, AG 1995, 203, 205; *Jäger*, DStR 1996, 671, 674; *Deckert*, AG 1997, 109, 111; *Müller*, NZG 2002, 797, 798; *Benecke*, WM 2007, 717, 718; *Lutter/Drygala* in: FS Ulmer, 2003, S. 381, 389; *Bezzenberger/Keul* in: FS Schwark, 2009, S. 121, 123; *Hopt/Roth* in: Großkommentar AktG § 114 Rn. 20; *Hambloch-Gesinn/Gesinn* in: Hölters AktG § 114 Rn. 15.

853 *Mertens* in: FS Steindorff, 1990, S. 173, 176; *Lutter/Kremer*, ZGR 1992, 87, 89; *Beater*, ZHR 157 (1993), 420, 421; *Deckert*, AG 1997, 109, 111; *Hopt/Roth* in: Großkommentar AktG § 114 Rn. 15; *Habersack* in: MünchKommAktG § 114 Rn. 23; *Spindler* in: Spindler/Stilz AktG § 114 Rn. 17; *Hambloch-Gesinn/Gesinn* in: Hölters AktG § 114 Rn. 15; *Drygala* in: Schmidt-Lutter AktG § 114 Rn. 10; *Berger*, Die Kosten der Aufsichtsratstätigkeit in der Aktiengesellschaft, 2000, S. 91 f.

854 BGH, Urt. v. 25.03.1991 – II ZR 188/89, BGHZ 114,127, 129, 132 = NJW 1991, 1830, 1831; BGH, Urt. v. 04.07.1994 – II ZR 197/93, BGHZ 126, 340, 344 = AG 1994, 508, 509; BGH, Urt. v. 20.11.2006 – II ZR 279/05, BGHZ 170, 60, 66 Rn. 14 = AG 2007, 80, 82 Rn. 14; BGH, Beschluss v. 27. 4. 2009 – II ZR 160/08, NZG 2009, 1027, 1028 Rn. 7 = ZIP 2009, 1661, 1662 Rn. 7; KG, Urt. v. 25.09.1995 – 2 U 6753/94, AG 1997, 42, 43; *Lutter/Kremer*, ZGR 1992, 87, 90; *Beater*, ZHR 157 (1993), 420, 421; *Vetter*, AG 2006, 173, 175; *Rohde*, GmbHR 2007, 1128, 1130; *Lutter/Drygala* in: FS Ulmer, 2003, S. 381; *Mertens/Cahn* in: Kölner Komm. AktG § 113 Rn. 5; *Habersack* in: MünchKommAktG § 114 Rn. 23; *Hopt/Roth* in: Großkommentar AktG § 114 Rn. 15, 19; *Hoffmann-Becking* in: MünchHdb AG § 33 Rn. 37; *Lutter/Krieger/Verse*, Rechte und Pflichten des Aufsichtsrats, 2014, § 12 Rn. 860.

handelt.[855] Daneben zeigen § 90 Abs. 1 S. 1 Nr. 3, Nr. 4 AktG, dass auch die Beratung bei bedeutenden Geschäften zu den Organpflichten gehören kann, insbesondere wenn sie sich auf die Lage der Gesellschaft und die Rentabilität auswirken können.[856] Dagegen fällt die Beratungstätigkeit im Tagesgeschäft,[857] sowie bei der Umsetzung von Vorstandsbeschlüssen, außerhalb der geschuldeten Organtätigkeit, sodass diese nach § 114 Abs. 1 AktG zu behandeln sind.[858] Dies stellt jedoch keinen Freibrief für den Vorstand dar, über Beratungsverträge seine originäre Geschäftstätigkeit auf den Aufsichtsrat zu delegieren.[859] Diese hat der Vorstand aufgrund der Aufgabentrennung selbst zu erledigen,[860] was mit § 111 Abs. 4 S. 1 AktG zum Ausdruck kommt, der eine Delegation von Geschäftsführungsmaßnahmen auf den Aufsichtsrat verbietet.[861] Denn ansonsten müsste sich der Aufsichtsrat in diesen Bereichen auch selbst überwachen, was mit § 111 Abs. 1 AktG nicht zu vereinbaren wäre.[862] Nicht gefolgt werden kann der Auffassung, dass Werkverträge stets außerhalb der Organpflichten liegen.[863] Es kann nicht ausgeschlossen werden, dass die Organpflichten auch teilweise Werkleistungen zum Gegenstand haben. Insbesondere wäre

---

855 BGH, Urt. v. 04.07.1994 – II ZR 197/93, BGHZ 126, 340, 344 = AG 1994, 508, 509; *Hopt/Roth* in: Großkommentar AktG § 114 Rn. 18.

856 Für § 90 Abs. 1 S. 1 Nr. 3: *Lutter/Krieger/Verse*, Rechte und Pflichten des Aufsichtsrats, 2014, § 12 Rn. 859; für § 90 Abs. 1 S. 1 Nr. 4: *Vetter* in: Marsch-Barner/Schäfer, Hdb. börsennotierte AG, 2014, § 30 Rn. 3.

857 KG, Urt. v. 25.09.1995 – 2 U 6753/94, AG 1997, 42, 43; *Lorenz/Pospiech*, NZG 2011, 81, 83 f.; *Lutter/Drygala* in: FS Ulmer, 2003, S. 381, 389; *Hopt/Roth* in: Großkommentar AktG § 114 Rn. 19, 21 m.w.N.; *Mertens/Cahn* in: Kölner Komm. AktG § 114 Rn. 7; *Spindler* in: Spindler/Stilz AktG § 114 Rn. 17; *Drygala* in: Schmidt-Lutter AktG § 114 Rn. 10; *Grigoleit/Tomasic* in: Grigoleit AktG § 114 Rn. 7.

858 OLG Frankfurt/M., Urt. v. 21. 9. 2005 – 1 U 14/05, ZIP 2005, 2322, 2323 m.w.N. = NZG 2006, 29, 30; *Vetter*, AG 2006, 173, 175 f.; *Leuering/Simon*, NJW-Spezial 2006, 171; *Scheuffele/Baumgartner*, GmbHR 2010, 400, 402; *Spindler* in: Spindler/Stilz AktG § 113 Rn. 32.

859 KG, Urt. v. 25.09.1995 – 2 U 6753/94, AG 1997, 42, 43; OLG München, Beschluss v. 05.06.2008 – 7 U 4388/07, juris, Rn. 9; *Lutter/Kremer*, ZGR 1992, 87, 90; *Boujong*, AG 1995, 203, 204 f.; *Scheuffele/Baumgartner*, GmbHR 2010, 400, 402; *Jäger*, DStR 1996, 671, 675; *Lorenz/Pospiech*, NZG 2011, 81, 84; *Lutter* in: FS Westermann, 2008, S. 1171, 1175; *Hopt/Roth* in: Großkommentar AktG § 114 Rn. 15; *Spindler* in: Spindler/Stilz AktG § 114 Rn. 17.

860 *Lutter/Krieger/Verse*, Rechte und Pflichten des Aufsichtsrats, 2014, § 3 Rn. 103 m.w.N.; *Lutter* in: FS Westermann, 2008, S. 1171, 1175.

861 *Hommelhoff*, ZHR 143 (1979), 288, 308; *Mäger*, BB 1999, 1389, 1393; *Bezzenberger/Keul* in: FS Schwark, 2009, S. 121, 123, 126; *Kämpfer/Hönsch* in: FS Herzig, 2010, S. 531, 532.

862 Allgemein zur Delegation von Geschäftsführungsmaßnahmen *Ehren/Gros*, Der Konzern 2011, 277, 278.

863 So aber wohl *Berger*, Die Kosten der Aufsichtsratstätigkeit in der Aktiengesellschaft, 2000, S. 94 f.

der Gesetzeswortlaut in § 114 Abs. 1 AktG obsolet, der ausdrücklich Werkverträge erfasst, die außerhalb der Aufsichtsratstätigkeit liegen.

Befasst sich die Tätigkeit mit einem Problem aus einem spezifischen Fachbereich, so könnte dies oberflächlich betrachtet auf eine Tätigkeit außerhalb der Organpflichten hinweisen.[864] Auch soll der Anwendungsbereich des § 114 AktG jedenfalls dann eröffnet sein, wenn die Beratungsleistung nur von mehreren Personen geleistet werden kann, da diese Aufgabe dann auch nicht einem einzelnen Mitglied zukommt.[865] Sofern ein Aufsichtsratsmitglied eine besondere Qualifikation besitzt, die ihn zur Bearbeitung von komplexen Fragestellungen befähigt, führt dies aber nicht automatisch dazu, diese Tätigkeit außerhalb der Organpflichten anzusiedeln.[866] Denn die spezifische Qualifikation gab in vielen Fällen erst den Ausschlag, die Person in das Aufsichtsratsamt zu wählen, um von dessen Qualifikation im Rahmen der Aufsichtsratstätigkeit zu profitieren.[867] Auch wenn ein Beratungsvertrag dazu

---

864 *Mertens* in: FS Steindorff, 1990, S. 173, 182; *Mertens/Cahn* in: Kölner Komm. AktG § 113 Rn. 5, § 114 Rn. 7; BGH, Urt. v. 25.03.1991 – II ZR 188/89, BGHZ 114, 127, 132 = NJW 1991, 1830, 1831; BGH, Urt. v. 04.07.1994 – II ZR 197/93, BGHZ 126, 340, 344 = AG 1994, 508, 509; BGH, Urt. v. 03.07.2006 – II ZR 151/04, BGHZ 168, 188, 198 Rn. 17 = ZIP 2006, 1529, 1533 Rn. 17; BGH, Urteil v. 2. 4. 2007 – II ZR 325/05, NZG 2007, 516, 518 Rn. 17 = ZIP 2007, 1056, 1059 Rn. 17; KG, Urt. v. 25.09.1995 – 2 U 6753/94, AG 1997, 42, 43; kritisch *Beater,* ZHR 157 (1993), 420, 422 ff.; ebenso *Peltzer,* ZIP 2005, 305, 306; *Müller,* NZG 2002, 707, 798; *Vetter,* ZIP 2008, 1, 7; *Ruoff,* BB 2013, 899, 900; *von Falkenhausen,* EWiR 2013, 163, 164; *Hopt/Roth* in: Großkommentar AktG § 114 Rn. 17; *Breuer/Fraune* in: Heidel AktG § 114 Rn. 7; *Habersack* in: MünchKommAktG § 114 Rn. 24; *Spindler* in: Spindler/Stilz AktG § 114 Rn. 18; *Hambloch-Gesinn/Gesinn* in: Hölters AktG § 114 Rn. 14; kritisch wegen der grds. Einbringungspflicht besonderer Kenntnisse in die Aufsichtsratstätigkeit *Hoffmann/Krichhoff,* Wpg 1991, 592, 594.

865 *Ruoff,* BB 2013, 899, 900.

866 *Mertens* in: FS Steindorff, 1990, S. 173, 181; *Müller,* NZG 2002, 797, 798; BGH, Urt. v. 03.07.2006 – II ZR 151/04, BGHZ 168, 188, 198 Rn. 17 = ZIP 2006, 1529, 1533 Rn. 17; BGH, Urteil v. 2. 4. 2007 – II ZR 325/05, NZG 2007, 516, 518 Rn. 16 = ZIP 2007, 1056, 1059 Rn. 16; BGH, Beschluss v. 27. 4. 2009 – II ZR 160/08, NZG 2009, 1027, 1028 Rn. 6 = ZIP 2009, 1661, 1662 Rn. 6; BGH, Urt. v. 20. 9. 2011 – II ZR 234/09, ZIP 2011, 2097, 2101 Rn. 28 = NZG 2011, 1271, 1274 Rn. 28; OLG Frankfurt/M., Urt. v. 21. 9. 2005 – 1 U 14/05, ZIP 2005, 2322, 2323 = NZG 2006, 29, 30; *Lutter/Kremer,* ZGR 1992, 87, 97 f.; *Vetter,* AG 2006, 173, 176; *Leuering/Simon,* NJW-Spezial 2006, 171; *Peltzer,* ZIP 2007, 305, 306; *Kort,* ZIP 2008, 717, 723; *Vetter,* ZIP 2008, 1, 7; *Scheuffele/Baumgartner,* GmbHR 2010, 400, 401; *Lorenz/Pospiech,* NZG 2011, 81, 83; *Mertens/Cahn* in: Kölner Komm. AktG § 113 Rn. 5; *Spindler* in: Spindler/Stilz AktG § 113 Rn. 32, § 114 Rn. 17; *Habersack* in: MünchKommAktG § 114 Rn. 23; *Hopt/Roth* in: Großkommentar AktG § 114 Rn. 20; *Drygala* in: Schmidt-Lutter AktG § 114 Rn. 10; *Vetter* in: Marsch-Barner/Schäfer, Hdb. börsennotierte AG, 2014, § 30 Rn. 3 m.w.N.

867 *Mertens* in: FS Steindorff, 1990, S. 173, 181; *Hoffmann/Krichhoff,* Wpg 1991, 582, 594; *Müller,* NZG 2002, 797, 798; BGH, Urt. v. 20. 9. 2011 – II ZR 234/09, ZIP 2011,

dienen soll die spezifischen Qualifikationen einer Person zu nutzen,[868] reicht diese praktische Erwägung demnach noch nicht dazu aus, den Einschränkungen des § 113 Abs. 1 S. 1 AktG i.V.m. § 114 Abs. 1 AktG zu entgehen.[869] Auch eine Ausschussbildung ändert nichts an den bisher getroffenen Feststellungen, denn auch hier kommt es nur darauf an, ob die Tätigkeit im Rahmen des Geschuldeten liegt oder einen davon abweichenden Gegenstand darstellt.[870]

Das Zusammenspiel von §§ 113, 114 AktG hat somit gezeigt, dass die „Tätigkeit" nach § 113 Abs. 1 S. 1 AktG auch eine Abgrenzungsfunktion zu Tätigkeiten außerhalb der Organpflichten besitzt. Dabei ist die Einordnung als Organpflicht eine Frage des Einzelfalls, die anhand der hier gegebenen Abgrenzungsfaktoren zu erfolgen hat. Für Tätigkeiten außerhalb der Organpflicht bleibt daher der Anwendungsbereich des § 113 Abs. 1 S. 1 AktG verschlossen.

c) Sitzungsgeld

Im Rahmen der Tätigkeitsvergütung bietet sich ein Blick auf das Sitzungsgeld an, das für die Teilnahme an Aufsichtsratssitzungen gezahlt werden kann. Dies verdeutlicht einmal mehr, warum die „Tätigkeit" der hauptsächliche Vergütungsgrund ist. Sitzungsgelder können theoretisch auch als Vergütungsbestandteil dazu genutzt werden, ein nach Aufgabengruppen differenziertes Vergütungssystem zu etablieren.[871] Die für die Vergütungskompetenz wichtige Abgrenzungsfrage, ob es sich bei einem Sitzungsgeld um eine Vergütung oder einen bloßen Aufwendungsersatz

---

2097, 2101 Rn. 28 = NZG 2011, 1271, 1274 Rn. 28; OLG Frankfurt/M., Urt. v. 21. 9. 2005 – 1 U 14/05, ZIP 2005, 2322, 2323 = NZG 2006, 29, 30; *Opitz*, BKR 2013, 177; *Maser/Göttle*, NZG 2013, 201, 207; *Vetter*, AG 2006, 173, 176; *Leuering/Simon*, NJW-Spezial 2006, 171; *Vetter*, ZIP 2008, 1, 7; *Lorenz/Pospiech*, NZG 2011, 81, 83; *Mertens/Cahn* in: Kölner Komm. AktG § 113 Rn. 5; *Spindler* in: Spindler/Stilz AktG § 113 Rn. 32; *Habersack* in: MünchKommAktG § 114 Rn. 23; *Vetter* in: Marsch-Barner/Schäfer, Hdb. börsennotierte AG, 2014, § 30 Rn. 3 m.w.N.

868 *Mertens* in: FS Steindorff, 1990, S. 173, 182; *Lutter/Kremer*, ZGR 1992, 87, 92; *Hellwig*, ZIP 1999, 2117, 2125; *Mertens/Cahn* in: Kölner Komm. AktG § 114 Rn. 5; *Hopt/Roth* in: Großkommentar AktG § 114 Rn. 1.

869 *Seibert*, ZBB 1994, 349, 352 unter Verweis auf die Rpsr. zu den Beratungsaufgaben des Aufsichtsrats in BGH, Urt. v. 25.03.1991 – II ZR 188/89, BGHZ 114, 127 = NJW 1991, 1830, 1831 und BGH, Urt. v. 04.07.1994 – II ZR 197/93, BGHZ 126, 340 = AG 1994, 508, 509; *Hopt/Roth* in: Großkommentar AktG § 114 Rn. 1.

870 *Hopt/Roth* in: Großkommentar AktG § 114 Rn. 20; strenger *Lutter/Kremer*, ZGR 1992, 87, 97 f. und *Vetter*, AG 2006, 173, 176, die jeweils an die Existenz von Ausschüssen anknüpfen und damit das Abgrenzungskriterium der konkreten Organpflicht ein Stück weit verlassen.

871 *Spindler* in: Spindler/Stilz AktG § 113 Rn. 29; s. auch *Haarmann* in: FS Hüffer, 2010, S. 243, 252.

handelt, ist nicht immer eindeutig.[872] Das Sitzungsgeld wird zumindest dann einem Aufwendungsersatz zuzurechnen sein, wenn es dem tatsächlichen Kostenaufwand seiner Höhe nach entspricht.[873] Eine Vergütung ist also insbesondere dann anzunehmen, wenn mit dem Sitzungsgeld ein über den tatsächlichen Kostenaufwand hinausgehender Einsatz honoriert werden soll.[874] Das Sitzungsgeld wird im Fall einer Vergütungsfunktion allgemein als Teil der Festvergütung angesehen.[875] Durch die Gewährung von Sitzungsgeldern wird allerdings kein konkreter Aufwand vergütet, sondern die bloße Teilnahme an einer Sitzung honoriert.[876] Es findet demnach lediglich eine abstrakte Vergütung der eingesetzten Zeit statt,[877] ohne dass es auf eine konkrete Aktivität in der Sitzung ankäme. Allerdings muss dem Aufsichtsratsmitglied ein Sitzungsgeld immer dann verwehrt bleiben, wenn es jegliche Aktivität in der Sitzung unterlässt. Denn hier sollten die gleichen Grundsätze gelten, wie bei den Rechtsfolgen bloßer Untätigkeit für die Gesamtvergütung.[878] Bei der Eignung zur individuellen Vergütung ist zwar zunächst zu berücksichtigen, dass ein Sitzungsgeld primär an den Zeiteinsatz anknüpft und daher unabhängig von personenbezogenen Eigenschaften ist. Andererseits könnte ebenso argumentiert werden, dass der Wert des Zeiteinsatzes bei unterschiedlichen Eigenschaften auch unterschiedlich hoch zu bewerten ist.

Fraglich ist hingegen, ob die Unterscheidung zwischen persönlicher Sitzungsteilnahme und einer ortsabwesenden Teilnahme durch Telekommunikationsmittel

---

872 *Spindler* in: Spindler/Stilz AktG § 113 Rn. 29; *Grigoleit/Tomasic* in: Grigoleit AktG § 113 Rn. 8, 18; anders wohl *Hüffer* in: Hüffer AktG § 113 Rn. 2b, 4, der anscheinend stets eine Vergütungseigenschaft annimmt.

873 *Habersack* in: MünchKommAktG § 113 Rn. 11.

874 *Habersack* in: MünchKommAktG § 113 Rn. 11; ähnlich *Hoffmann-Becking* in: MünchHdb AG § 33 Rn. 16; *Wagner* in: von Schenck, Arbeitshandbuch für Aufsichtsratsmitglieder, 2013, § 11 Rn. 12, 43; *Vetter* in: Marsch-Barner/Schäfer, Hdb. börsennotierte AG, 2014, § 29 Rn. 39; *Hopt/Roth* in: Großkommentar AktG § 113 Rn. 29; *Spindler* in: Spindler/Stilz AktG § 113 Rn. 10; *Maser/Göttle*, NZG 2013, 201, 203; *Reichard/Kaubisch*, AG 2013, 150, 151; *Simons*, AG 2013, 547, 548; *Theisen* in: FS Säcker, 2011, S. 487, 500; *Evers* in: Hommelhoff, Handbuch Corporate Governance, 2009, S. 349, 382.

875 *Habersack* in: MünchKommAktG § 113 Rn. 10 f.; *Mertens/Cahn* in: Kölner Komm. AktG § 113 Rn. 15; *Hambloch-Gesinn/Gesinn* in: Hölters AktG § 113 Rn. 17; *Bürgers/Israel* in: Bürgers/Körber AktG § 113 Rn. 13; *Hoffmann-Becking* in: MünchHdb AG § 33 Rn. 16; *Maser/Göttle*, NZG 2013, 201, 203; als Vergütung neben fester und variabler Vergütung betrachtend: *Wagner* in: von Schenck, Arbeitshandbuch für Aufsichtsratsmitglieder, 2013, § 11 Rn. 42.

876 *Vetter*, ZIP 2008, 1, 2 f.; *Gehling*, ZIP 2005, 549, 551; *Spindler* in: Spindler/Stilz AktG § 113 Rn. 10.

877 *Lutter/Krieger/Verse*, Rechte und Pflichten des Aufsichtsrats, 2014, § 12 Rn. 844; *Ehren/Gros*, Der Konzern 2011, 277, 286; *Reichard/Kaubisch*, AG 2013, 150, 151.

878 S.o. 3.TeilC.I.1.a); anders *Theisen* in: FS Säcker, 2011, S. 487, 500 f. der auch bloße Anwesenheitsprämien als individuelle Vergütungen zulässt.

ein hinreichendes Unterscheidungskriterium ist, um ein unterschiedlich hohes Sitzungsgeld zu gewähren.[879] Zwar soll das Angemessenheitskriterium keine zwingende Unterscheidung nach sich ziehen, jedoch wird das Aktionärsermessen für eine zulässige Differenzierung angeführt.[880] Begründet wird dies mit dem geringeren Zeitaufwand für die ortsabwesenden Teilnehmer.[881] Jedenfalls stößt diese Differenzierung auf Bedenken, wenn das Sitzungsgeld als Vergütung und nicht als Aufwandsentschädigung gezahlt werden soll. Denn als Vergütung wird nur die Aufsichtsratstätigkeit entgolten, was bei einer Sitzungsteilnahme lediglich den die tatsächliche Sitzung inklusive deren Vor- und Nachbereitung erfasst.[882] Ein geringerer zeitlicher Aufwand für die ortsabwesenden Teilnehmer besteht hingegen nur hinsichtlich der An- und Abreise zu den Sitzungen. Dies betrifft jedoch nicht die Aufsichtsratstätigkeit, sodass hierfür auch keine Tätigkeitsvergütung gem. § 113 Abs. 1 S. 1 AktG gewährt werden kann. Die Kosten für die Modalitäten sind eine Frage der Aufwandsentschädigung analog § 670 BGB.[883] Ob das Sitzungsgeld dazu benutzt werden kann, um einzelne Aufsichtsratsmitglieder individuell zu vergüten, ist dann allerdings eine Frage der Angemessenheit.[884] Denn auch das Sitzungsgeld muss sich im Rahmen des Angemessenen i. S. d. § 113 Abs. 1 S. 3 AktG halten.[885]Fraglich ist nun, ob sich Differenzierungen auch aufgrund personeller Eigenschaften durchsetzen lassen. Da das Sitzungsgeld als Fixvergütung einzustufen ist, hängt die Zulässigkeit von der Angemessenheit einer individuellen Fixvergütung basierend auf personengebundenen Eigenschaften ab.[886]

d) Zwischenfazit

Wenn in der Literatur das Hauptaugenmerk auf das Angemessenheitserfordernis des § 113 Abs. 1 S. 3 AktG gelegt wird, wird deutlich, dass der Vergütungsmaßstab der „Tätigkeit" aus § 113 Abs. 1 S. 1 AktG vernachlässigt wird. Allerdings hat sich gezeigt, dass § 113 Abs. 1 S. 1 AktG der hauptsächliche Vergütungsgrund darstellt. Bei § 113 Abs. 1 S. 3 AktG handelt es sich lediglich um eine Begrenzung dieses Vergütungsmaßstabs, was noch zu zeigen sein wird [2.].

---

879 Diesen Vorschlag machen *Reichard/Kaubisch,* AG 2013, 150, 157.

880 *Simons,* AG 2013, 547, 553 mit Beispielen aus der Praxis.

881 *Reichard/Kaubisch,* AG 2013, 150, 157.

882 *Simons,* AG 2013, 547, 554.

883 *Hopt/Roth* in: Großkommentar AktG § 113 Rn. 19; *Habersack* in: MünchKommAktG § 113 Rn. 22; *Mertens/Cahn* in: Kölner Komm. AktG § 113 Rn. 12; *Thüsing/Veil,* AG 2008, 359; *Fonk,* NZG 2009, 761, 766 ff., jedoch mit abweichender dogmatischer Anknüpfung; *Simons,* AG 2013, 547, 554; *Theisen* in: FS Säcker, 2011, S. 487, 499 f.

884 *Haarmann* in: FS Hüffer, 2010, S. 243, 252.

885 *Hüffer* in: Hüffer AktG § 113 Rn. 4; *Spindler* in: Spindler/Stilz AktG § 113 Rn. 31; *Reichard/Kaubisch,* AG 2013, 150, 157; *Simons,* AG 2013, 547, 553.

886 Dazu näher 3.TeilC.I.2.

2. *Angemessenheit i.S.v. § 113 Abs. 1 S. 3 AktG*

a) Telos der Norm

Stellt § 113 Abs. 1 S. 1 AktG den Maßstab für die Vergütung dem Grunde nach dar, so regelt § 113 Abs. 1 S. 3 AktG die Vergütungshöhe.[887] Damit soll dem Schutz der Anteilseigner gedient werden,[888] indem überhöhte Vergütungen als unangemessen betrachtet werden, um somit das Gesellschaftsvermögen zu schützen. Dem Gläubigerschutz kann § 113 Abs. 1 S. 3 AktG jedoch nicht direkt Rechnung tragen,[889] da den Gläubigern ein Rechtsbehelf, wie die Anfechtungsmöglichkeit der Anteilseigner oder ein Schadensersatzersatzanspruch gegen diese, nicht zusteht.[890]

Wenn auch der Wortlaut der Norm des § 98 Abs. 1 AktG 1937 in der Fassung des § 113 Abs. 1 AktG 1965 ein wenig abgeändert wurde, so entspricht der heutige § 113 Abs. 1 AktG noch im Wesentlichen der früheren Gesetzeslage.[891] Die Regelung des § 98 Abs. 1 S. 1 AktG 1937, dass eine „[...] mit ihren Aufgaben und mit der Lage der Gesellschaft in Einklang stehende Vergütung gewährt werden [kann]" wurde jedoch als zwingend angesehen, was sich nun durch die Abänderung in eine Soll-Vorschrift in § 113 Abs. 1 S. 3 AktG geändert haben könnte.[892]

---

887 BVerfG, Beschluss v. 07.11.1972 – 1 BvR 338/68 –, BVerfGE 34, 103, 118 = WM 1973, 162, 164; LG München I, Urt. v. 27.12.2012 – 5 HK O 9109/12, BB 2013, 396, 697; *Lutter,* AG 1979, 85, 88; *Wellkamp,* WM 2001, 489, 494; *Theusinger/Liese,* CCZ 2008, 191; *Peltzer* in: FS Zimmerer, 1997, S. 377, 378; *Kort* in: FS Hüffer, 2010, S. 483, 485; *Mertens/Cahn* in: Kölner Komm. AktG § 113 Rn. 3, 30; *Hüffer* in: Hüffer AktG § 113 Rn. 1, 4; *Habersack* in: MünchKommAktG § 113 Rn. 1 f., 41; *Hopt/Roth* in: Großkommentar AktG § 113 Rn. 3, 32, 56; *Spindler* in: Spindler/Stilz AktG § 113 Rn. 27; *Breuer/Fraune* in: Heidel AktG § 113 Rn. 1, 8; *Bürgers/Israel* in: Bürgers/Körber AktG § 113 Rn. 1, 3; *Grigoleit/Tomasic* in: Grigoleit AktG § 113 Rn. 1 f.; *Hambloch-Gesinn/Gesinn* in: Hölters AktG § 113 Rn. 1, 30; *Drygala* in: Schmidt-Lutter AktG § 113 Rn. 15; *Vetter* in: Marsch-Barner/Schäfer, Hdb. börsennotierte AG, 2014, § 29 Rn. 46; *Lüpkes,* Zulässigkeit und Zweckmäßigkeit aktienkursorientierter Vergütung von Mitgliedern des Aufsichtsrats, 2008, S. 306; *Ludwig,* Die Vergütung des Aufsichtsrats, 2011, S. 169; schon zu § 98 AktG 1937: *Schlegelberger/Quassowski* in: Schlegelberger/Quassowski AktG 1937 § 98 Rn. 5.

888 *Gehling,* ZIP 2005, 549, 552 f.; *Spindler* in: Spindler/Stilz AktG § 113 Rn. 28; *Lüpkes,* Zulässigkeit und Zweckmäßigkeit aktienkursorientierter Vergütung von Mitgliedern des Aufsichtsrats, 2008, S. 306.

889 So aber *Wellkamp,* WM 2001, 489, 494; *Bürgers/Israel* in: Bürgers/Körber AktG § 113 Rn. 1; nicht ganz ausschließend *Lüpkes,* Zulässigkeit und Zweckmäßigkeit aktienkursorientierter Vergütung von Mitgliedern des Aufsichtsrats, 2008, S. 306, insbesondere Fn. 1170.

890 *Spindler* in: Spindler/Stilz AktG § 113 Rn. 28; *Hambloch-Gesinn/Gesinn* in: Hölters AktG § 113 Rn. 31.

891 Begr. RegE *Kropff/Thölke,* Aktiengesetz 1965, S. 157.

892 *Habersack* in: MünchKommAktG § 113 Rn. 6; *Spindler* in: Spindler/Stilz AktG § 113 Rn. 5.

Jedoch wird trotz der Wortlautänderung der zwingende Charakter des Angemessenheitskriteriums weiterhin angenommen.[893] Dagegen spricht aber, dass nur die Sittenwidrigkeit einer Vergütung zwingende Grenzen setzt.[894] Ohne die Regelungen in § 113 Abs. 1 AktG würde lediglich die allgemeine Grenze der Sittenwidrigkeit gem. § 138 Abs. 1 BGB Einfluss auf die Höhe der Aufsichtsratsvergütung nehmen. Durch § 113 Abs. 1 S. 3 AktG ist § 138 Abs. 1 BGB jedoch noch nicht außer Kraft gesetzt. Denn eine nach § 113 Abs. 1 S. 3 AktG per Hauptversammlungsbeschluss festgesetzte unangemessene Vergütung ist lediglich anfechtbar[895] und wird nach Verstreichen der Anfechtungsfrist wirksam.[896] Bei einer Satzungsregelung liegt es beim Registerrichter, ob er die Eintragung aufgrund Unangemessenheit ablehnt.[897] Hingegen bleibt der Anwendungsbereich des § 138 Abs. 1 BGB eröffnet, wenn die Vergütung die Grenze der Sittenwidrigkeit erreicht hat und deshalb nichtig ist.[898] Demnach stellt § 113 Abs. 1 S. 3 AktG neben § 138 BGB eine Schranke für die Höhe der Aufsichtsratsvergütung unterhalb der Sittenwidrigkeitsgrenze dar.[899] Die aktienrechtliche Schranke hat wegen ihrer Anfechtbarkeit jedoch andere Folgen als die aus einer Sittenwidrigkeit folgende nichtige Vergütungsregelung. Gegen einen zwingenden Charakter des Angemessenheitskriteriums spricht ebenso, dass die Vergütung nicht um jeden Preis den Aufgaben und der Lage der Gesellschaft entsprechen muss, da es keine zwingende Untergrenze darstellt.[900] Dass das Angemessenheitskriterium auch dazu dienen soll, Interessenkonflikten zwischen Vorstand und Aufsichtsrat entgegenzuwirken,[901] bedarf einer näheren Begründung. Denn ein Interessenkonflikt zeichnet sich bei einem Aufsichtsratsmitglied dadurch aus, dass ein anderes Interesse eine objektive, dem Gesellschaftswohl entsprechende Ausübung der Überwachungsaufgabe derart beeinträchtigt, dass diese praktisch nicht mehr ausgeübt wird.[902] Dies ist zunächst ein Problem der Vergütungskompetenz, das mit der Satzungs- bzw. Hauptversammlungszuweisung in § 113 Abs. 1

---

893 *Habersack* in: MünchKommAktG § 113 Rn. 3; *Grigoleit/Tomasic* in: Grigoleit AktG § 113 Rn. 21; wohl auch *Ludwig*, Die Vergutung des Aufsichtsrats, 2011, S. 161.

894 *Spindler* in: Spindler/Stilz AktG § 113 Rn. 28 m.w.N.; *Drygala* in: Schmidt-Lutter AktG § 113 Rn. 17; *Marsch-Barner* in: FS Röhricht, 2005, S. 401, 403 (zur Vorstandsvergütung); *Hambloch-Gesinn/Gesinn* in: Hölters AktG § 113 Rn. 31.

895 LG Mannheim, Urt. v. 15.12.1966 – 9 O 20/66, AG 1967, 83, 84.

896 *Lutter,* AG 1979, 85, 88; *Mäger,* BB 1999,1389, 1390; *Fuchs,* WM 2004, 2233, 2238.

897 *Mertens/Cahn* in: Kölner Komm. AktG § 113 Rn. 49; *Lutter,* AG 1979, 85, 88; *Mäger,* BB 1999, 1389, 1390.

898 *Lutter,* AG 1979, 85, 88; für § 87 Abs. 1 AktG: *Kling,* DZWIR 2010, 221 Fn. 7.

899 Für den ähnlich gelagerten Fall der Vorstandsvergütung: *Hüffer* in: Hüffer AktG § 87 Rn. 1, 8; *Fleischer* in: Spindler/Stilz AktG § 87 Rn. 21 m.w.N.; *ders.,* RIW 2010, 497; *Kling,* DZWIR 2010, 221; *Thüsing/Forst,* GWR 2010, 515, 516.

900 *Hopt/Roth* in: Großkommentar AktG § 113 Rn. 56; siehe dazu auch 3.TeilC.I.2.b).

901 So *Bürgers/Israel* in: Bürgers/Körber AktG § 113 Rn. 1.

902 *Weber-Rey,* BB 2012, Die Erste Seite I; *Habersack* in: MünchKommAktG § 100 Rn. 85; *Mertens/Cahn* in: Kölner Komm. AktG § 100 Rn. 71; zur Definition eines Interessenkonflikts allgemein: *Weber-Rey,* ZGR 2010, 543, 572.

S. 2 AktG anfänglich gelöst wird.[903] Bestätigt wird diese Ansicht auch im Hinblick auf die Rspr. zur Gewährung von Stock-Options, soweit dort die Gewährung von Aktienoptionen wegen des möglichen Vorstands- bzw. Aufsichtsratseinflusses auf die eigene Vergütung kompetenzrechtlich als unzulässig angesehen wird.[904] Andererseits ist in diesem Zusammenhang auch angeklungen, dass eine Vergütung als unzulässig zu betrachten sei, die das Vergütungsinteresse des Aufsichtsrats an dasjenige des Vorstands angleicht, da ansonsten die Wahrnehmung der unabhängigen Überwachungsaufgabe beeinträchtigt ist.[905] Dies deutet darauf hin, dass im Rahmen der Angemessenheit nach § 113 Abs. 1 S. 3 AktG auch auf Interessenkonflikte zu achten ist, die es durch die Vergütungsausgestaltung zu verhindern oder aufzudecken gilt.[906] Jedoch kann die Ansicht der Rspr. nicht dazu führen, dass § 113 Abs. 1 S. 3 AktG jegliche Angleichungen von Vergütungsinteressen zwischen Vorstand und Aufsichtsrat ausschließen soll.[907] Denn ein Interessengleichlauf auf eine erfolgsorientierte Vergütung, die sich am längerfristigen Unternehmenserfolg ausrichtet, ist sowohl bei der Vorstandsvergütung, als auch bei der Aufsichtsratsvergütung zulässig.[908] Dies zeigt schon die Möglichkeit zur variablen Vergütung nach § 113 Abs. 3 AktG.[909] § 113 Abs. 3 AktG dient dem Schutz der Anteilseigner, indem die Vergütung

903 S.o. 3.TeilB.I.1.a).

904 BGH, Urt. v. 16.04.2004 – II ZR 316/02, BGHZ 158, 122, 125 ff. m.w.N. = NJW 2004, 1109, ff.

905 BGH, Urt. v. 16.04.2004 – II ZR 316/02, BGHZ 158, 122, 127 m.w.N. = NJW 2004, 1109, 1110; dem folgend *Habersack*, ZGR 2004, 721, 725; kritisch wegen außerachtlassen der Beratungsaufgabe *Bösl*, BKR 2004, 474, 475.

906 *Fuchs*, WM 2004, 2233, 2237 f.; *Raapke*, Die Regulierung der Vergütung von Organmitgliedern und Angestellten im Aktien- und Kapitalmarktrecht, 2012, S. 260; aA wohl *Gehling*, ZIP 2005, 549, 554; ebenso *Kort*, ZIP 2008, 717, 723 f., der darauf hinweist, dass es außer in §§ 114, 115, 100 Abs. 2 und 105 Abs. 1 AktG keine weiteren Regelungen von Interessenkonflikten gebe; wohl auch *Habersack*, ZGR 2004, 721, 727, der sich nur auf § 192 Abs. 2 Nr. 3 AktG bezieht.

907 *Bürgers*, NJW 2004, 3022, 3026; *Maser/Göttle*, NZG 2013, 201, 205; bei Interessenkonflikten ist weiterhin danach zu unterscheiden, ob sie nur aufgedeckt oder gänzlich vermieden werden sollen: *Kort*, ZIP 2008, 717 ff.; aA *Habersack*, ZGR 2004, 721, 726, der jede abstrakte Gefahr ausreichen lassen will.

908 *Bürgers*, NJW 2004, 3022, 3025 f.; *Vetter*, AG 2004, 234, 236 ff.; *ders.*, ZIP 2008, 1, 5; *Bredol/Schäfer*, BB 2013, 652, 654; *Thüsing/Forst* in: FS von Westphalen, 2010, S. 693, 713; *Kort* in: FS Hüffer, 2010, S. 483, 499; so wohl auch BGH, Urt. v. 16.04.2004 – II ZR 316/02, BGHZ 158, 122, 127 = NJW 2004, 1109, 1110; aA *Habersack*, ZGR 2004, 721, 731 ff.; *Lenenbach*, EWiR 2004, 413, 414; *Meyer/Ludwig*, ZIP 2004, 940, 944 f.; *AKEIÜ*, DB 2006, 1625, 1628; *Peltzer*, NZG 2004, 509, 511 f., mit Ausnahme von Start-up Unternehmen.

909 *Hopt/Roth* in: Großkommentar AktG § 113 Rn. 48; *Spindler* in: Spindler/Stilz AktG § 113 Rn. 56; *Hoffmann-Becking*, ZHR 169 (2005), 155, 179; *Fuchs*, WM 2004, 2233, 2237; *Gehling*, ZIP 2005, 549, 554; *Bachmann*, ZGR 2008, 779, 796 m.w.N.; *Henze*, BB 2005, 165, 173; *Vetter*, AG 2004, 234, 236 f.; *ders.*, ZIP 2008, 1, 5; *Martinius/*

mit den Anteilseignerinteressen in Einklang gebracht wird.[910] Solange die Aktionärsinteressen im Vordergrund stehen, sind gleichlaufende Vergütungsinteressen des Vorstands erlaubt.[911] Dafür spricht auch die entsprechende Kodexempfehlung in Ziff. 5.4.6 Abs. 2 S. 2 DCGK für eine Ausrichtung einer erfolgsorientierten Vergütung am langfristigen Unternehmenserfolg.[912] Denn es muss auch bedacht werden, dass eine am Unternehmenserfolg orientierte Vergütung auch einen Interessengleichlauf mit den Aktionärsinteressen bedeuten kann, die eine hohe Dividende präferieren.[913]

Somit kann festgehalten werden, dass § 113 Abs. 1 S. 3 AktG auch Interessengleichläufen mit dem Vorstand entgegenwirken soll. Allerdings ist dies nicht bei einer Vergütungsart bereits automatisch der Fall, soweit das Aktionärsinteresse im Vordergrund steht.

b) Inhaltliche Reichweite des Angemessenheitskriteriums

Weitestgehend herrschende Meinung ist, dass § 113 Abs. 1 S. 3 AktG Grenzen für die Höhe der Aufsichtsratsvergütung ziehen soll.[914] Nicht zu folgen ist hingegen der Auffassung, dass § 113 Abs. 1 S. 3 AktG auch eine Untergrenze für die Vergütung darstellt.[915] Ob eine Vergütung gewährt wird, ist von einer Satzungsbestimmung oder einem Hauptversammlungsbeschluss abhängig. Ein gesetzlicher Anspruch auf

---

Zimmer, BB 2011, 3014, 3016; *Maser/Göttle*, NZG 2013, 201, 205; *Marsch-Barner* in: FS Röhricht, 2005, S. 401, 416; *Spindler* in: FS K. Schmidt, 2009, S. 1529, 1548; auch BGH, Urt. v. 16.04.2004 – II ZR 316/02, BGHZ 158, 122, 127 = NJW 2004, 1109, 1110 weist auf § 113 Abs. 3 AktG hin; *Raapke*, Die Regulierung der Vergütung von Organmitgliedern und Angestellten im Aktien- und Kapitalmarktrecht, 2012, S. 269 f.; aA *Habersack*, ZGR 2004, 721, 732 f., der ein Verbot auch bei § 113 Abs. 3 AktG anwenden will; § 113 Abs. 3 steht in der Kritik aufgrund der Unsicherheit über Unternehmenskennzahlen als Erfolgsbezug und ist daher auch immer wieder Gegenstand von Streichungsforderungen de lege ferenda, z. B. *Hoffmann-Becking*, ZHR 169 (2005), 155, 174 f.; *Handelsrechtsausschuss des Deutschen Anwaltvereins*, NZG 2011, 217, 222 Rn. 60.

910 Begr. RegE *Kropff/Thölke*, Aktiengesetz 1965, S. 157; *Hoffmann-Becking*, ZHR 169 (2005), 155, 176; *Vetter*, ZIP 2008, 1, 3; *Martinius/Zimmer*, BB 2011, 3014, 3016,

911 *Fuchs*, WM 2004, 2233, 2238; *Vetter*, AG 2004, 234, 238; anders wird dies bei erfolgsabhängigen variablen Vergütungen nun wegen § 25d Abs. 5 KWG für das Bankaufsichtsrecht gesehen, der durch die Vergütungsausgestaltung erzeugte Interessenkonflikte verbietet: *Apfelbacher/Metzner*, AG 2013, 773, 781.

912 *Bredol/Schäfer*, BB 2013, 652, 654.

913 *Bischof*, BB 2006, 1627, 1628; *Handelsrechtsausschuss des Deutschen Anwaltvereins*, NZG 2012, 335, 339; *Marsch-Barner* in: FS Röhricht, 2005, S. 401, 416.

914 Siehe Nachw. in Fn. 887.

915 So aber *Theisen*, Die Überwachung der Unternehmungsführung, 1987, S. 263 f.; *Berger*, Die Kosten der Aufsichtsratstätigkeit in der Aktiengesellschaft, 2000, S. 28 m.w.N.; nicht ganz abgeneigt *Lüpkes*, Zulässigkeit und Zweckmäßigkeit aktienkursorientierter Vergütung von Mitgliedern des Aufsichtsrats, 2008, S. 306 Fn. 1168.

eine Vergütung besteht dagegen nicht,[916] sodass es auch keine zwingende Untergrenze für eine Vergütung geben kann.[917] Auch § 612 BGB kann diesem Umstand nicht abhelfen, da die Festsetzungskompetenz aus § 113 Abs. 1 S. 2 AktG auf eine einseitige Vergütungsgewährung ausgerichtet ist.[918] Ebenso hat sich der Vorschlag von Höchstgrenzen[919] nicht durchgesetzt, mit denen Aufsichtsratsmitgliedern feste prozentuale Vergütungen in Abhängigkeit der Vorstandsvergütung zugewiesen werden sollten.[920] Fraglich ist hingegen, ob § 113 Abs. 1 S. 3 AktG neben der Höhenbegrenzung noch weitere Vorgaben enthält. Dies wird von einer Meinung bestritten.[921] Dagegen wird von anderer Seite aus betont, dass das Angemessenheitskriterium auch bzgl. der Vergütungsstruktur anzuwenden ist.[922] Dies würde neben der Obergrenze eine weitere inhaltliche Vorgabe darstellen, denn die Vergütungsstruktur mit den festen und variablen Ausgestaltungsmöglichkeiten wird primär nicht dazu benutzt, um die Höhe der Vergütung zu begrenzen, sondern um eine bestimmte Anreizsetzung herzustellen.[923] Da eine Anreizsetzung dazu dient, bestimmte Interessen des Aufsichtsratsmitglieds zu fördern bzw. zu vernachlässigen, muss auch die Vergütungsstruktur, die diese Anreize herstellt, dem Angemessenheitserfordernis unterliegen. Denn das Angemessenheitskriterium soll auch dazu dienen, Interessenkonflikte zwischen Aufsichtsrat und Vorstand zu vermeiden.[924]

---

916 *Habersack* in: MünchKommAktG § 113 Rn. 9, 27; *Hopt/Roth* in: Großkommentar AktG § 113 Rn. 9; *Hüffer* in: Hüffer AktG § 113 Rn. 2; *Spindler* in: Spindler/Stilz AktG § 113 Rn. 1, 6; *Theisen,* DB 1999, 1665; *Vetter,* AG 2000, 453, 456; *Henze,* BB 2005, 165, 172; *Vetter,* ZIP 2008, 1, 2; *Theusinger/Liese,* CCZ 2008, 190; *Reichard/Kaubisch,* AG 2013, 150, 152; *Dieckmann,* BWNotZ 2013, 2, 7; *Maser/Göttle,* NZG 2013, 201; *Lutter* in: FS Westermann, 2008, S. 1171, 1173; *Kort* in: FS Hüffer, 2010, S. 483, 485.

917 *Kort* in: FS Hüffer, 2010, S. 483, 485; *Ludwig,* Die Vergütung des Aufsichtsrats, 2011, S. 169.

918 LG München I, Urt. v. 27.12.2012 – 5 HK O 9109/12, BB 2013, 396; *Vetter,* AG 2000, 453, 456; *Hüffer* in: Hüffer AktG § 113 Rn. 2; *Hopt/Roth* in: Großkommentar AktG § 113 Rn. 9.

919 *Geßler,* DB 1978, 63 ff.

920 *Lutter,* AG 1979, 85 ff.; *Mäger,* BB 1999, 1389, 1390; *Hopt/Roth* in: Großkommentar AktG § 113 Rn. 62; *Mertens/Cahn* in: Kölner Komm. AktG § 113 Rn. 30.

921 *Kort* in: FS Hüffer, 2010, S. 483, 486; *Hüffer* in: Hüffer AktG § 113 Rn. 4; *Habersack* in: MünchKommAktG § 113 Rn. 41.

922 *Fuchs,* WM 2004, 2233, 2238; *Gehling,* ZIP 2005, 549, 553; *Hopt/Roth* in: Großkommentar AktG § 113 Rn. 64; *Spindler* in: Spindler/Stilz AktG § 113 Rn. 31; *Lüpkes,* Zulässigkeit und Zweckmäßigkeit aktienkursorientierter Vergütung von Mitgliedern des Aufsichtsrats, 2008, S. 314 f.; *Ludwig,* Die Vergütung des Aufsichtsrats, 2011, S. 170; *Raapke,* Die Regulierung der Vergütung von Organmitgliedern und Angestellten im Aktien- und Kapitalmarktrecht, 2012, S. 260.

923 In diese Richtung *Hopt/Roth* in: Großkommentar AktG § 113 Rn. 64; für die Vorstandsvergütung *Kramarsch,* ZHR 169 (2005), 112, 116.

924 *Bürgers/Israel* in: Bürgers/Körber AktG § 113 Rn. 1; näher dazu oben 3.TeilC.I.2.a).

Eine Vergütungsstruktur, die den Aufsichtsrat begünstigt, wenn das Interesse des Vorstands den Vorrang vor der Überwachungsaufgabe eingeräumt wird, würde einen Interessenkonflikt herbeiführen und damit unangemessen sein. Die Angemessenheit ist demnach auch bei der Vergütungsstruktur zu wahren. Für das Bankaufsichtsrecht besteht mit § 25d Abs. 5 KWG seit dem CRD IV-Umsetzungsgesetz[925] eine gesetzliche Grundlage für die Berücksichtigung der Vergütungsstruktur bei der Vergütungsausgestaltung. Denn § 25d Abs. 5 KWG verlangt, dass die Ausgestaltung des Vergütungssystems für Aufsichtsräte in Bezug auf die Überwachungsfunktion keine Interessenkonflikte erzeugen darf. Eine automatische Übertragung der Aufsichtsrechtsnorm in das allgemeine Aktienrecht kommt aber aufgrund der Spezialität nicht in Betracht. Daher bleibt es dabei, dass sich die Angemessenheit des § 113 Abs. 1 S. 3 AktG auch auf die Vergütungsstruktur erstreckt.

aa) *Kriterien zur Bestimmung der Angemessenheit*

Durch die Regelung der Aufsichtsratsvergütung in § 98 Abs. 1 AktG 1937 wurde die bis dahin geltende Privatautonomie bzgl. der Ausgestaltung der Aufsichtsratsvergütung erstmals dadurch eingeschränkt, dass die Vergütung mit den Aufgaben und der Lage der Gesellschaft „in Einklang“ zu bringen war.[926] Doch auch mit der gegenwärtigen Regelung des § 113 Abs. 1 S. 3 AktG ist den Anteilseignern immer noch ein Ermessensspielraum einzuräumen, indem sie festlegen, was sie als angemessene Vergütung erachten.[927] Die Angemessenheit ist somit kein von außen festgesetzter Wert, den es zwingend zu beachten gilt.[928] Die Angemessenheit hat

925 Gesetz zur Umsetzung der Richtlinie 2013/36/EU über den Zugang zur Tätigkeit von Kreditinstituten und die Beaufsichtigung von Kreditinstituten und Wertpapierfirmen und zur Anpassung des Aufsichtsrechts an die Verordnung (EU) Nr. 575/2013 über Aufsichtsanforderungen an Kreditinstitute und Wertpapierfirmen (CRD IV-Umsetzungsgesetz) vom 28.08.2013, BGBl. I 2013, S. 3395.

926 *Schlegelberger/Quassowski* in: Schlegelberger/Quassowski AktG 1937 § 98 Rn. 1.

927 LG München I, Urt. v. 27.12.2012 – 5 HK O 9109/12, BB 2013, 396, 397; *Fuchs*, WM 2004, 2233, 2237; *Gehling*, ZIP 2005, 549, 551 f.; *Martinius/Zimmer*, BB 2011, 3014, 3015; *Thüsing/Forst* in: FS von Westphalen, 2010, S. 693, 708 f.; *Theisen* in: FS Säcker, 2011, S. 487, 497; *Hopt/Roth* in: Großkommentar AktG § 113 Rn. 56; *Kremer* in: Ringleb/Kremer/Lutter/von Werder DCGK Rn. 1066; *Lüpkes*, Zulässigkeit und Zweckmäßigkeit aktienkursorientierter Vergütung von Mitgliedern des Aufsichtsrats, 2008, S. 295 f. m.w.N.; *Ludwig*, Die Vergütung des Aufsichtsrats, 2011, S. 171; aus europarechtlicher Sicht zur Vergütung der Unternehmensleitung im Allgemeinen (worunter auch die Aufsichtsorgane fallen): Empfehlung der Kommission vom 14. Dezember 2004 zur Einführung einer angemessenen Regelung für die Vergütung von Mitgliedern der Unternehmensleitung börsennotierter Gesellschaften, 2004/913/EG, Abl. L 385 vom 29.12.2004, S. 55, Abs. 2.

928 *Goette*, ZGR 2008, 436, 450, der bzgl. der Vorstandsvergütung darauf hinweist, dass „[...] es „die“ angemessene Vergütung nicht geben kann [...]“.

sich dabei auf die Vergütung in ihrer gesamten Höhe zu beziehen.[929] Besondere Vergütungshöhen können dabei mittels sachlicher Gründe gerechtfertigt werden.[930] Dies wäre auch der Fall, wenn mit der Vergütung eine intensive Aufgabenwahrnehmung in Anerkennung gebracht werden soll.[931] Denn das entspricht wiederum dem Vergütungsgrund der „Tätigkeit" aus § 113 Abs. 1 S. 1 AktG, wodurch sich differenziertere Vergütungshöhen ableiten ließen, wenn ein Aufsichtsratsmitglied intensiver tätig wird.

Fraglich ist jedoch, ob § 113 Abs. 1 S. 3 AktG eine abschließende Regelung vorsieht, oder darüber hinaus weitere Einflussfaktoren berücksichtigt werden können.[932] Gegen eine abschließende Regelung wird vorgebracht, dass mit § 113 Abs. 3 AktG eine weitere Vergütungsart bestehe, mit der ausdrücklich die Leistungen berücksichtigt werden könnten, die jedoch im Rahmen des § 113 Abs. 1 S. 3 AktG nicht mit aufgeführt werden.[933] Hiergegen spricht jedoch schon, dass mit der Tätigkeitsvergütung sehr wohl auf die konkreten Leistungen des Aufsichtsratsmitglieds abgestellt wird, was ebenso innerhalb des § 113 Abs. 1 S. 3 AktG zum Ausdruck kommt, der das angemessene Verhältnis in Bezug zur Tätigkeitsvergütung stellt.[934] Andererseits wird für eine abschließende Regelung vorgebracht, dass die Angemessenheit weitere Einflussfaktoren wie das Gesellschafts- und Unternehmensinteresse und andere Strukturentscheidungen des Aktienrechts beinhalten, sodass diese keine Maßstäbe darstellen, die außerhalb der Angemessenheit anzuwenden wären.[935] Dafür spricht auch das Telos des Angemessenheitskriteriums,

---

929 *Hüffer* in: Hüffer AktG § 113 Rn. 4; *Hopt/Roth* in: Großkommentar AktG § 113 Rn. 56 ff.; *Spindler* in: Spindler/Stilz AktG § 113 Rn. 31; *Hambloch-Gesinn/Gesinn* in: Hölters AktG § 113 Rn. 30; *Lüpkes*, Zulässigkeit und Zweckmäßigkeit aktienkursorientierter Vergütung von Mitgliedern des Aufsichtsrats, 2008, S. 307.

930 *Spindler* in: Spindler/Stilz AktG § 113 Rn. 28.

931 *Wagner* in: von Schenck, Arbeitshandbuch für Aufsichtsratsmitglieder, 2013, § 11 Rn. 51; *Hopt/Roth* in: Großkommentar AktG § 113 Rn. 56.

932 Für eine offene Gestaltung *Mäger*, BB 1999, 1389; *Hoffmann-Becking*, ZHR 169 (2005), 155, 158 f.; 174, der das angemessene Verhältnis der Aufsichtsratsvergütung analog wie die Angemessenheit der Vorstasndsvergütung behandeln will; *Gehling*, ZIP 2005, 549, 551; *Lüpkes*, Zulässigkeit und Zweckmäßigkeit aktienkursorientierter Vergütung von Mitgliedern des Aufsichtsrats, 2008, S. 296, 309 f. m.w.N.; kritisch bzgl. § 113 Abs. 1 S. 3 AktG insgesamt, da wenig praktikabel *Wagner* in: von Schenck, Arbeitshandbuch für Aufsichtsratsmitglieder, 2013, § 11 Rn. 50.

933 *Lüpkes*, Zulässigkeit und Zweckmäßigkeit aktienkursorientierter Vergütung von Mitgliedern des Aufsichtsrats, 2008, S. 309 f. mit Verweis auf *Hoffmann-Becking*, ZHR 169 (2005), 155, 158 f.

934 Siehe zum Tätigkeitsbegriff als primären Vergütungsgrund oben 3.TeilC.I.1.a).

935 *Gehling*, ZIP 2005, 549, 554, der das Angemessenheitsgebot als Anerkennung der Entscheidungsfreiheit der Hauptversammlung sieht; *Lüpkes*, Zulässigkeit und Zweckmäßigkeit aktienkursorientierter Vergütung von Mitgliedern des Aufsichtsrats, 2008, S. 313, 315 ff.; aA *Roller*, Die Vergütung des Aufsichtsrats in Abhängigkeit vom Aktienkurs, 2000, S. 79 ff.

dass darüber hinaus keine weiteren inhaltlichen Vorgaben durch den Gesetzgeber gewollt waren.[936] Gegen eine abstrakte Berücksichtigung anderer Kriterien kann ebenso angeführt werden, dass die Angemessenheit in Bezug auf die Aufgaben und die Lage der Gesellschaft bereits hinreichend bestimmt ist, um das Unternehmensinteresse selbst darzustellen.[937] Obwohl das Unternehmensinteresse teilweise aufgrund unbestimmter Abgrenzungskriterien nicht anerkannt wird,[938] beschreibt es das Interesse an Rentabilität[939] und Erhaltung[940] des Unternehmens.[941] Ein Unternehmensinteresse kommt daher mit der Angemessenheit bereits hinreichend zum Ausdruck. Denn durch den Zweck des § 113 Abs. 1 S. 3 AktG an einer Höhenbegrenzung und Vermeidung von Interessenkonflikten mit dem Vorstand sind die Interessen der Anteilseigner und sonstiger an der Gesellschaft interessierter Gruppen an einer maßvollen Vergütung beschrieben. Daher ist § 113 Abs. 1 S. 3 AktG als abschließend anzusehen. Jedoch bleibt die Begründung der Angemessenheit aufgrund anderer Strukturprinzipien weiterhin möglich, wenn sie eine Ausprägung des angemessenen Verhältnisses zu den Aufgaben der Aufsichtsratsmitglieder und zur Lage der Gesellschaft darstellen.[942] Bei der Betrachtung anderer Ansichten zum Verständnis

---

936 *Gehling*, ZIP 2005, 549, 553 f.; *Lüpkes*, Zulässigkeit und Zweckmäßigkeit aktienkursorientierter Vergütung von Mitgliedern des Aufsichtsrats, 2008, S. 313 f.

937 Für die Angemessenheit der Vorstandsvergütung aus § 87 Abs. 1 AktG: *Dreher*, AG 2002, 214, 216; *Marsch-Barner* in: FS Röhricht, 2005, S. 401, 406; dem Unternehmensinteresse keine eigenständige Bedeutung zumessend *Brauer*, NZG 2004, 502, 508; *Fonk*, NZG 2005, 248, 252; *Marsch-Barner* in: FS Röhricht, 2005, S. 401, 406; übertragend auf die Angemessenheit der Aufsichtsratsvergütung *Plagemann*, Die Vergütung des Aufsichtsrats in der börsennotierten Aktiengesellschaft, 2008, S. 162 und *Ludwig*, Die Vergütung des Aufsichtsrats, 2011, S. 171; aA LG Düsseldorf, Urteil v. 22. 7. 2004 – XIV 5/03 (nicht rechtskräftig), NJW 2004, 2375, 2377, indem es zwar die Frage der Einordnung aufwirft, aber das Unternehmensinteresse dann doch als vorgelagerten Maßstab erachtet; ebenso für das Unternehmensinteresse als Maßstab neben der Angemessenheit für die Vorstandsvergütung *Baums* in: FS Claussen, 1997, S. 3, 31; ähnlich *Schwark* in: FS Raiser, 2005, S. 377, 382, der jedoch auch an dem Aussagegehalt des Unternehmensinteresses ggü. der Vorstandsvergütung zweifelt.

938 Exemplarisch hierfür *Jung*, Der Unternehmergesellschafter als personaler Kern der rechtsfähigen Gesellschaft, 2002, S. 188 ff.

939 *Meyer-Landrut* in: Großkommentar AktG, 3. Aufl. § 76 Anm. 10.

940 *Immenga*, ZGR 1977, 249, 275 f.; *Vollmer*, BB 1977, 818, 819.

941 *Säcker/Boesche*, BB 2006, 897, 900 m.w.N. *Kort*, ZIP 2008, 717, 720; *Zöllner*, Die Schranken mitgliedschaftlicher Stimmrechtsmacht bei den privatrechtlichen Personenverbänden, 1963, S. 20 f., 78; aus strafrechtlicher Sicht *Tiedemann* in: FS Weber, 2004, S. 319, 326; etwas abweichend OLG Düsseldorf, Urt. v. 14. 3. 1996 – 6 U 119/94, ZIP 1996, 1083, 1087 = DB 1996, 974, (wirt. Erfolg und Gewinnerzielung); einen Vorrang von Aktionärsinteressen befürwortet *Fleischer* in: Spindler/Stilz AktG § 76 Rn. 36 ff. m.w.N. auch zur Gegenmeinung.

942 *Ludwig*, Die Vergütung des Aufsichtsrats, 2011, S. 173.

des Unternehmensinteresses ergeben sich in den Konsequenzen hieraus teilweise Gemeinsamkeiten. Der interessenpluralistische Ansatz, der das Unternehmensinteresse als das Resultat der Interessen der Anteilseigner und Arbeitnehmer unter Ausschluss des Unternehmensleiterinteresses begreift[943] deckt sich weitgehend mit der hier vertretenen Ansicht, da das Rentabilitätsinteresse mit dem Interesse der Anteilseigner und das Erhaltungsinteresse mit den Arbeitnehmerinteressen gleichlaufen wird. Auch der Ansatz, der das Unternehmensinteresse als Ergebnis eines Abwägungsprozesses von Arbeitnehmer-, Gläubiger-, Fremdkapitalgeber- und Gesellschaftsinteresse ansieht,[944] führt zu einer ähnlichen Folge, da diese Interessen der Rentabilität und Unternehmenserhaltung zugerechnet werden können. Dagegen führt der Einbezug von Öffentlichkeits- bzw. Gemeinwohlinteressen[945] in das Unternehmensinteresse dazu, dass im Rahmen der Angemessenheit auch Interessen zu berücksichtigen sein könnten, die keinen Bezug zu den Aufgaben und der Gesellschaftslage haben. Deshalb ist diese Auffassung für die Angemessenheit der Vergütung nicht heranzuziehen. Die Ansicht eines übergeordneten Interesses oder Unternehmensträgerinteresses verankert das Unternehmensinteresse auf einer Ebene oberhalb der Einzelinteressen im Unternehmen,[946] sodass dieses auch nicht zur Disposition der Aktionäre stehen sollen.[947] Dies könnte zur Folge haben, dass hier Interessesn zu berücksichtigen wären, die keine Verbindungen mit den Aufgaben und der Gesellschaftslage aufweisen, weshalb diese Ansicht abzulehnen ist. Es könnte sogar dazu führen, dass auch Vorstandsinteressen zu berücksichtigen wären, was mit dem Telos des § 113 Abs. 1 S. 3 AktG zur Vermeidung von Interessenkonflikten nicht zu vereinbaren wäre.

Jedenfalls weist das Gesellschafts- bzw. Unternehmensinteresse bei einer abstrakt individuellen Vergütung weniger Relevanz auf, als bei der konkreten Vergütungsart aktienkursbezogener Vergütungen. Im Falle einer aktienkursorientierten Vergütung, die eine Vergütung an die Interessen der Aktionäre an einem steigenden Aktienkurs koppelt, ist eine Diskussion über den Einklang mit anderen Interessen des Unternehmens angebracht.[948] Bei individuellen Vergütungen muss hingegen darauf

943 *Kittner,* ZHR 136 (1972), 208, 226 f.

944 *Brinkmann,* Unternehmensinteresse und Unternehmensrechtsstruktur, 1983, S. 230 ff.; *Teubner,* ZHR 148 (1984), 470, 479 f., 484 ff.

945 *Hüffer* in: Hüffer AktG § 76 Rn. 12a; *Koberski* in: Wlotzke/Wißmann/Koberski/Kleinsorge MitbestR § 25 Rn. 95; *Hopt,* ZGR 1993, 534, 536 f., *Louven/Ingwersen,* BB 2013, 1219, 1221, aus strafrechtlicher Sicht BGH, Urt. v. 6. 12. 2001 – 1 StR 215/01, BGHSt 47, 187, 196 = NZG 2002, 471, 473, ebenso in Ziff. 4.1.1 DCGK.

946 *Flume,* Allgemeiner Teil des burgerlichen Rechts, 1983, S. 57 ff. (übergeordnetes Interesse); *Jürgenmeyer,* Das Unternehmensinteresse, 1984, S. 61 ff, 172 ff. (übergeordnetes Unternehmensträgerinteresse).

947 *Flume,* Allgemeiner Teil des burgerlichen Rechts, 1983, S. 59.

948 Siehe dazu *Roller,* Die Vergütung des Aufsichtsrats in Abhängigkeit vom Aktienkurs, 2000, S. 79 ff.; *Lüpkes,* Zulässigkeit und Zweckmäßigkeit aktienkursorientierter Vergütung von Mitgliedern des Aufsichtsrats, 2008, S. 341 ff.

geachtet werden, dass das Eigeninteresse nicht über Gebühr gefördert wird. Dies geschieht jedoch primär durch die Zuständigkeitsregelung des § 113 Abs. 1 S. 2 AktG, die eine Selbstbedienung des Aufsichtsrats bei der Vergütung auszuschließen sucht.[949] Das Angemessenheitskriterium ist dabei insoweit zu berücksichtigen, als dass es möglicherweise abstrakt-generell Schranken für eine individuelle Vergütung aufstellen könnte.

Nachdem der Angemessenheitsbegriff näher umrissen wird [(1) – (3)], erfolgt daher in einem weiteren Schritt die Bezugnahme zu den Aufgaben [c)] und zur Lage der Gesellschaft [d)]. Beide gesetzlichen Anknüpfungspunkte sind hierbei kumulativ zu beachten.[950]

(1) Vergleich mit § 87 AktG

Zum näheren Verständnis der Angemessenheit des § 113 Abs. 1 S. 3 AktG bietet sich ein Blick auf die Parallelnorm für Vorstandsvergütungen in § 87 Abs. 1 AktG an. Bei der Angemessenheit i. S. d. § 87 Abs. 1 AktG handelt es sich um einen Begriff, der aufgrund seiner Unbestimmtheit eine tiefergehende Auslegung nicht nur ermöglicht, sondern auch erforderlich macht.[951] Vom Wortlaut her unterscheidet sich § 113 Abs. 1 S. 3 AktG mit seiner Soll-Formulierung von der eher verbindlichen Regelung des § 87 Abs. 1 S. 1 („hat“). Das Angemessenheitskriterium des § 113 Abs. 1 S. 3 AktG wird jedoch weites gehend als inhaltsgleich mit der Angemessenheit der Vorstandsvergütung aus § 87 Abs. 1 AktG betrachtet.[952] Dies deckt sich auch mit der historischen Betrachtung, denn für die Auslegung des § 98 Abs. 1 AktG 1937 wurde in der Literatur ebenfalls auf die Regelungen für die Vorstandsvergütung verwiesen.[953] Daher sollen nach einer Ansicht im Rahmen der Angemessenheit des § 113 Abs. 1 S. 3 AktG auch individuelle Kriterien wie die besondere Kenntnis und Erfahrung von Personen zur näheren Bestimmung der Angemessenheit beitragen.[954] Hinsichtlich des Aufgabenkriteriums in § 87 Abs. 1 S. 1 AktG können durch Vorstandsressorts Personen besondere Aufgaben übertragen werden, sodass sie eine

949 Siehe dazu oben 3.TeilB.I.1.a)

950 *Maser/Göttle,* NZG 2013, 201, 205; *Kort* in: FS Hüffer, 2010, S. 483, 487; *Hüffer* in: Hüffer AktG § 113 Rn. 4; *Habersack* in: MünchKommAktG § 113 Rn. 40; *Berger,* Die Kosten der Aufsichtsratstätigkeit in der Aktiengesellschaft, 2000, S. 29; *Ludwig,* Die Vergütung des Aufsichtsrats, 2011, S. 173.

951 *Fleischer,* DStR 2005, 1279, 1281 f. m.w.N.; *ders.,* RIW 2010, 497; *Gaul/Janz,* GmbHR 2009, 959, 963.

952 *Habersack* in: MünchKommAktG § 113 Rn. 40; *Hopt/Roth* in: Großkommentar AktG § 113 Rn. 56; *Hüffer* in: Hüffer AktG § 113 Rn. 4 “ähnlich”; *Spindler* in: Spindler/Stilz AktG § 113 Rn. 29; *Drygala* in: Schmidt-Lutter AktG § 113 Rn. 1; *Wilsing* in: Wilsing DCGK, 2012, Ziff. 5.4.6 Rn. 3.

953 Siehe *Schlegelberger/Quassowski* in: Schlegelberger/Quassowski AktG 1937 § 98 Rn. 5.

954 *Ehren/Gros,* Der Konzern 2011, 277, 284.

dem jeweiligen Ressort angemessene Vergütung begründen.[955] Die Gesamtverantwortung im Vorstandsrecht[956] stellt dafür keinen Hinderungsgrund dar.[957] Allerdings wird für eine Ressortvergütung in der Praxis auch ein Rückgang verzeichnet, der mit dem Gedanken besserer Zusammenarbeit begründet wird.[958] Ebenso rückläufig ist eine Vergütung nach Dienstalter.[959] Trotzdem gelten als zulässige Angemessenheitskriterien der Marktwert,[960] die Qualifikation,[961] das Dienstalter und „familiäre Verhältnisse".[962] Der Gleichbehandlungsgrundsatz wird trotz des Prinzips der Gesamtverantwortung[963] als eher nebensächlich erachtet.[964]

Der Wortlaut des § 87 Abs. 1 S. 1 AktG hat sich jedoch durch das VorstAG[965] erheblich geändert, während § 113 Abs. 1 S. 3 AktG unangetastet blieb. § 87 Abs. 1 S. 2 AktG bezieht sich auf eine nachhaltige Vergütungsstruktur und ist daher für die Bestimmung der Angemessenheit einer variablen Vergütung von Bedeutung.[966] Während die Bedeutung des neuen Merkmals der Leistungen noch umstritten ist,[967] bezieht sich die Üblichkeit gem. § 87 Abs. 1 S. 1 AktG auf einen horizontalen Vergleich zu vergleichbaren Gesellschaften und vertikalen Vergleich der Mitarbeitervergütung unterhalb der Vorstandsebene.[968] Bei der Fixvergütung wird unter anderem[969]

---

955 *Schwark* in: FS Raiser, 2005, S. 377, 383 f.; *Semler* in: FS Budde, 1995, S. 599, 601; *Spindler* in: MünchKommAktG § 87 Rn. 43; *Kling*, DZWIR 2010, 221, 223 geht sogar noch weiter, indem er auch individuelle Kriterien wie Kenntnisse und Erfahrungen mit den Aufgaben in Verbindung setzt.

956 *Hüffer* in: Hüffer AktG § 77 Rn. 18; *Mertens/Cahn* in: Kölner Komm. AktG Rn. 23 f.; *Fleischer*, ZGR 2001, 1, 25 f.; *ders.*, NZG 2003, 449.

957 *Spindler* in: MünchKommAktG § 87 Rn. 43; *Kling*, DZWIR 2010, 221, 223.

958 *Evers* in: Hommelhoff, Handbuch Corporate Governance, 2009, S. 349, 358.

959 *Evers* in: Hommelhoff, Handbuch Corporate Governance, 2009, S. 349, 358.

960 *Mertens/Cahn* in: Kölner Komm. AktG § 87 Rn. 14; *Hüffer* in: Hüffer AktG § 87 Rn. 2; *Thüsing*, ZGR 2003, 457, 465.

961 *Mertens/Cahn* in: Kölner Komm. AktG § 87 Rn. 14.

962 Zu den letzten drei Kriterien: *Hüffer* in: Hüffer AktG § 87 Rn. 2 m.w.N.; *Thüsing*, ZGR 2003, 457, 469 m.w.N.

963 Siehe Fn. 956.

964 *Mertens/Cahn* in: Kölner Komm. AktG § 87 Rn. 7; *Wiesner* in: MünchHdb AG § 21 Rn. 10; *Thüsing*, ZGR 2003, 457, 472.

965 Gesetz zur Angemessenheit der Vorstandsvergütung (VorstAG), BGBl. I, 2009, S. 2590.

966 Beschlussempfehlung und Bericht des Rechtsausschusses (6. Ausschuss), BT-Drucks. 16/134333, S. 10; *Thüsing/Forst*, GWR 2010, 515, 516; *Louven/Ingwersen*, BB 2013, 1219, 1220.

967 Zu den unterschiedlichen Auffassungen siehe *Kling*, DZWIR 2010, 221, 223; zur Begriffsbestimmung der Leistung s. 1.TeilC.III.

968 Beschlussempfehlung und Bericht des Rechtsausschusses (6. Ausschuss), BT-Drucks. 16/134333, S. 10; *Kling*, DZWIR 2010, 221, 225; bereits vor dem VorstAG siehe z.B.: *Säcker/Boesche*, BB 2006, 897, 904.

969 Für weitere Kriterien siehe nur die Darstellung bei *Fleischer* in: Spindler/Stilz AktG § 87 Rn. 9 ff.

auch auf den Marktwert einer Person abgestellt, der eine angemessene Vergütung bei gleichzeitiger Berücksichtigung der übernommenen Aufgabe begründen kann.[970] Begründet wird dies mit der üblichen Zuweisung von Aufgaben, die den Qualifikationen entsprechen.[971]

Aufgrund des abweichenden Wortlauts, der Systematik und unterschiedlichen gesetzgeberischen Aktivität ist eine pauschale Übertragung der neuen Angemessenheitskriterien wie der Leistung und Üblichkeit i. S. d. § 87 Abs. 1 S. 1 AktG nicht geboten. Auch ist der Unterschied zwischen den Aufgaben des Vorstands und des Aufsichtsrats zu beachten, der eine pauschale Übertragung einschränkt.[972] Es können lediglich Hinweise gewonnnen werden, die bei der Auslegung der Angemessenheit des § 113 Abs. 1 S. 3 AktG behilflich sind, aber weiterhin unverbindlich bleiben müssen.

(2) Fremdvergleich

Zur Bestimmung der Angemessenheit wird vielfach auf einen Vergleich zur Aufsichtsratsvergütung in vergleichbaren Gesellschaften abgestellt.[973] Dies kann allerdings nur einen ersten Hinweis auf eine mögliche Angemessenheit darstellen.[974] Denn jede Gesellschaft hat ihre besonderen Eigenheiten und kann nicht blind mit anderen Gesellschaften derselben Branche gleichgestellt werden.[975]

Selbst für die Vorstandsvergütung wurde ein Fremdvergleich vor der Neufassung durch das VorstAG kritisch gesehen, da es nur ungenügende Vergleichsdaten gebe, die einen solchen Vergleich möglich machen können.[976] Dies dürfte sich nun durch die Pflicht zur individuellen Offenlegung gem. § 285 Nr. 9 a) HGB seit dem VorstOG[977] und durch die Einführung des Maßstabs der „üblichen Vergütung" i. S. d. § 87

---

970 *Schwark* in: FS Raiser, 2005, S. 377, 385; *Kling*, DZWIR 2010, 221, 227; *Hüffer* in: Hüffer AktG § 87 Rn. 2; *Fleischer* in: Spindler/Stilz AktG § 87 Rn. 19 m.w.N.

971 *Schwark* in: FS Raiser, 2005, S. 377, 385.

972 Strikt gegen jegliche Übertragung der Begründungsansätze für eine bestimmte Vergütung *AKEIÜ*, DB 2006, 1625, 1629.

973 *Hopt/Roth* in: Großkommentar AktG § 113 Rn. 56; *Mertens/Cahn* in: Kolner Komm. AktG § 113 Rn. 30 m.w.N.; *Hambloch-Gesinn/Gesinn* in: Hölters AktG § 113 Rn. 30; *Lutter*, AG 1979, 85, 88; *Vetter* in: Marsch-Barner/Schäfer, Hdb. börsennotierte AG, 2014, § 29 Rn. 46; *Ludwig*, Die Vergütung des Aufsichtsrats, 2011, S. 181.

974 *Mäger*, BB 1999, 1389, 1392; *Gehling*, ZIP 2005, 549, 552 f.; *Hopt/Roth* in: Großkommentar AktG § 113 Rn. 56; *Spindler* in: Spindler/Stilz AktG § 113 Rn. 29; *Habersack* in: MünchKommAktG § 113 Rn. 41; *Berger*, Die Kosten der Aufsichtsratstätigkeit in der Aktiengesellschaft, 2000, S. 29; *Ludwig*, Die Vergütung des Aufsichtsrats, 2011, S. 181.

975 *Wagner* in: von Schenck, Arbeitshandbuch für Aufsichtsratsmitglieder, 2013, § 11 Rn. 50.

976 *Schüller*, Vorstandsvergütung, 2002, S. 118; *Schwark* in: FS Raiser, 2005, S. 377, 385.

977 Gesetz über die Offenlegung der Vorstandsvergütungen (Vorstandsvergütungs-Offenlegungsgesetz – VorstOG), BGBl. I, S. 2267.

Abs. 1 S. 1 AktG geändert haben. Allerdings beschreibt das Argument die derzeitige Situation der Aufsichtsratsvergütungen, die lediglich aufgrund einer Kodexempfehlung gem. Ziff. 5.4.6 Abs. 3 DCGK individuell offengelegt werden sollen.[978] Eine strenge Verpflichtung zur individuellen Offenlegung wie bei der Vorstandsvergütung wird weiterhin abgelehnt, da die Kompetenznorm des § 113 Abs. 1 S. 2 AktG eine hinreichende Transparenz gewährleistet.[979] Die damalige Argumentation für die Vorstandsvergütung trifft nun auf die Situation der Aufsichtsratsvergütung zu, sodass sie übertragbar ist. Daher ist auch eine analoge Anwendung des IDW PH 1/2010,[980] der eine Vergleichsprüfung durch externe Vergütungsberater vorschlägt,[981] nicht vorzunehmen.[982] Denn während bei der Vorstandsvergütung nun eine individuelle Offenlegungspflicht vorherrscht, besteht diese bei der Aufsichtsratsvergütung noch nicht, sodass keine vergleichbare Lage vorliegt.

Ein Fremdvergleich ist somit nur Anhaltspunkt, jedoch kein zwingender Parameter für die Bestimmung einer angemessenen Aufsichtsratsvergütung.[983]

(3) Ziff. 5.4.6 Abs. 1 S. 2 DCGK i. d. F. vom 15. Mai 2012

Einen weiteren Hinweis auf den Bedeutungsgehalt der Angemessenheit könnte auch der nunmehr historische Blick auf die Regelung der Ziff. 5.4.6 Abs. 1 S. 2 DCGK a. F.[984] ergeben. Darin kam zum Ausdruck, dass die Aufsichtsratsvergütung „[...] der Verantwortung und dem Tätigkeitsumfang der Aufsichtsratsmitglieder sowie der wirtschaftlichen Lage und dem Erfolg des Unternehmens Rechnung [trägt]." Der Bezug zur Verantwortung, dem Tätigkeitsumfang, der Lage und dem Erfolg sollte dabei den abstrakten Begriff Angemessenheit auslegen.[985] Die Aufgaben sollen dabei durch die Verantwortung und den Tätigkeitsumfang beschrieben werden.[986] Dies zeigt, dass auch Begriffe wie die Verantwortung, die lediglich mit den Aufgaben in einen Zusammenhang gebracht werden können, zur Auslegung

978 Gegen eine Notwendigkeit der individuellen Offenlegung aufgrund gegebener Hauptversammlungs-/ Satzungspublizität *Lutter*, EuZW 2009, 799, 801.

979 *Institut für Gesellschaftsrecht der Universität zu Köln*, NZG 2011, 975, 978; auf die gegebene Transparenz weisen auch *Marsch-Barner* in: FS Röhricht, 2005, S. 401, 418 und *Thüsing* in: FS Säcker, 2011, S. 513, 521 hin.

980 IDW Praxishinweis 1/2010, Wpg Supplement 4/2010, 96 ff.

981 IDW Praxishinweis 1/2010, Wpg Supplement 4/2010, 96, 99 Rn. 28 ff.

982 So aber *Freidank/Sassen*, Unternehmensüberwachung, 2012, S. 411; *dies.*, BB 2013, 1195, 1199 f.; eine direkte Anwendung ist bereits durch den Praxishinweis selbst ausgeschlossen: IDW Praxishinweis 1/2010, Wpg Supplement 4/2010, 96, 97 Rn. 7.

983 *Theisen* in: FS Säcker, 2011, S. 487, 497.

984 In der Fassung vom 15. Mai 2012.

985 *Kremer* in: Ringleb/Kremer/Lutter/von Werder DCGK, 2010, 4. Auflage, Rn. 1083; *Wilsing* in: Wilsing DCGK, 2012, Ziff. 5.4.6 Rn. 3.

986 *Wilsing* in: Wilsing DCGK, 2012, Ziff. 5.4.6 Rn. 3; *Kort* in: FS Hüffer, 2010, S. 483, 495 f.

des Angemessenheitsbegriffs dienen können.[987] Allerdings ist der Aussagekraft des Kodex nicht zuviel Gewicht beizumessen, da dieser aufgrund seiner Qualität als Empfehlung und Gesetzeswiedergabe unverbindlich ist.[988] Auch darf die jüngste Überarbeitung des Kodex nicht unbeachtet bleiben. Die Formulierung in Ziff. 5.4.6 Abs. 1 S. 2 DCGK a.F. wurde nun gestrichen. Ziff. 5.4.6 Abs. 2 S. 1 DCGK n.F.[989] verlangt nunmehr, dass die Vergütung der Aufsichtsratsmitglieder „ [...] in einem angemessenen Verhältnis zu ihren Aufgaben und der Lage der Gesellschaft steht." Abgesehen von der gesetzlichen „soll" Formulierung in § 113 Abs. 1 S. 3 AktG entspricht der Wortlaut des DCGK nun dem Gesetz. Somit können den Begriffen der Verantwortung und Tätigkeitsumfang aufgrund einer Auslegung anhand der Ziff. 5.4.6 Abs. 1 S. 2 DCGK a.F. noch weniger Gewicht beigemessen werden, als dies bereits früher der Fall war, als die Begriffe noch ausdrücklich verwendet wurden.

bb) *Zwischenergebnis*

Es kann somit festgehalten werden, dass der Angemessenheitsbegriff nur eine Richtung vorgibt, aber keinen bestimmten Weg festlegt.[990]

c) *Aufgaben der Aufsichtsratsmitglieder*

Wenn mit § 113 Abs. 1 S. 3 AktG festgelegt wird, dass die Vergütung für die Tätigkeit in einem angemessenen Verhältnis zu den Aufgaben stehen soll, kommt damit bereits nach dem Wortlaut zum Ausdruck, dass die Aufgaben nicht isoliert von der Tätigkeit als Vergütungsmaßstab zu betrachten sind. Die Aufgaben hängen schon deshalb eng mit der Tätigkeit zusammen, als dass die Aufgaben die konkret zu erledigenden Tätigkeiten bestimmen. Ein alleiniges Abstellen auf die abstrakten Aufgaben reicht somit zur Begründung einer bestimmten Vergütungshöhe nicht aus.[991] Um die Aufgaben mit einem bestimmten Vergütungsfaktor in Verbindung zu bringen, wird auf die durchschnittlich eingesetzte Zeit für die jeweilige Aufgabenerledigung

---

987 Kritisch zum Verantwortungsbezug wegen des abweichenden Gesetzeswortlauts *Handelsrechtsausschuss des Deutschen Anwaltvereins*, NZG 2012, 335, 339 Rn. 29.

988 Begr. Reg-E BT-Drucks. 14/8769, S. 21; *Hüffer* in: Hüffer AktG § 161 Rn. 3; *Hölters* in: Hölters AktG § 161 Rn. 3.

989 In der Fassung vom 13. Mai 2013.

990 Bzgl. der Vorstandsvergütung, dass „ [...] es „die" angemessene Vergütung nicht geben kann [...]": *Goette*, ZGR 2008, 436, 450; ähnlich *Lutter*, ZIP 2003, 737, 740; *Säcker/Boesche*, BB 2006, 897, 903 m.w.N.; *Plagemann*, Die Vergütung des Aufsichtsrats in der börsennotierten Aktiengesellschaft, 2008, S. 135 „Korridor".

991 *Lutter*, AG 1979, 85; *Marsch-Barner* in: FS Röhricht, 2005, S. 401, 414 mit dem Beispiel des i.d.R. nicht tagenden Vermittlungsausschusses i.S.d. § 27 MitbestG; *Spindler* in: Spindler/Stilz AktG § 113 Rn. 2; anders jedoch *Gehling*, ZIP 2005, 549, 553, der nur auf die abstrakten Aufgaben abstellen will; ebenso *Kort* in: FS Hüffer, 2010, S. 483, 487; s. auch bereits 3.TeilC.I.1.a).

abgestellt.[992] Auf die konkret eingesetzte Zeit soll es hingegen nicht ankommen, denn jedes Aufsichtsratsmitglied hat selbst die Nachteile daraus zu tragen, dass es für die Aufgabenerledigung eine längere Zeit in Anspruch nehmen muss.[993] Auch die Verantwortlichkeit für die jeweilige Aufgabe und die Möglichkeit von intensiveren Arbeitsphasen bestimmen als weitere Faktoren die Vergütungshöhe.[994] Darüber hinaus wird auch der inhaltliche Umfang der jeweiligen Aufgaben dazu verwendet, um den Aufgaben einen Wert zuzumessen.[995] Hier zeigt es sich bereits, dass den Aufgaben der Aufsichtsratsmitglieder kein genereller Wert zugemessen werden kann, der in der Folge unantastbar feststehen würde. Vielmehr kommt es auf die genaue Aufgabenverteilung in der Selbstorganisation des Aufsichtsrats an. Ebenso können die aus den Aufgaben resultierenden Tätigkeiten erheblichen Schwankungen unterliegen, wenn die Gesellschaft sich in verschiedenen wirtschaftlichen Lagen befindet, ohne eine konstant positive Entwicklung aufzuweisen. Exakte Wertzumessungen gestalten sich nach alledem schwierig. Erforderlich ist eine Einzelfallbetrachtung, die die tatsächliche Ausgestaltungsvariante der Aufgabenverteilung berücksichtigt. Das weite Ermessen der Hauptversammlung bei der Ausgestaltung der Vergütung[996] führt jedoch dazu, dass selbst bei Nichtberücksichtigung der Aufgabenverteilung im Aufsichtsrat, die beschlossene Vergütung weiterhin als angemessen zu bewerten

---

992 *Habersack* in: MünchKommAktG § 113 Rn. 40; *Henssler* in: Henssler/Strohn AktG § 113 Rn. 5; *Vetter* in: Marsch-Barner/Schäfer, Hdb. börsennotierte AG, 2014, § 29 Rn. 46.

993 *Mertens* in: FS Steindorff, 1990, S. 173, 181; BGH, Urt. v. 25.03.1991 – II ZR 188/89, BGHZ 114, 127, 133 f. = NJW 1991, 1830, 1832; BGH, Beschluss v. 27. 4. 2009 – II ZR 160/08, NZG 2009, 1027, 1028 Rn. 6 = ZIP 2009, 1661, 1662 Rn. 6; *Peltzer* in: FS Zimmerer, 1997, S. 377, 381; *Hopt/Roth* in: Großkommentar AktG § 113 Rn. 102.

994 *Mertens/Cahn* in: Kölner Komm. AktG § 113 Rn. 30; *Habersack* in: MünchKommAktG § 113 Rn. 40; *Hambloch-Gesinn/Gesinn* in: Hölters AktG § 113 Rn. 30; *Lüpkes*, Zulässigkeit und Zweckmäßigkeit aktienkursorientierter Vergütung von Mitgliedern des Aufsichtsrats, 2008, S. 309 unter Verweis auf Ziff. 5.4.7 Abs. 1 S. 2 DCGK a.F.

995 *Ludwig*, Die Vergütung des Aufsichtsrats, 2011, S. 173, 176, auch unter Verweis auf Ziff. 5.4.6 Abs. 2 S. 2 DCGK.

996 LG München I, Urt. v. 27.12.2012 – 5 HK O 9109/12, BB 2013, 396, 397; *Fuchs*, WM 2004, 2233, 2237; *Gehling*, ZIP 2005, 549, 551 f.; *Martinius/Zimmer*, BB 2011, 3014, 3015; *Thüsing/Forst* in: FS von Westphalen, 2010, S. 693, 708 f.; *Theisen* in: FS Säcker, 2011, S. 487, 497; *Hopt/Roth* in: Großkommentar AktG § 113 Rn. 56; *Kremer* in: Ringleb/Kremer/Lutter/von Werder DCGK Rn. 1066; *Lüpkes*, Zulässigkeit und Zweckmäßigkeit aktienkursorientierter Vergütung von Mitgliedern des Aufsichtsrats, 2008, S. 295 f. m.w.N.; *Ludwig*, Die Vergütung des Aufsichtsrats, 2011, S. 171; aus europarechtlicher Sicht zur Vergütng der Unternehmensleitung im Allgemeinen (worunter auch die Aufsichtsorgane fallen) Empfehlung der Kommission vom 14. Dezember 2004 zur Einführung einer angemessenen Regelung für die Vergütung von Mitgliedern der Unternehmensleitung börsennotierter Gesellschaften, 2004/913/EG, Abl. L 385 vom 29.12.2004, S. 55, Abs. 2.

ist. Im Folgenden wird daher der Fokus allein auf die theoretisch mögliche interne Aufgabenverteilung gelegt [aa)(1)], die sodann mit der Vergütung in Verbindung gebracht wird [aa)(2)].

aa) *Interne Möglichkeiten zur Aufgabenverteilung*

Als allgemeine Aufgabe kommt den Aufsichtsratsmitgliedern nach § 111 Abs. 1 AktG die Überwachung des Vorstands zu, die sowohl vergangenheitsorientiert sein muss, als auch zukunftsbezogen durch Beratungen zu erfolgen hat.[997] Seit dem KonTraG hat sich die dem Aufsichtsrat obliegende Tätigkeitsintensität erhöht.[998] Besonders zeigt sich dies im Hinblick auf die durch das KonTraG[999] eingeführte Prüfungspflicht beim Konzernabschluss und Konzernlagebericht, die Überwachung des Risikomanagementsystems nach § 91 Abs. 2 AktG und die Einbeziehung des Aufsichtsrats in die Unternehmensplanung nach § 90 Abs. 1 S. 1 Nr. 1 AktG.[1000] Das TransPuG[1001] setzte diese Entwicklung durch die eingeführte Billigungspflicht hinsichtlich des Konzernabschlusses gem. § 171 AktG, der stärkeren Einbeziehung in die unternehmerische Tätigkeit durch die verpflichtende[1002] Festlegung zustimmungspflichtiger

---

997 BGH, Urt. v. 25.03.1991 – II ZR 188/89, BGHZ 114, 127, 129 f. m.w.N. = NJW 1991, 1830, 1831; *Hommelhoff,* ZGR 1983, 551, 569; *Lutter/Kremer,* ZGR 1992, 87, 89; *Peltzer,* WM 1981, 346, 347 f.; *Boujong,* AG 1995, 203 f.; *Vetter,* GmbHR 2012, 181, 182; *Dreher* in: FS Hoffmann-Becking, 2013, S. 313, 316; *Hopt/Roth* in: Großkommentar AktG § 113 Rn. 57; *Vetter* in: Marsch-Barner/Schäfer, Hdb. börsennotierte AG, 2014, § 30 Rn. 1; *Berger,* Die Kosten der Aufsichtsratstätigkeit in der Aktiengesellschaft, 2000, S. 4; *Ludwig,* Die Vergütung des Aufsichtsrats, 2011, S. 43; siehe dazu schon oben in Abgrenzung zu § 114 AktG 3.TeilC.I.1.b).

998 BGH, Urt. v. 16.04.2004 – II ZR 316/02, BGHZ 158, 122, 126 = NJW 2004, 1109, 1110; *Mäger,* BB 1999, 1389; *Schiessl,* AG 2002, 593; *Lutter,* ZIP 2003, 737, 738; *Bürgers,* NJW 2004, 3022, 3024 f.; *Ehren/Gros,* Der Konzern 2011, 277, 278 f.; *Freidank/Sassen,* BB 2013, 1195; *Fischbach,* ZIP 2013, 1153; ähnlich *Thüsing/Veil,* AG 2008, 359, 364 m.w.N.; *Lehrl,* BKR 2010, 485, 486; *Link/Vogt,* BB 2011, 1899; *Merkelbach,* Der Konzern 2013, 227; *Böcking* in: FS Krumnow, 2004, S. 565, 566, 577; *Lutter* in: Hommelhoff, Handbuch Corporate Governance, 2009, S. 321, 322; *Kampfer/Hönsch* in: FS Herzig, 2010, S. 531, 532 ff.; *Haarmann* in: FS Hüffer, 2010, S. 243; *Theisen* in: FS Säcker, 2011, S. 487; *Lange/Ziegler* in: Orth/Ruter/Schichold, Der unabhängige Finanzexperte im Aufsichtsrat, 2013, S. 243, 244.

999 Gesetz zur Kontrolle und Transparenz im Unternehmensbereich (KonTraG), BGBl. I, 1998, S. 788; dazu Begr. Reg-E BT-Drucks. 13/9712, S. 22.

1000 BGH, Urt. v. 16.04.2004 – II ZR 316/02, BGHZ 158, 122, 126 = NJW 2004, 1109, 1110; *Lutter,* ZIP 2003, 727, 728; *ders.,* DB 2009, 775; *Ehren/Gros,* Der Konzern 2011, 277, 278 f.; *Böcking* in: FS Krumnow, 2004, S. 565, 566, 577.

1001 Gesetz zur weiteren Reform des Aktien- und Bilanzrechts, zu Transparenz und Publizität (Transparenz- und Publizitätsgesetz), BGBl. I, 2002, S. 2682; dazu Begr. Reg-E BT-Drucks. 14/8769, S. 22.

1002 Aus einer „kann“ -Formulierung wurde eine „hat“ –Formulierung, ohne jedoch einen festen Zustimmungskatalog bestimmter Geschäfte zu normieren, um das

Geschäfte nach § 111 Abs. 4 S. 2 AktG und der Erklärungspflicht nach § 161 AktG zur Einhaltung des DCGK fort.[1003] Mit dem VorstAG[1004] wurden dem Aufsichtsrat bei der Bestimmung der Vorstandsvergütung weitere Kriterien in § 87 Abs. 1 AktG zur Bemessung der Angemessenheit vorgegeben, die nun in die Ermessensentscheidung miteinfließen müssen.[1005] Auch durch das BilMoG[1006] wurden die Pflichten des Aufsichtsrats zur Überwachung des Risikomanagementsystems und insbesondere hinsichtlich des Prüfungsausschusses konkretisiert.[1007] Die stetige Konkretisierung der Überwachungs- und Beratungsaufgabe des Aufsichtsrats erfordert korrespondierend hierzu Aufsichtsratsmitglieder, die diesen Anforderungen auch gerecht werden können. Fraglich ist daher, ob der Gesamtaufsichtsrat diese Aufgaben von der Vorbereitung bis zur Beschlussreife, bzw. bei Aufgaben ohne Beschlusserfordernis bis zum Ergebnis, im Gesamtgremium durchzuführen hat, oder zu diesem Zweck bestimmte Aufgaben auf Gruppen oder einzelne Aufsichtsratsmitglieder delegieren kann, um eine effektive Aufgabenerledigung weiterhin gewährleisten zu können. Sofern bestimmte Aufgaben abgegeben werden können, ist dies ein sachlicher Grund zur Vergütungsdifferenzierung, da die Vergütung gem. § 113 Abs. 1 S. 3 AktG „[...] in einem angemessenen Verhältnis zu den Aufgaben der Aufsichtsratsmitglieder [...] stehen [soll]“.

(1) Aufgabendelegation im Aufsichtsrat

Der Bezug zu den Aufgaben macht deutlich, dass es jedenfalls dann eine individuelle Vergütung von Aufsichtsratsmitgliedern geben kann, wenn ihnen auch als Individuen Aufgaben übertragen werden können, die nur sie zu erledigen haben. Davon ging auch die Literatur zu § 98 Abs. 1 AktG 1937 aus, da die Vorstandsvergütung diesen Weg ebenso eröffnet hatte.[1008]

Ermessen des Aufsichtsrats nicht einzuschränken: Begr. Reg-E BT-Drucks. 14/8769, S. 17; *Bezzenberger/Keul* in: FS Schwark, 2009, S. 121, 127.

1003 BGH, Urt. v. 16.04.2004 – II ZR 316/02, BGHZ 158, 122, 126 = NJW 2004, 1109, 1110; *Bürgers,* NJW 2004, 3022, 3025 und *Säcker/Boesche,* BB 2006, 897 (bzgl. § 111 Abs. 4 S. 2 AktG); *Lutter,* ZIP 2003, 737, 738; *ders.,* DB 2009, 775; *ders.,* EuZW 2009, 799, 802; *Ehren/Gros,* Der Konzern 2011, 277, 278 f.; *Böcking* in: FS Krumnow, 2004, S. 565, 566, 577.

1004 Gesetz zur Angemessenheit der Vorstandsvergütung (VorstAG), BGBl. I, 2009, S. 2590.

1005 *Kämpfer/Hönsch* in: FS Herzig, 2010, S. 531, 534.

1006 Gesetz zur Modernisierung des Bilanzrechts (Bilanzrechtsmodernisierungsgesetz – BilMoG), BGBl. I, 2009, S. 1102, 1122.

1007 Begr. Reg-E BT-Drucks. 16/10067, S. 102; *Hüffer* in: Hüffer AktG § 107 Rn. 17b f.; *Lutter,* DB 2009, 775, 776; *Knapp,* DStR 2010, 56, 57; *Ehren/Gros,* Der Konzern 2011, 277, 279; *Link/Vogt,* BB 2011, 1899.

1008 Siehe hierzu *Schlegelberger/Quassowski* in: Schlegelberger/Quassowski AktG 1937 § 98 Rn. 5, der unter anderem auf § 78 Rn. 5 verweist, in dem auf eine angemessene individuelle Vergütung bei individueller Aufgabenzuweisung hingewiesen wird.

(a) Ausschuss- und Individualdelegation

Ob [(aa)] und in welchem Umfang [(bb)] Aufgaben an einzelne Aufsichtsratsmitglieder übertragen werden können und ob dies dauerhaft oder nur für bestimmte Anlässe zulässig ist [(cc)], wird anhand der nachstehenden Ausführungen zu zeigen sein. In diesem Zusammenhang besteht auch ein Interesse an der Frage, wie sich eine Delegation auf die übrigen Aufsichtsratsmitglieder auswirkt [(dd)], denn nach deren Be- oder Entlastung durch eine Delegation hat sich auch eine Differenzierung bei der Vergütung zu bemessen.

(aa) Das „Ob" der Delegation

Es wird vorgeschlagen, dass entsprechend zu den Vorstandsressorts je ein Ausschuss im Aufsichtsrat gebildet werden soll, um der Überwachungs- und Beratungsaufgabe gegenüber diesen Ressorts effektiv nachzukommen.[1009] Allerdings sollen diese Ausschüsse gegenüber dem Gesamtgremium nur unterstützend tätig werden, sodass auf sie keine abschließende Delegation erfolgt.[1010] Auch soll eine Ressortbildung für einzelne Aufsichtsratsmitglieder möglich sein.[1011] Diese „Ressortvorschläge" dürfen aber nicht derart missverstanden werden, als dass sie dieselbe Ressortzuständigkeit wie im Vorstandsrecht zur Folge haben. Denn während eine Aufteilung in Vorstandsressorts auch bei individuellen Vorstandsmitgliedern eine Entscheidungskompetenz vorsieht,[1012] zielen die Vorschläge für Aufsichtsratsressorts auf eine reine Zuordnung ab und wollen die Mitglieder damit besonders verantwortlich machen.

1009 Dieser Vorschlag wurde bei *Säcker,* AG 2004, 180, 182 und *AKEIÜ,* DB 2006, 1625, 1627 aufgeworfen; rechtstatsächlich s. die Ausführungen von *Semler,* NZG 2013, 771, 775, der von dieser ressortypischen Aufgabenverteilung in der Praxis berichtet; *Ulmer/Habersack* in: Habersack/Henssler/Ulmer MitbestG § 25 Rn. 120; aA *von Frankenberg und Ludwigsdorf,* Bedeutung und Grenzen der Gleichbehandlung der Aufsichtsratsmitglieder in der Aktiengesellschaft, 2006, S. 123 (als „schlicht unzulässig" erachtend).

1010 *AKEIÜ,* DB 2006, 1625, 1627 f.

1011 *Hommelhoff,* ZHR 143 (1979), 288, 298 unter anderem unter Verweis auf *Dose,* ZGR 1973, 200, 306, der ebenfalls eine Aufgabenerledigung durch ein einzelnes Mitglied pauschal zulässt und *Geßler* in: Geßler/Hefermehl/Eckardt/Kropff AktG § 116 Rn. 18 ff., der allerdings nur eine Delegation an Ausschüsse erwähnt; *Schwark* in: FS Werner, 1984, S. 841, 848 f.; *Cahn* in: Veil, Unternehmensrecht in der Reformdiskussion, 2013, S. 139, 146; *Ulmer/Habersack* in: Habersack/Henssler/Ulmer MitbestG § 25 Rn. 120; *Berger,* Die Kosten der Aufsichtsratstätigkeit in der Aktiengesellschaft, 2000, S. 5; aA *von Frankenberg und Ludwigsdorf,* Bedeutung und Grenzen der Gleichbehandlung der Aufsichtsratsmitglieder in der Aktiengesellschaft, 2006, S. 123 mit Fn. 562.

1012 Nur wesentliche Entscheidungen sind dem Gesamtvorstand vorbehalten: *Schiessl,* ZGR 1992, 64, 67; *Hoffmann-Becking,* ZGR 1998, 497, 507 ff.; *Lang/Balzer,* WM 2012, 1167, 1170; *Fleischer,* NZG 2003, 449, 452 m.w.N.; *Spindler* in: MünchKommAktG § 77 Rn. 32.

Es kommt also bei der Zuordnung lediglich zu einer besonderen Ausgestaltung des Sorgfaltsmaßstabs, ohne dass die anderen Aufsichtsratsmitglieder von dieser Aufgabe entbunden wären. Dies ergibt sich auch aus den Konsequenzen für die übrigen Aufsichtsratsmitglieder bei einer zulässigen Delegation.[1013] Im Vorstandsrecht ist die Lage anders, indem zwar auch eine Überwachungspflicht für ressortfremde Vorstandsmitglieder besteht,[1014] aber die Vorstände dort in den üblichen Entscheidungen vor den Einwirkungen ihrer Kollegen grds. geschützt sind.[1015]

Eine Verpflichtung zur Ausschussbildung besteht mit Ausnahme des gemeinsamen Ausschusses i. S. d. § 27 Abs. 3 MitbestG und im Anwendungsbereich des § 25d Abs. 7 S. 1 KWG nicht.[1016] Die EU-Kommission empfiehlt zumindest die Einrichtung von Nominierungs-, Vergütungs- und Prüfungsausschüssen, die mit ihrer Vorarbeit einen Aufsichtsratsbeschluss vorbereiten sollen.[1017]

Eine Delegation von Aufgaben aus dem Bereich der Organtätigkeit kann auch auf einzelne Personen erfolgen.[1018] Richtig ist, dass eine Aufgabe, die dem Aufsichtsrat obliegt, dann auf ein einzelnes Mitglied delegiert werden kann, wenn eine Delegation gesetzlich erlaubt ist. Dies ist bei § 111 Abs. 2 S. 2, 1. Alt. AktG der Fall. Dagegen wird eine generelle Delegationsmöglichkeit auf ein einzelnes Aufsichtsratsmitglied teilweise abgelehnt.[1019] Dies leuchtet jedoch nicht ein, da § 111 Abs. 2 S. 2 AktG nicht abschließend ist.[1020] Aufgrund dessen, dass das Aktienrecht bis auf

---

1013 Dazu unten 3.TeilC.I.2.c)aa)(1)(a)(dd).

1014 *Hüffer* in: Hüffer AktG § 77 Rn. 15; *Fleischer,* NZG 2003, 449, 452 m.w.N.

1015 *Spindler* in: MünchKommAktG § 77 Rn. 32; *Fleischer,* NZG 2003, 449, 452 m.w.N.

1016 BGH, Urt. v. 25.02.1982 – II ZR 123/81, BGHZ 83, 106, 115 = NJW 1982, 1525, 1527; *AKEIÜ,* DB 2006, 1625, 1627; *Habersack* in: MünchKommAktG § 107 Rn. 92; *Hüffer* in: Hüffer AktG § 107 Rn. 16; *Mertens/Cahn* in: Kölner Komm. AktG § 107 Rn. 100; *Spindler* in: Spindler/Stilz AktG § 107 Rn. 81; *Hoffmann-Becking* in: MünchHdb AG § 32 Rn. 12; *Vetter* in: Marsch-Barner/Schäfer, Hdb. börsennotierte AG, 2014, § 28 Rn. 3; *Habersack,* Staatliche und halbstaatliche Eingriffe in die Unternehmensführung, 2012, E 84.

1017 Empfehlung der Kommission vom 15. Februar 2005 zu den Aufgaben von nicht geschäftsführenden Direktoren/Aufsichtsratsmitgliedern börsennotierter Gesellschaften sowie zu den Ausschüssen des Verwaltungs-/Aufsichtsrats, 2005/162/EG, ABl. L 52 vom 25. 2. 2005, S. 51, Nr. 5, Nr. 6.1; *Spindler* in: Spindler/Stilz AktG § 107 Rn. 83.

1018 *Schmitt,* DB 1968, 1545; *Hommelhoff,* ZHR 143 (1979), 288, 293; *Cahn* in: Veil, Unternehmensrecht in der Reformdiskussion, 2013, S. 139, 145; *Habersack* in: MünchKommAktG § 107 Rn. 99; *Hopt/Roth* in: Großkommentar AktG § 107 Rn. 452; *Spindler* in: Spindler/Stilz AktG § 107 Rn. 141; *Tomasic* in: Grigoleit AktG § 107 Rn. 25; *Hoffmann-Becking* in: MünchHdb AG § 32 Rn. 18; *Gittermann* in: von Schenck, Arbeitshandbuch für Aufsichtsratsmitglieder, 2013, § 6 Rn. 28 f.; *Berger,* Die Kosten der Aufsichtsratstätigkeit in der Aktiengesellschaft, 2000, S. 5.

1019 *Mertens/Cahn* in: Kölner Komm. AktG § 113 Rn. 10.

1020 *Mertens/Cahn* in: Kölner Komm. AktG § 107 Rn. 181; *Hopt/Roth* in: Großkommentar AktG § 107 Rn. 452; *Hambloch-Gesinn/Gesinn* in: Hölters AktG § 107 Rn. 175.

das Delegationsverbot in § 107 Abs. 3 S. 3 AktG keine näheren Vorgaben für eine interne Aufgabenverteilung innerhalb des Aufsichtsrats bereithält, kann die interne Aufgabenverteilung außerhalb der Verbote grds. frei ausgestaltet werden.[1021] Zu beachten sind jedoch auch die Delegationsverbote, die sich aus dem Ordnungsgefüge der Aufsichtsratsaufgaben selbst ergeben. Denn auch die Aufgaben aus § 111 Abs. 1 AktG können nicht vollständig, sondern nur teilweise und nicht abschließend delegiert werden, da die Überwachung und Beratung als wesentliche Aufsichtsratsaufgaben gelten.[1022] Demnach ist sowohl eine Delegation von Aufsichtsratsaufgaben auf einen Ausschuss, als auch auf ein einzelnes Aufsichtsratsmitglied grds. denkbar.[1023] Einer aufsichtsratsspezifischen Ressortbildung steht somit grds. nichts mehr im Weg und kann sowohl mittels Ausschüsse[1024] und auch durch einzelne Aufsichtsratsmitglieder geschaffen werden.[1025] Ob die Zulässigkeit einer solchen Delegation auch für jegliche Stadien der Aufgabenerledigung gilt, kann nur eine nähere Beleuchtung des Umfangs möglicher Aufgabendelegationen beantworten.

(bb) Die „Art und Weise" der Delegation

Einen ersten Hinweis auf den Umfang möglicher Delegationen gibt § 107 Abs. 3 S. 1 AktG, der von einer Aufgabenübertragung auf Ausschüsse spricht, um Verhandlungen und Beschlüsse des Gesamtgremiums vorzubereiten und um die Ausführung der gefassten Aufsichtsratsbeschlüsse zu überwachen. So kommt eine vollständige Delegation der Prüfungspflicht für den Konzernabschluss und Lagebericht auf einen Ausschuss nicht in Betracht, da § 107 Abs. 3 S. 3 AktG den § 171 AktG ausdrücklich einem Delegationsverbot unterwirft.[1026] Ein Prüfungsausschuss kann hier nur mit der Vorbereitung des Beschlusses für das Gesamtgremium befasst werden.[1027] Andererseits ist eine Delegation der Entscheidung i.S.v. § 114 Abs. 1 AktG über eine

1021 *Dose*, ZGR 1973, 300, 306; *Hommelhoff*, ZHR 143 (1979), 288, 293.

1022 Begr. RegE *Kropff/Thölke*, Aktiengesetz 1965, S. 149 f.; *Habersack* in: MünchKommAktG § 107 Rn. 143; *Mertens/Cahn* in: Kölner Komm. AktG § 107 Rn. 145; *Hopt/Roth* in: Großkommentar AktG § 107 Rn. 368, 373, § 111 Rn. 108; *Spindler* in: Spindler/Stilz AktG § 107 Rn. 87, § 111 Rn. 30; *Hüffer* in: Hüffer AktG § 111 Rn. 9; *Hambloch-Gesinn/Gesinn* in: Hölters AktG § 107 Rn. 149; *Bürgers/Israel* in: Bürgers/Körber AktG § 107 Rn. 22; *Tomasic* in: Grigoleit AktG § 107 Rn. 26; *Hoffmann-Becking* in: MünchHdb AG § 32 Rn. 3; *Vetter* in: Marsch-Barner/Schäfer, Hdb. börsennotierte AG, 2014, § 28 Rn. 11.

1023 *Dose*, ZGR 1973, 300, 306; *Hommelhoff*, ZHR 143 (1979), 288, 298 m.w.N.

1024 Begr. RegE *Kropff/Thölke*, Aktiengesetz 1965, S. 149 f.; *Mertens/Cahn* in: Kölner Komm. AktG § 107 Rn. 113; *Habersack* in: MünchKommAktG § 107 Rn. 102, 143; *Hambloch-Gesinn/Gesinn* in: Hölters AktG § 107 Rn. 118; *Drygala* in: Schmidt-Lutter AktG § 107 Rn. 40; *Hoffmann-Becking* in: MünchHdb AG § 32 Rn. 3; *Vetter* in: Marsch-Barner/Schäfer, Hdb. börsennotierte AG, 2014, § 28 Rn. 11.

1025 *Mertens/Cahn* in: Kölner Komm. AktG § 107 Rn. 179, 181.

1026 *Böcking* in: FS Krumnow, 2004, S. 565, 571.

1027 *Böcking* in: FS Krumnow, 2004, S. 565, 571.

Zustimmung eines Beratervertrags mit einem Aufsichtsratsmitglied oder mit einer Gesellschaft, an der das Aufsichtsratsmitglied beteiligt ist, auf einen Ausschuss möglich.[1028] Das Gleiche gilt für die Ausübung eines Zustimmungsvorbehalts i. S. d. § 111 Abs. 4 S. 2 AktG.[1029] Denn aus § 107 Abs. 3 S. 3 AktG ergibt sich hierfür kein Delegationsverbot.[1030] Aus diesen Beispielen ist bereits erkennbar, dass es bei der Bewertung der Zulässigkeit einer Delegation auf die konkrete Tätigkeit ankommt, die delegiert werden soll. So macht § 107 Abs. 3 S. 3 AktG deutlich, dass Beschlussfassungen über die dort aufgeführten Gegenstände nur durch das Gesamtgremium getätigt werden dürfen. Dies gilt auch für eine abschließende Übertragung der Überwachungs- und Beratungsaufgabe aus § 111 Abs. 1 AktG.[1031] Für Gegenstände außerhalb dieser Delegationsverbote ist eine delegierte Beschlussfassung jedoch möglich.

Über den Weg zur Ausschussbildung kann eine individuelle Beauftragung mit bestimmten Aufgaben allerdings nicht erreicht werden. Denn für einen Ausschuss steht dem eine zwingende Personenzahl im Weg, die dem Ausschuss angehören muss. Bei der Ausgestaltung von Ausschüssen ist eine Besetzung von mindestens zwei bzw. drei Personen erforderlich. Schon für das AktG 1937 traf die Rspr. die Feststellung, dass dies Ausfluss des Kollegialitätsprinzips ist, da eine Einzelentscheidung diesem Prinzip nicht gerecht wird.[1032] Für die Rechtslage nach dem AktG 1965 gilt dieser Gedanke fort.[1033] Denn auch hier darf das Erfordernis von mindestens drei (bzw. vier)[1034] Personen zur wirksamen Beschlussfassung im Aufsichtsrat(-ausschuss) gem. § 108 Abs. 2 S. 3 AktG nicht umgangen werden.[1035]

1028 *Habersack* in: MünchKommAktG § 114 Rn. 30; *Hüffer* in: Hüffer AktG § 114 Rn. 6; BGH, Urt. v. 10. 7. 2012 – II ZR 48/11, BGHZ 194,14, 18 Rn. 13 = NJW 2012, 3235, 3237 Rn. 21; *Vetter,* AG 2006, 173, 178; *Ruoff,* BB 2013, 899, 902; aA *Lutter* in: FS Westermann, 2008, S. 1171, 1172.

1029 OLG Hamburg, Urt. v. 15.09.1995 – 11 U 20/95, ZIP 1995, 1673, 1675 f. = WM 1995, 2188, 2191 f.; *Grooterhorst,* NZG 2011, 921; *Habersack* in: MünchKommAktG § 107 Rn. 102; *Mertens/Cahn* in: Kölner Komm. AktG § 107 Rn. 167; *Hoffmann-Becking* in: MünchHdb AG § 32 Rn. 4.

1030 *Habersack* in: MünchKommAktG § 114 Rn. 30; *Hüffer* in: Hüffer AktG § 114 Rn. 6 (jedoch mit Verweis auf § 107 Abs. 2 S. 2 AktG); BGH, Urt. v. 10. 7. 2012 – II ZR 48/11, BGHZ 194, 14, 18 Rn. 13 = NJW 2012, 3235, 3237 Rn. 21; *Vetter,* AG 2006, 173, 178; *Ruoff,* BB 2013, 899, 902; aA *Lutter* in: FS Westermann, 2008, S. 1171, 1172.

1031 S. oben 3.TeilC.I.2.c)aa)(1)(a)(aa).

1032 BGH, Urt. v. 23.10.1975 – II ZR 90/73, BGHZ 65, 190, 191 f. = NJW 1976, 145, 146.

1033 BGH, Urt. v. 23.10.1975 – II ZR 90/73, BGHZ 65, 190, 192 f. m.w.N. = NJW 1976, 145, 146; *Mertens/Cahn* in: Kölner Komm. AktG § 107 Rn. 117.

1034 Im Falle eines Ausschusses i.S.v. § 27 Abs. 3 MitbestG, da hier neben dem Aufsichtsratsvorsitzenden und seinem Stellvertreter je ein Vertreter der Arbeitnehmer- und Anteilseignerbank gefordert werden: *Hüffer* in: Hüffer AktG § 107 Rn. 20; *Vetter* in: Marsch-Barner/Schäfer, Hdb. börsennotierte AG, 2014, § 28 Rn. 6.

1035 BGH, Urt. v. 23.10.1975 – II ZR 90/73, BGHZ 65, 190, 193 = NJW 1976, 145, 146; *Kämpfer/Hönsch* in: FS Herzig, 2010, S. 531, 543; *Mertens/Cahn* in: Kölner Komm.

Zwei Personen reichen hingegen aus, wenn Ausschüsse ohne Beschlusskompetenz eingesetzt werden sollen.[1036] Somit lässt sich bereits festhalten, dass im Wege der Ausschussbildung eine Beschränkung auf Zwei-Personen-Ausschüsse möglich ist, wenn der Ausschuss ohne Beschlussfassung tätig werden soll. Zum beschließenden Ausschuss sind mindestens drei Mitglieder erforderlich. Zur individuellen Aufgabenübertragung taugt eine Ausschussbildung somit nicht.

Die Beschlussfassung an sich stellt jedoch nur einen kleinen Teil der konkreten Tätigkeit einer Aufgabenerledigung dar. Die Beschlüsse müssen vorbereitet, nach der Beschlussfassung ausgeführt und deren Umsetzung überwacht werden.[1037] Diese Tätigkeiten sind wiederum auf Ausschüsse delegierbar, da sie keine Beschlussfassung zum Gegenstand haben.[1038] Zwar besteht auch hinsichtlich Handlungen tatsächlicher Rechtsnatur eine gewisse Delegationsbeschränkung, wie das Beispiel der Überwachungstätigkeit zeigt.[1039] Aber auch die Überwachung des Vorstands durch das Gesamtgremium bedarf einer gründlichen Vorbereitung, die wiederum einzelnen Aufsichtsratsmitgliedern oder Ausschüssen übertragen werden kann.[1040]

AktG § 107 Rn. 117; *Hopt/Roth* in: Großkommentar AktG § 107 Rn. 269; *Habersack* in: MünchKommAktG § 107 Rn. 133; *Spindler* in: Spindler/Stilz AktG § 107 Rn. 93; *Hüffer* in: Hüffer AktG § 107 Rn. 17; *Hoffmann-Becking* in: MünchHdb AG § 32 Rn. 18; *Vetter* in: Marsch-Barner/Schäfer, Hdb. börsennotierte AG, 2014, § 28 Rn. 16; *Maushake*, Audit Committees, 2009, S. 433.

1036 *Hopt/Roth* in: Großkommentar AktG § 107 Rn. 269 m.w.N.; *Habersack* in: MünchKommAktG § 107 Rn. 133; *Mertens/Cahn* in: Kölner Komm. AktG § 107 Rn. 116; *Hopt/Roth* in: Großkommentar AktG § 107 Rn. 269; *Spindler* in: Spindler/Stilz AktG § 107 Rn. 93; *Hüffer* in: Hüffer AktG § 107 Rn. 17; *Hoffmann-Becking* in: MünchHdb AG § 32 Rn. 18; *Vetter* in: Marsch-Barner/Schäfer, Hdb. börsennotierte AG, 2014, § 28 Rn. 15; aA, aber ohne nähere Begründung *Hambloch-Gesinn/Gesinn* in: Hölters AktG § 107 Rn. 127 für einen nicht abschließend beschließenden, aber mit abschließender Funktion beauftragten Ausschuss.

1037 *Dose*, ZGR 1973, 300, 306; *Hopt/Roth* in: Großkommentar AktG § 107 Rn. 404; *Mertens/Cahn* in: Kölner Komm. AktG § 107 Rn. 95, 113; *Habersack* in: MünchKommAktG § 107 Rn. 92; *Hüffer* in: Hüffer AktG § 107 Rn. 16; *Spindler* in: Spindler/Stilz AktG § 107 Rn. 84, 87; *Hambloch-Gesinn/Gesinn* in: Hölters AktG 107 Rn. 118; *Drygala* in: Schmidt-Lutter AktG § 107 Rn. 36; *Breuer/Fraune* in: Heidel AktG § 107 Rn. 22; *Hoffmann-Becking* in: MünchHdb AG § 32 Rn. 2.

1038 *Habersack* in: MünchKommAktG § 107 Rn. 154; *Mertens/Cahn* in: Kölner Komm. AktG § 107 Rn. 176 m.w.N.; *Spindler* in: Spindler/Stilz AktG § 107 Rn. 88 m.w.N.; *Vetter* in: Marsch-Barner/Schäfer, Hdb. börsennotierte AG, 2014, § 28 Rn. 8.

1039 Begr. RegE *Kropff/Thölke*, Aktiengesetz 1965, S. 149 f.; *Habersack* in: MünchKommAktG § 111 Rn. 49; *Hopt/Roth* in: Großkommentar AktG § 111 Rn. 108; *Hüffer* in: Hüffer AktG § 111 Rn. 9; *Spindler* in: Spindler/Stilz AktG § 111 Rn. 30.

1040 Begr. RegE *Kropff/Thölke*, Aktiengesetz 1965, S. 149 f.; OLG Hamburg, Urt. v. 15.09.1995 – 11 U 20/95, ZIP 1995, 1673, 1675 f. = WM 1995, 2188, 2191 f.; *Hopt/Roth* in: Großkommentar AktG § 107 Rn. 371; *Mertens/Cahn* in: Kölner Komm. AktG § 107 Rn. 113; *Habersack* in: MünchKommAktG § 107 Rn. 143, § 111 Rn. 49; *Spindler* in: Spindler/Stilz AktG § 111 Rn. 31; *Hüffer* in: Hüffer AktG § 111 Rn. 9;

Denn der Überwachung hat i. d. R. eine sorgfältige Informationssammlung und -bewertung vorauszugehen, die nicht immer durch jedes Aufsichtsratsmitglied parallel erledigt werden kann.[1041]

Auf einzelne Aufsichtsratsmitglieder sollen ebenso bestimmte Handlungen übertragen werden können. So kann die Erklärung von gefassten Beschlüssen über die Zustimmung zu einem Beratervertrag nach § 114 Abs. 1 AktG auch von einem einzelnen Aufsichtsratsmitglied erfolgen.[1042] Ebenso ist der Abschluss eines Vorstandsvertrags, nach vorheriger Beschlussfassung durch das kompetente Gremium, auf ein einzelnes Mitglied übertragbar, da es sich hierbei nur noch um die Ausführung eines Beschlusses handelt.[1043] Allerdings ist fraglich, ob sich dies tatsächlich nur auf Ausführungshandlungen beschränken muss. Vielmehr können noch weitergehende Aufgabendelegationen auf ein einzelnes Aufsichtsratsmitglied vollzogen werden.[1044] Die Zulässigkeit zur Delegation einzelner Tätigkeiten stellt sich hier ebenso dar, wie für Delegationen auf nicht-beschließende Zwei-Mann-Ausschüsse.[1045] So sind konkrete Vorbereitungshandlungen und die Überwachung von Beschlussausführungen ebenfalls einem einzelnen Aufsichtsratsmitglied übertragbar.[1046] Ein Delegationsverbot kann sich demnach nur ergeben, wenn die Beschlussfassung über einen Entscheidungsgegenstand auf ein einzelnes Aufsichtsratsmitglied übertragen werden soll. Dies ergibt sich aus § 108 Abs. 2 S. 3 AktG, der zur Beschlussfassung mindestens drei Personen vorsieht.[1047] Zwar verlangen die meisten Überwachungsinstrumente einen Beschluss und sind somit nicht auf ein einzelnes Mitglied delegierbar.[1048] Doch sind die Beschlüsse nur die Konsequenz aus den Tätigkeiten, die erforderlich sind, um einen informierten Beschluss erst fassen zu können. Und

---

Drygala in: Schmidt-Lutter AktG § 107 Rn. 40, § 111 Rn. 6; *Hambloch-Gesinn/Gesinn* in: Hölters AktG § 111 Rn. 15; *Hoffmann-Becking* in: MünchHdb AG § 32 Rn. 3; *Vetter* in: Marsch-Barner/Schäfer, Hdb. börsennotierte AG, 2014, § 28 Rn. 11.

1041 *Hopt/Roth* in: Großkommentar AktG § 111 Rn. 280 f.; *Habersack* in: MünchKommAktG § 111 Rn. 29.

1042 *Habersack* in: MünchKommAktG § 114 Rn. 30, § 112 Rn. 20, 26 f.; *Spindler* in: Spindler/Stilz AktG § 114 Rn. 21; *Ruoff*, BB 2013, 899, 902.

1043 BGH, Urt. v. 06.04.1964 – II ZR 75/62, BGHZ 41, 282, 285 = NJW 1964, 1367.

1044 *Maushake*, Audit Committees, 2009, S. 433.

1045 *Mertens/Cahn* in: Kölner Komm. AktG § 107 Rn. 181; *Hopt/Roth* in: Großkommentar AktG § 107 Rn. 452; *Habersack* in: MünchKommAktG § 107 Rn. 99; *Hüffer* in: Hüffer AktG § 107 Rn. 17; *Hambloch-Gesinn/Gesinn* in: Hölters AktG § 107 Rn. 175.

1046 *Mertens* in: FS Steindorff, 1990, S. 173, 183.

1047 BGH, Urt. v. 06.04.1964 – II ZR 75/62, BGHZ 41, 282, 285 = NJW 1964, 1367; *Hopt/Roth* in: Großkommentar AktG § 107 Rn. 451; *Maushake*, Audit Committees, 2009, S. 433.

1048 Beispielhafte Aufzählungen finden sich bei: *Habersack* in: MünchKommAktG § 111 Rn. 2; dazu kann auch ein Meinungsbeschluss zählen: *Vetter* in: Marsch-Barner/Schäfer, Hdb. börsennotierte AG, 2014, § 26 Rn. 18 m.w.N., der wiederum von einer individuellen Meinungsäußerung ohne Beschlussnatur abzugrenzen ist: *Mertens/Cahn* in: Kölner Komm. AktG § 111 Rn. 37.

nach der Beschlussfassung ist die Tätigkeit noch nicht abgeschlossen. Insgesamt handelt es sich also um Tätigkeiten wie der Vorbereitung von Beschlüssen, tatsächliche Überwachungs- und Beratungstätigkeiten bestimmter Aufgabengebiete des Vorstands und die Ausführungshandlungen gefasster Beschlüsse.[1049] Daher kommt der Delegation von Tätigkeiten auf ein einzelnes Mitglied einige Bedeutung zu.[1050]

(cc) Die zeitliche Dauer der Delegation

Bei zulässiger Delegation sind zwei Formen in zeitlicher Hinsicht zu unterscheiden. Für die Ausschussdelegation sind entweder ad hoc Ausschüsse zu bilden, die sich nur mit einem zeitlich begrenzten Auftrag befassen sollen oder Dauerausschüsse einzusetzen, die eine Aufgabe ohne zeitliche Beschränkung auszuführen haben.[1051] Da diese Formen für die Ausschussbildung als zulässig erachtet werden, muss dies zugleich für eine Aufgabendelegation auf einzelne Aufsichtsratsmitglieder gelten.[1052] Denn das Aktienrecht sieht keine zeitliche Begrenzung einer Delegation vor. Was für einen Zwei- oder Drei-Mann-Ausschuss gilt, muss erst recht für eine individuelle Delegation gelten.[1053] Die Zulässigkeit des zeitlichen Umfangs einer Delegation ist keine Frage der generellen Delegationszulässigkeit. Denn die Konsequenzen für die übrigen Aufsichtsratsmitglieder ergeben sich aus deren Kontrollpflichten bzgl. der delegierten Aufgaben. Daher kann auch das Kollegialitätsprinzip nicht dagegen angeführt werden,[1054] da dieses durch die nachgelagerten Kontrollpflichten zur Geltung kommt.

(dd) Konsequenzen für die Pflichten bei zulässiger Delegation

Ausgehend von einer ordnungsgemäßen Delegation von Aufgaben auf einen Ausschuss oder ein einzelnes Aufsichtsratsmitglied verändern sich mit einer Delegation auch die Pflichten der besonders beauftragten Mitglieder und der

---

1049 *Hopt/Roth* in: Großkommentar AktG § 107 Rn. 404; *Habersack* in: MünchKommAktG § 108 Rn. 10 m.w.N.; *Spindler* in: Spindler/Stilz AktG § 108 Rn. 7 m.w.N.; *Simons*, AG 2013, 547, 548.

1050 So kann auch rechtstatsächlich die Aussage von *Semler*, NZG 2013, 771, 775 gedeutet werden, der von einer ressortähnlichen Aufgabenverteilung innerhalb eines Aufsichtsrats berichtet.

1051 *Feddersen*, AG 2000, 385, 390; *Habersack* in: MünchKommAktG § 107 Rn. 92; *Mertens/Cahn* in: Kölner Komm. AktG § 107 Rn. 95; *Spindler* in: Spindler/Stilz AktG § 107 Rn. 91; *Hambloch-Gesinn/Gesinn* in: Hölters AktG § 107 Rn. 91; *Hoffmann-Becking* in: MünchHdb AG § 32 Rn. 1a.

1052 AA für eine Aufgabendelegation nach § 111 Abs. 2 S. 2 AktG *Hopt/Roth* in: Großkommentar AktG § 111 Rn. 421, § 107 Rn. 452.

1053 *Dose*, ZGR 1973, 300, 306; *Hommelhoff*, ZHR 143 (1979), 288, 298.

1054 So aber für § 111 Abs. 2 S. 2 AktG *Hopt/Roth* in: Großkommentar AktG § 111 Rn. 421.

übrigen Aufsichtsratsmitglieder.[1055] Ohne Rücksicht auf die Delegationsart und den Umfang bleibt eine Gesamtverantwortung für die entsprechende Aufgabe stets beim Aufsichtsrat selbst und damit auch bei jedem einzelnen Mitglied.[1056] Im Grundsatz sehen die veränderten Pflichten sowohl bei einer Ausschuss- als auch Individualdelegation identisch aus. Das Gesamtorgan muss die bestimmte Aufgabe nicht mehr selbst erledigen,[1057] sodass es beispielsweise von der Vorbereitung eines Beschlusses oder der Beschlussfassung selbst befreit sein kann. Die Befreiung von der Pflicht im Gesamtgremium wird von der besonderen Verantwortung der Ausschussmitglieder bzw. des einzelnen Mitglieds für die Aufgabenerledigung kompensiert.[1058] Allerdings ändert sich die Pflicht zur Eigenerledigung in eine Auswahl- und Überwachungspflicht, sodass das Gesamtorgan nunmehr dafür zu sorgen hat, dass der Ausschuss oder das Individualmitglied die Aufgabe selbst erledigen kann und auch ordnungsgemäß durchführt.[1059] Bei der Individualdelegation ergibt sich in der Kontrollintensität des Gesamtorgans jedoch eine Besonderheit. Da die Aufgabe nur noch von einer Person ausgeführt wird, fehlt es an der sonst im Gesamtgremium

1055 *Habersack* in: MünchKommAktG § 107 Rn. 169; *Mertens/Cahn* in: Kölner Komm. AktG § 107 Rn. 145, 179; *Hambloch-Gesinn/Gesinn* in: Hölters AktG § 107 Rn. 179.

1056 *Semler,* AG 1988, 60, 62; *Götz,* NZG 2002, 599, 601; *Bihr/Philippsen,* DStR 2011, 1133; *Cahn* in: Veil, Unternehmensrecht in der Reformdiskussion, 2013, S. 139, 147; *Spindler* in: Spindler/Stilz AktG § 111 Rn. 33; *Drygala* in: Schmidt-Lutter AktG § 111 Rn. 6; *Vetter* in: Marsch-Barner/Schäfer, Hdb. börsennotierte AG, 2014, § 28 Rn. 25.

1057 *Dose,* ZGR 1973, 300, 306; *Hommelhoff,* ZHR 143 (1979), 288, 298; *Cahn* in: Veil, Unternehmensrecht in der Reformdiskussion, 2013, S. 139, 145; *Habersack* in: MünchKommAktG § 107 Rn. 169; *Mertens/Cahn* in: Kölner Komm. AktG § 107 Rn. 179; *Vetter* in: Marsch-Barner/Schäfer, Hdb. börsennotierte AG, 2014, § 28 Rn. 25.

1058 *Schwark* in: FS Werner, 1984, S. 841, 848; *Mertens/Cahn* in: Kölner Komm. AktG § 107 Rn. 180; *Habersack* in: MünchKommAktG § 107 Rn. 168; *Spindler* in: Spindler/Stilz AktG § 107 Rn. 101; *Vetter* in: Marsch-Barner/Schäfer, Hdb. börsennotierte AG, 2014, § 28 Rn. 13.

1059 RG, Urt. v. 04.10.1918 – Rep. II 498/17, 338, 340; OLG Hamburg, Urt. v. 15.09.1995 – 11 U 20/95, ZIP 1995, 1673, 1676 = WM 1995, 2188, 2192; *Dose,* ZGR 1973, 300, 307 m.w.N.; *Hommelhoff,* ZHR 143 (1979), 288, 299; *Paal,* DStR 2005, 426, 429; *Lang/Balzer,* WM 2012, 1167, 1172; *Bosse* in: Orth/Ruter/Schichold, Der unabhängige Finanzexperte im Aufsichtsrat, 2013, S. 293, 295; *Cahn* in: Veil, Unternehmensrecht in der Reformdiskussion, 2013, S. 139, 145; *Habersack* in: MünchKommAktG § 107 Rn. 169; *Hopt/Roth* in: Großkommentar AktG § 111 Rn. 136; *Mertens/Cahn* in: Kölner Komm. AktG § 107 Rn. 142, 179; *Hüffer* in: Hüffer AktG § 111 Rn. 9; *Drygala* in: Schmidt-Lutter AktG § 107 Rn. 53, § 111 Rn. 6; *Hambloch-Gesinn/Gesinn* in: Hölters AktG § 107 Rn. 179; *Tomasic* in: Grigoleit AktG § 107 Rn. 47, § 111 Rn. 19; *Ulmer/Habersack* in: Habersack/Henssler/Ulmer MitbestG § 25 Rn. 120; *Hoffmann-Becking* in: MünchHdb AG § 32 Rn. 23; *Vetter* in: Marsch-Barner/Schäfer, Hdb. börsennotierte AG, 2014, § 28 Rn. 25; *von Frankenberg und Ludwigsdorf,* Bedeutung und Grenzen der Gleichbehandlung der Aufsichtsratsmitglieder in der Aktiengesellschaft, 2006, S. 108 f.

oder Ausschuss üblichen direkten Kontrolle durch Aufsichtsratskollegen, die dieselbe Aufgabe auszuführen haben.[1060] Daher sind die Mitglieder des Gesamtgremiums bei einer Individualdelegation zur stärkeren Überprüfung der Aufgabenausführung und Ausführungsergebnisse des einzelnen Mitglieds verpflichtet.[1061] Damit die Mitglieder des Gesamtgremiums ihrer Überwachungspflicht und somit ihrer Gesamtverantwortung nachkommen können, sind sie auf die Berichtspflichten der Delegierten gem. § 107 Abs. 3 S. 4 AktG angewiesen.[1062] Die vom Delegierten erbrachten Ergebnisse sind vom Gesamtgremium zu überprüfen.[1063] Jedoch können sie auf die Ergebnisse der so erlangten Informationen vertrauen, sofern sie die Ergebnisse auf ihre Plausibilität hin überprüfen und keine Anhaltspunkte für ein Misstrauen haben.[1064]

(b) *Individuelle Aufgaben als zulässige Perspektive in § 113 Abs. 1 S. 3 AktG*

Wenn § 113 Abs. 1 S. 3 AktG von „den Aufgaben der Aufsichtsratsmitglieder“ spricht, bedeutet dies nicht automatisch, dass damit nur der Blickwinkel auf die Aufgaben als Kollektiv möglich ist. Trotz des Verbots abschließender Delegation auf ein einzelnes Aufsichtsratsmitglied bleibt eine Individualbetrachtung der Aufgaben der Aufsichtsratsmitglieder bei der Vergütung zulässig. Denn auch im Rahmen des Angemessenheitskriteriums des § 113 Abs. 1 S. 3 AktG ist auf die konkreten Aufgaben des einzelnen Aufsichtsratsmitglieds abzustellen, um die Vergütungshöhe

---

1060 *Mertens/Cahn* in: Kölner Komm. AktG § 107 Rn. 181; *Hopt/Roth* in: Großkommentar AktG § 107 Rn. 452; *Spindler* in: Spindler/Stilz AktG § 107 Rn. 141; *Hambloch-Gesinn/Gesinn* in: Hölters AktG § 107 Rn. 175.

1061 *Mertens/Cahn* in: Kölner Komm. AktG § 107 Rn. 181; *Hopt/Roth* in: Großkommentar AktG § 107 Rn. 452; *Spindler* in: Spindler/Stilz AktG § 107 Rn. 141; *Hambloch-Gesinn/Gesinn* in: Hölters AktG § 107 Rn. 175; *Cahn* in: Veil, Unternehmensrecht in der Reformdiskussion, 2013, S. 139, 146; diesem Gesichtspunkt keine besondere Bedeutung zumessend, da die Gesamtverantwortung beim Gesamtaufsichtsrat verbleibt: *von Frankenberg und Ludwigsdorf*, Bedeutung und Grenzen der Gleichbehandlung der Aufsichtsratsmitglieder in der Aktiengesellschaft, 2006, S. 114.

1062 Begr. Reg-E BT-Drucks. 14/8769, S. 16; *Götz*, NZG 2002, 599, 601; *Hopt/Roth* in: Großkommentar AktG § 116 Rn. 117; *Spindler* in: Spindler/Stilz AktG § 107 Rn. 113; *Mertens/Cahn* in: Kölner Komm. AktG § 107 Rn. 142; *Hoffmann-Becking* in: Münch-Hdb AG § 32 Rn. 23a; *Vetter* in: Marsch-Barner/Schäfer, Hdb. börsennotierte AG, 2014, § 28 Rn. 25; *Krieger* in: Krieger, Hdb. Managerhaftung, 2010, § 3 Rn. 29; *von Frankenberg und Ludwigsdorf*, Bedeutung und Grenzen der Gleichbehandlung der Aufsichtsratsmitglieder in der Aktiengesellschaft, 2006, S. 109.

1063 RG, Urt. v. 04.10.1918 – Rep. II 498/17, 338, 340; *Habersack* in: MünchKommAktG § 111 Rn. 49; *Hüffer* in: Hüffer AktG § 111 Rn. 9; *Spindler* in: Spindler/Stilz AktG § 111 Rn. 31.

1064 *Mertens*, ZGR 1983, 189, 200 (für das Vertrauen in einen Personalausschuss); *Habersack* in: MünchKommAktG § 107 Rn. 169; *Mertens/Cahn* in: Kölner Komm. AktG § 107 Rn. 180; *Hambloch-Gesinn/Gesinn* in: Hölters AktG § 107 Rn. 179 f.; *Vetter* in: Marsch-Barner/Schäfer, Hdb. börsennotierte AG, 2014, § 28 Rn. 27.

zu überprüfen.[1065] Die Bestimmung der individuellen Aufgaben erfolgt durch eine Auswertung der dem Aufsichtsratsmitglied auferlegten Aufgaben und der nach Gesellschaftsgröße und Branche geforderten Tätigkeitsintensität.[1066] Im Ergebnis wird damit die dem Aufsichtsrat obliegende Überwachungsaufgabe[1067] auf die individuellen Leistungsbeiträge aufgespalten, die in ihrer Gesamtheit und einzeln jeweils die Überwachung i. S. d. § 111 AktG darstellen.[1068] Die Möglichkeit einer Einzelbetrachtung lässt sich auch anhand nachfolgender Beispiele belegen.

Neben den Rechten und Pflichten des Gesamtaufsichtsrats kennt das AktG auch Rechte und Pflichten, die sich an einzelne Aufsichtsratsmitglieder richten.[1069] Dies zeigt sich insbesondere anhand des Zusammenspiels einzelner Rechte der Aufsichtsratsmitglieder mit deren Pflichten. Denn bereits die Abgrenzung der Aufsichtsratstätigkeiten nach § 113 Abs. 1 S. 1 AktG zu den Tätigkeiten aus § 114 Abs. 1 AktG hat ergeben, dass sich aus den Rechten Schlussfolgerungen für die Organpflichten ziehen lassen.[1070] Bei den Rechten muss auch danach unterschieden werden, ob sie dem einzelnen Aufsichtsratsmitglied zustehen oder das Gesamtgremium betreffen.[1071] Schon die Rspr. erläuterte, dass die einzelnen Rechte des Aufsichtsrats dem Gesamtgremium zustehen.[1072] Aber es gibt auch Rechte wie aus § 90 Abs. 2 S. 2 AktG und § 100 Abs. 1 S. 1 AktG, bei denen das Gesetz eindeutig auf jedes einzelne Aufsichtsratsmitglied abstellt.[1073] Eine Gesamtbetrachtung der Aufgaben bei der Vergütung würde jedoch das Angemessenheitskriterium aus § 113 Abs. 1 S. 3 AktG nicht hinreichend beachten. Denn dieses setzt die Tätigkeitsvergütung in Bezug zu den Aufgaben, die als Pflichten einer Individualbetrachtung zugänglich sind. Bei der Vergütung handelt es sich ebenso um ein Recht, das jedem einzelnen Aufsichtsratsmitglied zusteht, sodass ein Recht auf Vergütung einer Individualbetrachtung ebenfalls nicht im Wege steht.[1074]

1065 *Hopt/Roth* in: Großkommentar AktG § 113 Rn. 58.

1066 *Hopt/Roth* in: Großkommentar AktG § 113 Rn. 58.

1067 Für den Fall von Schlechterfüllungen eines einzelnen Aufsichtsratsmitglieds *Habersack* in: MünchKommAktG § 113 Rn. 45; *Spindler* in: Spindler/Stilz AktG § 113 Rn. 61.

1068 RG, Urt. v. 22.02.1911 – Rep. I. 580/09, RGZ 75, 308, 310 f., wo auf die Obliegenheiten des einzelnen Mitglieds abgestellt werden; BGH, Urt. v. 25.03.1991 – II ZR 188/89, BGHZ 114, 127, 130 = NJW 1991, 1830, 1831; LG Stuttgart, Urt. v. 29.10.1999 – 4 KfH O 80/98, AG 2000, 237, 238 = DB 1999, 2462, 2463; *Lutter/Kremer,* ZGR 1992, 87, 91; *Emde,* DB 1999, 1486, 1487; *Hopt/Roth* in: Großkommentar AktG § 113 Rn. 79, § 111 Rn. 115, § 116 Rn. 31; *Mertens/Cahn* in: Kölner Komm. AktG § 111 Rn. 13; wohl aA *Szalai/Marz,* DStR 2010, 809, 812, die Individualpflichten als „Hilfspflichten“ bezeichnen.

1069 *Hopt/Roth* in: Großkommentar AktG § 111 Rn. 115.

1070 Siehe oben 3.TeilC.I.1.b).

1071 *Lehrl,* BKR 2010, 485, 488.

1072 BGH, Urt. v. 25.03.1991 – II ZR 188/89, BGHZ 114, 127, 130 = NJW 1991, 1830, 1831.

1073 *Hüffer* in: Hüffer AktG § 90 Rn. 12, § 110 Rn. 6; *Bürgers,* NJW 2004, 3022, 3024.

1074 *Theisen* in: FS Säcker, 2011, S. 487, 493.

Dass im Rahmen des § 113 Abs. 1 S. 3 AktG die Aufgaben auch individualisiert betrachtet werden können, zeigt ebenso ein systematischer Wortlautvergleich im Aufsichtsratsrecht. In § 113 Abs. 1 AktG stellt das Gesetz auf die Aufsichtsratsmitglieder ab und nicht wie in § 111 Abs. 1 AktG auf den Aufsichtsrat.[1075] Jedoch weist auch § 111 Abs. 5 AktG die Aufgaben den Aufsichtsratsmitgliedern höchstpersönlich zu. Die Pflichten der Aufsichtsratsmitglieder stehen mit den Rechten in einem engen Zusammenhang und treffen somit das einzelne Aufsichtsratsmitglied.[1076] Ebenso stellen § 116 S. 1 und 2 AktG nur auf die Aufsichtsratsmitglieder ab. In die Richtung einer Individualbetrachtung geht auch ein Teil der Literatur, indem sie die zu erledigenden Aufgaben des Gesamtgremiums durch die individuell bemessenen Pflichten jedes Mitglieds auszufüllen versuchen.[1077] Eine Individualbetrachtung der Aufgaben als Pflicht jedes einzelnen Aufsichtsratsmitglieds ist damit auch nach dieser Ansicht möglich. Anders wäre auch eine individuelle Pflichtverletzung eines Aufsichtsratsmitglieds im Rahmen der Haftung nicht begründbar.[1078] Auch wenn die Überwachungsaufgabe des § 111 Abs. 1 AktG eine Kollegialaufgabe ist, bestimmt sie jedenfalls indirekt auch die Aufgaben jedes einzelnen Mitglieds, ohne dadurch die Kollegialaufgabe in eine Individualaufgabe umdeuten zu müssen.[1079]

Diese Sicht bestätigt sich, wenn die Aufgaben zur Bewertung von risikoreichen Geschäften betrachtet werden. Zwar trifft die Pflicht zur sorgsamen Erfassung relevanter Umstände zunächst nur den Aufsichtsrat als Gesamtorgan.[1080] Auch die Bewertung der so erlangten Informationen ist Aufgabe des Gesamtgremiums.[1081] Wenn jedoch bereits auf dieser Ebene eine umfassende Pflicht jedes einzelnen Aufsichtsratsmitglieds gefordert würde, so müsste jedes Aufsichtsratsmitglied über die nötigen Spezialqualifikationen verfügen, um den Sachverhalt ordnungsgemäß

1075 Diese Wortlautdifferenzierung findet sich auch bei *Szalai/Marz,* DStR 2010, 809, 811.

1076 BGH, Urt. v. 25.03.1991 – II ZR 188/89, BGHZ 114, 127, 130 = NJW 1991, 1830, 1831.

1077 *Lutter/Kremer,* ZGR 1992, 87, 91 m.w.N.; *Vetter,* ZIP 2008, 1 m.w.N; *ders.* in: Marsch-Barner/Schäfer, Hdb. börsennotierte AG, 2014, § 29 Rn. 10.

1078 Zur Haftung siehe unten 2.TeilC.III.2.

1079 BGH, Urt v. 25.03.1991 – II ZR 188/89, BGHZ 114, 127, 130 = NJW 1991, 1830, 1831; *Lutter/Kremer,* ZGR 1992, 87, 91; *Boujong,* AG 1995, 203, 204; *Vetter* in: Marsch-Barner/Schäfer, Hdb. börsennotierte AG, 2014, § 30 Rn. 1; ähnlich *Hommelhoff,* ZHR 143 (1979), 288, 292 f., 297 f., der die Aufgaben zudem unabhängig von Einzelpersönlichkeiten als Organaufgaben betrachtet.

1080 *Habersack* in: MünchKommAktG § 111 Rn. 49; *Spindler* in: Spindler/Stilz AktG § 111 Rn. 17; OLG Stuttgart, Urt. v. 29. 2. 2012 – 20 U 3/11 (nicht rechtskräftig), ZIP 2012, 625, 627 f., bestätigt durch BGH, Beschluss v. 06.11.2012 – II ZR 111/12, AG 2013, 90, f. = ZIP 2012, 2438, f.

1081 *Hasselbach,* NZG 2012, 41, 42; *Mertens/Cahn* in: Kölner Komm. AktG § 111 Rn. 13, 17; OLG Stuttgart, Urt. v. 29. 2. 2012 – 20 U 3/11 (nicht rechtskräftig), ZIP 2012, 625, 627 f., bestätigt durch BGH, Beschluss v. 06.11.2012 – II ZR 111/12, AG 2013, 90, f. = ZIP 2012, 2438, f.

bewerten zu können.[1082] Dies kann jedoch nicht gefordert werden, da sich dahingehende Qualifikationsanforderungen nicht aus dem Gesetz ergeben.[1083] Allerdings führt dies auf der nächsten Ebene nur zu einem abgestuften Sorgfaltsmaßstab, der sich je nach Qualifikation des einzelnen Aufsichtsratsmitglieds zu bemessen hat.[1084] Denn der jeweilige Sorgfaltsmaßstab bestimmt, in welcher Intensität die Urteilsbildung durch das einzelne Aufsichtsratsmitglied zu erfolgen hat. Mit dieser Differenzierung der verschiedenen Ebenen ist auch eine Individualbetrachtung der Aufgaben derart zulässig, dass die Überwachungsaufgabe des § 111 Abs. 1 AktG für risikoreiche Geschäfte jedes einzelne Mitglied trifft.[1085] Dies zeigt den Zusammenhang zwischen den Aufgaben und Pflichten der Aufsichtsratsmitglieder und spricht damit für eine Zulässigkeit einer Individualbetrachtung der Aufgaben i.S.v. § 113 Abs. 1 S. 3 AktG.

(2) Konsequenzen für die Vergütung

§ 113 Abs. 1 S. 3 AktG ermöglicht somit bei der Festsetzung einer angemessenen Vergütung auf die Aufgaben jedes einzelnen Aufsichtsratsmitglieds abzustellen. Dies gilt nach soeben gezeigtem Zusammenhang auch für den Fall, in dem das AktG nur von den Aufgaben des Organs spricht, da sich diese in die Pflichten der einzelnen Aufsichtsratsmitglieder aufspalten lässt und unter Beachtung der zulässigen Möglichkeiten auch in aufsichtsratsspezifischer Weise delegieren lassen.

(a) *Vergütung bei Ausschussdelegation mit Beschlusskompetenz*

Sofern Aufgaben samt Beschlussfassung auf einen Ausschuss übertragen werden, rechtfertigt dies eine höhere Funktionsvergütung für die Ausschussmitglieder, da sie konkrete Aufgaben von den übrigen Aufsichtsratsmitgliedern übernommen haben.[1086] Die Delegation führt zwar nicht zur vollständigen Abwälzung der Aufgaben auf den Ausschuss, ohne dass die übrigen Aufsichtsratsmitglieder für die Aufgaben

---

1082 Daher kritisch *Hoffmann,* AG 2012, 478, 482 ff. und *Selter,* NZG 2012, 660, 661.

1083 *Lutter,* DB 2009, 775, 778; *Ehren/Gros,* Der Konzern 2011, 277, 282 f.; *Bihr/Philippsen,* DStR 2011, 1133, 1134; *Hopt/Roth* in: Großkommentar AktG § 116 Rn. 44; davon geht auch die EU-Kommission aus: Empfehlung der Kommission vom 15. Februar 2005 zu den Aufgaben von nicht geschäftsführenden Direktoren/Aufsichtsratsmitgliedern börsennotierter Gesellschaften sowie zu den Ausschüssen des Verwaltungs-/Aufsichtsrats, 2005/162/EG, ABl. L 52 vom 25. 2. 2005, S. 51 Erwägungsgrund (16) und Nr. 11.1.

1084 Zum abgestuften Sorgfaltsmaßstab s.u. 3.TeilC.I.2.c)bb)(1).

1085 OLG Stuttgart, Urt. v. 29. 2. 2012 – 20 U 3/11 (nicht rechtskräftig), ZIP 2012, 625, 628, bestätigt durch BGH, Beschluss v. 06.11.2012 – II ZR 111/12, AG 2013, 90, f. = ZIP 2012, 2438, f.; *Lieder,* EWiR 2012, 303, 304; *Hasselbach,* NZG 2012, 41, 42; *Hopt/Roth* in: Großkommentar AktG § 111 Rn. 146; *Habersack* in: MünchKommAktG § 116 Rn. 32; *Mertens/Cahn* in: Kölner Komm. AktG § 116 Rn. 11.

1086 S. zur Funktionsvergütung aufgrund Ausschussmitgliedschaft noch unten 3.TeilC.III.1.a).

nicht mehr verantwortlich wären.[1087] Denn die Aufgaben der übrigen Mitglieder beschränken sich dadurch auf eine allgemeine Auswahl- und Überwachungspflicht.[1088] Doch ergibt sich aus diesen Aufgabenverschiebungen eine zulässige Vergütungsdifferenzierung aufgrund andersartiger Aufgaben.

(b) *Vergütung bei Ausschussdelegation ohne Beschlusskompetenz*

Eine Beschlusskompetenz ist aber kein ausschließliches Abgrenzungskriterium zur Funktionsvergütung. Die Kompetenz zur Beschlussfassung über einen konkreten Gegenstand der Überwachungsaufgabe i. S. d. § 111 Abs. 1 AktG kann keinen gesicherten Aufschluss darüber geben, welchen Tätigkeitsumfang ein Aufsichtsratsmitglied hat. Dies lässt sich an dem Beschluss über eine Vorstandsvergütung verdeutlichen, der seit dem VorstAG gem. § 107 Abs. 3 S. 3 AktG zwingend von dem Gesamtgremium zu fassen ist.[1089] Die Beschlussvorbereitung zur Vergütungsentscheidung kann weiterhin in einem Ausschuss erfolgen.[1090] Dabei wird die Vorbereitung des Beschlusses i. d. R. den größten Aufwand darstellen, da Fragen der rechtmäßigen Vorstandsvergütung bereits in diesem Stadium zu klären sind, damit dem Gesamtgremium ein beschlussreifer Vorschlag unterbreitet werden kann. Danach rechtfertigt es sich auch, dass die Ausschussmitglieder, die mit der Vorbereitung des Beschlusses befasst sind, eine höhere Vergütung erhalten, als die Mitglieder des übrigen Gesamtgremiums. Dies gilt, obwohl das Gesamtgremium den Beschluss fasst. Denn die intensivere Auseinandersetzung mit einem Thema resultiert in einem erhöhten Aufwand, der als größerer Aufgabenumfang eine höhere Vergütung rechtfertigt.[1091] Auch unterliegen die einfachen Mitglieder des Gesamtgremiums einem abgestuften Sorgfaltsmaßstab, indem sie bei dem Beschluss über die Vorstandsvergütung lediglich ihrer Sorgfaltspflicht im Rahmen des Mindeststandards nachkommen müssen.[1092] Dies gilt nur, wenn sie nicht selbst über eine höhere Qualifikation in

---

1087 S. o. 3.TeilC.I.2.c)aa)(1)(a)(dd).

1088 *Lutter/Kremer,* ZGR 1992, 87, 91 m.w.N.; *Kämpfer/Hönsch* in: FS Herzig, 2010, S. 531, 543; *Zaumseil* in: Grundei, Der Aufsichtsrat im System der Corporate Governance, 2012, S. 420, 432 f.; s.o. 3.TeilC.I.2.c)aa)(1)(a)(dd).

1089 *Lutter,* EuZW 2009, 799, 801; *Seibert,* WM 2009, 1489, 1491; *Kling,* DZWIR 2010, 221, 229 f.; *Knapp,* DStR 2010, 56; *Hüffer* in: Hüffer AktG § 107 Rn. 18; *Hüffer* in: FS Hoffmann-Becking, 2013, S. 589, 596.

1090 *Lutter,* EuZW 2009, 799, 801; *Seibert,* WM 2009, 1489, 1491; *Kling,* DZWIR 2010, 221, 229 f.; *Knapp,* DStR 2010, 56; *Hüffer* in: Hüffer AktG § 107 Rn. 18; *Hüffer* in: FS Hoffmann-Becking, 2013, S. 589, 596.

1091 Allgemein in Bezug auf die Ausschussarbeit: *Mäger,* BB 1999, 1389, 1391; *Hüffer* in: Hüffer AktG § 113 Rn. 4; *Böcking* in: FS Krumnow, 2004, S. 565, 577; *Kort* in: FS Hüffer, 2010, S. 483, 486.

1092 *Hüffer* in: FS Hoffmann-Becking, 2013, S. 589, 599 f. u.a. mit Verweis auf die BGH Rspr. zu den Überwachungspflichten von Geschäftsführern einer GmbH bei Aufgabendelegationen, sowie auf *Fleischer,* NZG 2003, 449, 453 ff., der die

Bezug auf die Ausgestaltung von Vorstandsvergütungen verfügen.[1093] Damit ist die Beschlusskompetenz kein alleiniger Faktor zur Bestimmung einer Vergütungshöhe, da sie keine Aussagen darüber trifft, wer den meisten Aufwand für die Vorbereitung des zu befassenden Beschlusses hatte. Auch trifft sie keine Aussage darüber, dass eine Individualbetrachtung unzulässig wäre. Denn auch die Pflicht zur Sorgfalt bei der Vorstandsvergütung trifft jedes einzelne Mitglied.[1094] Und vorbereitende Tätigkeiten ohne Beschlussfassung können ebenfalls von einzelnen Mitgliedern ausgeführt werden.[1095]

(c) *Funktionsvergütung bei Aufgabendelegation auf Individuum*

Bei § 111 Abs. 2 S. 2., 1. Alt AktG ist wegen einer konkreten Aufgabe eines einzelnen Mitglieds eine Individualvergütung für die Erledigung dieser Aufgabe zulässig.[1096] Nachdem festgestellt wurde, dass selbst bei nur vorbereitenden Ausschüssen eine besondere Vergütung für die Ausschussmitglieder nach allgemeiner Meinung zulässig ist, kann dieses Ergebnis auch auf Situationen übertragen werden, in denen Vorbereitungshandlungen auf einzelne Aufsichtsratsmitglieder übertragen wurden. Diese Delegation ist zulässig.[1097] In den Fällen, in denen einem einzelnen Aufsichtsratsmitglied bestimmte Aufgaben übertragen werden, können sich für dieses Mitglied intensivere Tätigkeiten ergeben, als für die übrigen Aufsichtsratsmitglieder.[1098] Dies entspricht der Fallgestaltung eines vorbereitenden Ausschusses im Vergleich zum Gesamtgremium.[1099] Wenn in diesem Fall eine Vergütungsdifferenzierung aufgrund Funktionsbezugs zulässig ist, muss dies auch für die vorliegende Fallgestaltung gelten. Folglich ist auch eine Vergütung für diese Aufgabe zulässig. Anstatt einer Ausschussvergütung handelt es sich nunmehr jedoch um eine Individualvergütung für die Erledigung besonderer Aufgaben aufgrund eines Funktionsbezugs.[1100] Ein Funktionsbezug ist jedenfalls immer dann gegeben, wenn die Person bestimmte Aufgaben zur Erledigung zugewiesen bekommt, ohne jedoch

---

vergleichbare Lage bei Vorstandsmitgliedern darstellt; *Kämpfer/Hönsch* in: FS Herzig, 2010, S. 531, 543; s.o. 3.TeilC.I.2.c)aa)(1)(a)(dd).

1093 *Reichert/Ullrich* in: FS U.H. Schneider, 2011, S. 1017, 1021 m.w.N.; zum Sorgfaltsmaßstab aufgrund individueller Qualifikationen siehe auch 3.TeilC.I.2.c)bb)(1).

1094 *Reichert/Ullrich* in: FS U.H. Schneider, 2011, S. 1017, 1020.

1095 S. o. 3.TeilC.I.2.c)aa)(1)(a)(bb).

1096 *Habersack* in: MünchKommAktG § 111 Rn. 73; *Mertens/Cahn* in: Kölner Komm. AktG § 111 Rn. 60; *Spindler* in: Spindler/Stilz AktG § 111 Rn. 45; *Hambloch-Gesinn/Gesinn* in: Hölters AktG § 111 Rn. 52; *Ludwig*, Die Vergütung des Aufsichtsrats, 2011, S. 175; näher s.u. 3.TeilC.III.1.g).

1097 S.o. 3.TeilC.I.2.c)aa)(1)(a)(bb).

1098 *Habersack* in: MünchKommAktG § 116 Rn. 37; *Mertens/Cahn* in: Kölner Komm. AktG § 116 Rn. 20; *Hopt/Roth* in: Großkommentar AktG § 111 Rn. 127.

1099 Mit Ausnahme der stärkeren Überwachungspflicht wegen fehlendem Vier-Augen-Prinzips, dazu s.o. 3.TeilC.I.2.c)aa)(1)(a)(dd).

1100 Für diese Vergütungsart s.u. 3.TeilC.III.1.g).

an die persönlichen Eigenschaften der Person an sich anzuknüpfen.[1101] Zu den persönlichen Eigenschaften besteht ein enger Zusammenhang, was sich daran zeigt, dass sich die Zuordnung von einzelnen Aufsichtsratsmitgliedern zu bestimmten Funktionen nach deren Qualifikationen richtet.[1102] Denn die notwendige Qualifikation resultiert wiederum aus den Aufgaben und dem zur Aufgabenerledigung nötigen individuellen Sorgfaltsmaßstab.[1103]

Dass eine Funktionszuordnung aber auch ohne besonderen Delegationsakt erfolgen kann, zeigt sich an der Arbeitsweise des Aufsichtsrats, indem die Mitglieder mit besonderen Qualifikationen auch ohne gesonderte Beauftragung hierzu intensivere Tätigkeiten auszuführen haben, um ihrem Mindestsorgfaltsstandard bei der Pflichtenerfüllung nachzukommen.[1104] Eine Aufgabenzuordnung hängt mit einer Funktion im Aufsichtsrat demnach genauso zusammen wie die Qualifikation mit einer bestimmten Funktion.[1105]

bb) *Haftung als Vergütungsfaktor*

Weiterer Einflussfaktor für die Vergütung könnte die Haftung der Aufsichtsratsmitglieder sein.[1106] Zwar fehlt im AktG eine dem § 31a BGB entsprechende Norm, die einen direkten Bezug der Vergütung zur Haftung eines Organmitglieds setzt.[1107] Der Gedanke, dass die Haftung als Vergütungsparameter einzuordnen ist, kann

---

1101 *Spindler* in: Spindler/Stilz AktG § 107 Rn. 108.

1102 *Dreher* in: FS Boujong, 1996, S. 71, 87 f.; *Haarmann* in: FS Hüffer, 2010, S. 243, 250; *Hopt/Roth* in: Großkommentar AktG § 107 Rn. 274; *Habersack* in: MünchKommAktG § 107 Rn. 134; *Mertens/Cahn* in: Kölner Komm. AktG § 107 Rn. 111; *Hambloch-Gesinn/Gesinn* in: Hölters AktG § 107 Rn. 107; *Vetter* in: Marsch-Barner/Schäfer, Hdb. börsennotierte AG, 2014, § 28 Rn. 17.

1103 *Bosse/Malchow,* NZG 2010, 972; *Lehrl,* BKR 2010, 485, 486 f.; *Link/Vogt,* BB 2011, 1899, 1902; *Semler* in: FS K. Schmidt, 2009, S. 1489, 1490, 1503.

1104 *Hommelhoff,* ZGR 1983, 551, 573; *Deckert,* NZG 1998, 710, 712; *Hopt/Roth* in: Großkommentar AktG § 111 Rn. 133; *von Frankenberg und Ludwigsdorf,* Bedeutung und Grenzen der Gleichbehandlung der Aufsichtsratsmitglieder in der Aktiengesellschaft, 2006, S. 153 f., 197, 199.

1105 Ähnlich bereits diskutierend *Dreher* in: FS Boujong, 1996, S. 71, 84.

1106 *Roller,* Die Vergütung des Aufsichtsrats in Abhängigkeit vom Aktienkurs, 2000, S. 73; *Rieder/Holzmann,* AG 2010, 570, 579; *Ehren/Gros,* Der Konzern 2011, 277, 286; *Kropff* in: FS K. Schmidt, 2009, S. 1023, 1039; *Wagner* in: von Schenck, Arbeitshandbuch für Aufsichtsratsmitglieder, 2013, § 11 Rn. 53 in Bezug auf den Finanzexperten; in diese Richtung, wenn auch nicht unmittelbar: *Ludwig,* Die Vergütung des Aufsichtsrats, 2011, S. 177 f.; *Potthoff/Trescher/Theisen,* Das Aufsichtsratsmitglied, 2003, Rn. 976; wohl auch *Hopt/Roth* in: Großkommentar AktG § 113 Rn. 59, die bei schlechter Lage eine Gefahrenzulage anerkennen wollen, um damit das Haftungsrisiko auszugleichen.

1107 Eine analoge Anwendung der automatischen Haftungsmilderung auf juristische Personen diskutierend und im Ergebnis wegen fehlender Planwidrigkeit aufgrund § 86 S. 1 BGB ablehnend *Vetter,* GmbHR 2012, 181, 187 m.w.N.

sich jedoch aus einer anderen Herleitung ergeben. Haftung und Aufgaben stehen in einem Abhängigkeitsverhältnis zueinander. Die Haftung bestimmt sich nach den Aufgaben der Aufsichtsratsmitglieder.[1108] Die Konsequenz daraus bildet das potenzielle Haftungsrisiko der Aufsichtsratsmitglieder, das aufgrund der letzten Gesetzesänderungen durch die erhöhten Kontrollpflichten der Aufsichtsratsmitglieder mit angestiegen ist.[1109] Die tatsächliche Inanspruchnahme aus einem haftungsbegründenden Verhalten wird heute zwar auch als wahrscheinlicher angesehen, als dies früher noch der Fall war.[1110] Von anderer Seite aus wird das Risiko tatsächlicher Inanspruchnahme jedoch für unbedeutend erachtet.[1111] Allerdings ist bei der Frage nach der Haftung als Vergütungsfaktor zwischen dem potenziellen Haftungsrisiko und der tatsächlichen Durchsetzung der Haftung zu unterscheiden. Soll es nur auf die tatsächliche Inanspruchnahme der Aufsichtsratsmitglieder ankommen, so wäre eine Vergütung für die tatsächliche Inanspruchnahme faktisch ein monetärer Ausgleich für eine zu vertretende Pflichtverletzung. Dies würde den negativen Anreiz der Haftung zur Aufgabenabsicherung konterkarieren. Wird hingegen die potenzielle Haftungsgefahr vergütet, so bedeutet dies nicht automatisch eine Vergütung für begangene Pflichtverletzungen. Der Fokus liegt hierbei auf dem positiven Vergütungsanreiz zur Absicherung der Aufgabenwahrnehmung. Dieser, von der Prämisse

1108 *Mertens/Cahn* in: Kölner Komm. AktG § 116 Rn. 5 ff.; *Hüffer* in: Hüffer AktG § 116 Rn. 3; *Hopt/Roth* in: Großkommentar AktG § 116 Rn. 66; *Bezzenberger/Keul* in: FS Schwark, 2009, S. 121, 132 m.w.N.; *Hoffmann-Becking* in: MünchHdb AG § 33 Rn. 58; *Goette* in: Hommelhoff, Handbuch Corporate Governance, 2009, S. 713, 720 ff.

1109 *Fischbach,* ZIP 2013, 1153; *Haarmann* in: FS Hüffer, 2010, S. 243; *Hopt/Roth* in: Großkommentar AktG § 113 Rn. 57; *Roller,* Die Vergütung des Aufsichtsrats in Abhängigkeit vom Aktienkurs, 2000, S. 73 f.; aA *Mertens/Cahn* in: Kölner Komm. AktG § 113 Rn. 32, die ein Haftungsrisiko als nicht hoch genug ansehen, um es kompensieren zu müssen; ganz anders *Peltzer,* WM 1981, 346, der unter Verweis auf zahlreiche reichsgerichtliche Rechtsprechung für die Vergangenheit bereits auf eine hohe Haftungsrelevanz hinweist; ebenso schon für ein hohes Haftungsrisiko vor dem KonTraG: *Schmitt,* DB 1968, 1545, 1547, mit dem Hinweis auf einen nicht publizierten Fall aus der Praxis; *Lutter,* AG 1979, 85, 89.

1110 *Ludwig,* Die Vergütung des Aufsichtsrats, 2011, S. 177, der dies mit der Bedeutung der D&O-Versicherung für Aufsichtsratsmitglieder begründet; ähnlich *Roller,* Die Vergütung des Aufsichtsrats in Abhängigkeit vom Aktienkurs, 2000, S. 74; aufgrund der 2005 durch § 148 AktG eingeführten Aktionärsklage: *Bürgers,* NJW 2004, 3022, 3025; *Ehren/Gros,* Der Konzern 2011, 277, 279; *Haarmann* in: FS Hüffer, 2010, S. 243; auf die geringe Relevanz der Aktionärsklage verweisen wiederum: *Lutter* in: FS U.H. Schneider, 2011, S. 763, 765 f.; *Peltzer* in: FS U.H. Schneider, 2011, S. 953, 954 ff.; *Habersack,* Staatliche und halbstaatliche Eingriffe in die Unternehmensführung, 2012, E 92 f. m.w.N.; *Roth,* NZG 2012, 881, 886.

1111 *Lutter* in: FS U.H. Schneider, 2011, S. 763, 766; *ders.,* DZWiR 2011, 265, 268; *Bayer,* NZG 2013, 1, 14; bereits früher: *Adams,* AG 1994, 148, 155; *Baums,* ZIP 1995, 11, 13; *Deckert,* ZIP 1996, 985, 994.

der Haftung als Vergütungsfaktor ausgehende Gedankengang, zeigt die Bedeutung der Differenzierung auf. Es kann daher von vorn herein nur um eine Vergütung für ein potenzielles Haftungsrisiko gehen, sodass der Mangel bei der tatsächlichen Durchsetzung der Haftung nicht weiter berücksichtigt werden muss. Das potenzielle Haftungsrisiko ist hingegen durch die vergangenen Aufgabenkonkretisierungen mit angestiegen.[1112] Die potenzielle Haftung ist demnach bei der Angemessenheit zu würdigen,[1113] sodass sie dazu geeignet ist, eine angemessene Vergütung je nach Haftungsmaßstab zu begründen. Das Laufbahnrisiko gehört nicht zum Haftungsrisiko und besitzt damit keine gesonderte Vergütungsrelevanz.[1114] Dies würde nur ein Äquivalent in der gegenwärtigen Vergütung darstellen, was mit einer Abfindung bei Ausscheiden aus dem Aufsichtsrat vergleichbar ist.[1115]

Auch die Verantwortung gibt Hinweise auf den Umfang der Aufgaben der Aufsichtsratsmitglieder.[1116] Dies wurde schon durch Ziff. 5.4.6 Abs. 1 S. 2 DCGK a.F.[1117] deutlich, indem die Verantwortung als Teil des Angemessenheitskriteriums gesehen wurde.[1118] Allerdings sind Haftung und Verantwortung voneinander abzugrenzen.[1119] Die Verantwortung stellt die Zurechnung des unternehmerischen Erfolgs oder

---

1112 S.o. Fn. 1109.

1113 In diese Richtung *Schmitt,* DB 1968, 1545, 1547; *Lutter,* AG 1979, 85, 89 (aufgrund mangelndem Versicherungsschutz); *Fischer,* BB 1967, 859, 862; *Theisen,* AG 1993, 49, 66; ähnlich *Dreher/Thomas,* ZGR 2009, 31, 53, die das Haftungsrisiko allgemein als Vergütungsfaktor einordnen; *Bischof,* BB 2006, 1627, 2632; *Theisen* in: Dörner: Reform des Aufsichtsrats, 2003, S. 431, 504; *Berger,* Die Kosten der Aufsichtsratstätigkeit in der Aktiengesellschaft, 2000, S. 29; *Roller,* Die Vergütung des Aufsichtsrats in Abhängigkeit vom Aktienkurs, 2000, S. 73; siehe auch RG, Urt. v. 22.02.1911 – Rep. I. 580/09, RGZ 75, 308, 310 f., wo die Verantwortlichkeit im Zusammenhang mit einer Risikoprämie als Einflussfaktor genannt wird; aA *Geßler,* DB 1978, 63, 66, da das Haftungsrisiko von Aufsichtsratsmitgliedern empirisch betrachtet nicht messbar sei.

1114 *Geßler,* DB 1978, 63, 66; *Roller,* Die Vergütung des Aufsichtsrats in Abhängigkeit vom Aktienkurs, 2000, S. 75; *Ludwig,* Die Vergütung des Aufsichtsrats, 2011, S. 183; aA *Lutter,* AG 1979, 85, 89; *Berger,* Die Kosten der Aufsichtsratstätigkeit in der Aktiengesellschaft, 2000, S. 29.

1115 Zur Abfindung beim Ausscheiden siehe 3.TeilC.III.1.i).

1116 RG, Urt. v. 22.02.1911 – Rep. I. 580/09, RGZ 75, 308, 310 f.; wohl auch *Theisen* in: Dörner: Reform des Aufsichtsrats, 2003, S. 431, 504; *Berger,* Die Kosten der Aufsichtsratstätigkeit in der Aktiengesellschaft, 2000, S. 29; *Roller,* Die Vergütung des Aufsichtsrats in Abhängigkeit vom Aktienkurs, 2000, S. 74; *Ludwig,* Die Vergütung des Aufsichtsrats, 2011, S. 177.

1117 In der Fassung vom 15. Mai 2012.

1118 *Kremer* in: Ringleb/Kremer/Lutter/von Werder DCGK, 2010, 4. Auflage, Rn. 1083; *Wilsing* in: Wilsing DCGK, 2012, Ziff. 5.4.6 Rn. 3.

1119 *Geßler,* DB 1978, 63, 66; *Ludwig,* Die Vergütung des Aufsichtsrats, 2011, S. 177; aA wohl *Hopt/Roth* in: Großkommentar AktG § 113 Rn. 144 m.w.N., die die Haftungsbedrohung zusammen mit einer gewissenhaften Amtsausführung als Verantwortung definieren.

Misserfolgs an den Aufsichtsrat dar. Durch die teilweise vorhandenen Möglichkeiten des Aufsichtsrats zur Mitwirkung an unternehmerischen Entscheidungen zur zukünftigen Ausrichtung der Gesellschaft trägt der Aufsichtsrat somit ebenfalls eine Verantwortung.[1120]

(1) Haftungsmaßstab der Aufsichtsratsmitglieder

Alle Aufsichtsratsmitglieder trifft zunächst ein Mindeststandard bei den Sorgfaltsanforderungen, dem sie durch eine Mindestqualifikation gerecht werden müssen.[1121] Auch die Arbeitnehmervertreter müssen sich an diesem Sorgfaltsmaßstab festhalten lassen, da eine Privilegierung für sie gesetzlich nicht vorgesehen ist.[1122] Im Sinne dieses Mindeststandards sind demnach alle Aufsichtsratsmitglieder gleich zu behandeln.[1123] Zwar sieht das AktG keinen festen Qualifikationsmaßstab für die normalen Aufsichtsratsmitglieder vor.[1124] Jedoch hat zumindest das BilMoG[1125] mit

---

1120 *Lutter*, AG 1979, 85, 89 f.; *Roller*, Die Vergütung des Aufsichtsrats in Abhängigkeit vom Aktienkurs, 2000, S. 74; jedoch in der Bedeutung ggü. der Verantwortung der Vorstandsmitglieder entsprechend geringer *Geßler*, DB 1978, 63, 66.

1121 BGH, Urt. v. 15.11.1982 – II ZR 27/82, BGHZ 85, 293, 295 f. = NJW 1983, 991; *Vetter*, GmbHR 2012, 181, 183; *Dreher* in: FS Hoffmann-Becking, 2013, S. 313, 317.

1122 BGH, Urt. v. 15.11.1982 – II ZR 27/82, BGHZ 85, 293, 295 f. = NJW 1983, 991; *Hopt/Roth* in: Großkommentar AktG § 116 Rn. 56 Rn. 2 m.w.N. auch zur älteren aA; *Koberski* in: Wlotzke/Wißmann/Koberski/Kleinsorge MitbestR § 25 Rn. 121; *Ulmer/Habersack* in: Habersack/Henssler/Ulmer MitbestG § 25 Rn. 118a; *Semler* in: FS K. Schmidt, 2009, S. 1489, 1501; *Habersack* in: MünchKommAktG § 116 Rn. 23 m.w.N.; *Hüffer* in: Hüffer AktG § 116 Rn. 2; *Vetter*, GmbHR 2012, 181, 183; *Lutter/Krieger/Verse*, Rechte und Pflichten des Aufsichtsrats, 2014, § 13 Rn. 1009; *Gahlen* in: Grundei, Der Aufsichtsrat im System der Corporate Governance, 2012, S. 222, 235 f.

1123 BGH, Urt. v. 15.11.1982 – II ZR 27/82, BGHZ 85, 293, 295 f. = NJW 1983, 991; *Mutter/Gayk*, ZIP 2003, 1773, 1774; *Dreher* in: FS Boujong, 1996, S. 71, 79; *Goette* in: Hommelhoff, Handbuch Corporate Governance, 2009, S. 713, 719; *Habersack* in: MünchKommAktG § 116 Rn. 12, 23; *Hopt/Roth* in: Großkommentar AktG § 116 Rn. 41, 43; *Mertens/Cahn* in: Kölner Komm. AktG § 116 Rn. 7; *Hüffer* in: Hüffer AktG § 116 Rn. 2; *Spindler* in: Spindler/Stilz AktG § 116 Rn. 14; *Drygala* in: Schmidt-Lutter AktG § 116 Rn. 36; *Hambloch-Gesinn/Gesinn* in: Hölters AktG § 116 Rn. 9; *Breuer/Fraune* in: Heidel AktG § 116 Rn. 3; *Thümmel*, Persönliche Haftung von Managern und Aufsichtsräten, 2008, Rn. 294.

1124 *Bea/Scheurer*, DB 1994, 2145, 2148; *Schwalbach*, AG 2004, 186, 188; *Lehrl*, BKR 2010, 485, 486; *Bosse/Malchow*, NZG 2010, 972; *Link/Vogt*, BB 2011, 1899, 1902; *Bihr/Philippsen*, DStR 2011, 1133; *Krauel/Broichhausen*, VersR 2012, 823, 825; *Semler* in: FS K. Schmidt, 2009, S. 1489, 1490; *Habersack*, Staatliche und halbstaatliche Eingriffe in die Unternehmensführung, 2012, E 84; *Lutter* in: Hommelhoff, Handbuch Corporate Governance, 2009, S. 321, 322; *Habersack* in: MünchKommAktG § 116 Rn. 22; *Mertens/Cahn* in: Kölner Komm. AktG § 116 Rn. 6.

1125 Gesetz zur Modernisierung des Bilanzrechts (Bilanzrechtsmodernisierungsgesetz – BilMoG), BGBl. I, 2009, S. 1102, 1122.

der Einführung des unabhängigen Finanzexperten dafür gesorgt, dass gem. § 100 Abs. 5 AktG die ersten konkreten Qualifikationsanforderungen in das AktG aufgenommen wurden.[1126] Fraglich ist jedoch, wie sich darüber hinausgehende Qualifikationen auf den Sorgfaltsmaßstab der Aufsichtsratsmitglieder auswirken. Eine Verpflichtung zum Vorhalten spezieller Qualifikationen sieht das AktG bis auf § 100 Abs. 5 AktG nicht vor.[1127] Das Gremium hat lediglich als Gesamtheit sicherzustellen, dass es durch die Summe seiner Mitglieder zur Erledigung des gesamten Aufgabenspektrums fähig ist.[1128] Gegen eine Berücksichtigung individuell höherwertiger Qualifikationen wird der Gleichbehandlungsgrundsatz angeführt.[1129] Dagegen spricht, dass der Gleichbehandlungsgrundsatz Differenzierungen bei sachlichem Grund zulässt.[1130] Im Rahmen des Sorgfaltsmaßstabs wird dies bei Funktionsunterschieden anerkannt.[1131] Aber auch besondere Qualifikationen stellen beim Sorgfaltsmaßstab einen sachlichen Differenzierungsgrund dar.[1132] Sollte ein einzelnes Aufsichtsratsmitglied eine besondere Qualifikation aufweisen, ist zu beachten, dass Aufsichtsratsmitglieder zum Einsatz ihrer speziellen Qualifikationen verpflichtet sind.[1133] Wenn sie zum Einsatz verpflichtet sind, muss in der Konsequenz auch der

---

1126 *Link/Vogt,* BB 2011, 1899, 1902; *Bihr/Philippsen,* DStR 2011, 1133; *Krauel/Broichhausen,* VersR 2012, 823, 825; *Lutter* in: Hommelhoff, Handbuch Corporate Governance, 2009, S. 321, 326.

1127 *Semler* in: FS K. Schmidt, 2009, S. 1489, 1504; *Weber-Rey* in: Veil, Unternehmensrecht in der Reformdiskussion, 2013, S. 161, 164; *Spindler* in: Spindler/Stilz AktG § 100 Rn. 47.

1128 BGH, Urt. v. 15.11.1982 – II ZR 27/82, BGHZ 85, 293, 296 = NJW 1983, 991; *Lehrl,* BKR 2010, 485, 487; *Institut für Gesellschaftsrecht der Universität zu Köln,* NZG 2011, 975, 977; *Link/Vogt,* BB 2011, 1899, 1902; *Bihr/Philippsen,* DStR 2011, 1133, 1134; *Opitz,* BKR 2013, 177, 178; *Hopt/Roth* in: Großkommentar AktG § 116 Rn. 44; *Lutter* in: Hommelhoff, Handbuch Corporate Governance, 2009, S. 321, 325.

1129 *Grooterhorst,* NZG 2011, 921, 925 mit unzutreffenden Verweis auf *Dreher* in: FS Boujong, 1996, S. 71, 78, der dies gerade nicht vertritt: s. *Dreher* in: FS Boujong, 1996, S. 71, 80.

1130 *Hopt/Roth* in: Großkommentar AktG § 116 Rn. 42; *Mutter/Gayk,* ZIP 2003, 1773, 1774; s. dazu auch 3.TeilC.I.2.c)cc)(4).

1131 *Hopt/Roth* in: Großkommentar AktG § 116 Rn. 60 ff.; *Hüffer* in: Hüffer AktG § 116 Rn. 3; *Habersack* in: MünchKommAktG § 116 Rn. 27; *Spindler* in: Spindler/Stilz AktG § 116 Rn. 15; *Drygala* in: Schmidt-Lutter AktG § 116 Rn. 37; *Hambloch-Gesinn/Gesinn* in: Hölters AktG § 116 Rn. 9; *Breuer/Fraune* in: Heidel AktG § 116 Rn. 3; *Mutter/Gayk,* ZIP 2003, 1773, 1775, die aber zwischen einzelnen Ausschüssen unterscheiden; aA *Dreher* in: FS Boujong, 1996, S. 71, 84 ff. und *Mertens/Cahn* in: Kölner Komm. AktG § 116 Rn. 9, die darauf hinweisen, dass mit der Funktion grds. nur eine zeitlich intensivere Inanspruchnahme erfolgt, besondere Qualifikationen jedoch nicht voraussetzt.

1132 *Dreher* in: FS Boujong, 1996, S. 71, 80 f.; *Habersack* in: MünchKommAktG § 116 Rn. 28; *Hambloch-Gesinn/Gesinn* in: Hölters AktG § 116 Rn. 10.

1133 *Mertens* in: FS Steindorff, 1990, S. 173, 181; BGH, Urt. v. 03.07.2006 – II ZR 151/04, BGHZ 168, 188, 198 Rn. 17 = ZIP 2006, 1529, 1533 Rn. 17; BGH, Urteil v. 2. 4.

Sorgfaltsmaßstab an den speziellen Qualifikationen ausgerichtet werden, da dies i. d. R. auch für die Bestellung in den Aufsichtsrat den Ausschlag gegeben hat.[1134] Auch könnten die übrigen Aufsichtsratsmitglieder nicht mehr auf den Einsatz der speziellen Qualifikation vertrauen, wenn diesem keine besondere Haftung gegenüberstünde.[1135] Die Bedeutung der Aufsichtsratstätigkeit besonders qualifizierter Mitglieder würde demnach erheblich gemindert.[1136] Dies würde wiederum eine arbeitsteilige Vorgehensweise in der internen Aufsichtsratsorganisation beschränken, da eine Zuordnung bestimmter Aufgaben an besonders qualifizierte Aufsichtsratsmitglieder keinen effektiven Nutzen hätte, wenn die anderen Aufsichtsratsmitglieder dieser Aufgabenerledigung kein Gewicht beimessen dürften.[1137] Folglich führt eine höhere

---

2007 – II ZR 325/05, NZG 2007, 516, 518 Rn. 16 = ZIP 2007, 1056, 1059 Rn. 16; BGH, Beschluss v. 27. 4. 2009 – II ZR 160/08, NZG 2009, 1027, 1028 Rn. 6 = ZIP 2009, 1661, 1662 Rn. 6; BGH, Urt. v. 20. 9. 2011 – II ZR 234/09, ZIP 2011, 2097, 2101 Rn. 28 = NZG 2011, 1271, 1274 Rn. 28; LG Hamburg – Urt. v. 16.12.1980 – 8 O 229/79 – ZIP 1981, 194, 197 = AG 1982, 51, 53; *Altmeppen,* ZGR 2004, 390, 411 f.; *Vetter,* GmbHR 2012, 181, 183; *Dreher* in: FS Boujong, 1996, S. 71, 80; *Kropff* in: FS K. Schmidt, 2009, S. 1023, 1038; *Altmeppen* in: FS Hoffmann-Becking, 2013, S. 1, 10 m.w.N.; *Spindler* in: Spindler/Stilz AktG § 116 Rn. 17 m.w.N.; *Drygala* in: Schmidt-Lutter AktG § 116 Rn. 37; *Krieger* in: Krieger, Hdb. Managerhaftung, 2010, § 3 Rn. 38; für das Beispiel des unabhängigen Finanzexperten *Cahn* in: Veil, Unternehmensrecht in der Reformdiskussion, 2013, S. 139, 155; *Mertens/Cahn* in: Kölner Komm. AktG § 116 Rn. 63; siehe auch oben 3.TeilC.I.1.b).

1134 BGH, Urt. v. 20. 9. 2011 – II ZR 234/09, ZIP 2011, 2097, 2101 Rn. 28 = NZG 2011, 1271, 1274 Rn. 28; *Bröcker/Mosel,* GWR 2009, 132, 133 f.; *Vetter,* GmbHR 2012, 181, 183; *Szalai/Marz,* DStR 2010, 809 f.; *Habersack* in: MünchKommAktG § 116 Rn. 28; *Spindler* in: Spindler/Stilz AktG § 116 Rn. 17; *Ulmer/Habersack* in: Habersack/Henssler/Ulmer MitbestG § 25 Rn. 118a; *Raiser/Veil* in: MitbestG § 25 Rn. 117; *Breuer/Fraune* in: Heidel AktG § 116 R. 3; *Hoffmann-Becking* in: MünchHdb AG § 33 Rn. 61; *Thümmel,* Persönliche Haftung von Managern und Aufsichtsräten, 2008, Rn. 294; zur gleichen Begründung aufgrund der Einsatzverpflichtung bzgl. dieser Qualifikationen siehe oben 3.TeilC.I.1.b); eine Wahl aufgrund der Nutzung spezieller Qualifikationen bezweifelt hingegen aus rechtstatsächlicher Sicht *Selter,* AG 2012, 11, 12.

1135 BGH, Urt. v. 20. 9. 2011 – II ZR 234/09, ZIP 2011, 2097, 2101 Rn. 27 f. = NZG 2011, 1271, 1274 Rn. 27 f.; *Dreher* in: FS Boujong, 1996, S. 71, 82 f.; *Bröcker/Mosel,* GWR 2009, 132, 134; *Vetter,* GmbHR 2012, 181, 183 m.w.N.; *Bosse* in: Orth/Ruter/Schichold, Der unabhängige Finanzexperte im Aufsichtsrat, 2013, S. 293, 296, was allerdings auch als problematisch angesehen wird, da das Vetrauen so stark ausgeprägt werden könnte, dass sich andere Aufsichtsratsmitglieder mit dem besonderen Überwachungsgegenstand gar nicht mehr befassen, S. 297; ebenso kritisch wegen dieser möglichen Folgewirkung *Weber-Rey* in: Orth/Ruter/Schichold, Der unabhängige Finanzexperte im Aufsichtsrat, 2013, S. 3, 15.

1136 *Vetter,* GmbHR 2012, 181, 183.

1137 *Habersack* in: MünchKommAktG § 116 Rn. 28; *Mertens/Cahn* in: Kölner Komm. AktG § 116 Rn. 63; *Hambloch-Gesinn/Gesinn* in: Hölters AktG § 116 Rn. 10; *Grooterhorst,* NZG 2011, 921, 925.

Qualifikation zu einem erhöhten Sorgfaltsmaßstab.[1138] Die vorangestellten Begründungen stehen für sich genommen aber nicht selbstständig. Sie leiten sich alle von der Verpflichtung zum Einsatz spezieller Qualifikationen ab. Denn die Wahl in den Aufsichtsrat wird auch wegen des erwarteten Einsatzes der Qualifikation geschehen, die anderen Mitglieder vertrauen auf den Einsatz und die arbeitsteilige Vorgehensweise bestimmt sich in der Regel nach den Qualifikationen, sodass die Einsatzverpflichtung das Hauptargument darstellt.

Zwar haften Aufsichtsratsmitglieder auch gesamtschuldnerisch.[1139] Jedoch nur, wenn den anderen Aufsichtsratsmitgliedern ebenfalls ein Sorgfaltspflichtenverstoß nachgewiesen werden kann.[1140] Die gesamtschuldnerische Haftung ändert somit nichts an dem individuellen Sorgfaltsmaßstab, der durch individuelle Qualifikationen unterschiedlich ausgestaltet sein kann.[1141] Auch kommt der Tätigkeit der

---

1138 LG Hamburg – Urt. v. 16.12.1980 – 8 O 229/79 – ZIP 1981, 194, 197 = AG 1982, 51, 53; BGH, Urt. v. 20. 9. 2011 – II ZR 234/09, ZIP 2011, 2097, 2101 Rn. 28 = NZG 2011, 1271, 1274 Rn. 28; *Habersack* in: MünchKommAktG § 116 Rn. 28 m.w.N.; *Mertens/Cahn* in: Kölner Komm. AktG § 116 Rn. 9, 63; *Spindler* in: Spindler/Stilz AktG § 116 Rn. 17 m.w.N.; *Drygala* in: Schmidt-Lutter AktG § 116 Rn. 37; *Hambloch-Gesinn/Gesinn* in: Hölters AktG § 116 Rn. 10; *Breuer/Fraune* in: Heidel AktG § 116 Rn. 3; *Möllers,* ZIP 1995, 1725, 1732 f.; *Mutter/Gayk,* ZIP 2003, 1773, 1775; *Altmeppen,* ZGR 2004, 390, 411 f.; *Säcker,* AG 2004, 180, 184; *Bröcker/Mosel,* GWR 2009, 132, 133; *Peltzer,* NZG 2009, 1041, 1042; *Lehrl,* BKR 2010, 485, 489; *Szalai/Marz,* DStR 2010, 809 f.; *Vetter,* EWiR 2011, 793, 794; *ders.,* GmbHR 2012, 181, 183; *Lang/Balzer,* WM 2012, 1167, 1171; *Dreher* in: FS Boujong, 1996, S. 71, 80; *Kropff* in: FS K. Schmidt, 2009, S. 1023, 1038 f.; *Semler* in: FS K. Schmidt, 2009, S. 1489, 1505; *Kämpfer/Hönsch* in: FS Herzig, 2010, S. 531, 539 f.; *Reichert/Ullrich* in: FS U.H. Schneider, 2011, S. 1017, 1021; *Altmeppen* in: FS Hoffmann-Becking, 2013, S. 1, 10; *Dreher* in: FS Hoffmann-Becking, 2013, S. 313, 317; *Zaumseil* in: Grundei, Der Aufsichtsrat im System der Corporate Governance, 2012, S. 420, 432 f.; *Bosse* in: Orth/Ruter/Schichold, Der unabhängige Finanzexperte im Aufsichtsrat, 2013, S. 293, 296; *Lutter/Krieger/Verse,* Rechte und Pflichten des Aufsichtsrats, 2014, § 13 Rn. 1011; *Krieger* in: Krieger, Hdb. Managerhaftung, 2010, § 3 Rn. 38; *Maushake,* Audit Committees, 2009, S. 569; *Thümmel,* Persönliche Haftung von Managern und Aufsichtsräten, 2008, Rn. 294; aA *Schwark* in: FS Werner, 1984, S. 841, 850 f., 853 f.; *Selter,* AG 2012, 11, 19; *Hopt/Roth* in: Großkommentar AktG § 116 Rn. 51 f., die aber eine Einsatzpflicht bei vorhandener Qualifikation vertreten; *Hüffer* in: Hüffer AktG § 116 Rn. 3; *Potthoff/Trescher/Theisen,* Das Aufsichtsratsmitglied, 2003, Rn. 887; für die vergleichbare Lage im Vorstandsrecht *Emde* in: FS U.H. Schneider, 2011, S. 295, 314.

1139 *Bea/Scheurer,* DB 1994, 2145, 2149.

1140 *Goette* in: Hommelhoff, Handbuch Corporate Governance, 2009, S. 713, 736; *Bosse* in: Orth/Ruter/Schichold, Der unabhängige Finanzexperte im Aufsichtsrat, 2013, S. 293, 295; *Koberski* in: Wlotzke/Wißmann/Koberski/Kleinsorge MitbestR § 25 Rn. 122; *Krieger* in: Krieger, Hdb. Managerhaftung, 2010, § 3 Rn. 28.

1141 Die gesamtschuldnerische Haftung wird aber auch als Gegenargument zum erhöhten Sorgfaltsmaßstab bei besonderen Qualifikationen benutzt: So dargestellt bei *Selter,* AG 2012, 11, 19.

anderen Aufsichtsratsmitglieder trotz vorhandener besonderer Qualifikationen bei einem oder mehreren Aufsichtsratsmitgliedern immer noch Bedeutung zu, da sie zumindest zu einer Plausibilitätsprüfung nach ihrem eigenen Sorgfaltsmaßstab (zumindest aber dem Mindestmaßstab) verpflichtet sind.[1142] Gegen eine Berücksichtigung der individuellen Qualifikation werden auch praktische Gesichtspunkte hervorgehoben.[1143] So würde die Notwendigkeit zur Feststellung der konkreten Qualifikation des handelnden Aufsichtsratsmitglieds in einem Haftungsfall dagegen sprechen.[1144] Zu überzeugen vermag dies nicht, da die Festellung des individuellen Sorgfaltsmaßstabs normaler Bestandteil des Gerichtsverfahrens ist, um das Verschulden feststellen zu können. Es bleibt somit bei der Berücksichtigung erhöhter Qualifikationen im Rahmen des Sorgfaltsmaßstabs.

(2) Abschwächung durch D&O-Versicherung?

Eine Berücksichtigung der Haftung bei der Vergütung würde sich erübrigen, wenn eine D&O-Versicherung für die Aufsichtsratsmitglieder besteht, die sämtliche Risiken abdeckt.[1145] Dann wäre das Haftungsrisiko zwar noch nicht beseitigt, da auch bei einer bestehenden D&O-Versicherung das Aufsichtsratsmitglied in einen Haftungsprozess eintreten müsste. Allerdings blieben die Haftungsfolgen bei einer vollständigen Deckung durch die Versicherung aus. Dabei ist jedoch schon zu berücksichtigen, dass es eine Frage des Einzelfalls ist, ob und in welcher Höhe die D&O-Versicherung den Versicherungsfall anerkennt.[1146] Eine generelle Minderung des Haftungsrisikos kann eine D&O-Versicherung demnach auch nicht herbeiführen, sodass es zunächst bei der Berücksichtigung des abstrakten Haftungsrisikos bei der Vergütung bleiben muss. Ein anderes Argument gegen eine Einbeziehung der Haftung bei der

---

1142 Für den Vorstand bzgl. der Überprüfung von Beratungsleistungen Dritter: BGH, Urt. v. 20. 9. 2011 – II ZR 234/09, ZIP 2011, 2097, 2100 Rn. 25 = NZG 2011, 1271, 1274 Rn. 25; *Lang/Balzer,* WM 2012, 1167, 1173 f.; ähnlich *Mertens/Cahn* in: Kölner Komm. AktG § 116 Rn. 63; *Breuer/Fraune* in: Heidel AktG § 116 Rn. 3; *Hoffmann-Becking* in: MünchHdb AG § 33 Rn. 61 m.w.N.; aA wohl *Schönberger,* Der Zustimmungsvorbehalt des Aufsichtsrates bei Geschäftsführungsmaßnahmen des Vorstands (§ 111 Abs. 4 Satz 2 – 4 AktG), 2006, S. 330 und dem folgend *Grooterhorst,* NZG 2011, 921, 925, die in dem Vertrauen eine zu große Gefahr erblicken wollen.

1143 Aus der Corporate Governance Perspektive: *Schönberger,* Der Zustimmungsvorbehalt des Aufsichtsrates bei Geschäftsführungsmaßnahmen des Vorstands (§ 111 Abs. 4 Satz 2 – 4 AktG), 2006, S. 330; *Grooterhorst,* NZG 2011, 921, 925; *Selter,* AG 2012, 11, 19 die darin alle eine Abschreckungswirkung gegenüber hochqualifizierten Aufsichtsratskandidaten sehen.

1144 *Selter,* AG 2012, 11, 19.

1145 So wohl auch *Habersack* in: MünchKommAktG § 113 Rn. 13; *Breuer/Fraune* in: Heidel AktG § 113 Rn. 6, die eine D&O-Gruppenversicherung als Ausgleich für das Haftungsrisiko ansehen.

1146 *Goette* in: Liber amicorum M. Winter, 2011, S. 153, 159; *Spindler* in: MünchKommAktG § 93 Rn. 290.

Vergütung könnte in dem Charakter der D&O-Versicherungsprämie zu sehen sein. Es wird vertreten, dass bei einem Vergütungscharakter der D&O-Versicherungsprämien die Haftung kein zusätzlicher Vergütungsfaktor sein kann.[1147] Denn in diesem Fall würde die Haftung bereits mit einem Vergütungsbestandteil (der Versicherungsprämie) abgegolten. Da D&O-Prämien in ihrer regelmäßigen Ausgestaltung als Gruppenversicherung jedoch kein Vergütungscharakter zukommt,[1148] stellt dies auch kein Hindernis dar, die Haftung als Vergütungskriterium anzusehen. Denn bei einer Ausgestaltung als Gruppenversicherung liegt eine Fürsorgeaufwendung der Gesellschaft für die Aufsichtsratsmitglieder vor.[1149] Nur bei einer Einzelversicherung stellt die Prämie eine Vergütung dar, weil in diesem Fall ohne D&O-Versicherung ein zusätzlicher Betrag für das Haftungsrisiko gezahlt werden müsste.[1150] Die Vereinbarung einer Versicherung der Gesellschaft mit dem Versicherer für die Aufsichtsratsmitglieder als versicherte Personen erfolgt primär im Interesse der Gesellschaft, um einem möglichen Haftungsausfall im Innenverhältnis entgegenzuwirken.[1151] Zwar

---

1147 So wohl *Ludwig*, Die Vergütung des Aufsichtsrats, 2011, S. 178, 282.

1148 *Mertens,* AG 2000, 447, 451 f.; *Vetter,* AG 2000, 453, 456 f.; *Dreher,* ZHR 165 (2001), 293, 303 ff.; *Lange,* ZIP 2001, 1524, 1526 ff.; *Schüppen/Sanna,* ZIP 2002, 550, 552 f.; *Notthoff,* NJW 2003, 1350, 1354; *Lange,* DB 2003, 1833, 1834 f. (bei überwiegendem Interesse der Gesellschaft); *Dreher/Thomas,* ZGR 2009, 31, 49 ff.; *Vetter,* GmbHR 2012, 181, 188; *Maser/Göttle,* NZG 2013, 201, 206; *Mertens/Cahn* in: Kölner Komm. AktG § 113 Rn. 16; *Habersack* in: MünchKommAktG § 113 Rn. 13; *Spindler* in: Spindler/Stilz AktG § 113 Rn. 15 f.; *Hambloch-Gesinn/Gesinn* in: Hölters AktG § 113 Rn. 22; *Breuer/Fraune* in: Heidel AktG § 113 Rn. 3, 6; wohl auch *Lutter/Krieger/Verse,* Rechte und Pflichten des Aufsichtsrats, 2014, § 13 Rn. 1038; *Kremer* in: Ringleb/Kremer/Lutter/von Werder DCGK Rn. 1064; *Wilsing* in: Wilsing DCGK, 2012, Ziff. 5.4.6 Rn. 2; *Hoffmann-Becking* in: MünchHdb AG § 33 Rn. 17; *Vetter* in: Marsch-Barner/Schäfer, Hdb. börsennotierte AG, 2014, § 29 Rn. 77; *Wagner* in: von Schenck, Arbeitshandbuch für Aufsichtsratsmitglieder, 2013, § 11 Rn. 45; nur bei einem angemessenen Selbstbehalt: *Kort,* DStR 2006, 799, 802 f.; *Hopt/Roth* in: Großkommentar AktG § 113 Rn. 53; *Grigoleit/Tomasic* in: Grigoleit AktG § 113 Rn. 9; *Ludwig*, Die Vergütung des Aufsichtsrats, 2011, S. 282; aA *Theisen,* DB 1999, 1665, 1668; *Kästner,* AG 2000, 113, 115 ff.; *dies.,* DStR 2001, 195 ff.; *Seibt,* AG 2002, 249, 258; wohl auch *Rieger* in: FS Peltzer, 2001, S. 339, 352; *Theisen* in: FS Säcker, 2011, S. 487, 502 f.; *Drygala* in: Schmidt-Lutter AktG § 113 Rn. 12; *Hüffer* in: Hüffer AktG § 113 Rn. 2a; *Henssler* in: Henssler/Strohn AktG § 113 Rn. 3; *Berger,* Die Kosten der Aufsichtsratstätigkeit in der Aktiengesellschaft, 2000, S. 145 f.; offen, aber einen vorsorglichen HV-Beschluss empfehlend *Potthoff/Trescher/Theisen,* Das Aufsichtsratsmitglied, 2003, Rn. 2237 f.

1149 *Mertens,* AG 2000, 447, 451; *Lange,* ZIP 2001, 1524, 1526; *Schüppen/Sanna,* ZIP 2002, 550, 553; *Notthoff,* NJW 2003, 1350, 1354; *Mertens/Cahn* in: Kölner Komm. AktG § 113 Rn. 16; *Hoffmann-Becking* in: MünchHdb AG § 33 Rn. 17; *Vetter* in: Marsch-Barner/Schäfer, Hdb. börsennotierte AG, 2014, § 29 Rn. 77.

1150 *Spindler* in: Spindler/Stilz AktG § 113 Rn. 16.

1151 *Dreher,* ZHR 165 (2001), 293, 322; *Kort,* DStR 2006, 799, 802; *Franz,* DB 2011, 2019, 2020; *Mertens/Cahn* in: Kölner Komm. AktG § 113 Rn. 16; *Habersack* in:

wird teilweise darauf hingewiesen, dass das Gesellschaftsinteresse nur Vorrang vor dem Eigeninteresse der Aufsichtsratsmitglieder beanspruchen kann, wenn auch ein angemessener Selbstbehalt vereinbart wird.[1152] Dieser Selbstbehalt ist gesetzlich nicht zwingend vorgesehen, da die entsprechende Selbstbehaltspflicht im Vorstandsrecht aus § 93 Abs. 2 S. 3 AktG in § 116 S. 1 AktG ausdrücklich ausgenommen wurde. Da der Selbstbehalt der Prävention dient,[1153] ist eine Versicherungsprämie auch ohne angemessenen Selbstbehalt nicht als Vergütung zu betrachten, da der mit dem Selbstbehalt verfolgte Präventionszweck nicht das Eigeninteresse über das Gesellschaftsinteresse stellt.[1154] Die Prämien der Gruppenversicherung stellen jedoch nicht auf das Einzelinteresse ab, wenn sie nach den allgemeinen Unternehmenskennzahlen berechnet werden.[1155] Hingegen kann gegen einen Vergütungscharakter nicht auf die Verfügbarkeit über die D&O-Versicherung abgestellt werden.[1156] Bereits die von den Arbeitnehmervertretern teilweise abzuführende Vergütung zeigt, dass es auf eine Verfügbarkeit nach der Gewährung einer Vergütung nicht ankommt.[1157] Nach der anderen Ansicht kommt auch den Prämien der Gruppenversicherung ein Vergütungscharakter zu, da die Versicherung eine Entlastung des Risikos privater Vermögensbelastungen darstelle.[1158] Dieses Argument ist jedoch abzulehnen, da die Versicherung nur die durch die Tätigkeitsaufnahme entstehenden Haftungsrisiken mindern soll, sodass es zu keiner Vermögensmehrung bei den Mitgliedern durch die Versicherung kommt.[1159] Zur Begründung der Gegenansicht wird auch auf § 285 Nr. 9 a) S. 1 HGB verwiesen, der Versicherungsentgelte der Vergütung

---

MünchKommAktG § 113 Rn. 13; *Hambloch-Gesinn/Gesinn* in: Hölters AktG § 113 Rn. 22; *Breuer/Fraune* in: Heidel AktG § 113 Rn. 6; *Hoffmann-Becking* in: MünchHdb AG § 33 Rn. 17; *Vetter* in: Marsch-Barner/Schäfer, Hdb. börsennotierte AG, 2014, § 29 Rn. 77; *Wagner* in: von Schenck, Arbeitshandbuch für Aufsichtsratsmitglieder, 2013, § 11 Rn. 45.

1152 *Hopt/Roth* in: Großkommentar AktG § 113 Rn. 53.

1153 Bericht des Rechtsausschusses BT-Drucks. 16/13433, S. 11; *Beauregard/Gleich,* NJW 2013, 824, 828; *Mertens/Cahn* in: Kölner Komm. AktG § 93 Rn. 248; *Hüffer* in: Hüffer AktG § 93 Rn. 18a.

1154 *Habersack* in: MünchKommAktG § 113 Rn. 13; *Breuer/Fraune* in: Heidel AktG § 113 Rn. 6.

1155 *Mertens,* AG 2000, 447, 751 f.; *Habersack* in: MünchKommAktG § 113 Rn. 13; *Spindler* in: Spindler/Stilz AktG § 113 Rn. 16; *Breuer/Fraune* in: Heidel AktG § 113 Rn. 6.

1156 So jedoch *Bürgers/Israel* in: Bürgers/Körber AktG § 113 Rn. 13.

1157 Je nach Zugehörigkeit sind Gewerkschaftsmitglieder zur Abführung eines Teils ihrer Aufsichtsratsvergütung verpflichtet, s. hierzu *Hanau,* Die Verpflichtung zur Abführung von Aufsichtsratsvergütungen an die Hans-Böckler-Stiftung, Arbeitspapier 254, 2012, S. 7 ff.

1158 *Kästner,* DStR 2001, 195, 198; *Doralt/Doralt* in: von Schenck, Arbeitshandbuch für Aufsichtsratsmitglieder, 2013, § 14 Rn. 71 ff.; *Drygala* in: Schmidt-Lutter AktG § 113 Rn. 12.

1159 *Dreher/Thomas,* ZGR 2009, 31, 51.

zurechnet.[1160] Gegen eine Begründung mit § 285 Nr. 9 a) S. 1 HGB spricht jedoch, dass dies nur private Versicherungen umfasst und keine Gruppenversicherung wie eine D&O-Versicherung für sämtliche Organmitglieder, die von der Gesellschaft gewährt wird.[1161]

(3) Konsequenzen für die Vergütung

Die D&O-Versicherung als Gruppenversicherung stellt somit kein Hindernis für die Einordnung der Haftung als Vergütungsmaßstab dar. Ob auch der individuelle Sorgfaltsmaßstab für eine Berücksichtigung bei der Vergütung spricht, könnte vordergründig bestritten werden. Denn Rechte und Pflichten sind erst einmal von dem Sorgfaltsmaßstab zu unterscheiden.[1162] Der Sorgfaltsmaßstab bestimmt erst, ob ein pflichtwidriges Verhalten haftungsauslösend ist. Daher spricht der Zusammenhang von Aufgaben und Pflichten eines Aufsichtsratsmitglieds eher dafür, diese zum Umfang der Tätigkeit zuzuordnen. Dies ist jedoch zugleich der Hinweis auf einen engen Zusammenhang mit dem Sorgfaltsmaßstab, der sodann bei der Vergütung beachtet werden muss. Denn die Haftung verbindet die Pflichten mit dem Sorgfaltsmaßstab.[1163] Dies zeigt sich daran, dass sich Aufsichtsratsmitglieder mit erhöhtem Sorgfaltsmaßstab intensiver mit einer Aufgabe zu befassen haben, um eine potenzielle Haftung zu vermeiden.

Gegen eine Berücksichtigung der Haftung bei der Vergütung würde auch sprechen, dass diese als negativer Anreiz nicht durch eine Vergütung abgeschwächt werden soll. Diese Argumentation als Prämisse voraus, dass die Haftung als weiterer Anreiz neben der Vergütung besteht und die Aufsichtsratstätigkeit absichern soll. Eine erweiterte Perspektive lässt sich allerdings einnehmen, wenn das Interesse der Aufsichtsratsmitglieder mit berücksichtigt wird, die an der Vergütung ihrer besonderen Qualifikationen interessiert sind. Dadurch würde neben der Haftung ein weiterer Anreiz gesetzt, die besonderen Qualifikationen einzusetzen. Das vorangestellte Argument der Abschwächung des negativen Haftungsanreizes durch einen positiven Vergütungsanreiz erweist sich damit als fehlerhaft. Denn in der Summe wird

1160 *Kästner*, AG 2000, 113, 116; *Doralt/Doralt* in: von Schenck, Arbeitshandbuch für Aufsichtsratsmitglieder, 2013, § 14 Rn. 81; *Drygala* in: Schmidt-Lutter AktG § 113 Rn. 12; *Berger*, Die Kosten der Aufsichtsratstätigkeit in der Aktiengesellschaft, 2000, S. 146.

1161 *Vetter*, AG 2000, 453, 456 f.; i.E. ebenso *Lange*, ZIP 2001, 1524, 1528; *Schüppen/Sanna*, ZIP 2002, 550, 553; *Kort*, DStR 2006, 799, 802; *Franz*, DB 2011, 2019, 2020; *Habersack* in: MünchKommAktG § 113 Rn. 13; *Mertens/Cahn* in: Kölner Komm. AktG § 113 Rn. 16; *Ellrott* in: Beck'scher Bilanz-Kommentar § 285 HGB Rn. 175; *Poelzig* in: MünchKommHGB § 285 HGB Rn. 165.

1162 Spezialqualifikationen dem Verschulden zuordnend: BGH, Urt. v. 20. 9. 2011 – II ZR 234/09, ZIP 2011, 2097, 2101 Rn. 28 = NZG 2011, 1271, 1274 Rn. 28; hingegen der Pflichtenbindung zuordnend: *Hopt/Roth* in: Großkommentar AktG § 116 Rn. 52.

1163 *Krieger* in: Krieger, Hdb. Managerhaftung, 2010, § 3 Rn. 37.

die Haftungsgefahr als negativer Anreiz durch eine Vergütung nicht abgeschwächt, sondern noch zusätzlich abgesichert.

Das führt dazu, dass nicht das Haftungsrisiko unmittelbar vergütet wird, sondern der positive Anreiz zur Einbringung erhöhter Qualifikationen. Darin kommt die Haftung nur mittelbar zum Vorschein. Im Ergebnis besteht damit zum Einsatz der Qualifikationen sowohl ein negativer Anreiz (Haftung) und ein positiver Anreiz (Vergütung). Das Problem, dass die Qualifikation bis auf § 100 Abs. 5 AktG nicht ausdrücklich im Gesetz als positiver Anreiz verankert ist, lässt sich dahingehend beheben, dass zwischen der Qualifikation und den Aufgaben ein hinreichender Zusammenhang besteht.[1164] Im Ergebnis sprechen daher die besseren Argumente für eine Berücksichtigungsfähigkeit der mit dem Sorgfaltsmaßstab verbundenen Haftung bei der Aufsichtsratsvergütung.

cc) *Gleichbehandlungsgrundsatz*

Ein weiterer Maßstab, der bei einer angemessenen Vergütung für die Aufgaben der Aufsichtsratsmitglieder zu berücksichtigen ist, stellt der Gleichbehandlungsgrundsatz dar. Um zu untersuchen, inwiefern dieser Grundsatz Differenzierungen bei der Vergütung beeinflusst [(4)] wird zunächst auf dessen Existenzberechtigung eingegangen [(1)] und darauffolgend die Anwendbarkeit auf die Aufsichtsratsvergütung [(3)] besprochen.

(1) Dogmatischer Anknüpfungspunkt

Der Gleichbehandlungsgrundsatz ist bei der Vergütung nicht abstrakt zu betrachten, sondern in Bezug zum Angemessenheitskriterium zu setzen. Andernfalls wäre er nicht zu handhaben, da eine Gleichbehandlung für die jeweiligen Rechte und Pflichten der Aufsichtsratsmitglieder eine unterschiedliche inhaltliche Reichweite hat.[1165] Angemessenheit bedeutet schon vom Wortsinn her, dass keine Ungleichbehandlung zwischen Vergleichbarem vorliegen soll.[1166] Daher ist das Prinzip der Gleichbehandlung bei der Vergütung dogmatisch an § 113 Abs. 1 S. 3 AktG anzusiedeln, der die Tätigkeitsvergütung in Bezug zu den Aufgaben setzt.[1167] Zwar ist der Wortlaut des

---

1164 Dazu s.o. 3.TeilC.I.2.c)aa)(2).

1165 Auch bei einer Gesellschaftergleichbehandlung soll nach *Verse*, Der Gleichbehandlungsgrundsatz im Recht der Kapitalgesellschaften, 2006, S. 73 ff. eine Einzelfallbetrachtung zielführend sein.

1166 So bereits i.S.v. Proportionalität: Aristoteles, Philosophische Schriften, Bd. 3 Nikomachische Ethik, bearbeitet von: Bien, Günther, 1995, Kapitel 6, S. 107 f., dargestellt bei *Verse*, Der Gleichbehandlungsgrundsatz im Recht der Kapitalgesellschaften, 2006, S. 67.

1167 *Geßler* in: Geßler/Hefermehl/Eckardt/Kropff AktG § 113 Rn. 58 (§ 113 Abs. 1 S. 1 und S. 3 AktG); *Hoffmann-Becking* in: MünchHdb AG § 33 Rn. 19 f.; *Roller*, Die Vergütung des Aufsichtsrats in Abhängigkeit vom Aktienkurs, 2000, S. 71; *Lüpkes*, Zulässigkeit und Zweckmäßigkeit aktienkursorientierter Vergütung von Mitgliedern

§ 113 Abs. 1 S. 3 AktG so ausgelegt, dass es in erster Linie nur auf die vertikale Angemessenheit der Vergütung zwischen Gesellschaft und Aufsichtsratsmitglied anzukommen scheint. Jedoch zeigt der Aufgabenbezug, dass es auch auf einen Vergleich der Aufgaben jedes einzelnen Aufsichtsratsmitglieds ankommt, sodass das Angemessenheitskriterium auch im Vergleich der Aufsichtsratsmitglieder untereinander anzuwenden ist.[1168] Dafür spricht auch, dass sich das Angemessenheitskriterium neben der Vergütungshöhe auch auf die Vergütungsstruktur bezieht,[1169] sodass durch Ungleichbehandlungen entstehende strukturelle Unterschiede einer besonderen Begründung bedürfen. Folglich ist der vergütungsrechtliche Gleichbehandlungsgrundsatz im Angemessenheitskriterium des § 113 Abs. 1 S. 3 AktG kodifiziert. Dies bestätigt auch die Rechtsprechung zur Geschäftsführervergütung in einer GmbH, deren Aussagegehalt wegen der unterschiedlichen Konstellationen zwar nicht übertragbar, aber im Grundgedanken vergleichbar ist. Dort wird die Angemessenheit ebenfalls als Ausfluss des Gleichbehandlungsgrundsatzes gesehen.[1170] Auch der Grundsatz der austeilenden Gerechtigkeit erfordert, dass bei einer Zuteilung eines bestimmten Guts auf die Angemessenheit abzustellen ist.[1171]

(a) *Begründung einer Gleichbehandlung auf übergeordneter Ebene*

Die Privatautonomie aus Art. 2 Abs. 1 GG gewährleistet für den Fall einer Aktiengesellschaft die freie Entscheidung über interne Angelegenheiten.[1172] Ein

---

des Aufsichtsrats, 2008, S. 309; *Ludwig*, Die Vergütung des Aufsichtsrats, 2011, S. 174; *Maser/Göttle*, NZG 2013, 201, 205; ebenso für § 87 Abs. 1 AktG: *Mertens/Cahn* in: Kölner Komm. AktG § 87 Rn. 7; anders wohl *Habersack* in: MünchKomm-AktG § 113 Rn. 40, der lediglich einen „engen Zusammenhang" sieht; die Gleichbehandlung unabhängig von § 113 Abs. 1 S. 3 AktG betrachtend: *Gehling*, ZIP 2005, 549, 551; *Raapke*, Die Regulierung der Vergütung von Organmitgliedern und Angestellten im Aktien- und Kapitalmarktrecht, 2012, S. 253; *von Frankenberg und Ludwigsdorf*, Bedeutung und Grenzen der Gleichbehandlung der Aufsichtsratsmitglieder in der Aktiengesellschaft, 2006, S. 186, 209, sieht die Gleichbehandlung als übergeordnetes Prinzip an, das ggf. durch die Angemessenheit eingeschränkt werden könne.

1168 *Kort* in: FS Hüffer, 2010, S. 483, 487; *Ludwig*, Die Vergütung des Aufsichtsrats, 2011, S. 174 m.w.N.; ähnlich *Berger*, Die Kosten der Aufsichtsratstätigkeit in der Aktiengesellschaft, 2000, S. 28 f., der die Aufgaben durch Abs. 1 S. 3 ebenso individuell dargestellt sieht.

1169 S.o. 3.TeilC.I.2.b).

1170 BGH, Urt. v. 14.05.1990 – II ZR 126/89, BGHZ 111, 224, 227 = DB 1990, 1456 f.; *Verse*, Der Gleichbehandlungsgrundsatz im Recht der Kapitalgesellschaften, 2006, S. 218.

1171 Aristoteles, Philosophische Schriften, Bd. 3 Nikomachische Ethik, bearbeitet von: Bien, Günther, 1995, Kapitel 6, S. 107 f., dargestellt bei *Verse*, Der Gleichbehandlungsgrundsatz im Recht der Kapitalgesellschaften, 2006, S. 67.

1172 *Verse*, Der Gleichbehandlungsgrundsatz im Recht der Kapitalgesellschaften, 2006, S. 67.

Gleichbehandlungsgrundsatz, der auf die internen Angelegenheiten einer Aktiengesellschaft Einfluss nimmt, bedarf daher einer hinreichenden Begründung.[1173] Eine Übertragung der Voraussetzungen über einen gerechtfertigten Eingriff in Art. 3 Abs. 1 GG lässt sich nicht pauschal durchführen, da dies die aktienrechtlichen Besonderheiten ungenügend berücksichtigen würde.[1174] Daher wurden schon früh Versuche unternommen, einen Gleichbehandlungsgrundsatz auf übergeordneter und daher nicht nur auf Kapitalgesellschaften beschränkter Ebene zu begründen. Hierzu lassen sich vier Begründungsansätze hervorheben, die den Anspruch auf eine Begründung der Gleichbehandlung erheben. Erstens soll die rechtliche Möglichkeit einer Institution oder Gruppe zur einseitigen Bestimmung von Rechtsverhältnissen, die bestimmte Adressaten betreffen (Verteilungsmacht)[1175], dazu führen können, dass ungerechte Verteilungsergebnisse entstehen, die ihrerseits durch eine Gleichbehandlungspflicht ausgeglichen werden müssen (austeilende Gerechtigkeit).[1176] Hiergegen wendet sich eine Ansicht in der Literatur, die unter anderem auf das Beispiel der Inanspruchnahme einzelner Schuldner aus einer Gesamtschuldnerschaft Bezug nimmt, sodass eine einseitige Verteilungsmacht nicht automatisch eine Gleichbehandlungspflicht erfordere.[1177] Diese Kritik hält auch einem möglichen Einwand stand, dass eine gewisse Gerechtigkeit zumindest auf nachgelagerter Ebene im internen Verhältnis stattfinden würde (im Beispielsfall ein Regress des Inanspruchgenommenen Schuldners von den übrigen Schuldnern). Denn eine Gleichbehandlungspflicht des einseitig Verteilenden ergibt sich hieraus ebenfalls nicht. Zweitens wird auf das Erfordernis eines Gemeinschaftsverhältnisses[1178] hingewiesen, da es ohne dieses gar nicht erst zur Ungleichbehandlung kommen kann.[1179]

1173 *Lutter* in: FS 50 Jahre BGH, Bd. 2, 2000, S. 321, 329; *Verse*, Der Gleichbehandlungsgrundsatz im Recht der Kapitalgesellschaften, 2006, S. 67.

1174 Bereits für den gesellschaftsrechtlichen Gleichbehandlungsgrundsatz: *Hüffer* in: Hüffer AktG § 53a Rn. 3; *Verse*, Der Gleichbehandlungsgrundsatz im Recht der Kapitalgesellschaften, 2006, S. 81 ff. m.w.N.

1175 *Raiser*, ZHR 111 (1948), 75, 91 ff.; *ders.*, JZ 1959, 421, 422; kritisch dazu *Bydlinski*, Der Gleichheitsgrundsatz im österreichischen Privatrecht, 1961, S. 24 f.

1176 *Raiser*, ZHR 111 (1948), 75, 91 ff.; dargestellt bei *von Frankenberg und Ludwigsdorf*, Bedeutung und Grenzen der Gleichbehandlung der Aufsichtsratsmitglieder in der Aktiengesellschaft, 2006, S. 76 und *Verse*, Der Gleichbehandlungsgrundsatz im Recht der Kapitalgesellschaften, 2006, S. 68 f.

1177 *Bydlinski*, Der Gleichheitsgrundsatz im österreichischen Privatrecht, 1961, S. 24 f. und *Verse*, Der Gleichbehandlungsgrundsatz im Recht der Kapitalgesellschaften, 2006, S. 71, jeweils mit weiteren Beispielen.

1178 *Hueck*, Der Grundsatz der gleichmäßigen Behandlung im Privatrecht, 1958, S. 127 ff., 151 ff., insbesondere S. 153.

1179 Darstellend dazu *von Frankenberg und Ludwigsdorf*, Bedeutung und Grenzen der Gleichbehandlung der Aufsichtsratsmitglieder in der Aktiengesellschaft, 2006, S. 75 f. und *Verse*, Der Gleichbehandlungsgrundsatz im Recht der Kapitalgesellschaften, 2006, S. 69.

Dieses müsse als weitere (allerdings nicht abschließende)[1180] Voraussetzung vorhanden sein, um einen Gleichbehandlungsgrundsatz zu begründen.[1181] Zu Recht wird hiergegen jedoch eingewandt, dass dies bereits eine Voraussetzung aus einem gerade zu begründenden Gleichbehandlungsgrundsatz darstellt und daher nicht selbst zur Begründung einer Gleichbehandlung führen kann.[1182] Es regelt lediglich die Frage, ob der Anwendungsbereich eines Gleichbehandlungsgrundsatzes eröffnet ist. Drittens soll eine Gleichbehandlung wegen des ausdrücklichen oder mutmaßlichen Willens des von dem Austeilungsakt betroffenen Adressaten notwendig sein, da diese sich ohne eine zugesicherte Gleichbehandlung ansonsten nicht der Austeilungsmacht unterworfen hätten.[1183] Gegen diese Begründung wird zulässigerweise angeführt, dass es für einen mutmaßlichen Willen der Betroffenen meistens keine Anhaltspunkte gibt, geschweige denn ein ausdrücklicher Wille formuliert wurde.[1184] Eine vierte Begründung verweist deshalb auf eine notwendige Einzelfallbetrachtung, bei der jeder Anwendungsfall mit seinen Besonderheiten Berücksichtigung finden kann.[1185] Daher sei der Begründungsansatz der einseitigen Verteilungsmacht mit seiner austeilenden Gerechtigkeit nur dort anzuwenden, wo der Nachteil am Ende bei der verteilenden Institution entstehe.[1186] Werden hingegen durch die einseitige Verteilung nur einzelne Adressaten zugunsten der anderen benachteiligt, sei dies ein Fall der ausgleichenden Gerechtigkeit, die zur Rechtfertigung eines sachlichen Grundes bedarf.[1187]

Bei der Frage, ob die austeilende oder ausgleichende Gerechtigkeit bei der Aufsichtsratsvergütung anzuwenden ist, muss anhand der Vergütungssumme differenziert werden. Handelt es sich um eine feste Gesamtsumme, die verteilt werden

1180 Deutlich *Hueck*, Der Grundsatz der gleichmäßigen Behandlung im Privatrecht, 1958, S. 153.

1181 *Hueck*, Der Grundsatz der gleichmäßigen Behandlung im Privatrecht, 1958, S. 127 ff., 151 ff., dargestellt bei *Verse*, Der Gleichbehandlungsgrundsatz im Recht der Kapitalgesellschaften, 2006, S. 69.

1182 *Raiser*, JZ 1959, 421, 422; *Verse*, Der Gleichbehandlungsgrundsatz im Recht der Kapitalgesellschaften, 2006, S. 71 f. m.w.N.

1183 *Cohn*, AcP 132 (1930), 129, 152 ff., insbesondere 155 f.; *Bydlinski*, Der Gleichheitsgrundsatz im österreichischen Privatrecht, 1961, S. 21 f.; darstellend *Verse*, Der Gleichbehandlungsgrundsatz im Recht der Kapitalgesellschaften, 2006, S. 70.

1184 Für die Gesellschaftergleichbehandlung *Verse*, Der Gleichbehandlungsgrundsatz im Recht der Kapitalgesellschaften, 2006, S. 72 m.w.N.; kritisch auch bezüglich einer Anwendung auf Aufsichtsratsmitglieder *von Frankenberg und Ludwigsdorf*, Bedeutung und Grenzen der Gleichbehandlung der Aufsichtsratsmitglieder in der Aktiengesellschaft, 2006, S. 78.

1185 *Verse*, Der Gleichbehandlungsgrundsatz im Recht der Kapitalgesellschaften, 2006, S. 73 ff.

1186 *Verse*, Der Gleichbehandlungsgrundsatz im Recht der Kapitalgesellschaften, 2006, S. 76 ff., insbesondere S. 77.

1187 *Verse*, Der Gleichbehandlungsgrundsatz im Recht der Kapitalgesellschaften, 2006, S. 76 ff., insbesondere S. 77.

muss, greift die ausgleichende Gerechtigkeit ein, da die Bevorzugung eines Aufsichtsratsmitglieds zwangsläufig zur Benachteiligung eines anderen Mitglieds führt. Beschließt die Hauptversammlung hingegen eine Vergütung, ohne sich zuvor ein Limit zu setzen, so liegt der Nachteil bei den Vergütungshöhen am Ende bei der Gesellschaft als verteilende Institution. Hier zeigt sich allerdings auch die Schwäche der Begründung anhand einer ausgleichenden Gerechtigkeit, die sich von einer austeilenden Gerechtigkeit unterscheiden soll. Denn sie fokussiert sich auf die Quantität des zu verteilenden Guts. Die Qualität findet hingegen keine Berücksichtigung. Dies kann wiederum anhand der Vergütung veranschaulicht werden. Eine Differenzierung nach ausgleichender und austeilender Gerechtigkeit würde sich anhand der Vergütungshöhe bestimmen lassen. Keine Beachtung findet hingegen der Vergütungsgrund. Eine Vergütungszuteilung anhand des Vergütungsgrunds würde den geringer vergüteten Aufsichtsratsmitgliedern „nichts wegnehmen“[1188]. Einen Fall der ausgleichenden Gerechtigkeit kann sich daher beim Vergütungsgrund nicht ergeben. Eine Übertragung dieses Begründungsansatzes auf die Aufsichtsratsvergütung erscheint daher nicht angebracht.

Im Ergebnis haben jedoch alle Begründungsansätze den gleichen Ausgangspunkt. Der Gerechtigkeitsgedanke muss zu einem Schutz von benachteiligten Adressaten führen, die sich nicht wesentlich von den nicht benachteiligten Adressaten unterscheiden.[1189] Dieser althergebrachte Grundsatz[1190] unterscheidet sich zumindest in seinen Folgen auch nicht von der ausgleichenden Gerechtigkeit, da es lediglich auf die Feststellung einer Ungleichbehandlung ankommt, bei deren Vorliegen ein sachlicher Grund zur Rechtfertigung notwendig ist.

Ausgehend von dieser abstrakten Ebene lassen sich in den verschiedensten Rechtsbereichen Gleichbehandlungsgrundsätze feststellen.[1191] So gilt bei der Arbeitnehmervergütung ein allgemeiner Gleichbehandlungsgrundsatz.[1192] Im Vereinsrecht existiert eine Gleichbehandlungspflicht gegenüber den Vereinsmitgliedern.[1193]

1188 Zur Begründung einer austeilenden Gerechtigkeit im Arbeitsrecht: *Verse*, Der Gleichbehandlungsgrundsatz im Recht der Kapitalgesellschaften, 2006, S. 77.

1189 *Hueck*, Der Grundsatz der gleichmäßigen Behandlung im Privatrecht, 1958, S. 173.

1190 Zurückgehend auf die austeilende Gerechtigkeit nach Aristoteles, Philosophische Schriften, Bd. 3 Nikomachische Ethik, bearbeitet von: Bien, Günther, 1995, Kapitel 6, S. 106 ff., dargestellt bei *Verse*, Der Gleichbehandlungsgrundsatz im Recht der Kapitalgesellschaften, 2006, S. 67.

1191 Eine Auflistung findet sich bei *Verse*, Der Gleichbehandlungsgrundsatz im Recht der Kapitalgesellschaften, 2006, S. 73 ff. m.w.N.

1192 *Coester* in: Schanz, Handbuch Anreizsysteme, 1991, S. 305, 312; siehe auch die Nachweise in *Verse*, Der Gleichbehandlungsgrundsatz im Recht der Kapitalgesellschaften, 2006, S. 74 Fn. 35; *von Frankenberg und Ludwigsdorf*, Bedeutung und Grenzen der Gleichbehandlung der Aufsichtsratsmitglieder in der Aktiengesellschaft, 2006, S. 71 ff.

1193 *Reichert*, Handbuch Vereins- und Verbandsrecht, 2010, Rn. 841; *Fischer/Theuner*, AuR 2011, 466, 468.

Diese soll sich jedoch nur relativ ausgestalten, sodass es nur bei vergleichbaren Vereinsmitgliedern eine Pflicht zur Gleichbehandlung gibt.[1194] Bei vorhandenen sachlichen Gründen ist eine den Gleichbehandlungsgrundsatz beeinträchtigende Willkür ausgeschlossen, sodass hierdurch eine Durchbrechung zulässig ist.[1195] Das Vereinsrecht lässt jedoch auch genügend Raum, um die Gleichbehandlung schon im Ansatz durch individuelle Regelungen zu modifizieren, da der Gleichbehandlungsgrundsatz zumindest im Vereinsrecht disponibel ist.[1196] Im Aktienrecht existiert ein Gleichbehandlungsgrundsatz, der unter Aktionären anzuwenden ist und in § 53a AktG seine Normierung gefunden hat.[1197]

Diese Gleichbehandlungsgrundsätze gründen allesamt auf der Vorstellung, dass eine Ungleichbehandlung von vergleichbaren Adressaten ohne sachlichen Grund ungerecht und damit unzulässig ist. In der Folge ist daher zu untersuchen, ob eine Gleichbehandlung bei der Aufsichtsratsvergütung auf denselben Ursprüngen beruht oder ob sie einen davon unabhängigen originären Ursprung hat.

(b) *Mitbestimmungsrechtlicher Gleichbehandlungsgrundsatz*

Aus den Gesetzen zur Beteiligung der Arbeitnehmer lässt sich unmittelbar ein mitbestimmungsrechtlicher Gleichbehandlungsgrundsatz ableiten. Eine Ableitung aus dem Homogenitätsprinzip ist daher nicht erforderlich.[1198] Der mitbestimmungsrechtliche Gleichbehandlungsgrundsatz beinhaltet für den Aufsichtsrat die Aussage, dass die Arbeitnehmervertreter im Vergleich zu den Anteilseignervertretern gleich zu behandeln sind, aufgrund ihrer Gruppenzugehörigkeit also weder privilegiert, noch diskriminiert werden dürfen.[1199] Daher sind auch Aussagen als bedenklich

1194 *Reichert*, Handbuch Vereins- und Verbandsrecht, 2010, Rn. 841; *Fischer/Theuner*, AuR 2011, 466, 468.

1195 *Reichert*, Handbuch Vereins- und Verbandsrecht, 2010, Rn. 841; *Fischer/Theuner*, AuR 2011, 466, 468.

1196 *Reichert*, Handbuch Vereins- und Verbandsrecht, 2010, Rn. 845 f.; das zeigt auch die Möglichkeit von Sonderrechten i.S.v. § 35 BGB, Rn. 873.

1197 Eine Aufarbeitung dieses Grundsatzes findet sich bei *Verse*, Der Gleichbehandlungsgrundsatz im Recht der Kapitalgesellschaften, 2006, passim; siehe auch *von Frankenberg und Ludwigsdorf*, Bedeutung und Grenzen der Gleichbehandlung der Aufsichtsratsmitglieder in der Aktiengesellschaft, 2006, S. 67 ff.

1198 *Habersack* in: MünchKommAktG Vor § 95 Rn. 14; *Mertens/Cahn* in: Kölner Komm. AktG Vor § 95 Rn. 18; anders wohl *Martens*, ZGR 1983, 237, 246, der das Homogenitätsprinzip mit einer Gleichbehandlung verbindet.

1199 *Habersack* in: MünchKommAktG Vor § 95 Rn. 14; *Hopt/Roth* in: Großkommentar AktG § 107 Rn. 8; für die Schweigepflicht: Begr. RegE *Kropff/Thölke*, Aktiengesetz 1965, S. 122; BGH, Urt. v. 05.06.1975 – II ZR 156/73, BGHZ 64, 325, 330 = NJW 1975, 1412, 1413; für Wahlen: BGH, Urt. v. 25.02.1982 – II ZR 123/81, BGHZ 83, 106, 112 f. = NJW 1982, 1525, 1526; *von Frankenberg und Ludwigsdorf*, Bedeutung und Grenzen der Gleichbehandlung der Aufsichtsratsmitglieder in der Aktiengesellschaft, 2006, S. 45.

einzustufen, die aufgrund des Gleichbehandlungsgrundsatzes einen besonderen Schutz für die Arbeitnehmerseite fordern.[1200] Zwar bezwecken Grundsätze zur Gleichbehandlung meistens einen Minderheitenschutz.[1201] Dies darf aber die Schwelle einer unzulässigen Privilegierung aufgrund Arbeitnehmerzugehörigkeit nicht überschreiten. Das gilt insbesondere aufgrund des im MitbestG angelegten leichten Übergewichts der Anteilseignerseite.[1202] Da dieses Übergewicht gesetzlich angelegt ist, besteht hierin wiederum eine zulässige Privilegierung der Anteilseignerseite. Der mitbestimmungsrechtliche Gleichbehandlungsgrundsatz folgt für den Montanbereich aus § 4 Abs. 3 S. 1 MontanMitbestG bzw. für herrschende Gesellschaften aus § 5 Abs. 4 MontanMitbestErgG i.V.m. § 4 Abs. 3 S. 1 MontanMitbestG.[1203] Für den Anwendungsbereich des MitbestG und des DrittelbG gilt der mitbestimmungsrechtliche Gleichbehandlungsgrundsatz ebenso.[1204] Ausnahmen für die mitbestimmungsrechtliche Gleichbehandlung müssen gesetzlich geregelt sein und finden sich in den

1200 Dazu tendieren aber *Mertens/Cahn* in: Kölner Komm. AktG Vor § 95 Rn. 12.

1201 Für den vereinsrechtlichen Gleichbehandlungsgrundsatz *Reichert*, Handbuch Vereins- und Verbandsrecht, 2010, Rn. 847.

1202 BVerfG, Urt. v. 01.03.1979 – 1 BvR 532, 533/77, 419/78 und 1 BvL 21/78, BVerfGE 50, 290, 330; BGH, Urt. v. 25.02.1982 – II ZR 123/81, BGHZ 83, 106, 118 = NJW 1982, 1525, 1527.

1203 BGH, Urt. v. 25.02.1982 – II ZR 123/81, BGHZ 83, 106, 113 = NJW 1982, 1525, 1526; *Haarmann* in: FS Hüffer, 2010, S. 243, 245; *Habersack* in: MünchKommAktG Vor § 95 Rn. 14; *Mertens/Cahn* in: Kölner Komm. AktG § 107 Rn. 8; *Hopt/Roth* in: Großkommentar AktG § 113 Rn. 67 m.w.N., § 107 Rn. 8; *Scheuffele/Baumgartner*, GmbHR 2010, 400, 404; *von Frankenberg und Ludwigsdorf*, Bedeutung und Grenzen der Gleichbehandlung der Aufsichtsratsmitglieder in der Aktiengesellschaft, 2006, S. 42.

1204 Zum MitbestG: BGH, Urt. v. 25.02.1982 – II ZR 102/81, BGHZ 83, 144, 147 = NJW 1982, 1528, 1529; BGH, Urt. v. 25.02.1982 – II ZR 123/81, BGHZ 83, 106, 120 = NJW 1982, 1525, 1528; BGH, Urt. v. 25.02.1982 – II ZR 145/80, BGHZ 83, 151, 157 f. = NJW 1982, 1530, 1531; allgemein: Ausschussbericht *Kropff/Thölke*, Aktiengesetz 1965, S. 148; *Säcker*, DB 1977, 1791, 1793; *Scheuffele/Baumgartner*, GmbHR 2010, 400, 404 (abgeleitet aus dem aktienrechtlichen Gleichbehandlugnsgrundsatz); *Böcking* in: FS Krumnow, 2004, S. 563, 583 und *Böcking/Dutzi* in: Seicht, Controlling interne Revision Segmentberichterstattung, 2004, S. 391, 397 (abgeleitet aus § 78 BetrVG bzw. § 26 MitbestG); *Habersack* in: MünchKommAktG § 113 Rn. 38; *Hopt/Roth* in: Großkommentar AktG § 113 Rn. 67 m.w.N.; *Mertens/Cahn* in: Kölner Komm. AktG Anh. § 117 B Rn. 10; *Koberski* in: Wlotzke/Wißmann/Koberski/Kleinsorge MitbestR § 25 Rn. 76; *Raiser/Veil* in: MitbestG § 25 Rn. 104; *Raiser/Heermann* in: Ulmer/Habersack/Winter GmbHG § 52 Rn. 253, 306; *Hoffmann-Becking* in: MünchHdb AG § 33 Rn. 2; *Vetter* in: Marsch-Barner/Schäfer, Hdb. börsennotierte AG, 2014, § 29 Rn. 4 m.w.N. zur Rspr.; *Lüpkes*, Zulässigkeit und Zweckmäßigkeit aktienkursorientierter Vergütung von Mitgliedern des Aufsichtsrats, 2008, S. 297 Fn. 1136 leitet dies zudem aus dem Benachteiligungsverbot des § 26 S. 2 MitbestG bzw. § 9 S. 2 DrittelbG her.

§§ 27 Abs. 2, 3, 29 Abs. 2, 31 Abs. 4, 5, 32 MitbestG.[1205] Da der mitbestimmungsrechtliche Gleichbehandlungsgrundsatz abstrakt gehalten ist, lässt er sich auch für die Angemessenheit der Aufsichtsratsvergütung operationalisieren.[1206]

(c) *Aktienrechtlicher Gleichbehandlungsgrundsatz*

Für Aufsichtsratsmitglieder wird stets betont, dass sie aufgrund ihrer gleichen Rechte und Pflichten auch gleich zu behandeln sind.[1207] Daraus resultiere der aktienrechtliche Gleichbehandlungsgrundsatz,[1208] der neben den mitbestimmungsrechtlichen Gleichbehandlungsgrundsatz tritt.[1209] Teilweise wird dieser auch aus der gleichen Bindung aller Aufsichtsratsmitglieder an das Unternehmensinteresse hergeleitet.[1210] Jedes Aufsichtsratsmitglied ist verpflichtet, seinen Aufgaben nachzukommen und daher wird insbesondere die Haftung und Verantwortung zur Rechtfer-

---

1205 BGH, Urt. v. 25.02.1982 – II ZR 123/81, BGHZ 83, 106, 113 = NJW 1982, 1525, 1526; BGH, Urt. v. 25.02.1982 – II ZR 145/80, BGHZ 83, 151, 155 = NJW 1982, 1530, 1531; *Habersack* in: MünchKommAktG Vor § 95 Rn. 14; *Hopt/Roth* in: Großkommentar AktG § 107 Rn. 8; *Mertens/Cahn* in: Kölner Komm. AktG Anh. § 117 B § 25 Rn. 5.

1206 *Mertens/Cahn* in: Kölner Komm. AktG Anh. § 117 B § 25 Rn. 10; *Raiser/Veil* in: MitbestG § 25 Rn. 104, 120; *Koberski* in: Wlotzke/Wißmann/Koberski/Kleinsorge MitbestR § 25 Rn. 76, 86; *Hoffmann-Becking* in: MünchHdb AG § 33 Rn. 1, 20.

1207 *Hopt/Roth* in: Großkommentar AktG § 113 Rn. 7; *Habersack* in: MünchKommAktG § 113 Rn. 38, Vor § 95 Rn. 14; *Hoffmann-Becking* in: MünchHdb AG § 33 Rn. 1; *Vetter* in: Marsch-Barner/Schäfer, Hdb. börsennotierte AG, 2014, § 29 Rn. 3; *Thüsing/Forst* in: FS von Westphalen, 2010, S. 693, 710; die gleichen Rechte und Pflichten aus §§ 93, 116 AktG herleitend *Martens*, ZGR 1983, 237, 248.

1208 BGH, Urt. v. 05.06.1975 – II ZR 156/73, BGHZ 64, 325, 330 = NJW 1975, 1412, 1413; BGH, Urt. v. 25.02.1982 – II ZR 102/81, BGHZ 83, 144, 147 = NJW 1982, 1528, 1529, unter Bezugnahme auf den Ausschussbericht *Kropff/Thölke*, Aktiengesetz 1965, S. 118, 148; BGH, Urt. v. 25.02.1982 – II ZR 145/80, BGHZ 83, 151, 154 = NJW 1982, 1530; BGH, Urt. v. 15.12.1986 – II ZR 18/86, BGHZ 99, 211, 216 = NJW 1987, 902, 903; *Thüsing/Forst* in: FS von Westphalen, 2010, S. 693, 710; *Lutter* in: FS 50 Jahre BGH, Bd. 2, 2000, S. 321, 329; *Hopt/Roth* in: Großkommentar AktG § 113 Rn. 67; *Habersack* in: MünchKommAktG Vor § 95 Rn. 14; *Hoffmann-Becking* in: MünchHdb AG § 33 Rn. 1 f.; *Lutter/Krieger/Verse*, Rechte und Pflichten des Aufsichtsrats, 2014, § 12 Rn. 821; wohl auch *Verse*, Der Gleichbehandlungsgrundsatz im Recht der Kapitalgesellschaften, 2006, S. 206 f.

1209 *Kort* in: FS Hüffer, 2010, S. 483, 488; *Habersack* in: MünchKommAktG Vor § 95 Rn. 14; *Hopt/Roth* in: Großkommentar AktG § 107 Rn. 7; *Ulmer/Habersack* in: Habersack/Henssler/Ulmer MitbestG § 25 Rn. 76; aA *Haarmann* in: FS Hüffer, 2010, S. 243, 247, der nur einen mitbestimmungsrechtlichen Gleichbehandlungsgrundsatz anerkennen will.

1210 *Raiser/Veil* in: MitbestG § 25 Rn. 119; *Koberski* in: Wlotzke/Wißmann/Koberski/Kleinsorge MitbestR § 25 Rn. 76 m.w.N.

tigung der Gleichbehandlung angeführt.[1211] Auch das Kollegialitätsprinzip wird zur Begründung ins Feld geführt.[1212] Dieses begründet eine gleiche und unbeeinflusste Mitwirkungspflicht bei der Aufsichtsratstätigkeit für jedes Aufsichtsratsmitglied.[1213] Eine Gleichbehandlung bei der Vergütung soll sich auch aus anderen Gründen ergeben. Angeführt werden die gleichen Aufgaben der Aufsichtsratsmitglieder.[1214] Auch soll die Gesamtverantwortung der Aufsichtsratsmitglieder eine Gleichbehandlung gebieten.[1215] Daneben wird der Amtscharakter des Aufsichtsratsmandats für die Gleichbehandlung bei der Vergütung angeführt, der es nicht erlaube, individuelle Ausgestaltungen zu treffen.[1216] Anknüpfungspunkt ist hier also nicht die Zugehörigkeit zu einer bestimmten Gruppe wie beim mitbestimmungsrechtlichen Gleichbehandlungsgrundsatz, sondern konkrete Rechte und Pflichten, die einem Aufsichtsratsmitglied zukommen. Eine Anknüpfung an eine bestimmte Gruppe kann dies dennoch zur Folge haben, wie das Beispiel der Ausschüsse zeigt, in dem die Ausschussmitglieder grds. die gleichen Aufgaben zu erledigen haben.[1217] Andererseits zeigt sich diese Auslegung bereits offen gegenüber etwaigen Differenzierungen. Denn nicht jedes Aufsichtsratsmitglied hat die gleichen Aufgaben, sondern nur die gleiche Pflicht seinen Aufgaben nachzukommen.[1218] Aber wie der Haftungsmaßstab schon gezeigt hat, ist selbst die Annahme einer gleichen Pflicht nicht immer korrekt. Denn aufgrund unterschiedlicher Qualifikationen kann die Intensität der Pflicht zur Aufgabenwahrnehmung variieren.[1219] Lediglich bei den Minimalanforderungen gibt es eine konstante Gleichbehandlung, indem jedes Aufsichtsratsmitglied die

1211 *Lutter/Krieger/Verse*, Rechte und Pflichten des Aufsichtsrats, 2014, § 12 Rn. 821; *Fischer*, BB 1967, 859 f.

1212 *Haarmann* in: FS Hüffer, 2010, S. 243, 245; *Hopt/Roth* in: Großkommentar AktG § 111 Rn. 109.

1213 *Haarmann* in: FS Hüffer, 2010, S. 243, 245; *Raiser/Veil* in: MitbestG § 25 Rn. 116; s. näher 3.TeilC.I.2.c)cc)(4)(a).

1214 *Ludwig*, Die Vergütung des Aufsichtsrats, 2011, S. 174.

1215 *Hönsch/Kaspar* in: Grundei, Der Aufsichtsrat im System der Corporate Governance, 2012, S. 256, 266; *Ludwig*, Die Vergütung des Aufsichtsrats, 2011, S. 174.

1216 *Lutter/Krieger/Verse*, Rechte und Pflichten des Aufsichtsrats, 2014, § 12 Rn. 842; *Ludwig*, Die Vergütung des Aufsichtsrats, 2011, S. 174; in Bezug auf den allg. Gleichbehandlungsgrundsatz: BGH, Urt. v. 25.02.1982 – II ZR 123/81, BGHZ 83, 106, 113 = NJW 1982, 1525, 1526, aber offen für sachliche Differenzierungen; *Martens*, ZGR 1983, 237, 246;.

1217 Davon zu unterscheiden ist die gleiche Chance auf Wahl in einen Ausschuss: Ausschussbericht *Kropff/Thölke*, Aktiengesetz 1965, S. 150; *Hopt/Roth* in: Großkommentar AktG § 107 Rn. 7.

1218 *Kort* in: FS Hüffer, 2010, S. 483, 489; *Raapke*, Die Regulierung der Vergütung von Organmitgliedern und Angestellten im Aktien- und Kapitalmarktrecht, 2012, S. 258.

1219 S.o. 3.TeilC.I.2.c)bb)(1); *von Frankenberg und Ludwigsdorf*, Bedeutung und Grenzen der Gleichbehandlung der Aufsichtsratsmitglieder in der Aktiengesellschaft, 2006, S. 203 f.

Mindestqualifikationen aufweisen muss.[1220] Demnach ist oberhalb der Minimalanforderungen bei der Gleichbehandlung sowohl bei den Aufgaben, als auch dem vorgelagert bei der Pflicht zum Tätigwerden zu differenzieren. Diese aufgeschlüsselte Sichtweise zeigt, dass der aktienrechtliche Gleichbehandlungsgrundsatz kein absoluter Grundsatz sein kann, sondern nur relativ beschaffen ist.[1221] Ein relativer Gleichbehandlungsgrundsatz zeichnet sich dadurch aus, dass nur der Bewertungsfaktor gleich sein muss, was zu unterschiedlichen Ergebnissen führen kann.[1222] Ein absoluter Gleichbehandlungsgrundsatz wäre hingegen gegeben, wenn ohne Differenzierungsmöglichkeit jeden Betroffenen dasselbe Ergebnis trifft.[1223]

(2) Zwischenfeststellung

Anknüpfungspunkt für die Gleichbehandlung bei der Vergütungsausgestaltung für Aufsichtsratsmitglieder sind demnach sowohl der mitbestimmungsrechtliche Gleichbehandlungsgrundsatz als auch der aktienrechtliche Gleichbehandlungsgrundsatz.[1224] Beide sind jedoch ihrem Inhalt nach zu trennen.[1225] Während ersterer festlegt, dass bei der Vergütung keine Unterscheidung aufgrund der Angehörigkeit zur Gruppe der Arbeitnehmer- oder Anteilseignervertreter gemacht werden darf,[1226] bestimmt Letzterer, dass aufgrund der gleichen Rechte und Pflichten eine

---

1220 BGH, Urt. v. 15.11.1982 – II ZR 27/82, BGHZ 85, 293, 295 f. = NJW 1983, 991; zum Mindestsorgfaltsmaßstab bereits oben 3.TeilC.I.2.c)bb)(1).

1221 So bereits *von Frankenberg und Ludwigsdorf*, Bedeutung und Grenzen der Gleichbehandlung der Aufsichtsratsmitglieder in der Aktiengesellschaft, 2006, S. 67.

1222 *Hueck*, Der Grundsatz der gleichmäßigen Behandlung im Privatrecht, 1958, S. 173 ff., 198 ff.; *von Frankenberg und Ludwigsdorf*, Bedeutung und Grenzen der Gleichbehandlung der Aufsichtsratsmitglieder in der Aktiengesellschaft, 2006, S. 12 f.

1223 *Hueck*, Der Grundsatz der gleichmäßigen Behandlung im Privatrecht, 1958, S. 173 ff., 198 ff.; *von Frankenberg und Ludwigsdorf*, Bedeutung und Grenzen der Gleichbehandlung der Aufsichtsratsmitglieder in der Aktiengesellschaft, 2006, S. 12.

1224 *Lutter* in: FS 50 Jahre BGH, Bd. 2, 2000, S. 321, 329 f., jedoch i.E. kritisch wegen der daraus folgenden Einschränkungen; *Haarmann* in: FS Hüffer, 2010, S. 243, 244; *Kort* in: FS Hüffer, 2010, S. 483, 486; *Hopt/Roth* in: Großkommentar AktG § 107 Rn. 9; anders *Theisen* in: Dörner: Reform des Aufsichtsrats, 2003, S. 431, 451 und *Berger*, Die Kosten der Aufsichtsratstätigkeit in der Aktiengesellschaft, 2000, S. 52, die wohl nur den mitbestimmungsrechtlichen Grundsatz heranziehen.

1225 *Rittner*, DB 1980, 2493, 2502; BGH, Urt. v. 25.02.1982 – II ZR 145/80, BGHZ 83, 151, 154 = NJW 1982, 1530; *Haarmann* in: FS Hüffer, 2010, S. 243, 245.

1226 *Habersack* in: MünchKommAktG § 113 Rn. 38; *Hüffer* in: Hüffer AktG § 113 Rn. 2; *Hopt/Roth* in: Großkommentar AktG § 113 Rn. 7, 67, 127; *Spindler* in: Spindler/Stilz AktG § 113 Rn. 34; *Drygala* in: Schmidt-Lutter AktG § 113 Rn. 14; *Hambloch-Gesinn/Gesinn* in: Hölters AktG § 113 Rn. 16; *Breuer/Fraune* in: Heidel AktG § 113 Rn. 8; *Grigoleit/Tomasic* in: Grigoleit AktG § 113 Rn. 22; *Hoffmann-Becking* in: MünchHdb AG § 33 Rn. 20; *Scheuffele/Baumgartner*, GmbHR 2010, 400, 404.

Vergütungsdifferenzierung nicht in Betracht komme.[1227] Die in der Literatur vertretenen und hier kurz dargestellten Auffassungen zeigen bereits deren deutliche Schwäche. Sie pauschalieren und sehen darin einen Grund für ein Verbot von individuellen Differenzierungen. Sie beinhalten jedoch keine Begründungen für einen anzuwendenden Gleichbehandlungsgrundsatz.[1228] Das Abstellen auf gleiche Rechte und Pflichten, die Gesamtverantwortung aller Mitglieder, die Kollegialität oder die Bestellung in das Amt betrifft lediglich die Frage, ob der Anwendungsbereich eines Gleichbehandlungsgrundsatzes eröffnet sein kann. Damit wird jedoch bereits ein anzuwendender Gleichbehandlungsgrundsatz unterstellt.[1229] Die Begründung eines Gleichbehandlungsgrundsatzes bei der Vergütung ist dagegen bereits im Wortlaut des § 113 Abs. 1 S. 3 AktG zu finden, der eine angemessene Vergütung erfordert.[1230] Die Angemessenheit ist Ausdruck einer Gleichbehandlungspflicht von Vergleichbarem und somit als Grundlage für einen vergütungsrechtlichen Gleichbehandlungsgrundsatz zu sehen.[1231]

Als nächsten Schritt gilt es festzustellen, ob überhaupt beim Vergütungsgrund und der Vergütungshöhe eine Ungleichbehandlung im Rahmen einer individueller Vergütung vorliegt. Denn nur wenn die zu betrachtenden Personen vergleichbar sind, kann der Gleichbehandlungsgrundsatz zur Anwendung kommen.[1232] Hier kommt die Voraussetzung des privatrechtlichen Gleichbehandlungsgrundsatzes zum Vorschein, der ein Gemeinschaftsverhältnis erfordert, um überhaupt die Gleichbehandlung zur Anwendung zu bringen.[1233] Im zweiten Schritt ist ein möglicher Rechtfertigungsgrund für eine Ungleichbehandlung zu untersuchen.

1227 *Hopt/Roth* in: Großkommentar AktG § 113 Rn. 67; *Mertens/Cahn* in: Kölner Komm. AktG § 113 Rn. 9; *Drygala* in: Schmidt-Lutter AktG § 113 Rn. 14; *Grigoleit/Tomasic* in: Grigoleit AktG § 113 Rn. 22; *Lutter/Krieger/Verse*, Rechte und Pflichten des Aufsichtsrats, 2014, § 12 Rn. 843; *Wagner* in: von Schenck, Arbeitshandbuch für Aufsichtsratsmitglieder, 2013, § 11 Rn. 14; *Vetter* in: Marsch-Barner/Schäfer, Hdb. börsennotierte AG, 2014, § 29 Rn. 47; *Schmitt*, DB 1968, 1545, 1547; *Mäger*, BB 1999, 1389, 1390; *Evers* in: Hommelhoff, Handbuch Corporate Governance, 2009, S. 349, 378; *Maushake*, Audit Committees, 2009, S. 561; kritisch aufgrund der eingeschränkten Gestaltungsfreiheit *Lutter* in: FS 50 Jahre BGH, Bd. 2, 2000, S. 321, 329 f.

1228 *von Frankenberg und Ludwigsdorf*, Bedeutung und Grenzen der Gleichbehandlung der Aufsichtsratsmitglieder in der Aktiengesellschaft, 2006, S. 48 ff.

1229 *von Frankenberg und Ludwigsdorf*, Bedeutung und Grenzen der Gleichbehandlung der Aufsichtsratsmitglieder in der Aktiengesellschaft, 2006, S. 48 ff.

1230 Anders wohl *von Frankenberg und Ludwigsdorf*, Bedeutung und Grenzen der Gleichbehandlung der Aufsichtsratsmitglieder in der Aktiengesellschaft, 2006, S. 80 ff., der den privatrechtlichen Gleichbehandlungsgrundsatz zur Begründung heranzieht.

1231 S. bereits o. 3.TeilC.I.2.c)cc)(1).

1232 Allgemein: OLG Stuttgart, Urt. v. 05.02.2008 – 12 U 122/07, AuR 2008, 190, 191.

1233 *von Frankenberg und Ludwigsdorf*, Bedeutung und Grenzen der Gleichbehandlung der Aufsichtsratsmitglieder in der Aktiengesellschaft, 2006, S. 76 f.; s. bereits o. 3.TeilC.I.2.c)cc)(1)(a).

(3) Eröffnung des Anwendungsbereichs

Die Gleichbehandlung bezieht sich sowohl auf den Vergütungsgrund,[1234] als auch auf die Vergütungshöhe.[1235] Danach ist es ausgeschlossen wesentlich Gleiches willkürlich ungleich und wesentlich Ungleiches willkürlich gleich zu behandeln.[1236] Sofern der Anwendungsbereich eröffnet ist, sind Differenzierungen dennoch möglich. Zur unterschiedlichen Vergütung der Aufsichtsratsmitglieder bedarf es hierbei eines sachlichen Grundes, der eine Ungleichbehandlung rechtfertigt [(4)].[1237]

Bei der Eröffnung des Anwendungsbereichs ist zunächst festzustellen, dass es gem. § 113 Abs. 1 S. 1 und 3 AktG auf die Vergütung für eine Aufsichtsratstätigkeit ankommt. Ausgehend von diesem Oberbegriff lassen sich keine wesentlichen Unterschiede bei einer Vergütung feststellen, sodass der Anwendungsbereich stets eröffnet ist, solange es sich um eine Vergütung für eine Aufsichtsratstätigkeit handelt und im Ergebnis eine unterschiedliche Vergütungssumme herauskommt.[1238] Daran könnte zu zweifeln sein, wenn das Gewicht auf § 113 Abs. 1 S. 3 AktG gelegt wird. Denn die Angemessenheit als Grund für eine Gleichbehandlung[1239] wird dort unter anderem in Bezug zu den Aufgaben der Aufsichtsratsmitglieder gesetzt, sodass bei unterschiedlichen Funktionen im Aufsichtsrat gleichzeitig ein Unterschied zwischen

---

1234 *Geßler* in: Geßler/Hefermehl/Eckardt/Kropff AktG § 113 Rn. 57; *Hopt/Roth* in: Großkommentar AktG § 113 Rn. 67; *von Frankenberg und Ludwigsdorf*, Bedeutung und Grenzen der Gleichbehandlung der Aufsichtsratsmitglieder in der Aktiengesellschaft, 2006, S. 207.

1235 *Haarmann* in: FS Hüffer, 2010, S. 243, 245; *Drygala* in: Schmidt-Lutter AktG § 113 Rn. 14; *Lüpkes*, Zulässigkeit und Zweckmäßigkeit aktienkursorientierter Vergütung von Mitgliedern des Aufsichtsrats, 2008, S. 297.

1236 *Haarmann* in: FS Hüffer, 2010, S. 243, 249; *Kort* in: FS Hüffer, 2010, S. 483, 489; *Böcking/Dutzi* in: Seicht, Controlling interne Revision Segmentberichterstattung, 2004, S. 391, 397; *Thüsing/Forst* in: FS von Westphalen, 2010, S. 693, 711; *Berger*, Die Kosten der Aufsichtsratstätigkeit in der Aktiengesellschaft, 2000, S. 52; *von Frankenberg und Ludwigsdorf*, Bedeutung und Grenzen der Gleichbehandlung der Aufsichtsratsmitglieder in der Aktiengesellschaft, 2006, S. 85; für die Geschäftsführervergütung in der GmbH OLG Hamm, Urt. v. 25.03.1996 – 8 U 195/95, GmbHR 1996, 768, 769 = OLGR Hamm, 1996, 175, 176.

1237 *Mäger*, BB 1999, 1389, 1390; *Gehling*, ZIP 2005, 549, 551; *Haarmann* in: FS Hüffer, 2010, S. 243, 245; *Kort* in: FS Hüffer, 2010, S. 483, 486; *Hopt/Roth* in: Großkommentar AktG § 113 Rn. 68; *Kremer* in: Ringleb/Kremer/Lutter/von Werder DCGK Rn. 1067; *Wilsing* in: Wilsing DCGK, 2012, Ziff. 5.4.6 Rn. 5; *Berger*, Die Kosten der Aufsichtsratstätigkeit in der Aktiengesellschaft, 2000, S. 52 m.w.N.; *Lüpkes*, Zulässigkeit und Zweckmäßigkeit aktienkursorientierter Vergütung von Mitgliedern des Aufsichtsrats, 2008, S. 297; *Raapke*, Die Regulierung der Vergütung von Organmitgliedern und Angestellten im Aktien- und Kapitalmarktrecht, 2012, S. 153.

1238 Anders *Dreher* in: FS Boujong, 1996, S. 71, 80 f. für den Sorgfaltsmaßstab, der bereits bei unterschiedlichen Qualifikationen eine Vergleichbarkeit ablehnt.

1239 S.o. 3.TeilC.I.2.c)cc)(2).

den Aufsichtsratsmitgliedern herrschen könnte.[1240] In der Folge wäre bei Funktionsunterschieden der Anwendungsbereich im Vergleich zu Aufsichtsratsmitgliedern in anderen Funktionen schon gar nicht eröffnet, sodass es auf etwaige sachliche Gründe zur Differenzierungsrechtfertigung nicht ankommt. Gegen die Einnahme dieser Perspektive lässt sich jedoch anführen, dass es beim Anwendungsbereich darauf ankommt, ob wesentliche Unterschiede bestehen.[1241] Trotz Funktionsunterschieden werden die Aufsichtsratsmitglieder alle für ihre Tätigkeit im Aufsichtsrat vergütet. Dieser gemeinsame Nenner lässt an einem wesentlichen Unterscheidungsmerkmal in der Funktion zweifeln.[1242] Ein wesentlicher Unterschied wäre erst gegeben, wenn bestimmte Aufsichtsratsmitglieder eine Vergütung für Tätigkeiten außerhalb ihrer Aufsichtsratstätigkeit erhalten, wie dies bei § 114 Abs. 1 AktG[1243] der Fall ist. Der Anwendungsbereich der Gleichbehandlung wäre bei einer Vergütung i. S. d. § 114 Abs. 1 AktG daher nicht eröffnet.[1244] Neben der Wesentlichkeit als Argument gegen eine differenzierte Betrachtung der Anwendungsbereichseröffnung lässt sich auch das System des Gleichbehandlungsgrundsatzes anführen. Dieses ist darauf ausgelegt, dass beim Oberbegriff ein gemeinsamer Nenner gefunden wird, der zur Anwendung des Grundsatzes führt und tiefergehende Differenzierungen erst bei einer Rechtfertigung zur Anwendung kommen.[1245] Daneben kommt es noch auf die Anteilseigner als Adressaten des Gleichbehandlungsgrundsatzes an.[1246] Daher ist der Gleichbehandlungsgrundsatz eröffnet, wenn die Vergütung gem. § 113 Abs. 1 S. 2 AktG per Hauptversammlungsbeschluss oder Satzungsbestimmung gewährt wird. Da die Hauptversammlungsbeschlussvorlage i. d. R. durch einen gemeinsamen Beschlussvorschlag von Vorstand und Aufsichtsrat zustande kommt,[1247] ist

1240 Dahingehend wohl *Habersack* in: MünchKommAktG Vor § 95 Rn. 14, der den Gleichbehandlungsgrundsatz als nicht berührt ansieht, wenn es um eine Funktionsträgerbestellung geht, auch in § 113 Rn. 39 findet sich keine Stellungnahme, ob die Funktion ein sachlicher Rechtfertigungsgrund sein soll oder von vorn herein die Gleichbehandlung nicht betroffen ist; das Parallelproblem besteht bei der Qualifikation und dem Marktwert, bei denen *Rieder/Holzmann,* AG 2010, 570, 579 bereits von einer Ungleichheit der Aufsichtsratsmitglieder ausgehen.

1241 *Kort* in: FS Hüffer, 2010, S. 483, 489; für den gesellschaftsrechtlichen Gleichbehandlungsgrundsatz *Verse,* Der Gleichbehandlungsgrundsatz im Recht der Kapitalgesellschaften, 2006, S. 214 f. m.w.N.

1242 *Kort* in: FS Hüffer, 2010, S. 483, 489; aA *Haarmann* in: FS Hüffer, 2010, S. 243, 249.

1243 Zur Abgrenzung s.o. 3.TeilC.I.1.b).

1244 Vergleichbar dazu wird beim gesellschaftsrechtlichen Gleichbehandlungsgrundsatz ebenso nur darauf abgestellt, ob das Mitgliedschaftsverhältnis betroffen ist: *Verse,* Der Gleichbehandlungsgrundsatz im Recht der Kapitalgesellschaften, 2006, S. 193 f. m.w.N.

1245 Für den gesellschaftsrechtlichen Gleichbehandlungsgrundsatz *Verse,* Der Gleichbehandlungsgrundsatz im Recht der Kapitalgesellschaften, 2006, S. 207.

1246 *von Frankenberg und Ludwigsdorf,* Bedeutung und Grenzen der Gleichbehandlung der Aufsichtsratsmitglieder in der Aktiengesellschaft, 2006, S. 218.

1247 S.o. 3.TeilB.I.1.b).

der Gleichbehandlungsgrundsatz bereits hier zu beachten. Für eine Erstreckung des Gleichbehandlungsgrundsatzes auf Drittvergütungen besteht schon deshalb kein Raum, weil Drittvergütungen bereits aus kompetenzrechtlicher Perspektive unzulässig sind.[1248] Ähnlich verhält es sich mit dem zeitlichen Anwendungsbereich. Da Aufsichtsratsvergütungen nur gegeben sind, wenn es um die Vergütung einer tatsächlichen Aufsichtsratstätigkeit geht, gibt es keine Aufsichtsratsvergütung vor der Bestellung zum Aufsichtsratsmitglied oder nach dem Ausscheiden aus dem Amt, auf die der Gleichbehandlungsgrundsatz anzuwenden wäre.[1249] Im Ergebnis ist daher der Anwendungsbereich des Gleichbehandlungsgrundsatzes eröffnet, wenn es um eine satzungsbedingte oder per Hauptversammlungsbeschluss begründete Vergütung für die Aufsichtsratstätigkeit i. S. d. § 113 Abs. 1 AktG geht.

(4) Differenzierungsgründe

Differenzierungen können demnach nur gemacht werden, wenn sich aufgrund der Tätigkeit, den Aufgaben und der Lage der Gesellschaft für bestimmte Aufsichtsratsmitglieder andere Rechte und Pflichten ergeben.[1250] Dazu reicht jedoch die Unterscheidung nach der Gruppe der gewählten und entsandten Aufsichtsratsmitglieder nicht aus,[1251] da der Bestellungsgrund noch keinen Hinweis auf die konkreten Tätigkeiten und Aufgaben dieser Mitglieder darstellt. Auch wird sich für die generelle Entscheidung, ob überhaupt eine Vergütung gezahlt wird, keine Differenzierung ergeben können,[1252] sodass nur das „Wie“ der Vergütung bei möglichen Differenzierungen infrage steht.[1253]

1248 S.o. 3.TeilB.I.2.c), sowie 3.TeilC.III.1.e).

1249 Zur Unzulässigkeit einer Anwerberprämie s.u. 3.TeilC.III.1.h), bzw. Abfindungszahlung s.u. 3.TeilC.III.1.i); anders wird dies für den gesellschaftsrechtlichen Gleichbehandlungsgrundsatz gesehen: *Verse*, Der Gleichbehandlungsgrundsatz im Recht der Kapitalgesellschaften, 2006, S. 221 ff., was jedoch wegen der dortigen Besonderheiten (grds. Zulässigkeit solcher Gestaltungen) nicht zu einer zwingenden Übertragung auf die Aufsichtsratsvergütung führt.

1250 *Geßler* in: Geßler/Hefermehl/Eckardt/Kropff AktG § 113 Rn. 58; *Hopt/Roth* in: Großkommentar AktG § 113 Rn. 68; *Kremer* in: Ringleb/Kremer/Lutter/von Werder DCGK Rn. 1067; *Wilsing* in: Wilsing DCGK, 2012, Ziff. 5.4.6 Rn. 5; *Ludwig*, Die Vergütung des Aufsichtsrats, 2011, S. 175.

1251 Siehe nur *Hopt/Roth* in: Großkommentar AktG § 113 Rn. 70.

1252 *von Frankenberg und Ludwigsdorf*, Bedeutung und Grenzen der Gleichbehandlung der Aufsichtsratsmitglieder in der Aktiengesellschaft, 2006, S. 207; bei der Schweigepflicht (aufgrund deren absoluten Ausgestaltung sich eine Übertragung auf die Vergütung jedoch nicht anbietet) besteht auch eine absolute Gleichbehandlung: Begr. RegE *Kropff/Thölke*, Aktiengesetz 1965, S. 122; BGH, Urt. v. 05.06.1975 – II ZR 156/73, BGHZ 64, 325, 330 = NJW 1975, 1412, 1413.

1253 Die Vergütungssumme könnte aber selbst beim „Wie“ theoretisch für einige Aufsichtsratsmitglieder „0“ ergeben, wenn bspw. eine Vergütung nur für Ausschussmitglieder erfolgen soll.

Bei Differenzierungen aufgrund der Funktion oder personenbezogener Kriterien handelt es sich um eine formale Ungleichbehandlung, da anhand eines vorgelagerten Faktors differenziert wird und nicht erst nachgelagert durch Förderung bestimmter Einzelinteressen.[1254] Die Frage stellt sich daher nach möglichen Rechtfertigungen für Abweichungen vom Gleichbehandlungsgrundsatz. Für die generelle Charakterisierung als offener Grundsatz lassen sich jedoch nur vereinzelte Meinungen finden. So werden gegen ein strenges Verständnis des mitbestimmungsrechtlichen Gleichbehandlungsgebots die Abführungspflichten der Arbeitnehmervertreter vorgebracht, die ihnen die Abführung eines Teils ihrer Vergütung auferlegen.[1255] Dagegen lässt sich jedoch anführen, dass die Abführungspflichten nicht den unmittelbaren Gewährungsakt der Vergütung betreffen, sondern auf die Zeit nach der Vergütungsgewährung ausgerichtet sind und daher nicht zur Begründung gegen den mitbestimmungsrechtlichen Gleichbehandlungsgrundsatz angeführt werden können. Denn wie das Aufsichtsratsmitglied seine Vergütung zu verwenden hat, wird nicht von § 113 AktG geregelt.[1256]

Gegen die Lage der Gesellschaft als Differenzierungsgrund könnte sprechen, dass diese für jedes Aufsichtsratsmitglied gleich sei und deshalb keine Unterscheidungen zulasse.[1257] Zwar wirkt sich eine andere Lage gleichmäßig auf die Aufgaben aus. Aber die Lage bedingt ebenfalls die Aufgaben, sodass nicht vollständig ausgeschlossen werden kann, dass nur bestimmte Aufsichtsratsmitglieder in besonderen Lagen der Gesellschaft eine intensivere Tätigkeit auszuführen haben. Ein Aufsichtsratsmitglied mit Erfahrungen in Krisenzeiten muss diese einbringen, während andere, denen die Situation neu ist, diese nicht einbringen können, weil die Erfahrung nicht vorhanden ist. Es ist somit nicht auszuschließen, dass sich eine veränderte Lage der Gesellschaft in unterschiedlicher Weise auf die Tätigkeit der Aufsichtsratsmitglieder auswirkt.

Allgemein anerkannte Differenzierungsgründe sind dagegen die jeweiligen Funktionen als Aufsichtsratsvorsitz, Ausschussvorsitz, deren Stellvertreter und Ausschussmitglied.[1258] Dies beruht auf der Voraussetzung für eine Rechtfertigung

---

1254 *Verse*, Der Gleichbehandlungsgrundsatz im Recht der Kapitalgesellschaften, 2006, S. 231 ff.

1255 *Berger*, Die Kosten der Aufsichtsratstätigkeit in der Aktiengesellschaft, 2000, S. 53.

1256 *Mertens/Cahn* in: Kölner Komm. AktG § 113 Rn. 58; *Kremer* in: Ringleb/Kremer/Lutter/von Werder DCGK Rn. 1065; ähnlich *Fischer/Theuner*, AuR 2011, 466, 470, die eine Zulässigkeit der Abführungspflicht jedoch damit begründen, dass § 113 AktG keinen Vergütungsanspruch gewährt; aA *Thüsing/Forst* in: FS von Westphalen, 2010, S. 693, 709, die aufgrund der Abführungspflicht von einer unangemessenen Vergütung i.S.d. § 113 Abs. 1 S. 3 AktG ausgehen.

1257 So *von Frankenberg und Ludwigsdorf*, Bedeutung und Grenzen der Gleichbehandlung der Aufsichtsratsmitglieder in der Aktiengesellschaft, 2006, S. 209 f.

1258 *Schmitt*, DB 1968, 1545, 1547 (unter Verweis auf § 315 BGB); *Mäger*, BB 1999, 1389, 1390; *Maser/Göttle*, NZG 2013, 201, 205; *Kort* in: FS Hüffer, 2010, S. 483, 486 ff.; *Evers* in: Hommelhoff, Handbuch Corporate Governance, 2009, S. 349, 378; *Hüffer* in:

einer Vergütungsdifferenzierung. Diese Voraussetzung stellt sich in einem sachlichen Grund dar.[1259] Ein sachlicher Grund ist dann gegeben, wenn er nicht willkürlich ist, d. h. eine Anknüpfung im Gesetz findet[1260] und bestimmbar ist.[1261] Die Notwendigkeit, dass sich der Grund im Gesetz niedergeschlagen hat, ist bereits aus dem Grund zu fordern, als dass Ausnahmen vom mitbestimmungsrechtlichen Gleichbehandlungsgrundsatz ebenfalls nur gegeben sein können, wenn das Gesetz selbst Differenzierungen vorsieht.[1262] Die Vorsitzpositionen, deren Stellvertreter und die Delegationsmöglichkeiten in bestimmte Ausschüsse finden durch § 107 Abs. 1 S. 1, Abs. 3 S. 1 AktG ihre Grundlage im Gesetz. Diese Funktionen beruhen auf ausdrücklichen Organisationsakten und sind daher auch hinreichend bestimmbar. Sie erfüllen damit die Voraussetzungen des sachlichen Grundes.

Darüber hinaus ist zu fragen, ob nicht auch andere Gründe diesen Voraussetzungen entsprechen.[1263] Dafür spricht, dass gesetzliche Anknüpfungspunkte nicht

---

Hüffer AktG § 113 Rn. 4; *Hopt/Roth* in: Großkommentar AktG § 113 Rn. 68; *Habersack* in: MünchKommAktG § 113 Rn. 39; *Mertens/Cahn* in: Kölner Komm. AktG § 113 Rn. 9; *Hambloch-Gesinn/Gesinn* in: Hölters AktG § 113 Rn. 16, 32; *Breuer/Fraune* in: Heidel AktG § 113 Rn. 8; *Bürgers/Israel* in: Bürgers/Körber AktG § 113 Rn. 2; *Kremer* in: Ringleb/Kremer/Lutter/von Werder DCGK Rn. 1067; *Wilsing* in: Wilsing DCGK, 2012, Ziff. 5.4.6 Rn. 5; *Lutter/Krieger/Verse*, Rechte und Pflichten des Aufsichtsrats, 2014, § 12 Rn. 843; *Wagner* in: von Schenck, Arbeitshandbuch für Aufsichtsratsmitglieder, 2013, § 11 Rn. 14, 53; *Berger*, Die Kosten der Aufsichtsratstätigkeit in der Aktiengesellschaft, 2000, S. 56; *Lüpkes*, Zulässigkeit und Zweckmäßigkeit aktienkursorientierter Vergütung von Mitgliedern des Aufsichtsrats, 2008, S. 297; *Maushake*, Audit Committees, 2009, S. 561; *Ludwig*, Die Vergütung des Aufsichtsrats, 2011, S. 175.

1259 BGH, Urt. v. 25.02.1982 – II ZR 123/81, BGHZ 83, 106, 120 = NJW 1982, 1525, 1528; *Haarmann* in: FS Hüffer, 2010, S. 243, 245; *Kort* in: FS Hüffer, 2010, S. 483, 486; *Böcking* in: FS Krumnow, 2004, S. 563, 583; *Böcking/Dutzi* in: Seicht, Controlling interne Revision Segmentberichterstattung, 2004, S. 391, 397; *Hopt/Roth* in: Großkommentar AktG § 107 Rn. 10; *Ulmer/Habersack* in: Habersack/Henssler/Ulmer MitbestG § 25 Rn. 76; *Potthoff/Trescher/Theisen*, Das Aufsichtsratsmitglied, 2003, Rn. 967; für den gesellschaftsrechtlichen Gleichbehandlungsgrundsatz bereits *Verse*, Der Gleichbehandlungsgrundsatz im Recht der Kapitalgesellschaften, 2006, S. 252 ff.

1260 *von Frankenberg und Ludwigsdorf*, Bedeutung und Grenzen der Gleichbehandlung der Aufsichtsratsmitglieder in der Aktiengesellschaft, 2006, S. 87.

1261 "objektivierbare Maßstäbe": OLG Hamm, Urt. v. 25.03.1996 – 8 U 195/95, GmbHR 1996, 768, 769 = OLGR Hamm, 1996, 175, 176 (für eine Gesellschaftergleichbehandlung in einer GmbH), dargestellt bei *Verse*, Der Gleichbehandlungsgrundsatz im Recht der Kapitalgesellschaften, 2006, S. 204 f.

1262 BGH, Urt. v. 25.02.1982 – II ZR 123/81, BGHZ 83, 106, 112 f., 120 = NJW 1982, 1525, 1526, 1528; *Hopt/Roth* in: Großkommentar AktG § 107 Rn. 8; *von Frankenberg und Ludwigsdorf*, Bedeutung und Grenzen der Gleichbehandlung der Aufsichtsratsmitglieder in der Aktiengesellschaft, 2006, S. 87.

1263 Zur Besprechung der konkreten Gründe s.u. 3.TeilC.III.1.

nur ausdrücklich bestehen müssen, sondern sich auch mittelbar aus dem Gesetz ergeben können.[1264] So hat auch die Rechtsprechung den Schutz der Funktionsfähigkeit des Aufsichtsrats als zulässigen Grund angesehen.[1265] Es ist demnach nicht ausgeschlossen, dass sich auch ohne ausdrückliche Normierung sachliche Gründe ergeben können, sofern sie zumindest im Gesetz angelegt sind.

(a) Zulässigkeit einer Individualbetrachtung nach Wortlaut § 113 Abs. 1 AktG

Daher stellt sich die Frage, ob eine Individualbetrachtung bei der Vergütung im Rahmen des Gleichbehandlungsgrundsatzes durch das Erfordernis eines sachlichen Grundes ausgeschlossen ist. Im Gegensatz zu § 113 Abs. 1 S. 3 AktG sieht § 87 Abs. 1 S. 1 AktG ausdrücklich einen Individualbezug auf das einzelne Vorstandsmitglied vor. Dies war bereits nach § 78 Abs. 1 S. 1 AktG 1937 der Fall, während § 98 Abs. 1 AktG 1937 damals ebenso wie heute nur von den Tätigkeiten und Aufgaben der Aufsichtsratsmitglieder sprach. Aus der Tatsache, dass der Gesetzgeber bis heute die Formulierung des § 113 Abs. 1 AktG nicht an diejenige des § 87 Abs. 1 AktG angepasst hat,[1266] wird die Schlussfolgerung gezogen, dass kein gesetzgeberischer Wille zur Anknüpfung der Vergütung an die einzelnen Aufsichtsratsmitglieder bestehe.[1267] Der Wortlaut des § 113 Abs. 1 S. 3 AktG beziehe sich auf die Aufsichtsräte in ihrer Gesamtheit, sodass hierin die Gesamtverantwortung zum Ausdruck kommt, was mit dem Gleichbehandlungsgrundsatz im Aufsichtsrat zusammenhänge.[1268] Eine Gleichbehandlung im Vorstand sei dagegen nur von untergeordneter Bedeutung.[1269] Dagegen spricht jedoch eine andere Ansicht, die in dem Wortlaut des § 113 Abs. 1 AktG keinen Gesamtbezug der Aufgaben sieht, sondern eine Formulierung, die sich

---

1264 Grds. offen ggü. möglichen Differenzierungsgründen *Hopt/Roth* in: Großkommentar AktG § 107 Rn. 10.

1265 In Bezug auf ein Zweitstimmrecht: BGH, Urt. v. 25.02.1982 – II ZR 123/81, BGHZ 83, 106, 112 f. = NJW 1982, 1525, 1526; BGH, Urt. v. 25.02.1982 – II ZR 102/81, BGHZ 83, 144, 147 = NJW 1982, 1528, 1529.

1266 Auch durch das KonTraG wurde kein Änderungsbedarf gesehen, Begr. Reg-E BT-Drucks. 13/9712, S. 16.

1267 *Ludwig*, Die Vergütung des Aufsichtsrats, 2011, S. 166 f.

1268 *Mertens/Cahn* in: Kölner Komm. AktG § 113 Rn. 10; *Ludwig*, Die Vergütung des Aufsichtsrats, 2011, S. 167; aA. *Kort* in: FS Hüffer, 2010, S. 483, 487; *Geßler* in: Geßler/Hefermehl/Eckardt/Kropff AktG § 113 Rn. 58; *Berger*, Die Kosten der Aufsichtsratstätigkeit in der Aktiengesellschaft, 2000, S. 28 f.

1269 *Mertens/Cahn* in: Kölner Komm. AktG § 87 Rn. 12; *Thüsing*, ZGR 2003, 457, 472; *Ludwig*, Die Vergütung des Aufsichtsrats, 2011, S. 167; nur unbegründete Differenzierungen seien unzulässig *Semler* in: FS Budde, 1995, S. 599, 601 f.; wohl gegen einen Gleichbehandlungsgrundsatz unter Vorständen *Verse*, Der Gleichbehandlungsgrundsatz im Recht der Kapitalgesellschaften, 2006, S. 206 f.

individuell auf das einzelne Aufsichtsratsmitglied bezieht.[1270] Denn anstatt die in anderen Normen auch verwendete „Aufsichtsrats“-Formulierung zu wählen, hat sich der Gesetzgeber in § 113 Abs. 1 AktG zu einer „Aufsichtsratsmitglieder“-Formulierung entschlossen.[1271] Der Wortlaut des Gesetzes knüpft demnach keineswegs eindeutig an den Gesamtaufsichtsrat an. Auch kann von einer gesetzgeberischen Untätigkeit noch nicht automatisch auf einen entgegenstehenden Willen geschlossen werden. Vielmehr sind andere Ausgestaltungen solange möglich, bis der gesetzgeberische Wille Hinweise auf Einschränkungen gibt. Vom Wortlaut und historischen Gesichtspunkten her ist eine Individualbetrachtung daher möglich.

(b) Problem der personenbezogenen Kriterien

Anders als für funktionsbezogene Differenzierungen werden personenbezogene Differenzierungskriterien sowohl von der Rspr.[1272] als auch seitens der Literatur[1273] als unzulässig angesehen. Daran, ob diese Auffassung in jedem erdenklichen Anwendungsfall Bestand haben kann, mag angesichts des qualifikationsorientierten Sorgfaltsmaßstabs zu zweifeln sein.

(aa) Differenzierungen beim Sorgfaltsmaßstab

Fraglich ist, ob aus der Haftung eine Argumentation für eine Differenzierungsmöglichkeit bei der Vergütung hergeleitet werden kann. Die Haftung betrifft die Pflicht der Aufsichtsratsmitglieder. Die Vergütung stellt als Recht der Aufsichtsratsmitglieder die zweite Seite im Bereich der grundsätzlich gleichen Rechte und Pflichten dar. Sowohl der aktienrechtliche, als auch der mitbestimmungsrechtliche Gleichbehandlungsgrundsatz wird auf die existenzielle Begründung gestützt, dass er sich aus den gleichen Rechten und Pflichten der Aufsichtsratsmitglieder herleitet.[1274] Zwar sind die Rechte der Aufsichtsratsmitglieder von den Pflichten zu unterscheiden.[1275] Dieser Zusammenhang, aus dem der Gleichbehandlungsgrundsatz seine Berechtigung herleitet, darf nicht unbeachtet bleiben. Denn ein Differenzierungsgrund bei den Pflichten kann als Abbild dazu bei den Rechten seine Kehrseite finden. Die

---

1270 *Kort* in: FS Hüffer, 2010, S. 483, 487; *Geßler* in: Geßler/Hefermehl/Eckardt/Kropff AktG § 113 Rn. 58; *Bürgers/Israel* in: Bürgers/Körber AktG § 113 Rn. 3; *Berger*, Die Kosten der Aufsichtsratstätigkeit in der Aktiengesellschaft, 2000, S. 28 f., 52; *von Frankenberg und Ludwigsdorf*, Bedeutung und Grenzen der Gleichbehandlung der Aufsichtsratsmitglieder in der Aktiengesellschaft, 2006, S. 39.

1271 *von Frankenberg und Ludwigsdorf*, Bedeutung und Grenzen der Gleichbehandlung der Aufsichtsratsmitglieder in der Aktiengesellschaft, 2006, S. 39.

1272 Bzgl. eines Zweitstimmrechts für den Vorsitzenden BGH, Urt. v. 25.02.1982 – II ZR 123/81, BGHZ 83, 106, 120 = NJW 1982, 1525, 1528.

1273 *Hopt/Roth* in: Großkommentar AktG § 107 Rn. 8; aA *Haarmann* in: FS Hüffer, 2010, S. 243, 247.

1274 Siehe oben 3.TeilC.I.2.c)cc).

1275 *Thüsing/Veil*, AG 2008, 359, 361, am Beispiel der Annahme einer Vergütung.

Ausgestaltung der Haftung beruht zunächst ebenso auf dem Grundsatz der gleichen Pflichtenmaßstäbe aller Aufsichtsratsmitglieder.[1276] Dies gilt auch für die Arbeitnehmervertreter.[1277] Differenzierungen sind nach überwiegender und auch hier vertretener Meinung dann zu machen, wenn Aufsichtsratsmitglieder Qualifikationen besitzen, die über den Mindeststandard hinausgehen und somit einen erhöhten Sorgfaltsmaßstab nach sich ziehen.[1278] Als Konsequenz ergibt sich daher, dass die Gleichheit in den Pflichten durch besondere Qualifikationen in zulässiger Weise modifiziert wird. Damit erweist sich auch die Aussage der gleichen Pflichten aller Aufsichtsratsmitglieder als zu pauschal und ist dahingehend zu konkretisieren, dass damit nur die Mindestpflichten gemeint sein können. Diese Anpassungsmöglichkeit muss jedoch auch ihren Niederschlag in den Rechten der Aufsichtsratsmitglieder finden, sodass es hier nur um gleiche Mindestrechte gehen kann. Andernfalls würde eine gerechtfertigte Ungleichheit in den Pflichten bei zwingender Gleichheit der Rechte in Bezug auf eine Qualifikation eine unbegründete Diskrepanz darstellen. Daher spricht eine Differenzierung bei der Haftung für eine gleichartige Differenzierungsmöglichkeit bei der Vergütung. Eine Differenzierungspflicht wird sich hieraus aber dennoch nicht ergeben, da anders als bei der Haftung, die Vergütungsausgestaltung im Ermessen der Hauptversammlung liegt.[1279]

(bb) *Das Kollegialitätsprinzip*

Gegen die Zulässigkeit von individuellen, an Personeneigenschaften ausgerichteten Vergütungsparametern wird weiterhin das Kollegialitätsprinzip angeführt.[1280] So würde eine Marktwertvergütung der Homogenität im Aufsichtsrat widersprechen.[1281] Eine individuelle Ausgestaltung würde die Wahrscheinlichkeit von Spannungen im Aufsichtsrat erhöhen.[1282]

1276 Siehe oben 3.TeilC.I.2.c)bb)(1).

1277 Siehe oben 3.TeilC.I.2.c)bb)(1).

1278 *Habersack* in: MünchKommAktG § 116 Rn. 28; *Hambloch-Gesinn/Gesinn* in: Hölters AktG § 116 Rn. 10; s.o. 3.TeilC.I.2.c)bb)(1).

1279 S.o. 3.TeilC.I.2.b)aa).

1280 *Mertens/Cahn* in: Kölner Komm. AktG § 113 Rn. 10; in Bezug zum Aufwenungsersatz *Thüsing/Veil,* AG 2008, 359, 367; *Raapke,* Die Regulierung der Vergütung von Organmitgliedern und Angestellten im Aktien- und Kapitalmarktrecht, 2012, S. 253 (als Ausgangspunkt für den Gleichbehandlungsgrundsatz); rechtstatsächlich nach einer Umfrage unter Aufsichtsräten *Probst/Theisen,* Der Aufsichtsrat 2012, 66, 68; *dies.,* DB 2012, 1553, 1556 f.; selbst als Argument gegen die Gruppenanknüpfung wird zuweilen auf das Kollegialitätsprinzip rekurriert: *Martens,* ZGR 1983, 237, 247 f., dagegen sollen bei dieser Ansicht individuelle, aber gruppenübergreifende Kriterien wie die Qualifikation keine Probleme hervorrufen.

1281 *Lutter,* AG 1979, 85, 89 Fn. 25; *Theisen/Probst,* DB 2012, 1553, 1556 f.; *Drygala* in: Schmidt-Lutter AktG § 113 Rn. 14.

1282 *Lutter,* AG 1979, 85, 89 Fn. 25 bzgl. einer Marktwert-Vergütung.

Das Kollegialitätsprinzip beinhaltet zunächst eine Pflicht für die Aufsichtsratsmitglieder. Danach sind die Aufsichtsratsmitglieder verpflichtet mit ihren Aufsichtsratskollegen zusammenzuarbeiten und an den ihn zukommenden Aufgaben mitzuwirken.[1283] Das Aufsichtsratsmitglied muss mit seiner Mitarbeit im Aufsichtsrat zur rechtmäßigen und effektiven Erledigung der Gesamtaufgaben des Aufsichtsrats beitragen.[1284] Es betont somit die Kooperation mehrerer Personen und vernachlässigt dabei den Fokus auf die Leistungsbeiträge Einzelner.[1285] Andererseits dient die Vergütung und die potenzielle Haftung gerade dazu diese Mitwirkungspflicht zu forcieren.[1286] Aus dieser Perspektive folgt aus dem Kollegialitätsprinzip gerade kein Argument gegen personenbezogene Kriterien.[1287] Wenn bei dem für die Haftung maßgeblichen Sorgfaltsmaßstab an die individuelle Qualifikation angeknüpft wird, so wird damit nicht begründet, warum dies bei der Vergütung unzulässig sein sollte. Beachtenswert ist auch, dass das Kollegialitätsprinzip selbst im Vorstand besteht und ebenso auf eine Zusammenarbeit ausgerichtet ist.[1288] Da im Rahmen der Vorstandsvergütung eine Qualifikations- und Marktwertvergütung anerkannt ist,[1289] fällt eine Argumentation allein mit dem Kollegialitätsprinzip gegen diese Vergütungsarten umso schwerer. Dass bei einer personenbezogenen Vergütung etwaige Spannungen auftreten könnten ist ebenso kein Sonderfall der Vergütung und im Übrigen eher eine verhaltenspsychologische Frage, sodass dies nicht als rechtliches Argument missbraucht werden kann.[1290]

(cc) *Gesellschafts- und Unternehmensinteresse*

Aus dem Gesellschaftsinteresse oder gar Unternehmensinteresse lassen sich hingegen keine gesicherten Anhaltspunkte für eine zwingende Differenzierung

---

1283 *Dose,* ZGR 1973, 300, 308 m.w.N.; *Mertens/Cahn* in: Kölner Komm. AktG § 116 Rn. 10 f. (ohne dies als Kollegialitätsprinzip zu bezeichnen); *Hopt/Roth* in: Großkommentar AktG § 111 Rn. 131; *Kaiser/Veil* in: MitbestG § 25 Rn. 116 m.w.N; *Vetter* in: Marsch-Barner/Schäfer, Hdb. börsennotierte AG, 2014, § 29 Rn. 10; *Bachmann,* ZGR 2008, 779, 793: „ […](Gleichberechtigung und Gesamtverantwortung) […]".

1284 *Hommelhoff,* ZHR 143 (1979), 288, 292; *Lutter/Krieger/Verse,* Rechte und Pflichten des Aufsichtsrats, 2014, § 12 Rn. 885 ff.; *Vetter* in: Marsch-Barner/Schäfer, Hdb. börsennotierte AG, 2014, § 29 Rn. 10 m.w.N.

1285 *Dose,* ZGR 1973, 300, 308 m.w.N.

1286 *von Frankenberg und Ludwigsdorf,* Bedeutung und Grenzen der Gleichbehandlung der Aufsichtsratsmitglieder in der Aktiengesellschaft, 2006, S. 40.

1287 *Haarmann* in: FS Hüffer, 2010, S. 243, 247.

1288 *Fleischer/Schmolke,* WM 2012, 1013, 1014; *Emde* in: FS U.H. Schneider, 2011, S. 295, 298.

1289 S.o. 3.TeilC.I.2.b)aa)(1).

1290 *von Frankenberg und Ludwigsdorf,* Bedeutung und Grenzen der Gleichbehandlung der Aufsichtsratsmitglieder in der Aktiengesellschaft, 2006, S. 65 f.; ebenso für Gruppenanknüpfungen *Martens,* ZGR 1983, 237, 248.; zum verhaltenspsychologischen Aspekt s.u. 4.TeilB.II.3.d).

herleiten. Das Gesellschaftsinteresse beinhaltet das Interesse an der Förderung des Gesellschaftszwecks, also der Förderung des Unternehmensgegenstands und der Gewinnerzielung.[1291] Das Unternehmensinteresse stellt das Interesse an Rentabilität und Erhaltung des Unternehmens dar.[1292] Da dem Gesellschaftsinteresse jedoch der Vorrang zu gewähren ist, kommt dem Unternehmensinteresse schon deswegen nur geringe Bedeutung zu.[1293] Das Gesellschaftsinteresse ist insoweit zu berücksichtigen, als dass es den Fokus auf ein einzelnes Interesse eines Anteilseigners entgegenwirken soll.[1294] Daher würde eine personenbezogene Vergütung eines Aufsichtsratsmitglieds dem Gesellschaftsinteresse entgegenstehen, wenn damit nur das Interesse eines einzelnen Aktionärs gefördert werden soll und im Übrigen im Widerspruch zu den Interessen der anderen Anteilseigner steht. Darüber hinaus ergeben sich für oder wider eine personenbezogene Vergütung keine Argumente aus dem Gesellschaftsinteresse, sodass dieses hier vernachlässigt werden kann.

(dd) Das Verhältnismäßigkeitsprinzip

Für den gesellschaftsrechtlichen Gleichbehandlungsgrundsatz wird als weitere notwendige Rechtfertigungsvoraussetzung einer Ungleichbehandlung das Verhältnismäßigkeitsprinzip angeführt.[1295] Auch für die Aufsichtsratsvergütung werden teilweise in der Literatur Differenzierungsgründe anhand dieses Grundsatzes überprüft.[1296] Bei personenbezogenen Differenzierungen stellt die verfassungsgerichtliche Rspr. weitere Erfordernisse für eine rechtfertigende Ungleichbehandlung auf.[1297] So muss die personenbezogene Differenzierung einen legitimen Zweck in geeigneter, erforderlicher und angemessener Weise verfolgen.[1298] Die für Art. 3 Abs. 1 GG

1291 *Verse*, Der Gleichbehandlungsgrundsatz im Recht der Kapitalgesellschaften, 2006, S. 253 ff. m.w.N.

1292 S. bereits oben 3.TeilC.I.2.b)aa).

1293 *Kort* in: Großkommentar AktG § 76 Rn. 64; *Verse*, Der Gleichbehandlungsgrundsatz im Recht der Kapitalgesellschaften, 2006, S. 269 m.w.N.

1294 *Verse*, Der Gleichbehandlungsgrundsatz im Recht der Kapitalgesellschaften, 2006, S. 264.

1295 *Verse*, Der Gleichbehandlungsgrundsatz im Recht der Kapitalgesellschaften, 2006, S. 283 ff.

1296 *Haarmann* in: FS Hüffer, 2010, S. 243, 248 in Bezug auf eine Marktwertvergütung.

1297 Dargestellt bei *Verse*, Der Gleichbehandlungsgrundsatz im Recht der Kapitalgesellschaften, 2006, S. 286.

1298 BVerfG, Beschluss v. 07.10.1980 – 1 BvL 50, 89/79, 1 BvR 240/79, BVerfGE 55, 72, 88 m.w.N. = NJW 1981, 271 f.; BVerfG, Beschluss v. 30.05.1990 – 1 BvL 2/83, 10/84, 3/85, 11, 12, 13/89, 4/90 und 1 BvR 764/86, BVerfGE 82, 126, 146 = ZIP 1990, 1015, 1016; BVerfG, Beschluss v. 11.02.1992 – 1 BvL 29/87, BVerfGE 85, 238, 245 = NJW 1992, 1815; BVerfG, Beschluss v. 28.10.1998 – 1 BvR 2349/96, BVerfGE 99, 129, 139 = VIZ 1999, 144; BVerfG, Urt. v. 06.03.2002 – 2 BvL 17/99, BVerfGE 105, 73, 110 = NJW 2002, 1103, 1104; dargestellt bei *Verse*, Der Gleichbehandlungsgrundsatz im Recht der Kapitalgesellschaften, 2006, S. 286 m.w.N.

entwickelten Grundsätze lassen sich jedoch nicht pauschal übertragen.[1299] Daher müssten sie auf die Aufsichtsratsvergütung abgestimmt werden. Hierbei zeigt sich bei näherer Betrachtung des § 113 Abs. 1 S. 3 AktG, dass der Gesetzgeber eine Angemessenheitsprüfung bereits gesetzlich verankert hat. Mit dem angemessenen Verhältnis der Tätigkeitsvergütung in Bezug zu den Aufgaben und der Gesellschaftslage beschreibt der Gesetzgeber genau diese Voraussetzungen, sodass die verfassungsgerichtliche Verhältnismäßigkeitsprüfung nicht neben § 113 Abs. 1 S. 3 AktG tritt, sondern in ihr bereits aufgeht. Solange personenbezogene Kriterien demnach unter § 113 Abs. 1 S. 3 AktG subsumiert werden können, befinden sich solche Kriterien im Rahmen des Verhältnismäßigen. Dies ist auch ein weiterer Grund für die dogmatische Verankerung des vergütungsrechtlichen Gleichbehandlungsgrundsatzes innerhalb des § 113 Abs. 1 S. 3 AktG. Denn hier zeigt der Gesetzgeber, dass er Gleichbehandlungsvoraussetzungen bereits gesetzlich verankert hat.

(5) Fazit

Bereits die Aufgabenzuordnung bei der internen Organisation des Aufsichtsrats hat gezeigt, dass es keines ausdrücklichen Organisationsakts bedarf, um den Aufsichtsratsmitgliedern einen funktionsähnlichen Status zuzuordnen.[1300] Die Verpflichtung zur Aufgabenwahrnehmung bei der Aufsichtsratstätigkeit führt demnach dazu, dass zumindest die Qualifikation als personenbezogenes Kriterium im Gesetz seinen Niederschlag gefunden hat. Die Bestimmbarkeit dieses Kriteriums als zweite Voraussetzung des sachlichen Grundes ist eher eine praktische und weniger eine rechtliche Frage.[1301] Jedenfalls deutet der nach individueller Qualifikation bestimmte Sorgfaltsmaßstab[1302] bereits prima vista darauf hin, dass eine individuelle Qualifikationsbestimmung nicht unmöglich ist. Die pauschale Unzulässigkeit personenbezogener Differenzierungen aufgrund des Gleichbehandlungsgrundsatzes ist damit abzulehnen. Vielmehr kommt es darauf an, ob das personenbezogene Kriterium einen Niederschlag im Gesetz gefunden hat und ob dieses bestimmbar ist. Die Konsequenzen aus dieser Feststellung sind relativ zu sehen. Denn eine Differenzierungsmöglichkeit führt wegen des Ermessensspielraums der Hauptversammlung noch nicht zu einer Differenzierungspflicht.[1303]

1299 Bereits für den gesellschaftsrechtlichen Gleichbehandlungsgrundsatz: *Hüffer* in: Hüffer AktG § 53a Rn. 3; *Verse*, Der Gleichbehandlungsgrundsatz im Recht der Kapitalgesellschaften, 2006, S. 81 ff. m.w.N.

1300 S.o. 3.TeilC.I.2.c)aa).

1301 Dazu s.u. 4.TeilB.

1302 S.o. 3.TeilC.I.2.c)bb)(1).

1303 Ebenso für eine Sondervergütung aufgrund besonderer Aufgaben: *Kort* in: FS Hüffer, 2010, S. 483, 489.

d) Lage der Gesellschaft

Wenn nach § 113 Abs. 1 S. 3 AktG von einem angemessenen Verhältnis zur Lage der Gesellschaft gesprochen wird, dann ist damit die Vermögenslage gemeint.[1304] Daneben kommen ebenso die Geschäftsaussichten[1305] und die Gesamtsituation der Gesellschaft[1306] als bestimmende Faktoren hinzu, da beides Einfluss auf die Lage der Gesellschaft haben kann und mit der Vermögenslage in Verbindung steht. Fraglich ist hingegen, was ein Fremdvergleich zu anderen Gesellschaften zur Bestimmung der Lage der Gesellschaft beizutragen vermag.[1307] Ob es um die Vermögenslage gut oder schlecht steht, ist eine Frage der wirtschaftlichen Bewertung der Gesellschaft, um die es konkret geht. Ob eine Gesellschaft auch in Zukunft noch ihre Verbindlichkeiten bedienen kann, lässt sich nicht unbedingt durch einen Vergleich mit einer anderen, sehr profitabel wirtschaftenden Gesellschaft herauslesen, sondern ist eine Frage der wirtschaftlichen Situation der konkreten Gesellschaft. Eine Gesellschaft befindet sich nicht in einer schlechten Lage, wenn sie 20 % weniger Gewinn macht, als eine vergleichbare Gesellschaft, jedoch dadurch ihr bisher bestes Geschäftsergebnis erzielen konnte. Daher ist ein Fremdvergleich zumindest bei der Bestimmung der Gesellschaftslage kein hinreichender Bewertungsfaktor.

Konsequenz für die Vergütung ist, dass es grds. zu einer Anpassung der Vergütung kommen sollte, wenn sich die Lage der Gesellschaft verbessert oder verschlechtert. Bei schlechter Lage kommt eine geringere Vergütung und bei guter Lage eine erhöhte Vergütung in Betracht.[1308] Diese recht formalisierte Betrachtungsweise muss sich jedoch den Einwand gefallen lassen, dass die Gesellschaft gerade in schlechten Zeiten auf eine besonders intensive Beratung der Aufsichtsratsmitglieder

---

1304 *Mäger*, BB 1999, 1389, 1390; *Theisen* in: FS Säcker, 2011, S. 487, 498; *Habersack* in: MünchKommAktG § 113 Rn. 40; *Mertens/Cahn* in: Kölner Komm. AktG § 113 Rn. 33; *Hambloch-Gesinn/Gesinn* in: Hölters AktG § 113 Rn. 32; *Roller*, Die Vergütung des Aufsichtsrats in Abhängigkeit vom Aktienkurs, 2000, S. 71; *Lüpkes*, Zulässigkeit und Zweckmäßigkeit aktienkursorientierter Vergütung von Mitgliedern des Aufsichtsrats, 2008, S. 308.

1305 *Hopt/Roth* in: Großkommentar AktG § 113 Rn. 59.

1306 *Vetter* in: Marsch-Barner/Schäfer, Hdb. börsennotierte AG, 2014, § 29 Rn. 46; ähnlich *Ludwig*, Die Vergütung des Aufsichtsrats, 2011, S. 179, der die Größe der Gesellschaft mit einfließen lässt unter vollständiger Übertragung der Argumentation aus dem Vorstandsrecht.

1307 Für einen Fremdvergleich als Einflussfaktor *Schneider* in: Scholz GmbHG § 52 Rn. 363; *Berger*, Die Kosten der Aufsichtsratstätigkeit in der Aktiengesellschaft, 2000, S. 29.

1308 *Lutter*, AG 1979, 85, 87; *Hopt/Roth* in: Großkommentar AktG § 113 Rn. 59; aus betriebswirtschaftlicher Sicht ablehnend ggü. dem Lagekriterium *Theisen*, AG 1993, 49, 66.

angewiesen sein kann, um in Zukunft wieder in eine bessere Lage zu kommen.[1309] Daher ist eine verminderte Vergütung in schlechten Lagen der Gesellschaft nicht immer erwägenswert.[1310] Allerdings lässt sich dies nicht unbedingt mit einer stärkeren Haftungsgefahr und drohenden beruflichen Nachteilen begründen,[1311] da beides im Rahmen des normalen Risikos der Aufsichtsratstätigkeit liegt. Allein der höhere Tätigkeitsumfang vermag daher eine relativ hohe Vergütung in schlechten Lagen zu rechtfertigen. Dagegen wird vorgebracht, dass zum einen der Zweck des § 113 Abs. 1 S. 3 AktG einer hohen Vergütung in schlechten Lagen entgegensteht, da dieser in dem Schutz des Gesellschaftsvermögens liege.[1312] Dem ist entgegenzuhalten, dass dies nur der Fall sein kann, wenn § 113 Abs. 1 S. 3 AktG die Gesellschaft auch vor ihren Anteilseignern schützen will. Denn nur diesen steht die Vergütungskompetenz zu.[1313] Setzen sie eine unangemessene Vergütung fest, die jedoch in der Folge nicht angefochten wird, gilt die Vergütung als wirksam gewährt.[1314] Letztendlich manifestiert sich darin der Eigentümerwille. Dem widerspricht es, wenn der Wille der Eigentümer dem Schutz der Gesellschaft untergeordnet wird. Auch ergeben sich nach dieser Ansicht falsche Anreize zur Herbeiführung von schlechten Gesellschaftslagen durch die Aufsichtsratsmitglieder, nur um eine höhere Vergütung zu erreichen.[1315] Dem ist entgegenzuhalten, dass dies nur der Fall wäre, wenn die Aufsichtsratsmitglieder mit einer Vergütungserhöhung in Krisenzeiten rechnen könnten. Jedoch erfolgt eine Vergütungsanpassung nicht automatisch. Sie ist von einer entsprechenden Satzungsregelung oder einem Hauptversammlungsbeschluss abhängig. Dabei ist es sehr fraglich, ob eine Hauptversammlung eine hohe Vergütung gewähren würde, wenn die schlechte Lage tatsächlich vom Aufsichtsrat herbeigeführt wurde. Die Anreizwirkung zur Herbeiführung schlechter Lagen ist daher als gering einzustufen. Denn ein entsprechendes Verhalten würde eher auffallen und die Aufsichtsratsmitglieder würden sich selbst in eine Haftungsgefahr begeben,

---

1309 *Lutter*, AG 1979, 85, 87; *Theisen*, DB 1999, 1665; *Habersack* in: MünchKommAktG § 113 Rn. 40; *Hopt/Roth* in: Großkommentar AktG § 113 Rn. 59; *Berger*, Die Kosten der Aufsichtsratstätigkeit in der Aktiengesellschaft, 2000, S. 29.

1310 *Lutter*, AG 1979, 85, 87; *Mertens/Cahn* in: Kölner Komm. AktG § 113 Rn. 33; *Habersack* in: MünchKommAktG § 113 Rn. 40; *Hopt/Roth* in: Großkommentar AktG § 113 Rn. 59; *Hambloch-Gesinn/Gesinn* in: Hölters AktG § 113 Rn. 32; *Grigoleit/Tomasic* in: Grigoleit AktG § 113 Rn. 20; *Mäger*, BB 1999, 1389, 1390; *Berger*, Die Kosten der Aufsichtsratstätigkeit in der Aktiengesellschaft, 2000, S. 29; *Lüpkes*, Zulässigkeit und Zweckmäßigkeit aktienkursorientierter Vergütung von Mitgliedern des Aufsichtsrats, 2008, S. 309; aA *Ludwig*, Die Vergütung des Aufsichtsrats, 2011, S. 180.

1311 So aber *Hopt/Roth* in: Großkommentar AktG § 113 Rn. 59.

1312 *Ludwig*, Die Vergütung des Aufsichtsrats, 2011, S. 179 f.

1313 S.o. 3.TeilB.I.1.

1314 S.o. 3.TeilC.I.2.a).

1315 *Ludwig*, Die Vergütung des Aufsichtsrats, 2011, S. 180.

die aufgrund ihres Verschuldens ggf. nicht einmal von einer D&O-Versicherung gedeckt wäre.

e) Die Öffnungsklausel der Angemessenheit in § 113 Abs. 1 S. 3 AktG

Die vorstehenden Ausführungen haben gezeigt, dass die Aufsichtsratsvergütung zwar einigen Maßstäben unterfällt, an denen sich die Struktur und Höhe der Vergütung auszurichten hat. Andererseits sind diese Maßstäbe nicht starr, sondern bieten Raum für Anpassungen, die auf den Einzelfall abgestimmt werden können. Damit können Besonderheiten der Gesellschaft an sich, als auch die Situation der Aufsichtsratsmitglieder und die interne Organisation der Aufsichtsratsarbeit berücksichtigt werden. Dies ist dann angebracht, wenn einem Aufsichtsratsmitglied intern besondere Aufgaben zukommen. Dies ist eindeutig dann der Fall, wenn eine ausdrückliche Beauftragung des Einzelnen mit einer bestimmten Aufgabe erfolgte.[1316] Aber auch ohne ausdrückliche Beauftragung ergibt sich aus dem Zusammenspiel von Aufgabenerfüllung und dem dabei anzulegenden Sorgfaltsmaßstab, dass ein einzelnes Aufsichtsratsmitglied seine Aufgaben intensiver zu erledigen hat als die übrigen Aufsichtsratsmitglieder. Dies ist der Fall, wenn es eine besondere Qualifikation zur Aufgabenerledigung besitzt.[1317]

Die zusammenhängende Betrachtung der verschiedenen Maßstäbe ergibt aber auch Abweichungen in der Argumentationsstruktur für die Begründungen der jeweiligen Auffassungen. So fällt deutlich auf, dass im Rahmen des Sorgfaltsmaßstabs personenbezogene Kriterien von der überwiegenden Meinung als sachlicher Grund für eine Differenzierung zwischen den einzelnen Aufsichtsratsmitgliedern gesehen werden.[1318] Trotz des auch dort geltenden Gleichbehandlungsgrundsatzes[1319] gibt es keine Bedenken, personenbezogene Kriterien als Differenzierungsgrund zuzulassen. Ganz anders ist dies bei dem Gleichbehandlungsgrundsatz im Hinblick auf die Vergütung. Dort statuiert die überwiegende Meinung, dass personenbezogene Kriterien keinesfalls einen sachlichen Grund für Vergütungsdifferenzierungen darstellen können.[1320] Was bei dem Sorgfaltsmaßstab gelten soll, dürfe somit bei der Vergütung keinesfalls in Betracht gezogen werden.

Ohne nähere Begründung erscheinen die unterschiedlich eingenommenen Perspektiven inkonsequent. Der Wortlaut des § 116 S. 1 AktG sieht keine Besonderheiten im Vergleich zu § 113 Abs. 1 S. 1, 3 AktG vor, die für eine Zulässigkeit personenbezogener Kriterien bei der Sorgfaltspflicht sprechen. Denn sowohl in § 116 S. 1 AktG, als auch in § 113 Abs. 1 S. 1 AktG gebraucht der Gesetzgeber das Wort „Aufsichtsratsmitglieder", um die einzelnen Aufsichtsratsmitglieder anzusprechen.

1316 S.o. 3.TeilC.I.2.c)aa)(2)(c).

1317 S.o. 3.TeilC.I.2.c)aa)(2)(c).

1318 S.o. 3.TeilC.I.2.c)bb)(1).

1319 Siehe nur *Habersack* in: MünchKommAktG § 116 Rn. 28; *Hambloch-Gesinn/Gesinn* in: Hölters AktG § 116 Rn. 10.

1320 S.o. 3.TeilC.I.2.c)cc)(4).

Anstatt der „Vergütung“ bei § 113 Abs. 1 S. 1 AktG geht es bei § 116 S. 1 AktG um die „Sorgfaltspflicht“, sodass in beiden Fällen an ein abstraktes Kriterium angeknüpft wird. In § 113 Abs. 1 S. 1 AktG geht es darüber hinaus noch um den Vergütungsgrund der „Tätigkeit“. Lediglich dieser Vergütungsgrund könnte eine abweichende Perspektive bei § 113 Abs. 1 AktG erklären, indem darauf abgestellt wird, dass alle Aufsichtsratsmitglieder dieselben Tätigkeiten zu verrichten hätten. Dies ist aber nur vordergründig der Fall. Denn die Haftung bezieht sich auch auf die Pflichten der Aufsichtsratsmitglieder, die unter der Prämisse des Gleichbehandlungsgrundsatzes ebenfalls für alle gleich ausgestaltet sind.

Auch die tiefergehende Betrachtung zeigt, dass das Zusammenspiel mit dem Sorgfaltsmaßstab die Intensität der Tätigkeitsausführung modifiziert. Daher bedingt eine differenzierte Perspektive bei dem Sorgfaltsmaßstab eine ebenso anzulegende Differenzierung bei der Vergütung.

Eine andere mögliche Begründung könnte in der Einzelfallbetrachtung liegen. Während es bei dem Sorgfaltsmaßstab um konkrete Haftungsfälle geht, wird die Vergütung zunächst abstrakt für die gesamte Tätigkeit gezahlt. Dem Sorgfaltsmaßstab kommt daher insbesondere nur in konkreten Einzelfällen Bedeutung zu. Aber auch diese Perspektive erscheint fehlerhaft. Denn die Haftung eines Aufsichtsratsmitglieds kann nur vermieden werden, wenn das Aufsichtsratsmitglied weiß, welchen Sorgfaltsmaßstab es schuldet. Es kommt somit nicht nur auf den konkreten Haftungsfall an. Das Aufsichtsratsmitglied muss bereits abstrakt vorher wissen, welche Sorgfalt es einzusetzen hat.

Folglich fehlt es an einer hinreichenden Begründung für eine unterschiedliche Handhabung des Sorgfaltsmaßstabs und der Vergütung. Daher hat die Behauptung, dass bei der Vergütung personenbezogene Kriterien nicht angewendet werden dürften, wenig Überzeugungskraft.

II. Die Vergleichsperspektive

In einer Vergleichsperspektive sollen nun die Gemeinsamkeiten herausgearbeitet, sowie bei Unterschieden im US-Recht Überlegungen hinsichtlich einer Übertragung ins deutsche Recht angestellt werden.

1. Vergleich des Vergütungsgrunds

Die *director compensation* wird primär für die aufgewendete Zeit und die Intensität der Aufgabenwahrnehmung gewährt.[1321] Dies deckt sich weitgehend mit der deutschen Aufsichtsratsvergütung, die gem. § 113 Abs. 1 S. 1 AktG für die Tätigkeit der Aufsichtsratsmitglieder gezahlt werden kann und daher nicht erfolgen soll, wenn ein Aufsichtsratsmitglied schlicht untätig war.[1322]

1321 Dazu s.o. 2.TeilC.III.1.
1322 Dazu s.o. 3.TeilC.I.1.

Die Aufgaben der *outside directors* stellen sich im Großen und Ganzen als Überwachungs- und Beratungsaufgabe dar, sodass konkrete Unternehmensentscheidungen nur noch getroffen werden, wenn es sich um wesentliche Leitentscheidungen handelt.[1323] Die jüngsten Gesetzesänderungen durch den *Sarbanes-Oxley Act* und den *Dodd-Frank Act* haben die Aufgaben konkretisiert und somit zu deren größeren Umfang beigetragen.[1324] Die *director compensation* richtet sich dabei nach dem Aufgabenumfang. Auch die deutsche Aufsichtsratstätigkeit zeichnet sich durch Überwachungs- und Beratungsaufgaben aus.[1325] Die Aufgabenverteilung innerhalb des deutschen Aufsichtsrats hängt von der Selbstorganisation des Aufsichtsrats ab. Jedoch ist wegen des Ermessensspielraums eine durch die Anteilseigner getroffene Vergütungsregelung trotzdem anzuerkennen, wenn diese die Aufgabenverteilung unberücksichtigt lässt.[1326]

Sofern Aufgaben auf bestimmte Personen übertragen werden, ergeben sich neben Abweichungen hauptsächlich Gemeinsamkeiten zwischen den beiden Rechtssystemen. So ist die Bestimmung eines *lead director* zulässig, dem aufgrund zusätzlicher Aufgabenübertragung auch eine besondere Vergütung zugesprochen werden kann.[1327] Eine Aufgabendelegation in ein *committee* ist mit Ausnahme der Delegationsverbote zulässig, wobei das *committee* auch aus einer einzelnen Person bestehen kann.[1328] Daher ist auch eine Aufgabendelegation auf eine einzelne Person teilweise zulässig.[1329] Eine Bildung von Ein-Mann-Ausschüssen ist im deutschen Aufsichtsrat nicht möglich, da auch bei nicht-beschließenden Ausschüssen zumindest zwei Mitglieder im Ausschuss vorhanden sein müssen.[1330] Allerdings kommt einer Delegation auf Individuen in der Weise Bedeutung zu, als dass sie vor- und nachbereitende Tätigkeiten, sowie in gewissem Umfang auch tatsächliche Handlungen als Einzelperson ausführen dürfen.[1331] Dem übrigen *board* verbleibt nach einer Delegation nur noch die Überwachung des *committees*, wobei im Fall eines *audit committees* eine abschließende Aufgabendelegation erfolgt und in der Folge keine Überwachungspflicht für den übrigen *board* mehr besteht.[1332] Bei einer Delegation innerhalb des deutschen Aufsichtsrats verbleibt den übrigen Aufsichtsratsmitgliedern in jedem Fall die Gesamtverantwortung, sodass eine vollständige Freizeichnung von den Aufgaben nicht erfolgen kann.[1333] Im Übrigen ändert sich die Aufgabe der übrigen

---

1323 Dazu s.o. 2.TeilC.III.1.a).
1324 Dazu s.o. 2.TeilC.III.1.a)bb).
1325 Dazu s.o. 3.TeilC.I.2.c)aa).
1326 Dazu s.o. 3.TeilC.I.2.c).
1327 Dazu s.o. 2.TeilC.III.1.a)cc).
1328 Dazu s.o. 2.TeilC.III.1.b).
1329 Dazu s.o. 2.TeilC.III.1.b).
1330 Dazu s.o. 3.TeilC.I.2.c)aa)(1)(a)(bb).
1331 Dazu s.o. 3.TeilC.I.2.c)aa)(1)(a)(bb).
1332 Dazu s.o. 2.TeilC.III.1.b) und 2.TeilC.III.2.b).
1333 Dazu s.o. 3.TeilC.I.2.c)aa)(1)(a)(dd).

Mitglieder in eine Auswahl- und Überwachungspflicht, die bei einer Übertragung auf ein Individuum jedoch aus Kontrollzwecken stärker auszufallen hat.[1334]

Da eine Mitarbeit oder der Vorsitz in einem *committee* zu einer intensiveren Tätigkeit führt, sind gesonderte Vergütungen hierfür eine gängige Praxis.[1335] Daraus resultiert jedoch üblicherweise keine individuelle Vergütung, mit Ausnahme des *financial expert*.[1336] Auch die Delegation bestimmter Aufgaben innerhalb des deutschen Aufsichtsrats rechtfertigt dabei als besondere Funktionszuweisung, dass den betroffenen Aufsichtsratsmitgliedern eine höhere Vergütung zugestanden wird.[1337] Ebenso kann dem Finanzexperten i. S. d. § 100 Abs. 5 AktG eine individuell höhere Vergütung gewährt werden.[1338]

Hinsichtlich der Aufgabenerledigung ergeben sich somit nur marginale Abweichungen, die sich insbesondere in der Delegationsfähigkeit auf einen Ein-Mann Ausschuss und der abschließenden Delegation auf das *audit committee* zeigen. Da die Vergütung für eine bestimmte Aufgabenwahrnehmung jedoch nur die Folge der rechtlichen Möglichkeiten bei der Aufgabenorganisation ist, ergeben sich für die Vergütungszuweisungen keine besonderen Unterschiede. Denn als Ergebnis besteht in beiden Rechtsordnungen Einigkeit über die Zulässigkeit von Funktionsvergütungen. Unterschiede bestehen lediglich bei den internen Organisationsmöglichkeiten. Hierbei ist jedoch zu beachten, dass eine Delegation auf den Prüfungsausschuss ohne deren Überwachung durch die übrigen Mitglieder für das deutsche Aufsichtsratsrecht nicht in Betracht kommt. Denn dies lässt sich mit dem Prinzip der Gesamtverantwortung nicht vereinbaren. Auch die Bildung von Ein-Mann-Ausschüssen lässt sich im deutschen Recht nicht verwirklichen. Denn für Beschlussfassungen sind gem. § 108 Abs. 2 S. 3 AktG mindestens drei Aufsichtsratsmitglieder zwingend vorgesehen.[1339] Für Tätigkeiten ohne Beschlussfassung ist ein Ein-Mann-Ausschuss auch nicht erforderlich, da diese Tätigkeiten bereits heute in aufsichtsratsspezifischer Weise auf einzelne Aufsichtsratsmitglieder übertragen werden dürfen.[1340]

2. Gegenüberstellung inhaltlicher Vorgaben

Inhaltlich gibt der *entire fairness test* Hinweise darüber, welche Anforderungen die *director compensation* in bestimmten Fällen erfüllen muss, damit sie von den Gerichten für rechtmäßig befunden wird.[1341] Zwar findet der Test bereits dann schon keine Anwendung, wenn eine Genehmigung durch ein *committee* bestehend aus *disinterested directors* oder eine Genehmigung durch *disinterested shareholders*

1334 Dazu s.o. 3.TeilC.I.2.c)aa)(1)(a)(dd).
1335 Dazu s.o. 2.TeilC.III.1.b)dd)(2).
1336 Dazu s.o. 2.TeilC.III.1.b)dd)(2).
1337 Dazu s.o. 3.TeilC.I.2.c)aa)(2).
1338 Dazu s.u. 3.TeilC.III.1.b)cc)(2).
1339 Dazu s.o. 3.TeilC.I.2.c)aa)(1)(a)(bb).
1340 Dazu s.o. 3.TeilC.I.2.c)aa)(1)(a)(bb).
1341 Dazu s.o. 2.TeilC.II.1.

gegeben ist.[1342] Doch beinhalten die Elemente des *fair dealing* und *fair price* Anforderungen, die einer Angemessenheit der deutschen Aufsichtsratsvergütung ähneln. So umfasst insbesondere der *fair price* eine Abwägung zwischen der getroffenen Vergütungsausgestaltung einerseits mit den Marktüblichkeiten andererseits.[1343] Durch den Vergleich der beschlossenen *transaction* mit früheren *transactions* und solchen, die in vergleichbaren *corporations* durchgeführt werden, lässt sich hieraus ein Fremdvergleich herleiten, der auch im deutschen Recht als Angemessenheitskomponente diskutiert wird.[1344] Die Beachtung der wirtschaftlichen und finanziellen Rahmenbedingungen[1345] deutet darauf hin, dass die *director compensation* nicht außer Verhältnis zur wirtschaftlichen Leistungsfähigkeit und zum erwarteten Nutzen der Gesellschaft stehen soll. Ähnlich verhält es sich mit der deutschen Aufsichtsratsvergütung, die gem. § 113 Abs. 1 S. 3 AktG im angemessenen Verhältnis zur Gesellschaftslage stehen soll und damit die Vermögenslage anspricht.[1346] Um die Arbeitsfähigkeit des Aufsichtsrats zu erhalten, sollte aber kein Automatismus zur Vergütungsreduktion einsetzen, sofern sich die Lage ins Schlechte entwickelt.[1347] Die *fair dealing* Komponente des *entire fairness tests* legt den Fokus auf die Umstände der *transaction*, womit insbesondere Zeitpunkt, Gründe und Struktur der Vergütung angesprochen werden.[1348]

Ein Blick in das deutsche Angemessenheitserfordernis zeigt, dass sowohl das US-Recht, als auch das deutsche Recht nur annähernde Kriterien aufstellen, die in einer Einzelfallprüfung auf die Besonderheiten der jeweiligen Gesellschaft ausgerichtet werden müssen. Denn die Angemessenheit aus § 113 Abs. 1 S. 3 AktG soll zum einen die Höhe der Aufsichtsratsvergütung begrenzen und mögliche Interessengleichläufe mit dem Vorstand, die eine ordnungsgemäße Überwachung beeinträchtigen würden, verhindern.[1349] Zudem bezweckt § 113 Abs. 1 S. 3 AktG eine angemessene Vergütungsstruktur, damit durch die Vergütung keine falsche Anreizsetzung erfolgt.[1350] Neben § 113 Abs. 1 S. 3 AktG gilt die Sittenwidrigkeitsgrenze des § 138 Abs. 1 BGB, die in ihrer Nichtigkeitsrechtsfolge allerdings anders ausgestaltet ist, als die zur Anfechtbarkeit führende Unangemessenheit.[1351] Der reine Angemessenheitsbegriff ist somit auch heute noch nicht konkret greifbar. Mit den Hinweisen zu einer angemessenen Vorstandsvergütung und einem Fremdvergleich zur Aufsichtsratsvergütung anderer Gesellschaften bestehen nur Indizien,

---

1342 Dazu s.o. 2.TeilC.II.2.
1343 Dazu s.o. 2.TeilC.II.3.
1344 Dazu s.o. 3.TeilC.I.2.b)aa)(2).
1345 Dazu s.o. 2.TeilC.II.3.
1346 Dazu s.o. 3.TeilC.I.2.d).
1347 Dazu s.o. 3.TeilC.I.2.d).
1348 Dazu s.o. 2.TeilC.II.3.
1349 Dazu s.o. 3.TeilC.I.2.a).
1350 Dazu s.o. 3.TeilC.I.2.b).
1351 Dazu s.o. 3.TeilC.I.2.a).

aber keine verpflichtenden Vorgaben für eine Angemessenheit.[1352] Dies gilt insbesondere vor dem Hintergrund des Aktionärsermessens für die Ausgestaltung einer für sie angemessenen Aufsichtsratsvergütung.[1353] Insbesondere die Zweckrichtung der angemessenen Vergütungsstruktur aus § 113 Abs. 1 S. 3 AktG deckt sich mit der *fair dealing* Voraussetzung des *entire fairness tests.* Da in beiden Fällen die Angemessenheitskriterien ähnlich ausgestaltet sind, ergibt sich hinsichtlich der bloßen Kriterien kein Übertragungsbedarf.

Lediglich hinsichtlich der generellen Frage, wann die Überprüfung anhand der Kriterien aus dem *entire fairness test* zur Anwendung kommt, besteht Untersuchungsbedarf nach einer Übertragung ins deutsche Recht. Denn zu beachten sind die in den *statutes* bestehenden gesetzlichen Ausnahmen, in denen die Überprüfung anhand des *entire fairness tests* nicht in Betracht kommt. Diese Ausnahmen kommen dann zur Anwendung, wenn die *director compensation* durch *disinterested directors* oder *stockholders* genehmigt wurde.[1354] Dann beschränkt sich die Prüfung darauf, ob die Vergütungsentscheidung eine Verschwendung von Gesellschaftsvermögen darstellt.[1355] Bei der Aufsichtsratsvergütung würde dies im Fall einer Übertragung auf eine Beschränkung der Angemessenheitsprüfung hinauslaufen. Denn die Aufsichtsratsvergütung ist schon von Gesetzes wegen gem. § 113 Abs. 1 S. 2 AktG durch die Satzung oder einen Hauptversammlungsbeschluss festgelegt worden. In der Folge würde dann die Angemessenheitsvoraussetzung des § 113 Abs. 1 S. 3 AktG nicht mehr zur Anwendung kommen. Einer Übertragung dieser Ausnahmen in das deutsche Recht steht jedoch bereits die Zuständigkeit für die Aufsichtsratsvergütung im Wege. Der *entire fairness test* wird nämlich nur im Fall der eigenen Vergütungsfestsetzung angewendet. Da eine Übertragung des US-Modells bzgl. einer Aufsichtsratszuständigkeit für die Festlegung der eigenen Vergütung nicht in Betracht kommt,[1356] spricht nichts gegen einen Verbleib der gesetzlichen Kriterien des § 113 Abs. 1 S. 1, 3 AktG. Auch die Überprüfung, ob die *director compensation* einer Verschwendung von Gesellschaftsvermögen entspricht, erfordert eine Art Angemessenheitsüberprüfung anhand der Aufgaben der *directors*, sodass die Kriterien des § 113 Abs. 1 S. 3 AktG nicht beschränkt werden sollten.

3. Gegenüberstellung weiterer Einflussfaktoren

Bei der Haftung als Vergütungsfaktor ergeben sich im Verhältnis beider Systeme wesentliche Unterschiede. Die Haftung der *directors* erfolgt individuell,[1357] jedoch besteht in tatsächlicher Hinsicht bei der *duty of care* aufgrund vielfältiger Haftungsreduzierungen durch *limitation of liability* Klauseln in den *articles* so gut wie

1352 Dazu s.o. 3.TeilC.I.2.b)aa).
1353 Dazu s.o. 3.TeilC.I.2.b)aa).
1354 Dazu s.o. 2.TeilC.II.2.
1355 Dazu s.o. 2.TeilC.II.2, sowie 2.TeilC.III.2.a).
1356 Dazu s.o. 3.TeilB.II.
1357 Dazu s.o. 2.TeilC.III.2.a).

keine wesentliche Gefahr, finanziellen Schaden zu erleiden.[1358] Ebenso besteht ein Trend zur Abschwächung der Haftung von *outside directors* durch die Regelungen der *indemnification*.[1359] Durch die Reaktion auf neue Haftungsregelungen mittels Haftungsabschwächungsmechanismen[1360] wird deutlich, dass die Haftung als Vergütungsparameter keine dominante Rolle einnimmt.[1361] Die Vergütungsrelevanz der Haftungsgefahr bei den *outside directors* ist zwar streitig, jedoch ist im Ergebnis wegen eines Vergleichs von gegenwärtigen zu vergangenen Vergütungssummen von keiner wesentlichen Relevanz der Haftungsgefahr für die Vergütung auszugehen.[1362] Bei der Aufsichtsratsvergütung ist die potenzielle Haftungsgefahr dagegen nach hier vertretener Auffassung im Rahmen der angemessenen Vergütung mit zu berücksichtigen.[1363] Der je nach Qualifikation ausgestaltete Sorgfaltmaßstab[1364] kann sich daher auch im Rahmen der Aufsichtsratsvergütung niederschlagen.[1365] Die D&O-Versicherung in ihrer Ausgestaltung als Gruppenversicherung ändert hieran nichts.[1366]

Bei der Haftung stellt sich die Frage nach der grundsätzlichen Vergleichbarkeit beider Rechtssysteme, denn die Haftung der *outside directors* ist als Außenhaftung ausgestaltet (aber auch nicht ausschließlich), während die Haftung deutscher Aufsichtsratsmitglieder primär im Innenverhältnis zur Gesellschaft vollzogen wird.[1367] Daher bietet sich eine Übertragung umso weniger an. Eine Haftungsabschwächung nach US-Vorbild wäre auch mit dem nach deutscher Aufsichtsratshaftung verfolgten Zweck des Anreizes zur Aufgabenerledigung nur schwer zu vereinbaren.

Soweit ersichtlich, hat sich in der Vergütungspraxis der *outside directors* eine an den Personeneigenschaften angelehnte Vergütung bisher nicht durchgesetzt.[1368] Eine Ausnahme davon bildet die teilweise ausgeübte Praxis, die an die Verhaltensweise der *outside directors* anknüpft, indem sie bestraft werden, wenn sie einer Sitzung fernbleiben.[1369] Dies stellt jedoch keine unmittelbare Vergütung für bestimmte Personeneigenschaften dar, sondern ähnelt dieser nur in den konkreten Folgen. Mit dem *audit committee financial expert* steht erstmals eine Qualifikation

---

1358 Dazu s.o. 2.TeilC.III.2.b).

1359 S.o. 2.TeilB.II.4.

1360 S.o. 2.TeilC.III.2.

1361 So *Hamdani/Kraakman*, 105 Mich. L. Rev. (2007), 1677, 1681; sowie 2.TeilC.III.3.

1362 Dazu s.o. 2.TeilC.III.2.c) und 2.TeilC.III.3.

1363 Dazu s.o. 3.TeilC.I.2.c)bb).

1364 Dazu s.o. 3.TeilC.I.2.c)bb)(1).

1365 Dazu s.o. 3.TeilC.I.2.c)bb)(3).

1366 Dazu s.o. 3.TeilC.I.2.c)bb)(2).

1367 *Thümmel*, Persönliche Haftung von Managern und Aufsichtsräten, 2008, Rn. 451 ff.

1368 *Yermack*, 59 J. Fin. (2004), 2281, 2285; ebenso s.o. 2.TeilC.IV.1.

1369 So *Adams*, What do Boards do? Evidence from Board Committee and Director Compensation Data, 2003, S. 7, ohne jedoch darauf einzugehen, ob die Bestrafung monetärer Natur ist.

als ein Vergütungsfaktor im Vordergrund.[1370] Jedoch hat diese Qualifikation keine Auswirkungen auf dessen Haftung im Vergleich zu anderen Mitgliedern des *audit committees*, da dem *audit committee financial expert* in den USA eine Haftungsprivilegierung zugutekommt.[1371] Weiterhin ist streitig, ob bei der *director compensation* ein streng zu beachtender Gleichbehandlungsgrundsatz existiert, wobei die besseren Argumente dagegen sprechen.[1372] Bei der Aufsichtsratsvergütung ist hingegen ein Gleichbehandlungsgrundsatz zu beachten, dessen dogmatischer Anknüpfungspunkt in der Angemessenheit gem. § 113 Abs. 1 S. 3 AktG zu finden ist.[1373] Sachliche Differenzierungsgründe ergeben sich unstreitig aus den Funktionen als Vorsitzender und Ausschussmitglieder.[1374] Personenbezogene Differenzierungsgründe werden zwar von der überwiegenden Meinung als sachlicher Grund abgelehnt. Sie können jedoch nach hier vertretener Auffassung dann einen sachlichen Grund darstellen, wenn sie hinreichend bestimmbar sind und ihren Niederschlag im Gesetz gefunden haben.[1375]

Die Gegenüberstellung zeigt, dass in beiden Systemen die personenabhängige Vergütung trotz rechtlicher Möglichkeiten noch unterentwickelt ist. Eine Ausnahme bildet in beiden Fällen der Finanzexperte. Die Diskussion über die Vergütung des Finanzexperten im deutschen Aufsichtsrat sollte sich jedoch wegen der unterschiedlichen Haftungspotenziale aufgrund höherer Qualifikation unabhängig von dem Beispiel der Vergütung des *audit committee financial expert* entwickeln. Dies lässt zwar Anleihen in der Diskussion zu. Pauschale Übertragungen dürfen sich daraus allerdings nicht entwickeln. Dies hat in der Folge auch für die ürbigen Aufsichtsratsmitglieder zu gelten.

4. *Fazit*

Die Ergebnisse aus dem US-Recht können und sollten aufgrund des Vergleichs nicht pauschal übertragen werden, da sie auf einem wesentlich anderen System aufbauen. Während die Haftungsgefahren für die *outside directors* durch verschiedene Instrumente konsequent auf niedrigem Niveau gehalten werden, so besteht für die Aufsichtsratsmitglieder das genaue Gegenteil. Insbesondere bringen höhere Qualifikationen größere Haftungspotenziale mit sich, die im Gegensatz zum US-Recht nicht abgeschwächt werden. Daher verwundert es auch nicht, wenn individuelle Vergütungsausgestaltungen in den USA keine große Bedeutung in der Vergütungspraxis einnehmen. Aufgrund dieser Gegensätze ist ein automatischer Rückschluss von

---

1370 Dazu s.o. 2.TeilC.IV.1.

1371 SEC, Release No. 33-8177 (17 CFR Parts 228, 229 and 249), Ziff. 5; *Altmeppen,* ZGR 2004, 390, 399; *Rieder/Holzmann,* AG 2010, 570, 575; *Kropff* in: FS K. Schmidt, 2009, S. 1023, 1039; *Bosse* in: Orth/Ruter/Schichold, Der unabhängige Finanzexperte im Aufsichtsrat, 2013, S. 293, 299.

1372 Dazu s.o. 2.TeilC.IV.2.

1373 Dazu s.o. 3.TeilC.I.2.c)cc)(1).

1374 Dazu s.o. 3.TeilC.I.2.c)cc)(4).

1375 Dazu s.o. 3.TeilC.I.2.c)cc)(4)(b).

der US-Vergütungspraxis auf deutsche Aufsichtsratsvergütungen zu vermeiden.[1376] Das US-System kann in dieser Hinsicht daher nicht als alleiniges Vorbild dienen.

III. Konkrete Ausgestaltungen individueller Aufsichtsratsvergütungen

Nach diesen abstrakten Erwägungen sind in der Folge konkrete Anknüpfungspunkte einer Vergütung zu untersuchen, die sich an das individuelle Aufsichtsratsmitglied richten.[1377] Dabei soll der Fokus nicht auf die Art monetärer Vergütungen gelegt werden. Denn das Verhältnis von reinen Geldzahlungen zu möglichen anderen Vergütungen, wie dem Anteil am Jahresgewinn i.S.v. § 113 Abs. 3 AktG oder anhand des Aktienkurses richten sich auf die Folgefragen der Zulässigkeit dieser Vergütungsarten und des Anreizes zu bestimmten Tätigkeiten. Die Möglichkeit, eine fixe Vergütung mit einer variablen Vergütung zu mischen, wird zum Vorschlag eines Vergütungssystems benutzt, um die Kontrollaufgabe (Fixvergütung) und Beratungsaufgabe in unternehmerischen Bereichen (variable Vergütung) widerzuspiegeln.[1378] Die gleiche Diskussion über die „richtige" Ausgestaltung eines Vergütungssystems mittels *fixed fees, meeting fees* oder *stock options* findet bzgl. der *director compensation* statt.[1379] Dort ist insbesondere die Zulässigkeit aktienkursorientierter Vergütungen anerkannt.[1380] Der Blick zur *director compensation* zeigt aber auch, dass selbst die aktienkursorientierte Vergütung teilweise als Mittel zum Anreiz der Überwachungsaufgabe eingesetzt werden könnte.[1381] Die Frage über die Zulässigkeit von aktienkursorientierten Vergütungen ist folglich kein Untersuchungsgegenstand, der in diesem Rahmen umfänglich zu behandeln ist.[1382] Der Fokus folgender Überlegungen liegt in einer zeitlich vorangestellten Frage, in welcher Weise bereits bei den individuellen Aufsichtsratsmitgliedern Abstufungen in der Zuweisung einer bestimmten Vergütung gemacht werden können.

1376 So auch der Hinweis bzgl. variabler Vergütungsmaßstäbe bei *AKEIÜ*, DB 2006, 1625, 1629.

1377 Einige der folgenden Punkte wurden auch bei *Haarmann* in: FS Hüffer, 2010, S. 243, 250 ff. besprochen.

1378 *Strenger*, Der Konzern 2012, 10, 15.

1379 Dazu s.o. 2.TeilC.I.

1380 Dazu s.o. 2.TeilC.I.

1381 Dazu s.o. 2.TeilC.I.

1382 Die Rspr. sieht die Gewährung von stock-options als unzulässig an, unter anderem, weil es aufgrund angeblicher Angleichung von Vergütungsinteressen an die des Vorstands durch Ausrichtung auf den shareholder-value eine ungewollte Steuerungswirkung gebe. Hierzu: BGH, Urt. v. 16.04.2004 – II ZR 316/02, BGHZ 158, 122, 125 ff. m.w.N. = NJW 2004, 1109, ff.

1. *Vorschläge aus dem deutschen Aktienrecht*

a) *Funktionsträgervergütung als zulässige Ausgangsbasis*

Allgemeine Anerkennung findet eine Vergütungsdifferenzierung, die sich nach der Funktion der jeweiligen Aufsichtsratsmitglieder ausrichtet.[1383] Explizit sieht dies auch die Comply-or-Explain Empfehlung in Ziff. 5.4.6 Abs. 1 S. 2 DCGK[1384] vor, die eine Berücksichtigung des Aufsichtsratsvorsitzenden, deren Stellvertreter, der Ausschussvorsitzenden und der Ausschussmitglieder bei der Vergütungsausgestaltung empfiehlt. Eine Funktionsvergütung sieht auch die Regierungsbegründung des KonTraG vor, indem sie der Praxis eine höhere Vergütung für Vorsitz- und Ausschussmandate vorschlägt, um damit eine dem Arbeitseinsatz angemessene Vergütung zu schaffen.[1385] Demnach können für Vorsitzende des Aufsichtsrats oder eines Ausschusses, deren Stellvertreter und für Ausschussmitglieder aufgrund ihrer abweichenden Funktion von einem normalen Aufsichtsratsmitglied andere Vergütungen als bei einem normalen Aufsichtsratsmitglied gewährt werden.[1386] Dies ist mit § 113 Abs. 1 AktG vereinbar, da diesen Mitgliedern im Vergleich zu normalen Aufsichtsratsmitgliedern besondere Aufgaben zukommen, die teilweise gesetzlich festgelegt sind.[1387] Daraus resultiert eine intensivere Inanspruchnahme

---

1383 *Fischer,* BB 1967, 859, 860; *Mäger,* BB 1999, 1389, 1390; *Rieder/Holzmann,* AG 2010, 570, 579; *Marsch-Barner* in: FS Röhricht, 2005, S. 401, 414; *Haarmann* in: FS Hüffer, 2010, S. 243, 246; *Kort* in: FS Hüffer, 2010, S. 483, 486, 488; *Theisen* in: FS Säcker, 2011, S. 487, 497; *Hopt/Roth* in: Großkommentar AktG § 107 Rn. 10; *Ulmer/Habersack* in: Habersack/Henssler/Ulmer MitbestG § 25 Rn. 84; *Koberski* in: Wlotzke/Wißmann/Koberski/Kleinsorge MitbestR § 25 Rn. 86; *Hoffmann-Becking* in: MünchHdb AG § 33 Rn. 20.

1384 In der Fassung vom 13. Mai 2013.

1385 Begr. Reg-E BT-Drucks. 13/9712, S. 16.

1386 *Maser/Göttle,* NZG 2013, 201, 205; *Kort* in: FS Hüffer, 2010, S. 483, 486 ff.; *Hüffer* in: Hüffer AktG § 113 Rn. 4; *Hopt/Roth* in: Großkommentar AktG § 113 Rn. 68; *Habersack* in: MünchKommAktG § 113 Rn. 39; *Mertens/Cahn* in: Kölner Komm. AktG § 113 Rn. 9; *Hambloch-Gesinn/Gesinn* in: Hölters AktG § 113 Rn. 16, 32; *Breuer/Fraune* in: Heidel AktG § 113 Rn. 8; *Bürgers/Israel* in: Bürgers/Körber AktG § 113 Rn. 2; *Kremer* in: Ringleb/Kremer/Lutter/von Werder DCGK Rn. 1067; *Wilsing* in: Wilsing DCGK, 2012, Ziff. 5.4.6 Rn. 5; *Lutter/Krieger/Verse,* Rechte und Pflichten des Aufsichtsrats, 2014, § 12 Rn. 843; *Wagner* in: von Schenck, Arbeitshandbuch für Aufsichtsratsmitglieder, 2013, § 11 Rn. 14, 53; *Berger,* Die Kosten der Aufsichtsratstätigkeit in der Aktiengesellschaft, 2000, S. 56; *Lüpkes,* Zulässigkeit und Zweckmäßigkeit aktienkursorientierter Vergütung von Mitgliedern des Aufsichtsrats, 2008, S. 297; *Ludwig,* Die Vergütung des Aufsichtsrats, 2011, S. 175.

1387 *Vetter* in: Marsch-Barner/Schäfer, Hdb. börsennotierte AG, 2014, § 29 Rn. 47, § 30 Rn. 3; *Hopt/Roth* in: Großkommentar AktG § 113 Rn. 58; *Lüpkes,* Zulässigkeit und Zweckmäßigkeit aktienkursorientierter Vergütung von Mitgliedern des Aufsichtsrats, 2008, S. 309; ähnlich *Lorenz/Pospiech,* NZG 2011, 81, 83; *Kort* in: FS Hüffer, 2010, S. 483, 488.

ihrer Dienste, was eine andere Vergütungsausgestaltung rechtfertigt.[1388] Je nach Ausschussart können die Mitglieder unterschiedlicher Ausschüsse auch differenziert vergütet werden, da bestimmte Ausschüsse öfter zusammenkommen müssen und insgesamt wesentlichere Entscheidungen zu treffen haben als andere Ausschüsse.[1389] Veranschaulichen lässt sich dies anhand eines Vermittlungsausschusses i. S. d. § 27 Abs. 3 AktG, der nur in ganz bestimmten Fällen zusammenkommt, im Vergleich zu einem Prüfungsausschuss, mit dem durch seine Überwachungsaufgaben eine regelmäßige und intensive Tätigkeit einhergeht.[1390] Die gesetzliche Anknüpfung und die hinreichende Bestimmbarkeit durch Anknüpfung an eine bestimmte Funktion erfüllen daher die Voraussetzungen eines sachlichen Grundes zur Vergütungsdifferenzierung und sind mit dem Gleichbehandlungsgrundsatz vereinbar.[1391]

b) Qualifikationsvergütung

Weiterer Untersuchungspunkt ist eine Qualifikationsvergütung für Aufsichtsratsmitglieder. Diese Vergütungsart wird in ihrer Zulässigkeit durch die Literatur unterschiedlich beurteilt [aa)], sodass auf einzelne Begründungsansätze Für und Wider diese Vergütungsart eingegangen werden muss [bb)]. Ein Blick auf die Lage des unabhängigen Finanzexperten i.S.v. § 100 Abs. 5 AktG zeigt hierzu Tendenzen einer sich ändernden Sichtweise [cc)]. In einem Fazit [dd)] sind daher die Argumente zusammenzuführen, um ein in sich schlüssiges Ergebnis hervorzubringen.

aa) Die Ausgangslage

Eine Qualifikationsvergütung für Aufsichtsratsmitglieder wird in der Literatur kritisch gesehen. Denn die Qualifikation sei kein sachlicher Differenzierungsgrund, da sie grds. in keinem Zusammenhang mit den Aufgaben der Aufsichtsratsmitglieder stehe.[1392] Denn eine Anknüpfung an die personengebundenen Eigenschaften stelle

---

1388 *Kramarsch,* ZHR 169 (2005), 112, 120; *AKEIÜ,* DB 2006, 1625, 1630 (Arbeitsaufwand); *Hoffmann-Becking* in: FS Havermann, 1995, S. 229, 245 f.; *Lutter,* ZHR 159 (1995), 287, 208 f.; Begr. Reg-E BT-Drucks. 13/9712, S. 16 (Arbeitsintensität); *Hoffmann-Becking* in: MünchHdb AG § 33 Rn. 20; *Hopt/Roth* in: Großkommentar AktG § 113 Rn. 58, 68; *Spindler* in: Spindler/Stilz AktG § 113 Rn. 2, 29.

1389 *Mertens/Cahn* in: Kölner Komm. AktG § 113 Rn. 10.

1390 Zu den Aufgaben s. nur *Habersack* in: MünchKommAktG § 107 Rn. 109 ff., 122.

1391 *Hopt/Roth* in: Großkommentar AktG § 107 Rn. 10; *Ulmer/Habersack* in: Habersack/Henssler/Ulmer MitbestG § 25 Rn. 84; *Koberski* in: Wlotzke/Wißmann/Koberski/Kleinsorge MitbestR § 25 Rn. 86; *Kort* in: FS Hüffer, 2010, S. 483, 486, 488; *von Frankenberg und Ludwigsdorf,* Bedeutung und Grenzen der Gleichbehandlung der Aufsichtsratsmitglieder in der Aktiengesellschaft, 2006, S. 212.

1392 *Wellkamp,* WM 2001, 489, 495; *Kort* in: FS Hüffer, 2010, S. 483, 488; *Koberski* in: Wlotzke/Wißmann/Koberski/Kleinsorge MitbestR § 25 Rn. 86; *Hopt/Roth* in: Großkommentar AktG § 113 Rn. 70; *Mertens/Cahn* in: Kölner Komm. AktG § 113 Rn. 10; *Habersack* in: MünchKommAktG § 113 Rn. 39; *Bürgers/Israel* in: Bürgers/Körber AktG § 113 Rn. 2; *Grigoleit/Tomasic* in: Grigoleit AktG § 113 Rn. 22; *Ulmer/*

keine Vergütung für die Tätigkeit dar.[1393] So verstoße eine qualifikationsorientierte Vergütung gegen den Gleichbehandlungsgrundsatz.[1394] Eine andere Ansicht sieht die Qualifikation als sachliches Kriterium an.[1395] Dies lasse sich durch die mit der Qualifikation einhergehenden besonderen Fähigkeiten begründen, die eine daran angepasste Vergütung rechtfertigen.[1396]

bb) Begründungsansätze

(1) Auslegung des § 113 Abs. 1 AktG

Genauso wie bei der Funktion spricht § 113 Abs. 1 S. 1, 3 AktG nicht von einer Qualifikation, sondern nur von der Tätigkeit, den Aufgaben und der Gesellschaftslage. Ebenso wie die Funktion ist aber auch die Qualifikation mit der Tätigkeit in Verbindung mit den Aufgaben zusammenzuführen. Die Funktion ergibt für einzelne Aufsichtsratsmitglieder modifizierte Aufgaben, die sich in einer besonderen Tätigkeitsintensität manifestieren. Aber genauso kann auch die Qualifikation zu einer besonderen Tätigkeitsintensität führen. Denn die Qualifikation bestimmt den Sorgfaltsmaßstab, der bei der Aufsichtsratstätigkeit für das individuelle Aufsichtsratsmitglied anzulegen ist.[1397] Daraus resultiert wiederum die Intensität der Aufsichtsratstätigkeit, mit der das einzelne Aufsichtsratsmitglied seine Arbeit mindestens zu verfolgen hat. Eine höhere Qualifikation kann daher zu einer intensiveren Tätigkeit führen. Es besteht somit genau wie bei der Funktion zumindest mittelbar ein Zusammenhang mit der Tätigkeit i. S. d. § 113 Abs. 1 S. 1 AktG. Anders als bei der Funktion geht es jedoch nicht um grundsätzlich andere Aufgaben, die zu erledigen sind (z. B. die Leitung einer Sitzung als Vorsitzender), sondern um gleiche

---

Habersack in: Habersack/Henssler/Ulmer MitbestG § 25 Rn. 84; *Roller*, Die Vergütung des Aufsichtsrats in Abhängigkeit vom Aktienkurs, 2000, S. 73; *Ludwig*, Die Vergütung des Aufsichtsrats, 2011, S. 183, der jedoch an anderer Stelle (S. 175) besondere Fähigkeiten als zulässigen Differenzierungsgrund zulassen will; aA *Lutter*, AG 1979, 85, 89; *Vollmer/Maurer*, BB 1993, 591, 592; *Haarmann* in: FS Hüffer, 2010, S. 243, 247 ff.; *Schneider* in: Scholz GmbHG § 52 Rn. 365; *Lutter/Krieger/Verse*, Rechte und Pflichten des Aufsichtsrats, 2014, § 12 Rn. 843; *von Frankenberg und Ludwigsdorf*, Bedeutung und Grenzen der Gleichbehandlung der Aufsichtsratsmitglieder in der Aktiengesellschaft, 2006, S. 231 Fn. 1113.

1393 *Habersack* in: MünchKommAktG § 113 Rn. 39; *Wilsing* in: Wilsing DCGK, 2012, Ziff. 5.4.6 Rn. 5; *Roller*, Die Vergütung des Aufsichtsrats in Abhängigkeit vom Aktienkurs, 2000, S. 73; *Ludwig*, Die Vergütung des Aufsichtsrats, 2011, S. 183.

1394 *Scheuffele/Baumgartner*, GmbHR 2010, 400, 404; *Plagemann*, Die Vergütung des Aufsichtsrats in der börsennotierten Aktiengesellschaft, 2008, S. 128 f.

1395 *Berger*, Die Kosten der Aufsichtsratstätigkeit in der Aktiengesellschaft, 2000, S. 53 m.w.N.; zumindest als angebracht bezeichnend trotz unklarer Rechtslage: *Maser/Göttle*, NZG 2013, 201, 205 f.; *Neuhaus/Gellißen*, NZG 2011, 1361, 1363, jedoch ohne nähere Begründung.

1396 *Berger*, Die Kosten der Aufsichtsratstätigkeit in der Aktiengesellschaft, 2000, S. 53.

1397 S.o. 3.TeilC.I.2.c)bb)(1).

Aufgaben, die intensiver bearbeitet werden müssen. Eine Subsumtion der Qualifikation unter den Wortlaut des § 113 Abs. 1 AktG wäre damit zwar nicht unmittelbar, aber zumindest mittelbar möglich.

Der systematische Vergleich mit der korrespondierenden Norm für die Vorstandsvergütung in § 87 AktG zeige zwar, dass eine Qualifikationsvergütung auch im Rahmen des § 113 Abs. 1 AktG denkbar wäre,[1398] jedoch spreche die unterschiedliche innere Ordnung im Vorstand und Aufsichtsrat gegen eine Qualifikationsvergütung.[1399] Denn während beim Vorstand eine Aufgabendelegation auf ein einzelnes Vorstandsmitglied der Regelfall sei, soll dies im Aufsichtsrat als Kollegialorgan nicht vorgesehen sein.[1400] Im Vorstandsrecht ist die Qualifikation ein zulässiger Vergütungsfaktor.[1401] Da das Kollegialitätsprinzip auch im Vorstandsrecht Geltung beansprucht,[1402] kann dieses somit nicht als Argument gegen eine qualifikationsorientierte Vergütung verwendet werden. Sollte auf den unterschiedlichen Wortlaut in § 87 Abs. 1 AktG abgestellt werden, der ausdrücklich auf die Vergütung des „einzelnen Vorstandsmitglieds" abstellt, während in § 113 Abs. 1 AktG nur von den „Aufsichtsratsmitgliedern" gesprochen wird,[1403] so muss für diesen Unterschied auch die Organisation der beiden Organe berücksichtigt werden. Der Aufsichtsrat besteht gem. § 95 S. 1 AktG aus mindestens drei Mitgliedern. Der Vorstand kann hingegen gem. § 76 Abs. 2 S. 1 AktG auch aus einer einzelnen Person bestehen. Da der Aufsichtsrat zwingend aus mehreren Personen zu bestehen hat, der Vorstand im Gegensatz dazu jedoch nicht, hat der gesetzgeberische Wortlaut dies in anderen Normen zu berücksichtigen. Ein Abstellen auf „Vorstandsmitglieder" in § 87 Abs. 1 AktG kommt daher nicht in Betracht, da keine Mehrzahl an Vorstandsmitgliedern zwingend existieren muss. Der systematische Vergleich zwischen § 87 Abs. 1 AktG und § 113 Abs. 1 AktG zeigt hier einmal mehr, dass Rückschlüsse von der Vorstandsvergütung auf die Aufsichtsratsvergütung wegen der unterschiedlichen Grundkonzeption für beide Organe mit Vorsicht zu genießen sind.

Wie bereits festgestellt, kann von einem gesetzgeberischen Unterlassen einer Anpassung des § 113 Abs. 1 AktG nicht auf den gesetzgeberischen Willen geschlossen werden, dass die Ausrichtung der Aufsichtsratsvergütung anhand persönlicher Eigenschaften unzulässig wäre.[1404] Auch zeigte der gesetzgeberische Wille im Rahmen des KonTraG, dass die Aufsichtsratsvergütung entsprechend der Arbeitsintensität der Aufsichtsratsmitglieder offen für flexible Ausgestaltungen ist.[1405] Weiteren

---

1398 *Mertens/Cahn* in: Kölner Komm. AktG § 113 Rn. 10 unter Verweis auf *Haarmann* in: FS Hüffer, 2010, S. 243, 247.

1399 *Mertens/Cahn* in: Kölner Komm. AktG § 113 Rn. 10.

1400 *Mertens/Cahn* in: Kölner Komm. AktG § 113 Rn. 10 m.w.N. Zur Aufgabendelegation siehe auch oben 3.TeilC.I.2.c)aa)(1).

1401 S.o. 3.TeilC.I.2.b)aa)(1).

1402 Begr. RegE *Kropff/Thölke*, Aktiengesetz 1965, S. 99; *Fleischer*, NZG 2003, 449, 458.

1403 *Mertens/Cahn* in: Kölner Komm. AktG § 113 Rn. 10.

1404 S.o. 3.TeilC.I.2.c)cc)(4)(a).

1405 Begr. Reg-E BT-Drucks. 13/9712, S. 16.

Aufschluss über die Zulässigkeit einer Qualifikationsvergütung vermag daher der Gleichbehandlungsgrundsatz zu bringen.

(2) Gleichbehandlungsgrundsatz, § 113 Abs. 1 S. 3 AktG

Ob eine Qualifikationsvergütung mit dem Gleichbehandlungsgrundsatz zu vereinbaren ist, beurteilt sich nach der Eröffnung dessen Anwendungsbereichs und bei gegebener Ungleichbehandlung nach einem zulässigen sachlichen Rechtfertigungsgrund.[1406] Wenn vertreten wird, dass aufgrund unterschiedlicher Qualifikationen die Aufsichtsratsmitglieder bereits nicht vergleichbar wären,[1407] sodass der Gleichbehandlungsgrundsatz nicht zur Anwendung kommt, handelt es sich um einen Ausgangspunkt, der das Problem von vorn herein umgehen will. Denn bei der Aufsichtsratsvergütung i. S. d. § 113 Abs. 1 AktG ist der Gleichbehandlungsgrundsatz bei unterschiedlichen Vergütungshöhen stets eröffnet, da keine wesentliche Ungleichheit besteht.[1408] Es kommt demnach auch bei einer Qualifikationsvergütung maßgeblich darauf an, ob sich die Qualifikation als ein zulässiger sachlicher Rechtfertigungsgrund für eine Ungleichbehandlung herausstellt.

Nach einer Ansicht soll sich bereits aus der Eigenschaft als Arbeitnehmer- oder Anteilseignervertreter eine Qualifikationsvergütung rechtfertigen.[1409] Ohne auf die tatsächlichen Qualifikationen abzustellen, sondern den Blick nur auf die Bestellungszugehörigkeit zu richten, kann dies jedoch kein Rechtfertigungskriterium sein, um eine abweichende Vergütung zu gewähren.[1410] Denn sofern Arbeitnehmervertreter nur die geforderte Mindestqualifikation aufweisen, können sie sich theoretisch ebenfalls soweit fortbilden, dass sie sich auf einem hohen Qualifikationsniveau befinden. Die Eigenschaft der Gruppenzugehörigkeit sagt noch nichts über die Qualifikation aus, sodass hierin kein Rechtfertigungsgrund gegeben ist.

Ein sachlicher Rechtfertigungsgrund wird bei einer Qualifikationsvergütung dann zuzulassen sein, wenn die Qualifikation unmittelbar mit der Tätigkeit des Aufsichtsratsmitglieds zusammenhängt.[1411] Denn in diesem Fall wäre der Anknüpfungspunkt gleichzeitig der Tätigkeitsumfang.[1412] Dagegen wird angeführt, dass die Qualifikation mit der konkreten Tätigkeit in keinem Zusammenhang

---

1406 S.o. zu den Voraussetzungen des Gleichbehandlungsgrundsatzes 3.TeilC.I.2.c)cc)(2).

1407 *Rieder/Holzmann,* AG 2010, 570, 579; aA *Kort* in: FS Hüffer, 2010, S. 483, 489.

1408 *Kort* in: FS Hüffer, 2010, S. 483, 489; s.o. ausführlich 3.TeilC.I.2.c)cc)(3).

1409 *Schmitt,* DB 1968, 1545, 1547 f.

1410 S.o. zum mitbestimmungsrechtlichen Gleichbehandlungsgrundsatz 3.TeilC.I.2.c) cc)(1)(b).

1411 Unklar jedoch *Hopt/Roth* in: Großkommentar AktG § 113 Rn. 70, die einerseits einen Qualifikationsbezug zulassen wollen, wenn sich daraus ein größerer Tätigkeitsumfang ergibt, andererseits die Qualifikation als Differenzierungsgrund auch gänzlich ablehnen.

1412 Dieser ist zulässiges Vergütungskriterium: *Hoffmann-Becking* in: MünchHdb AG § 33 Rn. 20 (unterschiedliche Inanspruchnahme und besondere Aufgaben); s. auch unten 3.TeilC.III.1.g).

stünde.[1413] Dem ist engegenzutreten. Der Tätigkeitsumfang ist aufgrund der unterschiedlichen Inanspruchnahme bei vorhandener Spezialqualifikation potenziell größer, als bei mindestqualifizierten Aufsichtsratsmitgliedern.[1414] Das zeigt bereits die Verpflichtung, Spezialqualifikationen in die Aufsichtsratstätigkeit mit einzubringen, wenn die Tätigkeit im Rahmen der Organpflicht geschuldet ist.[1415] Die Qualifikation steht damit im engen Zusammenhang mit der konkreten Tätigkeit.

Auch wird die individuelle Haftung herangezogen, die eine Qualifikationsvergütung rechtfertigen soll.[1416] Bei der Haftung gilt zunächst ebenso der Grundsatz der Gleichbehandlung.[1417] Andererseits wird aber vertreten, dass die Vergütung der Arbeitnehmerseite nicht aufgrund einer geringeren Haftung gemindert werden kann, da dies dem Gleichbehandlungsgebot widerspreche.[1418] Diese Argumentation trifft jedoch nicht den Kern des Gleichbehandlungsgebots, da sie nur an der Oberfläche ansetzt. Denn die Haftung baut auf dem Sorgfaltsmaßstab auf, der sich oberhalb der Mindestqualifikation nach den individuellen Qualifikationen modifiziert.[1419] Eine Ungleichbehandlung bei der Haftung ist durch die Qualifikation als sachlicher Rechtfertigungsgrund zuzulassen.[1420] Als Konsequenz ergibt die Qualifikation damit auch einen sachlichen Rechtfertigungsgrund bei einer ungleichen Vergütung.[1421] Die durch den Sorgfaltsmaßstab bedingte Haftung kann somit ein sachlicher Rechtfertigungsgrund innerhalb des Gleichbehandlungsgrundsatzes bei der Vergütung darstellen. Da sich der Sorgfaltsmaßstab aus der Qualifikation ergibt,[1422] gilt dies ebenso für die Qualifikation.

1413 *Roller*, Die Vergütung des Aufsichtsrats in Abhängigkeit vom Aktienkurs, 2000, S. 73.

1414 *von Frankenberg und Ludwigsdorf*, Bedeutung und Grenzen der Gleichbehandlung der Aufsichtsratsmitglieder in der Aktiengesellschaft, 2006, S. 153.

1415 *Vetter*, GmbHR 2012, 181, 183; *Altmeppen* in: FS Hoffmann-Becking, 2013, S. 1, 10 m.w.N.; *Spindler* in: Spindler/Stilz AktG § 116 Rn. 17 m.w.N.; *von Frankenberg und Ludwigsdorf*, Bedeutung und Grenzen der Gleichbehandlung der Aufsichtsratsmitglieder in der Aktiengesellschaft, 2006, S. 153 f., 197, 199; siehe auch oben 3.TeilC.I.1.b).

1416 *Berger*, Die Kosten der Aufsichtsratstätigkeit in der Aktiengesellschaft, 2000, S. 54; *von Frankenberg und Ludwigsdorf*, Bedeutung und Grenzen der Gleichbehandlung der Aufsichtsratsmitglieder in der Aktiengesellschaft, 2006, S. 213.

1417 *Edenfeld/Neufang*, AG 1999, 49, 54; siehe auch oben 3.TeilC.I.2.c)bb)(1).

1418 *Edenfeld/Neufang*, AG 1999, 49, 54.

1419 S.o. 3.TeilC.I.2.c)bb)(1); so anscheinend auch *Edenfeld/Neufang*, AG 1999, 49, 53.

1420 S.o. 3.TeilC.I.2.c)bb)(1).

1421 S.o. 3.TeilC.I.2.c)cc)(4)(b)(aa).

1422 S.o. 3.TeilC.I.2.c)bb)(1).

(3) Einwände praktischer Natur

Die Aufsichtsratsarbeit soll dann am wirkungsvollsten sein, wenn eine „offene Diskussionskultur“ herrscht.[1423] Daher werden durch individuelle Vergütungen potenziell ausgelöste Differenzen im Gruppenverhalten als abträglich angesehen und damit gegen individuelle Vergütungen als Argument angeführt.[1424]

Eventuell entstehende „Spannungen“[1425] aufgrund unterschiedlicher Vergütungshöhen innerhalb derselben Aufsichtsratsgruppe sind im Vorstand auch denkbar und können ebenso zwischen der Anteilseigner- und Arbeitnehmerseite bestehen.[1426] Daher ist dem Argument der Förderung von „Quasihierarchien“[1427] durch eine personenbezogene Vergütung auch wenig Gewicht beizumessen, da es bereits heute durch entsprechende Qualifikationen in Verbindung mit der negativen Anreizfunktion der Haftung zu solchen Hierarchien kommen kann.[1428] Dem Argument der möglicherweise entstehenden Spannungen ist aus tatsächlicher Perspektive daher wenig Gewicht beizumessen. Die Parallelgefahr im Vorstandsrecht zeigt, dass aus solchen gruppenpsychologischen Bedenken kein gewichtiges rechtliches Argument gewonnen werden kann.

Auch das Problem der Messbarkeit der Qualifikation ist eher auf tatsächlicher Ebene einzuordnen.[1429] Eine Qualifikationsvergütung kann dazu benutzt werden, um besonders qualifizierte Personen für den Aufsichtsrat zu gewinnen, um damit die Qualität der Aufgabenerledigung zu erhöhen.[1430] Lediglich bei der Vorbereitung des Hauptversammlungswahlbeschlusses i. S. d. § 124 Abs. 3 S. 1 AktG sind Besonderheiten zu beachten. Da nach § 124 Abs. 3 S. 4 AktG (sowie auch im Anhang des Jahresabschlusses gem. § 285 Nr. 10 HGB) nur der Beruf anzugeben ist und eine Angabe der individuellen Qualifikationen für die Vorbereitung eines Wahlbeschlusses

---

1423 *Weber-Rey* in: Orth/Ruter/Schichold, Der unabhängige Finanzexperte im Aufsichtsrat, 2013, S. 3, 6.

1424 *Lutter*, AG 1979, 85, 89 Fn. 25; *Ludwig*, Die Vergütung des Aufsichtsrats, 2011, S. 183.

1425 *Lutter*, AG 1979, 85, 89 Fn. 25; *Ludwig*, Die Vergütung des Aufsichtsrats, 2011, S. 183.

1426 *Berger*, Die Kosten der Aufsichtsratstätigkeit in der Aktiengesellschaft, 2000, S. 53.

1427 *Haarmann* in: FS Hüffer, 2010, S. 243, 247.

1428 *Haarmann* in: FS Hüffer, 2010, S. 243, 247 f.; *Rieder/Holzmann*, AG 2010, 570, 579 überlassen die Abwägung Für und Gegen eine Qualifikationsvergütung daher auch dem Aktionärsermessen.

1429 *Berger*, Die Kosten der Aufsichtsratstätigkeit in der Aktiengesellschaft, 2000, S. 53 f.; siehe dazu den praktischen Lösungsvorschlag 4.TeilB.I.2.b)dd)(2)(a); aA wohl *von Frankenberg und Ludwigsdorf*, Bedeutung und Grenzen der Gleichbehandlung der Aufsichtsratsmitglieder in der Aktiengesellschaft, 2006, S. 218 f., 231 Fn. 1113, der daraus eine Unmöglichkeit der Qualifikation als Vergütungskriterium ableitet.

1430 *Lutter*, AG 1979, 85, 89; *Berger*, Die Kosten der Aufsichtsratstätigkeit in der Aktiengesellschaft, 2000, S. 54; aA *Ludwig*, Die Vergütung des Aufsichtsrats, 2011, S. 183 (ohne weitere Begründung).

keine Voraussetzung für die Wahl ist,[1431] muss für den Vergütungsvorschlag einer Qualifikationsvergütung etwas anderes gelten.[1432] Denn in diesem Fall ist die Qualifikation der Grund für die bestimmte Vergütung und diese kann von einer Hauptversammlung nur abschließend bewertet werden, wenn die Kenntnis von den Qualifikationen vorhanden ist. Einer möglichen Intransparenz bei einer individuellen Vergütung[1433] wird damit entgegengewirkt. Die Einzelabstimmung über eine Qualifikationsvergütung dürfte hingegen kein praktisches Problem darstellen. Denn auch eine Einzelwahl anstatt einer Blockwahl ist bei der Aufsichtsratswahl möglich.[1434] Eine Einzelvergütung ist somit auch kein Systembruch. Ein Messungsproblem bei der Qualifikation besteht nicht, soweit die Vergütungsfestlegung auf eine Qualifikationsvergütung abgestimmt wird. Dies lässt sich durch praktische Wege[1435] lösen und ist daher kein rechtliches Argument gegen eine Qualifikationsvergütung.

cc) Der unabhängige Finanzexperte i. S. d. § 100 Abs. 5 AktG

Im Rahmen des BilMoG[1436] wurde für kapitalmarktorientierte Gesellschaften i. S. d. § 264d HGB gem. § 100 Abs. 5 AktG erstmals im Aktiengesetz eine konkrete Qualifikationsanforderung i.S.v. „Sachverstand auf den Gebieten Rechnungslegung oder Abschlussprüfung" gesetzlich verankert.[1437] Obwohl sich der Wortlaut des § 100 Abs. 5 AktG, sowie des § 107 Abs. 4 AktG eindeutig auf ein Aufsichtsratsmitglied beziehen, wird die Qualifikationsanforderung als Anforderung an den Aufsichtsrat als Ganzes gesehen.[1438] Begründet wird dies unter anderem von der Rechtsfolge her,

---

1431 Begr. Reg-E BT-Drucks. 13/9712, S. 17; *Kämpfer/Hönsch* in: FS Herzig, 2010, S. 531, 551 f.; *Hüffer* in: Hüffer AktG § 124 Rn. 16; *Rieckers* in: Spindler/Stilz AktG § 124 Rn. 38.

1432 De lege ferenda besteht daher der Vorschlag, die besonderen Qualifikationen mitaufzunehmen: *von Frankenberg und Ludwigsdorf*, Bedeutung und Grenzen der Gleichbehandlung der Aufsichtsratsmitglieder in der Aktiengesellschaft, 2006, S. 268.

1433 *von Frankenberg und Ludwigsdorf*, Bedeutung und Grenzen der Gleichbehandlung der Aufsichtsratsmitglieder in der Aktiengesellschaft, 2006, S. 262 f.

1434 *Hüffer* in: Hüffer AktG § 101 Rn. 6; *Säcker*, AG 2004, 180, 182.

1435 S.u. den Vorschlag 4.TeilB.I.2.b)dd)(2)(a).

1436 Gesetz zur Modernisierung des Bilanzrechts (Bilanzrechtsmodernisierungsgesetz – BilMoG), BGBl. I, 2009, S. 1102, 1122.

1437 *Link/Vogt*, BB 2011, 1899, 1902; *Bihr/Philippsen*, DStR 2011, 1133; *Tödtmann/Schauer*, ZIP 2009, 995, 998; *Ehren/Gros*, Der Konzern 2011, 277, 282; *Weber-Rey/Buckel*, ZHR 177 (2013), 13, 32; *Kropff* in: FS K. Schmidt, 2009, S. 1023, 1025; *Ehlers/Nohlen* in: GS Gruson, 2009, S. 107, 115; *Kämpfer/Hönsch* in: FS Herzig, 2010, S. 531, 537; *Vetter* in: FS Maier-Reimer, 2010, S. 795, 796.

1438 *Gruber*, NZG 2008, 12, 14; *Habersack*, AG 2008, 98, 106; *Bröcker/Mosel*, GWR 2009, 132, 134; *Staake*, ZIP 2010, 1013, 1018; *Wind/Klie*, DStR 2010, 1339; *Vetter*, ZGR 2010, 751, 788 f.; *Tielmann*, AG 2013, 704, 711; *Kropff* in: FS K. Schmidt, 2009, S. 1023, 1033; *Kämpfer/Hönsch* in: FS Herzig, 2010, S. 531, 537; *Lüer* in: FS Maier-Reimer, 2010, S. 385, 395; *Sünner* in: FS U.H. Schneider, 2011, S. 1301, 1306 f.; *Habersack* in:

die ansonsten ein Ausscheiden des Aufsichtsratsmitglieds zur Folge hätte, dessen persönliche Eigenschaften die Voraussetzungen eines unabhängigen Finanzexperten nicht mehr erfüllen würden.[1439] Auch wird auf die Benennung eines Finanzexperten hingewiesen, die durch einen internen Organisationsakt erfolgt, sodass die Qualifikationsanforderung nur eine Voraussetzung für das Gesamtgremium darstellen soll.[1440] Diese Betrachtung deckt sich zwar nicht mit der Systematik des § 100 AktG, da in dessen Absätzen 1 und 2 persönliche Voraussetzungen an das einzelne Aufsichtsratsmitglied beschrieben sind.[1441] Ebenso müsste eine Qualifikationsanforderung an das Gesamtgremium in der Folge so gedeutet werden, dass es ausreicht, wenn sich die notwendige Qualifikation im Zusammenspiel mehrerer Aufsichtsratsmitglieder ergibt. Dies würde allerdings außer Betracht lassen, dass § 100 Abs. 5 AktG sich auf mindestens ein Mitglied bezieht, in dessen Person sich die Voraussetzungen komplett manifestieren müssen.[1442] Im Ergebnis bedeutet dies, dass die Forderung nach einem unabhängigen Finanzexperten zunächst an das Gesamtgremium gerichtet ist, gleichzeitig aber auch ein bestimmtes Mitglied betrifft, in dessen Person die Voraussetzungen vorhanden sein müssen. Daher führt auch die Annahme der Wahl in den Aufsichtsrat durch einen ausdrücklich designierten Finanzexperten zu dessen Übernahmeverschulden, sofern er nicht die nötige Qualifikation aufweist.[1443]

(1) Die besondere Stellung des Finanzexperten

Die Qualifikation an sich muss jedoch nicht so stark ausgeprägt sein, dass der Finanzexperte ebenso gut die Abschlussprüfung allein durchführen können muss.[1444] Daher muss das bestimmte Aufsichtsratsmitglied nicht über eine dementsprechende Berufsausbildung verfügen, sondern es reicht aus, wenn es sich die Fähigkeiten

---

FS Goette, 2011, S. 121, 126; *Drygala* in: Schmidt-Lutter AktG § 116 Rn. 38, § 100 Rn. 60; *Simons* in: Hölters AktG § 100 Rn. 55.

1439 *Gruber,* NZG 2008, 12, 14.

1440 *Hüffer* in: Hüffer AktG § 100 Rn. 13, *Wasse,* AG 2011, 685, 686.

1441 *Wind/Klie,* DStR 2010, 1339.

1442 *Hönsch,* Der Konzern 2009, 553, 557; *Staake,* ZIP 2010, 1013, 1014 (hier allerdings jeweils in Bezug auf Unabhängigkeit und Sachverstand).

1443 *Vetter,* ZGR 2010, 751, 779; *ders.* in: FS Maier-Reimer, 2010, S. 795, 810; *Kropff* in: FS K. Schmidt, 2009, S. 1023, 1036; *Bosse* in: Orth/Ruter/Schichold, Der unabhängige Finanzexperte im Aufsichtsrat, 2013, S. 293, 298; aA *Wind/Klie,* DStR 2010, 1339, 1342, die dies wegen der nur an das Gesamtgremium gerichteten Qualifikation ablehnen.

1444 Begr. Reg-E BT-Drucks. 16/10067, S. 102; OLG München, Beschl. v. 28. 4. 2010 – 23 U 5517/09, ZIP 2010, 1082, 1083 = NZG 2010, 784; *Lehrl,* BKR 2010, 485, 489; *Link/Vogt,* BB 2011, 1899, 1903; *Knapp,* DStR 2011, 177, 179 f.; aA *Drygala* in: Schmidt-Lutter AktG § 100 Rn. 57.

auch auf andere Weise angeeignet hat.[1445] Der unabhängige Finanzexperte wird als Kontrollinstanz gesehen („Mahner")[1446], um bei falschen Tendenzen in der Gruppe auf dem Gebiet der Rechnungslegung oder Abschlussprüfung Fehler des Aufsichtsrats in Ausübung der Überwachungs- und Beratungstätigkeit zu vermeiden.[1447] In der internen Bestimmung eines Finanzexperten wird daher auch die Zuweisung einer besonderen Funktion im Aufsichtsrat gesehen, die ihn von den anderen Aufsichtsratsmitgliedern abgrenzt.[1448] Allerdings ist fraglich, ob die reine Bestimmung einer Person zum Finanzexperten diesem Mitglied bereits eine besondere Funktion zuweist.[1449] Denn ihn treffen die Rechte und Pflichten eines Aufsichtsratsmitglieds genauso wie die anderen Aufsichtsratsmitglieder.[1450] Aufgrund der vom Finanzexperten speziell vorzuhaltenden Qualifikation i. S. d. § 100 Abs. 5 AktG, unterliegt dieser nur einem gesteigerten Haftungsrisiko, da sich die Qualifikation automatisch in einem gesteigerten Sorgfaltsmaßstab niederschlägt.[1451] Es ist daher eher davon auszugehen, dass dem Finanzexperten hiermit nur eine besondere Stellung zukommt, die zwar nicht einer bestimmten Funktion entspricht, sondern ihr nur faktisch sehr nahe kommt. Dies steht im Einklang mit der Betrachtungsweise der übrigen Aufsichtsratsmitglieder, die entweder durch eine besondere Aufgabendelegation oder durch einen qualifikationsausgelösten erhöhten Sorgfaltsmaßstab ebenfalls eine besondere Stellung im Aufsichtsrat zukommt, die faktisch einer bestimmten Funktion sehr ähnlich ist.

(2) Auswirkungen auf die Vergütung des Finanzexperten

Die Frage nach der Vergütung des unabhängigen Finanzexperten ist in ihrem Gewicht nicht zu unterschätzen, da einige Literaturstimmen die Unabhängigkeit

1445 Begr. Reg-E BT-Drucks. 16/10067, S. 102; OLG München, Beschl. v. 28. 4. 2010 – 23 U 5517/09, ZIP 2010, 1082, 1083 = NZG 2010, 784; *Rieder/Holzmann,* AG 2010, 570, 574; *Vetter,* ZGR 2010, 751, 786; *Wasse,* AG 2011, 685, 687; *Gesell,* ZGR 2011, 361, 386; *Weber-Rey* in: Orth/Ruter/Schichold, Der unabhängige Finanzexperte im Aufsichtsrat, 2013, S. 3, 11 f.; *Mertens/Cahn* in: Kölner Komm. AktG § 100 Rn. 76; *Hüffer* in: Hüffer AktG § 100 Rn. 12.

1446 So *Kämpfer/Hönsch* in: FS Herzig, 2010, S. 531, 537.

1447 *Kämpfer/Hönsch* in: FS Herzig, 2010, S. 531, 537.

1448 *Hüffer* in: Hüffer AktG § 100 Rn. 13; *Wasse,* AG 2011, 685, 686.

1449 Wohl ablehnend *Kropff* in: FS K. Schmidt, 2009, S. 1023, 1037; *Mertens/Cahn* in: Kölner Komm. AktG § 100 Rn. 77.

1450 *Kropff* in: FS K. Schmidt, 2009, S. 1023, 1037 ff.; *Spindler* in: Spindler/Stilz AktG § 100 Rn. 46.

1451 *Kropff* in: FS K. Schmidt, 2009, S. 1023, 1039; *Bröcker/Mosel,* GWR 2009, 132, 133 f.; *Hönsch,* Der Konzern 2009, 553, 557; *Hönsch/Kaspar* in: Grundei, Der Aufsichtsrat im System der Corporate Governance, 2012, S. 256, 267 f.; *Bosse* in: Orth/Ruter/Schichold, Der unabhängige Finanzexperte im Aufsichtsrat, 2013, S. 293, 296; *Spindler* in: Spindler/Stilz AktG § 100 Rn. 46.

des Finanzexperten in Zweifel ziehen, wenn die Vergütung unangemessen ist.[1452] Aufgrund seiner besonderen Qualifikation und der damit zusammenhängenden intensiveren Tätigkeit im Aufsichtsrat wird eine individuelle Vergütung für zulässig gehalten.[1453] Denn die konkretisierten Tätigkeiten des Finanzexperten hinsichtlich der Beratung in Finanz- und Bilanzfragen sind bereits gesetzlich festgelegt und gehören damit zu seinen organschaftlichen Aufgaben.[1454] Dies grenzt ihn von anderen Aufsichtsratsmitgliedern ab. Um eine entsprechende Vergütung herbeizuführen, muss in der Satzung oder im Hauptversammlungsbeschluss i. R. d. § 113 Abs. 1 S. 2 AktG der Finanzexperte als solcher bezeichnet werden, um die notwendige Transparenz herzustellen, die § 113 Abs. 1 S. 2 AktG gebietet.[1455] Ob dies eine namentliche Benennung in Verbindung mit der Experteneigenschaft voraussetzt, kann zunächst bezweifelt werden. Denn eine Offenlegungspflicht des Finanzexperten nach § 285 Nr. 10 HGB besteht nicht, da dies nur auf den Aufsichtsratsvorsitzenden und die Stellvertreter beschränkt ist.[1456] Eine namentliche Benennung muss auch nicht im

---

1452 *Drygala* in: Schmidt-Lutter AktG § 100 Rn. 52 unter Verweis auf *Heussen,* NJW 2001, 708, 710 und die Darstellungen der EU-Kommissionsempfehlung (Empfehlung der Kommission vom 15. Februar 2005 zu den Aufgaben von nicht geschäftsführenden Direktoren/Aufsichtsratsmitgliedern börsennotierter Gesellschaften sowie zu den Ausschüssen des Verwaltungs-/Aufsichtsrats, 2005/162/EG, ABl. L 52 vom 25. 2. 2005, S. 51) bei *Gruber,* NZG 2008, 12, 13 und *Diekmann/Bidmon,* NZG 2009, 1087, 1088. Dabei wurde jedoch übersehen, dass sich die Kommissionsempfehlung nur auf Vergütungen bezieht, die gerade keine Aufsichtsratsvergütung darstellen, also außerhalb der Aufsichtsratstätigkeit gezahlt werden, s. Empfehlung der Kommission vom 15. Februar 2005 zu den Aufgaben von nicht geschäftsführenden Direktoren/Aufsichtsratsmitgliedern börsennotierter Gesellschaften sowie zu den Ausschüssen des Verwaltungs-/Aufsichtsrats, 2005/162/EG, ABl. L 52 vom 25. 2. 2005, S. 51, S. 63 Anhang II Ziff. 1 c).

1453 *Altmeppen,* ZGR 2004, 390, 413 f.; *Bröcker/Mosel,* GWR 2009, 132, 134 (wegen erhöhter Sachkenntnis und Sorgfaltspflichten); *Kropff* in: FS K. Schmidt, 2009, S. 1023, 1039 f.; wohl auch *Cahn* in: Veil, Unternehmensrecht in der Reformdiskussion, 2013, S. 139, 155; *Deneke,* Die Implementierung eines Prüfungsausschusses in die deutsche Aktiengesellschaft und Europäische Gesellschaft (SE), 2009, S. 217; *Maushake,* Audit Committees, 2009, S. 562; *Ludwig,* Die Vergütung des Aufsichtsrats, 2011, S. 175; anders in der Begründung: *Wagner* in: von Schenck, Arbeitshandbuch für Aufsichtsratsmitglieder, 2013, § 11 Rn. 14, die nur auf eine besondere Aufgabe des Finanzexperten abstellt und damit einen Funktionsbezug herleiten will. An anderer Stelle (§ 11 Rn. 53) soll wiederum die Haftung eine höhere Vergütung rechtfertigen.

1454 *Rodewig* in: von Schenck, Arbeitshandbuch für Aufsichtsratsmitglieder, 2013, § 8 Rn. 144; *Lorenz/Pospiech,* NZG 2011, 81, 83.

1455 Zur Transparenz s.o. 3.TeilB.I.1.a).

1456 *von Falkenhausen/Kocher,* ZIP 2009, 1601, 1602; *Gesell,* ZGR 2011, 361, 389; *Kropff* in: FS K. Schmidt, 2009, S. 1023, 1036; *Sünner* in: FS U.H. Schneider, 2011, S. 1301, 1305; *Mertens/Cahn* in: Kölner Komm. AktG § 100 Rn. 78; aA *Lanfermann/Röhricht,* BB 2009, 887, 888; *Vetter,* ZGR 2010, 751, 790 m.w.N.

Rahmen des Wahlvorschlags nach § 124 Abs. 3 S. 1, 4 AktG erfolgen,[1457] da die Bestimmung des Finanzexperten auch erst mittels internem Organisationsakt im Aufsichtsrat selbst erfolgen kann.[1458] Denn die Voraussetzung zur Bestimmung eines unabhängigen Finanzexperten richtet sich an den Aufsichtsrat und nicht an die Hauptversammlung.[1459] Der Aufsichtsrat hat nur dafür zu sorgen, dass überhaupt ein Mitglied die notwendigen Voraussetzungen erfüllt.[1460] Wenn es noch kein Mitglied mit diesen Eigenschaften gibt, hat der Aufsichtsrat im Rahmen seiner Vorschlagsverantwortung dafür zu sorgen, dass eine geeignete Person zum Aufsichtsratsmitglied bestellt wird.[1461] Eine unabhängige Vergütungsentscheidung könnte so von den Anteilseignern allerdings nur schwer getroffen werden, wenn sie sich nicht von der Qualifikation des Finanzexperten selbst ein Bild machen können. Um die Bewertung der Qualifikation durch die Hauptversammlung zu ermöglichen, wären die Aktionäre ansonsten auf ein Auskunftsrecht über die Qualifikation gem. § 131 Abs. 1 S. 1 AktG beschränkt.[1462]

Allerdings hat eine Benennung des Finanzexperten im Rahmen der Erklärung zur Unternehmensführung nach § 289a Abs. 2 Nr. 3 HGB zu erfolgen.[1463] Denn

---

1457 *von Falkenhausen/Kocher,* ZIP 2009, 1601 (wegen legislativer Inaktivität in diesem Fall); *Bröcker/Mosel,* GWR 2009, 132, 134; *Vetter,* ZGR 2010, 751, 790 f.; *Wasse,* AG 2011, 685, 687; *Vetter* in: FS Maier-Reimer, 2010, S. 795, 808; *Spindler* in: Spindler/Stilz AktG § 100 Rn. 44; *Drygala* in: Schmidt-Lutter AktG § 100 Rn. 59; aA *Theisen,* Der Aufsichtsrat 2009, 81 (§ 124 Abs. 3 S. 3 AktG).

1458 *Hüffer* in: Hüffer AktG § 100 Rn. 13; *Wasse,* AG 2011, 685, 686.

1459 *Weber-Rey* in: Orth/Ruter/Schichold, Der unabhängige Finanzexperte im Aufsichtsrat, 2013, S. 3, 12 m.w.N.; aA *Wardenbach/Wojtek,* GWR 2010, 207, 208 f. (Hauptversammlung und ggf. zudem Arbeitnehmergruppe oder entsendungberechtigte Aktionäre); wohl auch *Vetter* in: FS Maier-Reimer, 2010, S. 795, 796.

1460 *Gruber,* NZG 2008, 12, 14; *Habersack,* AG 2008, 98, 106; *Tielmann,* AG 2013, 704, 711; *Bröcker/Mosel,* GWR 2009, 132, 134; *Staake,* ZIP 2010, 1013, 1018; *Wind/Klie,* DStR 2010, 1339; *Vetter,* ZGR 2010, 751, 788 f.; *Kropff* in: FS K. Schmidt, 2009, S. 1023, 1033; *Kämpfer/Hönsch* in: FS Herzig, 2010, S. 531, 537; *Lüer* in: FS Maier-Reimer, 2010, S. 385, 395; *Sünner* in: FS U.H. Schneider, 2011, S. 1301, 1306 f.; *Habersack* in: FS Goette, 2011, S. 121, 126; *Drygala* in: Schmidt-Lutter AktG § 116 Rn. 38, § 100 Rn. 60; *Simons* in: Hölters AktG § 100 Rn. 55.

1461 *Staake,* ZIP 2010, 1013, 1017; *Vetter,* ZGR 2010, 751, 779; *Wind/Klie,* DStR 2010, 1339, 1342; *Nowak,* BB 2010, 2423, 2425; *Kropff* in: FS K. Schmidt, 2009, S. 1023, 1035; *Sünner* in: FS U.H. Schneider, 2011, S. 1301, 1304; *Mertens/Cahn* in: Kölner Komm. AktG § 100 Rn. 82; *Spindler* in: Spindler/Stilz AktG § 100 Rn. 44.

1462 *Vetter,* ZGR 2010, 751, 791; *Kämpfer/Hönsch* in: FS Herzig, 2010, S. 531, 537; *Vetter* in: FS Maier-Reimer, 2010, S. 795, 810; *Sünner* in: FS U.H. Schneider, 2011, S. 1301, 1305.

1463 *Gruber,* NZG 2008, 12, 14; *Diekmann/Bidmon,* NZG 2009, 1087; *Lanfermann/Röhricht,* BB 2009, 887, 888; *Staake,* ZIP 2010, 1013, 1017; *Bachmann,* ZIP 2010, 1517, 1520; *Gesell,* ZGR 2011, 361, 389; *Kropff* in: FS K. Schmidt, 2009, S. 1023, 1034; *Lüer* in: FS Maier-Reimer, 2010, S. 385, 397; *Mertens/Cahn* in: Kölner Komm. AktG § 100 Rn. 78; *Drygala* in: Schmidt-Lutter AktG § 100 Rn. 59; *Lange* in: Münchanstatt nur die Offenlegung der Vorsitz- und Stellvertreterposition zu fordern, wie dies im Rahmen der Offenlegung nach § 285 Nr. 10 HGB erfolgen muss, wird hier die Angabe über die Zusammensetzung von Ausschüssen gefordert.[1464] Falls ein Prüfungsausschuss eingerichtet werden sollte, so hat der Finanzexperte gem. § 107 Abs. 4 AktG diesem Ausschuss anzugehören. Folglich ist im Rahmen des § 289a Abs. 2 Nr. 3 AktG bei der Zusammensetzung des Prüfungsausschusses auch über seine Person aufzuklären. Für Aufsichtsräte ohne Prüfungsausschuss dürfte jedoch das gleiche gelten. Denn ein Finanzexperte beeinflusst mit seiner Qualifikation auch die Arbeitsweise des gesamten Aufsichtsrats, sodass dessen Benennung geboten erscheint. Darüber hinaus ist es für eine Vergütung des Finanzexperten unabdinglich, dass dieser der Hauptversammlung bekannt gemacht wird. Zwar könnte an eine Vergütung nur an den abstrakten Finanzexpertenposten zu denken sein, die eine ausdrückliche Identifizierung entbehrlich machen würde. Doch hätten die Anteilseigner in diesem Fall nur über das Auskunftsrecht die Möglichkeit zur Überprüfung der persönlichen Eigenschaften, die maßgeblich zu ihrer Vergütungsentscheidung führen. Eine Vergütungsentscheidung könnte daher nur über den Zwischenschritt eines geltend gemachten Auskunftsrechts verwirklicht werden. Dieser Weg zum Erreichen eines Vergütungsbeschlusses ist dem Vergütungsverfahren des § 113 Abs. 1 S. 2 AktG jedoch fremd. Der Aufsichtsrat hat somit in der Beschlussvorlage zum Vergütungssystem[1465] die Qualifikationen des Finanzexperten offen zu legen, wenn die Qualifikationen eine Grundlage der Vergütungshöhe darstellen sollen.

dd) Zusammenführende Bewertung

Würde der Finanzexperte tatsächlich als „Mahner“[1466] in der Gruppe betrachtet, könnten die Meinungen über kollegialitätsschädigende Tendenzen von individuellen Vergütungen nicht mehr aufrechterhalten werden. Denn der Finanzexperte würde dann als Kontrollinstanz derart isoliert in der Gruppe des Aufsichtsrats auftreten, sodass die Kollegialität bereits von Gesetzes wegen keine große Rolle spielen dürfte.

Bemerkenswert ist, dass mit § 100 Abs. 5 AktG zum ersten Mal eine individuelle Qualifikationsanforderung in das AktG aufgenommen wurde.[1467] Da für diese Qualifikation eine Vergütung zuzulassen ist, muss eine Qualifikationsvergütung ebenso für andere Aufsichtsratsmitglieder zulässig sein, die ähnliche Qualifikationen aufweisen. Nur weil die Qualifikationsanforderungen an den Finanzexperten

KommHGB § 289a HGB Rn. 13; aA *Vetter*, ZGR 2010, 751, 790 m.w.N., der dies als nicht zwingend ansieht, allerdings auch für eine Angabe i.R.d. Tätigkeitsberichts nach § 171 Abs. 2 S. 2 AktG plädiert; ebenso *von Falkenhausen/Kocher*, ZIP 2009, 1601; *Kämpfer/Hönsch* in: FS Herzig, 2010, S. 531, 537 (nur Auskunftsrecht nach § 131 AktG).

1464 *Bachmann*, ZIP 2010, 1517, 1520.

1465 S.o. 3.TeilB.I.1.b).

1466 So *Kämpfer/Hönsch* in: FS Herzig, 2010, S. 531, 537.

1467 *Lutter* in: Hommelhoff, Handbuch Corporate Governance, 2009, S. 321, 326.

ausdrücklich gesetzlich verankert sind, rechtfertigt dies keine Ungleichbehandlung von Aufsichtsratsmitgliedern mit anderen speziellen Qualifikationen. In beiden Fällen ist der Einsatz der Qualifikationen geschuldet, und führen nicht zu anderen, sondern nur zu intensiver zu bearbeitende Aufgaben. Die daraus resultierende Tätigkeitsintensität und die zumindest mittelbare gesetzliche Anknüpfung über den Sorgfaltsmaßstab rechtfertigt daher eine entsprechend individuelle Vergütung im Rahmen des § 113 Abs. 1 S. 1, 3 AktG. Dass der Radius der möglichen vergütungswerten Qualifikationen weit zu ziehen ist, ergibt sich dabei schon aus der Gesetzesbegründung und der jüngsten Rspr. zum unabhängigen Finanzexperten.[1468] Wichtig ist dabei, dass die vergüteten Qualifikationsstufen klar kommuniziert werden, sodass die Vergütungsfestsetzung im Rahmen des § 113 Abs. 1 S. 2 AktG transparent und unbeeinflusst von Vorstand und Aufsichtsrat erfolgen kann.[1469]

c) Marktwertvergütung

Eine Vergütung der Aufsichtsratsmitglieder, die sich anhand ihrer Marktwerte bemisst, wird allgemein als unzulässig angesehen.[1470] Teilweise wird auch darauf hingewiesen, dass die bisherige Vergütung bereits die Reputation berücksichtige.[1471] Dies kann jedoch aufgrund der unterschiedlichen Reputationswerte und damit auch unterschiedlicher Marktwerte der Aufsichtsratsmitglieder bezweifelt werden. Denn sollte dies der Fall sein, wäre an der Angemessenheit von Vergütungszahlungen an diejenigen Aufsichtsratsmitglieder zu zweifeln, deren Reputationsgrad gering ist, aber trotzdem aufgrund allgemeiner Gleichheit eine Vergütungshöhe zugestanden bekommen, die dem höchst angesehenen Aufsichtsratsmitglied entspricht.

1468 Es wird keine starre Berufsausbildung gefordert, sondern sie kann auf verschiedenste Art und Weise erlangt werden: Begr. Reg-E BT-Drucks. 16/10067, S. 102; OLG München, Beschl. v. 28. 4. 2010 – 23 U 5517/09, ZIP 2010, 1082, 1083 = NZG 2010, 784.

1469 Zur praktischen Umsetzung s.u. 4.TeilB.

1470 *Geßler,* DB 1978, 63, 66; *Wellkamp,* WM 2001, 489, 495; *Hopt/Roth* in: Großkommentar AktG § 113 Rn. 70; *Mertens/Cahn* in: Kölner Komm. AktG § 113 Rn. 10; *Habersack* in: MünchKommAktG § 113 Rn. 39; *Spindler* in: Spindler/Stilz AktG § 113 Rn. 30; *Drygala* in: Schmidt-Lutter AktG § 113 Rn. 14; *Hambloch-Gesinn/Gesinn* in: Hölters AktG § 113 Rn. 32; *Wilsing* in: Wilsing DCGK, 2012, Ziff. 5.4.6 Rn. 5; *Wagner* in: von Schenck, Arbeitshandbuch für Aufsichtsratsmitglieder, 2013, § 11 Rn. 14; *Lüpkes,* Zulässigkeit und Zweckmäßigkeit aktienkursorientierter Vergütung von Mitgliedern des Aufsichtsrats, 2008, S. 297; *Ludwig,* Die Vergütung des Aufsichtsrats, 2011, S. 183; aA *Schmitt,* DB 1968, 1545, 1546 ff.; *Lutter,* AG 1979, 85, 89 (jedoch mit Bedenken bzgl. der Harmonie im Aufsichtsrat, Fn. 25); zumindest als angebracht bezeichnend trotz unklarer Rechtslage: *Maser/Göttle,* NZG 2013, 201, 205 f.; de lege ferenda für eine Klarstellungslösung *Haarmann* in: FS Hüffer, 2010, S. 243, 253 f.

1471 *Schmitt,* DB 1968, 1545, 1546 f.

aa) Auslegung § 113 Abs. 1 AktG

Eine Marktwertvergütung ist bereits mit dem Wortlaut des § 113 Abs. 1 S. 1, 3 AktG unvereinbar. Weder mit den Aufgaben, noch mit der Lage der Gesellschaft, lässt sich ein Marktwert eindeutig in Verbindung bringen.[1472] Ebenso sagt der Marktwert noch nichts über eine konkrete Tätigkeit aus.[1473] Dies resultiert maßgeblich aus der Definition des Marktwerts.[1474] Zwar enthält der Marktwert auch zum Teil Qualifikationsbestandteile, die für sich genommen mit der Tätigkeitsintensität und damit mit § 113 Abs. 1 S. 1 AktG in Verbindung gebracht werden können.[1475] Andererseits setzt sich der Marktwert zu einem bedeutenden Teil auch aus Faktoren zusammen, die fernab von konkreter Tätigkeit, den Aufgaben oder der Lage der Gesellschaft liegen. Denn der Marktwert bildet sich auch durch die Bewertung der vergangenen Leistungen und Erfolge der Person, sowie durch das Verhandlungsgeschick der betroffenen Person bei der Ausgestaltung des eigenen Marktwerts.[1476] Zwar ist nicht ausgeschlossen, dass im Einzelfall auch hierbei ein mittelbarer Zusammenhang hergestellt werden könnte. Denn ein Verhandlungsgeschick ist immer noch vom Ausgleich der Marktkräfte zwischen Angebot und Nachfrage bestimmt, sodass der Tätigkeitswert hierdurch besser konkretisiert werden könnte. Doch liegt gerade die Bewertung der Vergangenheit als Vergütungsfaktor fernab vom Vergütungsgrund der Tätigkeit i. S. d. § 113 Abs. 1 S. 1 AktG.[1477] Denn diese Tätigkeitsvergütung beruht auf den aktuell zu erbringenden Tätigkeiten. Eine Anknüpfung an vergangene Umstände ist hierbei unzulässig, da das Aufsichtsratsmitglied hierfür noch nicht für die Gesellschaft tätig war.[1478] Bei der reinen Qualifikationsvergütung gestaltet sich dies anders. Zwar beruht die Qualifikation auch zum Teil aus der in der Vergangenheit erworbenen Erfahrung.[1479] Jedoch ist diese Erfahrung bei einer gegenwärtigen Aufsichtsratstätigkeit auch einzubringen, sodass der Bezug zur aktuellen Tätigkeit gegeben ist. Eine Marktwertvergütung würde hingegen zum Teil nur aus dem in den vergangenen Jahren gebildeten Marktwert bestehen, der die aktuelle Tätigkeit im gegenwärtigen oder abgelaufenen Jahr noch gar nicht einbeziehen kann

Aus systematischen Gesichtspunkten wird, ebenso wie bei der Qualifikationsvergütung, eine beim Vorstand durchaus übliche Marktwertvergütung im Aufsichtsrat

1472 *Geßler*, DB 1978, 63, 66; *Roller*, Die Vergütung des Aufsichtsrats in Abhängigkeit vom Aktienkurs, 2000, S. 73.

1473 *Wellkamp*, WM 2001, 489, 495; *Roller*, Die Vergütung des Aufsichtsrats in Abhängigkeit vom Aktienkurs, 2000, S. 73.

1474 Dazu s.o. 1.TeilC.IV.

1475 Dazu s.o. 3.TeilC.III.1.b).

1476 S.o. 1.TeilC.IV.

1477 Zur Tätigkeit als maßgeblicher Vergütungsgrund s.o. 3.TeilC.I.1.a).

1478 Dazu auch unten 3.TeilC.III.1.h).

1479 S.o. 1.TeilC.I.

abgelehnt.[1480] Jedoch ist dieses systematische Argument genauso wie bei der Qualifikationsvergütung aus denselben Gründen infrage zu stellen.[1481]

bb) Gleichbehandlungsgrundsatz

Durch eine Marktwertvergütung soll der Gleichbehandlungsgrundsatz verletzt werden.[1482] Die Anwendung des mitbestimmungsrechtlichen Gleichbehandlungsgrundsatzes für diesen Fall[1483] ist jedoch bereits deshalb fragwürdig, weil eine Marktwertvergütung an den Marktwert jedes einzelnen Aufsichtsratsmitglieds anknüpfen würde, sodass Anteilseigner- und Arbeitnehmervertreter anhand desselben Maßstabs vergütet werden. Dies stellt jedoch eine Gleichbehandlung und keine Ungleichbehandlung dar. Denn auch die Arbeitnehmervertreter dürfen aufgrund des mitbestimmungsrechtlichen Gleichbehandlungsgrundsatzes trotz Minderheitenschutzes nicht privilegiert werden.[1484] Allein die aus der Anwendung eines Marktwerts entstehende Vergütungshöhe würde unterschiedlich ausfallen und damit zu einer Ungleichbehandlung führen. Anders als bei der Qualifikationsvergütung ergibt sich aber bei einer Marktwertvergütung de lege lata kein sachlicher Rechtfertigungsgrund. Denn ein Marktwert ist auch maßgeblich von Faktoren bestimmt, die sich nicht mit einer Tätigkeit oder den Aufgaben i. S. d. § 113 Abs. 1 S. 1, 3 AktG in Verbindung bringen lassen.[1485] Daher besteht zurzeit kein gesetzlicher Anknüpfungspunkt für eine Marktwertvergütung der Aufsichtsratsmitglieder, der einen sachlichen Grund zur Ungleichbehandlung in der Vergütungshöhe rechtfertigen würde. Daher wäre eine Marktwertvergütung de lege lata nicht im Rahmen des Verhältnismäßigen gem. § 113 Abs. 1 S. 3 AktG.[1486]

cc) Anderweitige Einwendungen

Daneben werden auch praktische Einwände gegen eine Marktwertvergütung erhoben. Es bestehe kein Bedarf an einer marktwertorientierten Vergütung für Aufsichtsratsmitglieder, da es nach § 113 Abs. 1 S. 3 AktG möglich sei auf die

---

1480 Zum systematischen Argument siehe oben 3.TeilC.III.1.b).

1481 S. dazu oben 3.TeilC.III.1.b)bb)(1).

1482 *Scheuffele/Baumgartner*, GmbHR 2010, 400, 404.

1483 So wohl bei *von Frankenberg und Ludwigsdorf*, Bedeutung und Grenzen der Gleichbehandlung der Aufsichtsratsmitglieder in der Aktiengesellschaft, 2006, S. 216, der auf ein darauf folgendes Marktversagen bei den Marktwerten von Arbeitnehmervertretern hinweist; aA *Haarmann* in: FS Hüffer, 2010, S. 243, 249 f., der dies jedoch wegen der Abführungsverpflichtung mit einer höherenVergütungssumme begründet.

1484 S.o. 3.TeilC.I.2.c)cc)(1)(b).

1485 Hingewiesen sei hier auf den Einfluss eines Verhandlungsgeschicks bei der Konkretisierung des Marktwerts. Zur Definition des Marktwerts s.o. 1.TeilC.IV.

1486 AA *Haarmann* in: FS Hüffer, 2010, S. 243, 248 f.; zur Verhältnismäßigkeitsvoraussetzung s.o. 3.TeilC.I.2.c)cc)(4)(b)(dd).

Aufgabenunterschiede einzugehen.[1487] Da jedes Aufsichtsratsmitglied jedoch vom Grundsatz her die gleichen Aufgaben haben soll, kann hiermit nur eine Funktionsdifferenzierung gemeint sein. Die Funktionsdifferenzierung berücksichtigt jedoch nur ungenügend die durch den individuell unterschiedlichen Sorgfaltsmaßstab bestehenden Unterschiede bei der Tätigkeitsintensität, sodass eine Aufgabendifferenzierung i. R. d. § 113 Abs. 1 S. 3 AktG noch nicht ausreicht, um im Einzelfall eine gerechte Differenzierung herzuleiten. Der Einwand, dass § 113 Abs. 1 S. 3 AktG eine Berücksichtigung der Aufgabenunterschiede ermöglicht, reicht somit noch nicht aus, um einen fehlenden Bedarf einer Marktwertvergütung festzustellen.

Auch würden Spannungen wie Hierarchien und Motivationsnachteile beim geringer vergüteten Mitglied im Aufsichtsrat erzeugt, die durch eine personenabhängige Vergütung entstehen könnten.[1488] Dieses Argument ist genauso wie bei einer Qualifikationsvergütung zu werten. Aufgrund gleich gelagerter Problematiken in den Vorständen ist diesem Gesichtspunkt daher wenig Gewicht beizumessen.[1489]

Schwerer wiegt jedoch ein Einwand, der gegen die Bestimmung des Marktwerts erhoben werden kann. Sollte ein Marktwert vergütet werden, müsste er im Festsetzungsverfahren nach § 113 Abs. 1 S. 2 AktG auch offen gelegt werden, damit die Aktionäre eine informierte Entscheidung treffen können. Doch anders als bei der Qualifikation kann sich der Marktwert zum Teil auch durch einen persönlich gesteuerten Einfluss des betroffenen Aufsichtsratsmitglieds bei der Marktwertbildung bestimmen.[1490] Dies kommt einem vertraglichen Aushandeln der eigenen Vergütung sehr nahe. Ein vertragliches Aushandeln ist jedoch nicht mit § 113 Abs. 1 S. 2 AktG vereinbar, dessen Zweck auch eine Verhinderung der Selbstbedienung und eines Vorstandseinflusses ist.[1491]

dd) Fazit

De lege lata ist eine Aufsichtsratsvergütung anhand des Marktwerts mit § 113 Abs. 1 AktG unvereinbar. Zum einen lässt sich kein Anknüpfungspunkt aus § 113 Abs. 1 S. 1, 3 AktG herleiten. Zum anderen führt dies dazu, dass auch kein sachlicher Differenzierungsgrund für eine Ungleichbehandlung in der Vergütung der Höhe nach existiert. Auch der Ausschluss der Selbstbedienung und eines Vorstandseinflusses durch § 113 Abs. 1 S. 2 AktG wäre durch eine Marktwertvergütung gefährdet. Nur

1487 *Mertens/Cahn* in: Kölner Komm. AktG § 113 Rn. 10.

1488 *Mertens/Cahn* in: Kölner Komm. AktG § 113 Rn. 10; *Drygala* in: Schmidt-Lutter AktG § 113 Rn. 14; rechtstatsächlich nach einer Umfrage unter Aufsichtsräten *Probst/Theisen,* Der Aufsichtsrat 2012, 66, 68.

1489 S. dazu schon bei der Qualifikationsvergütung 3.TeilC.III.1.b)bb)(3).

1490 S.o. 1.TeilC.IV.

1491 S.o. 3.TeilB.I.1.a) und 3.TeilB.I.2.d).

eine ausdrückliche gesetzliche Verankerung des Marktwerts der Aufsichtsratsmitglieder könnte de lege ferenda diesen als Vergütungsmaßstab rechtfertigen.[1492]

d) Unabhängigkeit als Vergütungskriterium

Wenn bereits eine individuelle Vergütung für den Finanzexperten aufgrund seiner besonderen Qualifikation diskutiert wird, kann zugleich die Frage gestellt werden, ob die Unabhängigkeit einen eigenen Vergütungsfaktor darstellen kann.

aa) Der Unabhängigkeitsbegriff

Ausdrücklich im AktG verankert ist das Unabhängigkeitskriterium bisher nur in § 100 Abs. 5 AktG für den Finanzexperten. Die genaue Begriffsbestimmung der Unabhängigkeit ist jedoch unklar. Denn ohne gesetzliche Definition und aufgrund des Hinweises der gesetzgeberischen Begründung[1493] auf die europarechtlichen Vorgaben[1494] gibt es keine pauschale Bestimmung, sondern nur im Einzelfall zu berücksichtigende Kriterien, die ein unabhängiges Aufsichtsratsmitglied beschreiben sollen.[1495] Unabhängigkeit zeichnet sich danach unter anderem durch fehlende Befangenheit[1496] oder fehlende Beeinflussung von dem Unternehmensinteresse

---

1492 *Haarmann* in: FS Hüffer, 2010, S. 243, 253 f. (obwohl er dies schon de lege lata für zulässig erachtet, S. 247); *Spindler* in: Spindler/Stilz AktG § 113 Rn. 30; *Raapke*, Die Regulierung der Vergütung von Organmitgliedern und Angestellten im Aktien- und Kapitalmarktrecht, 2012, S. 254.

1493 Begr. Reg-E BT-Drucks. 16/10067, S. 101 f.

1494 Richtlinie 2006/43/EG des Europäischen Parlaments und des Rates über Abschlussprüfungen von Jahresabschlüssen und konsolidierten Abschlüssen, zur Änderung der Richtlinien 78/660/EWG und 83/349/EWG des Rates und zur Aufhebung der Richtlinie 84/253/EWG des Rates, Abl. L 157 vom 17.05.2006, S. 87, 90 Erwägungsgrund 24 i.V.m. der Empfehlung der Kommission vom 15. Februar 2005 zu den Aufgaben von nicht geschäftsführenden Direktoren/Aufsichtsratsmitgliedern börsennotierter Gesellschaften sowie zu den Ausschüssen des Verwaltungs-/Aufsichtsrats, 2005/162/EG, ABl. L 52 vom 25. 2. 2005, S. 51, 56 Nr. 13.1, 13.2 i.V.m. Anhang II.

1495 *Kämpfer/Hönsch* in: FS Herzig, 2010, S. 531, 539, weisen darauf hin, dass sich Abhängigkeit auch stets aus subjektiven Motiven ergebe; ähnlich *Diekmann/Fleischmann*, AG 2013, 141, 142 (Einzelfallbetrachtung bei Interessenkonflikten); *Drygala* in: Schmidt-Lutter AktG § 100 Rn. 48; so wohl auch die Empfehlung der Kommission vom 15. Februar 2005 zu den Aufgaben von nicht geschäftsführenden Direktoren/Aufsichtsratsmitgliedern börsennotierter Gesellschaften sowie zu den Ausschüssen des Verwaltungs-/Aufsichtsrats, 2005/162/EG, ABl. L 52 vom 25. 2. 2005, S. 51, 53 Erwägungsgrund 18 und S. 56 Nr. 13.2, wenn sie feststellt, dass trotz gegebener Kriterien für eine Unabhängigkeit eine Abhängigkeit aus anderweitigen Motiven folgen könnte.

1496 Begr. Reg-E BT-Drucks. 16/10067, S. 101 (Besorgnis der Befangenheit); ebenso *Langenbucher*, ZGR 2012, 314, 324.

entgegenstehenden Interessen aus.[1497] Die genaue Bestimmung, ob ein Aufsichtsratsmitglied (als Finanzexperte) unabhängig ist oder nicht, wird allerdings dem Aufsichtsrat selbst überlassen.[1498] Dieser kann die europarechtlichen Kriterien trotz ihrer Unverbindlichkeit aufgrund Empfehlungscharakters i.S.v. Art. 288 Abs. 5 AEUV[1499] zur Einzelfallentscheidung heranziehen.[1500]

bb) Auslegung i.V.m. § 113 Abs. 1 AktG

Die teils einen Spielraum schaffenden Kriterien für die Bestimmung einer Unabhängigkeit helfen bei der Einordnung des Begriffs als Vergütungskriterium allerdings nicht weiter. Dazu erscheint die Zielrichtung der Unabhängigkeit besser geeignet zu sein. Denn Zweck der Unabhängigkeit eines Aufsichtsratsmitglieds ist, dass die Position dieses Mitglieds gegenüber dem Vorstand gefestigt wird, um dadurch die unbeeinflusste Wahrnehmung der Überwachungsaufgabe im Sinne des Unternehmensinteresses zu stärken.[1501] Diesen Zweck gilt es anhand des § 113 Abs. 1 AktG zu überprüfen. Dabei ist zwar zu berücksichtigen, dass eine explizite Vergütung einer Unabhängigkeit Anreize zum Ausbau der Unabhängigkeit und damit zugleich Abwehrmechanismen gegenüber Abhängigkeitsverhältnissen stärken. Oberflächlich könnte daraus die Annahme abzuleiten sein, dass unabhängige Aufsichtsratsmitglieder ihre Überwachungsaufgabe intensiver als die anderen Aufsichtsratsmitglieder ausüben, sodass die Unabhängigkeit in Verbindung mit der Tätigkeit gem. § 113 Abs. 1 S. 1 AktG eine höhere Vergütung rechtfertigen könnte. Abgesehen von diesen

---

1497 Empfehlung der Kommission vom 15. Februar 2005 zu den Aufgaben von nicht geschäftsführenden Direktoren/Aufsichtsratsmitgliedern börsennotierter Gesellschaften sowie zu den Ausschüssen des Verwaltungs-/Aufsichtsrats, 2005/162/EG, ABl. L 52 vom 25. 2. 2005, S. 51, 52 f. Erwägungsgrund 7 und 18; *Diekmann/Bidmon,* NZG 2009, 1087, 1090; *Diekmann/Fleischmann,* AG 2013, 141, 143 f.

1498 Empfehlung der Kommission vom 15. Februar 2005 zu den Aufgaben von nicht geschäftsführenden Direktoren/Aufsichtsratsmitgliedern börsennotierter Gesellschaften sowie zu den Ausschüssen des Verwaltungs-/Aufsichtsrats, 2005/162/EG, ABl. L 52 vom 25. 2. 2005, S. 51, 56 Nr. 13.2; *Hönsch,* Der Konzern 2009, 553, 558; *Bröcker/Mosel,* GWR 2009, 132, 133; *Brandi/Gieseler,* NZG 2012, 1321, 1323; *Hüffer* in: Hüffer AktG § 100 Rn. 12; *Spindler* in: Spindler/Stilz AktG § 100 Rn. 44; *Weber-Rey* in: Orth/Ruter/Schichold, Der unabhängige Finanzexperte im Aufsichtsrat, 2013, S. 3, 10.

1499 *Diekmann/Bidmon,* NZG 2009, 1087, 1089; *Jaspers,* AG 2009, 607, 610; *Scholderer,* NZG 2012, 168, 169; *Habersack* in: FS Goette, 2011, S. 121, 127.

1500 Begr. Reg-E BT-Drucks. 16/10067, S. 101 f.; *Bröcker/Mosel,* GWR 2009, 132, 133; *Diekmann/Bidmon,* NZG 2009, 1087, 1089; *Scholderer,* NZG 2012, 168, 169; *Vetter,* ZGR 2010, 751, 782; *Brandi/Gieseler,* NZG 2012, 3121, 1323; *Habersack* in: FS Goette, 2011, S. 121, 127.

1501 *Diekmann/Bidmon,* NZG 2009, 1087, 1090; *Vetter,* ZGR 2010, 751, 780 f.; *Nowak,* BB 2010, 2423, 2424; *Scholderer,* NZG 2012, 168, 169; *Kremer/von Werder,* AG 2013, 340, 341.

Erwägungen ist die Unabhängigkeit jedoch nur eingeschränkt mit der Tätigkeit oder den Aufgaben und der Lage i. S. d. § 113 Abs. 1 S. 1, 3 AktG in Verbindung zu bringen. Die Aufgaben und die Lage i. S. v. § 113 Abs. 1 S. 3 AktG bleiben auch für das unabhängige Aufsichtsratsmitglied dieselben wie für die anderen Aufsichtsratsmitglieder. Daran ändert die Unabhängigkeit nichts. Auch bedeutet eine unabhängige Tätigkeit nicht automatisch eine gesteigerte Tätigkeitsintensität i. S. v. § 113 Abs. 1 S. 1 AktG. Zwar wäre der Fall denkbar, dass ein abhängiges Aufsichtsratsmitglied seine Kontrolltätigkeit aufgrund blindem Vertrauen sehr weit beschränkt, im Gegensatz zu einem unabhängigen Mitglied, das jeden Überwachungsgegenstand sehr genau bewertet, was somit zu Unterschieden in der Tätigkeitsintensität führt. Dieses mögliche Plus an Tätigkeit kann jedoch durch den zweiten maßgeblichen Teil der Aufsichtsratsaufgabe, der Beratung, wieder zunichtegemacht werden. Denn die Tätigkeit der Aufsichtsratsmitglieder besteht nicht mehr nur aus der reinen Überwachung des Vorstands, sondern ebenso aus einer beratenden Tätigkeit.[1502] Für diese Beratungen können enge Beziehungen, die eine Unabhängigkeit gefährden,[1503] wiederum sehr nützlich sein, sodass die Gesamtaufgabe des unabhängigen Aufsichtsratsmitglieds auf Kosten der beratenden Aufgabe geschwächt werden könnte.[1504] Ein klares Ergebnis wird sich daher nur im Einzelfall treffen lassen.

Der Gleichbehandlungsgrundsatz wäre bei einer Vergütung der Unabhängigkeit gewahrt. Denn genauso wie bei der Qualifikation des Finanzexperten gibt es mit § 100 Abs. 5 AktG einen gesetzlichen Anknüpfungspunkt für eine sachliche Differenzierung. Dadurch, dass der Aufsichtsrat die Unabhängigkeit bestimmt, ist dieser Differenzierungsgrund auch hinreichend bestimmt, sodass die Voraussetzungen eines sachlichen Grunds vorliegen.

Anders als bei einer verpflichtend einzusetzenden Qualifikation[1505] ist bei der Unabhängigkeit aber kein automatischer Zusammenhang zur Tätigkeit i. S. d. § 113 Abs. 1 S. 1 AktG herstellbar, sodass diese als Vergütungskriterium im Zweifel abzulehnen ist. Dies gilt ebenso unter Kompetenzgesichtspunkten, da der Aufsichtsrat selbst festlegt, wer als Unabhängig einzustufen ist. Dann hätte der Aufsichtsrat zumindest mittelbar die Möglichkeit zur Selbstbedienung, die durch § 113 Abs. 1 S. 2 AktG gerade ausgeschlossen werden soll. Daher müssten zur Kompetenzwahrung die gleichen Rahmenbedingungen wie bei dem Finanzexperten gelten, indem der Hauptversammlung genügend Möglichkeit zur Überprüfung der Unabhängigkeit eingeräumt wird.

1502 S.o. 3.TeilC.I.1.b).

1503 Auf den negativen Einfluss von Unabhängigkeit auf die Qualifikation verweist *Scholderer*, NZG 2012, 168.

1504 *Hüffer* in: Hüffer AktG § 100 Rn. 7a m.w.N.; *Cahn* in: Veil, Unternehmensrecht in der Reformdiskussion, 2013, S. 139, 156 m.w.N.; *Weber-Rey* in: Veil, Unternehmensrecht in der Reformdiskussion, 2013, S. 161, 166.

1505 Dazu oben 3.TeilC.III.1.b).

e) Individuelle Zuwendungen durch einzelne Aktionäre

Individuelle Aufsichtsratsvergütungen können sich auch daraus ergeben, dass einzelne Aufsichtsratsmitglieder für ihre Tätigkeit zusätzlich von Personen aus dem Aktionärskreis oder Gesellschaften außerhalb einer ggf. bestehenden Konzernstruktur erhalten. Diese sog. Drittvergütungen wurden für das US-System bereits 2007 vorgeschlagen[1506] und auch in Deutschland teilweise für zulässig erachtet.[1507] Jedoch sind sie bereits aus Zuständigkeitsgesichtspunkten nach § 113 Abs. 1 S. 2 AktG abzulehnen.[1508]

Doch auch im Rahmen der übrigen Voraussetzungen des § 113 Abs. 1 AktG gibt es Bedenken, dass Drittvergütungen rechtmäßig sind. Für deren Zulässigkeit wird der Nebenamtscharakter der Aufsichtsratstätigkeit vorgebracht, sodass bereits das Gesetz davon ausgehe, dass Vergütungen durch Dritte zulässig seien.[1509] Denn für andere Tätigkeiten außerhalb des Aufsichtsrats können rechtmäßige Vergütungszahlungen von Dritten gewährt werden.[1510] Diese Begründung baut jedoch auf einem unzutreffenden Vergleich auf. Denn während die angeführte Vergütung für weitere Ämter dazu führt, dass verschiedene Vergütungen jeweils für die verschiedenen Ämter gezahlt werden, betrifft der Fall der Drittvergütung die Situation, dass verschiedene Vergütungszahlungen für dasselbe Amt gezahlt werden.[1511] Zulässige Drittvergütungen für Tätigkeiten außerhalb des Aufsichtsrats implizieren somit nicht automatisch die Zulässigkeit von Drittvergütungen für Aufsichtsratstätigkeiten.

Wenn die Anwendung des Angemessenheitskriteriums aus § 113 Abs. 1 S. 3 AktG mit der Begründung ausgeschlossen wird, dass dessen Telos eine Rechtskontrolle der Aktionäre ermöglichen soll,[1512] wird der Zweck mit dem Telos des § 113 Abs. 1 S. 2 AktG vermischt.[1513] Zweck des § 113 Abs. 1 S. 3 AktG ist lediglich der Schutz des Gesellschaftsvermögens vor überhöhten Vergütungen und einer Vorbeugung von bestimmten Interessenkonflikten.[1514] Daher ist die Lösung dieser Konflikte jedoch nicht in der Angemessenheit i. S. d. § 113 Abs. 1 S. 3 AktG zu behandeln, sondern bereits auf der Ebene der Zuständigkeit zu finden.[1515]

1506 *Hamdani/Kraakman,* 105 Mich. L. Rev. (2007), 1677, 1708.

1507 *Haarmann* in: FS Hüffer, 2010, S. 243, 253; *Neuhaus/Gellißen,* NZG 2011, 1361 ff., ihnen folgend *Grigoleit/Tomasic* in: Grigoleit AktG § 113 Rn. 1; *Habersack* in: MünchKommAktG § 113 Rn. 9.

1508 Dazu oben 3.TeilB.I.2.c).

1509 *Neuhaus/Gellißen,* NZG 2011, 1361, 1362.

1510 *Neuhaus/Gellißen,* NZG 2011, 1361, 1362.

1511 Dies sehen wohl auch *Neuhaus/Gellißen,* NZG 2011, 1361, 1363 f., allerdings erst in dem davon zu unterscheidenden Gesichtspunkt eines Interessenkonflikts.

1512 So *Neuhaus/Gellißen,* NZG 2011, 1361, 1363.

1513 Zum Telos des § 113 Abs. 1 S. 2 AktG oben 3.TeilB.I.1.a).

1514 Dazu oben 3.TeilC.I.2.a).

1515 Dazu oben 3.TeilB.I.2.c); aA *Neuhaus/Gellißen,* NZG 2011, 1361, 1362, die dies im Rahmen der Angemessenheit beleuchten.

Dass der Gleichbehandlungsgrundsatz sich nicht auf die Drittvergütung bezieht, weil er sich nur an die Gesellschaft richte,[1516] trifft nicht den Kern des Problems. Eine Drittvergütung ist eine Vergütung für die Tätigkeit im Aufsichtsrat. Der Gleichbehandlungsgrundsatz hat die Aufsichtsratsvergütung im Zusammenhang mit den Rechten und Pflichten der Aufsichtsratsmitglieder zum Gegenstand.[1517] Der Gleichbehandlungsgrundsatz richtet sich an die Anteilseigner.[1518] Daher muss auch im Rahmen der Gleichbehandlung die Zuständigkeitsregel des § 113 Abs. 1 S. 2 AktG beachtet werden und kann nicht dazu benutzt werden, um Drittvergütungen zu rechtfertigen.[1519] Denn dies würde voraussetzen, dass Drittvergütungen zulässig sind. Wenn darauf abgestellt wird, dass die zwingende Zuständigkeit der Hauptversammlung nur für Vergütungen gelte, die von der Gesellschaft gewährt werden,[1520] trifft dies nicht den Zweck des § 113 Abs. 1 S. 2 AktG. Zwar deutet im Wortlaut die Bezugnahme auf die Hauptversammlung oder Satzung darauf hin, dass grds. nur Vergütungen gemeint sein sollen, die von der Gesellschaft ausgehen.[1521] Andererseits besteht in § 113 Abs. 1 S. 2 AktG ein Informationszweck für die Anteilseigner, indem jegliche Vergütungen für die Aufsichtsratstätigkeit durch sie selbst beschlossen werden müssen.[1522] Diesem Zweck wird eine Drittvergütung nicht gerecht, die außerhalb der Kontrollmöglichkeit der Hauptversammlung liegt.[1523] Im Ergebnis sind somit Aufsichtsratsvergütungen als individuelle Zuwendungen durch einzelne Aktionäre mit § 113 Abs. 1 S. 3 AktG unvereinbar.

1516 *Neuhaus/Gellißen,* NZG 2011, 1361, 1363.

1517 Dazu oben 3.TeilC.I.2.c)cc).

1518 Dazu oben 3.TeilC.I.2.c)cc)(3).

1519 Dazu *Neuhaus/Gellißen,* NZG 2011, 1361, 1363, die auf widersprüchliche Ergebnisse hinweisen, die bei Anwendung der Gleichbehandlung auf Drittvergütungen durch den Zwang der Hauptversammlung zur Anhebung der Vergütung der übrigen Mitglieder entstehen würde.

1520 So aber *Neuhaus/Gellißen,* NZG 2011, 1361, 1363.

1521 So wohl auch das Verständnis von *Neuhaus/Gellißen,* NZG 2011, 1361, 1363.

1522 Siehe oben 3.TeilB.I.1.a).

1523 S. o. 3.TeilB.I.2.c)aa)(2).

f) Zeitlicher Vergütungsmaßstab: Tagegeld oder Stundenhonorar

Zeitliche Anknüpfungspunkte wie eine Vergütung auf Stundenbasis[1524] oder in Form eines Tageshonorars[1525] werden ebenfalls als Vergütungsbestandteile diskutiert.[1526] Eine Vergütung müsste sich bei einem Stundenhonorar entweder an den individuellen Eigenheiten jedes einzelnen Aufsichtsratsmitglieds orientieren, oder es wird ein pauschaler Zeitwert für jede einzelne Aufgabe für die mit der Aufgabe betrauten Aufsichtsratsmitglieder festgelegt, anhand dessen sich die Vergütung zu bemessen hat. Nach gleichem Muster müsste sich auch ein entsprechendes Tageshonorar berechnen. Positiv erscheint hierbei, dass damit der zeitliche Aufwand besser abgegolten werden könnte.[1527] Allerdings wird diese Vergütungsart auch sehr skeptisch betrachtet.[1528] Denn sie wäre abhängig von einer detailgenauen zeitlichen Erfassung der Aufsichtsratstätigkeit bzw. von der Zuweisung eines bestimmten Zeitwerts für eine Aufgabe, was aus Praktikabilitätsgründen schwierig erscheint.[1529] Denn nicht immer lässt sich die aufgewendete Zeit eindeutig bestimmen und nicht jedes Aufsichtsratsmitglied verwendet denselben zeitlichen Aufwand für eine Aufgabe wie die anderen Aufsichtsratsmitglieder. Die Defizite bei der genauen Zeitberechnung würden letzten Endes zulasten der Hauptversammlung gehen, die aufgrund ihrer geringen Kontrollmöglichkeiten die Vergütung nur aufgrund vorgegebener Angaben beschließt.[1530] Auf der anderen Seite kann diese Vergütungsart im Rahmen einer

---

1524 *Mäger*, BB 1999, 1389, 1391; *Heussen*, NJW 2001, 708, 710; *Siegel* in: FS Pohle, 2003, S. 405, 414 f.; *Haarmann* in: FS Hüffer, 2010, S. 243, 252; *Berger*, Die Kosten der Aufsichtsratstätigkeit in der Aktiengesellschaft, 2000, S. 83 f.; *Plagemann*, Die Vergütung des Aufsichtsrats in der börsennotierten Aktiengesellschaft, 2008, S. 59, 183; *Ludwig*, Die Vergütung des Aufsichtsrats, 2011, S. 222 f.

1525 *Heussen*, NJW 2001, 708, 710; *Böcking* in: FS Krumnow, 2004, S. 563, 586; *Hopt/Roth* in: Großkommentar AktG § 113 Rn. 33; *Berger*, Die Kosten der Aufsichtsratstätigkeit in der Aktiengesellschaft, 2000, S. 81 ff.

1526 *Böcking/Dutzi* in: Seicht, Controlling interne Revision Segmentberichterstattung, 2004, S. 391, 402 f.

1527 *Mäger*, BB 1999, 1389, 1391; *Siegel* in: FS Pohle, 2003, S. 405, 414; *Hopt/Roth* in: Großkommentar AktG § 113 Rn. 33.

1528 *Mäger*, BB 1999, 1389, 1391; *Siegel* in: FS Pohle, 2003, S. 405, 415; *Habersack* in: MünchKommAktG § 113 Rn. 11; *Mertens/Cahn* in: Kölner Komm. AktG § 113 Rn. 30; aA *Heussen*, NJW 2001, 708, 710, der insbesondere eine Koppelung mit einer Gewinnbeteiligung nach § 113 Abs. 3 AktG vorschlägt.

1529 *Mäger*, BB 1999, 1389, 1391; *Siegel* in: FS Pohle, 2003, S. 405, 415; *Haarmann* in: FS Hüffer, 2010, S. 243, 252; *Habersack* in: MünchKommAktG § 113 Rn. 11; *Hambloch-Gesinn/Gesinn* in: Hölters AktG § 113 Rn. 17; *von Frankenberg und Ludwigsdorf*, Bedeutung und Grenzen der Gleichbehandlung der Aufsichtsratsmitglieder in der Aktiengesellschaft, 2006, S. 211; *Plagemann*, Die Vergütung des Aufsichtsrats in der börsennotierten Aktiengesellschaft, 2008, S. 59; bzgl. Tageshonorar *Hopt/Roth* in: Großkommentar AktG § 113 Rn. 33.

1530 *Habersack* in: MünchKommAktG § 113 Rn. 11; *Hambloch-Gesinn/Gesinn* in: Hölters AktG § 113 Rn. 17.

abstrakten Berechnungsweise auch zulasten der Aufsichtsratsmitglieder gehen, da eine solche Berechnung nicht immer den notwendigen Arbeitseinsatz und der Verantwortung der Aufsichtsratsmitglieder Rechnung trägt.[1531] Dies kommt insbesondere bei besonders qualifizierten Aufsichtsratsmitgliedern zum Vorschein, die trotzt einer abstrakten Zeitvergütung ihre gesamte Qualifikation in die Tätigkeit miteinbringen müssen.[1532]

Jedenfalls erscheint ein zeitlicher Vergütungsmaßstab anhand eines Stundenhonorars nicht generell unzulässig.[1533] Wenn dagegen vorgebracht wird, dass nur ein Aufgaben- bzw. Tätigkeitsbezug zulässiger Anknüpfungspunkt für eine Vergütung i. S. d. § 113 Abs. 1 AktG sein kann,[1534] so lässt dies außer Acht, dass es im Rahmen der „Tätigkeit" i. S. d. § 113 Abs. 1 S. 1 AktG auf eine konkrete Leistung ankommt, die vergütet werden kann.[1535] Solange eine genaue Zeitbestimmung für die ausgeübte Tätigkeit möglich ist, lässt sich der eingesetzte Zeitfaktor als rechnerische Einheit für eine Tätigkeitsvergütung benutzen, sodass eine hinreichende Bestimmbarkeit als sachlicher Grund für eine Vergütungsdifferenzierung vorliegt.[1536] Es bleibt somit bei einer Vergütung für eine Tätigkeit, auch wenn die eingesetzte Zeit als Berechnungseinheit für die Vergütungshöhe benutzt wird. Abstrakt ist somit ein zeitlicher Vergütungsmaßstab durchaus zulässig. Die Rechtmäßigkeit hängt allerdings von der konkreten Ausgestaltung im Einzelfall ab, die eine hinreichende Bestimmung des Zeitfaktors und dessen Verbindung zu den Tätigkeiten und Aufgaben der Aufsichtsratsmitglieder erkennbar machen muss.

g) Individuelle Vergütung für besondere Tätigkeiten

Wenn ein einzelnes Aufsichtsratsmitglied besondere Tätigkeiten ausübt, die noch in den Rahmen der Aufsichtsratsaufgaben fallen und somit nur unter Berücksichtigung des § 113 AktG vergütet werden kann, stellt sich die Frage, ob und wie diese Individualvergütung zulässig ist.

Ein Beispiel für eine besondere Tätigkeit eines einzelnen Aufsichtsratsmitglieds stellt die Erledigung eines Prüfauftrags gem. § 111 Abs. 2 S. 1, 2 AktG dar. Eine Delegationsmöglichkeit dieser Aufgabe an ein einzelnes Aufsichtsratsmitglied ist hier bereits gesetzlich vorgesehen. Für die Ausführung dieser Tätigkeit kann das

---

1531 *Mertens/Cahn* in: Kölner Komm. AktG § 113 Rn. 30.

1532 *Hopt/Roth* in: Großkommentar AktG § 113 Rn. 33.

1533 In diese Richtung aber *Ludwig*, Die Vergütung des Aufsichtsrats, 2011, S. 222 f.

1534 *Ludwig*, Die Vergütung des Aufsichtsrats, 2011, S. 223.

1535 S.o. 3.TeilC.I.1.a).

1536 *Böcking/Dutzi* in: Seicht, Controlling interne Revision Segmentberichterstattung, 2004, S. 391, 402 f.; *von Frankenberg und Ludwigsdorf*, Bedeutung und Grenzen der Gleichbehandlung der Aufsichtsratsmitglieder in der Aktiengesellschaft, 2006, S. 211.

Aufsichtsratsmitglied auch eine individuelle Vergütung i. S. d. § 113 Abs. 1 AktG bekommen.[1537]

Jedoch hat weder der Aufsichtsrat dazu die alleinige Kompetenz, wie es zum Teil für Tätigkeiten angenommen wird, die eine besondere Arbeitsbelastung darstellen,[1538] noch kann die Satzung den Aufsichtsrat dazu abstrakt ermächtigen, im Falle besonderer Arbeitsbelastungen Sondervergütungen zu gewähren.[1539] Denn eine abstrakte Ermächtigung beziffert nicht die zu gewährende Vergütung, was dem Verbot der Selbstbedienung und dem Transparenzzweck des § 113 Abs. 1 S. 2 AktG[1540] widerspricht.[1541] Ein Vergleich mit einem sachverständigen Dritten, der auch seitens des Aufsichtsrats beauftragt werden müsste, kann nicht vorgenommen werden.[1542] Denn der Dritte ist kein Aufsichtsratsmitglied, sodass dieser auch nicht den Beschränkungen des § 113 Abs. 1 S. 2 AktG unterliegt.[1543] § 114 AktG kann ebenfalls nicht als Begründung für eine Vergütungskompetenz des Aufsichtsrats herangezogen werden.[1544] Denn § 114 AktG regelt den abweichenden Fall der Honorierung einer Tätigkeit außerhalb der Aufsichtsratstätigkeit.[1545] Zudem wird dem Aufsichtsrat durch § 114 AktG nur ein Zustimmungserfordernis auferlegt, das vom Abschluss eines Beratungsvertrags mit dem Vorstand zu unterscheiden ist.[1546] § 114 AktG umfasst daher ebenfalls keine originäre Festsetzungskompetenz, sodass hieraus nicht auf eine Festsetzungskompetenz des Aufsichtsrats aus § 113 AktG geschlossen werden kann. Auch eine Vergütung auf schuldrechtlicher Basis kommt

---

1537 OLG Stuttgart, Urt. v. 19.04.1991 – 12 U 206/90, AG 1991, 404; *Vetter* in: Marsch-Barner/Schäfer, Hdb. börsennotierte AG, 2014, § 29 Rn. 47; allgemein für die Hauptversammlungskompetenz zur Gewährung von Vergütungen für einzelne Mitglieder *Wagner* in: von Schenck, Arbeitshandbuch für Aufsichtsratsmitglieder, 2013, § 11 Rn. 8; zurückhaltender *Hopt/Roth* in: Großkommentar AktG § 113 Rn. 106.

1538 So aber *Lehmann,* DB 1966, 1757 f.; ihm folgend *Säcker,* NJW 1979, 1521, 1526; aA *Vetter,* AG 2006, 173, 175; *Spindler* in: Spindler/Stilz AktG § 113 Rn. 32 m.w.N; *Hoffmann-Becking* in: MünchHdb AG § 33 Rn. 18 m.w.N.

1539 So aber *Schlegelberger/Quassowski* in: Schlegelberger/Quassowski AktG 1937 § 98 Rn. 9; *Lehmann,* DB 1966, 1757 ff.; aA zu Recht, siehe nur BGH, Urt. v. 25.03.1991 – II ZR 188/89, BGHZ 114, 127, 131 ff. m.w.N. = NJW 1991, 1830, 1831 f.; *Fischer,* BB 1967, 859, 861 f.; *Bernhardt,* BB 1967, 863 ff; *Mäger,* BB 1999, 1389, 1390; *Mertens* in: FS Steindorff, 1990, S. 173, 183 ff.; *Peltzer* in: FS Zimmerer, 1997, S. 377, 381; *Hopt/Roth* in: Großkommentar AktG § 113 Rn. 103 ff. m.w.N.; *Mertens/Cahn* in: Kölner Komm. AktG § 113 Rn. 6 m.w.N.

1540 S.o. 3.TeilB.I.1.a).

1541 *Fischer,* BB 1967, 859, 861 f.; *Hopt/Roth* in: Großkommentar AktG § 113 Rn. 105 (Vermeidung von Interessenkollisionen und Missbrauchsverhinderung).

1542 So aber *Lehmann,* DB 1966, 1757, 1758.

1543 *Fischer,* BB 1967, 859, 862; *Bernhardt,* BB 1967, 863, 865.

1544 AA *Lehmann,* DB 1966, 1757, 1758.

1545 *Fischer,* BB 1967, 859, 862; *Bernhardt,* BB 1967, 863.

1546 *Fischer,* BB 1967, 859, 862.

nicht in Betracht,[1547] da der Anwendungsbereich des § 113 Abs. 1 AktG eröffnet ist, der gem. § 113 Abs. 1 S. 2 AktG entweder eine Satzungsbestimmung oder einen Hauptversammlungsbeschluss fordert.[1548] Die früher noch nach § 98 AktG 1937 eröffnete Möglichkeit zu Sondervereinbarungen[1549] erklärte sich unter anderem damit, dass das Rechtsverhältnis zwischen der Gesellschaft und dem Aufsichtsratsmitglied damals noch von einem Dienstvertrag gekennzeichnet war,[1550] was eine Vereinbarung auf schuldrechtlicher Ebene ermöglichte. Da der Aufsichtsratstätigkeit gegenwärtig aber nur ein Bestellungsakt zugrunde liegt, kommt eine vertragliche Grundlage nicht mehr in Betracht.[1551] Eine Vergütung für besondere Tätigkeiten ist somit auf einen Hauptversammlungsbeschluss oder eine Satzungsbestimmung angewiesen,[1552] der die Vergütungshöhe und den Vergütungszweck genau beziffert.

Die Rspr. konstatiert hierfür, dass Sondervergütungen nur gewährt werden können, wenn sie durch einen Hauptversammlungsbeschluss festgelegt wurden.[1553] Teilweise weist die Rspr. darauf hin, dass Beratungsverträge, die Aufsichtsratspflichten zum Gegenstand haben, ohne ausdrücklichen Hauptversammlungsbeschluss gem. § 134 BGB nichtig sind.[1554] Diese Formulierungen bedürfen einer Klarstellung.

1547 So aber wohl OLG Stuttgart, Urt. v. 19.04.1991 – 12 U 206/90, AG 1991, 404, wenn es davon ausgeht, dass durch die gewährende Hauptversammlung und das annehmende Aufsichtsratsmitglied ein Vertrag zustande kommt; aA *Mertens* in: FS Steindorff, 1990, S. 173, 183 ff.; BGH, Urt. v. 25.03.1991 – II ZR 188/89, BGHZ 114, 127, 133 f. = NJW 1991, 1830, 1832; *Hüffer* in: Hüffer AktG § 113 Rn. 5; *Hopt/Roth* in: Großkommentar AktG § 113 Rn. 17; *Habersack* in: MünchKommAktG § 113 Rn. 27; *Spindler* in: Spindler/Stilz AktG § 113 Rn. 32; *Breuer/Fraune* in: Heidel AktG § 113 Rn. 8; *Grigoleit/Tomasic* in: Grigoleit AktG § 113 Rn. 4.

1548 *Fischer*, BB 1967, 859, 862; *Bernhardt*, BB 1967, 863, 865.

1549 *Schlegelberger/Quassowski* in: Schlegelberger/Quassowski AktG 1937 § 98 Rn. 9.

1550 *Schlegelberger/Quassowski* in: Schlegelberger/Quassowski AktG 1937 § 98 Rn. 10, 12.

1551 BGH, Urt. v. 25.03.1991 – II ZR 188/89, BGHZ 114, 127, 134 = NJW 1991, 1830, 1832.

1552 *Fischer*, BB 1967, 859, 861 f.; *Mertens* in: FS Steindorff, 1990, S. 173, 177 f.; BGH, Urt. v. 25.03.1991 – II ZR 188/89, BGHZ 114, 127, 133 = NJW 1991, 1830, 1832; BGH, Urt. v. 04.07.1994 – II ZR 197/93, BGHZ 126, 340, 344 f. = AG 1994, 508, 509; *Mäger*, BB 1999, 1389, 1391; *Vetter*, AG 2006, 173, 175; *Lorenz/Pospiech*, NZG 2011, 81, 83; *Maser/Göttle*, NZG 2013, 201, 208; *Hüffer* in: Hüffer AktG § 113 Rn. 5; *Habersack* in: MünchKommAktG § 113 Rn. 27; *Hopt/Roth* in: Großkommentar AktG § 113 Rn. 103 ff.; *Mertens/Cahn* in: Kölner Komm. AktG § 113 Rn. 11; *Spindler* in: Spindler/Stilz AktG § 113 Rn. 32; *Drygala* in: Schmidt-Lutter AktG § 113 Rn. 13; *Grigoleit/Tomasic* in: Grigoleit AktG § 113 Rn. 17; *Wagner* in: von Schenck, Arbeitshandbuch für Aufsichtsratsmitglieder, 2013, § 11 Rn. 14; wohl auch OLG Stuttgart, Urt. v. 19.04.1991 – 12 U 206/90, AG 1991, 404, jedoch mit vertraglichem Charakter; aA *Lehmann*, DB 1966, 1757 ff.

1553 BGH, Beschluss v. 27. 4. 2009 – II ZR 160/08, NZG 2009, 1027, 1028 Rn. 6 = ZIP 2009, 1661, 1662 Rn. 6.

1554 BGH, Urt. v. 20.11.2006 – II ZR 279/05, BGHZ 170, 60, 65 Rn. 13 = AG 2007, 80, 81 Rn. 13; BGH, Urteil v. 2. 4. 2007 – II ZR 325/05, NZG 2007, 516, 518 Rn. 15 = ZIP

Wenn die Rspr. nach ihrem Wortlaut ausgelegt würde, ergibt sich im Umkehrschluss, dass Beratungsverträge über originäre Aufsichtsratsaufgaben wirksam abgeschlossen werden könnten, soweit sie durch einen Hauptversammlungsbeschluss legitimiert sind.[1555] Ebenso spricht sich ein Teil der Literatur dafür aus, indem sie in dem Zustimmungsbeschluss eine Sondervergütung sieht, die den Vertrag wirksam werden lässt.[1556] Diese Vorgehensweise ist jedoch unzulässig. Das Zusammenspiel der §§ 113, 114 AktG regelt abschließend die Vergütungsfragen für Tätigkeiten innerhalb und außerhalb der Aufsichtsratsaufgaben.[1557] Für Tätigkeiten innerhalb der Aufsichtsratsaufgaben sieht das AktG nur eine Vergütungsregelung durch Hauptversammlungsbeschluss oder Satzungsregelung vor. Eine vertragliche Vergütungsgrundlage ist hierfür nicht vorgesehen. Somit kann es auch keine Beratungsverträge über gesetzliche Aufsichtsratsaufgaben geben, denen die Hauptversammlung per Beschluss zustimmt. Im Übrigen verweist die dahingehende Rspr.[1558] auf frühere Urteile[1559], in denen Beratungsverträge über Tätigkeiten innerhalb der Aufsichtsratspflichten als unzulässig betrachtet werden. Es bleibt somit bei dem notwendigen Hauptversammlungsbeschluss oder einer Satzungsbestimmung.

Weiterhin gilt es das Angemessenheitsgebot zu beachten.[1560] Wenn die Aufgabe jedoch wie im Fall des § 111 Abs. 2 S. 2, 1. Alt. AktG auf ein einzelnes Aufsichtsratsmitglied übertragen wurde und die Vergütung daher an eine Individualtätigkeit anknüpft, dann steht dies im Einklang mit dem Gleichbehandlungsgrundsatz. Denn

---

2007, 1056, 1058 Rn. 15; OLG Köln, Urt. v. 31. 1. 2013 – 18 U 21/12 (nicht rechtskräftig), ZIP 2013, 516, 518 = BB 2013, 592, 593.

1555 Sehr deutlich wird diese Auslegung bei OLG Köln, Urt. v. 31. 1. 2013 – 18 U 21/12 (nicht rechtskräftig), ZIP 2013, 516, 518 = BB 2013, 592, 593.

1556 *Bosse*, NZG 2007, 172, 174; wohl auch *Peltzer*, ZIP 2007, 305, 306 f.; aA *Semler* in: MünchKomm AktG, 2. Auflage § 114 Rn. 81 und *Mertens* in: Kölner Komm. AktG, 2. Auflage § 114 Rn. 12, mit der Auffassung, dass die Hauptversammlung nur eine dem Vertrag entsprechende Sondervergütung gewähren kann.

1557 S.o. 3.TeilB.I.2.d).

1558 BGH, Urt. v. 20.11.2006 – II ZR 279/05, BGHZ 170, 60, 65 Rn. 13 = AG 2007, 80, 81 Rn. 13; BGH, Urteil v. 2. 4. 2007 – II ZR 325/05, NZG 2007, 516, 518 Rn. 15 = ZIP 2007, 1056, 1058 Rn. 15; OLG Köln, Urt. v. 31. 1. 2013 – 18 U 21/12 (nicht rechtskräftig), ZIP 2013, 516, 518 = BB 2013, 592, 593.

1559 BGH, Urt. v. 25.03.1991 – II ZR 188/89, BGHZ 114, 127, 129, 131 = NJW 1991, 1830, 1831; BGH, Urt. v. 04.07.1994 – II ZR 197/93, BGHZ 126, 340, 344 = AG 1994, 508, 509; BGH, Urt. v. 03.07.2006 – II ZR 151/04, BGHZ 168, 188, 197 f. Rn. 16 = ZIP 2006, 1529, 1532 f. Rn. 16.

1560 *Maser/Göttle*, NZG 2013, 201, 208; deshalb für unzulässig erachtend *Hambloch-Gesinn/Gesinn* in: Hölters AktG § 113 Rn. 32; ebenso *Fischer*, BB 1967, 859, 861 f.; zurückhaltend wegen einer Anfechtungsgefahr durch eine mögliche Verletzung des Gleichbehandlungsgrundsatzes *Hopt/Roth* in: Großkommentar AktG § 113 Rn. 106.

dann führt die besondere Aufgabe zu einer intensiveren Tätigkeit, die als sachlicher Grund eine höhere Vergütung rechtfertigt.[1561]

Fraglich ist jedoch, ob die Möglichkeit von Sondervergütungen nur für gesetzlich vorgesehene Individualaufgaben gewährt werden kann. Nach einer Ansicht kann die konkrete Leistung als sachlicher Differenzierungsgrund dienen.[1562] Dies lässt sich bereits damit begründen, dass Sondervergütungen für besondere Tätigkeiten (so für einen Auftrag nach § 111 Abs. 2 S. 2 AktG) von der Hauptversammlung gewährt werden dürfen.[1563] Als sachlicher Differenzierungsgrund steht dies im Einklang mit dem Gleichbehandlungsgrundsatz.[1564] Wenn schon der Ausnahmefall einer Vergütung für besondere Tätigkeiten zulässig sein soll, besteht umso mehr Grund dafür, eine Vergütung für die übliche Tätigkeit i.S.v. Leistung zuzulassen. Denn auch die Zulässigkeit einer Funktionsdifferenzierung ist dogmatisch das Resultat des § 113 Abs. 1 S. 1, S. 3 AktG.[1565] Der Tätigkeitsbegriff als grundsätzlicher Vergütungsmaßstab[1566] ist im Zusammenhang mit den Aufgaben der Aufsichtsratsmitglieder zu sehen. Aus den Aufgaben resultiert die Funktion im Aufsichtsrat,[1567] entweder als normales Mitglied oder mit einer besonderen Stellung. Eine isolierte Betrachtung der „Aufgaben" aus § 113 Abs. 1 S. 3 AktG muss für sich genommen aber noch keine Vergütungsdifferenzierung rechtfertigen. Davon geht auch die Gesetzesbegründung zum KonTraG aus, indem sie auf den „tatsächlichen Einsatz" von Vorsitzenden und Ausschussmitgliedern abstellt.[1568] Daher ist auch ein Leistungsbezug neben

---

1561 Dazu s.o. 3.TeilC.I.2.c)cc)(4).

1562 *Berger*, Die Kosten der Aufsichtsratstätigkeit in der Aktiengesellschaft, 2000, S. 56 m.w.N.; wohl auch *Mertens/Cahn* in: Kölner Komm. AktG § 113 Rn. 10, die leistungsbezogene Differenzierungen zulassen; aA *Wagner* in: von Schenck, Arbeitshandbuch für Aufsichtsratsmitglieder, 2013, § 11 Rn. 58, die an anderer Stelle (§ 11 Rn. 14) jedoch eine Sondervergütung für besondere Leistungen zulässt; *Kort* in: FS Hüffer, 2010, S. 483, 488; zwischen Leistungsbeurteilung durch die Hauptversammlung (unzulässige Vergütung) und Leistungsbeurteilung durch den Aufsichtsrat selbst (zulässig) differenzierend: *Plagemann*, Die Vergütung des Aufsichtsrats in der börsennotierten Aktiengesellschaft, 2008, S. 185 f.

1563 OLG Stuttgart, Urt. v. 19.04.1991 – 12 U 206/90, AG 1991, 404.

1564 *Vetter* in: Marsch-Barner/Schäfer, Hdb. börsennotierte AG, 2014, § 29 Rn. 47; *Hopt/Roth* in: Großkommentar AktG § 113 Rn. 106, jedoch mit Bedenken aufgrund der Gleichbehandlungspflicht.

1565 *Grigoleit/Tomasic* in: Grigoleit AktG § 113 Rn. 20; *Henssler* in: Henssler/Strohn AktG § 113 Rn. 5.

1566 Siehe dazu schon oben 3.TeilC.I.1.a).

1567 *Hopt/Roth* in: Großkommentar AktG § 113 Rn. 70; *Habersack* in: MünchKommAktG § 113 Rn. 39, der wohl im Rahmen des § 113 Abs. 1 S. 3 die „Aufgaben" anstatt der „Tätigkeit" meint; *Mertens/Cahn* in: Kölner Komm. AktG § 113 Rn. 9, 31; *Drygala* in: Schmidt-Lutter AktG § 113 Rn. 14; *Wagner* in: von Schenck, Arbeitshandbuch für Aufsichtsratsmitglieder, 2013, § 11 Rn. 14; wohl gleichsetzend *Ludwig*, Die Vergütung des Aufsichtsrats, 2011, S. 174.

1568 Begr. Reg-E BT-Drucks. 13/9712, S. 16.

dem reinen Funktionsbezug herzustellen,[1569] damit rein abstrakte Aufgaben, ohne nachgewiesene Tätigkeit nicht vergütet werden.[1570] Auch werden dadurch Differenzierungen zwischen gewählten Ausschussmitgliedern und solchen ermöglicht, die gem. § 109 Abs. 2 AktG nur beratend oder sporadisch an der Ausschussarbeit teilnehmen.[1571] Der tatsächliche Aufwand zur Ausübung der Aufsichtsratstätigkeit ist damit ein Anknüpfungspunkt, der auch im Gesetz wiederzufinden ist.[1572] Sofern die Leistung auch hinreichend bestimmbar ist,[1573] sind die Voraussetzungen eines sachlichen Grundes erfüllt, sodass der Gleichbehandlungsgrundsatz gewahrt ist.

Unter der Voraussetzung, dass die Leistung demnach messbar ist, stellt eine Leistungsvergütung ein zulässiges Vergütungskriterium dar. Eine individuelle Vergütung für bestimmte Aufgaben könnte dabei praktisch mittels der Berichterstattung des Aufsichtsrats an die Hauptversammlung durchgesetzt werden. Gem. § 171 Abs. 2 AktG hat der Aufsichtsrat in diesem Bericht, der zur Grundlage des Entlastungsbeschlusses gemacht wird, über seine Tätigkeiten zu berichten.[1574] Wenn eine Vergütung zusammen mit dem Entlastungsbeschluss festgesetzt wird, kann auf dieser Grundlage auch den Zwecken des § 113 Abs. 1 S. 2 AktG nach Transparenz und Rechtskontrolle Rechnung getragen werden. Das Restrisiko einer Selbstbedienung bleibt hingegen bestehen, da eine Überprüfung dieser Angaben durch die Hauptversammlung nicht möglich sein wird.

h) Zuwendungen an ein zukünftiges Aufsichtsratsmitglied zum Eintritt in den Aufsichtsrat

Als individueller Vergütungsbestandteil kann auch eine Prämie an eine Person zu sehen sein, die aufgrund der Prämie zur Amtsübernahme eines Aufsichtsratsmandats bewegt werden soll. Dabei wird jedoch eine reine Anwerberprämie für unzulässig gehalten.[1575] Dagegen fällt eine Abfindung an ein ehemaliges Vorstandsmitglied, der daraufhin (unter Beachtung der cooling-off-Voraussetzungen gem.

1569 Vom Leistungsbezug neben der Funktion sprechen auch *Hopt/Roth* in: Großkommentar AktG § 113 Rn. 68; *Habersack* in: MünchKommAktG § 113 Rn. 30.

1570 Zur Vergütung bei Untätigkeit siehe 3.TeilC.I.1.a).

1571 *Simons*, AG 2013, 547, 553.

1572 *Koberski* in: Wlotzke/Wißmann/Koberski/Kleinsorge MitbestR § 25 Rn. 76, 86; *Raiser/Veil* in: MitbestG § 25 Rn. 104.

1573 Dies als problematisch ansehend *von Frankenberg und Ludwigsdorf*, Bedeutung und Grenzen der Gleichbehandlung der Aufsichtsratsmitglieder in der Aktiengesellschaft, 2006, S. 211.

1574 LG München I, Urt. v. 10.03.2005 – 5 HKO 18110/04, AG 2005, 408, = ZIP 2005, 1031, 1032; OLG Stuttgart, Urt. v. 15.03.2006 – 20 U 25/05, AG 2006, 379, 380 = ZIP 2006, 756, 758; *Hüffer* in: Hüffer AktG § 171 Rn. 12; *Vetter*, ZIP 2006, 257, 258; *ders.* in: Marsch-Barner/Schäfer, Hdb. börsennotierte AG, 2014, § 26 Rn. 53; nur der Umfang der Berichtspflicht ist umstritten.

1575 *Dreher* in: FS K. Schmidt, 2009, S. 233, 240; *Spindler* in: Spindler/Stilz AktG § 113 Rn. 30.

§ 100 Abs. 2 S. 1 Nr. 4 AktG) in den Aufsichtsrat wechseln soll, nicht unter den Anwendungsbereich des § 113 AktG und ist als zulässig zu betrachten.[1576] Denn ob das ausscheidende Vorstandsmitglied tatsächlich in den Aufsichtsrat einzieht, ist von der Entscheidung Dritter wie i. d. R. den Anteilseignern abhängig und damit vor der Wahl noch nicht gesichert.[1577]

Um die Rechtmäßigkeit einer Prämie zu bestimmen, ist es somit notwendig, den genauen Anknüpfungspunkt der Prämie zu bestimmen. Wenn sie eine vorherige Leistung aus einem anderen Rechtsverhältnis honorieren soll (z. B. eine Vorstandstätigkeit), so ist sie allein nach den Regeln aus diesem Rechtsverhältnis zu beurteilen.[1578] Knüpft sie jedoch bereits schon an das zukünftige Rechtsverhältnis zwischen der Gesellschaft und dem Aufsichtsratsmitglied an, so ist sie nach § 113 AktG zu beurteilen.[1579] Folglich sind reine Anwerberprämien für zukünftige Aufsichtsratsmitglieder nicht von § 113 Abs. 1 S. 1 AktG gedeckt, da das zukünftige Aufsichtsratsmitglied noch keine Tätigkeit aus seiner (noch nicht existenten) Organstellung ausgeübt hat. Ohne den Vergütungsgrund der Tätigkeit aus § 113 Abs. 1 S. 1 AktG ist demnach auch keine Aufsichtsratsvergütung zulässig.

i) Abfindungen bei Ausscheiden aus dem Aufsichtsrat

Eine Individualvergütung stellt es auch dar, wenn einem Aufsichtsratsmitglied bei vorzeitigem Verlassen des Aufsichtsratsamts eine Abfindung gewährt würde, um damit die restliche Bestellungszeit abzugelten.

Nach einer Ansicht sind Abfindungen mit einer entsprechenden Hauptversammlungsbewilligung rechtmäßig.[1580] Dem ist jedoch entgegenzuhalten, dass ein Aufsichtsratsmitglied bei vorzeitigem Ausscheiden aus dem Aufsichtsratsamt nur einen Anspruch auf den seiner Tätigkeitszeit entsprechenden Teil der Vergütung hat.[1581]

1576 *Dreher* in: FS K. Schmidt, 2009, S. 233, 238 ff.; *Hüffer* in: Hüffer AktG § 113 Rn. 2; *Habersack* in: MünchKommAktG § 113 Rn. 9; *Spindler* in: Spindler/Stilz AktG § 113 Rn. 4, 62.

1577 *Dreher* in: FS K. Schmidt, 2009, S. 233, 239.

1578 *Dreher* in: FS K. Schmidt, 2009, S. 233, 240; *Habersack* in: MünchKommAktG § 113 Rn. 9.

1579 *Dreher* in: FS K. Schmidt, 2009, S. 233, 238.

1580 *Berger*, Die Kosten der Aufsichtsratstätigkeit in der Aktiengesellschaft, 2000, S. 62; unklar *Hopt/Roth* in: Großkommentar AktG § 113 Rn. 71, die wohl eine entsprechende Satzungsregelung auch zulassen wollen; unklar auch *Säcker*, AG 2004, 180, 183 f., der Belohnungen für ausgeschiedene Aufsichtsratsmitglieder für vergangene Aufsichtsratstätigkeiten durch Hauptversammlungsbeschlüsse zulassen will.

1581 *Habersack* in: MünchKommAktG § 113 Rn. 47, § 103 Rn. 21; *Mertens/Cahn* in: Kölner Komm. AktG § 113 Rn. 37; *Vetter* in: Marsch-Barner/Schäfer, Hdb. börsennotierte AG, 2014, § 29 Rn. 49; *Hoffmann-Becking* in: MünchHdb AG § 33 Rn. 10; *Hopt/Roth* in: Großkommentar AktG § 113 Rn. 71; *Wagner* in: von Schenck, Arbeitshandbuch für Aufsichtsratsmitglieder, 2013, § 11 Rn. 3; *Ludwig*, Die Vergütung des Aufsichtsrats, 2011, S. 286.

Dies erklärt sich daraus, dass dem Vergütungsanspruch kein Vertrag zugrunde liegt,[1582] sondern als Grundlage die Bestellung zum Aufsichtsratsmitglied hat.[1583] Zwar könnte man dem entgegenhalten, dass die Bestellung für einen festen Zeitraum erfolgt und somit die Situation mit einem Anstellungsvertrag vergleichbar ist. Auch besteht ein Vergütungsanspruch, wenn er durch die Satzung oder einen Hauptversammlungsbeschluss festgesetzt wurde.[1584] Allerdings bedarf es zum vollwertigen Anspruch auf die restliche Vergütung der Fälligkeit, sodass ein Vertrauen auf den Erhalt der vollen Summe nicht bereits durch die reine Festsetzung der Vergütung entstanden ist.[1585] Auch zeigt die Vergütungsbegrenzung auf die tatsächliche Bestellungszeit, dass damit nur die Organtätigkeit vergütet werden soll, die auch tatsächlich erbracht worden ist.[1586] Damit kommt letztendlich der Vergütungsparameter der „Tätigkeit" i. S. d. § 113 Abs. 1 S. 1 AktG zur Geltung, der ebenfalls impliziert, dass dem Aufsichtsratsmitglied bei Untätigkeit eine Vergütung verwehrt werden kann.[1587] Vergütungszahlungen, denen in der Zukunft keine Gegenleistung als Aufsichtsratsmitglied gegenüberstehen können, sind somit nicht als Tätigkeitsvergütung i. S. d. § 113 Abs. 1 S. 1, 3 AktG zu betrachten und daher unzulässig.[1588]

j) Zeitliche Aufsichtsratsangehörigkeit als zulässiger Maßstab?

Das „Dienstalter" soll nach teilweise vertretener Auffassung als sachlicher Grund für eine differenzierte Vergütung dienen.[1589] Das Dienstalter beschreibt die zeitliche Zugehörigkeit zum Aufsichtsrat und kann daher auch als eine Art Senioritätsvergütung bezeichnet werden. Das Dienstalter schließt grds. auf eine längere Erfahrung

---

1582 *Hoffmann-Becking* in: MünchHdb AG § 33 Rn. 10; *Ludwig*, Die Vergütung des Aufsichtsrats, 2011, S. 286; zur Satzung und zum Hauptversammlungsbeschluss als Grundlage s.o. 3.TeilB.I.

1583 *Habersack* in: MünchKommAktG § 103 Rn. 21 m.w.N.; *Hoffmann-Becking* in: MünchHdb AG § 33 Rn. 10; *Buckel*, AG 2013, 451, 453.

1584 S.o. 3.TeilB.I.1.

1585 *Buckel*, AG 2013, 451, 453; *Wagner* in: von Schenck, Arbeitshandbuch für Aufsichtsratsmitglieder, 2013, § 11 Rn. 2 f. m.w.N.; nur in der Frage, ob durch die Festsetzung nach § 113 Abs. 1 S. 2 AktG der Anspruch bereits entsteht oder nur ein Anwartschaftsrecht gegeben ist, besteht Streit.

1586 *Habersack* in: MünchKommAktG § 103 Rn. 21; ähnlich *Hoffmann-Becking* in: MünchHdb AG § 33 Rn. 10; *Ludwig*, Die Vergütung des Aufsichtsrats, 2011, S. 286.

1587 S.o. 3.TeilC.I.1.a).

1588 *Dreher* in: FS K. Schmidt, 2009, S. 233, 240; ähnlich für das Strafrecht OLG Braunschweig, Beschluss v. 14.06.2012 – Ws 44/12, Ws 45/12, NZG 2012, 1196, 1198 = ZIP 2012, 1860, 1863 mit Verweis auf die Mannesmann-Rspr. in BGH, Urt. v. 21. 12. 2005 – 3 StR 470/04, BGHSt 50, 331, 337 f. = NZG 2006, 141, 143 Rn. 19, in der von einer Unzulässigkeit, unabhängig von § 87 Abs. 1 AktG, ausgegangen wird.

1589 *Lutter/Krieger/Verse*, Rechte und Pflichten des Aufsichtsrats, 2014, § 12 Rn. 843 m.w.N.; aA *Hopt/Roth* in: Großkommentar AktG § 113 Rn. 70; *Kort* in: FS Hüffer, 2010, S. 483, 488; *Ludwig*, Die Vergütung des Aufsichtsrats, 2011, S. 184.

mit den Angelegenheiten der bestimmten Gesellschaft. Die Erfahrung kann als Teil der Qualifikation angesehen werden,[1590] sodass aus höherem Dienstalter eine bessere Qualifikation resultieren kann.

Aus dem allgemeinen Diskriminierungsverbot gem. § 7 Abs. 1 i.V.m. §§ 1, 2 Abs. 1 Nr. 2, 6 Abs. 3 AGG kann sich jedenfalls in Bezug auf eine Vergütung keine Unzulässigkeit ergeben. Zwar werden von § 6 Abs. 3 AGG auch Aufsichtsratsmitglieder erfasst.[1591] Aber eine Diskriminierung aufgrund des Alters bezieht sich nur auf das Lebensalter und erfasst damit nicht ein etwaiges Dienstalter.[1592] Dass ein Lebensalter stets mit einem entsprechenden Dienstalter korrespondiert, ist nicht zwingend. Daher wird auch keine mittelbare Diskriminierung vorliegen.

Gegen die Zulässigkeit dieser Vergütungsart wird jedoch vorgebracht, dass das Dienstalter keine nachhaltige Aussage über die Qualifikation oder die Leistung eines Aufsichtsratsmitglieds trifft.[1593] Daher wird es als unzulässiger Vergütungsmaßstab bezeichnet.[1594] Dies ist deshalb überzeugend, weil die Erfahrung nur einen Teil der Qualifikation ausmacht. Wichtiger erscheinen bei der Qualifikation die Kenntnisse und die daraus resultierenden Fähigkeiten. Denn ein Aufsichtsratsmitglied, das sich über eine lange Zeit hinweg nur auf der Ebene des Mindestmaßes erforderlicher Qualifikation bewegt hat, wird dabei gleichzeitig nur wenige Erfahrungen mit der Bewältigung von Sachverhalten gemacht haben, die eine hohe Qualifikation und damit einen hohen Sorgfaltsmaßstab erforderten. Dies spricht eher gegen eine hinreichende Verbindung des Dienstalters mit den Parametern der Tätigkeit und Aufgaben aus § 113 Abs. 1 S. 1, 3 AktG. Somit ist das Dienstalter nach richtiger Ansicht nicht dazu geeignet, eine bestimmte Vergütungshöhe zu rechtfertigen.

2. Rechtsvergleichender Blick

Ausgehend von den Meinungen, dass individuelle Vergütungszahlungen an *directors* zulässig sind,[1595] erfolgt im weiteren Verlauf die Darstellung eines Systems solcher Zahlungen, welches in der US-Literatur vorgeschlagen wurde (1.). Danach wird die Vereinbarkeit auf das deutsche Aktienrecht untersucht (2.).

a) Reward System[1596]

In der Literatur findet sich ein Systemvorschlag, wie *outside directors* für bestimmte Handlungen besonders belohnt werden können. Der Fokus liegt hierbei auf einer

1590 Siehe dazu oben 1.TeilC.I.
1591 *Lutter*, BB 2007, 725, 730.
1592 *Bauer/Arnold*, ZIP 2012, 597, 598 ff.; *Thüsing* in: MünchKommBGB § 1 AGG Rn. 86.
1593 *Berger*, Die Kosten der Aufsichtsratstätigkeit in der Aktiengesellschaft, 2000, S. 55.
1594 *Hopt/Roth* in: Großkommentar AktG § 113 Rn. 70; *Ludwig*, Die Vergütung des Aufsichtsrats, 2011, S. 184.
1595 *Leech/Mundheim*, 31 Bus. Law. (1976), 1799, 1832; *Gilson/Kraakman*, 43 Stan. L. Rev. (1991), 863, 885; *Hamdani/Kraakman*, 105 Mich. L. Rev. (2007), 1677, 1705.
1596 Vorgeschlagen von *Hamdani/Kraakman*, 105 Mich. L. Rev. (2007), 1677 ff.

individuellen Vergütung.[1597] Dieser Vorschlag soll als Alternative zu der Fahrlässigkeitshaftung dienen, sodass es an die Stelle der Fahrlässigkeitshaftung tritt.[1598] Immer dann, wenn ein *director* beweisen kann, dass er durch sein individuelles Überwachungsverhalten die *corporation* vor Schaden bewahrt hat, soll es ihm möglich sein, eine belohnende Vergütung für sein Verhalten einzuklagen („*reverse negligence regime*"[1599]).[1600] Dabei ist jedoch zu beachten, dass es eines konkreten Falls bedarf, in dem nachweislich eine Handlung des betroffenen *directors* zur Schadensabwehr für die *corporation* führte.[1601] Damit die Belohnung nur für besondere Handlungen gewährt wird, reicht der bloße Nachweis, dass ein normal sorgfältiges Verhalten vorlag, nicht aus.[1602]

Die Vorteile eines *reverse negligence regime* liegen in der Effektivität der gerichtlichen Überprüfung des Handelns des *directors,* da dieser selbst beweispflichtig ist und somit eine schwerfällige Beweisführung der oftmals nicht genügend informierten Gegenseite entfällt.[1603] Zudem besteht die Möglichkeit, die Qualifikation eines *directors* in der Weise zu messen, als dass dieser sich durch die Inanspruchnahme der Vergütung besonders für seine geleistete Arbeit auszeichnen kann.[1604] Auf der anderen Seite schadet eine ausbleibende Inanspruchnahme nicht dem Ansehen des *directors,* da die Gründe hierfür den Außenstehenden meist verborgen bleiben.[1605] Um unsichere Belohnungshöhen zu vermeiden und um genügend monetäre Anreize zu setzen, sollten ausreichend hohe Beträge im Vorfeld bestimmt werden.[1606]

Ein *reverse negligence regime* birgt jedoch auch Nachteile in sich, die wohl einer Implementierung zugunsten der *outside directors* entgegenstehen.[1607] Es könnte dadurch missbraucht werden, dass der Fokus bewusst auf die Aufdeckung von potenziellen Schädigungen gelegt wird, anstatt sie schon im Ansatz so zu reduzieren, dass sie niemals aufzukommen drohen.[1608] Zwar bestehen gegenüber dieser Bedrohung auch wiederum Bedenken, da sich die *directors* durch dieses schädliche Verhalten auch selbst Schaden zufügen könnten.[1609] Der Anreiz, mögliche Gefahren zunächst im Ansatz entstehen zu lassen, könnte aber dennoch zu ungewollten Effekten führen. Zudem ist die Finanzierung dieses Systems unsicher, da es zu einem Zeitpunkt eingreifen müsste, in dem die *corporation* gerade erst einer schwierigen

1597 *Hamdani/Kraakman,* 105 Mich. L. Rev. (2007), 1677, 1706.
1598 *Hamdani/Kraakman,* 105 Mich. L. Rev. (2007), 1677, 1691, 1697.
1599 *Hamdani/Kraakman,* 105 Mich. L. Rev. (2007), 1677, 1691.
1600 *Hamdani/Kraakman,* 105 Mich. L. Rev. (2007), 1677, 1691 f.
1601 *Hamdani/Kraakman,* 105 Mich. L. Rev. (2007), 1677, 1692.
1602 *Hamdani/Kraakman,* 105 Mich. L. Rev. (2007), 1677, 1692.
1603 *Hamdani/Kraakman,* 105 Mich. L. Rev. (2007), 1677, 1693.
1604 *Hamdani/Kraakman,* 105 Mich. L. Rev. (2007), 1677, 1694 f.
1605 *Hamdani/Kraakman,* 105 Mich. L. Rev. (2007), 1677, 1694.
1606 *Hamdani/Kraakman,* 105 Mich. L. Rev. (2007), 1677, 1700 f.
1607 *Hamdani/Kraakman,* 105 Mich. L. Rev. (2007), 1677, 1697 ff.
1608 *Hamdani/Kraakman,* 105 Mich. L. Rev. (2007), 1677, 1697 f. „*moral hazard*".
1609 *Hamdani/Kraakman,* 105 Mich. L. Rev. (2007), 1677, 1698.

Lage entgangen ist.[1610] Dieses Problem könnte mithilfe von gesonderten Versicherungen („*reward insurance*")[1611] gelöst werden, die dann zugleich für die Abwicklung des Anspruchs zuständig wären.[1612] Dem Argument, dass durch die individuellen Zuwendungen der Kollegialität geschadet und somit ein schlechteres Klima im *board* hervorgerufen werden könnte, wird wegen anderer Kontrollfaktoren wie der Reputation keine große Bedeutung zugemessen.[1613]

Aufgrund von Befürchtungen, dass dieses System daher politisch wohl nicht anerkannt werden würde, beschreibt der Vorschlag zwei abgewandelte Versionen eines *reward systems.*[1614] Die eine wird als „*resignation rule*"[1615] bezeichnet und verlangt vom *director* die konkrete, mit Beweisen unterlegte Bezeichnung des potenziell schadhaften Verlaufs einer Entwicklung im *board* unter gleichzeitiger Aufgabe des *director*-Postens.[1616] Positiv wirkt bei dieser Version, dass die hierbei zu erfüllenden Voraussetzungen der belohnten Handlung den Anwendungsbereich bestimmbar machen.[1617] Aber aufgrund der Gefahr einer vorschnellen Postenaufgabe wird diese Version auch kritisch gesehen.[1618] Auch ist sie wegen der gleichzeitigen Postenaufgabe nur auf Einzelfälle ausgerichtet und nicht dazu bestimmt, die Überwachungstätigkeit insgesamt anzureizen.[1619] Die andere Version wird unter dem Namen „*leadership regime*"[1620] geführt und erlaubt es dem *board,* selbst einem *director* eine zusätzliche Vergütung zukommen zu lassen, wenn dieser sich bei seiner Aufgabenerledigung besonders hervorgetan hat.[1621] Dazu ist es lediglich notwendig, die Kompetenz zur Entscheidung über die Zuwendungen für den *board* in den *articles* festzulegen.[1622] Damit der *board* eine Entscheidung treffen kann, müssen ebenfalls bestimmte Fallgruppen in die *articles* mit aufgenommen werden, in denen der *board* tätig wird.[1623] Ansonsten wäre der *board* in seiner Auslegung besonderer Leistungen einzelner Mitglieder zu frei, was wiederum zu intransparenten Entscheidungen führen könnte. Als Fallgruppenbeispiele werden hierfür eine unfreiwillige Abberufung des CEO, notwendige Neuveröffentlichungen von wirtschaftlichen Daten

1610 *Hamdani/Kraakman,* 105 Mich. L. Rev. (2007), 1677, 1699.
1611 *Hamdani/Kraakman,* 105 Mich. L. Rev. (2007), 1677, 1699.
1612 *Hamdani/Kraakman,* 105 Mich. L. Rev. (2007), 1677, 1699.
1613 *Hamdani/Kraakman,* 105 Mich. L. Rev. (2007), 1677, 1701 f.
1614 *Hamdani/Kraakman,* 105 Mich. L. Rev. (2007), 1677, 1702 ff.
1615 *Hamdani/Kraakman,* 105 Mich. L. Rev. (2007), 1677, 1703 ff.
1616 *Hamdani/Kraakman,* 105 Mich. L. Rev. (2007), 1677, 1703.
1617 *Hamdani/Kraakman,* 105 Mich. L. Rev. (2007), 1677, 1703 f.
1618 *Hamdani/Kraakman,* 105 Mich. L. Rev. (2007), 1677, 1705.
1619 *Hamdani/Kraakman,* 105 Mich. L. Rev. (2007), 1677, 1705.
1620 *Hamdani/Kraakman,* 105 Mich. L. Rev. (2007), 1677, 1705 ff.
1621 *Hamdani/Kraakman,* 105 Mich. L. Rev. (2007), 1677, 1705.
1622 *Hamdani/Kraakman,* 105 Mich. L. Rev. (2007), 1677, 1705.
1623 *Hamdani/Kraakman,* 105 Mich. L. Rev. (2007), 1677, 1705 f.

(*financial restatements*) wie eine geänderte Bilanz und eine Verfahrenseinleitung der SEC genannt.[1624]

b) Vereinbarkeit mit der deutschen Aufsichtsratsvergütung

Die Belohnung für eine besondere Leistung unter den Vorschlägen stellt nichts anderes als eine Leistungsvergütung dar. Einer Übertragung vorangegangener Darstellung stehen vor dem Hintergrund des § 113 Abs. 1 AktG jedoch einige Bedenken gegenüber. Selbst für die *director compensation* betreten die Vorschläge der einzelnen Belohnungssysteme Neuland und sind bzgl. des *reverse negligence regime* nur als Vorschlag de lege ferenda zu werten.[1625]

Dass der Vorschlag eines *reverse negligence regimes* in Deutschland sowohl de lege lata, als auch de lege ferenda abzulehnen ist, liegt auf der Hand. Denn diese Idee baut darauf auf, dass der negative Haftungsanreiz durch den positiven Anreiz einer Belohnung für besondere Leistungen während einer Krisenphase ersetzt werden soll.[1626] Während dieser Gedanke für die USA noch verständlich sein mag, so ist er für das deutsche Aktienrecht geradezu wesensfremd. Die Haftung für *directors* in den USA wird entweder von vorn herein ausgeschlossen (für die *duty of care*) oder es werden zumindest nach festgestellter Haftung die finanziellen Folgen durch die *corporation* abgefedert.[1627] Daher verwundert es nicht, wenn Vorschläge zur kompletten Systemänderung wie dem *reverse negligence regime* gemacht werden. Anders stellt sich die Lage im AktG dar. Die Haftung der Aufsichtsratsmitglieder ist ein wesentliches Grundprinzip, das der Prävention pflichtwidriger Verhaltensweisen dient. Eine gleichartige Haftungsabschwächung, wie sie in den USA praktiziert wird, lässt sich mit dem deutschen Recht nicht vereinbaren. Auch ein Ersatz der Haftung durch einen positiven Belohnungsanreiz wie dem des *reverse negligence regime* lässt sich daher in das deutsche Aufsichtsratsrecht nicht implementieren.

Allein das *leadership regime* und die *resignation rule* bieten Anlass, diese anhand der Vorgaben für die deutsche Aufsichtsratsvergütung näher zu betrachten. Allerdings stellt die *resignation rule* bereits aus praktischen Gründen kein Instrument dar, das in das deutsche Recht mit aufgenommen werden sollte. Da sie ein Ausscheiden des betroffenen Mitglieds vorsieht, um die finanzielle Belohnung geltend zu machen, ist sie kein praktikables Mittel, um gut arbeitende Aufsichtsratsmitglieder für ihre Überwachungstätigkeit zu belohnen. Aufsichtsratsmitgliedern, die es wert sind im Aufsichtsrat zu halten und die ihr Mandat weiter ausführen wollen, wird nicht geholfen, wenn sie gleichzeitig ihr Mandat aufgeben.

1624 *Hamdani/Kraakman*, 105 Mich. L. Rev. (2007), 1677, 1705.

1625 *Hamdani/Kraakman*, 105 Mich. L. Rev. (2007), 1677, 1691, 1697.

1626 S.o. 3.TeilC.III.2.a).

1627 Eine Haftung *out of own pocket* findet in der Praxis eher selten statt: S.o. 2.TeilC. III.2.b).

Aus rechtlicher Sicht sind die Ausführungen zur Leistungsvergütung übertragbar.[1628] Daher sind Belohnungen für besondere Leistungen dann als zulässig anzuerkennen, wenn die Leistung hinreichend bestimmbar ist.[1629] Dies gilt auch für individuelle Tätigkeiten einzelner Aufsichtsratsmitglieder, ohne dass diese Tätigkeiten konkret gesetzlich erwähnt sein müssen.[1630] Denn der gesetzliche Anknüpfungspunkt für eine Leistungsvergütung findet sich im Vergütungsgrund des § 113 Abs. 1 S. 1 AktG wieder, der explizit auf eine Tätigkeitsvergütung abstellt.[1631] Im Fall eines *leadership regime* wären diese Voraussetzungen erfüllt. Denn hierbei müssen die Fallgruppen, in denen eine Belohnung in Betracht kommt, vorher per Satzung hinreichend konkret festgelegt sein.[1632] Durch die Prüfung, ob eine Fallgruppe durch ein Aufsichtsratsmitglied erfüllt wurde, werden Leistungen hinreichend bestimmbar. Die Art der Fallgruppen sollte sich jedoch auf die Aufdeckung rechtlicher Verstöße beschränken. Denn sofern es darum geht, dass ein Aufsichtsratsmitglied die Gesellschaft durch Beratung in wirtschaftlichen Fragen vor Vermögenseinbußen bewahrt, handelt es sich um die Bewertung unternehmerischer Entscheidungen. Aufgrund der mit unternehmerischen Entscheidungen meist einhergehenden Prognoseunsicherheit[1633] wird der Beweis einer konkreten Schadensabwehr in der Regel nicht gelingen. Die Fallgruppen besonderer Leistungen sollten sich daher auf die Aufdeckung (bevorstehender) rechtlicher Verstöße beschränken.

Auch die Zuständigkeit des *boards* für die Entscheidung über die Vergütung unter vorheriger Bestimmung in den *articles*,[1634] ist mit den Ausführungen im deutschen Recht über eine Gesamtvergütung[1635] i.V.m. einer aufsichtsratsinternen Verteilungslösung[1636] vergleichbar. Um mit § 113 Abs. 1 S. AktG vereinbar zu sein, müssen sowohl Vergütungsgrund als auch Vergütungshöhe vorher durch einen Hauptversammlungsbeschluss oder durch Satzungsbestimmung festgelegt werden.[1637] Das verbleibende Problem liegt allerdings in der Feststellung des Gesamt-Gremiums, wem die besondere Leistungsvergütung zuzugestehen ist. Damit ist die zu verhindernde Selbstbedienung angesprochen. Denn auch bei einer Verteilungsermächtigung durch die Hauptversammlung ist die Feststellung des Vergütungsgrundes

1628 S.o. 3.TeilC.III.1.g).
1629 S.o. 3.TeilC.III.1.g).
1630 S.o. 3.TeilC.III.1.g). Demnach sind auch Tätigkeiten neben den gesetzlich normierten Sonderaufträgen wie § 111 Abs. 2 S. 1, 2 AktG erfasst, sofern sie nicht bereits unter § 114 AktG fallen.
1631 S.o. 3.TeilC.III.1.g).
1632 s.o. 3.TeilC.III.2.a).
1633 S. nur *Baums*, ZGR 2011, 218, 222 f.
1634 S.o. 3.TeilC.III.2.a).
1635 S.o. 3.TeilB.I.1.c).
1636 S.o. 3.TeilB.I.2.f).
1637 S.o. 3.TeilC.III.1.g).

letztentscheidend der Hauptversammlung vorbehalten.[1638] Folglich muss die Hauptversammlung entscheiden, ob die Voraussetzung der bestimmten Fallgruppe gegeben ist. Wenn diese Voraussetzungen erfüllt sind, bestehen unter Zuständigkeitsgesichtspunkten keine Bedenken gegen eine Leistungsvergütung nach Art eines *leadership regimes.*

1638 S.o. 3.TeilB.I.2.f)bb)(2).

4. Teil Praktikabilitätserwägungen für eine individuelle Aufsichtsratsvergütung

Nachdem nun die rechtlichen Aspekte einer individuellen Aufsichtsratsvergütung in ihren Details untersucht wurden, wird im folgenden Teil der Fokus auf die praktische Eignung einer individuellen Vergütung gelegt. Bereits in den einleitenden Begriffsbestimmungen[1639] hat sich gezeigt, dass sich bestimmte Parameter für eine individuelle Vergütung weniger eignen. Dies gilt für die Bestimmungsfaktoren der Reputation und der tatsächlichen Leistungserbringung und werden daher im Folgenden als unmittelbarer Vergütungsfaktor außer Betracht gelassen. Während auch beim Marktwert die Probleme der Verhandlungssituation und dem Reputationseinfluss vorhanden sind, scheint eine Untersuchung einer qualifikationsbasierten Vergütung am vielversprechendsten, sodass diese für die folgenden Punkte als Bemessungsansatz für eine individuelle Vergütung genommen wird.

A. Verlangen nach dem professionalisierten Aufsichtsrat in den USA

In den USA herrscht eine Diskussion über professionelle *directors*, die als Personen definiert werden, welche nur *director*-Posten innehaben und somit ihre Zeit komplett den *board* Tätigkeiten widmen können.[1640] Ein professionalisierter *director* wird als ein Lösungsbaustein angesehen, um die Abhängigkeiten zwischen dem *board* und Management aufzubrechen.[1641] Dabei sollte auf ein gutes Gleichgewicht an Experten geachtet werden, um eine optimale Abdeckung der Fachbereiche zu erlangen.[1642] Es wird bezweifelt, dass dies allein durch Unabhängigkeitserfordernisse erreicht werden kann, da eine gewisse Verbindung zu anderen Personen nicht aufgelöst werden kann.[1643] Hohe Vergütungssummen würden ebenso wenig weiterhelfen, da dies die finanzielle Unabhängigkeit antasten kann.[1644] Im Allgemeinen bestehen damit noch offene Fragen, auf die es bisher keine generell akzeptierten Antworten gegeben hat. Durch die Verbindung von Individual- mit Gruppenanreizen wird zumindest prima vista ein besseres System erzielt, als gegenüber anreizloser Gruppenvergütung i.V.m. einer variablen Anreizvergütung. Denn durch den Fokus auf

1639 S.o. 1.TeilC.

1640 *Gilson/Kraakman,* 43 Stan. L. Rev. (1991), 863, 884 ff.; *Gevurtz*, Corporation law, 2010, § 3.1 S. 242 f.; *Bainbridge*, Corporation law and economics, 2002, § 5.5 S. 218.

1641 *Gevurtz*, Corporation law, 2010, § 3.1 S. 242 f.

1642 Bzgl. unabhängiger *directors Bainbridge*, Corporation law and economics, 2002, § 5.5 S. 224.

1643 *Gilson/Kraakman,* 43 Stan. L. Rev. (1991), 863, 875.

1644 *Gilson/Kraakman,* 43 Stan. L. Rev. (1991), 863, 875.

die individuellen Bedürfnisse lässt sich besser auf die Präferenzen eines professionalisierten Mitglieds eingehen als bei einer reinen Gruppenvergütung.

B. Ökonomische Ansätze zur Plausibilitätsüberprüfung von Vergütungen anhand individueller Personeneigenschaften

Im Folgenden wird daher versucht, eine individuelle Vergütung für Aufsichtsratsmitglieder anhand von Argumentationsanleihen ausgewählter ökonomischer Theorien zu überprüfen.[1645] Bestenfalls gelingt durch die Abwägung von Für und Wider dieser Vergütungsweise eine Aussage zu finden, ob es aus ökonomischer Sicht überhaupt Sinn macht ein Aufsichtsratsmitglied nicht mehr primär nach Funktionsbezug zu vergüten, sondern anhand seiner individuellen Eigenschaften.

Bei positiven Endergebnissen heißt dies jedoch noch nicht, dass auch ein Gebot zur individuellen Vergütung besteht. Denn was ökonomisch sinnvoll ist, avanciert nicht automatisch zur rechtlichen Pflicht.[1646] Vielmehr soll der wachsenden Beachtung ökonomischer Begründungsansätze Rechnung getragen werden,[1647] um hiermit das Ergebnis der rechtlichen Überprüfung zu ergänzen. Allein aus der Tatsache, dass Aufsichtsräte selbst nicht mehr gänzlich einer individuellen Vergütung abgeneigt sind,[1648] ergibt sich das Bedürfnis zur eingehenden Untersuchung dieser Vergütungsweise.

I. Erklärungswert humankapitaltheoretischer Überlegungen zu vergütungswürdigen persönlichen Eigenschaften

Die Humankapitaltheorie beschreibt, dass Arbeitnehmern ein Wert zugemessen werden kann, der die Qualifikation bzw. das Potenzial zur Arbeitsleistung beschreibt. Obwohl die Diskussion um das Humankapital von Personen bereits Mitte des letzten Jahrhunderts lebhaft diskutiert wurde, hat sie noch immer aktuelle Relevanz. Dies zeigt sich bereits in einer aktuellen Besprechung der Auswirkungen von Regulierung bzw. Deregulierung im Finanzsektor.[1649] Hier wird ein Zusammenhang zwischen

---

1645 Angemessenheitskriterien für die Aufsichtsratsvergütung sind der betriebswirtschaftlichen Überprüfung zugänglich: *Hommelhoff/Schwab,* ZfbF-Sonderheft 1996, 149, 165.

1646 *Hommelhoff/Schwab,* ZfbF-Sonderheft 1996, 149, 171 f.

1647 Weitergehend *Hommelhoff/Schwab,* ZfbF-Sonderheft 1996, 149, 172, die eine Eins-zu-Eins Übertragung zumindest in Betracht ziehen, dazu: *Theisen,* DB 2012, M01; die Beachtung ökonomischer Grundlagen als „Gebot der Stunde" bezeichnend *Kort,* NZG 2008, 81, 82; *Theisen,* AG 1995, 193 f.

1648 So zumindest eine nicht-repräsentative Umfrage unter einigen Aufsichtsratsmitgliedern: *Theisen/Probst,* DB 2012, 1553, 1556 f.

1649 *Philippon/Reshef,* An International Look at the Growth of Modern Finance: Income and Human Capital Costs, 2012, passim.

dem Bedarf an qualifizierten Personen und eine dementsprechend anreizorientierte Vergütung hergestellt.[1650] In diesem Sinne lässt sich die Frage aufwerfen, ob gesteigerte Qualifikationen von Aufsichtsräten und eine dementsprechende Vergütung zu effizienten und damit besseren Handlungen als bei gruppenbasierter Vergütung für verschiedentlich qualifizierte Aufsichtsräte führen. Prima Vista scheint dies der Fall zu sein. Ob diese Annahme stimmt, bedarf einer eingehenderen Untersuchung. Hierzu werden zunächst die Grundaussagen der Humankapitaltheorie an sich [1.] dargestellt. Aufgrund der Diskussionsausrichtung auf Arbeitnehmer[1651] muss in einem nächsten Schritt [2.a)] die Frage erörtert werden, inwiefern die Ergebnisse auf Aufsichtsräte anwendbar sind. Wenn die Übertragung im Allgemeinen zulässig ist, stellt sich die Frage, welche konkreten Aussagen ebenso auf Aufsichtsratsmitglieder zutreffen und welche aufgrund der aufsichtsratstypischen Lage verworfen werden können [2.b)]. In einem abschließenden Punkt [2.b)dd)(2)(b).] erfolgt ein Zwischenfazit zur humankapitalgerechten Vergütung von Aufsichtsratsmitgliedern.

1. Grundaussagen der Humankapitaltheorie

Grundlegende Vorarbeiten zur Untersuchung des Humankapitals von Arbeitnehmern wurden bereits in den 1960ern geleistet.[1652] Das Humankapital stellt hiernach die Fähigkeiten und Erfahrungen einer Person dar.[1653] Es zeichnet sich durch Personengebundenheit[1654] aus und kann durch Investitionen vermehrt[1655] und durch Verlernen gemindert[1656] werden. Die Steigerung des Humankapitals soll mit einer produktivitätssteigernden Wirkung positiv verknüpft sein.[1657]

1650 *Philippon/Reshef*, 127 Quart. J. Econ. (2012), 1551 ff.; *Philippon/Reshef*, An International Look at the Growth of Modern Finance: Income and Human Capital Costs, 2012, S. 13 f., andererseits wird dieser Zusammenhang auch in Frage gestellt (S. 14 f.).

1651 Siehe exemplarisch *Eigler*, ZfP 1997, 5, 8.

1652 *Becker*, Human capital, 1975, passim; *Schultz*, Investment in Human Capital, 1971, passim, denen auch die Begründung der Theorie zugesprochen wird: *Blaug*, 14 Journal of Economic Literature (1976), 827, 827; *Hiller*, WiSt 2006, 285; *Schneider*, ZfP 2008, 12, 14; ein noch früherer Ansatz erfolgte durch *Mincer*, 66 Journal of Political Economy (1958), 281, 284 f.; dargestellt bei *Hummelsheim/Timmermann* in: Tippelt, Handbuch Bildungsforschung, 2010, S. 106.

1653 *Becker*, Human capital, 1975, S. 221; *Schultz*, Investment in Human Capital, 1971, S. 24.

1654 *Becker*, Human capital, 1975, S. 26; *Schultz*, Investment in Human Capital, 1971, S. 48 f.

1655 *Schultz*, Investment in Human Capital, 1971, S. 24.

1656 *Becker*, Human capital, 1975, S. 77 f.

1657 *Becker*, Human capital, 1975, S. 19 f.; *Schultz*, Investment in Human Capital, 1971, S. 25.

2. *Gerechtfertigte Schlussfolgerungen für Aufsichtsräte?*

Um aus den Überlegungen zum Humankapital für Arbeitnehmer Rückschlüsse auf Aufsichtsräte ziehen zu können, muss eine vergleichbare Lage gegeben sein. Aufgrund der gegenwärtigen funktionsorientierten Vergütungslage für Aufsichtsräte und dem Untersuchungsgegenstand der Nützlichkeit, wird es sich nicht um eine Feststellung des Istzustands, sondern um eine Betrachtung des Sollzustands handeln.

a) Übertragbarkeit der Erkenntnisse

aa) Das Grundproblem der Ausgestaltung des Tätigkeitsverhältnisses

Aufsichtsratsmitglieder nehmen in ihrer Funktion keine Arbeitnehmerstellung ein, sodass eine unreflektierte Übernahme der Diskussion fehl am Platz ist.[1658] Es kann somit von vornherein nur darum gehen, Anleihen der Diskussion zu nehmen. Ist die Übertragung arbeitnehmerspezifischer Erkenntnisse aufgrund fehlender Arbeitnehmereigenschaft von Aufsichtsräten nicht möglich, so können jedoch die allgemeinen Grundaussagen übertragen werden. Denn die Ausgangssituation ist vergleichbar. Arbeitnehmer bekommen eine entgeltliche Gegenleistung für Dienste, die sie dem Arbeitgeber durch einen Vertrag zugesichert haben. Aufsichtsräte bekommen bei entsprechendem Hauptversammlungsbeschluss oder Satzungsvorgaben eine Vergütung für ihre vom Gesetz auferlegten Tätigkeiten. Somit ist die Grundsituation der Leistung für eine Gegenleistung gegeben und damit vergleichbar. Nur die inhaltliche Ausgestaltung der Grundlage, sowie der Tätigkeiten weichen voneinander ab. Die inhaltliche Ausgestaltung des Anstellungs- bzw. bei Aufsichtsräten Bestellungsverhältnisses hindert die Übertragung indes nicht. Obwohl Anstellungsverträge sich dadurch auszeichnen, dass sie durch Verhandlungssituationen, insbesondere bei der Vergütung, inhaltlichen Modifizierungen zugänglich sind, so kann der reine Bestellungsakt des Aufsichtsrats eine mögliche Vergütungsverhandlung nicht ausschließen. Dies zeigt schon der Beschlussvorschlag i. S. d. § 124 Abs. 3 S. 1 AktG, bei dem ein Einfluss der Aufsichtsratsmitglieder nicht ausgeschlossen werden kann.[1659] Die Vergütung wird gem. § 113 Abs. 1 S. 2 AktG entweder durch Satzung oder durch Hauptversammlungsbeschluss festgesetzt,[1660] sodass hierbei Spielräume für Einwirkungen auf den Vergütungsfestlegungsprozess gegeben sind. Daneben bestehen Grenzen für die inhaltlich rechtmäßige Ausgestaltung.[1661]

Dass eine Diskussion einer humankapitalgerechten Betrachtungsweise für Aufsichtsräte nicht ganz fernliegt, zeigt sich auch an der ähnlichen Diskussion

---

1658 Die Humankapitaldiskussion ist primär auf Arbeitnehmer ausgerichtet: *Rosen* in: Eatwell/Milgate/Newman/Palgrave,The New Palgrave, 1987, S. 682 liSp; *Schneider,* ZfP 2008, 12, 14 ff.

1659 S.o. 3.TeilB.I.1.b).

1660 S.o. 3.TeilB.I.1.

1661 Dazu 3.TeilC.I.

für die *outside directors* in den USA. Dort wird die Reputation durch Leistungen in anderen Unternehmen als ein wesentlicher Faktor für den Humankapitalwert von *outside directors* gesehen.[1662] Da die Positionen der *outside directors* das Pendant der deutschen Aufsichtsratsmitglieder darstellen, spricht es dafür, den Humankapitalwert eines Aufsichtsratsmitglieds als Vergütungsfaktor in Erwägung zu ziehen.

bb) Grundsatzkritik an der Humankapitaltheorie

Fundamentale Kritik wird gegenüber der Humankapitaltheorie dahingehend geäußert, dass sie einen vollkommenen Arbeitsmarkt annimmt,[1663] der in der Realität so nicht vorkommt.[1664] Die Auseinandersetzung mit Kritikern der Theorie zeigt deutlich, dass die Humankapitaltheorie schon in ihren Anfängen nicht unumstritten war.[1665] Ein wichtiger Kritikansatz lässt sich insbesondere in der Filtertheorie sehen, die im Grundsatz die Humankapitaltheorie als nicht geeignet ansieht, um einen Zusammenhang vom Humankapital zum Einkommen herzustellen.[1666] Dabei handelt es sich zwar um eine Abweichung von der Humankapitaltheorie, jedoch ergeben sich auch grundsätzliche Gemeinsamkeiten.[1667] Die Filtertheorie beschreibt den Bildungsstand nicht als Beweis für angelernte Fähigkeiten, sondern von der genetisch angelegten Fähigkeit an sich, sodass der Bildungsabschluss als Signal für die Leistungsfähigkeit gilt, das die Leistungsunfähigen herausfiltert.[1668] Für diese Theorie ist beizugeben, dass sie bereits Wert auf die Berücksichtigung von Informationsasymmetrien und opportunistisches Verhalten der Vertragspartner legt.[1669] Die Filtertheorie unterscheidet sich darüber hinaus aber kaum von der Humankapitaltheorie, denn beide versuchen einen Zusammenhang zwischen

1662 *Fama/Jensen,* 26 J. L. Econ. (1983), 301, 315.

1663 *Mayrhofer* in: von Eckardstein/Kasper/Mayrhofer, Management, 1999, S. 517 Fn. 26.

1664 Zu diesen Annahmen wie vollständiger Information, rationalem Verhalten aller Teilnehmer und vollkommene Märkte: *Hummelsheim/Timmermann* in: Tippelt, Handbuch Bildungsforschung, 2010, S. 106 f., 116 f.

1665 Siehe dazu die Diskussion bei *Schultz,* Investment in Human Capital, 1971, S. 49 ff.; eine neuere Aufarbeitung der Kritikansätze findet sich bei *Hummelsheim/ Timmermann* in: Tippelt, Handbuch Bildungsforschung, 2010, S. 107 ff.

1666 Bzgl. Filtertheorie primär *Arrow,* 2 J. Pub. Econ. (1973), 193 und *Spence,* 87 The Quaterly Journal of Economics (1973), 355, hierzu *Hummelsheim/Timmermann* in: Tippelt, Handbuch Bildungsforschung, 2010, S. 109 f.

1667 So schon *Arrow,* 2 J. Pub. Econ. (1973), 193, 194.

1668 *Arrow,* 2 J. Pub. Econ. (1973), 193; *Spence,* 87 The Quaterly Journal of Economics (1973), 355, 358; hierzu auch *Hummelsheim/Timmermann* in: Tippelt, Handbuch Bildungsforschung, 2010, S. 109 f.

1669 *Arrow,* 2 J. Pub. Econ. (1973), 193, 194 f.; *Spence,* 87 The Quaterly Journal of Economics (1973), 355, 356.

Bildungsabschlüssen und Einkommen herzuleiten.[1670] Deswegen sind diese Ansätze lediglich erste Schritte, die durch Betrachtung anderer Blickwinkel in der Folge zu überprüfen sind.[1671] Ebenso besteht die Auffassung, dass nicht die personenbezogenen Qualifikationen maßgeblich für das Einkommen sind, sondern die arbeitsplatzspezifischen Anforderungen den Ausschlag geben.[1672] Zwar ist damit gesagt, dass die gegenwärtigen Vergütungsunterschiede nicht direkt durch die personenabhängigen Eigenschaften erklärt werden können, doch ist dies noch kein Grund dafür, eine personenbezogene Vergütung für die Zukunft auszuschließen. Eine absolute Trennung der Relation von persönlichen Eigenschaften zum Einkommen wird auch nach dieser Ansicht nicht möglich sein. Denn die Frage, ob eine Person den arbeitsplatzspezifischen Anforderungen genügen kann, beurteilt sich wiederum durch seine Eigenschaften.

cc) Problem der Humankapitalausrichtung

Die Humankapitaltheorie dient hauptsächlich dazu Lohnunterschiede zwischen verschiedenen Berufszweigen zu erklären. Fraglich ist demnach, ob dieser Erklärungsansatz noch nutzbar ist, wenn es um die Unterschiede innerhalb des Aufsichtsrats geht. In diesem Fall handelt es sich um Dienstleistungen, die sich mit hochkomplexen Fragestellungen befassen. Eine einfache Arbeitsleistung stellt dies nicht mehr dar. Unter der Prämisse, dass Unterschiede im Humankapital von Aufsichtsratsmitgliedern sichtbar gemacht werden können, spricht nichts gegen eine Übertragung der grundsätzlichen humankapitaltheoretischen Erkenntnisse auf Aufsichtsräte. Anders ist dies, wenn zwischen den Aufsichtsräten keine derartigen Unterschiede bestehen, die belegen können, dass bestimmte Aufsichtsräte ein anderes Humankapitalprofil aufweisen und dass einige Aufsichtsräte trotz vergleichbaren Humankapitals andere Transformationsleistungen erbringen als andere. Auf die Richtigkeit der Prämisse deutet jedenfalls die Vergütung des unabhängigen Finanzexperten i.S.v. § 100 Abs. 5 AktG hin. In diesem Sonderfall spricht sich die überwiegende Meinung dafür aus, dass aufgrund der speziellen Qualifikation eine individuelle Vergütung angebracht und auch zulässig ist.[1673]

Die Folgefrage lautet nun, was die Vergütung des unabhängigen Finanzexperten von anderen Aufsichtsräten unterscheidet, die eine hohe Spezialisierung in anderen Fachgebieten wie Personalentscheidungen (sozusagen ein Personalexperte) oder Vergütungsfragen (dementsprechend als Vergütungsexperten zu bezeichnen) aufweisen. Im Anknüpfungspunkt stellt sich auf den ersten Blick kein Unterschied dar. Anknüpfungspunkt ist die Qualifikation. So ist sie beim Finanzexperten derart

1670 Für die Filtertheorie: *Spence,* 87 The Quaterly Journal of Economics (1973), 355, 358, hier ist auf Fn. 6 hinzuweisen, in der auch der mögliche Statusgewinn Ursache für den Erwerb von Signalen sein kann.

1671 Namentlich der Prinzipal-Agenten-Theorie, dazu unten 4.TeilB.II.

1672 *Hummelsheim/Timmermann* in: Tippelt, Handbuch Bildungsforschung, 2010, S. 117.

1673 S.o. 3.TeilC.III.1.b)cc).

prägnant, dass sie ihn von anderen Aufsichtsratsmitgliedern unterscheidbar macht. Selbst wenn beim unabhängigen Finanzexperten nicht dessen Qualifikation, sondern ebenfalls die Anforderungen des Postens im Aufsichtsrat als Anknüpfungspunkt für die Vergütung gewählt werden, kommt es zu keinen anderen Ergebnissen. Denn die Qualifikation einerseits und die aufgabenspezifische Anforderungen des Postens andererseits stehen in Symbiose zueinander. Ohne eine entsprechende Qualifikation lassen sich bestimmte Aufgaben nicht erledigen, sodass die Qualifikation nicht ohne weiteres von dem Aufgabenprofil getrennt werden kann.[1674] Folglich können die Erkenntnisse der Humankapitaltheorie in ihren Grundaussagen ebenso angewandt werden. Dies muss ebenso für die anderen Fälle, wie einen Vergütungsexperten oder Personalexperten gelten. Der einzig markante Unterschied liegt darin, dass letztere Positionen keine ausdrückliche Erwähnung im AktG erfahren. Einen Grund dafür, die humankapitaltheoretischen Erkenntnisse nicht auch auf sie anzuwenden, stellt die fehlende gesetzliche Erwähnung aber nicht dar.

b) Auswertung und Abgrenzung übertragbarer Erkenntnisse

aa) Das Humankapital von Personen

Das Humankapital beschreibt die Merkmale einer Person, die zur Ausübung einer bestimmten Tätigkeit eingesetzt werden können.[1675] Das Humankapital wird hauptsächlich so verstanden, als dass es durch die Qualifikation einer Person gebildet wird.[1676] Es ist an die Person gebunden und kann demgemäß nicht auf andere

---

1674 *von Eckardstein* in: Schanz, Handbuch Anreizsysteme, 1991, S. 215, 220; *Scheidl* in: Schanz, Handbuch Anreizsysteme, 1991, S. 257, 266 ff.; *von Werder* in: Hommelhoff, Handbuch Corporate Governance, 2009, S. 331, 334; für den Fall der Gesamtqualifikation des Aufsichtsrats: *Dreher* in: FS Hoffmann-Becking, 2013, S. 313, 315 f.

1675 *Eigler*, ZfP 1997, 5, 19.

1676 Hierin spielen diejenigen Teilbegriffe mit hinein, die bereits unter 1.TeilC.I erörtert wurden: „menschliche Qualifikation“ *Becker*, Lexikon des Personalmanagements, 2002, S. 256; „Leistungspotenzial“ *Wohltmann*, Gabler Wirtschaftslexikon, Stichwort: Humankapital; *Mayerhofer* in: von Eckardstein/Kasper/Mayrhofer, Management, 1999, S. 517; „Leistungspotential“ *Mohr* in: Clar/Doré/Mohr, Humankapital und Wissen, 1997, S. 13; „stock of skills and productive knowledge“ *Rosen* in: Eatwell/Milgate/Newman/Palgrave,The New Palgrave, 1987, S. 682 liSp; „Fähigkeiten und Fertigkeiten“ *Schneider*, ZfP 2008, 12, 13; siehe auch *Caspers* in: Schloß Reichartshausen, Erfahrung – Bewegung – Strategie, 1996, S. 274; *Schmidt* in: Schmidt, Humanvermögensrechnung, 1982, S. 3, 7 f.; *Flamholtz* in: Schmidt, Humanvermögensrechnung, 1982, S. 74, 82; *Conrads/Goetzke/Sieben* in: Schmidt, Humanvermögensrechnung, 1982, S. 493, 500; *Bleicher* in: Zander/Glaubrecht/Wagner, Humanität und Rationalität in Personalpolitik, 1987, S. 17, 23; *Kor/Misangyi*, 29 Strat. Mgmt. J. (2008), 1345, 1346 f. m.w.N.; *Lindert*, Anreizsysteme und Unternehmenssteuerung, 2001, S. 121; *Höckels*, Möglichkeiten der Absicherung von Humankapitalinvestitionen zur Vermeidung unerwünschter Mitarbeiterfluktuation, 2000, S. 5 f.; *Hiller*, WiSt 2006, 285; zwischen engem und weitem Begriff

Personen übertragen werden.[1677] Daraus ergibt sich, dass Maßnahmen zur Kapitalsteigerung bei einer Person andere Auswirkungen auf die Wertsteigerung haben können als bei anderen Personen.[1678] Die Kapitalsteigerung kann durch Qualifizierungsmaßnahmen erreicht werden.[1679]

Diese allgemeingültigen Feststellungen treffen ebenso auf Aufsichtsräte zu. Die unterschiedlichen Einflüsse auf die Qualifikation von Personen[1680] führen dazu, dass Aufsichtsräte ein unterschiedliches Qualifikationsprofil aufweisen können, das auch nicht zu einem bei jedem Aufsichtsrat streng vergleichbaren Wert führt.

Bei der Art und Weise des Einsatzes von Humankapital wird zwischen dem allgemeinen und dem spezifischen Humankapital differenziert.[1681] Während das allgemeine Humankapital universal eingesetzt werden kann, ist das spezifische Kapital nur in dem Unternehmen anwendbar, für das es erworben wird.[1682] Bei Aufsichtsräten kann diese Unterscheidung ebenso erfolgen. Das spezifische Humankapital besteht hierbei in der Erfahrung bei Informationen, die lediglich die Gesellschaft betreffen, aber nicht in Aufsichtsratsposten anderer Gesellschaften eingesetzt werden kann.[1683] Die Betrachtung streng nach Humankapitalwert stellt bei Aufsichtsräten auch kein sonderlich ethisches Problem dar, wie dies bspw. bei Arbeitnehmern[1684] diskutiert wird. Aufsichtsräte gehören einer Gruppe von Dienstleistern an, die ähnlich wie bei Vorständen nach einer von vorn herein individualisierten Sichtweise bemessen werden können.[1685]

---

unterscheidend *Hummelsheim/Timmermann* in: Tippelt, Handbuch Bildungsforschung, 2010, S. 102.

1677 *Caspers* in: Schloß Reichartshausen, Erfahrung – Bewegung – Strategie, 1996, S. 274; *Rosen* in: Eatwell/Milgate/Newman/Palgrave,The New Palgrave, 1987, S. 682 liSp; *Backes-Gellner/Wolff* in: Jost, Die Prinzipal-Agenten-Theorie in der Betriebswirtschaftslehre, 2001, S. 395, 404.

1678 *Lawler* in: Schmidt, Humanvermögensrechnung, 1982, S. 191, 200.

1679 *Caspers* in: Schloß Reichartshausen, Erfahrung – Bewegung – Strategie, 1996, S. 274.

1680 Hierzu 1.TeilC.I.

1681 *Milgrom/Roberts*, Economics, organization, and management, 1992, S. 328; *Eigler*, ZfP 1997, 5, 14.

1682 *Milgrom/Roberts*, Economics, organization, and management, 1992, S. 328; *Eigler*, ZfP 1997, 5, 15; speziell für spezifisches Kapital: *Schneider*, ZfP 2008, 12, 14; "On-the-job-Training" *Hiller*, WiSt 2006, 285, 288; allerdings lässt die Art des Qualifikationserwerbs (durch interne Erfahrung oder externen Anstrengungen) noch keinen Rückschluss auf die Spezifität zu: *Alewell*, Interne Arbeitsmärkte, 1993, S. 84.

1683 Bspw. die Erfahrung mit einem bestimmten Vorstand, dass Informationen nur verschleiert herausgegeben werden.

1684 Hierzu die teils emotional geführte Diskussion bei *Scholz*, BFuP 2007, 59, 64.

1685 Dies muss auch für die Arbeitnehmervertreter im Aufsichtsrat gelten, da diese in ihrer Funktion ebenfalls Aufsichtsratsmitglieder sind; zur rechtlichen Zulässigkeit einer individuellen Sichtweise s.o. 3.TeilC.I.2.c)aa)(1)(b).

bb) Auswirkungen des Humankapitals auf die Produktivität

Unklar ist, ob sich eine generelle Aussage darüber treffen lässt, ob ein gesteigertes Humankapital die Produktivität von Personen erhöht. Zum Teil wird diese These aufgestellt.[1686] Höheres Humankapital führe demnach zu besserer Leistung. Insbesondere soll sich für Arbeitnehmer ein Anreiz für den Einsatz spezifischer Fähigkeiten ergeben, da diese bei anderen Arbeitgebern aufgrund ihrer Wertlosigkeit außerhalb der Unternehmung nutzlos sind.[1687] Allerdings kann ein Rückschluss von einer Humankapitalsteigerung auf erhöhte Produktivität auch bezweifelt werden.[1688] Begründen könnte man dies mit der Argumentation, dass dieselben Anstrengungen, die zu einer Steigerung der Qualifikation führen, bei unterschiedlichen Personen, je nach Präferenzen dieser Person, unterschiedlich eingesetzt werden.[1689] Gegen die Behauptung, dass ein Arbeitnehmer schon deshalb sein spezifisches Kapital einsetzt, weil er es woanders überhaupt nicht einsetzen kann, spricht einerseits die Tatsache, dass nicht alle spezifischen Qualifikationen in anderen Unternehmungen nutzlos sind,[1690] andererseits bleibt es dem Arbeitnehmer überlassen, dieses Kapital verfallen zu lassen, wenn er dafür keine angemessene Gegenleistung erhält. Hier ist insbesondere auf die Kritik der Filtertheorie[1691] hinzuweisen. Sie geht von der Prämisse aus, dass zwischen der Investition in Humankapital und der Produktivität kein signifikanter Zusammenhang festzustellen ist, da die gegebene Leistungsfähigkeit nur die Investitionskosten in das Humankapital senkt.[1692] Dies stellt allerdings nur eine Annahme dar,[1693] sodass hierin zugleich die größte Schwäche der Theorie zu erblicken ist. Entscheidend für die Beantwortung der Streitfrage wird sein, wie man das Humankapital einer Person definiert. Wird die Leistungsbereitschaft und Transferfähigkeit einer Person in den Wert des Humankapitals miteingerechnet,

---

1686 *Caspers* in: Schloß Reichartshausen, Erfahrung – Bewegung – Strategie, 1996, S. 274, 276 f.; *Becker*, Lexikon des Personalmanagements, 2002, S. 257; *Schmidt* in: Schmidt, Humanvermögensrechnung, 1982, S. 3, 8; *Flamholtz* in: Schmidt, Humanvermögensrechnung, 1982, S. 74, 78; *Rosen* in: Eatwell/Milgate/Newman/Palgrave,The New Palgrave, 1987, S. 681 reSp; *Backes-Gellner/Wolff* in: Jost, Die Prinzipal-Agenten-Theorie in der Betriebswirtschaftslehre, 2001, S. 395, 405; hierzu auch *Coleman*, Foundations of social theory, 1990, S. 304; für Volkswirtschaften: *Wagner/O'Mahony/Paulssen,* ZfB 1997, 947, 954 f.

1687 *Eigler,* ZfP 1997, 5, 15.

1688 *Becker* in: Becker, Bildungssoziologie, 2009, S. 26 f. mit Verweis auf *Rosen,* 71 The American Economic Review (1981), 845.

1689 *Mentzel,* Unternehmenssicherung durch Personalentwicklung, 1997, S. 239; *Winter,* zfbf 1996, 898, 911, anders herum führen gleiche Eigenschaften zu gleicher Leistung (898, 902).

1690 *Alewell,* Interne Arbeitsmärkte, 1993, S. 88 f.

1691 *Arrow,* 2 J. Pub. Econ. (1973), 193; *Spence,* 87 The Quaterly Journal of Economics (1973), 355.

1692 *Spence,* 87 The Quaterly Journal of Economics (1973), 355, 364, insbesondere Fn. 6.

1693 *Spence,* 87 The Quaterly Journal of Economics (1973), 355, 364.

so kann man die Produktivitätsthese unterstützen. Denn in diesem Fall folgt bei geringerer Einsatzbereitschaft bzw. minderer Transferfähigkeit ein geringerer Humankapitalwert mit entsprechend geringerer Produktivität. Ein schwer zu lösendes Folgeproblem ergibt sich in diesem Fall in der Messung der subjektiven Leistungsbereitschaft.

Aufgrund dessen kann nach der Humankapitaltheorie auch für Aufsichtsräte kein direkter Rückschluss von höherem Humankapitalwert auf eine gesteigerte Produktivität gezogen werden. Dies ist lediglich eine Prämisse, die nur Gültigkeit beansprucht, sofern das Aufsichtsratsmitglied bereit ist, sein gesamtes Humankapital einzubringen. Da hierbei stets mit Unsicherheit zu rechnen ist, die von der Humankapitaltheorie nicht vollends berücksichtigt wird, ist der Aussagegehalt hinsichtlich der Auswirkungen auf die Produktivität relativ gering.

cc) Abgrenzung zum Sozialkapital

Vom Humankapital zu unterscheiden ist das Sozialkapital.[1694] Gemeinsam ist beiden, dass ihnen ein bestimmter Wert zugeordnet wird, um das Kapital zu beschreiben. Unterschiedlich gestaltet sich der Anknüpfungspunkt für die Bewertung. Beim Humankapital ist dies die Person selbst, mit ihrem aus den oben beschriebenen Einflussfaktoren gebildeten Wert. Beim Sozialkapital ist der Anknüpfungspunkt statt der Person, die Beziehungen der Person zu anderen Personen.[1695] Maßgeblich für den Wert dieses Kapitals ist die Betrachterperspektive auf die Beziehungen, da diese für jeden anders aussieht und somit einer Beziehung unterschiedliche Werte zugemessen werden können.[1696] Dem Sozialkapital wird ebenfalls produktivitätssteigernde Wirkung zugesprochen, indem auf den Wert von Informationen hingewiesen wird, welcher bei einer Vielzahl von Beziehungen mit einem entsprechend erhöhtem Sozialkapital verbunden sein wird.[1697] Dies ist bei Aufsichtsräten zu berücksichtigen, die oftmals über ein weitverzweigtes Netzwerk von Kontakten verfügen, sodass ihr Sozialkapital einen nicht unwesentlichen Wert besitzt.

dd) Zusammenhang des Humankapitals mit der Vergütung

Nachdem auf den Begriff des Humankapitals eingegangen wurde, stellt sich nun die Frage, ob zwischen dem Humankapital einer Person und deren Vergütung ein Zusammenhang hergestellt werden kann, der Vergütungsunterschiede zu rechtfertigen vermag. Früher wurden die Einkommensunterschiede von Arbeitnehmern damit erklärt, dass eine erhöhte Bezahlung von einer besseren Ausbildung herrührt.[1698]

1694 *Mohr* in: Clar/Doré/Mohr, Humankapital und Wissen, 1997, S. 13.

1695 *Coleman*, Foundations of social theory, 1990, S. 304; *Mohr* in: Clar/Doré/Mohr, Humankapital und Wissen, 1997, S. 13.

1696 *Coleman*, Foundations of social theory, 1990, S. 305.

1697 *Coleman*, Foundations of social theory, 1990, S. 302, 310.

1698 *Mincer*, 66 Journal of Political Economy (1958), 281, 281 ff., 284 f.; *Schultz*, Investment in Human Capital, 1971, S. 48; *Becker*, Human capital, 1975, S. 40.

Begründet wurde dies mit einer damit verbundenen Produktivitätssteigerung.[1699] An dieser Ansicht hat sich im Laufe der Zeit nicht viel geändert.[1700] Allerdings werden auch Zweifel geäußert gegenüber der Annahme, dass ein gesteigertes Humankapital stets eine gesteigerte Vergütung zur Folge hat.[1701] Was diese Kritik anbelangt, so vermag sie nicht gänzlich zu überzeugen. Sie stützt sich auf hohe Gehälter, die für Personen in exponierter Stellung gezahlt werden, bei denen ein Zusammenhang zwischen Humankapital und Vergütung aufgrund der Höhe der Gehälter nicht greifen würde.[1702] Dabei lässt diese Ansicht außer Acht, dass die genannten Personen[1703] nicht nur aufgrund ihrer humankapitalbildenden Faktoren, sondern durchaus der subjektive Marktwert dieser Personen eine maßgebliche Rolle spielt.[1704] Der Wert des Humankapitals unterliegt einer Einschätzung durch den subjektiv belasteten Marktwert.[1705] Zu beachten ist aber auch, dass die meisten Untersuchungen nur den Zusammenhang der Vergütung mit dem Humankapital zwischen verschiedenen Ebenen zu erklären versuchen, jedoch nicht Differenziale auf derselben Ebene betrachten. Dies gilt es zu beachten, wenn im Folgenden die Humankapitaltheorie dazu gebraucht werden soll, um Vergütungsunterschiede innerhalb des Aufsichtsrats zu rechtfertigen.

Für die USA wurden Feststellungen getroffen, dass trotz der Vorhersage der Humankapitaltheorie zum Zusammenhang zwischen Vergütung und Humankapital die *outside directors* in unterschiedlichen Gesellschaften auch unterschiedlich hoch vergütet wurden.[1706] Das liegt allerdings daran, dass auch dort der Grundsatz von

---

1699 *Schultz*, Investment in Human Capital, 1971, S. 33.

1700 Siehe hierzu die der früheren Argumentation ähnelnden Stimmen: *Alewell,* zfbf 1998, 315, 330; *Fama,* 88 J. Pol. Econ. (1980), 288, 291 f. (Managervergütung für eingesetztes Humankapital); *Schmidt* in: Schmidt, Humanvermögensrechnung, 1982, S. 3, 7; *Flamholtz* in: Schmidt, Humanvermögensrechnung, 1982, S. 74, 78; *Rosen* in: Eatwell/Milgate/Newman/Palgrave,The New Palgrave, 1987, S. 682 liSp; *Blaug,* 14 Journal of Economic Literature (1976), 827, 846 (aufgrund Berufserfahrung); *Hiller,* WiSt 2006, 285, 287; heutzutage findet man dieses Vergütungssystem unter anderem in der Bezeichnung Qualifikationslohn, „Potentialrente" oder „*skill-based-pay*" wieder: *von Eckardstein* in: Schanz, Handbuch Anreizsysteme, 1991, S. 215, 221 f.

1701 *Becker* in: Becker, Bildungssoziologie, 2009, S. 26 mit Verweis auf *Rosen,* 71 The American Economic Review (1981), 845.

1702 *Becker* in: Becker, Bildungssoziologie, 2009, S. 26 mit Verweis auf *Rosen,* 71 The American Economic Review (1981), 845.

1703 „Manager, Popstars oder Sportler": *Becker* in: Becker, Bildungssoziologie, 2009, S. 26.

1704 *Rosen,* 71 The American Economic Review (1981), 845, 846.

1705 *Fama,* 88 J. Pol. Econ. (1980), 288, 291 f.; *Höckels,* Möglichkeiten der Absicherung von Humankapitalinvestitionen zur Vermeidung unerwünschter Mitarbeiterfluktuation, 2000, S. 23.

1706 *Farrell/Hersch,* 19 Appl. Econ. Let. (2012), 1401 ff.

gleicher Vergütung für *outside directors* die individuelle Anpassung der Vergütung zu verhindern scheint.[1707]

(1) Nutzen humankapitalgerechter Bezahlung

Nachdem ein unumstrittener Zusammenhang zwischen dem Humankapital und der Vergütung einer Person nicht festgestellt werden konnte, kommt es entscheidend darauf an, ob eine hypothetische humankapitalgerechte Bezahlung überhaupt mit höherem Nutzen verbunden ist, als eine Bezahlung, welche die Einflussfaktoren auf das Humankapital weitest gehend außer Acht lässt.[1708] In der Literatur gibt es Stimmen, die einer humankapitalentsprechenden Entlohnung Anreizwirkung zusprechen.[1709] Andererseits wird bezweifelt, ob ein monetärer Anreiz überhaupt greift.[1710]

Es vermag nicht zu überzeugen, dass die monetäre Entlohnung keinen Beitrag zum getätigten Aufwand leistet. Ausgehend von der Annahme nutzenmaximierender Personen bleibt die Erwartung der Aufgabenerledigung bei Unterbezahlung niedrig.[1711] Zuzugeben ist jedoch, dass bei der Wahrnehmung des Aufsichtsratspostens als Nebenamt auch andere Motivationen Anreize hergeben, sodass auf den monetären Anreiz nur ein geringer Anteil entfällt.[1712] Nur zeigen die Entwicklungen in der Aufgabenintensität mittlerweile, dass das Bild vom Nebenamt aus dem allgemeinen Bewusstsein schwindet und der Weg hin zu einem intensiver geführten Aufsichtsratsmandat bereits beschritten wird.[1713] Es bleibt somit dabei, dass die

---

1707 *Farrell/Hersch,* 19 Appl. Econ. Let. (2012), 1401, 1404.

1708 Für eine humankapitalgerechte Vergütung: *Höckels,* Möglichkeiten der Absicherung von Humankapitalinvestitionen zur Vermeidung unerwünschter Mitarbeiterfluktuation, 2000, S. 23. Gegen eine aufgabenbezogene Vergütung: *Mayerhofer* in: von Eckardstein/Kasper/Mayrhofer, Management, 1999, S. 518 f.; eine Gleichbehandlung bei aufgabenbezogener Vergütung befürwortend, wenn diese vergleichbar sind: *Drumm,* Personalwirtschaft, 2008, S. 488.

1709 *Schmidtchen* in: Boettcher/Herder-Dorneich/Schenk, Jahrbuch für Neue Politische Ökonomie, 1987, S. 139, 142 f.; *Eigler,* ZfP 1997, 5, 14; *Mayerhofer* in: von Eckardstein/Kasper/Mayrhofer, Management, 1999, S. 519; *Flamholtz* in: Schmidt, Humanvermögensrechnung, 1982, S. 74, 77 f.; *Rosen* in: Eatwell/Milgate/Newman/Palgrave,The New Palgrave, 1987, S. 683 liSp.

1710 *Blaug,* 14 Journal of Economic Literature (1976), 827, 835; zurückhaltend ggü. monetärer Anreizwirkung *Fallgatter,* DBW 2003, 703, 711.

1711 Bzgl. leistungsbezogener Vergütung: *Theisen,* DB 1999, 1665; eine „Engagementförderung“ propagierend *Helm,* DB 2003, 2718, 2719; auf „faire“ Vergütungen hinweisend *Siegel* in: FS Pohle, 2003, 405, 410; *Böcking* in: FS Krumnow, 2004, S. 565, 577.

1712 Insofern kann man die Bedenken gegen eine absolute Anreizwirkung von *Böcking* in: FS Krumnow, 2004, S. 565, 580 teilen; ähnlich *Fershtman/Hvide/Weiss,* Cultural Diversity, Status Concerns and the Organization of Work, Working Paper, 2003, S. 4.

1713 Ähnlich in der Begründung des KonTraG: Begr. Reg-E BT-Drucks. 13/9712, S. 16 insbesondere im Hinblick auf Vorsitzende; aus der Literatur z. B. *Feddersen,* AG

monetäre Vergütung Anreize ausüben kann. Dass dies sowohl für die Übernahme einer Tätigkeit an einem neuen Arbeitsplatz, als auch für die laufende Tätigkeit zu gelten hat, ergibt sich aus den Überlegungen des Postenanwärters, ob die Übernahme der neuen Tätigkeit mit einem entsprechenden Nutzen verbunden ist. Denn eine Postenübernahme wird wohl kaum von einer Person getätigt werden, wenn per Saldo nur Nachteile daraus erwachsen. Dasselbe gilt für die Situation des Aufsichtsratspostens, was aus dem Gedanken resultiert, dass die Vergütung wenigstens den Aufwand und die damit verbundenen Kosten[1714] decken muss.[1715]

Sofern es darum geht, dass während der Tätigkeitsausübung eine humankapitalgerechte Entlohnung stattfindet, ergibt sich die Anreizwirkung aus einem Vergleich mit der Lage, die bestehen würde, wenn die Vergütungssteigerung trotz Humankapitalsteigerung nicht stattfindet. In diesem Fall drohen Opportunitätskosten durch ein Trotzverhalten zu entstehen, sodass im Umkehrschluss eine Anreizwirkung bei humankapitalgerechter Entlohnung zumindest zu erwarten ist. Ebenso fördert sie den Anreiz, Investitionen in das Humankapital überhaupt erst vorzunehmen. Auch ein Arbeitnehmer würde nur dann selbst in sein Humankapital investieren, wenn er später dafür einen entsprechenden Nutzen erfährt, der seine Investitionsbemühungen berücksichtigt.[1716] Auch fühlt sich ein Arbeitnehmer in der Folge mehr dem Unternehmen verbunden, wenn seine Investitionen belohnt werden, sodass mit weniger Abwanderung zu rechnen ist.[1717]

Weiterhin kann auch von einer Gleichbehandlung auf den verschiedenen Humankapitalstufen gesprochen werden, indem ungleiche Kapitalwerte nicht willkürlich gleich behandelt werden.[1718] Da die Vergütung im Zusammenhang mit dem Nutzen gesehen werden muss,[1719] können überhöhte Vergütungen durch Nicht-humankapitalgerechte Bezahlung sogar wirtschaftlich schädliche Wirkung entfalten. Durch die Besetzung von Posten mit Personen, die nicht das dafür

---

2000, 385, 389 f.; *Claussen/Bröcker*, DB 2002, 1199, 1203 (bzgl. des DCGK), *Theisen*, BFuP 2012, 349; *Lutter* in: Hommelhoff, Handbuch Corporate Governance, 2009, S. 321, 328; zurückhaltender *Böcking/Dutzi* in: Seicht, Controlling interne Revision Segmentberichterstattung, 2004, S. 391, 393; aus dem älteren Schrifttum *Martens*, Managementüberwachung durch den Aufsichtsrat, 2000, S. 25.

1714 Kosten werden hier i.S.v. Einsatz des Engagements verstanden.

1715 *Bender/Vater*, DStR 2003, 1807, 1810 f.; *Böcking* in: FS Krumnow, 2004, S. 565, 577.

1716 *Schmidtchen* in: Boettcher/Herder-Dorneich/Schenk, Jahrbuch für Neue Politische Ökonomie, 1987, S. 139, 142 f.; *Eigler*, ZfP 1997, 5, 14; Qualität hat seinen Preis: *Caspers* in: Schloß Reichartshausen, Erfahrung – Bewegung – Strategie, 1996, S. 274, 282; für die Stellung ("Profit") im Unternehmen: *Jost/Webers*, ZfB 2001, 183, 186 ff.

1717 *Becker*, Lexikon des Personalmanagements, 2002, S. 257.

1718 *Holtbrügge*, Personalmanagement, 2013, S. 191; eine Kontraproduktivität bei Vergütungsgleichbehandlung für unterschiedliche Aufgaben anmahnend: *Drumm*, Personalwirtschaft, 2008, S. 487.

1719 *Drumm*, Personalwirtschaft, 2008, S. 459; *Lawler* in: Schmidt, Humanvermögensrechnung, 1982, S. 191, 203.

erforderliche Humankapital aufweisen, kommt es zu Fehlallokationen, die mittels einer Humankapitalbewertung vermieden werden können.[1720] Es kommt zu unnötigen Kosten, wenn Qualifikationen bezahlt werden, die bei der Tätigkeit keine Verwendung finden können.[1721] Dies wird der Fall sein, wenn eine erhöhte Bezahlung für Dienste erfolgt, die die Person aufgrund ihres begrenzten Humankapitals nicht befriedigend erbringen kann. Da die humankapitalgerechte Vergütung eine Bewertung des Humankapitalwerts voraussetzt, schafft sie Klarheit über das Potenzial des Arbeitnehmers, was wiederum beim Einsatz der Person auf den für sie geeigneten Posten berücksichtigt werden kann,[1722] denn nur so können Besetzungen von Arbeitsplätzen mit über-/unterqualifizierten Personen vermindert werden. Das Gleiche trifft auf den Aufsichtsrat zu. Nur wenn das Humankapitalprofil eingehend bekannt ist, können Fehlbesetzungen vermieden werden.

Opportunitätskosten für den mangelnden Einsatz der Arbeitskraft während einer Qualifikationsmaßnahme[1723] werden bei Aufsichtsräten hingegen weniger Probleme bereiten, da sie ihre Qualifikationen entweder schon vorher einbringen oder diese zusätzlich zur Aufsichtsratstätigkeit erwerben müssen.

Damit verwandt ist die Frage, ob ein Unternehmen Qualifikationsmaßnahmen für das allgemeine Humankapital bezahlen soll,[1724] denn ganz gleich, ob es sich um allgemeines oder spezifisches Humankapital handelt, muss ein Aufsichtsratsmitglied beides von sich aus miteinbringen. Selbst wenn die Kosten eines besonderen Qualifikationserwerbs für ein Aufsichtsratsmitglied durch die Gesellschaft übernommen werden,[1725] so wäre eine Vergütung der zusätzlichen Qualifikationen unabhängig von der Humankapitalspezifität dennoch sinnvoll. Dies ergibt sich aus dem Haftungsgesichtspunkt. Anders als bei Arbeitnehmern, die sich bei einfacher Fahrlässigkeit auf die Grundsätze der betrieblich veranlassten Tätigkeit berufen können, gibt es diese Möglichkeit für Aufsichtsräte nicht. Hier ist der Unterschied so groß, dass eine Übertragung der spezifischen Erkenntnisse für Arbeitnehmer aufgrund der Aufsichtsratstypik nicht anbietet.

1720 *Brummet* in: Schmidt, Humanvermögensrechnung, 1982, S. 61, 63 in Bezug auf fehlerhafte Zuordnungen von Erfolgen; *Flamholtz* in: Schmidt, Humanvermögensrechnung, 1982, S. 74.

1721 *Drumm*, Personalwirtschaft, 2008, S. 498 f.

1722 *Scholz*, BFuP 2007, 20, 21 f.; *Becker/Labucay/Rieger*, BFuP 2007, 38, 41 f.

1723 Für Arbeitnehmer: *Becker*, Human capital, 1975, S. 19.

1724 Z.B. bei *Hiller*, WiSt 2006, 285, 287; *Eigler*, ZfP 1997, 5, 13, der darauf hinweist, dass bei Weiterverwendungsmöglichkeit die Kosten für allgemeines Humankapital durch den Arbeitnehmer selbst getragen werden sollen.

1725 Was in der Praxis bei besonderen Qualifizierungen über das Mindestmaß hinaus möglich ist, da sie über den Auslagenersatz zumindest analog § 670 BGB geltend gemacht werden können, hierzu *Theisen*, BFuP 2012, 349, 352 f. (§§ 675, 670 BGB analog); *Maser/Göttle*, NZG 2013, 201, 206; *Spindler* in: Spindler/Stilz AktG § 113 Rn. 10 m.w.N.; *Wilsing* in: Wilsing DCGK, 2012, Ziff. 5.4.1 Rn. 15.

Allerdings bleiben die für die Arbeitnehmervergütung festzustellenden Folgeprobleme humankapitalgerechter Vergütungen auch für Aufsichtsräte bestehen. Eine drohende Verhandlungssituation kann bei Arbeitnehmern zu subjektiv motivierten und im Ergebnis unterschiedlichen Vergütungshöhen führen.[1726] In der Folge droht anstatt einer humankapitalorientierten Vergütung eine Vergütung des Marktwerts.[1727] Dies ergibt sich aus einer humankapitalgerechten Entlohnung dann, wenn die Verhandlungsmacht der zu vergütenden Person betrachtet wird. Bei Praktizierung dieses Entlohnungssystems würden Humankapitalinvestitionen von der investierenden Person in aller Regel dazu ausgenutzt werden, um Forderungen nach einer höheren Vergütung nachzugehen.[1728] Durch die Forderung des Arbeitnehmers wird eine Verhandlungssituation eingeführt. In Verhandlungssituationen sind den subjektiven Wertungen der Parteien kaum Grenzen gesetzt, sodass eine Vergütung für das Humankapital einer Person leicht zu einer Vergütung des reinen Marktwerts werden kann.[1729] Diese Situation droht auch bei den Aufsichtsratsvergütungen Einkehr zu finden. Die Grundsituation stellt sich mit den Vergütungsverhandlungen als dieselbe heraus. Daher gibt es keinen Grund dafür, dass sich bei Aufsichtsräten dieses Problem nicht ergeben könnte.

(2) Problem der Humankapitalwert-Messung

Um überhaupt das Humankapital als Kennziffer für eine Vergütung nutzen zu können, bedarf es der genauen Bestimmung seines Werts. Eine Messung des genauen Werts kann trotz Ausnahmen[1730] aufgrund ungewisser Voraussicht kritisch gesehen werden, gerade weil der Humankapitalwert auch eine Nutzenkomponente in sich birgt.[1731] Ansätze zur Messung des Humankapitals, sowohl einzelner Personen, als auch von Gruppen wurden im Rahmen der Humanvermögensrechnung

1726 *Drumm*, Personalwirtschaft, 2008, S. 487 f.; *Klusen*, Zielsetzung, Planung und Kontrolle von Massnahmen der beruflichen Weiterbildung in der erwerbswirtschaftlichen Unternehmung, Diss. Berlin, 1985, S. 241.

1727 Zum Einfluss des Humankapitals auf den Marktwert: *Scholz*, BFuP 2007, 20, 23 f.

1728 *Klusen*, Zielsetzung, Planung und Kontrolle von Massnahmen der beruflichen Weiterbildung in der erwerbswirtschaftlichen Unternehmung, Diss. Berlin, 1985, S. 241; *Neuberger*, Personalentwicklung, 1994, S. 294.

1729 Auf den Marktwert von Humankapital hinweisend: *Höckels*, Möglichkeiten der Absicherung von Humankapitalinvestitionen zur Vermeidung unerwünschter Mitarbeiterfluktuation, 2000, S. 18.

1730 Z. B. *Brummet* in: Schmidt, Humanvermögensrechnung, 1982, S. 61, 65.

1731 *Flamholtz* in: Schmidt, Humanvermögensrechnung, 1982, S. 74, 81 ff.; auf die Inaktivität der Praxis in diesem Bereich hinweisend: *Lawler* in: Schmidt, Humanvermögensrechnung, 1982, S. 191; bzgl. genauer Bezifferung: *Sadowski/Schröder*, zfbf 1994, 127, 134 f., 137; *Hummelsheim/Timmermann* in: Tippelt, Handbuch Bildungsforschung, 2010, S. 97, 107 f.; zwischen „leichter" und „schwerer" Messbarkteit unterscheidend *Eigler*, ZfP 1997, 5, 19.

diskutiert.[1732] Im Ergebnis hat sich aufgrund zu vieler subjektiver Einflüsse noch kein allgemein akzeptiertes Rechnungsmodell durchgesetzt.[1733] Bereits die Frage, ob eine individuelle Messung oder nur eine Gesamtbewertung durchzuführen sei, ist umstritten.[1734] Um ein begründbares Vergütungsmodell für eine humankapitalgerechte Entlohnung einzuführen, erscheint es zumindest notwendig, die objektiv messbaren Teilfaktoren zu erfassen und dem daraus resultierenden objektiven Kapital eine bestimmte Vergütungsstufe zuzuweisen, sodass am Ende Qualifikationsprofile entstehen, die sich eindeutig einer Vergütungsstufe zuordnen lassen.[1735]

(a) *Umsetzung im Aufsichtsrat über eine abgewandelte Effizienzprüfung*

Um einen Bogen zwischen der Notwendigkeit zur Humankapitalwertbestimmung und der Umsetzung in eine die Aufsichtsratstypik beachtende Lösung zu spannen, bietet es sich an, Anleihen aus der nach Ziff. 5.6 DCGK geforderten Effizienzprüfung zu nehmen.

(aa) *Effizienzprüfung als Lösung zur Humankapitalmessung von Aufsichtsräten*

In Ziff. 5.6 DCGK heißt es nur: „ Der Aufsichtsrat soll regelmäßig die Effizienz seiner Tätigkeit überprüfen". Die Effizienzprüfung ist im wirtschaftlichen Sinne zu

1732 *Lawler* in: Schmidt, Humanvermögensrechnung, 1982, S. 191, 196; *Brummet* in: Schmidt, Humanvermögensrechnung, 1982, S. 61, 70 ff., der den zukünftigen Nutzenwert dem gegenwärtigen Vergütungswert gegenüberstellt, ähnlich *Flamholtz* in: Schmidt, Humanvermögensrechnung, 1982, S. 74, 82; bzgl. des Werts im gesamten Unternehmen, obwohl selbst dies nicht einwandfrei möglich erscheint: *Schmidt* in: Schmidt, Humanvermögensrechnung, 1982, S. 3, 6 f.; *Conrads/Goetzke/Sieben* in: Schmidt, Humanvermögensrechnung, 1982, S. 493, 494 ff.; allerdings wird der Nutzen aufgrund von Unsicherheiten bezweifelt: *Sadowski/Schröder,* zfbf 1994, 127, 137 ff.; eine Selbstbeurteilung für Leistungen durch eine Gruppe bevorzugend *Drumm*, Personalwirtschaft, 2008, S. 107; zur Saarbrücker-Formel als Berechnungsformel für das gesamte Humankapital in einem Unternehmen: *Scholz,* BFuP 2007, 20, 30 ff., kritisch *Becker/Labucay/Rieger,* BFuP 2007, 38, 44 ff.; zur Lage in den USA: *Schmidt* in: Schmidt, Humanvermögensrechnung, 1982, S. 3, 11 f.

1733 Auf mangelnde Objektivierbarkeit hinweisend: *Conrads/Goetzke/Sieben* in: Schmidt, Humanvermögensrechnung, 1982, S. 493, 496; s. auch *Lindert,* Anreizsysteme und Unternehmenssteuerung, 2001, S. 121.

1734 *Lawler* in: Schmidt, Humanvermögensrechnung, 1982, S. 191, 199; die emotional geführte Diskussion findet sich bei: *Becker/Labucay/Rieger,* BFuP 2007, 38, 52 und *Scholz,* BFuP 2007, 59, 64.

1735 *Drumm,* Personalwirtschaft, 2008, S. 498 f., allerdings kritisch zur Möglichkeit eindeutiger Zuordnungen; unabhängig von der Vergütung wird die Erstellung solcher Profile auch in der rechtswissenschaftlichen Literatur empfohlen (ohne jedoch daraus zugleich eine Pflicht zu machen): *Jung,* WM 2013, 2110, 2116 ff.

verstehen[1736] und zielt darauf ab, eine Aussage über die Relation der Kosten zu der Aufsichtsratstätigkeit und deren Nutzen zu treffen.[1737] Als positive Effekte verspricht man sich hieraus eine verbesserte Aufsichtsratstätigkeit, die mit der Aufdeckung von Missständen einhergeht.[1738] Dem kann insofern gefolgt werden, als dass eine Überprüfung der Aufsichtsratstätigkeit und die Herstellung von Zusammenhängen zwischen Tätigkeiten bzw. unterlassenen Tätigkeiten und den daraus resultierenden Folgen zu einem Bewusstsein über die Anforderungsprofile der Aufsichtsratsposten und den Eigenschaften der sie bekleidenden Personen führt.[1739] Hierdurch wird der Weg zu einer besseren Allokationseffizienz in der Besetzung der Aufsichtsratsposten geebnet. Zwar erfolgt die Prüfung unter der zukunftsbezogenen Ausrichtung der Verbesserung, jedoch bleibt die Feststellung von vergangenen Missständen auch bei einzelnen Aufsichtsräten ein notwendiger Baustein,[1740] ohne die keine Steigerung der Effizienz zu erhoffen ist.

Aufgrund des offenen Wortlauts ist bereits fraglich, was als Referenzpunkt für die Effizienzprüfung nach 5.6 DCGK dienen soll.[1741] Hierzu werden die Tätigkeiten des Gesamt-Aufsichtsrats[1742] als Gruppe, eine Individualbetrachtung[1743] und die Unternehmensentwicklung mit der Vermögens- und Ertragslage der Gesellschaft[1744] genannt.

Letzterer Punkt stützt sich auf die Annahme, dass bei positiver Entwicklung der Gesellschaft ein unmittelbarer Rückschluss auf positive Aufsichtsratstätigkeiten gezogen werden kann, sodass ein eindeutiger Faktor für die Effizienz der Aufsichtsratstätigkeit gefunden sein soll.[1745] Dem ist entgegenzutreten. Primär ist der Vorstand nach § 76 Abs. 1 AktG für die Leitung der Gesellschaft zuständig. Der Aufsichtsrat ist

1736 *Seibt,* DB 2003, 2107, 2109; *Wilsing* in: Wilsing DCGK, 2012, Ziff. 5.6 Rn. 1.

1737 *AKEIÜ,* DB 2006, 1625, 1630; *Seibt,* DB 2003, 2107, 2109; *Sick*, Die Effizienzprüfung des Aufsichtsrats, 2011, S. 6 f.; *Wilsing* in: Wilsing DCGK, 2012, Ziff. 5.6 Rn. 2; *Fischhuber/von Preen* in: Grundei, Der Aufsichtsrat im System der Corporate Governance, 2012, S. 398, 400.

1738 *AKEIÜ,* DB 2006, 1625, 1630; zum US-Board-System: *Seibt,* DB 2003, 2107; dem folgend *Wilsing* in: Wilsing DCGK, 2012, Ziff. 5.6 Rn. 1.

1739 *Fischhuber/von Preen* in: Grundei, Der Aufsichtsrat im System der Corporate Governance, 2012, S. 398, 405.

1740 Anders *Semler* in: FS Raiser, 2005, S. 399, 401, der Vergangenes ausblendet.

1741 Die Interpretation des 5.6 DCGK kann durch Auslegung des Aufsichtsrats erfolgen: *von Werder* in: Ringleb/Kremer/Lutter/von Werder DCGK Rn. 1132; *Seibt,* DB 2003, 2107, 2112; *Wilsing* in: Wilsing DCGK, 2012, Ziff. 5.6 Rn. 1; *Sick*, Die Effizienzprüfung des Aufsichtsrats, 2011, S. 11.

1742 *Sick*, Die Effizienzprüfung des Aufsichtsrats, 2011, S. 18 f.; *Wilsing* in: Wilsing DCGK, 2012, Ziff. 5.6 Rn. 2.

1743 *Seibt,* DB 2003, 2107, 2109; *von Werder* in: Ringleb/Kremer/Lutter/von Werder DCGK Rn. 1135; *Semler* in: FS Raiser, 2005, S. 399, 417; *von Werder/Grundei* in: Hommelhoff, Handbuch Corporate Governance, 2009, S. 629, 644 f.

1744 *Semler* in: FS Raiser, 2005, S. 399, 401.

1745 *Semler* in: FS Raiser, 2005, S. 399, 401.

nach § 111 Abs. 1 AktG primär für die Überwachung zuständig. Falls der Aufsichtsrat keinen Anlass hat, gegen eine Vorstandsmaßnahme im Rahmen seiner Überwachungsaufgabe zu intervenieren, weil der Vorstand vorbildlich gearbeitet hat, wäre nach dem Effizienzverständnis die Aufsichtsratstätigkeit ineffizient, da in diesem Fall die Kosten durch das unnötige Aufwenden von Überwachungskapazitäten den Nutzen übersteigen. Demnach kann die Vermögens- oder Ertragslage des Unternehmens keinen unmittelbaren Rückschluss auf die Effizienz des Aufsichtsrats geben.

Auch die Evaluation des Gesamt-Aufsichtsrats erscheint nicht zwingend. Um die Effizienz des Gesamt-Aufsichtsrats als Gruppe feststellen zu können, müssen zwangsläufig Erhebungen über die individuellen Eigenschaften der einzelnen Aufsichtsratsmitglieder erfolgen.[1746] Eine Evaluation der Tätigkeiten des Gesamt-Aufsichtsrats impliziert somit bereits alle Elemente einer individuellen Effizienzprüfung.[1747] Lediglich das Ergebnis weicht als Gruppenergebnis davon ab, wodurch sich Rückschlüsse auf individuelle Effizienzen erschweren.

Auch wenn sich eine Individualbetrachtung in der deutschen Praxis noch nicht durchgesetzt hat,[1748] ist das Bewusstsein über das vorhandene Humankapital im Aufsichtsrat ein essenzieller Bestandteil zur sorgsamen Erfüllung der obliegenden Aufgaben.[1749] Um eine bestmögliche Zuordnung der Aufsichtsratsmitglieder auf ihre Posten zu erreichen, ist es jedoch sinnvoll, die Effizienz jedes einzelnen Mitglieds zu erfahren, um Fehlallokationen zu vermeiden. Dem individuellen Prüfungsverfahren wird entgegnet, dass es möglicherweise durch einen Konkurrenzdruck zu Verschlechterungen in der Zusammenarbeit kommen könnte.[1750] Ausgangspunkt dieser Befürchtung ist jedoch die gegenseitige Evaluation durch die Aufsichtsratsmitglieder selbst, sodass mit einer Prüfung durch externe Dienstleister dieses theoretische Problem umgangen würde.[1751] Die individuelle Betrachtung der Aufsichtsratseffizienz

1746 *AKEIÜ*, DB 2006, 1625, 1631; *Wilsing* in: Wilsing DCGK, 2012, Ziff. 5.6 Rn. 3; *Fischhuber/von Preen* in: Grundei, Der Aufsichtsrat im System der Corporate Governance, 2012, S. 398, 404.

1747 So bereits schon *Conger/Finegold/Lawler III*, Harv. Bus. Rev. (1998), 136, 144.

1748 *Eulerich/Welge*, ZCG 2011, 129, 131 f.; *Wilsing* in: Wilsing DCGK, 2012, Ziff. 5.6 Rn. 2; *von Werder* in: Ringleb/Kremer/Lutter/von Werder DCGK Rn. 1135 Fn. 395; *Fischhuber/von Preen* in: Grundei, Der Aufsichtsrat im System der Corporate Governance, 2012, S. 398, 401.

1749 *Semler* in: FS Raiser, 2005, S. 399, 401, 417.

1750 *AKEIÜ*, DB 2006, 1625, 1631 f.; *Wilsing* in: Wilsing DCGK, 2012, Ziff. 5.6 Rn. 2; siehe auch die Darstellungen bei: *Seibt*, DB 2003, 2107, 2109; *Fischhuber/von Preen* in: Grundei, Der Aufsichtsrat im System der Corporate Governance, 2012, S. 398, 403; für das US-Board-System: *Conger/Finegold/Lawler III*, Harv. Bus. Rev. (1998), 136, 144.

1751 Die Zuhilfenahme externer Prüfungsinstitutionen ist bei der Effizienzprüfung zulässig: *von Werder* in: Ringleb/Kremer/Lutter/von Werder DCGK Rn. 1135, 1139.

bleibt somit ein geeignetes Mittel, um die persönlichen Eigenschaften der Aufsichtsratsmitglieder wie bspw. dessen Qualifikation und Erfahrung festzustellen.[1752]

(bb) *Konkrete Umsetzung in die Vergütungsausgestaltung*

Die Effizienzprüfung bietet damit nach richtiger Ansicht ein Mittel, um die Faktoren zu bestimmen, die das Humankapital von Aufsichtsräten ausmachen. Damit ist ein Ansatz vorhanden, um dem Problem der Humankapitalwertmessung entgegenzutreten. Lediglich die konkrete Ausgestaltung des Evaluierungsverfahrens muss an die Vergütungsproblematik angepasst werden. Größter Unterschied ist hierbei die Zuständigkeit, die bei der Effizienzprüfung letztverantwortlich beim Aufsichtsrat angelegt ist,[1753] während die Vergütung gem. § 113 Abs. 1 S. 2 AktG von der Hauptversammlung beschlossen oder in der Satzung festgelegt wird. Eine Selbstevaluierung, wie bei der Effizienzprüfung, würde dazu führen, dass die Aufsichtsratsmitglieder durch die interne Bestimmung der Vergütungskriterien einen maßgeblichen Einfluss auf die Vergütungshöhe hätten, der wegen seiner Intransparenz nicht mehr von der Vergütungskompetenz aus § 113 Abs. 1 S. 2 AktG gedeckt würde.[1754] Daher verbietet sich eine in der Aufsichtsratsverantwortung liegende interne Feststellung der Humankapitalkriterien. Die Auswertung der individuellen Effizienz hat daher ausschließlich durch externe Dienstleister zu erfolgen.[1755] Hierbei ist darauf zu achten, dass eine Evaluation des Humankapitals erfolgt, sodass eine Überprüfung der tatsächlichen Arbeitsleistung, wie dies bei der normalen Effizienzprüfung der Regelfall ist, in den Hintergrund rückt. Das Problem des Aufsichtsrats als „Black-Box"[1756] besteht in der Hinsicht nicht, als dass das abstrakt nachprüfbare Merkmal der Qualifikation im Vordergrund steht. Eine Zuständigkeit durch die Hauptversammlung würde zwar dem § 113 Abs. 1 S. 2 AktG am besten entsprechen,

1752 Für eine individuelle Betrachtung trotz der angebrachten Kritik ebenso: *Seibt,* DB 2003, 2107, 2109; *von Werder* in: Ringleb/Kremer/Lutter/von Werder DCGK Rn. 1135; *Fischhuber/von Preen* in: Grundei, Der Aufsichtsrat im System der Corporate Governance, 2012, S. 398, 403.

1753 *Semler* in: FS Raiser, 2005, S. 399, 402.

1754 Auf das intransparente Verfahren hinweisend: *Eulerich/Welge,* ZCG 2011, 129, 132; eine Forderung nach mehr Transparenz einer Individualprüfung zugunsten der Hauptversammlung fordernd: *Fischhuber/von Preen* in: Grundei, Der Aufsichtsrat im System der Corporate Governance, 2012, S. 398, 411 f.; zum Telos des § 113 Abs. 1 S. 2 AktG s.o. 3.TeilB.I.1.a).

1755 Selbst bei der Effizienzprüfung nach Ziff. 5.6 DCGK ist eine beschränkte Delegation auf externe Dienstleister zulässig: *Seibt,* DB 2003, 2107, 2110; *Fischhuber/von Preen* in: Grundei, Der Aufsichtsrat im System der Corporate Governance, 2012, S. 398, 403 f.

1756 *Eulerich/Welge,* ZCG 2011, 129.

jedoch ist die Hauptversammlung in ihrer Größe zu unbeweglich, als dass sie eine solche Evaluation zu leisten vermag.[1757]

Ist bei der Effizienzprüfung nach Ziff. 5.6 DCGK der zeitliche Überprüfungsturnus höchst kontrovers,[1758] so muss sich eine Überprüfung der individuellen Eigenschaften pragmatisch an der Vergütungsthematik orientieren. Hierzu ist erforderlich, dass eine erste Überprüfung zeitlich vor Aufnahme des Amtes durch den Kandidaten erfolgt. Praktischerweise lässt sich diese Prüfung mit der Auswahl von neuen Aufsichtsratskandidaten für die Wahl durch die Hauptversammlung bzw. Arbeitnehmer verbinden.[1759] Aufgrund des mit der Zeit variierenden Humankapitals einer Person,[1760] sollte zumindest in einem 2-jährigen Rhythmus[1761] eine erneute Überprüfung erfolgen und bei abweichendem Ergebnis eine Vergütungsanpassung erfolgen. Das gesamte Verfahren hat stets das Kosten-Nutzen-Verhältnis zu beachten, wodurch es sich nicht für jede Gesellschaft zu eignen vermag.[1762] Die Effizienzprüfung nach Ziff. 5.6 DCGK ist somit ein richtiger Ansatzpunkt, um das Humankapital eines Aufsichtsratsmitglieds zu eruieren. Es bedarf allerdings der angesprochenen Modifikationen, um nicht in den Konflikt mit der Kompetenz aus § 113 Abs. 1 S. 2 AktG zu geraten. Erst dann kann die individuelle Effizienzprüfung einen Beitrag zur humankapitalgerechten Vergütung von Aufsichtsratsmitgliedern bieten.

(b) *Vorschlag eines Vergütungsmerkmals für Aufsichtsräte*

Wenn bei Arbeitnehmern eine Übernahme von Qualifikationskosten durch das Unternehmen befürwortet wird,[1763] so liegt es nahe, dass Aufsichtsräte, die ihre Qualifikation von außerhalb in die Gesellschaft einbringen, eine entsprechende monetäre Vergütung hierfür erhalten. Das potenzielle Können sagt noch kein konkretes Leistungspensum vorher.[1764] Daher sollte der Vergütungsmaßstab auf die Qualifikation an sich beschränkt werden. Denn dies ist die Ursache für eine

1757 *Fischhuber/von Preen* in: Grundei, Der Aufsichtsrat im System der Corporate Governance, 2012, S. 398, 404.

1758 Jährliche Selbstevaluation: *Semler* in: FS Raiser, 2005, S. 399, 406; jährlich (bei Selbstevaluation) bzw. 2–3 Jahre (bei Fremdevaluation): *AKEIÜ,* DB 2006, 1625, 1632; jährlich *Seibt,* DB 2003, 2107, 2112; je nach Notwendigkeit und Kosten-Nutzen-Effekt: *Wilsing* in: Wilsing DCGK, 2012, Ziff. 5.6 Rn. 5; Je nach Prüfungsgegenstand zwischen 1 und 3 Jahre: *Fischhuber/von Preen* in: Grundei, Der Aufsichtsrat im System der Corporate Governance, 2012, S. 398, 410.

1759 Hierzu auch die Forderung nach mehr Transparenz bei der Aufsichtsratswahl *Fischhuber/von Preen* in: Grundei, Der Aufsichtsrat im System der Corporate Governance, 2012, S. 398, 411 f.

1760 S.o. 4.TeilB.I.2.b)aa).

1761 Sofern es das Kosten-Nutzen Verhältnis zulässt sind auch andere Perioden denkbar.

1762 *Eulerich/Welge,* ZCG 2011, 129, 132.

1763 *Alewell,* zfbf 1998, 315, 326.

1764 *Mentzel,* Unternehmenssicherung durch Personalentwicklung, 1997, S. 239.

gute bzw. schlechte Tätigkeit der Aufsichtsratsmitglieder.[1765] Keine andere Struktur findet sich gegenwärtig bei der Aufsichtsratsvergütung. Zurzeit werden fixe und variable Summen für die Aufsichtsratstätigkeit gezahlt. Diese richten sich in der Regel nicht nach einem konkret festgestellten Leistungswert, sondern nach dem potenziellen Arbeitsaufwand durch die vorgegebenen Aufgaben. Anstatt nun an die potenziellen Aufgaben anzuknüpfen, kann eine Vergütung auch anhand der Qualifikation Sinn machen. Beide Merkmale bleiben zunächst abstrakt und richten sich nicht primär nach der tatsächlichen Leistung. Damit wäre auch ein Ansatz zur Umgehung des Kooperationsproblems durch zu starken Leistungsbezug gegeben. Dass aus gleichartigen Qualifikationen unterschiedliche Fähigkeiten und Transformationsleistungen resultieren können, bleibt nicht aus und ist hinzunehmen. Da der Anknüpfungspunkt nicht eine konkrete Leistung ist, sondern eine vorgelagerte Qualifikationsmaßnahme, bleiben die Auswirkungen bzgl. der Leistung innerhalb der Gruppe gering. Das Problem, dass ein Einsatz der Qualifikation durch monetären Anreiz gegebenenfalls noch nicht gesichert ist, wird mit einer drohenden Haftung begegnet.[1766] Allerdings dürfen dabei die Kosten aus dem Bewertungsverfahren nicht missachtet werden. Denn eine der Humankapitalbewertung entsprechende Vergütung macht nur Sinn, wenn die Kosten hierfür im angemessenen Verhältnis zum Nutzen stehen.[1767]

3. Ungelöste Probleme durch humankapitalwertgerechte Vergütungen

Einige Literaturstimmen werfen Probleme auf, die durch eine humankapitalgerechte Vergütung von Personen entstehen können. So könnten Probleme bei der Kollegialität entstehen, die durch abfallende Kooperationsbereitschaft entstünde, wenn jedes Mitglied einer Gruppe sein Streben nach der für ihn günstigsten Lage ausrichtet.[1768] Es wird darauf hingewiesen, dass eine humankapitalgerechte Vergütung zur Verschlechterung der Gruppenzusammenarbeit führt, aber zugleich ein der eigenen Person nützenden Leistungszuwachs verzeichnet, was mit der Möglichkeit zur Erreichung einer höheren Vergütungsstufe begründet wird.[1769] Dementsprechend eröffnet sich ein weiteres Problemfeld, nachdem das Humankapital der Aufsichtsräte eruiert und den zuvor festgelegten Qualifikationsstufen mit den

1765 *Strenger,* Der Konzern 2012, 10, 11; *Böcking/Dutzi* in: Seicht, Controlling interne Revision Segmentberichterstattung, 2004, S. 391, 393; *Böcking* in: FS Krumnow, 2004, S. 565, 576 m.w.N.

1766 *von Eckardstein* in: Schanz, Handbuch Anreizsysteme, 1991, S. 215, 217 weist auf die Gefahr des unterbleibenden Qualifikationseinsatzes hin. Zur rechtlichen Zulässigkeit dieses Modells und zum Einfluss der Haftung, siehe oben 3.TeilC.III.1.b).

1767 Auf die Kosten hinweisend *Eulerich/Welge,* ZCG 2011, 129, 132.

1768 *Backes-Gellner/Lazear/Wolff,* Personalökonomik, 2001, S. 238 f.

1769 Bzgl. einfacher handwerklicher Tätigkeiten: *Drago/Garvey,* 16 Journal of Labor Economics (1998), 1, 3 ff.; *Backes-Gellner/Lazear/Wolff,* Personalökonomik, 2001, S. 243.

Vergütungsdifferenzen je nach Stufe zugeordnet wurde. Erst dann wird den Mitgliedern deutlich, auf welcher Stufe sie eingeordnet werden.[1770] Daraus ergibt sich ein Gefahrenpotenzial, indem die Aufsichtsratsmitglieder durch Reflex- oder Trotzreaktionen ihr zukünftiges Verhalten primär nach der Vergütungsstufe ausrichten und nicht mehr nach ihrem Pflichtenkreis. Um letzteres Problem zu lösen, wird zwar ein Weg hin zur Intransparenz vorgeschlagen.[1771] Dies wird speziell für die Aufsichtsratsvergütung gerade in Zeiten der Forderung nach mehr Transparenz[1772] und der Hauptversammlungszuständigkeit für die Vergütungsfestlegung keine zufriedenstellende Lösung darstellen. Im Ergebnis vermag die begrenzte Perspektive des Humankapitals keine tiefer gehenden Untersuchungen zu leisten, die sich intensiver mit diesen Problemen auseinandersetzen. Daher ist es sinnvoll, andere Ansätze zur Kontrolle dieser Aussagen heranzuziehen.

II. Erkenntnisse aus der Prinzipal-Agenten-Theorie und deren notwendige Modifikation durch verhaltenswissenschaftliche Elemente

Die folgenden Ausführungen versuchen die aufgeworfenen Aussagen der humankapitaltheoretischen Ergebnisse zu überprüfen und Antworten auf die noch offenen Fragen zu geben. Sie bauen dazu auf den Prämissen der Prinzipal-Agenten-Theorie [1.] auf und streben eine Betrachtung der durch die Prinzipal-Agenten-Beziehung ausgelösten Probleme individueller Vergütungen an Aufsichtsratsmitglieder [2.a)] an. Der Schwerpunkt wird hierbei auf die Wirkungsweise dieser Vergütungsart unter dem Gesichtspunkt der Prinzipal-Agenten-Beziehung einerseits [2.b)] und deren möglichen Modifikationen durch verhaltenswissenschaftliche Theorien andererseits [3.] gelegt.

1. Die Prämissen der Prinzipal-Agenten-Beziehung bei der Aufsichtsratsvergütung

Die Prinzipal-Agenten-Theorie gilt als ein relativ neuer Ansatz in der Ökonomie, der im letzten Jahrhundert entwickelt wurde und auf großflächige Akzeptanz gestoßen ist.[1773] Ihr liegt mit dem Prinzipal auf der einen Seite und dem Agenten auf

1770 Mit entsprechenden Folgen der Demotivation bei abweichender subjektiver Einschätzung bzgl. menschlichen Verhaltens im Allgemeinen: *Lawler* in: Schmidt, Humanvermögensrechnung, 1982, S. 191, 205.

1771 Allerdings mit erheblichen Zweifeln zur Durchsetzbarkeit: *Lawler* in: Schmidt, Humanvermögensrechnung, 1982, S. 191, 205.

1772 So z. B. *Böcking/Dutzi* in: Seicht, Controlling interne Revision Segmentberichterstattung, 2004, S. 391, 396.

1773 Die Prinzipal-Agenten-Theorie ist Teil der Neoinstitutionellen Mikroökonomie, *Eigler*, ZfP 1997, 5, 6. Grundlegende Arbeiten dazu erfolgten durch *Coase*, 4 Economica (1937), 386; *Jensen/Meckling*, 3 J. Fin. Econ. (1976), 305; *Holmström*,

der anderen Seite ein Verhältnis von mindestens zwei Akteuren zugrunde, wobei der Prinzipal dem Agenten Aufgaben zur Erledigung überträgt, sodass sich aus dieser Übertragung von Verantwortlichkeiten eine besondere Beziehung ergibt.[1774] Grund für die Übertragung ist der beim Prinzipal vorherrschende Gedanke, dass der Agent die zur Aufgabenerledigung besseren Kompetenzen besitzt, sodass der Prinzipal hieraus einen Nutzen ziehen kann.[1775] Für die Aufgabenerledigung durch den Agenten erfolgt durch den Prinzipal eine Vergütung.[1776] Die Bestimmung des Prinzipals und des Agenten im konkreten Fall erfolgt nicht nach einem starren Muster, sondern unter Berücksichtigung der jeweiligen Interessenlage.[1777]

Bei Betrachtung der Aufsichtsratsvergütung sind vordergründig die Hauptversammlung als vergütungskompetente Institution mit der Delegation der Überwachungsaufgabe und der Aufsichtsrat als Annehmer der Überwachungsaufgabe und vergütungserhaltende Gruppe maßgebend. Somit besteht in der hier zu betrachten-

---

10 Bell Journal Econ. (1979), 74; *Grossman/Hart,* 51 Econometrica (1983), 7; *Fama/ Jensen,* 26 J. L. Econ. (1983), 301; dazu *Schleifer/Vishny,* 52 J. Fin. (1997), 737, 740 und *Suchan/Winter,* DB 2009, 2531, 2532. Innerhalb der Theorie sind mit der positiven und der normativen Theorie zwei Strömungen vorherrschend, *Jensen,* 58 Acc. Rev. (1983), 319, 334; *Eisenhardt,* 14 Acad. Mgmt. Rev. (1989), 57, 59; *Müller,* DBW 1993, 61; *Elschen,* zfbf 1991, 1002, 1006; *Ebers/Gotsch* in: Kieser, Organisationstheorien, 2006, S. 247, 259. Der positive Ansatz ist geprägt durch sprachliche Umschreibungen aufgrund empirischer Ergebnisse, *Elschen,* zfbf 1991, 1002, 1006; *Jost* in: Jost, Die Prinzipal-Agenten-Theorie in der Betriebswirtschaftslehre, 2001, S. 11, 41 Endnote 2; siehe auch *Richter/Furubotn,* Neue Institutionenökonomik, 2010, S. 176. Dagegen erfolgt in der normativen Theorie eine mathematische Auseinandersetzung, um die Präzisionsschwächen der positiven Theorie zu vermeiden, *Elschen,* zfbf 1991, 1002, 1006; siehe auch *Richter/Furubotn,* Neue Institutionenökonomik, 2010, S. 179; kritisch zum Aussagegehalt der normativen Theorie: *Müller,* DBW 1993, 61 ff. In der folgenden Abhandlung wird zwar primär auf die positive Theorie Bezug genommen, jedoch bei gegebenem Anlass auf Quellen der normativen Richtung zurückgegriffen.

1774 *Ross,* 63 Americ. Econ. Rev. (1973), 134; *Jensen/Meckling,* 3 J. Fin. Econ. (1976), 305, 308; *Sliwka,* DBW 2003, 293, 294; *Sjurts,* DBW 1998, 283, 284; *Elschen,* zfbf 1991, 1002, 1004; *Metten,* Corporate Governance, 2010, S. 43; *Ebers/Gotsch* in: Kieser, Organisationstheorien, 2006, S. 247, 258; *Jost* in: Jost, Die Prinzipal-Agenten-Theorie in der Betriebswirtschaftslehre, 2001, S. 11; *Picot* in: Ordelheide/Rudolph/ Büsselmann, Betriebswirtschaftslehre und ökonomische Theorie, 1991, S. 143, 150; *Richter/Furubotn,* Neue Institutionenökonomik, 2010, S. 173.

1775 *Sliwka,* 157 JITE (2001), 568; *Andreas,* Determinanten der Aufsichtsratsvergütung in deutschen Aktiengesellschaften, 2011, S. 30; *Ebers/Gotsch* in: Kieser, Organisationstheorien, 2006, S. 247, 258.

1776 *Metten,* Corporate Governance, 2010, S. 43; *Ebers/Gotsch* in: Kieser, Organisationstheorien, 2006, S. 247, 258.

1777 *Picot* in: Ordelheide/Rudolph/Büsselmann, Betriebswirtschaftslehre und ökonomische Theorie, 1991, S. 143, 150; *Koch,* WM 2010, 1155 f. bzgl. der Hauptversammlung-Vorstand-Beziehung.

den Fragestellung die Beziehung zwischen dem Prinzipal der Hauptversammlung und dem Aufsichtsrat als Agenten.[1778]

Dem Prinzipal und Agenten werden durch die Theorie einige Annahmen unterstellt, die maßgeblich die sich aus der Beziehung ergebenden Probleme beeinflussen bzw. hervorrufen. Den Akteuren wird eine Eigennutzorientierung zugeordnet, sodass jeder das tut, was für ihn am nützlichsten ist.[1779] Aufgrund von unterschiedlichen Informationsständen zwischen Prinzipal und Agent herrscht eine Informationsasymmetrie und damit keine genaue Sicherheit beim Prinzipal über das Verhalten des Agenten.[1780] Dazu kommt, dass aufgrund externer, vom Agenten nicht beherrschter Einflüsse, keine genaue Bemessungsgrundlage zur Erreichung von Informationssymmetrien bestimmt werden kann.[1781] Aufgrund dieser ungleichen Informationsverteilung erlangt der Agent einen Handlungsspielraum und ihm wird ein opportunistisches Verhalten zur Ausnutzung dieses Spielraums unterstellt.[1782] Weiterhin wird von einer eingeschränkten Rationalität, sowie einer Risikoscheu des Agenten und Risikoneutralität des Prinzipals ausgegangen.[1783]

1778 *Jaschke*, Die betriebswirtschaftliche Überwachungsfunktion aktienrechtlicher Aufsichtsräte, 1989, S. 50; *Velte/Weber*, BFuP 2011, 223 f.; *Fallgatter*, DBW 2003, 703, 705; *Säcker/Boesche*, BB 2006, 897, 903; *Velte*, WM 2012, 537, 538; *Metten*, Corporate Governance, 2010, S. 58; anders *Thüsing/Veil*, AG 2008, 359, 367, die durch eine individuelle Betrachtung die Aktionäre als die Prinzipale ansehen und die Hauptversammlung als „Organ der Prinzipale" bezeichnen. Dass der Aufsichtsrat auch eine Prinzipalstellung ggü. dem Vorstand als Agenten einnimmt, ist hier nicht weiter relevant; zur Prinzipal-Agenten-Beziehung von *shareholder* zum *board* in den USA siehe nur: *Millstein/MacAvoy*, 98 Colum. L. Rev. (1998), 1283, 1292; *Lin*, 90 Nw. U. L. Rev. (1996), 898, 940; *Brown*, 82 NYU L. Rev. (2007), 1102, 1107.

1779 *Eberlein/Grund*, JfB 2006, 133, 134; *Sjurts*, DBW 1998, 183, 184; *Andreas*, Determinanten der Aufsichtsratsvergütung in deutschen Aktiengesellschaften, 2011, S. 31; *Metten*, Corporate Governance, 2010, S. 44; *Ebers/Gotsch* in: Kieser, Organisationstheorien, 2006, S. 247, 261; *Jost* in: Jost, Die Prinzipal-Agenten-Theorie in der Betriebswirtschaftslehre, 2001, S. 11, 15.

1780 *Kopel*, zfbf 1998, 531; *Elschen*, zfbf 1991, 1002, 1004; *Mayer/Pfeiffer/Reichel*, BFuP 2005, 12, 15; *Sjurts*, DBW 1998, 283, 284; *Fallgatter*, DBW 2003, 703, 704; *Ebers/Gotsch* in: Kieser, Organisationstheorien, 2006, S. 247, 259; *Picot* in: Ordelheide/Rudolph/Büsselmann, Betriebswirtschaftslehre und ökonomische Theorie, 1991, S. 143, 150.

1781 *Arrow*, The Economics of Agency, 1984, S. 2; *Sjurts*, DBW 1998, 283, 284; *Richter/Furubotn*, Neue Institutionenökonomik, 2010, S. 174.

1782 *Fama/Jensen*, 26 J. L. Econ. (1983), 301, 304; *Elschen*, zfbf 1991, 1002, 1004; *Metten*, Corporate Governance, 2010, S. 44; *Tshang*, Corporate Governance bei Organisationskomplexität, 2011, S. 13; *Andreas*, Determinanten der Aufsichtsratsvergütung in deutschen Aktiengesellschaften, 2011, S. 31.

1783 Zur eingeschränkten Rationalität: *Metten*, Corporate Governance, 2010, S. 44; zur Risikoneigung: *Elschen*, zfbf 1991, 1002, 1007; *Sjurts*, DBW 1998, 183, 184; *Ebers/*

2. *Abgeleitete Problemfelder aus der Prinzipal-Agenten-Beziehung*

Dem Thema der vorliegenden Arbeit ist es geschuldet, dass das Interesse in der Prinzipal-Agenten-Beziehung zwischen der Hauptversammlung und dem Aufsichtsrat nicht auf die Wirkung von Vergütungsbestandteilen mit Erfolgsbezug hinausläuft,[1784] sondern sich auf den Vergleich einer allgemeinen Gruppenvergütung im Gegensatz zu einer individualisierten Vergütung fokussiert. Dazu besteht das Interesse, ob sich durch die Prinzipal-Agenten-Theorie Erkenntnisse zu den Auswirkungen auf die Prinzipal-Agenten-Beziehung herleiten lassen, die den Vergleich theorienbasiert unterlegen. Damit sind die folgenden Untersuchungspunkte festgelegt, indem die Agenturprobleme auf die vertikale Ebene zwischen Prinzipal und Agent und die horizontale Ebene innerhalb des Agenten angewendet werden.

a) *Auswirkungen von Individualvergütungen auf die Prinzipal-Agenten-Beziehung*

Ausgehend von den Prämissen der Prinzipal-Agenten-Theorie lassen sich verschiedene Probleme aus der Beziehung herleiten. Da sowohl Agent, als auch Prinzipal nach ihrem Eigennutz streben, können sich hieraus Interessenkonflikte herausbilden, die der Beziehung schaden können.[1785]

aa) *Probleme auf vertikaler Ebene im Verhältnis Hauptversammlung zum Aufsichtsrat*

Zusammengefasst stehen die Probleme der *hidden action* und *hidden information*, ausgelöst durch eine Informationsasymmetrie nach Eingehung der Beziehung und der *hidden characteristics* im Vorfeld der Interaktion der Akteure im Vordergrund.[1786]

Gotsch in: Kieser, Organisationstheorien, 2006, S. 247, 261; *Metten*, Corporate Governance, 2010, S. 44.

1784 Zu diesem Problemfeld: *Jensen/Murphy*, 98 J. Pol. Econ. (1990), 225; *Jensen*, 48 J. Fin. (1993), 831; *Andreas/Rapp/Wolff*, Determinants of Director Compensation in Two-Tier Systems: Evidence from German Panel Data, Working Paper, 2010, S. 9.

1785 *Martens*, Managementüberwachung durch den Aufsichtsrat, 2000, S. 39 f.; *Velte/Weber*, BFuP 2011, 223, 224 (bezogen auf Hauptversammlungs-Aufsichtsrats-Beziehung); *Jensen/Meckling*, 3 J. Fin. Econ. (1976), 305, 308; *Sjurts*, DBW 1998, 283, 284; *Tshang*, Corporate Governance bei Organisationskomplexität, 2011, S. 13; *Jost* in: Jost, Die Prinzipal-Agenten-Theorie in der Betriebswirtschaftslehre, 2001, S. 11, 14; *Richter/Furubotn*, Neue Institutionenökonomik, 2010, S. 174.

1786 Für *hidden action* und *hidden information* wird auch der Oberbegriff des Folgeproblems des *moral hazard*, sowie für die *hidden characteristics* das Folgeproblem der *adverse selection* verwendet, siehe bspw.: *Holmström*, 13 Bell Journal Econ. (1982), 324; *Velte/Weber*, BFuP 2011, 223, 224; *Güttel*, zfbf 2007, 465, 468; *Picot* in: Ordelheide/Rudolph/Büsselmann, Betriebswirtschaftslehre und ökonomische Theorie, 1991, S. 143, 151 f.; *Richter/Furubotn*, Neue Institutionenökonomik, 2010,

Das Problem der *hidden actions* nimmt seinen Ausgangspunkt in der zugunsten des Agenten und zulasten des Prinzipals ungleich verteilten Information über die Handlungsintensität des Agenten.[1787] Aufgrund der nicht vollständig beobachtbaren Handlungen des Agenten durch den Prinzipal ergibt sich für den Agenten die Möglichkeit, seine Handlungsfreiheiten zulasten des Prinzipals auszunutzen.[1788] Dies kann in Folge dessen in einen Rückgang des Engagements des Agenten bei der Aufgabenerledigung für den Prinzipal münden (*shirking*).[1789] Das Problem beschreibt damit das „Wie“ der Aufgabenerledigung. Der negative Nutzen des Agenten steigt durch die Erhöhung des Einsatzes seiner Humanressourcen.[1790] Bei eigennutzorientierten Akteuren profitiert der Prinzipal somit bei einem der niedrigen Vergütung entsprechend hohem Einsatz des Agenten und der Agent wird sein Einsatz so niedrig wie möglich halten wollen, um einen hohen Nutzen aus der gegebenen Vergütung zu erlangen.[1791]

Ein Vergleich einer allgemeinen Vergütung mit einer der persönlichen Qualifikation angepassten Vergütung macht deutlich, dass die individuelle Vergütung für den Prinzipal im Gesamtergebnis zwar keinen Unterschied macht, für den Agenten jedoch eine Angleichung an sein Nutzenstreben darstellt. Besonders deutlich wird dies bei den Besonderheiten des Aufsichtsrats, dessen Mitglieder einem qualifikationsbasierten Haftungssystem unterliegen.[1792] Bei allgemeiner Vergütung würden sowohl der niedriger qualifizierte, als auch die Person mit dem größeren Potenzial dieselbe Vergütung bekommen, unter der Annahme opportunistischen Verhaltens jedoch ihre Anstrengungen auf das Mindestmaß, also auf das Haftungspotenzial beschränken. Daraus resultiert bei einer Durchschnittsvergütung, dass der

---

S. 173 ff.; *Martens*, Managementüberwachung durch den Aufsichtsrat, 2000, S. 35 ff., der jedoch auch die *hidden information* dem vorvertraglichen Bereich zuordnet.

1787 *Metten*, Corporate Governance, 2010, S. 44; *Picot* in: Ordelheide/Rudolph/Büsselmann, Betriebswirtschaftslehre und ökonomische Theorie, 1991, S. 143, 151 f.; *Richter/Furubotn*, Neue Institutionenökonomik, 2010, S. 173 f.

1788 *Sliwka*, DBW 2003, 293, 294; *Holmström*, 13 Bell Journal Econ. (1982), 324; *Elschen*, zfbf 1991, 1002, 1004 f.; *Richter/Furubotn*, Neue Institutionenökonomik, 2010, S. 173 f.

1789 *Eigler*, ZfP 1997, 5, 18; *Elschen*, zfbf 1991, 1002, 1005; *Velte*, WM 2012, 537, 538; *Andreas*, Determinanten der Aufsichtsratsvergütung in deutschen Aktiengesellschaften, 2011, S. 31; *Lindert*, Anreizsysteme und Unternehmenssteuerung, 2001, S. 225; *Martens*, Managementüberwachung durch den Aufsichtsrat, 2000, S. 37.

1790 *Kopel*, zfbf 1998, 531; wobei nicht jedes Maß an Einsatz als Arbeitsleid empfunden werden muss: *Levinthal*, 9 Journal of Economic Behavior and Organization (1988), 153, 157, 181 f.; dazu: *Sliwka*, DBW 2003, 293, 294 unter Verweis auf *Holmström/Milgrom*, 7 Journal of Law, Economics, & Organization, Special Issue (1991), 24; *Elschen*, zfbf 1991, 1002, 1007.

1791 *Jost* in: Jost, Die Prinzipal-Agenten-Theorie in der Betriebswirtschaftslehre, 2001, S. 11, 17; bzgl. der Annahme für das Agentenverhalten siehe auch *Sliwka*, DBW 2003, 293, 294.

1792 Hierzu s.o. 3.TeilC.I.2.c)bb)(1).

Nutzenvorteil des niedrig qualifizierten Mitglieds durch einen Disnutzen des höher qualifizierten Mitglieds aufgefangen werden muss. Bei einer der Qualifikation und damit auch dem Haftungspotenzial angepassten Vergütung würde sich unter der Annahme opportunistischen Verhaltens der Einsatzwert der Anstrengung dem Vergütungsniveau entsprechen, sodass beim niedrig qualifizierten Mitglied weder ein Disnutzen noch ein Übernutzen besteht und das höher qualifizierte Mitglied keinen Disnutzen mehr hat. Somit würde unter den Annahmen der Prinzipal-Agenten-Theorie die Individualvergütung vorteilhafter ggü. einer Gruppenvergütung sein.

Das Problem der *hidden information* beschreibt hingegen nicht die Erledigungsintensität, sondern eine ungleiche Information über die zu erledigenden Aufgaben und den eröffneten Erledigungsmöglichkeiten selbst.[1793] Somit geht es hier um das „Was" der Aufgabenerledigung. Eine Übertragung dieses Problems auf die Vergleichskonstellation der Vergütungsart vermag jedoch keine wesentlichen Erkenntnisse zu bringen.

Ertragreicher erscheint in diesem Zusammenhang das dritte Problem. Bei den *hidden characteristics* handelt es sich um ungleiche Informationen bzgl. der persönlichen Eigenschaften des Agenten vor Eingehung der Prinzipal-Agenten-Beziehung, worunter auch die Qualifikation des Agenten zählt.[1794] Es sind keine durchgreifenden Gründe ersichtlich, warum dieses Problem nicht auch bei den Kandidaten für die Aufsichtsratsposten vorliegt.[1795] Den Hauptversammlungsmitgliedern werden im Allgemeinen die genauen persönlichen Eigenschaften wie der Qualifikation nicht bekannt sein. Das ergibt sich aus der Tatsache, dass die Hauptversammlung dem Kandidatenvorschlag des Aufsichtsrats i. S. d. § 124 Abs. 3 AktG für die Anteilseignervertreter i. d. R. folgt,[1796] wobei dieser Vorschlag nach § 124 Abs. 3 S. 4 AktG keine detaillierte Aufschlüsselung der genauen Qualifikation erfordert.[1797] Somit kann davon ausgegangen werden, dass die Hauptversammlungsmitglieder zumindest vor der Wahl eines Aufsichtsratskandidaten keine oder nur wenig Kenntnis von dessen persönlichen Eigenschaften haben, sodass das Problem der *hidden*

1793 *Metten*, Corporate Governance, 2010, S. 44; *Picot* in: Ordelheide/Rudolph/Büsselmann, Betriebswirtschaftslehre und ökonomische Theorie, 1991, S. 143, 152; *Richter/Furubotn*, Neue Institutionenökonomik, 2010, S. 174.

1794 *Elschen*, zfbf 1991, 1002, 1005; *Jost* in: Jost, Die Prinzipal-Agenten-Theorie in der Betriebswirtschaftslehre, 2001, S. 11, 27 f.; *Andreas*, Determinanten der Aufsichtsratsvergütung in deutschen Aktiengesellschaften, 2011, S. 32; *Picot* in: Ordelheide/Rudolph/Büsselmann, Betriebswirtschaftslehre und ökonomische Theorie, 1991, S. 143, 152; *Ebers/Gotsch* in: Kieser, Organisationstheorien, 2006, S. 247, 261, 263 f.; *Richter/Furubotn*, Neue Institutionenökonomik, 2010, S. 175.

1795 So auch explizit: *Velte/Weber*, BFuP 2011, 223, 224; zum Problem der Qualifikationsbestimmung im Vorstand: *Suchan/Winter*, DB 2009, 2531, 2534.

1796 *Lutter* in: Hommelhoff, Handbuch Corporate Governance, 2009, S. 321, 325.

1797 Natürlich bestehen auch Ausnahmen, wenn neue Aufsichtsratsmitglieder aus dem Machtbereich einiger Aktionäre vorgeschlagen werden, die i.d.R. um die Qualifikation Bescheid wissen.

characterisitcs ebenso vorhanden ist. Nach der Wahl wird sich daran nur langsam etwas ändern, wenn die ersten Erfahrungen mit dem Aufsichtsratsmitglied gemacht werden. Mit der Zeit verringert sich also die Unsicherheit über die persönlichen Eigenschaften des Agenten,[1798] ohne allerdings eine vollständige Informationssymmetrie zu erreichen.

Aus der Situation der *hidden characteristics* wird das Problem der adversen Selektion hergeleitet, welches durch mangelnde Verifikation der Eigenschaften des Agenten entstehen kann.[1799] Fraglich ist demgemäß, ob sich dieses Problem auch bei den Aufsichtsratsmitgliedern ergeben könnte. Obwohl es für die Beziehung von Arbeitnehmern zu Arbeitgebern gegenteilige Auffassungen gibt, ob der Effekt der Negativauslese drohen kann,[1800] muss als Grundvoraussetzung für die Existenz des Problems eine mangelnde Verifikation der Agenteneigenschaften gegeben sein.[1801] Ohne diese Voraussetzung droht auch keine Gefahr der Negativauslese. Gegenwärtig scheint die fehlende Verifizierbarkeit der persönlichen Eigenschaften eines Aufsichtsratsmitglieds zumindest fraglich. Aufgrund dessen, dass bereits heute die Aufsichtsratsmitglieder entsprechend ihrer Qualifikation haften[1802] und auch die Zuordnung zu besonderen Ausschüssen wie dem Prüfungsausschuss aufgrund einer speziellen Qualifikation praktiziert wird, ist die Annahme von nicht verifizierbaren persönlichen Eigenschaften von Aufsichtsratsmitgliedern nicht gerechtfertigt.[1803]

Ein System der Individualvergütung würde dies sogar noch absichern, denn in diesem Fall muss ein besonderes Augenmerk auf die persönlichen Eigenschaften gelegt werden, um die Personen entsprechenden Vergütungsstufen zuzuordnen.[1804]

1798 *Elschen*, zfbf 1991, 1002, 1009.

1799 *Picot* in: Ordelheide/Rudolph/Büsselmann, Betriebswirtschaftslehre und ökonomische Theorie, 1991, S. 143, 152; *Richter/Furubotn*, Neue Institutionenökonomik, 2010, S. 175.

1800 *Alewell*, Interne Arbeitsmärkte, 1993, S. 112 ff. verneint dies mit dem Hinweis darauf, dass der Informationsvorteil des Agenten über seine Eigenschaften durch die Unsicherheit über die Arbeitsplatzanforderungen ausgeglichen werde; andere wiederum sehen eine Gefahr der adversen Selektion auch in Arbeitgeber-Arbeitnehmer-Beziehungen: *Jost* in: Jost, Die Prinzipal-Agenten-Theorie in der Betriebswirtschaftslehre, 2001, S. 11, 28 ff.; *Backes-Gellner/Wolff* in: Jost, Die Prinzipal-Agenten-Theorie in der Betriebswirtschaftslehre, 2001, S. 395, 403; *Suchan/Winter*, DB 2009, 2531, 2534 (bzgl. Vorstände).

1801 Auf die Grundkonstellation hinweisend: *Alewell*, Interne Arbeitsmärkte, 1993, S. 111 f.

1802 S.o. 3.TeilC.I.2.c)bb)(1).

1803 Eine über die bloße Möglichkeit der Verifikation hinausgehende Frage ist, wer in der Praxis die Qualifikation kontrolliert. Diese Frage stellt auch *Jäger*, NZG 2011, 2010, 211 in Bezug auf den Finanzexperten.

1804 Siehe dazu den Zuordnungsvorschlag in 4.TeilB.I.2.b)dd)(2)(a).

Dazu werden Mittel wie Signaling[1805] und Screening[1806] auch für Aufsichtsratsmitglieder nützlich sein. Ebenso lässt sich die Reputationswirkung dazu nutzen, die erhaltenen Informationen abzusichern.[1807] Somit stellen die *hidden characteristics* im Ergebnis kein unlösbares Problem in der Beziehung zwischen Aufsichtsrat und Hauptversammlung dar.

bb) *Probleme auf horizontaler Ebene im Verhältnis der Aufsichtsratsmitglieder zueinander*

Zunächst ist die Frage aufzuwerfen, ob sich die Probleme der Prinzipal-Agenten-Beziehung auch im Intra-Agentenverhältnis auswirken können. Sehr oft steht bei der Prinzipal-Agenten-Theorie ein Zwei-Personen-Verhältnis im Mittelpunkt, ohne, dass auf den Fall von Teams als Agenten eingegangen wird.[1808] Allerdings sind bei Betrachtung der Theorien-Prämissen ebenso die Verhältnisse in der Agentengruppe betroffen.[1809] Es herrscht eine individuelle Nutzenmaximierung des Agenten vor, die von einer Agentenbetrachtung des eigenen Arbeitsleids als Disnutzen und den monetären und nicht-monetären Gegenleistungen als Nutzen ausgeht.[1810] Sofern das eigene Arbeitsleid als Disnutzen verringert werden kann, steigt der individuelle Nutzen. Als Möglichkeiten der Verringerung eigenen Arbeitsleids sind das Trittbrettfahrer-Problem (*freerider*) bzw. das Zurücklehnen auf Kosten anderer Personen im Team (*leaning-back*) anerkannt. Das sog. „*leaning-back*" soll dann zum Vorschein kommen, wenn aufgrund von Faktoren wie beispielsweise die Vergütung von Personen innerhalb einer Gruppe oder die Haftung, die Verantwortung für eine Aufgabenerledigung bei anderen Personen gesehen wird.[1811] Dieses Problem

1805 *Winter,* DBW 1997, 615, 619; *Backes-Gellner/Wolff* in: Jost, Die Prinzipal-Agenten-Theorie in der Betriebswirtschaftslehre, 2001, S. 395, 398.

1806 *Backes-Gellner/Wolff* in: Jost, Die Prinzipal-Agenten-Theorie in der Betriebswirtschaftslehre, 2001, S. 395, 397 f.; *Alewell,* Interne Arbeitsmärkte, 1993, S. 117 f.; allgemein *Martens,* Managementüberwachung durch den Aufsichtsrat, 2000, S. 35; siehe dazu auch oben zur Filtertheorie 4.TeilB.I.2.a)bb).

1807 Dazu *Richter/Furubotn,* Neue Institutionenökonomik, 2010, S. 263.

1808 *Eberlein/Grund,* JfB 2006, 133, 134 gehen zum Beispiel davon aus, dass die Prämisse des Eigennutzstrebens die Berücksichtigung der Vergütung anderer Personen in Teams ausschließt.

1809 *Ebers/Gotsch* in: Kieser, Organisationstheorien, 2006, S. 247, 275 betonen, dass die Probleme aus dem 2-Personen-Verhältnis ebenso in Gruppen bestehen.

1810 *Kopel,* zfbf 1998, 531; *Backes-Gellner/Wolff* in: Jost, Die Prinzipal-Agenten-Theorie in der Betriebswirtschaftslehre, 2001, S. 395, 411. Wobei nicht jedes Maß als Arbeitsleid empfunden werden muss: *Levinthal,* 9 Journal of Economic Behavior and Organization (1988), 153, 157, 181 f.; dazu: *Sliwka,* DBW 2003, 293, 294 unter Verweis auf *Holmström/Milgrom,* 7 Journal of Law, Economics, & Organization, Special Issue (1991), 24; *Elschen,* zfbf 1991, 1002, 1007.

1811 Dem *leaning-back* bei differenzierter Vergütung der Prüfungsausschussmitglieder im Aufsichtsrat ggü. den allgemeinen Aufsichtsratsmitgliedern zwar Bedeutung

steht in unmittelbarem Zusammenhang mit dem Trittbrettfahrerproblem.[1812] Das Trittbrettfahrerproblem behandelt den Sachverhalt, dass aufgrund mangelnder Beobachtungen jedes einzelnen Agentenverhaltens in einer Gruppe einzelne Personen ihr Engagement vermindern könnten, ohne dem Prinzipal den mangelnden Einsatz offenbaren zu müssen.[1813] Deutlich zum Vorschein soll dieses Problem dann kommen, wenn eine gruppenbasierte Betrachtung vorgenommen wird,[1814] denn in diesem Fall kommt es auf den Beitrag des Einzelnen nicht primär an und der Einzelne hat ebenso weniger Einfluss auf das Gesamtergebnis.[1815] Somit besteht dieses Problem im verstärkten Maße bei den Gruppenvergütungen, die für Gruppenarbeiten geleistet werden.[1816]

Interessant wird dieses Ergebnis, wenn die Überlegungen auf den Aufsichtsrat angewendet werden. Sofern dieser eine allgemeine Gruppenvergütung für die Aufgabenerledigung bekommt, so verstärkt der mangelnde Individualbezug die Gefahr des Trittbrettfahrerproblems. Dadurch, dass jede Person aus der Gruppe dieselbe Vergütungssumme erhält, aber ebenso das Bewusstsein vorhanden ist, dass bestimmte Personen aus der Gruppe einer strengeren Haftung unterliegen, wird sich die nutzenmaximierende Person in der Gruppe auf das Arbeitsleid beschränken, das zur Haftungsvermeidung seinerseits erforderlich ist. Auf der anderen Seite würde eine Individualvergütung das Problem des mangelnden Einflusses auf den Vergütungsmaßstab umgehen, denn eine Vergütung nach Qualifikation ist von den individuellen Qualifikationsbemühungen abhängig. Das Haftungsbewusstsein würde hingegen fortbestehen, sodass sich aus einer Individualvergütung hieraus keine Veränderung ergibt. Das Problem der Gefahr sinkender Kooperationsbereitschaft bei zunehmender Leistung besteht nur, wenn Vergütungen am Maßstab der Individualleistungsbeiträge festgemacht werden sollen,[1817] denn nur in diesem Fall würde

---

zusprechend, aber i.E. aufgrund von Aufwandserwägungen minderes Gewicht zumessend: *Maushake*, Audit Committees, 2009, S. 561.

1812 Das *leaning-back* kann im Unterschied dazu aber auch offenkundig erfolgen: siehe dazu m.w.N. *Huwer*, Der Prüfungsausschuss des Aufsichtsrats, 2008, S. 210. Diese Konstellation nimmt beim Aufsichtsrat wegen der Gesamtverantwortung jedoch keinen Stellenwert ein.

1813 *Alchian/Demsetz,* 62 Americ. Econ. Rev. (1972), 777, 780; *Backes-Gellner/Wolff* in: Jost, Die Prinzipal-Agenten-Theorie in der Betriebswirtschaftslehre, 2001, S. 395, 424.

1814 *Sliwka,* zfbf 2001, 777.

1815 *Atkinson*, Management accounting, 2007, S. 369 f.; *Mayer/Pfeiffer/Reichel,* BFuP 2005, 12, 14; *Tuschke,* zfbf 2002, 46, 50 (bzgl. aktienbasierter Vergütung); *Lindert,* Anreizsysteme und Unternehmenssteuerung, 2001, S. 224.

1816 Bzgl. Leistungsturniere *Harbring/Irlenbusch,* DBW 2007, 201, 207.

1817 *Sliwka,* zfbf 2001, 777, 778; *Meyer,* 3 Organizational Dynamics (Winter 1975), 39, 42; *Winter,* DBW 1997, 615, 621; *Backes-Gellner/Wolff* in: Jost, Die Prinzipal-Agenten-Theorie in der Betriebswirtschaftslehre, 2001, S. 395, 425; ähnlich *Conger/Finegold/Lawler III,* Harv. Bus. Rev. (1998), 136, 144; mit den Folgeproblemen der „Kollusion" und „Sabotage": bzgl. relativer Leistungsturniere *Harbring/Irlenbusch,* zfbf 2004,

eine nutzenmaximierende Person sich durch Schlechterstellung anderer Personen besserstellen können. Sofern die Vergütung jedoch an Individualeigenschaften ausgerichtet wird, erscheint diese Gefahr nicht gegeben, da die Besserstellung der eigenen Person nicht notwendigerweise die Schlechterstellung anderer Personen in der Gruppe voraussetzt. Denn das Erreichen einer hohen Vergütung ist für jeden möglich, da die Personen bei der Qualifikationsvergütung nicht in Konkurrenz zueinander stehen.

b) Die Aufsichtsratsvergütung als Lösung der Probleme?

Aus der Prinzipal-Agenten-Beziehung und den daraus resultierenden Problemen entstehen Vertretungskosten (*agency costs*), die durch Initiierungskosten der Beziehung, Überwachungskosten des Prinzipals (zur Verminderung der Informationsasymmetrie), den Garantiekosten des Agenten (Versprechen des Agenten zu ordentlicher Handlung) und den Residualverlust (Abweichung im Nutzen des Prinzipals zur Ideallösung) gekennzeichnet sind.[1818] Die Höhe der Kosten ist weiterhin abhängig von der tatsächlichen Risikoneigung und Erledigungsintensität des Agenten.[1819]

Das allgemeine Ziel der Prinzipal-Agenten-Theorie besteht nun in der Lösung der aufgeworfenen Probleme durch Annäherung der Interessenunterschiede, Verminderung opportunistischen Verhaltens[1820] und somit in der Verminderung von Vertretungskosten insgesamt.[1821] Übertragen auf die Vergütungsausgestaltung geht es demnach um eine Vergütungsart, die mit geringen Vertretungskosten auskommt[1822] und eine hohe Einsatzintensität des Agenten verspricht[1823]. Dabei darf allerdings

546; *dies.*, DBW 2007, 201, 202 ff.; *Lazear,* 97 J. Pol. Econ. (1989), 561, 562 (bzgl. Sabotage); *Winter,* zfbf 1996, 898; *ders.*, DBW 1997, 615, 622.

1818 *Jensen/Meckling,* 3 J. Fin. Econ. (1976), 305, 308; *Sjurts,* DBW 1998, 283, 285; *Andreas,* Determinanten der Aufsichtsratsvergütung in deutschen Aktiengesellschaften, 2011, S. 32 Fn. 98; *Tshang*, Corporate Governance bei Organisationskomplexität, 2011, S. 13 Fn. 50; *Ebers/Gotsch* in: Kieser, Organisationstheorien, 2006, S. 247, 262; *Picot* in: Ordelheide/Rudolph/Büsselmann, Betriebswirtschaftslehre und ökonomische Theorie, 1991, S. 143, 150; *Richter/Furubotn*, Neue Institutionenökonomik, 2010, S. 177.

1819 *Jensen/Meckling,* 3 J. Fin. Econ. (1976), 305, 328; *Richter/Furubotn,* Neue Institutionenökonomik, 2010, S. 177.

1820 *Jost* in: Jost, Die Prinzipal-Agenten-Theorie in der Betriebswirtschaftslehre, 2001, S. 11, 17; *Andreas,* Determinanten der Aufsichtsratsvergütung in deutschen Aktiengesellschaften, 2011, S. 32; *Metten,* Corporate Governance, 2010, S. 43 f.

1821 *Sjurts,* DBW 1998, 283, 285; *Eidenmüller,* JZ 2001, 1041, 1047.

1822 *Bebchuk/Fried/Walker,* 69 The University of Chicago Law Review (2002), 751, 763 f. (für den *optimal contracting* Ansatz bei der *executive compensation*); *Andreas,* Determinanten der Aufsichtsratsvergütung in deutschen Aktiengesellschaften, 2011, S. 38.

1823 *Elschen,* zfbf 1991, 1002, 1007.

nicht verkannt werden, dass dies nicht die optimale Lösung darstellt.[1824] Auch die Prinzipal-Agenten-Theorie kann insofern nur eine grobe Richtung vorgeben, ohne dass ein Anspruch auf die ultimative Lösung erhoben wird.[1825] Dies macht die folgenden Erkenntnisse allerdings nicht minder interessant.

aa) Individualbasierte Aufsichtsratsvergütung als Verbesserung oder Verschlechterung der Prinzipal-Agenten-Beziehung?

Zur Abmilderung der aus der Prinzipal-Agenten-Beziehung resultierenden Probleme werden im Grundsatz mit der verstärkten Kontrolle einerseits und einem Anreizsystem andererseits zwei Lösungsansätze vertreten.[1826] Die verstärkte Kontrolle des Agenten durch den Prinzipal soll den eröffneten Spielraum für den Agenten und damit die Möglichkeit zu opportunistischem Verhalten begrenzen.[1827] Im hier zu behandelnden Fall wurden solche Kontrollmöglichkeiten bereits durch die Verifikation der persönlichen Eigenschaften angesprochen.[1828] Daneben dient ein Anreizsystem zur Verminderung möglicher Interessengegensätze zwischen Prinzipal und Agent.[1829] Letzteren Fall gilt es nun in der Perspektive einer individualbasierten Aufsichtsratsvergütung zu betrachten.

bb) Anreiz unter den Bedingungen der Prinzipal-Agenten-Theorie

Wenn von einer individualbasierten Vergütung ausgegangen wird, so erhält der Agent einen festen Betrag in Abhängigkeit seiner persönlichen Eigenschaften. Die Vergütungsart weist demnach sowohl eine Nähe zur Fixvergütung, als auch zur variablen Vergütung auf, wenn die persönlichen Eigenschaften als Variable gesehen

---

1824 Daher kann es nur um eine sog. „*second best*“Lösung gehen: *Andreas*, Determinanten der Aufsichtsratsvergütung in deutschen Aktiengesellschaften, 2011, S. 32 f. und Fn. 100; die Kosten eines vollständigen Vertrags wären zu hoch: *Elschen,* zfbf 1991, 1002, 1004.

1825 *Elschen,* zfbf 1991, 1002, 1003; *Ebers/Gotsch* in: Kieser, Organisationstheorien, 2006, S. 247, 277. Auf den Mangel von Empirie bzgl. Anreize variabler Vergütungen hinweisend: *Fallgatter,* DBW 2003, 703, 710.

1826 *Ebers/Gotsch* in: Kieser, Organisationstheorien, 2006, S. 247, 262; *Güttel,* zfbf 2007, 465, 468; *Martens*, Managementüberwachung durch den Aufsichtsrat, 2000, S. 38; *Plagemann*, Die Vergütung des Aufsichtsrats in der börsennotierten Aktiengesellschaft, 2008, S. 36; *Andreas*, Determinanten der Aufsichtsratsvergütung in deutschen Aktiengesellschaften, 2011, S. 33.

1827 *Tshang*, Corporate Governance bei Organisationskomplexität, 2011, S. 14.

1828 S.o. 4.TeilB.II.2.a)aa).

1829 *Winter,* DBW 1997, 615; *Kopel,* zfbf 1998, 531; *Graßhoff/Schwalbach,* zfbf 1999, 437; *Güttel,* zfbf 2007, 465, 468; *Tshang*, Corporate Governance bei Organisationskomplexität, 2011, S. 14; *Ebers/Gotsch* in: Kieser, Organisationstheorien, 2006, S. 247, 262; *Backes-Gellner/Wolff* in: Jost, Die Prinzipal-Agenten-Theorie in der Betriebswirtschaftslehre, 2001, S. 395, 411; wodurch auch eine Art von Kontrolle stattfindet: *Sjurts,* DBW 1998, 283, 288.

werden. Ausgegangen wird von dem nutzenmaximierenden Agenten, der seine Spielräume opportunistisch ausübt, indem er seine Aufgabenerledigung auf die erwartete Vergütung ausrichtet, um damit seinen Nutzen steigern zu können.[1830] Außer Betracht zu bleiben haben in der hier erfolgenden Überprüfung intrinsische Anreize, da sie mit den Prämissen der Prinzipal-Agenten-Theorie nicht zu vereinbaren sind.[1831]

Wenn der Prinzipal mit der Vergütung einen Anreiz setzen will, muss es ausgehend von seiner nutzenmaximierenden Einstellung darum gehen, dass der Agent zur Übernahme des Postens und zur bestmöglichen Aufgabenerledigung angereizt wird.[1832] Ein Anreiz zur Postenübernahme besteht erst, wenn die Opportunitätskosten des Agenten durch die Vergütung gedeckt sind, denn andernfalls würde die Übernahme des Postens in einem Disnutzen für den Agenten münden, woraufhin ein nutzenmaximierender Agent den Posten ablehnt.[1833] Für einen Anreiz durch die der Person angepassten Vergütung würde die Annahme sprechen, dass das Arbeitsleid in diesem Fall weniger durch den Agenten minimiert werden muss, als bei einer unangepassten Vergütung, die weit unter dem Nutzenwert des Agenten steht.[1834] Dagegen spricht jedoch die Meinung, die in der reinen Fixvergütung keinen Spielraum für einen Anreiz des Agenten zur Aufgabenerledigung erblickt.[1835] Diese Aussage muss jedoch vor dem Hintergrund einer an individuelle Eigenschaften angepassten Fixvergütung für Aufsichtsräte relativiert werden. Denn obwohl grds. eine Fixvergütung im Mittelpunkt steht, so ist sie doch in der Hinsicht als variabel einzustufen, als dass sie je nach individuellen Eigenschaften variiert. Ein Anreiz

1830 *Sliwka,* DBW 2003, 293, 294, 297; miteinbezogen sind im Rahmen des Nutzens auch das Arbeitsleidempfinden: *Spremann* in: Bamberg/Spremann/Ballwieser, Agency theory, information, and incentives, 1989, S. 3, 11 ff.; *Alewell,* DBW 1996, 667, 671.

1831 *Frey/Osterloh,* DBW 1997, 307, 309, auch wenn sie manchmal nicht gänzlich ausgeschlossen werden können; *Lindert,* Anreizsysteme und Unternehmenssteuerung, 2001, S. 231.

1832 *Andreas,* Determinanten der Aufsichtsratsvergütung in deutschen Aktiengesellschaften, 2011, S. 34; *Evers* in: Schanz, Handbuch Anreizsysteme, 1991, S. 738, 740; Anreiz zur Postenübernahme. *Lazear,* Personnel economics, 1995, S. 13; *Mayer/Pfeiffer/Reichel,* BFuP 2005, 12, 12, 23.

1833 *Hartmann,* Die Aufsichtsratsvergütung als Erfolgsfaktor im deutschen Corporate-governance-System, 2003, S. 62; *Lazar,* Managementvergütung, Corporate Governance und Unternehmensperformance, 2007, S. 14; *Andreas,* Determinanten der Aufsichtsratsvergütung in deutschen Aktiengesellschaften, 2011, S. 35 f., die Opportunitätskosten werden hier in der Vergütungshöhe bei einem vergleichbaren Prinzipal gesehen.

1834 Der Agent würde seinen Einsatz an seinen Kosten ausrichten: *Sliwka,* DBW 2003, 293, 294 (ohne der Festvergütung jedoch einen Anreiz zuzusprechen).

1835 *Kramarsch,* ZHR 169 (2005), 112, 118; *Metten,* Corporate Governance, 2010, S. 47; *Lazar,* Managementvergütung, Corporate Governance und Unternehmensperformance, 2007, S. 37; *Jost* in: Jost, Die Prinzipal-Agenten-Theorie in der Betriebswirtschaftslehre, 2001, S. 11, 23; siehe auch 4.TeilB.II.2.a)aa).

wird dann anzunehmen sein, wenn der durch den Anreiz Begünstigte den Vergütungsparameter beeinflussen kann.[1836] Die Arbeitsanstrengung kann daher nach anderer Ansicht in der Weise angereizt werden, als dass dem Agenten über seine Opportunitätskosten hinaus eine Vergütung gezahlt wird.[1837] Dafür spricht zumindest auch eine Meinung aus den USA, die von den Agenten erwartet, dass sie die bestmöglich an ihr Humankapital angepasste Vergütung bevorzugen.[1838] Ausgehend von einer an die Qualifikation angepassten Fixvergütung besteht für den nutzenmaximierenden Agenten ein Anreiz zur Qualifizierung, wenn ihm daraus ein höherer Nutzen entsteht.[1839] Bei Aufsichtsräten geht jedoch mit der Qualifizierung auch ein höherer Haftungsmaßstab einher,[1840] der wiederum eine intensivere Sorgfalt in der Aufgabenerledigung erfordert, damit kein Haftungsfall eintritt. Daraus folgt, dass ein Anreiz zu mehr Anstrengung besteht, solange der Anreiz zur Qualifizierung aus der Qualifikationsvergütung stärker ist, als der aus der Haftung resultierende negative Anreiz.

c) Zwischenergebnis

Folglich lässt eine Individualvergütung aus Prinzipal-Agenten-theoretischer Perspektive den Schluss zu, dass diese nur unter bestimmten Bedingungen mit Anreizvorteilen zur besseren Sorgfalt von Aufsichtsräten verbunden sein kann. Damit ist eine generelle Lösung des Konflikts unabhängig vom Einzelfall jedoch nicht möglich.

3. Prämissenschwäche der Prinzipal-Agenten-Theorie

Die obigen Ausführungen machen bereits deutlich, dass die Perspektive der Prinzipal-Agenten-Theorie sehr eingeengt ist. Dies resultiert aus den engen Prämissen, die eine umfängliche Berücksichtigung realitätsnaher Annahmen ausschließt. Da Personen jedoch nicht stets eigennutzorientiert sind, sondern auch intrinsische Motive, wie unter anderem Fairness und Gerechtigkeitsstreben verfolgen, besteht

---

1836 *Bösl,* BKR 2004, 474, 475.

1837 *Harbring/Irlenbusch,* DBW 2007, 201, 204 (für Leistungsturniere). Dies ist auch durch Anknüpfung an die Qualifikation möglich: *Andreas,* Determinanten der Aufsichtsratsvergütung in deutschen Aktiengesellschaften, 2011, S. 36 f. insbesondere Fn. 119.

1838 *Fama/Jensen,* 26 J. L. Econ. (1983), 301, 310 f.

1839 Für Arbeitnehmer: *von Eckardstein* in: Schanz, Handbuch Anreizsysteme, 1991, S. 215, 226; ähnlich bzgl. des *signalling Richter/Furubotn,* Neue Institutionenökonomik, 2010, S. 263 f.; für Aufsichtsräte aus der rechtswissenschaftlichen Literatur: *Lieder,* Der Aufsichtsrat im Wandel der Zeit, 2006, S. 900.

1840 S.o. 3.TeilC.I.2.c)bb)(1).

die Forderung nach der Ergänzung der Prinzipal-Agenten-Theorie durch eben diese Einflüsse.[1841]

a) Der Einfluss intrinsischer Motivationen

Die *Stewardship*-Theorie macht auf Mängel der Prinzipal-Agenten-Theorie aufmerksam, indem sie die Bedeutung intrinsischer Ausrichtungen für das Agentenhandeln hervorhebt.[1842] In ihrer Ausgestaltung weicht sie von der Prinzipal-Agenten-Theorie ab, indem sie die Prämisse des opportunistischen Verhaltens ablehnt.[1843] Experimente haben gezeigt, dass die intrinsische Ausrichtung von Personen die extrinsische Ausrichtung überlagern kann.[1844] Für den Aufsichtsrat werden Vermutungen aufgestellt, dass das Verhalten deren Mitglieder hauptsächlich durch intrinsische Motive geprägt ist, was unter anderem mit einer vertrauensvollen Zusammenarbeit beim Wechsel vom Vorstand in den Aufsichtsrat, sowie einer durch den häufigen Fall von „älteren" Aufsichtsratsmitgliedern fehlenden Notwendigkeit zur weiteren Vermögensanhäufung begründet wird.[1845] Von einer ausschließlich intrinsischen Ausprägung wird sich jedoch nicht ausgehen lassen, was allein damit begründet

---

1841 *Bresser/Thiele,* ZfB 2008, 175, 195 (die zu diesem Ergebnis nach einer Untersuchung des Wechsels vom Vorstandsvorsitz in den Aufsichtsratsvorsitz kommen); *Winter,* DBW 1997, 615, 616, 626 (Anreizwirksamkeit wird von verhaltenswissenschaftlicher Seite beeinflusst); *Eisenhardt,* 14 Acad. Mgmt. Rev. (1989), 57, 71; *Elschen,* zfbf 1991, 1002, 1003 (andere Theorien sollten als Ergänzung herangezogen werden); *Frey/Osterloh,* DBW 1997, 307, 309 (zur Trennung im Allgemeinen); *Osterloh/Frey,* 11 Organization Science (2000), 538, 546 f.; *Kunz/Pfaff,* 27 Accounting, Organizations and Society (2002), 275, 290; zum Ganzen auch, aber i.E. kritisch *Lindert,* Anreizsysteme und Unternehmenssteuerung, 2001, S. 231 ff., 241.

1842 Siehe zum Beispiel *Donaldson/Davis,* 16 Australian Journal of Management (1991), 49, die empirische Belege für die *Stewardship*-Theorie und gegen die Prinzipal-Agenten-Theorie anführen; dazu auch *Andreas/Rapp/Wolff,* Determinants of Director Compensation in Two-Tier Systems: Evidence from German Panel Data, Working Paper, 2010, S. 4 m.w.N; *Bresser/Thiele,* ZfB 2008, 175, 178 (bzgl. Führungspersonen im Allgemeinen); *Andreas,* Determinanten der Aufsichtsratsvergütung in deutschen Aktiengesellschaften, 2011, S. 46 m.w.N.

1843 *Bresser/Thiele,* ZfB 2008, 175, 178; *Velte,* WM 2012, 537, 539.

1844 *Sliwka,* DBW 2003, 293, 296 f., 299, allerdings mit dem Hinweis, dass die Experimente unter Laborbedingungen stattfanden und damit nicht unbedingt der Realität entsprechen; rein intrinsischer Motivation wird hingegen skeptisch gegenübergestanden: *Winter,* Prinzipien der Gestaltung von Managementanreizsystemen, 1996, S. 60 f.; *ders.,* DBW 1997, 615, 619.

1845 *Fallgatter,* DBW 2003, 703, 710 f., allerdings ohne die Vermutung verifizieren zu können. Zur *Stewardship*-Theorie bei Aufsichtsräten auch *Andreas/Rapp/Wolff,* Determinants of Director Compensation in Two-Tier Systems: Evidence from German Panel Data, Working Paper, 2010, S. 4; auch von vornehmlich intrinsischen Motiven bei Aufsichtsratsmitgliedern ausgehend *Bresser/Thiele,* ZfB 2008, 175, 196; aA wohl *Siegel* in: FS Pohle, 2003, S. 405, 415.

werden kann, dass Aufsichtsräte teilweise ihre mangelnde Vergütung beklagen,[1846] sodass extrinsische Motivationen dadurch nicht ausgeschlossen werden.[1847]

b) Individualbezogene Vergütung als Anreizelement

Sofern durch die Vergütung ein Anreiz hergestellt werden soll, handelt es sich hierbei um einen extrinsischen Anreiz, da er von außen gesetzt wird.[1848] Damit die Vergütung an sich als Anreiz dienen kann, müssen bestimmte Grundvoraussetzungen gegeben sein. Dazu gehört, dass ohne den Anreiz unterschiedliche Interessen zur Aufgabenerledigung bestehen,[1849] eine vornehmliche Ausrichtung auf externe Anreize besteht,[1850] sowie wenn ein von allen betroffenen akzeptierter, beeinflussbarer und sichtbarer Zusammenhang zwischen der Vergütung und dem vergüteten Faktor besteht.[1851] Erstere Voraussetzung wäre bei einer individualisierten Aufsichtsratsvergütung gegeben, wenn die Ausführungen der Prinzipal-Agenten-Theorie zur Ausgangslage gemacht werden. Letztere Voraussetzungen betreffen das genaue Vergütungsverfahren und müssten bei der Ausgestaltung entsprechend berücksichtigt werden. Zu erörtern ist indes, ob die Aufsichtsratsmitglieder eine primär extrinsisch ausgelegte Veranlagung haben, sodass sie mittels Vergütungen beeinflussbar sind. Zwar ließe sich dies mit einem Verweis auf das Reputationsbestreben[1852] einerseits

1846 *Theisen/Probst,* DB 2012, 1553, 1556; für eine stärkere Gewichtung extrinsicher Motivationen auch *Siegel* in: FS Pohle, 2003, S. 405, 415.

1847 In den USA zeigen Untersuchungen, dass *outside directors* bereits auf die Erhöung bzw. Absenkung von Sitzungsgeldern reagieren, *Adams/Ferreira,* 46 Journal of Accounting and Economics (2004), 154, 156 f., 169; für Deutschland *Böcking/Dutzi* in: Seicht, Controlling interne Revision Segmentberichterstattung, 2004, S. 391, 405.

1848 Siehe z. B. *Lindert,* Anreizsysteme und Unternehmenssteuerung, 2001, S. 231.

1849 *Suchan/Winter,* DB 2009, 2531, 2536 (Verhalten muss belohnt werden, das im Interesse des Prinzipals steht); *Fallgatter,* DBW 2003, 703, 704 (zur variablen Vergütung als Anreiz); *Andreas,* Determinanten der Aufsichtsratsvergütung in deutschen Aktiengesellschaften, 2011, S. 33; *Andreas/Rapp/Wolff,* Determinants of Director Compensation in Two-Tier Systems: Evidence from German Panel Data, Working Paper, 2010, S. 1.

1850 *Fallgatter,* DBW 2003, 703, 704.

1851 *Mayer/Pfeiffer/Reichel,* BFuP 2005, 12, 13 ff.; *Kunz/Quitmann,* ZfP 2011, 55, 63 f. m.w.N.

1852 *Ludwig,* Leitungsgremien und Aufsichtsräte im Konzern, 1997, S. 151 f.; je nach Einzelfall: *Berger,* Die Kosten der Aufsichtsratstätigkeit in der Aktiengesellschaft, 2000, S. 25; aufgrund empirischer Studien zu diesem Ergebnis kommend *Lindenthal,* Die Kontrollfunktion des mitbestimmten Aufsichtsrats, 2001, S. 53 f.; darstellend *Andreas,* Determinanten der Aufsichtsratsvergütung in deutschen Aktiengesellschaften, 2011, S. 48.

und mit einer Einkommenssättigung[1853] anderseits bezweifeln.[1854] Auch mit Blick auf die Abführungsverpflichtungen der Arbeitnehmerseite wird darauf hingewiesen, dass finanzielle Beweggründe zur Übernahme eines Aufsichtsratsmandats durch die Abführungsverpflichtungen eingeschränkt werden sollen, damit die Verfolgung von Arbeitnehmerinteressen in den Vordergrund der Tätigkeit gestellt wird.[1855] Allerdings deutet die Erhöhung der nicht abzuführenden Beiträge der Arbeitnehmer im Aufsichtsrat,[1856] die grds.[1857] freie Verfügbarkeit der Arbeitnehmervertreter über Sitzungsgelder,[1858] sowie eine überwiegende Meinung, dass finanzielle Anreize eine Notwendigkeit sind, um qualifizierte Mitglieder zu gewinnen,[1859] darauf hin,

---

1853 *Scheel*, Aufgabenorientierte Vergütung des Aufsichtsrats einer Aktiengesellschaft, 1974, S. 163 ff., allerdings je nach individueller finanzieller Situation und anderweitiger Motivation des Aufsichtsratsmitglieds differenzierend; *Berger*, Die Kosten der Aufsichtsratstätigkeit in der Aktiengesellschaft, 2000, S. 26; *Böcking/Dutzi* in: Seicht, Controlling interne Revision Segmentberichterstattung, 2004, S. 391, 395 f., allerdings ohne einer Anreizwirkung das Potential ganz abzusprechen; darstellend *Andreas*, Determinanten der Aufsichtsratsvergütung in deutschen Aktiengesellschaften, 2011, S. 47: Bei Aufsichtsratsmitgliedern handele es sich immer noch oftmals um Vorstände anderer Gesellschaften, sodass die Vorstandstätigkeit als Haupteinkommensquelle gesehen wird.

1854 So auch *Fallgatter*, DBW 2003, 703, 710 f., der allerdings auch darauf hinweist, dass dies nur Vermutungen sind; eine ähnliches Ergebnis kann die Umfrage unter Aufsichtsräten bei *Theisen/Probst*, DB 2012, 1553, 1556 liefern.

1855 LG Stuttgart, Urt. v. 27.07.2007 – 26 O 543/06, AuR 2008, 189, 190; *Fischer/Theuner*, AuR 2011, 466, 471; kritisch bzgl. der Zulässigkeit daher *Ulmer/Habersack* in: Habersack/Henssler/Ulmer MitbestG § 25 Rn. 83b.

1856 *Plagemann*, Die Vergütung des Aufsichtsrats in der börsennotierten Aktiengesellschaft, 2008, S. 54; *Andreas*, Determinanten der Aufsichtsratsvergütung in deutschen Aktiengesellschaften, 2011, S. 48; zur Entwicklung der Abführungsbeträge beim DGB und anderen Gewerkschaften siehe *Hanau*, Die Verpflichtung zur Abführung von Aufsichtsratsvergütungen an die Hans-Böckler-Stiftung, Arbeitspapier 254, 2012, S. 7 ff.

1857 Nach *Berger*, Die Kosten der Aufsichtsratstätigkeit in der Aktiengesellschaft, 2000, S. 81 Fn. 672 unter Verweis auf die Auskunft der Hans-Böckler-Stiftung gilt dies jedoch nur, wenn sie als Vergütung nicht zur Umgehung der Abführungsverpflichtung eingesetzt werde; der DGB hat keine expliziten Vorgaben zur Abführung von Sitzungsgeldern: *Hanau*, Arbeitspapier 254 Hans Böckler Stiftung 2012, S. 12.

1858 Arbeitnehmervertreter haben Sitzungsgelder nicht abzuführen: *Marsch-Barner* in: FS Röhricht, 2005, S. 401, 415 Fn. 62 m.w.N.; *Vetter*, ZIP 2008, 1, 2; *Maser/Göttle*, NZG 2013, 201, 203.

1859 In diese Richtung gehend *Bischof*, BB 2006, 2627, 2632; *Hoffmann-Becking* in: FS Havermann, 1995, S. 229, 245; *Lieder*, Der Aufsichtsrat im Wandel der Zeit, 2006, S. 880; speziell zur erfolgsorientierten Vergütung *Viciano Gofferje*, Unabhängigkeit als persönliche Voraussetzung für Aufsichtsratsmitglieder, 2008, S. 231 m.w.N.; *Berger*, Die Kosten der Aufsichtsratstätigkeit in der Aktiengesellschaft, 2000, S. 25; *Andreas*, Determinanten der Aufsichtsratsvergütung in deutschen

dass der monetäre Anreiz auch bei Aufsichtsratsmitgliedern eine gewichtige Rolle spielt.[1860] Gegen eine fehlende Anreizwirkung aufgrund bereits vorhandener hoher Vermögensstände wird daher auch zu Recht angeführt, dass der Vergütung eine Anerkennungs- und Wiedererkennungsfunktion zugesprochen wird, mit der sich die Personen identifizieren können, sodass es nicht mehr primär auf die Lebensunterhaltssicherung ankommt.[1861] Ausgehend von einem nun nicht mehr streng nach Eigennutz ausgerichteten Agenten wird im Allgemeinen davon ausgegangen, dass eine Vergütungserhöhung mit Anreizen zu mehr Arbeitsintensität verbunden sein kann.[1862]

In diesem Sinne können auch die Untersuchungen über reziprokes Verhalten angeführt werden. Der Grundsatz der Reziprozität[1863] geht davon aus, dass bei positiven Vergütungen eine Steigerung der Arbeitsintensität zu erwarten ist, was im unmittelbaren Zusammenhang mit einem Fairness-Gebot gesehen wird.[1864] Eine mit Vergütungserhöhungen zusammenhängende Steigerung der Arbeitsintensität wird selbst für Aufsichtsratsmitglieder vertreten, damit dessen Mitglieder bei ihrer Aufgabenerledigung mehr Engagement zeigen.[1865]

Nach alledem ist es nicht ausgeschlossen, dass Aufsichtsratsmitglieder auch bei der Festvergütung auf finanzielle Anreize reagieren. Um auf die individuellen Eigenschaften einzugehen, verspricht eine individualisierte Vergütung eine bessere

---

Aktiengesellschaften, 2011, S. 49, 106; bzgl. Anreize für Arbeitnehmer wird von einem Anreiz ausgegangen, wenn der in Aussicht gestellte Posten mit den eigenen Präferenzen vereinbar ist: *Lawler III* in: Hackman/Suttle, Improving life at work, 1977, S. 168 f.; *Schanz* in: Schanz, Handbuch Anreizsysteme, 1991, S. 3, 9.

1860 Von einer monetären Anreizfähigkeit der Aufsichtsratsmitglieder gehen auch *Baums,* ZIP 1995, 11, 13 und *Deckert,* ZIP 1996, 985, 994 aus; ebenso *Berrar,* NZG 2001, 1113, 1121; finanzielle Anreize nehmen bei Führungskräften im Allgemeinen einen hohen Stellenwert ein: *Evers* in: Schanz, Handbuch Anreizsysteme, 1991, S. 738, 742.

1861 *Evers* in: Schanz, Handbuch Anreizsysteme, 1991, S. 738, 742 f. m.w.N.

1862 Allein zum Ausgleich des empfundenen „Arbeitsleids": *Sliwka,* DBW 2003, 293, 302; zur Erhöhung der Leistungsbereitschaft: *Schanz* in: Schanz, Handbuch Anreizsysteme, 1991, S. 3, 8. Davon geht auch die „wage-effort-Hypothese" aus, wodurch erhöhte Vergütungen zu mehr Einsatz führen: *Fehr/Kirchsteiger/Riedl,* 108 Quart. J. Econ. (1993), 437, 446 ff.; im Allgemeinen werden extrinsischen Anreizen eine starke Beeinflussung zugesprochen *Winter,* DBW 1997, 615, 618 m.w.N.

1863 Grundlegend hierzu aus spieltheoretischer Sicht: *Rabin,* 83 Americ. Econ. Rev. (1993), 1281 ff., dazu *Fehr/Schmidt,* 114 Quart. J. Econ. (1999), 817, 852.

1864 *Sliwka,* DBW 2003, 293, 303; *Fehr/Kirchsteiger/Riedl,* 108 Quart. J. Econ. (1993), 437, 450: *Harbring/Irlenbusch,* DBW 2007, 201, 206; ähnlich *Frey/Osterloh,* DBW 1997, 307, 311; siehe auch den ähnlichen Ansatz der „Geschenk Hypothese" bei *Akerlof,* 97 Quart. J. Econ. (1982), 543, dazu *Harbring/Irlenbusch,* DBW 2007, 201, 203.

1865 *Bender/Vater,* DStR 2003, 1807, 1810 betonen, dass für eine ordentliche Aufgabenerledigung der Aufsichtsratsmitglieder eine angemessen hohe Festvergütung gezahlt werden muss; siehe auch *Maushake,* Audit Committees, 2009, S. 561 f.

Lösung, als bei einer Gruppenvergütung, die unabhängig der Präferenzen der Gruppenmitglieder erteilt wird.

c) Der Einfluss der Setzung von extrinsischen auf bestehende intrinsische Anreize

Im Fall von Vergütungen anhand individueller Eigenschaften lässt sich jedoch die Frage aufwerfen, ob dies im Gegensatz zu einer allgemeinen Gruppenvergütung nicht eine mit negativen Folgen verbundene Fokussierung auf extrinsische Motive darstellt. Extrinsische Motivationen bestehen, wenn von der Person ein von außen gesetztes Ziel angestrebt wird und das Erreichen des Ziels zu einem positiven Effekt, wie beispielsweise einer monetären Vergütung führt.[1866] Auch negative Effekte, wie eine Haftung bei nicht Erreichen des Ziels, fallen unter das Instrument der extrinsischen Motivation.[1867] Bei allgemeiner Gruppenvergütung gibt es wenig Spielraum für das einzelne Aufsichtsratsmitglied, die Höhe der eigenen Vergütung zu beeinflussen. Anders ist dies, wenn sich die Vergütung an individuellen Eigenschaften bemisst, auf die das Aufsichtsratsmitglied Einfluss ausüben kann und somit im Ergebnis die eigene Vergütung beeinflussbar ist. Die Eröffnung dieser Möglichkeit rückt den finanziellen Aspekt der Vergütung der Aufsichtsratstätigkeit im Gegensatz zu einer allgemeinen Gruppenvergütung stärker in den Mittelpunkt. Die Aufmerksamkeit wird somit zumindest teilweise auf das extrinsische Motiv der Vergütung gelenkt, da diese nun für das einzelne Aufsichtsratsmitglied beeinflussbar wird.

aa) *Der Verdrängungseffekt*

Der Fokus auf einen extrinsischen Faktor durch die Einführung individualisierter Vergütungen hat jedoch nicht ausschließlich negative Effekte auf möglicherweise bestehende intrinsische Anreize zur Aufgabenerledigung i. R. d. Aufsichtsratstätigkeit. Intrinsische Anreize zur Aufgabenerledigung bestehen, wenn die Motivation zur Tätigkeit unmittelbar aus eigenem Antrieb und unabhängig von externen Einflüssen hergeleitet wird.[1868] Bei Aufsichtsratsmitgliedern stellen somit Machtstreben oder

---

1866 *Frey/Osterloh,* DBW 1997, 307, 308; *Winter,* DBW 1997, 615, 619; *Osterloh/Frey,* 11 Organization Science (2000), 538, 539; *Kunz/Pfaff,* 27 Accounting, Organizations and Society (2002), 275, 280; *Kunz/Quitmann,* ZfP 2011, 55, 56, 58, 60; *Winter,* Prinzipien der Gestaltung von Managementanreizsystemen, 1996, S. 41; *Staehle/Conrad/Sydow,* Management, 1999, S. 165 f.

1867 *Frey/Osterloh,* DBW 1997, 307, 308.

1868 *Deci,* 18 J. Pers. Soc. Psych. (1971), 105; *Frey,* 45 Kyklos (1992), 161, 162; *Eisenberger/Pierce/Cameron,* 125 Psych. Bulletin (1999), 677; *Frey/Osterloh,* DBW 1997, 307, 308; *Osterloh/Frey,* 11 Organization Science (2000), 538, 539; *Kunz/Pfaff,* 27 Accounting, Organizations and Society (2002), 275, 280; *Sliwka,* DBW 2003, 293, 296 f., 300; *Kunz/Quitmann,* ZfP 2011, 55, 56, 58, 60; *Deci/Ryan,* Intrinsic motivation and self-determination in human behavior, 1985, S. 32 f.; *Winter,* Prinzipien der Gestaltung

die Erweiterung sozialen Ansehens durch Besetzung eines Aufsichtsratspostens und die damit erfolgende gewissenhafte Aufgabenerledigung intrinsische Anreize dar.

Das Zusammenspiel zwischen extrinsischen und intrinsischen Motivationen wird unter anderem nach dem psychologischen Ansatz der *cognitive-evaluation-theory* beurteilt.[1869] Hiernach besteht die Vorhersage, dass durch die Einführung extrinsischer Motivationen die vorhandenen intrinsischen Motivationen gemindert werden und bei Auflösung der extrinsischen Motivationen auch nicht wieder aufleben („Verdrängungseffekt" bzw. „*motivation-crowding-out*").[1870] Beide Motivationen schließen sich zwar nicht aus, jedoch zeigt eine extrinsische Motivation unmittelbare Auswirkungen auf intrinsische Motivationen.[1871] Die intrinsische Motivation wird von den Determinanten der Selbstbestimmung und dem Kompetenzgefühl bestimmt.[1872] Einer extrinsischen Motivation wird ein kontrollierendes Element zugesprochen, da sie demjenigen, der die Motivation setzt, eine Kontrollmöglichkeit eröffnet, inwieweit der Empfänger der Motivation das gesetzte Ziel erreicht.[1873] Diese Kontrolle kann vom Motivationsadressaten in der Weise negativ empfunden werden, als dass sie die Möglichkeit zur Selbstbestimmung einschränkt und damit zugleich die intrinsische Motivation mindert, da die Determinante der Selbstbestimmung ebenso gemindert wird.[1874] Ebenso kann das Kompetenzgefühl und damit

---

von Managementanreizsystemen, 1996, S. 41; *Staehle/Conrad/Sydow*, Management, 1999, S. 165 f.

1869 *Sliwka*, DBW 2003, 293, 300; *Kunz/Quitmann*, ZfP 2011, 55, 57; einen Überblick über Ergebnisse dieser Theorie geben *Ambrose/Kulik*, 25 J. of Management (1999), 231, 253 ff.; *Deci/Ryan*, Intrinsic motivation and self-determination in human behavior, 1985, S. 62 ff.

1870 *Deci*, 18 J. Pers. Soc. Psych. (1971), 105, 108 ff.; *Frey*, 45 Kyklos (1992), 161, 167; *Frey/Osterloh*, DBW 1997, 307, 310 ff.; *Deci/Ryan/Koestner*, 125 Psych. Bulletin (1999), 627, 653; *Osterloh/Frey*, 11 Organization Science (2000), 538; *Kunz/Pfaff*, 27 Accounting, Organizations and Society (2002), 275, 280; *Sliwka*, DBW 2003, 293, 300; *Kunz/Quitmann*, ZfP 2011, 55, 60; *Deci/Ryan*, Intrinsic motivation and self-determination in human behavior, 1985, S. 62; dazu auch *Winter*, DBW 1997, 615, 619; *Schweizer/Monsen/Patzelt*, zfbf 2008, 671, 677 insbesondere Fn. 40; weitergehend *Eisenberger/Pierce/Cameron*, 125 Psych. Bulletin (1999), 677 ff., die bei bestimmten Belohnungsarten eine Förderung intrinsischer Motivation insbesondere für Leistungserfolge postulieren und damit eine Gegenposition zur *cognitive-evaluation-theory* einnehmen.

1871 *Frey/Osterloh*, DBW 1997, 307, 309; *Eisenberger/Pierce/Cameron*, 125 Psych. Bulletin (1999), 677 ff.; *Kunz/Quitmann*, ZfP 2011, 55, 59.

1872 *Deci/Ryan/Koestner*, 125 Psych. Bulletin (1999), 627, 628; *Kunz/Pfaff*, 27 Accounting, Organizations and Society (2002), 275, 280; *Sliwka*, DBW 2003, 293, 300; *Gagné/Deci*, 26 Journal of Organizational Behavior (2005), 331, 332; *Kunz/Quitmann*, ZfP 2011, 55, 58.

1873 *Kunz/Quitmann*, ZfP 2011, 55, 66.

1874 *Frey*, 45 Kyklos (1992), 161, 178; *Frey/Osterloh*, DBW 1997, 307, 310 f.; *Deci/Ryan/Koestner*, 125 Psych. Bulletin (1999), 627, 628 f., 653; *Deci/Ryan*, 11 Psych. Inquiry

einhergehend die intrinsische Motivation gemindert werden, wenn das Ziel der extrinsischen Motivation vom Motivationsadressaten nicht erreicht wird und aus dieser Information ein Gefühl der Inkompetenz beim Adressaten hervorgerufen wird.[1875] Die Minderung beider Determinanten stellt somit den Verdrängungseffekt dar, der bei Setzung extrinsischer Motivationen eintreten könnte und kann nur umgangen werden, wenn die Selbstbestimmung oder das Kompetenzgefühl unangetastet bleibt oder erhöht wird.[1876]

bb) Anwendung auf eine individualisierte Vergütung

Erfolgt ein gleicher externer Eingriff durch eine allgemeine Gruppenvergütung, die den unterschiedlichen Motivationen der Agenten nicht gerecht wird, so kann dies eine unkontrollierte Verdrängung intrinsischer Motivationen zur Folge haben.[1877] Dies spricht gegen eine allgemeine Gruppenvergütung.

Bezüglich der Auswirkungen auf intrinsische Motivationen zur Übernahme einer Aufgabe vermag eine auf bestimmte individuelle Eigenschaften ausgerichtete Betrachtung grds. keine Aussagen zu treffen. Denn für reine Festvergütungen ohne Aufgabenbezug werden keine Auswirkungen auf eine bestehende intrinsische Motivation gesehen.[1878] Dies betrifft beispielsweise Sitzungsgelder für Aufsichtsräte, die allein für ihre Anwesenheit gezahlt werden. Eine an individuelle Eigenschaften anknüpfende Vergütung betrifft zum einen die reine Existenz der bestimmten Eigenschaft. Insofern ist sie mit einer Vergütung ohne Aufgabenbezug vergleichbar. Andererseits kann die betroffene Person Einfluss auf die Eigenschaft nehmen, indem sie sich beispielsweise Qualifizierungsmaßnahmen unterzieht, sodass das Erreichen einer Qualifikationsstufe einer Erledigung bestimmter Aufgaben gleichkommt. Deshalb ist eine Nähe zur Vergütung bestimmter Ergebnisse ebenso gegeben. Dieser Vergütungsart wird einerseits eine negative Wirkung auf die intrinsischen Motivationen wegen des Kontrolleffekts und andererseits eine positive Wirkung bei

(2000), 227, 234; *Osterloh/Frey,* 11 Organization Science (2000), 538, 541; *Kunz/Pfaff,* 27 Accounting, Organizations and Society (2002), 275, 280 f.; *Kunz/Quitmann,* ZfP 2011, 55, 66; ähnlich *Sliwka,* DBW 2003, 293, 300.

1875 *Deci/Ryan,* 11 Psych. Inquiry (2000), 227, 234 f., bzgl. Feedback; für die gegenteilige (also positive) Funktion *Frey/Osterloh,* DBW 1997, 307, 310 f. und *Osterloh/Frey,* 11 Organization Science (2000), 538, 541; *Kunz/Pfaff,* 27 Accounting, Organizations and Society (2002), 275, 280 f.; *Kunz/Quitmann,* ZfP 2011, 55, 66.

1876 *Frey,* 45 Kyklos (1992), 161, 166; *Frey/Osterloh,* DBW 1997, 307, 311; *Deci/Ryan/Koestner,* 125 Psych. Bulletin (1999), 627, 628; *Kunz/Pfaff,* 27 Accounting, Organizations and Society (2002), 275, 280.

1877 *Frey/Osterloh,* DBW 1997, 307, 314.

1878 *Deci/Ryan,* Intrinsic motivation and self-determination in human behavior, 1985, S. 74 f.; *Deci/Ryan/Koestner,* 125 Psych. Bulletin (1999), 627, 628, 656; ähnlich *Sliwka,* DBW 2003, 293, 299, 302.

gegebener Kompetenzverstärkung zugesprochen.[1879] Durch die Anknüpfung der Vergütung an ein bestimmtes Bemessungskriterium, das von dem Motivationsadressaten selbst beeinflusst werden kann, wird diese Person auch selbstbestimmend Einfluss auf die Höhe des externen Einflusses nehmen können.[1880] Weiterhin wird durch die Information über die Vergütung auch ein entsprechender Kompetenzwert vermittelt, da sie Auskunft über die Einschätzung der individuellen Eigenschaften gibt.[1881] Am Beispiel einer Qualifikationsvergütung wird somit deutlich, dass diese für Aufsichtsratsmitglieder keine negativen Auswirkungen auf die intrinsische Motivation zur Folge haben, solange eine vergütungsfähige Qualifikation vorhanden ist.

Auch sollte das für die Aufsichtsratstätigkeit relevante Zusammenspiel von Qualifikation und Haftung nicht vernachlässigt werden. Gegenwärtig herrscht eine qualifikationsorientierte Haftung der Aufsichtsratsmitglieder,[1882] was eine negative extrinsische Motivation zum Qualifikationserwerb darstellt. Insofern ist der Wert intrinsischer Motivation zum Qualifikationserwerb zurzeit als gering einzustufen. Bei Einführung einer Qualifikationsvergütung als positive extrinsische Motivation würde die negative Motivation der Haftung ausgeglichen werden. Aufgrund der Eliminierung der negativen Motivation wäre damit die Selbstbestimmung des Motivationsadressaten gestärkt, was zugleich eine Förderung der intrinsischen Motivation zum Qualifikationserwerb zur Folge hat. Somit würde eine Individualvergütung unter dem Gesichtspunkt der Aufsichtsratshaftung eine Ausgleichsfunktion und damit Stärkung intrinsischer Motivationen mit sich bringen.

Dass der Wert des Kompetenzgefühls auch negativ ausfallen kann, wenn aufgrund fehlender Individualfaktoren die Vergütung gering ausfällt, wird hier nicht bestritten.[1883] Selbst wenn eine individualbasierte Vergütung negative Auswirkungen auf die intrinsische Motivation haben sollte, so können die Effekte durch ein geeignetes Vergütungssystem weitestgehend ausgeschaltet werden, sofern das Vergütungssystem die Determinanten der Selbstbestimmung und des Kompetenzgefühls hinreichend berücksichtigt. Dazu muss das Vergütungssystem zur Kompetenzförderung hinreichend transparent ausgestaltet, von den Adressaten akzeptiert und zur Selbstbestimmung durch eigene Anstrengungen beeinflussbar sein.[1884]

1879 *Deci/Ryan,* Intrinsic motivation and self-determination in human behavior, 1985, S. 75 ff.; *Deci/Ryan/Koestner,* 125 Psych. Bulletin (1999), 627, 628.

1880 *Kunz/Quitmann,* ZfP 2011, 55, 65 f.

1881 *Deci/Ryan,* Intrinsic motivation and self-determination in human behavior, 1985, S. 32 f.; *Kunz/Quitmann,* ZfP 2011, 55, 60, 65 f.

1882 S.o. 3.TeilC.I.2.c)bb)(1).

1883 Im Allgemeinen *Deci/Ryan,* 11 Psych. Inquiry (2000), 227, 234 f.; *Sliwka,* DBW 2003, 293, 300; *Kunz/Quitmann,* ZfP 2011, 55, 67.

1884 Siehe hierzu die Aufarbeitung der positiven und negativen Auswirkungen bei *Kunz/Quitmann,* ZfP 2011, 55, 66 ff. m.w.N.

cc) Zwischenergebnis

Es sind somit nicht ausschließlich negative Auswirkungen auf bestehende intrinsische Motivationen bei Aufsichtsratsmitgliedern zu erwarten, wenn individualisierte Vergütungen eingeführt werden. Vielmehr zeigen die Ausführungen auch eine Tendenz zur Stärkung vorhandener intrinsischer Motivationen, wenn von der allgemeinen Gruppenvergütung Abstand genommen wird.

d) Das Gleichheitsstreben von Gruppenmitgliedern

Gerechtigkeitsempfinden, das Streben nach dem Gleichgewicht oder Fairness an sich sind Beispiele dafür, dass das menschliche Verhalten nicht nur am strengen Eigennutz ausgerichtet sein muss.[1885] Als Konsequenz hieraus wird versucht, diese inneren Motive in das ökonomische Verhaltensmodell einzugliedern.[1886] Einen Ausschnitt der sich hieraus ergebenden Modelle wie der *Equity*-Theorie [aa)] oder Untersuchungen in Bezug auf Ungleichheitsaversionen [bb)] sollen im Folgenden aufgegriffen werden.

aa) Aussagen der Equity-Theorie in Bezug auf die Vergütungsausgestaltung

Die *Equity*-Theorie versucht die innere Motivation von Personen zu erfassen, die ihre Vergütung für die auszuführenden Tätigkeiten auf das Gerechtigkeits- bzw. Zufriedenheitsempfinden auslöst.[1887] Hierbei wird davon ausgegangen, dass eine als Differenz zu Personen mit vergleichbaren Tätigkeiten aufgefasste Vergütung das Gerechtigkeitsempfinden bzw. die Zufriedenheit beeinträchtigt.[1888] Die *Equity*-Theorie bezieht sich zwar nur auf eine Untersuchung der Beziehung zwischen Arbeitnehmer und Arbeitgeber,[1889] jedoch wird in Bezug auf die Aufsichtsratsvergütung immer wieder die Gleichwertigkeit der Aufsichtsratsmitglieder und eine damit zu rechtfertigende Gleichbehandlung angesprochen,[1890] sodass dies kein rein

---

1885 Durch den Vergleich mit Vergütungen anderer Personen werden Motivationen erzeugt: Aus spieltheoretischer Sicht: *Bolton/Ockenfels,* 90 Americ. Econ. Rev. (2000), 166.

1886 *Akerlof/Dickens,* 72 Americ. Econ. Rev. (1982), 307 (Kognitive Dissonanz); *Fehr/Schmidt,* 114 Quart. J. Econ. (1999), 817 (Fairness).

1887 Siehe z. B. *Adams,* 3 Industrial Relations (1963), 9 ff.; *dies.,* 67 J. Abn. Soc. Psych. (1963), 422 ff.; einen Überblick über die Auseinandersetzungen mit der *Equity*-Theorie geben *Ambrose/Kulik,* 25 J. of Management (1999), 231, 241 ff.

1888 *Staehle/Conrad/Sydow,* Management, 1999, S. 239; *Jochmann-Döll* in: Schanz, Handbuch Anreizsysteme, 1991, S. 274, 277; *Schanz* in: Schanz, Handbuch Anreizsysteme, 1991, S. 3, 26; *Winter,* Prinzipien der Gestaltung von Managementanreizsystemen, 1996, S. 50.

1889 *Adams,* 67 J. Abn. Soc. Psych. (1963), 422; *Jochmann-Döll* in: Schanz, Handbuch Anreizsysteme, 1991, S. 274, 277.

1890 Exemplarisch hierfür die Umfrage unter Aufsichtsräten bei *Theisen/Probst,* DB 2012, 1553, 1557.

spezifisches Arbeitnehmer-Arbeitgeber-Problem darstellt, sondern die Bewertung von Leistung und Gegenleistung im Vergleich zu anderen Personen zugrunde liegt. Im Zusammenhang mit der Vergütung kann ein mögliches Gerechtigkeitsempfinden demnach erhebliche Auswirkungen auf die Wirksamkeit eines Anreizsystems haben.[1891]

Das *Equity*-Modell benutzt den Begriff der „kognitiven Dissonanz", um damit den Zustand zu beschreiben, dass eine vom Gleichgewicht abweichende Situation besteht, wenn der „*Input*" nicht zum erwarteten „*Outcome*" führt.[1892] Der „*Input*" besteht aus Faktoren wie dem Humankapital, der eingesetzten Anstrengung und dem Engagement zur Aufgabenerledigung, wohingegen die dafür erhaltene Vergütung, sowie intrinsische Effekte wie Reputations- oder Statusgewinn zum „*Outcome*" gezählt werden.[1893] Der Zustand der kognitiven Dissonanz würde somit erreicht, wenn im Bewusstsein der Personen diese mit unterschiedlicher Qualifikation dieselbe Vergütung bekommen würden bzw. gleiche Qualifikationen zu unterschiedlichen Vergütungen führen.[1894] Ein Gleichgewichtsgefühl bestünde dahingegen, wenn die vergüteten Personen in dem Bewusstsein handeln, dass ein geringer (bzw. hoher) Einsatz oder Qualifikation zu einem geringen (bzw. hohem) Vergütungsniveau oder sonstigen Gewinnen führt.[1895] Für Aufsichtsratsmitglieder würde das in der Perspektive der Qualifikation bedeuten, dass eine hohe Qualifikation bei dem bestehenden System der Gruppenvergütung zu einem geringeren „*Outcome*" und damit zu einem Ungleichheitsempfinden führt. Dasselbe hat aber auch für das geringer qualifizierte Aufsichtsratsmitglied zu gelten, das eine vergleichsweise hohe Vergütung erhält.

Die Annahme der *Equity*-Theorie geht nun davon aus, dass Personen im Zustand der kognitiven Dissonanz versuchen werden das Ungleichgewicht auszugleichen.[1896] Dazu werden Personen mit hohem „*Outcome*" bei geringem „*Input*" ihre Qualifikation oder Anstrengungen versuchen zu erhöhen, während diejenigen mit hohem „*Input*" bei geringem „*Outcome*" ihre Anstrengungen versuchen zu vermindern.[1897]

1891 *Winter*, DBW 1997, 615, 618 f., der in dieser Feststellung *Adams*, 3 Industrial Relations (1963), 9 und *dies.*, 67 J. Abn. Soc. Psych. (1963), 422 heranzieht.

1892 *Adams*, 3 Industrial Relations (1963), 9.

1893 *Adams*, 3 Industrial Relations (1963), 9; *dies.*, 67 J. Abn. Soc. Psych. (1963), 422 f.

1894 *Adams*, 3 Industrial Relations (1963), 9; *dies.*, 67 J. Abn. Soc. Psych. (1963), 422, 424 ff.

1895 *Adams*, 67 J. Abn. Soc. Psych. (1963), 422, 426.

1896 Diese Beobachtung wurde in Experimenten gemacht *Adams*, 3 Industrial Relations (1963), 9 ff.; *dies.*, 67 J. Abn. Soc. Psych. (1963), 422, 427, 432 ff.: Teilnehmern wurde eine Unterqualifikation für eine Aufgabenerledigung eingeredet, was zur Folge hatte, dass bei einem Stundenlohn mehr Anstrengungen gezeigt wurden, bzw. bei einem Leistungslohn mehr Qualität auf Kosten reduzierter Ergebnisse angestrebt wurde.

1897 *Adams*, 67 J. Abn. Soc. Psych. (1963), 422, 427 f.: Eine Qualifikationsverminderung für Hochqualifizierte kommt kurzfristig aufgrund des Wesens der Qualifikation als feststehendes Merkmal nicht in Betracht; *Winter*, DBW 1996, 541, 542;

Für Aufsichtsratsmitglieder würde dies bedeuten, dass Gruppenvergütungen zwar möglicherweise niedrig qualifizierte Mitglieder dazu anregen werden, sich mehr anzustrengen oder eine höhere Qualifikation zu erlangen, andererseits die höher qualifizierten Mitglieder zu weniger Anstrengungen verleitet werden.

Unter der Annahme, dass die *Equity*-Theorie wahre Aussagen beinhaltet, würde es vor diesem Hintergrund mehr Sinn machen, die Aufsichtsratsmitglieder je nach „*Input*" zu vergüten, sodass das Folgeproblem aus der kognitiven Dissonanz gar nicht erst entstünde. Damit dies funktioniert, muss das Vergütungssystem jedoch hinreichend transparent sein, um das Bewusstsein und die Akzeptanz bei den zu vergütenden Personen hervorzurufen.[1898]

bb) Ungleichheitsaversion

Einen ähnlichen Ansatz verfolgen die Untersuchungen in Bezug auf eine Ungleichheitsaversion bei Agenten. Es hat sich gezeigt, dass Personen bei ihrer Vergütung sowohl in Prinzipal-Agenten-Beziehungen als auch innerhalb einer Agentengruppe im Sinne eines Fairness-Gedankens zumindest teilweise nach Gleichheit streben.[1899] Da somit der Eigennutz nicht mehr im absoluten Vordergrund steht, stellt die Annahme von Ungleichheitsaversion eine Modifizierung der gängigen Grundannahmen der Prinzipal-Agenten-Theorie dar.[1900]

Grundvoraussetzung ist die Ungleichheitsaversion bei einem Agenten. Sie ist gegeben, wenn eine Abneigung gegen unterschiedliche Vergütungen bei gleichen Bemessungsfaktoren besteht.[1901] Liegt sie aufgrund eines Vergleichs der eigenen Vergütung mit dem Ergebnis des Prinzipals vor, so schlägt eine unterschiedliche Vergütung unmittelbar auf das eigene Nutzenempfinden durch.[1902] Unterschieden wird zwischen der positiven und negativen Ungleichheitsaversion. Während Erstere

---

dem negativen Effekt mehr Bedeutung zumessend *Scheidl* in: Schanz, Handbuch Anreizsysteme, 1991, S. 257, 259.

1898 *Winter*, DBW 1997, 615, 625; *Schanz* in: Schanz, Handbuch Anreizsysteme, 1991, S. 3, 26; ähnlich *Scheidl* in: Schanz, Handbuch Anreizsysteme, 1991, S. 257, 267; *Mayer/Pfeiffer/Reichel*, BFuP 2005, 12, 14, 24 (bzgl. Anreizsysteme im Allgemeinen); *Plagemann*, Die Vergütung des Aufsichtsrats in der börsennotierten Aktiengesellschaft, 2008, S. 46 f.

1899 *Fehr/Schmidt*, 114 Quart. J. Econ. (1999), 817 ff.; *Eberlein/Grund*, JfB 2006, 133, 139 ff.; ähnlich *Harbring/Irlenbusch*, DBW 2007, 201, 202, 206; *Englmaier/Wambach*, Optimal incentive contracts under inequity aversion, Working Paper, 2005, S. 3 f., 18; zur Ungleichheitsaversion auch *Bolton/Ockenfels*, 90 Americ. Econ. Rev. (2000), 166, 167.

1900 *Harbring/Irlenbusch*, DBW 2007, 201, 206; *Eberlein/Grund*, JfB 2006, 133, 134; *Englmaier/Wambach*, Optimal incentive contracts under inequity aversion, Working Paper, 2005, S. 18.

1901 *Fehr/Schmidt*, 114 Quart. J. Econ. (1999), 817, 820; *Eberlein/Grund*, JfB 2006, 133, 135; *Harbring/Irlenbusch*, DBW 2007, 201, 203.

1902 *Sliwka*, DBW 2003, 293, 304; *Eberlein/Grund*, JfB 2006, 133, 134.

vorliegt, wenn die eigene Vergütung über die der Vergleichsperson hinausgeht, liegt Letztere vor, wenn die eigene Vergütung geringer, als die der Vergleichsperson ist.[1903] Dabei wird der negativen Ungleichheit ein stärkeres Gewicht zugemessen als dem Nutzen aus positiver Ungleichheit.[1904] Das Streben nach dem Gleichgewicht wird im Fall von positiver Ungleichheitsaversion durch Mitleid oder Schuldgefühle ggü. der Vergleichsperson ausgelöst, während im Zustand negativer Ungleichheitsaversion der Neid ggü. der Vergleichsperson handlungsauslösend ist.[1905] Das führt dazu, dass das Empfinden zur entsprechenden Motivation der Agenten genutzt werden kann.[1906] Liegt in der Prinzipal-Agenten-Beziehung die Situation einer positiven Ungleichheitsaversion vor, so fühlt sich der Agent ungleich bevorteilt, was in der Annahme dazu führen soll, dass er in seinem Gleichheitsstreben seine Arbeitsanstrengungen erhöht.[1907] Das Ergebnis für die negative Ungleichheitsaversion muss entsprechend umgekehrt ausfallen, sodass der Agent seine Arbeitsanstrengung entsprechend senkt. Somit kann der Prinzipal durch eine erfolgsunabhängige Vergütung in Krisenzeiten beim Agenten Mitleid oder Schuldgefühle auslösen, da beim Prinzipal in diesen Zeiten kein Nutzen aus der Tätigkeit des Agenten zu erwarten ist und sich somit dessen Arbeitsanstrengungen erhöhen.[1908] Ein Neidempfinden ggü. dem Prinzipal in wirtschaftlich guten Zeiten ist hingegen nicht zu erwarten, wenn die Vergütung anhand individueller Eigenschaften erfolgt, da diese unabhängig vom wirtschaftlichen Erfolg sind.[1909] Andererseits kann auch ebenso gut die Bereitschaft zum Vergütungsverzicht durch diese Situation ausgelöst werden,[1910] sodass der Zustand positiver Ungleichheitsaversion nicht unbedingt zur Erhöhung des Arbeitseinsatzes führen muss.

Ein ähnlich einsatzfördernder Anreiz soll bei einem Vergleich zwischen den Agenten erfolgen, wenn eine negative Ungleichheitsaversion besteht und der daraus erfolgende Neid ggü. den anderen Agenten ausgeglichen werden soll.[1911] Den Gegensatz bildet auch hier das Mitleid im Zustand positiver Ungleichheitsaversion,

---

1903 *Eberlein/Grund,* JfB 2006, 133, 135.

1904 *Eberlein/Grund,* JfB 2006, 133, 150; aus spieltheoretischer Sicht *Fehr/Schmidt,* 114 Quart. J. Econ. (1999), 817, 822.

1905 *Eberlein/Grund,* JfB 2006, 133, 135.

1906 *Englmaier/Wambach,* Optimal incentive contracts under inequity aversion, Working Paper, 2005, S. 15.

1907 *Sliwka,* DBW 2003, 293, 304 mit Verweis auf *Fehr/Schmidt,* 114 Quart. J. Econ. (1999), 817; *Harbring/Irlenbusch,* DBW 2007, 201, 206 f., 218 (i.V.m. Reziprozität); *Eberlein/Grund,* JfB 2006, 133, 140.

1908 *Eberlein/Grund,* JfB 2006, 133, 140.

1909 Bei erfolgsabhängiger Vergütung könnte hingegen Neid entstehen und damit ein Absinken der Arbeitsleistung zur Gleichgewichtsanpassung erfolgen: *Eberlein/Grund,* JfB 2006, 133, 140.

1910 *Fehr/Schmidt,* 114 Quart. J. Econ. (1999), 817, 819.

1911 *Eberlein/Grund,* JfB 2006, 133, 142, 144 f.

was mit entsprechender Anstrengungsminderung im Vergleich zu den Vergleichsagenten ausgeglichen wird.

Die gleichen Ergebnisse lassen sich auch für den umgekehrten Fall herleiten, wenn eine Ungleichheitsneigung gegeben ist, die im positiven Fall zu einer Befriedigung im Statusempfinden führt und bei negativem Vergleich ein „Wohlwollen" erzeugen soll.[1912]

Fraglich bleibt die Aussagekraft der Ergebnisse in Anwendung auf die Aufsichtsratsvergütung. Die Schwächen dieser Untersuchungen setzen bereits an der Ausgangsannahme an, dass der Agent Ungleichheitsavers sein muss, denn diese Aversion kann nicht für alle Aufsichtsratsmitglieder pauschal bejaht werden.[1913] Weiterhin werden lediglich unterschiedliche Vergütungshöhen als ungleich betrachtet, ohne eine mögliche Rechtfertigung dieser ungleichen Höhen miteinzubeziehen. Wenn ein Rechtfertigungsgrund für ungleiche Vergütungshöhen gegeben und von allen Seiten akzeptiert ist, würden die Vorhersagen des Mitleids oder Neids nicht mehr bedingungslos eingreifen, da Rechtfertigungsgründe diese Empfindungen abschwächen können. Im Ergebnis bleiben somit die Betrachtungen von Ungleichheitsaversionen lediglich theoretischer Natur und können damit keine uneingeschränkten Aussagen über die Vor- und Nachteile von Gruppenvergütungen gegenüber Individualvergütungen treffen.[1914]

4. *Aussagekraft gefundener Ergebnisse*

Im Gesamtbild betrachtet ergibt sich aus den vorhergehenden Ausführungen eine höchst differenzierte Bewertung. Ein nicht abgestimmtes Vergütungssystem produziert selbst höhere Kosten, da die Folgen einer Über- oder Unterbezahlung ineffizient sind.[1915] Dagegen ergibt sich aus einem größeren Potenzial für Informationsunsicherheit auch die Folge der höheren Kosten zur Informationseinholung und -verifizierung.[1916] Die Abwägung von Kosten und Nutzen ist damit für ein gutes Vergütungssystem unabdingbar.[1917] Eine Vergütung, die sich an den Qualifikationen der

---

1912 *Eberlein/Grund,* JfB 2006, 133, 150.

1913 Darauf deutet auch die Umfrage in *Theisen/Probst,* DB 2012, 1553, 1556 f. hin, in der einige Aufsichtsratsmitglieder individuellen Vergütungen nicht abgeneigt sind.

1914 Zurückhaltend in Bezug auf die durchgeführten Experimente im Allgemeinen auch *Sliwka,* DBW 2003, 293, 304.

1915 Zu den Agenturkosten *Elschen,* zfbf 1991, 1002, 1008; *Winter,* DBW 1997, 615, 625; bzgl. Schwächen eines Gruppensystems *Schanz* in: Schanz, Handbuch Anreizsysteme, 1991, S. 3, 15, 22, *Bleicher,* zfo 1985, 21, 23 und *Wagner* in: Schanz, Handbuch Anreizsysteme, 1991, S. 91, 94; auf die unsicheren Aussagen von Anreizgestaltungen hinweisend *Evers* in: Schanz, Handbuch Anreizsysteme, 1991, S. 738, 742; für das ähnliche Problem bei der Risikoteilung in der Versicherungswirtschaft *Rothschild/Stiglitz,* 90 Quart. J. Econ. (1976), 629, 644, darstellend *Richter/Furubotn,* Neue Institutionenökonomik, 2010, S. 175 f.

1916 Bzgl. Verhaltenskontrolle *Sjurts,* DBW 1998, 283, 289.

1917 *Elschen,* zfbf 1991, 1002, 1009.

Aufsichtsratsmitglieder bemisst, muss daher im Kosten-Nutzen-Verhältnis gesehen werden. Insbesondere entstehen durch die notwendige Informationseinholung bzw. Verifizierung Kosten für die Hauptversammlung, die bei einer allgemeinen Gruppenvergütung geringer ausfallen.[1918] Eine allgemeine Gruppenvergütung würde kostenintensiv sein, sofern die Aufsichtsratsmitglieder in ihren Präferenzen so eingestellt sind, dass sie eine als ungerecht empfundene Vergütung aufgrund mangelnden Anerkennungsempfindens für ihre Qualifikation mit niedrigem Engagement quittieren.

Es wurde aber auch gezeigt, dass Befürchtungen eines mit der Individualvergütung einhergehenden Ungleichheitsempfindens nicht gerechtfertigt sind. Um diese Gefahr weitestgehend zu minimieren, ist eine offene Transparenz hinsichtlich der Vergütungsmaßstäbe hilfreich, um die Akzeptanz daraus erfolgender Vergütungen zu stärken.[1919]

Schon jetzt sind die Probleme der Prinzipal-Agenten Beziehung mit den Mitteln einer individualisierten Vergütung und damit zusammenhängender Anstrengungen zur Ermittlung der individuellen Eigenschaften lösbar. Jedoch sind die Prämissen der Prinzipal-Agenten-Theorie zu eng, als dass sie die Realität der Aufsichtsratsmitgliedsstruktur umfassend abzubilden vermögen. Die Aufsichtsräte unterliegen einer Vielzahl von Motivationen, die bei der Ausgestaltung eines Vergütungssystems berücksichtigt werden müssen, um ein effizientes System vorzuhalten. So kann es für einen Aufsichtsrat mit deutlich unterschiedlich qualifizierten Mitgliedern durchaus sinnvoll sein die Vergütung ebenfalls auf die Qualifikationen auszurichten, um die Potenziale der Mitglieder besser in Anerkennung zu bringen. Bei einem Aufsichtsrat mit wesentlich gleich gelagerten Qualifikationen mag dagegen eine gruppenbasierte Vergütung für alle Beteiligten ökonomisch sinnvoller sein, gerade weil die mit einer individualisierten Vergütung verbundenen Kosten zur Einrichtung und Unterhaltung des Vergütungssystems (z. B. Feststellung und Überwachung der einzelnen Qualifikationen und Zuordnung zu Qualifikationsprofilen) zum Nutzen außer Verhältnis stehen.

1918 Ganz entfallen werden diese jedoch auch nicht, da Aufsichtsratskandidaten auch für die jeweilige Postenanforderung qualifiziert sein müssen. Daran ändert auch nichts, dass der Aufsichtsrat selbst mit der Auswahl und dem Vorschlag geeigneter Kandidaten für die Anteilseignerseite gem. § 124 Abs. 3 S. 4 AktG primär für die nötige Gesamtqualifikation zu sorgen hat.

1919 Siehe z. B. *Mayer/Pfeiffer/Reichel,* BFuP 2005, 12, 14; *Schanz* in: Schanz, Handbuch Anreizsysteme, 1991, S. 3, 25; allgemein auch *Winter*, Prinzipien der Gestaltung von Managementanreizsystemen, 1996, S. 73 f.; *Scheel*, Aufgabenorientierte Vergütung des Aufsichtsrats einer Aktiengesellschaft, 1974, S. 167.

5. Teil Zusammenfassung und Ausblick

Die vorangegangene Untersuchung zu individuellen Vergütungsdifferenzierungen für Aufsichtsratsmitglieder führt zu Ergebnissen [A.-D.], die zu einem Ausblick de lege ferenda [E.] anregen.

A. Die abstrakten Begriffe

Wenn Möglichkeiten individueller Vergütungen für Aufsichtsratsmitglieder in der deutschen AG untersucht werden, sollte bereits über die anzuknüpfenden Begrifflichkeiten Klarheit herrschen.

1. Ein vergütungswürdiges Qualifikationsprofil beschreibt die Kenntnisse, Fähigkeiten und Erfahrungen, die das Aufsichtsratsmitglied in die konkrete Aufsichtsratstätigkeit einbringen muss.

Da die Reputation höchstens als Signal für die Qualifikation dienen kann, ist sie als Vergütungskriterium untauglich.

Die Leistung, verstanden als der Aufwand zur Aufgabenerledigung, muss die Leistungsqualität berücksichtigen, wenn Vergütungen für Pseudo-Aufwendungen verhindert werden sollen. Die Grenze zur Erfolgsmessung bleibt damit noch unangetastet, denn bei der Leistungsqualität handelt es sich um eine ex-ante Betrachtung, ob die Leistung einen Nutzen verspricht. Der Erfolg ergibt sich hingegen aus einer ex-post Betrachtung, die auch andere Umwelteinflüsse neben der Leistung zu berücksichtigen hat. Das wohl negative Kosten-Nutzen-Verhältnis bei einer abstrakten Leistungsvergütung spricht gegen deren Verwendung als Vergütungsparameter. Anders verhält es sich aber mit der Vergütung einzelner und konkret bestimmbarer Leistungen. Dies unterscheidet sich wesentlich von einer abstrakt-generellen Leistungsvergütung.

Der durch Qualifikation, Reputation und Verhandlungsgeschick im Einzelfall zu bildende Marktwert eines Aufsichtsratsmitglieds kann als Vergütungskriterium dienen, wenn der Verhandlungseinfluss des betroffenen Mitglieds gering gehalten wird.

B. Die Vergütungsmaßstäbe

2. Der maßgebliche Unterschied zu den *outside directors* einer *corporation,* als mit den Aufsichtsratsmitgliedern zu vergleichendes Pendant, besteht darin, dass diese ihre Vergütungen aufgrund gesetzlicher Möglichkeiten i. d. R. selbst festlegen können. Dies würde eine Vereinfachung im Festsetzungsverfahren darstellen, da die Aufsichtsratsmitglieder selbst am Besten wissen, welche individuellen Faktoren sie einbringen können. Eine Übertragung dieser Zuständigkeitsregel in das deutsche Recht verbietet sich jedoch. Denn dadurch würde der Selbstbedienung Vorschub geleistet und die Kontrolle der Anteilseigner über die Vergütung würde beschränkt, sodass damit eine Schwächung der Hauptversammlung einherginge.

3. Der Hauptparameter für die Vergütung stellt die Tätigkeit i. S. v. § 113 Abs. 1 S. 1 AktG dar und kommt in der bisherigen Diskussion über Aufsichtsratsvergütungen nur unzureichend zum Ausdruck. Die Tätigkeit ist von den Aufgaben i. S. d. § 113 Abs. 1 S. 3 AktG zu unterscheiden und bietet daher vom Wortlaut her Anknüpfungspunkte zu individuellen Vergütungen bei individuell unterschiedlichen Tätigkeiten. Was unter die Tätigkeit fallen kann, ist eine Frage des Einzelfalls und ergibt sich aus der Abgrenzung zu § 114 Abs. 1 AktG. Hiernach ist zu fragen, ob das Aufsichtsratsmitglied seine Qualifikation bei einem Gegenstand im Rahmen der Überwachungs- und Beratungsaufgabe einbringen muss.

4. Dass die Tätigkeit primärer Vergütungsgrund ist, zeigt sich auch anhand des Sitzungsgeldes, das für die Sitzungsteilnahme inklusive deren Vor- und Nachbereitung gezahlt wird. Daher sollte Teilnehmern, die der Sitzung fernbleiben, das Sitzungsgeld verwehrt bleiben, da sie hierfür keine Tätigkeit verrichten. Die fernkommunikative Sitzungsteilnahme rechtfertigt dagegen keine individuelle Differenzierung im Rahmen des Sitzungsgeldes, da hierbei lediglich die An- und Abreise den Unterschied ausmacht, diese aber nicht zur Aufsichtsratstätigkeit gehört, sondern den Regelungen des Auslagenersatzes unterliegt.

5. Das Gewicht der Tätigkeit als maßgeblicher Vergütungsgrund zeigt ebenso die Bezugnahme auf die Aufgaben in § 113 Abs. 1 S. 3 AktG. Die Aufgaben als abstraktes Kriterium reichen allein nicht zu einer Vergütungsbegründung aus. Der Bezug zur Tätigkeit ist bereits nach dem Wortlaut des § 113 Abs. 1 S. 3 AktG notwendig, sodass die Aufgaben erst in einem zweiten Schritt bestimmte Vergütungshöhen rechtfertigen können. Da die Aufgaben einen sachlichen Differenzierungsgrund bei der Vergütungshöhe darstellen, lassen Aufgabendelegationen eine damit korrespondierende Vergütung zu. Aufgrund der Möglichkeit von bestimmten Aufgabendelegationen auf einzelne Aufsichtsratsmitglieder lassen sich hierdurch individuelle Vergütungen rechtfertigen.

6. Die Bestimmung von Aufgaben einzelner Mitglieder ist möglich, da sich diese aus den Aufgaben des Gesamtgremiums ableiten.

7. Der Vergleich bei einer Ausschussdelegation mit und ohne Beschlusskompetenz zeigt, dass auch Vorbereitungshandlungen dazu geeignet sein können, höhere Vergütungen zu rechtfertigen. Dasselbe hat auch für delegierte Vorbereitungshandlungen auf ein einzelnes Aufsichtsratsmitglied zu gelten, sodass die Individualdelegation von bestimmten Aufgaben eine individuelle Vergütung rechtfertigt.

8. Der anzuwendende Sorgfaltsmaßstab bei der Aufsichtsratstätigkeit zeigt, dass nicht unbedingt ein Delegationsakt vorausgehen muss, damit einzelne Aufsichtsratsmitglieder eine intensivere Tätigkeit als ihre Kollegen ausüben. Deshalb kann bereits der Sorgfaltsmaßstab eines Aufsichtsratsmitglieds eine individuelle Vergütungshöhe rechtfertigen, soweit sich dieser auf die Tätigkeitsintensität durchschlägt. Das Haftungsrisiko kann demnach Einfluss auf die Vergütung haben. Dabei wird nicht die tatsächliche Inanspruchnahme im Haftungsfall vergütet, sondern nur das Haftungspotenzial, womit der Tätigkeitsanreiz gestärkt wird. Da das Haftungspotenzial oberhalb des Mindestqualifikationsstandards je nach Qualifikation des

Mitglieds individuellen Modifizierungen unterliegen kann, weist dieses auf einen zulässigen Differenzierungsgrund im Rahmen der Vergütung hin.

9. Der vergütungsspezifische Gleichbehandlungsgrundsatz ergibt sich dogmatisch aus dem Angemessenheitsgebot des § 113 Abs. 1 S. 3 AktG und ist bei unterschiedlichen Vergütungshöhen zwischen den Aufsichtsratsmitgliedern stets betroffen. Der Vergleich zur Gleichbehandlung im Rahmen der Haftung zeigt, dass personenbezogene Kriterien sachliche Differenzierungsgründe darstellen können, soweit sie gesetzlich verankert und hinreichend bestimmbar sind.

10. Mit der bloßen Möglichkeit zur Anknüpfung an individuelle (auch personenbezogene) Differenzierungskriterien geht jedoch aufgrund des Aktionärsermessens keine Pflicht zur Ungleichvergütung einher.

11. Da die *outside directors* einer *corporation* ebenso aufgrund des Einsatzes von Zeit und Aufwand bei der Überwachungs- und Beratungstätigkeit vergütet werden, ist der Vergütungsgrund mit der Tätigkeitsvergütung für Aufsichtsratsmitglieder vergleichbar. Bei den inhaltlichen Vorgaben bestehen in beiden Rechtsordnungen mit dem *entire fairness test* einerseits und dem Angemessenheitserfordernis andererseits nur annähernde Kriterien, die sich erst im jeweiligen Einzelfall zu konkreten Vorgaben ausformen lassen. Obwohl rechtlich zulässig, lässt sich in der Vergütungspraxis jedenfalls bei den *outside directors* keine allgemeine Tendenz zu individuellen Vergütungen erblicken, was sich insofern mit der deutschen Vergütungspraxis deckt. Das Konstrukt des *entire fairness tests* bietet sich jedoch für eine Übertragung in das deutsche Recht nicht an, da die Ausnahmefälle, die den *test* ausschließen, in bestimmten Fällen einen Wegfall der Angemessenheitsprüfung i. S. d. § 113 Abs. 1 S. 3 AktG bedeuten würden. Ein wesentlicher Unterschied in den Vergütungsmaßstäben besteht im Einfluss der Haftung auf die Vergütung. Während in den USA das Haftungsrisiko aufgrund von Haftungsabschwächungen keinen Einfluss auf die Vergütung zu nehmen scheint, bleibt im deutschen Aufsichtsratsrecht das Haftungsrisiko unangetastet. Dies erklärt den größeren Einfluss des Haftungsrisikos auf die Aufsichtsratsvergütung. Daher sollte das US-Recht hier nicht als Vorbild dienen.

C. Die konkreten Ausgestaltungsmöglichkeiten individueller Vergütungen

Die Möglichkeiten, individuelle Aufsichtsratsvergütungen für bestimmte Tätigkeiten oder für personenbezogene Kriterien zu zahlen, müssen anhand des jeweiligen Vergütungskriteriums überprüft werden.

12. In der Vergütungsfestlegung können sowohl individuelle Einzelvergütungen beschlossen werden, als auch eine Gesamtvergütung dem Aufsichtsrat zur internen Aufteilung überlassen werden. Eine aufsichtsratsinterne Verteilung eines Gesamtbetrags anhand individueller Kriterien ist allein aus kompetenzrechtlicher Perspektive zumindest ein geeigneter Weg. Allerdings muss dazu auch die Verteilungskompetenz auf den Aufsichtsrat delegiert werden und ein Verteilungsermessen erfordert

die vorherige Festlegung konkreter Vergütungsparameter, da die Kontrolle über die Vergütung der Hauptversammlung überlassen bleiben muss.

Der Vorstand darf aufgrund § 113 Abs. 1 S. 2 AktG nicht endgültig über die Vergütung entscheiden.

Trotz genereller Eignung für individuelle Vergütungen schließt § 113 Abs. 1 S. 2 AktG Vertragsverhältnisse als Vergütungsgrundlage aus. Verträge mit zwischengeschalteten Gesellschaften können dieses Verbot ebenfalls nicht umgehen, jedoch hindert eine Beteiligung eines Aufsichtsratsmitglieds an der zwischengeschalteten Gesellschaft den Abschluss eines Beratervertrags nicht, wenn dem Aufsichtsratsmitglied die Kompetenz zur Aufgabenausführung fehlt.

Zulässige Zusatzbeschlüsse der Hauptversammlung sind zwar einerseits aufgrund des expliziten Beschlussgegenstandes über den individuellen Vergütungsfaktor geeignet, andererseits aber auch nachteilig in Bezug auf die Quantität der damit zusammenhängenden Beschlüsse.

Individuelle Vergütungen durch eine an individuellen Eigenschaften orientierte Herabsetzung eines Maximalbetrags sind unzulässig, da diese Vergütungen für die Vergangenheit nicht herabgesetzt werden dürfen.

13. Unterschiedliche Vergütungen dürfen sich sowohl in den USA, als auch in Deutschland aufgrund besonders zugewiesener Aufgaben ergeben, woraus sich eine Funktionsvergütung ergibt. Denn die besonderen Tätigkeiten haben einen gesetzlichen Anknüpfungspunkt und sind bestimmbar.

14. Da sowohl Funktionen, als auch Qualifikationen über den Sorgfaltsmaßstab zu einer besonderen Tätigkeitsintensität führen können, ist die Qualifikation genauso mittelbar unter § 113 Abs. 1 S. 1, 3 AktG subsumierbar wie die Funktion. Der systematische Vergleich zu § 87 Abs. 1 AktG spricht nicht dagegen. Qualifikationen stehen in engem Zusammenhang mit der Tätigkeit, sodass sich Qualifikationsvergütungen durch die individuelle Haftung rechtfertigen können. Deutlich zeigt sich dies auch beim Finanzexperten im Aufsichtsrat. Diesem kann sowohl in der *corporation* als auch in der deutschen AG eine individuelle Vergütung aufgrund seiner Qualifikation und damit intensiveren Tätigkeit gewährt werden. Wegen dem Transparenzerfordernis aus § 113 Abs. 1 S. 2 AktG ist hierbei die Offenlegung der qualifizierten Person im Rahmen der Erklärung zur Unternehmensführung nach § 289a Abs. 2 Nr. 3 HGB notwendig. Eine zulässige Qualifikationsvergütung für den Finanzexperten spricht für eine generelle Zulässigkeit für andere Aufsichtsratsmitglieder, da diese ihre Qualifikation ebenso über die Sorgfalts- und Einsatzpflicht einzubringen haben, sodass ein gesetzlicher Anknüpfungspunkt für die Vergütung besteht, der wie bei der Haftung hinreichend bestimmbar ist.

15. Die Unabhängigkeit könnte vom Zweck her als Vergütungskriterium heranzuziehen sein, wenn dadurch die Tätigkeitsintensität erhöht wird. Dann müssen aber auch die gleichen Rahmenbedingungen wie bei der Qualifikation zur Transparenz und Kontrolle des Vergütungskriteriums geschaffen werden.

16. Auch können individuelle Vergütungen für besondere Tätigkeiten gewährt werden. Dies gilt nicht nur für gesetzlich verankerte Tätigkeiten wie § 111 Abs. 2 S. 1, 2 AktG, sondern für jegliche Tätigkeiten, die bestimmbar sind. Ein *reverse*

negligence regime, wie es in der US-Literatur vorgeschlagen wird, ist in Deutschland de lege ferenda nicht implementierbar, da dies die Haftung ersetzen würde, worauf im deutschen Aktienrecht nicht verzichtet werden kann. Ebenso bietet sich eine *resignation rule* für Aufsichtsratsmitglieder nicht an, da ein damit verbundenes Ausscheiden des gut arbeitenden Mitglieds der Aufsichtsratsarbeit nichts nützt. Allerdings wäre ein *leadership regime* denkbar, das eine auf die Aufdeckung rechtlicher Verstöße beschränkte Leistungsvergütung darstellt. Um dieses mit deutschem Recht zu vereinbaren, müssten dazu allerdings vorher bestimmte Fallgruppen von besonderen Leistungen festgelegt werden. Daneben muss auch die Hauptversammlung über die Erfüllung der Fallgruppen im Einzelfall entscheiden können, um § 113 Abs. 1 S. 2 AktG zu wahren.

17. Zeithonorare können im Einzelfall zulässig sein, wenn der Zeiteinsatz hinreichend bestimmbar ist. Da die konkrete Tätigkeit als Anknüpfungspunkt dient, steht dies im Einklang mit dem Gleichbehandlungsgrundsatz.

18. Individuelle Prämien für die Amtsübernahme oder Abfindungen beim Ausscheiden aus dem Aufsichtsrat sind unzulässig, da in beiden Fällen die Tätigkeit als Vergütungsgrund fehlt. Da das Dienstalter als Erfahrung nur einen Teil der Qualifikation ausmachen kann, genügt dies nicht, um einen hinreichenden Zusammenhang mit der Tätigkeit oder den Aufgaben herzustellen, sodass eine Dienstaltersvergütung gegen § 113 Abs. 1 S. 1, 3 AktG verstößt. Drittvergütungen durch Aktionäre sind bereits aus kompetenzrechtlicher Perspektive abzulehnen. Da Drittvergütungen nicht offengelegt werden müssen, hat die Hauptversammlung keine Möglichkeit zur Überprüfung der Aufsichtsratsvergütung. Dies könnte wiederum das Gesellschaftsvermögen belasten, wenn aufgrund fehlender Informationen über bereits gewährte Vergütungen weitere Zahlungen veranlasst werden. Das ist jedoch mit § 113 Abs. 1 S. 2 AktG unvereinbar.

19. Der Wortlaut des § 113 Abs. 1 S. 1, 3 AktG lässt eine mittelbare Bezugnahme auf den Marktwert nicht zu, da sich der Marktwert insbesondere aus vergangenen Tätigkeiten zusammensetzt. Weiterhin fehlen die Voraussetzungen für einen sachlichen Differenzierungsgrund im Rahmen der Gleichbehandlung. Außerdem gestaltet sich die Marktwertbestimmung problematisch, da diese von Verhandlungen geprägt sein kann, die wiederum mit § 113 Abs. 1 S. 2 AktG nur schwer in Einklang zu bringen sind.

D. Zweckmäßigkeit qualifikationsorientierter Vergütung

Ob sich die Aufsichtsratsvergütung korrespondierend zu den Forderungen nach mehr Kompetenz einzelner Aufsichtsratsmitglieder verhalten soll, betrifft die Frage nach der Zweckmäßigkeit qualifikationsorientierter Vergütungen.

20. Aufsichtsräte haben ausgehend von der Humankapitaltheorie einen bestimmten Humankapitalwert, der durch Qualifikationsmaßnahmen gesteigert werden kann. Unter den Prämissen der Humankapitaltheorie führt ein höherer Humankapitalwert zu einer gesteigerten Produktivität. Darin zeigt sich die Schwäche dieser Theorie, da sie Unsicherheiten im tatsächlichen Einsatz des Humankapitals durch

den Humankapitalträger ausblendet. In Annahme der Prämissen führt jedoch eine humankapitalgerechte Vergütung von Aufsichtsratsmitgliedern zur Förderung von Qualifikationserlangungen und zu deren Einsatz bei der Tätigkeit. Andererseits kann der Einfluss des Marktwerts bei Bemessung des Humankapitals nicht gänzlich herausgehalten werden, sodass eine Verhandlungssituation bei der Vergütung droht. Das Problem der Humankapitalwertmessung könnte bei Aufsichtsratsmitgliedern über eine abgewandelte Effizienzprüfung nach Vorbild der Ziff. 5.6 DCGK gelöst werden. Dazu müssten, um dem Zweck des § 113 Abs. 1 S. 2 AktG gerecht zu werden, externe Dienstleister bei Bestellung des Aufsichtsratsmitglieds und danach etwa im 2-Jahres-Rhythmus die individuellen Qualifikationen der Aufsichtsratsmitglieder evaluieren.

21. Gemäß den Annahmen der Prinzipal-Agenten-Theorie ist in der Situation der Aufsichtsratsvergütung die Hauptversammlung der Prinzipal und der Aufsichtsrat der Agent. Auf vertikaler Ebene zwischen Hauptversammlung und Aufsichtsratsmitglied ist bei dem *hidden action* Problem eine individuelle Vergütung vorteilhafter gegenüber einer Gruppenvergütung, da dann die Vergütung an den Nutzen des individuellen Verhaltens angepasst ist. Zwar ist das Problem der *hidden characteristics* bei individuellen Vergütungen auch gegeben, doch kann dieses mit einem entsprechend ausgestalteten Vergütungssystem gelöst werden. Auf horizontaler Ebene zwischen den einzelnen Aufsichtsratsmitgliedern verstärkt eine Gruppenvergütung das Trittbrettfahrerproblem. Das Problem sinkender Kooperationsbereitschaft bei zunehmender Leistung stellt sich bei personenbezogenen Kriterien wie der Qualifikation nicht, da bei den Personeneigenschaften kein Konkurrenzverhältnis besteht. Vor diesem Hintergrund können Individualvergütungen vorteilhafter als Gruppenvergütungen sein. Eine Anreiztauglichkeit unter den Bedingungen der Prinzipal-Agenten-Theorie ist bei Qualifikationsvergütungen aber nur im Einzelfall gegeben, soweit der Qualifizierungsanreiz stärker als der negative Haftungsanreiz ist.

22. Der durch eine Qualifikationsvergütung verstärkte Fokus auf extrinsische Anreize lässt bestehende intrinsische Anreize unberührt, während bei der Konzentration auf allgemeine Gruppenvergütungen negative Auswirkungen auf intrinsische Anreize zu erwarten sind. Auch unter Anwendung der *Equity*-Theorie sind Individualvergütungen vorteilhafter gegenüber Gruppenvergütungen. Die Theorie der Ungleichheitsaversion ist hingegen zum Vergleich von Individual- zu Gruppenvergütungen bei Aufsichtsratsmitgliedern ungeeignet.

E. Die individuelle Aufsichtsratsvergütung de lege ferenda

Die vorangegangenen Ergebnisse zeigen deutlich, dass individuelle Vergütungsdifferenzierungen de lege lata möglich sind. Auch individuell-personenbezogene Vergütungsausgestaltungen sind de lege lata teilweise zulässig. Dabei scheint insbesondere die Einführung des unabhängigen Finanzexperten in das deutsche Aktienrecht einen Stein ins Rollen gebracht zu haben, der so sicherlich nicht vorhergesehen wurde.

Denn der gesetzgeberische Fokus auf die Individualqualifikationen im Rahmen des allgemeinen Aktienrechts wertet die Bedeutung einzelner Persönlichkeiten innerhalb der Aufsichtsratsgruppe auf. Konsequenterweise muss sich diese Perspektive auf alle Themenbereiche und damit auch auf die Vergütung erstrecken.

Die Zweckmäßigkeitserwägungen zeigen jedoch eines ganz deutlich: Ein nicht abgestimmtes bzw. pauschales Vergütungssystem neigt eher zur Ineffizienz.[1920] Zwar können Individualvergütungen höhere Informationskosten verursachen. Aber Gruppenvergütungen neigen wiederum zu Kosten aufgrund Anreizlosigkeit. Dagegen muss eine individuelle Vergütung nicht automatisch dazu führen, dass sich Aufsichtsratsmitglieder ungleich behandelt fühlen.[1921] Dazu müssen lediglich die Vergütungskriterien hinreichend transparent und klar kommuniziert werden.[1922]

Betrachtet man die gefundenen Ergebnisse, so wird deutlich, dass sich eine pauschalierte Antwort auf die Frage des Nutzens von gruppenbasierter oder individualisierter Vergütungen nicht geben lässt. Erfolg oder Misserfolg eines Vergütungssystems für den Aufsichtsrat hängen maßgeblich von den Präferenzen der Aufsichtsratsmitglieder ab und ob sie das ihnen gewährte Vergütungssystem akzeptieren oder nicht. Somit kommt es stets auf den Einzelfall an, sodass hier keine entsprechende Empfehlung für oder gegen ein System erfolgt. Ein funktionierendes qualifikationsbasiertes Vergütungssystem setzt jedoch die Erstellung von Qualifikationsprofilen voraus, die umfassend die Qualifikationen entsprechend auflisten und kategorisieren.[1923] Erst dann existiert ein transparentes System, nach dem sich die potenziellen und gegenwärtigen Mandatsträger ausrichten können. Notwendig ist dabei die periodische Überprüfung der Kriterien, damit kein Anlass zum Missbrauch gegeben wird. So sollte keine Vergütung von Pseudo-Qualifikationen gefördert werden,[1924] was damit erreicht werden kann, dass nur Qualifikationen vergütet werden, die für den Gesamt-Aufsichtsrat auch nutzbar sind.[1925] Das bedeutet, dass die Qualifikationsprofile von der Hauptversammlung vorgegeben sein müssen, sodass sich die Aufsichtsratsmitglieder danach ausrichten und nicht umgekehrt. Insgesamt ist eine Ausrichtung auf eine qualifikationsbasierte Vergütung als Gegenstück zur bereits praktizierten qualifikationsbasierten Haftung in der Hinsicht sinnvoll, als

1920 S.o. 4.TeilB.II.4.

1921 S.o. 4.TeilB.II.4.

1922 S.o. 4.TeilB.II.4.

1923 Ein tabellarisches Qualifikationsprofil für den Gesamtaufsichtsrat unterteilt in die einzelnen Aufsichtsratsmitglieder findet sich z. B. bei *von Werder* in: Hommelhoff, Handbuch Corporate Governance, 2009, S. 331, 341.

1924 Diese Problematik findet sich regelmäßig bei reinen Leistungsanreizen, hierzu z. B. *Kopel,* zfbf 1998, 531, 533 ff.

1925 *von Eckardstein* in: Schanz, Handbuch Anreizsysteme, 1991, S. 215, 227 ff.; Beispiele für ein schlechtes System aufgrund Anreizen für nutzlose Determinanten finden sich bei *Mayer/Pfeiffer/Reichel,* BFuP 2005, 12 „Lincoln Electric" oder *Suchan/Winter,* DB 2009, 2531, 2532 „Moskauer Taxis".

dass den positive Anreizen eine intensivere Wirkung zugesprochen wird, als den negativen Absicherungsmechanismen, wie es die Haftung darstellt.[1926]

Bei einer individuellen Lösung allein wird es zur Erreichung eines sinnvollen Systems jedoch nicht zu belassen sein. Um auch der Gruppensituation im Aufsichtsrat gerecht zu werden, erscheint ein zusätzliches Instrument sinnvoll, das ein mögliches Individualstreben per Gruppenanreiz reguliert.[1927]

Nach alledem scheint es sinnvoll, den nach hier vertretener Auffassung bereits gegebenen Spielraum der Hauptversammlung in Bezug auf eine Qualifikationsvergütung stärker zu betonen. Dazu würde sich de lege ferenda eine ausdrückliche Aufnahme der Qualifikation in den Gesetzeswortlaut des § 113 Abs. 1 AktG anbieten. Zwar besteht dazu nach den vorherigen Ausführungen keine unbedingte Notwendigkeit.[1928] Jedoch würde dies das Anfechtungsrisiko einer beschlossenen Qualifikationsvergütung zumindest hinsichtlich des Vergütungsgrunds eliminieren.

Eine Aufnahme des Qualifikationsmerkmals im Rahmen des § 113 AktG sollte innerhalb des § 113 Abs. 1 S. 3 AktG erfolgen. Denn die Verbindung mit dem Angemessenheitskriterium lässt mit der Anfechtbarkeitsmöglichkeit mehr Spielraum, als dies beim Vergütungsgrund im Rahmen des § 113 Abs. 1 S. 1 AktG der Fall wäre. Eine Qualifikationsvergütung bliebe damit eine Möglichkeit, ohne diese zugleich zu einer Pflicht aufzuwerten. Damit ist auch die Gefahr der Implementierung einer zwingenden Untergrenze gebannt. Ebenso würde durch die Aufnahme in S. 3 deutlich, dass die Qualifikation einen sachlichen Differenzierungsgrund im Rahmen des Gleichbehandlungsgrundsatzes darstellt.

Sofern eine Qualifikationsvergütung beschlossen wird, müssten der Hauptversammlung die zu vergütenden Qualifikationen offen gelegt werden, damit nach § 113 Abs. 1 S. 2 AktG eine informierte Entscheidung getroffen werden kann, die der Rechtskontrolle zugänglich ist. Ob dazu nach Vorbild des § 87 Abs. 2 des österreichischen AktG eine Norm sinnvoll ist, die vor der Wahl eines Aufsichtsratsmitglieds die Offenlegung der Qualifikationen erfordert, ist fraglich. Denn Qualifikationen sind variabel, was eine regelmäßige Überprüfung erfordert.[1929] Daher müssen Veränderungen in der Qualifikation möglichst zeitnah bei der Vergütung berücksichtigt werden, was nur mit regelmäßigen Überprüfungen gewährleistet werden kann.

1926 *Oliver,* 85 Americ. J. Sociology (1980), 1356, 1361 Fn. 7; *Winter,* DBW 1997, 615, 623; insbesondere vor dem Hintergrund, dass die Rechtspraxis bei der Haftung von Aufsichtsratsmitgliedern noch immer nicht effektiv ist, damals *Baums,* ZIP 1995, 11, 13, wie heute *Lutter* in: FS U.H. Schneider, 2011, S. 763, 766; *ders.,* DZWiR 2011, 265, 268; *Bayer,* NZG 2013, 1, 14.

1927 Möglich sind hier sowohl fixe, als auch variable Vergütungsbestandteile, solange das Gruppenergebnis Vergütungsmaßstab ist.

1928 Auch für die österreichische Aufsichtsratsvergütung ist ein Qualifikationsbezug in der Literatur anerkannt: Für § 98 Österreichisches AktG *Kalss* in: MünchKommAktG, § 113 Rn. 68, noch großzügiger *dies.* in: MünchKommAktG, 3. Auflage 2008, § 113 Rn. 68.

1929 S. bereits oben 4.TeilB.I.2.b)dd)(2)(a).

Die ausdrückliche Aufnahme der Qualifikation im Rahmen des § 113 Abs. 1 S. 3 AktG hätte den Vorteil, dass die Anteilseigner selbst entscheiden könnten, ob sie eine Qualifikationsvergütung für sinnvoll erachten. Denn generelle Aussagen über den Nutzen individueller oder gruppenbasierter Vergütungen lassen sich nicht treffen. Jedenfalls würde das durch Art. 14 Abs. 1 GG geschützte Eigentumsrecht der Anteilseigner gestärkt, wenn ihnen ausdrücklich mehr Spielraum bei der Bemessung der Aufsichtsratsvergütung zugestanden wird. Ob dieser Spielraum in Anspruch genommen wird, ist wieder eine Frage des Einzelfalls.

Literaturverzeichnis

Adams, J. Stacy, Toward An Understanding Of Inequity, 67 J. Abn. Soc. Psych. (1963), S. 422–436.

Adams, J. Stacy, Wage Inequities, Productivity and Work Quality, 3 Industrial Relations (1963), S. 9–16.

Adams, Michael, Die Usurpation von Aktionärsbefugnissen mittels Ringverflechtung in der „Deutschland AG", AG 1994, S. 148–158.

Adams, Renée B., What do Boards do? Evidence from Board Committee and Director Compensation Data, 2003. Abrufbar unter: http://papers.ssrn.com/sol3/papers.cfm?abstract_id=397401, Letzter Abruf: 03.06.2014.

Adams, Renée B.; Ferreira, Daniel, Do Directors Perform For Pay?, 46 Journal of Accounting and Economics (2004), S. 154–171.

AKEIÜ, Best Practice des Aufsichtsrats der AG – Empfehlungen zur Verbesserung der Effektivität und Effizienz der Aufsichtsrattätigkeit, DB 2006, S. 1625–1636.

Akerlof, George A., Labor Contracts as Partial Gift Exchange, 97 Quart. J. Econ. (1982), S. 543–569.

Akerlof, George A.; Dickens, William T., The Economic Consequences of Cognitive Dissonance, 72 Americ. Econ. Rev. (1982), S. 307–319.

AKEU/AKEIÜ, Anforderungen an die Überwachungsaufgaben von Aufsichtsrat und Prüfungsausschuss nach § 107 Abs. 3 Satz 2 AktG i. d. F. des Bilanzrechtsmodernisierungsgesetzes, DB 2009, S. 1279–1282.

Alchian, Armen A.; Demsetz, Harold, Production, Information Costs, and Economic Organization, 62 Americ. Econ. Rev. (1972), S. 777–795.

Alewell, Dorothea, Warum finanzieren Arbeitgeber transferierbare Weiterbildung?, zfbf 1998, S. 315–335.

Alewell, Dorothea, Zum Verhältnis von Arbeitsökonomik und Verhaltenswissenschaften, DBW 1996, S. 667–683.

Alewell, Dorothea, Interne Arbeitsmärkte – Eine informationsökonomische Analyse, Hamburg, 1993.

Altmeppen, Holger, Der Prüfungsausschuss – Arbeitsteilung im Aufsichtsrat, ZGR 2004, S. 390–415.

Altmeppen, Holger, Zur Haftung der Organwalter einer AG bei untauglicher Sacheinlage – zugleich Besprechung von BGH, Urteil vom 20.9.2011 – II ZR 234/09-, in: *Krieger/Lutter/K. Schmidt,* Festschrift für Michael Hoffmann-Becking zum 70. Geburtstag, München, 2013, S. 1–11.

Ambrose, Maureen L.; Kulik, Carol T., Old Friends, New Faces: Motivation Research in the 1990s, 25 J. of Management (1999), S. 231–292.

Andreas, Jörn M., Determinanten der Aufsichtsratsvergütung in deutschen Aktiengesellschaften – Eine panelökonometrische Untersuchung zur Effektuierung der Anreizorientierung, Mering, 2011.

Andreas, Jörn M.; Rapp, Marc Steffen; Wolff, Michael, Determinants of Director Compensation in Two-Tier Systems: Evidence from German Panel Data, Working Paper, 2010. Abrufbar unter: http://ssrn.com/abstract=1486325, Letzter Abruf: 03.06.2014.

Annuß, Georg; Theusinger, Ingo, Das VorstAG – Praktische Hinweise zum Umgang mit dem neuen Recht, BB 2009, S. 2434–2442.

Apfelbacher, Gabriele; Metzner, Manuel, Mitglied im Aufsichtsorgan eines Kreditinstituts im Jahr 2013 – Aktuelle Rechtsentwicklungen bei den Anforderungen an die interne Organisation, die Qualifikation und die Überwachungsfunktion der Mitglieder des Aufsichtsorgans von Kreditinstituten, AG 2013, S. 773–789.

Aristoteles, Philosophische Schriften, Bd. 3 Nikomachische Ethik, bearbeitet von: Bien, Günther, Hamburg, 1995.

Armbrüster, Christian; Bayreuther, Frank; Busche, Jan; et al., Münchener Kommentar zum Bürgerlichen Gesetzbuch, Band 1, 6. Auflage, München, 2012.

Armour, John; Hansmann, Henry; Kraakman, Reinier, What is Corporate Law?, in: *Kraakman/ Armour/ Davies/ et al.,* The anatomy of corporate law – A comparative and functional approach, 2. Auflage, Oxford, 2009, S. 1–34.

Arrow, Kenneth J., Higher Education as a Filter, 2 J. Pub. Econ. (1973), S. 193–216.

Arrow, Kenneth J., The Economics of Agency, 1984. Abrufbar unter: http://classwebs.spea.indiana.edu/kenricha/Oxford/Archives/Oxford%202006/Courses/Governance/Articles/Arrow.pdf, Letzter Abruf: 03.06.2014.

Aschenbeck, Tanja, Personenidentität bei Vorständen in Konzerngesellschaften (Doppelmandat im Vorstand), NZG 2000, S. 1015–1024.

Atkinson, Anthony A., Management accounting, 5. Auflage, Upper Saddle River, N.J, 2007.

Austmann, Andreas; Herfs, Achim; Hoffmann-Becking, Michael; et al., Münchener Handbuch des Gesellschaftsrechts, Band 4: Aktiengesellschaft, 3. Auflage, München, 2007.

Bachmann, Gregor, Der Verwaltungsrat der monistischen SE, ZGR 2008, S. 779–808.

Bachmann, Gregor, Die Erklärung zur Unternehmensführung (Corporate Governance Statement), ZIP 2010, S. 1517–1526.

Backes-Gellner, Uschi; Lazear, Edward P.; Wolff, Birgitta, Personalökonomik – Fortgeschrittene Anwendungen für das Management, Stuttgart, 2001.

Backes-Gellner, Uschi; Wolff, Birgitta, Personalmanagement, in: *Jost/ Backes-Gellner,* Die Prinzipal-Agenten-Theorie in der Betriebswirtschaftslehre, Stuttgart, 2001, S. 395–437.

Baetzgen, Oliver, Insichgeschäfte im Gesellschaftsrecht, RNotZ 2005, S. 193–224.

Bainbridge, Stephen M., Corporation law and economics, New York, 2002.

Bainbridge, Stephen M., Corporate Governance After the Financial Crisis, New York, 2012.

Bamberger, Heinz Georg; Roth, Herbert, Kommentar zum Bürgerlichen Gesetzbuch BGB, Band 1, 3. Auflage, München, 2012.

Bartlett, Tim, Outside director compensation trends and developments, 2011. Abrufbar unter: http://www.haygroup.com/downloads/us/Director_Comp_Trends_EE_article_4-8-11_v1.pdf, Letzter Abruf: 03.06.2014.

Barz, Carl Hans; Brönner, Herbert; Klug, Ulrich; et al., Aktiengesetz Großkommentar, Auflage 3. Auflage, Berlin, 1973.

Bauer, Jobst-Hubertus; Arnold, Christian, Altersdiskriminierung von Organmitgliedern, ZIP 2012, S. 597–605.

Baums, Theodor, Der Aufsichtsrat – Aufgaben und Reformfragen, ZIP 1995, S. 11–18.

Baums, Theodor, Risiko und Risikosteuerung im Aktienrecht, ZGR 2011, S. 218–274.

Baums, Theodor, Aktienoptionen für Vorstandsmitglieder, in: *Martens/ Westermann/ Zöllner,* Festschrift für Carsten Peter Claussen zum 70. Geburtstag, Köln, 1997, S. 3–48.

Baums, Theodor, Bericht der Regierungskommission Corporate Governance – Unternehmensführung, Unternehmenskontrolle, Modernisierung des Aktienrechts, Köln, 2001.

Bayer, Walter, Grundsatzfragen der Regulierung der aktienrechtlichen Corporate Governance, NZG 2013, S. 1–16.

Bea, Franz Xaver; Scheurer, Steffen, Die Kontrollfunktion des Aufsichtsrats, DB 1994, S. 2145–2152.

Beater, Axel, Beratungsvergütungen für Aufsichtsratsmitglieder (§§ 113, 114 AktG), ZHR 157 (1993), S. 420–436.

Beauregard, Paul Melot de; Gleich, Christian, Aktuelle Problemfelder bei der D&O-Versicherung, NJW 2013, S. 824–830.

Bebchuk, Lucien Arye; Fried, Jesse M.; Walker, David I., Managerial Power and Rent Extraction in the Design of Executive Compensation, 69 The University of Chicago Law Review (2002), S. 751–846.

Becker, Fred G., Lexikon des Personalmanagements – Über 1000 Begriffe zu Instrumenten, Methoden und rechtlichen Grundlagen betrieblicher Personalarbeit, 2. Auflage, München, 2002.

Becker, Fred G., Grundlagen betrieblicher Leistungsbeurteilungen – Leistungsverständnis und -prinzip, Beurteilungsproblematik und Verfahrensprobleme, 5. Auflage, Stuttgart, 2009.

Becker, Gary S., Human capital – A theoretical and empirical analysis, with special reference to education, 2. Auflage, New York, 1975.

Becker, Manfred; Labucay, Inéz; Rieger, Caroline, Erfassung und Bewertung von Humankapital – Kritische Anmerkungen zur Saarbrücker Formel, BFuP 2007, S. 38–58.

Becker, Rolf, Bildungssoziologie – Was sie ist, was sie will, was sie kann, in: *Becker* Lehrbuch der Bildungssoziologie, Wiesbaden, 2009, S. 9–34.

Bender, Christian; Vater, Hendrik, Lückenhaft und unverbindlich – Der Deutsche Corporate Governance Kodex lässt auch nach der Überarbeitung wichtige Kernprobleme der Unternehmensüberwachung ungelöst, DStR 2003, S. 1807–1812.

Benecke, Martina, Beratungsvereinbarungen mit Aufsichtsratsmitgliedern – neue Akzente der Rechtsprechung und ungeklärte Fragen -, WM 2007, S. 717–722.

Berger, Konrad, Die Kosten der Aufsichtsratstätigkeit in der Aktiengesellschaft, Frankfurt am Main, 2000.

Bernhardt, Wolfgang, Sondervergütungen an Aufsichtsratsmitglieder, BB 1967, S. 863–865.

Berrar, Carsten, Zur Reform des AR nach den Vorschlägen der Regierungskommission "Corporate Governance", NZG 2001, S. 1113–1122.

Bezzenberger, Gerold; Keul, Thomas, Die Aufgaben und Sorgfaltspflichten von Aufsichtsratsmitgliedern – Eine Übersicht –, in: *Grundmann/ Schwark,* Unternehmensrecht zu Beginn des 21. Jahrhunderts, München, 2009, S. 121–136.

Bihr, Dietrich; Blättchen, Wolfgang, Aufsichtsräte in der Kritik: Ziele und Grenzen einer ordnungsgemäßen Aufsichtsratstätigkeit – Ein Plädoyer für den ‚Profi-Aufsichtsrat', BB 2007, S. 1285–1291.

Bihr, Dietrich; Philippsen, Josef, Qualitätsaspekte bei der Arbeit von Aufsichtsratsgremien – Grundsätze ordnungsgemäßer Überwachung für Aufsichtsräte, DStR 2011, S. 1133–1137.

Bischof, Jannis, Zweckmäßigkeit erfolgsunabhängiger Aufsichtsratsvergütung, BB 2006, S. 2627–2633.

Bishop, Joseph, Sitting Ducks and Decoy Ducks: New Trends in the Indemnification of Corporate Directors and Officers, 77 Yale L. J. (1968), S. 1078–1103.

Black, Bernard; Cheffins, Brian; Klausner, Michael, Liability Risk For Outside Directors: a Cross-Border Analysis, 11 Eur. Fin. Mgmt. (2005), S. 153–171.

Black, Bernard; Cheffins, Brian; Klausner, Michael, Outside Director Liability, 58 Stan. L. Rev. (2006), S. 1055–1160.

Black, Bernard; Cheffins, Brian; Klausner, Michael, The Liability Risk for Outside Directors: A Cross-BorderAnalysis, in: *Armour/ McCahery,* After Enron, Oxford [U.K.], 2006, S. 343–366.

Blair, Wilbur T., Appraising The Board Of Directors, 28 Harv. Bus. Rev. (1950), S. 101–113.

Blaufuß, Henning; Michalski, Lutz, Kommentar zum Gesetz betreffend die Gesellschaften mit beschränkter Haftung (GmbH-Gesetz), Band 2, 2. Auflage, München, 2010.

Blaug, Mark, The Empirical Status of Human Capital Theory – A Slightly Jaundiced Survey, 14 Journal of Economic Literature (1976), S. 827–855.

Bleicher, Knut, Zur strategischen Ausgestaltung von Anreizsystemen für die Führungsgruppe in Unternehmungen, zfo 1985, S. 21–27.

Bleicher, Knut, Personalpolitik und strategische Unternehmensführung, in: *Zander/ Glaubrecht/ Wagner,* Humanität und Rationalität in Personalpolitik und Personalführung, Freiburg im Breisgau, 1987, S. 17–38.

Böcking, Hans-Joachim, Prüfungsausschuss und Aufsichtsratsvergütung – Elemente einer verantwortungsvollen Corporate Governance, in: *Krumnow/ Lange/ Löw/ Arnold,* Rechnungslegung, Steuerung und Aufsicht von Banken, Wiesbaden, 2004, S. 563–588.

Böcking, Hans-Joachim; Dutzi, Andreas, Konzeption und Praxis der Aufsichtsratsvergütung, in: *Seicht* Controlling interne Revision Segmentberichterstattung, Konzernrechnungslegung, Unternehmensbewertung, Aufsichtsratsvergütungssysteme, Wien, 2004, S. 391–421.

Bolton, Gary E.; Ockenfels, Axel, ERC: A Theory of Equity, Reciprocity, and Competition, 90 Americ. Econ. Rev. (2000), S. 166–193.

Bösl, Konrad, Aktienoptionen für den Aufsichtsrat – Überlegungen zur Zweckmäßigkeit und zu Gestaltungsempfehlungen nach dem Urteil des BGH, BKR 2004, S. 474–479.

Bosse, Christian, Rechtliche Anforderungen an Verträge mit Aufsichtsratsmitgliedern und die Zustimmung des Aufsichtsrats nach § 114 AktG, NZG 2007, S. 172–175.

Bosse, Christian, Die Haftung des Financial Expert, in: *Orth/ Ruter/ Schichold,* Der unabhängige Finanzexperte im Aufsichtsrat, Stuttgart, 2013, S. 293–301.

Bosse, Christian; Malchow, Silke, Unterstützung und Kostentragung für die Aus- und Fortbildung von Aufsichtsratsmitgliedern – Der Kodex bezieht Stellung, NZG 2010, S. 972–974.

Boujong, Karlheinz, Rechtliche Mindestanforderungen an eine ordnungsgemäße Vorstandskontrolle und -beratung – Konsequenzen aus den Entscheidungen des Bundesgerichtshofs BGHZ 114, 1271 und BGHZ 124, 111, AG 1995, S. 203–207.

Brandi, Tim Oliver; Gieseler, Konrad, Der Aufsichtsrat in Kreditinstituten – Persönliche Voraussetzungen, Sanktionen und Ausschüsse nach geltendem Recht und CRD IV, NZG 2012, S. 1321–1332.

Brauer, Markus, Die aktienrechtliche Beurteilung von “appreciation awards” zu Gunsten des Vorstands, NZG 2004, S. 502–509.

Braunfels, Florian, Gesetzliche Stimmverbote bei der GmbH, AG und Personengesellschaft, MittRhNotK 1994, S. 233–246.

Bredol, Martin; Schäfer, Hendrik, Die erfolgsabhängige Vergütung von Aufsichtsratsmitgliedern nach Ziff. 5.4.6 DCGK – Verbot einer gemischten Vergütungsstruktur?, BB 2013, S. 652–654.

Bresser, Rudi K. F.; Thiele, Reynaldo Valle, Ehemalige Vorstandsvorsitzende als Aufsichtsratschefs: Evidenz zu ihrer Effektivität im Falle des erzwungenen Führungswechsels, ZfB 2008, S. 175–203.

Brinkmann, Tomas, Unternehmensinteresse und Unternehmensrechtsstruktur – Aufgaben und Grenzen eines normativen Regulativs unternehmenspolitischer Prozesse, Frankfurt am Main, 1983.

Bröcker, Norbert; Mosel, Raoul, Der unabhängige Finanzexperte – Neue Herausforderungen bei der Besetzung des Aufsichtsrates durch das BilMoG, GWR 2009, S. 132–135.

Brown, Katherine M., New Demands, Better Boards: Rethinking Director Compensation In An Era Of Heightened Corporate Governance, 82 NYU L. Rev. (2007), S. 1102–1138.

Brown, J. Robert, JR., The Irrelevance Of State Corporate Law In The Governance Of Public Companies, 38 U. Rich. L. Rev. (2004), S. 317–380.

Brummet, R. Lee, Die Erfassung des Humankapitals im Unternehmen – Ziele, Aufgaben, Bedeutung, in: *Schmidt* Humanvermögensrechnung, Berlin, 1982, S. 61–72.

Buckel, Jochen, Die unterjährige Herabsetzung der Aufsichtsratsvergütung, AG 2013, S. 451–456.

Bültel, Nadine, Starmanager- Medienprominenz, Reputation und Vergütung von Top-Managern, Wiesbaden, 2011.

Bundesrechtsanwaltskammer, Stellungnahme zu dem Grünbuch der Europäischen Kommission zum Europäischen Corporate Governance-Rahmen (KOM [2011] 164/3), NZG 2012, S. 96–100.

Bürgers, Tobias; Körber, Torsten, Aktiengesetz, 3. Auflage, Heidelberg, 2014.

Bürgers, Tobias, Keine Aktienoptionen für Aufsichtsräte – Hindernis für die Professionalisierung des Aufsichtsrats?, NJW 2004, S. 3022–3026.

Buxbaum, Richard M., The Internal Division of Powers in Corporate Governance, 73 Cal. L. Rev. (1985), S. 1671–1734.

Bydlinski, Franz, Der Gleichheitsgrundsatz im österreichischen Privatrecht – Gutachten für den 1. Österreichischen Juristentag, Wien, 1961.

Cahn, Andreas, Beratungsverträge mit Aufsichtsratsmitgliedern – zugleich Anmerkung zu BGH II ZR 48/11, Der Konzern 2012, 420 »Fresenius« -, Der Konzern 2012, S. 501–508.

Cahn, Andreas, Professionalisierung des Aufsichtsrats, in: *Veil,* Unternehmensrecht in der Reformdiskussion, Tübingen, 2013, S. 139–159.

Carey, Dennis C.; Elson, Charles M.; England, John D., How should corporate directors be compensated?, 1996 – Special Report No. 1. Abrufbar unter: http://www.thefreelibrary.com/How+should+corporate+directors+be+compensated%3f-a018336259, Letzter Abruf: 03.06.2014.

Caspers, Rolf, Anforderungen an internationale Manager im Zeitalter der Globalisierung, in: *Schloß Reichartshausen,* Erfahrung – Bewegung – Strategie, Wiesbaden, 1996, S. 274–291.

Claussen, Carsten Peter; Bröcker, Norbert, Der Corporate Governance-Kodex aus der Perspektive der kleinen und mittleren Börsen-AG, DB 2002, S. 1199–1206.

Coase, Ronald H., The Nature of the Firm, 4 Economica (1937), S. 386–405.

Coester, Michael, Rechtliche Rahmenbedingungen der Gestaltung von Entgeltsystemen, in: *Schanz,* Handbuch Anreizsysteme, Stuttgart, 1991, S. 305–325.

Cohn, Ernst, Der Grundsatz der gleichmäßigen Behandlung aller Mitglieder im Verbandsrecht, AcP 132 (1930), S. 129–174.

Coleman, James S., Foundations of social theory, Cambridge, 1990.

Coles, Jeffrey L.; Hoi, Chun-Keung, New Evidence on the Market for Directors: Board Membership and Pennsylvania Senate Bill 1310, 58 J. Fin. (2003), S. 197–230.

Conger, Jay A.; Finegold, David; Lawler III, Edward E., Appraising Boardroom Performance, Harv. Bus. Rev. (1998), S. 136–148.

Conrads, Michael; Goetzke, Wolfgang; Sieben, Günter, Human Resource Accounting: Entscheidungsrechnung über das betriebliche Humanvermögen, in: *Schmidt* Humanvermögensrechnung, Berlin, 1982, S. 493–506.

Council Of Institutional Investors, Corporate Governance Policies, 2011. Abrufbar unter: http://www.cii.org/files/policies/05_09_14%20CII%20Corp%20Gov%20Policies%20Full%20and%20Current%20%20FINAL.pdf, Letzter Abruf: 03.06.2014.

Cox, James D.; Hazen, Thomas Lee, Cox & Hazen on corporations – Including unincorporated forms of doing business, 2. Auflage, New York, 2003.

Cunningham, Lawrence A., Beyond Liability: Rewarding Effective Gatekeepers, 92 Minn. L. Rev. (2007), S. 323–286.

Davies, Paul, Struktur der Unternehmensführung in Großbritannien und Deutschland: Konvergenz oder fortbestehende Divergenz?, ZGR 2001, S. 268–293.

Deci, Edward L., Effects of Externally Mediated Rewards On Intrinsic Motivation, 18 J. Pers. Soc. Psych. (1971), S. 105–115.

Deci, Edward L.; Ryan, Richard M., The "What" and "Why" of Goal Pursuits: Human Needs and the Self-Determination of Behavior, 11 Psych. Inquiry (2000), S. 227–268.

Deci, Edward L.; Ryan, Richard M., Intrinsic motivation and self-determination in human behavior, New York, 1985.

Deci, Edward L.; Ryan, Richard M.; Koestner, Richard, A Meta-Analytic Review of Experiments Examining the Effects of Extrinsic Rewards on Intrinsic Motivation, 125 Psych. Bulletin (1999), S. 627–668.

Deckert, Martina, Effektive Überwachung der AG-Geschäftsführung durch Ausschüsse des Aufsichtsrates, ZIP 1996, S. 985–994.

Deckert, Martina R., Der Aufsichtsrat nach der Reform, NZG 1998, S. 710–714.

Deckert, Martina R., Organschaftliche und vertragliche Beratungspflichten des Aufsichtsratsmitglieds, AG 1997, S. 109–114.

Deneke, Christoph, Die Implementierung eines Prüfungsausschusses in die deutsche Aktiengesellschaft und Europäische Gesellschaft (SE) – Unter besonderer Berücksichtigung europäischer und US-amerikanischer Rechtsentwicklungen, Frankfurt am Main, 2009.

Dieckmann, Johann Andreas, Rechtsrealismus im Aktienrecht – Bemerkungen zur Behandlung von Gesetzesrecht und Richterrecht im Fresenius-Urteil des Bundesgerichtshofes (BGH, II. Zivilsenat, Urteil vom 10. Juli 2012; II ZR 48/11), BWNotZ 2013, S. 2–20.

Diekmann, Hans; Bidmon, Katja, Das „unabhängige" Aufsichtsratsmitglied nach dem BilMoG – insbesondere als Vertreter des Hauptaktionärs, NZG 2009, S. 1087–1092.

Diekmann, Hans; Fleischmann, Dermot, Umgang mit Interessenkonflikten in Aufsichtsrat und Vorstand der Aktiengesellschaft, AG 2013, S. 141–150.

Donald, David C., Die Entwicklung der US-amerikanischen Corporate Governance nach Enron, WM 2003, S. 705–714.

Donaldson, Lex; Davis, James H., Stewardship Theory or Agency Theory: CEO Governance and Shareholder Returns, 16 Australian Journal of Management (1991), S. 49–64.

Dose, Stefan, Zivilrechtliche Haftung und Aufgabendelegation auf Ausschüsse im Aufsichtsrat der AG, ZGR 1973, S. 300–316.

Drago, Robert; Garvey, Gerald T., Incentives for Helping on the Job: Theory and Evidence, 16 Journal of Labor Economics (1998), S. 1–25.

Dreher, Meinrad, Ausstrahlungen des Aufsichtsrechts auf das Aktienrecht – Unter besonderer Berücksichtigung des Risikomanagement –, ZGR 2010, S. 496–542.

Dreher, Meinrad, Change of control-Klauseln bei Aktiengesellschaften, AG 2002, S. 214–223.

Dreher, Meinrad, Der Abschluss von D&O-Versicherungen und die aktienrechtliche Zuständigkeitsordnung, ZHR 165 (2001), S. 293–323.

Dreher, Meinrad, Die Qualifikation der Aufsichtsratsmitglieder – Rechtliche Anforderungen und Folgerunen unter besonderer Berücksichtigung der Aufsichtsratsausschüsse bei der Aktiengesellschaft, in: *Ebenroth/ Hesselberger/ Rinne/ Boujong,* Verantwortung und Gestaltung, München, 1996, S. 71–97.

Dreher, Meinrad, Die Abfindung beim Wechsel vom Vorstand in den Aufsichtsrat einer Aktiengesellschaft, in: *Bitter/Lutter/Priester/ et al.,* Festschrift für Karsten Schmidt zum 70. Geburtstag, Köln, 2009, S. S. 233–247.

Dreher, Meinrad, Die Gesamtqualifikation des Aufsichtsrats – Die Rechtslage in der Normal-AG und bei beaufsichtigten Versicherungsunternehmen sowie Kreditinstituten, in: *Krieger/Lutter/K. Schmidt,* Festschrift für Michael Hoffmann-Becking zum 70. Geburtstag, München, 2013, S. 313–329.

Dreher, Meinrad; Thomas, Stefan, Die D&O-Versicherung nach der VVG-Novelle 2008, ZGR 2009, S. 31–73.

Drescher, Ingo; Fleischer, Holger; Goette, Wulf, Münchener Kommentar zum Gesetz betreffend die Gesellschaften mit beschränkter Haftung – GmbHG, Band 2, 1. Auflage, München, 2012.

Drumm, Hans Jürgen, Personalwirtschaft, 6. Auflage, Berlin, Heidelberg, 2008.

Eberlein, Marion; Grund, Christian, Ungleichheitsaversion in Prinzipal-Agenten-Beziehungen, JfB 2006, S. 133–153.

Ebers, Mark; Gotsch, Wilfried, Institutionenökonomische Theorien der Organisation, in: *Kieser,* Organisationstheorien, Stuttgart, 2006, S. 247–308.

von Eckardstein, Dudo, Von der anforderungsabhängigen zur qualifikationsorientierten Entlohnung?, in: *Schanz* Handbuch Anreizsysteme, Stuttgart, 1991, S. 215–232.

Edenfeld, Stefan; Neufang, Sebastian, Die Haftung der Arbeitnehmer Vertreter im Aufsichtsrat, AG 1999, S. 49–57.

Ehlers, Fabian; Nohlen, Nicolas, Unahhängiger Finanzexperte und Prüfungsausschuss nach dem Bilanzrechtsmodernisierungsgesetz, in: *Baums/ Hutter,* Gedächtnisschrift für Michael Gruson, Berlin, 2009, S. 107–123.

Ehren, Thomas; Gros, Marius, Anmerkungen zur Professionalisierung der Aufsichtsratstätigkeit, Der Konzern 2011, S. 277–286.

Eidenmüller, Horst, Kapitalgesellschaftsrecht im Spiegel der ökonomischen Theorie, JZ 2001, S. 1041–1051.

Eigler, Joachim, Transaktionskosten und Personalwirtschaft – Ein Beitrag zur Verringerung der Ökonomiearmut in der Personalwirtschaftslehre, ZfP 1997, S. 5–29.

Eisenberger, Robert; Pierce, David W.; Cameron, Judy, Effects of Reward on Intrinsic Motivation—Negative, Neutral, and Positive: Comment on Deci, Koestner, and Ryan (1999), 125 Psych. Bulletin (1999), S. 677–691.

Eisenhardt, Kathleen M., Agency Theory: An Assessment and Review, 14 Acad. Mgmt. Rev. (1989), S. 57–74.

Elschen, Rainer, Gegenstand und Anwendungsmöglichekiten der Agency-Theorie, zfbf 1991, S. 1002–1012.

Elson, Charles M., Director Compensation And The Management Captured Board-The History Of A Symptom And A Cure, 50 S.M.U. L. Rev. (1996), S. 127–174.

Emde, Ernst Thomas, Gesamtverantwortung und Ressortverantwortung im Vorstand der AG, in: *Burgard/Hadding/Mülbert/et al.,* Festschrift für Uwe H. Schneider zum 70. Geburtstag, Köln, 2011, S. 295–321.

Emde, Raimond, Das Sonderwissen des Aufsichtsratsmitglieds und die Pflicht zur Informationsweitergabe, DB 1999, S. 1486–1488.

Emmerich, Volker; Habersack, Mathias, Aktien- und GmbH-Konzernrecht, 7. Auflage, München, 2013.

Englmaier, Florian; Wambach, Achim, Optimal incentive contracts under inequity aversion, Working Paper, 2005. Abrufbar unter: http://hdl.handle.net/10419/33291, Letzter Abruf: 03.06.2014.

Eulerich, Marc; Welge, Martin K., Praxis der Effizienzprüfung in DAX-Aufsichtsräten, ZCG 2011, S. 129–132.

Evers, Heinz, Leistungsanreize für Führungskräfte, in: *Schanz,* Handbuch Anreizsysteme, Stuttgart, 1991, S. 738–751.

Evers, Heinz, Vorstands- und Aufsichtsratsvergütung, in: *Hommelhoff,* Handbuch Corporate Governance, Stuttgart, Köln, 2009, S. 349–387.

Fallgatter, Michael J., Variable Vergütung von Mitgliedern des Aufsichtsrates: Resultiert eine verbesserte Unternehmensüberwachung?, DBW 2003, S. 703–713.

Fama, Eugene F., Agency Problems and the Theory of the Firm, 88 J. Pol. Econ. (1980), S. 288–307.

Fama, Eugene F.; Jensen, Michael C., Separation Of Ownership And Control, 26 J. L. Econ. (1983), S. 301–325.

Farrell, Kathleen; Hersch, Philip L., Inter-board pay differentials for directors with multiple appointments, 19 Appl. Econ. Let. (2012), S. 1401–1404.

Farrell, Kathleen A.; Friesen, Geoffrey C.; Hersch, Philip L., How do firms adjust director compensation?, 14 J. Corp. Fin. (2008), S. 153–162.

Feddersen, Dieter, Neue gesetzliche Anforderungen an den Aufsichtsrat, AG 2000, S. 385–396.

Fehr, Ernst; Kirchsteiger, Georg; Riedl, Arno, Does Fairness Prevent Market Clearing? An Experimental Investigation, 108 Quart. J. Econ. (1993), S. 437–459.

Fehr, Ernst; Schmidt, Klaus M., A Theory of Fairness, Competition, and Cooperation, 114 Quart. J. Econ. (1999), S. 817–868.

Fershtman, Chaim; Hvide, Hans K.; Weiss, Yoram, Cultural Diversity, Status Concerns and the Organization of Work, Working Paper, 2003. Abrufbar unter: http://www.

tau.ac.il/~fersht/Papers/Cultural%20Diversity,%20Status%20Concerns%20and%20 The%20Organization%20of%20Work.pdf, Letzter Abruf: 03.06.2014.

Feudner, Bernd W., Regeln für Vorstandsbezüge- – Iustitia est constans et perpetua voluntas ius suum cuique tribuendi –, NZG 2007, S. 779–781.

Fich, Eliezer M.; Shivdasani, Anil, The Impact of Stock-Option Compensation for Outside Directors on Firm Value, 78 J. Bus. (2005), S. 2229–2254.

Finck, Kevin W., Limiting the Personal Liability of Directors of Foreign Owned US Corporations: A General Overview, 14 Intl. Leg. Prac. (1989), S. 71–74.

Fisch, Jill E.; Gentile, Caroline M., The Qualified Legal Compliance Committee: Using The Attorney Conduct Rules To Restructure The Board Of Directors, 53 Duke L. J. (2003), S. 517–584.

Fischbach, Jonas, Hauptversammlungsvorlagen des Aufsichtsrats, ZIP 2013, S. 1153–1160.

Fischer, Jürgen; Theuner, Kirsten, Zur Abführungspflicht der Gewerkschaftsmitglieder in Aufsichtsräten, AuR 2011, S. 466–471.

Fischer, Klaus K., Zusammenwirken von § 112 AktG und § 181 BGB im deutschen Aktienrecht, in: *Baums/ Hutter,* Gedächtnisschrift für Michael Gruson, Berlin, 2009, S. 151–162.

Fischer, Robert, Sondervergütungen an Aufsichtsratsmitglieder, BB 1967, S. 859–862.

Fischhuber, Stefan; von Preen, Alexander, Effizienzprüfung: Evaluierung der Aufsichtsratstätigkeit, in: *Grundei,* Der Aufsichtsrat im System der Corporate Governance, Wiesbaden, 2012, S. 398–417.

Flamholtz, Eric, Rechnungslegung über Kosten und Wert des Humankapitals, in: *Schmidt,* Humanvermögensrechnung, Berlin, 1982, S. 74–98.

Fleischer, Holger, Grundfragen der ökonomischen Theorie im Gesellschafts- und Kapitalmarktrecht, ZGR 2001, S. 1–32.

Fleischer, Holger, Regulierungsinstrumente der Managervergütung in rechtsvergleichender Perspektive, RIW 2010, S. 497–504.

Fleischer, Holger, Vertrauen von Geschäftsleitern und Aufsichtsratsmitgliedern auf Informationen Dritter- Konturen eines kapitalgesellschaftsrechtlichen Vertrauensgrundsatzes, ZIP 2009, S. 1397–1406.

Fleischer, Holger, Zum Grundsatz der Gesamtverantwortung im Aktienrecht, NZG 2003, S. 449–459.

Fleischer, Holger, Zur Angemessenheit der Vorstandsvergütung im Aktienrecht (Teil I), DStR 2005, S. 1279–1283.

Fleischer, Holger, Handbuch des Vorstandsrechts, München, 2006.

Fleischer, Holger; Schmolke, Klaus Ulrich, Whistleblowing und Corporate Governance – Zur Hinweisgeberverantwortung von Vorstandsmitgliedern und Wirtschaftsanwälten -, WM 2012, S. 1013–1021.

Flume, Werner, Allgemeiner Teil des bürgerlichen Rechts, Berlin, 1983.

Förschle, Gerhart; Grottel, Bernd; Schmidt, Stefan; et al., Beck'scher Bilanz-Kommentar, 9. Auflage, München, 2014.

Fonk, Hans-Joachim, Auslagenersatz für Aufsichtsratsmitglieder, NZG 2009, S. 761–771.

Fonk, Hans-Joachim, Die Zulässigkeit von Vorstandsbezügen dem Grunde nach – Aktienrechtliche Anmerkungen zum Urteil des LG Düsseldorf, NZG 2004, 1057 – Mannesmann, NZG 2005, S. 248–254.

Forstinger, Christin M., Delawares komparative Vorteile – Warum Delaware auch in Zukunft der führende In- und Reinkorporationsstaat der USA bleiben wird, ZfRV 2002, S. 41–51.

von Frankenberg und Ludwigsdorf, Wolfram, Bedeutung und Grenzen der Gleichbehandlung der Aufsichtsratsmitglieder in der Aktiengesellschaft – Aufgezeigt am Pflichten- und Haftungsmaßstab sowie an der Vergütung, Heidelberg, 2006.

Franz, Einiko, Aktuelle Compliance-Fragen zur D&O-Versicherung (Teil2) -Insbesondere Zuständigkeiten und Selbstbehalt(sversicherung) -, DB 2011, S. 2019–2025.

Fredrik C W. Cook & Co., Inc, Director Compensation – Non-Employee Director Compensation Across Industries And Size, 2011. Abrufbar unter: http://www.fwcook.com/alert_letters/2011_Director_Compensation_%20Non-Employee_Director_Compensation_Across_Industries_and_Size.pdf, Letzter Abruf: 03.06.2014.

Freidank, Carl Christian; Sassen, Remmer, Aufsichtsratsvergütung als Instrument der Corporate Governance, BB 2013, S. 1195–1200.

Freidank, Carl-Christian; Sassen, Remmer, Unternehmensüberwachung – Die Grundlagen betriebswirtschaftlicher Kontrolle, Prüfung und Aufsicht, München, 2012.

Freiherr von Falkenhausen, Joachim; Kocher, Dirk, Wie wird der unabhängige Finanzexperte in den Aufsichtsrat gewählt? – Praktische Fragen der Umsetzung des BilMoG, ZIP 2009, S. 1601–1603.

Frey, Bruno S., Tertium Datur: Pricing, Regulating and Intrinsic Motivation, 45 Kyklos (1992), S. 161–184.

Frey, Bruno S.; Osterloh, Margit, Sanktionen oder Seelenmassage? Motivationale Grundlagen der Unternehmensführung, DBW 1997, S. 307–321.

Fuchs, Andreas, Grenzen für eine aktienkursorientierte Vergütung von Aufsichtsratsmitgliedern, WM 2004, S. 2233–2240.

Gabler, Wirtschafts-Lexikon, Teile: P-Sk, L-O, 17. Auflage, Wiesbaden, 2010.

Gagné, Marylène; Deci, Edward L., Self-Determination Theory and Work Motivation, 26 Journal of Organizational Behavior (2005), S. 331–362.

Gahlen, Hildegard, Arbeitnehmervertreter im Aufsichtsrat, in: *Grundei,* Der Aufsichtsrat im System der Corporate Governance, Wiesbaden, 2012, S. 222–238.

Gaul, Björn; Janz, Alexandra, Das neue VorstAG – Veränderte Vorgaben auch für den Geschäftsführer und Aufsichtsrat der GmbH, GmbHR 2009, S. 959–964.

Gehling, Christian, Erfolgsorientierte Vergütung des Aufsichtsrats, ZIP 2005, S. 549–557.

General Motors, General Motors Company Board Of Directors Corporate Governance Guidelines, 2011. Abrufbar unter: http://www.gm.com/company/investors/corporate-governance.html, Letzter Abruf: 02.10.2012.

Gesell, Harald, Prüfungsausschuss und Aufsichtsrat nach dem BilMoG, ZGR 2011, S. 361–397.

Geßler, Ernst; Hefermehl, Wolfgang; Eckardt, Ulrich; Kropff, Bruno, Aktiengesetz Kommentar, Band 2, München, 1974.

Geßler, Ernst, Zur Begrenzung von Aufsichtsratsvergütungen – Ein Diskussionsvorschlag, DB 1978, S. 63–67.

Gevurtz, Franklin, Corporation law, 2nd Edition, St. Paul, MN, 2010.

Gilson, Ronald J.; Kraakman, Reinier, Reinventing The Outside Director: An Agenda For Institutional Investors, 43 Stan. L. Rev. (1991), S. 863–906.

Gilson, Stuart C., Bankruptcy, Boards, Banks And Blockholders – Evidence on changes in corporate ownership and control when firms default, 27 J. Fin. Econ. (1990), S. 355–387.

Goette, Wulf; Habersack, Mathias, Münchener Kommentar zum Aktiengesetz, Band 2, 3. Auflage, München, 2008.

Goette, Wulf; Habersack, Mathias, Münchener Kommentar zum Aktiengesetz, Band 2, 4. Auflage, München, 2014.

Goette, Wulf, Aktuelle Rechtsprechung des Bundesgerichtshofs zum Aktienrecht (Teil I), DStR 2005, S. 561–564.

Goette, Wulf, Gesellschaftsrechtliche Grundfragen im Spiegel der Rechtsprechung, ZGR 2008, S. 436–453.

Goette, Wulf, Stellungnahme zum Entwurf eines Gesetzes zur Angemessenheit der Vorstandsvergütung Abrufbar unter: http://www.google.de/url?sa=t&rct=j&q=goette%2C%20stellungnahme%20zum%20entwurf%20eines%20gesetzes%20zur%20angemessenheit%20der%20vorstandsverg%C3%BCtung&source=web&cd=1&cad=rja&ved=0CC8QFjAA&url=http%3A%2F%2Fwww.kapitalmarktrecht-im-internet.eu%2Ffile_download.php%3Fl%3Den%25A7%3Dov%26mod%3DPrivatrecht%26type%3Dartikelgesetze%26c%3D85%26q%3DVorstAG%26d%3Dstellungnahme_Goette.pdf&ei=tWTDUNH7D46Pswb75oC4AQ&usg=AFQjCNEVa1zljUZiKEVj2A4teGozdtYuFw, Letzter Abruf: 03.06.2014.

Goette, Wulf, Haftung, in: *Hommelhoff,* Handbuch Corporate Governance, Stuttgart, Köln, 2009, S. 713–742.

Goette, Wulf, „Zur ARAG/GARMENBECK-Doktrin“, in: *Hüffer/ Hoffmann-Becking/ Reichert,* Liber amicorum für Martin Winter, Köln, 2011, S. 153–166.

Gong, Guojin; Li, Haidan, Outside Directors' Equity Compensation and Information Acquisition, 2011. Abrufbar unter: http://www.rotman.utoronto.ca/accounting/gong.pdf, Letzter Abruf: 03.06.2014.

Götz, Heinrich, Rechte und Pflichten des Aufsichtsrats nach dem Transparenz- und Publizitätsgesetz, NZG 2002, S. 599–604.

Graßhoff, Ulrike; Schwalbach, Joachim, Agency-Theorie, Informationskosten und Managervergütung, zfbf 1999, S. 437–453.

Grigoleit, Hans Christoph, Aktiengesetz, 1. Auflage, München, 2013.

Grooterhorst, Johannes, Pflichten und Haftung des Aufsichtsrats bei zustimmungsbedürftigen Geschäften des Vorstands, NZG 2011, S. 921–926.

Grossman, Sanford J.; Hart, Oliver D., An Analysis of the Principal-Agent Problem, 51 Econometrica (1983), S. 7–45.

Gruber, Johannes, Der unabhängige Finanzexperte im Aufsichtsrat nach dem Referentenentwurf des Bilanzrechtsmodernisierungsgesetzes, NZG 2008, S. 12–15.

Güttel, Wolfgang H., Wissenstransfer in Organisationen: Koordinationsmechanismen und Anreizsysteme als Gestaltungsparameter, zfbf 2007, S. 465–486.

Haarmann, Wilhelm, Gleichheit aller Aufsichtsräte, eine sinnvolle Fiktion? Möglichkeiten der differenzierten Vergütung von Aufsichtsräten, in: *Kindler/ Koch/ Ulmer/ et al.,* Festschrift für Uwe Hüffer zum 70. Geburtstag, München, 2010, S. 243–257.

Habersack, Mathias, Aufsichtsrat und Prüfungsausschuss nach dem BilMoG, AG 2008, S. 98–107.

Habersack, Mathias, Die erfolgsahhängige Vergütung des Aufsichtsrats und ihre Grenzen – Zugleich Besprechung der Entscheidung BGH ZIP 2004, 613 (MobilCom), ZGR 2004, S. 721–734.

Habersack, Mathias, „Kirch/Deutsche Bank" und die Folgen – Überlegungen zu § 100 Abs. 5 AktG und Zitf. 5.4, 5.5 DCGK -, in: *Habersack/ Hommelhoff,* Festschrift für Wulf Goette zum 65. Geburtstag, München, 2011, S. 121–134.

Habersack, Mathias, Staatliche und halbstaatliche Eingriffe in die Unternehmensführung – Gutachten E zum 69. Deutschen Juristentag, München, 2012.

Hamdani, Assaf; Kraakman, Reinier, Rewarding Outside Directors, 105 Mich. L. Rev. (2007), S. 1677–1712.

Hanau, Peter, Die Verpflichtung zur Abführung von Aufsichtsratsvergütungen an die Hans-Böckler-Stiftung, Arbeitspapier 254, 2012. Abrufbar unter: http://www.boeckler.de/pdf/p_arbp_254.pdf, Letzter Abruf: 03.06.2014.

Handelsrechtsausschuss des Deutschen Anwaltvereins, Stellungnahme zu den Änderungsvorschlägen der Regierungskommission Deutscher Corporate Governance Kodex vom 1. 2. 2012, NZG 2012, S. 335–339.

Handelsrechtsausschuss des Deutschen Anwaltvereins, Stellungnahme zum Referentenentwurf eines Gesetzes zur Änderung des Aktiengesetzes (Aktienrechtsnovelle 2011), NZG 2011, S. 217–223.

Harbring, Christine; Irlenbusch, Bernd, Anreize zu produktiven und destruktiven Anstrengungen durch relative Entlohnung, zfbf 2004, S. 546–576.

Harbring, Christine; Irlenbusch, Bernd, Verhandlungen über Lohndifferentiale, DBW 2007, S. 201–223.

Hartmann, Kerstin, Die Aufsichtsratsvergütung als Erfolgsfaktor im deutschen Corporate-governance-System, Frankfurt am Main, 2003.

Hasselbach, Kai, Überwachungs- und Beratungspflichten des Aufsichtsrats in der Krise, NZG 2012, S. 41–48.

Heidel, Thomas, Aktienrecht und Kapitalmarktrecht, 3. Auflage, Baden-Baden, 2011.

von Hein, Jan, Die Rezeption US-amerikanischen Gesellschaftsrechts in Deutschland, Tübingen, 2008.

Hellwig, Hans-Jürgen, Beratungsverträge des Abschlussprüfers – Genehmigungspflicht analog § 114 AktG und Publizitätspflicht analog § 125 Abs. 1 Satz 3 AktG, ZIP 1999, S. 2117–2130.

Helm, Roland, Vergütungsstrukturen des Aufsichtsrats mittelständischer, nicht börsennotierter Aktiengesellschaften, DB 2003, S. 2718–2723.

Henssler, Martin; Strohn, Lutz; Arnold, Arnd; et al., Gesellschaftsrecht: GesellschaftsR, 2. Auflage, München, 2014.

Henssler, Martin, Beratungsverträge von Aufsichtsräten mit Vorstandsmitgliedern und Gesellschaftern einer Aktiengesellschaft, in: *Habersack/ Hommelhoff,* Festschrift für Wulf Goette zum 65. Geburtstag, München, 2011, S. 135–149.

Henze, Hartwig, Leitungsverantwortung des Vorstands – Überwachungspflicht des Aufsichtsrats, BB 2000, S. 209–216.

Henze, Hartwig, Neuere Rechtsprechung zu Rechtsstellung und Aufgaben des Aufsichtsrats, BB 2005, S. 165–175.

Hermalin, Benjamin E.; Weisbach, Michael S., Endogenously Chosen Boards of Directors and Their Monitoring of the CEO, 88 Americ. Econ. Rev. (1998), S. 96–118.

Heussen, Benno, Interessenkonflikte zwischen Amt und Mandat bei Aufsichtsräten, NJW 2001, S. 708–710.

Hiller, Tobias, Die Humankapitaltheorie- Ein theoretischer Erklärungsansatz für Lohndifferenziale, WiSt 2006, S. 285–288.

Höckels, Astrid, Möglichkeiten der Absicherung von Humankapitalinvestitionen zur Vermeidung unerwünschter Mitarbeiterfluktuation, 2000. Abrufbar unter: Arbeitspapier. http://www-wiwi.uni-muenster.de/ifg/forschen/veroeffentlichungen/material/AP20.pdf, Letzter Abruf: 03.06.2014.

Hoffmann, Dietrich; Krichhoff, Wolfgang, Beratungsverträge mit Aufsichtsratsmitgliedern – Stellungnahme zum Urteil des BGH vom 25. März 1991, Wpg 1991, S. 592–600.

Hoffmann, Gunter M., Urteilsbildungs- und Verhinderungspflicht des Aufsichtsrats, AG 2012, S. 478–485.

Hoffmann-Becking, Michael, Gestaltungsmöglichkeiten bei Anreizsystemen, NZG 1999, S. 797–804.

Hoffmann-Becking, Michael, Rechtliche Anmerkungen zur Vorstands- und Aufsichtsratsvergütung, ZHR 169 (2005), S. 155–180.

Hoffmann-Becking, Michael, Zur rechtlichen Organisation der Zusammenarbeit im Vorstand der AG, ZGR 1998, S. 497–519.

Hoffmann-Becking, Michael, Rechtliche Möglichkeiten und Grenzen einer Verbesserung der Arbeit des Aufsichtsrats, in: *Lanfermann/ Havermann,* Internationale Wirtschaftsprüfung, Düsseldorf, 1995, S. 229–246.

Hoffmann-Becking, Michael, Beratungsverträge mit Aufsichtsratsmitgliedern – grenzenlose Anwendung des § 114 AktG?, in: *Bitter/Lutter/Priester/ et al.,* Festschrift für Karsten Schmidt zum 70. Geburtstag, Köln, 2009, S. 657–670.

Holmström, Bengt, Moral Hazard and Observability, 10 Bell Journal Econ. (1979), S. 74–91.

Holmström, Bengt, Moral hazard in teams, 13 Bell Journal Econ. (1982), S. 324–340.

Holmström, Bengt; Milgrom, Paul R., Multitask Principal-Agent Analyses: Incentive Contracts, Asset Ownership, and Job Design, 7 Journal of Law, Economics, & Organization, Special Issue (1991), S. 24–52.

Holtbrügge, Dirk, Personalmanagement, 5. Auflage, Berlin, Heidelberg, 2013.

Hölters, Wolfgang, Aktiengesetz, 2. Auflage, München, 2014.

Hommelhoff, Peter, Der aktienrechtliche Organstreit, ZHR 143 (1979), S. 288–316.

Hommelhoff, Peter, Die Autarkie des Aufsichtsrats- -Besprechung der Entscheidung BGHZ 85, 293 „Hertie“ –, ZGR 1983, S. 551–580.

Hommelhoff, Peter; Schwab, Martin, Zum Stellenwert betriebswirtschaftlicher Grundsätze ordnungsgemäßer Unternehmensleitung und -überwachung im Vorgang der Rechtserkenntnis, ZfbF-Sonderheft 1996, S. 149–178.

Hönsch, Henning, Die Auswirkungen des BilMoG auf den Prüfungsausschuss, Der Konzern 2009, S. 553–563.

Hönsch, Henning; Kaspar, Martin, Vergütung der Aufsichtsratsmitglieder, in: *Grundei,* Der Aufsichtsrat im System der Corporate Governance, Wiesbaden, 2012, S. 256–277.

Hopt, Klaus J.; Wiedemann, Herbert; Aktiengesetz Großkommentar, Band 1, 4. Auflage, Berlin, 2004.

Hopt, Klaus J.; Wiedemann, Herbert, Aktiengesetz Großkommentar, Band 3, 4. Auflage, Berlin, 2008.

Hopt, Klaus J.; Wiedemann, Herbert, Aktiengesetz Großkommentar, Band 4, 4. Auflage, Berlin, 2005.

Hopt, Klaus J., Aktionärskreis und Vorstandsneutralität, ZGR 1993, S. 534–566.

Hueck, Götz, Der Grundsatz der gleichmäßigen Behandlung im Privatrecht, München, Berlin, 1958.

Hüffer, Uwe, Aktiengesetz, 10. Auflage, München, 2012.

Hüffer, Uwe, Aktienbezugsrechte als Bestandteil der Vergütung von Vorstandsmitgliedern und Mitarbeitern – gesellschaftsrechtliche Analyse, ZHR 161 (1997), S. 214–245.

Hüffer, Uwe, Unangemessenheit der Vorstandsvergütung als Haftungsrisiko von Aufsichtsratsmitgliedern, in: *Krieger/Lutter/K. Schmidt,* Festschrift für Michael Hoffmann-Becking zum 70. Geburtstag, München, 2013, S. 589–601.

Hummelsheim, Stefan; Timmermann, Dieter, Bildungsökonomie, in: *Tippelt,* Handbuch Bildungsforschung, Wiesbaden, 2010, S. 93–134.

Huwer, Wolfram, Der Prüfungsausschuss des Aufsichtsrats – Aufgaben, Anforderungen und Arbeitsweise in der Aktiengesellschaft und im Aktienkonzern, Berlin, 2008.

Ihrig, Hans-Christoph, Vergütungszahlungen auf einen Beratungsvertrag mit einem Aufsichtsratsmitglied vor Zustimmung des Aufsichtsrats- Besprechung der Entscheidung BGHZ 194, 14 – Fresenius, ZGR 2013, S. 417–435.

Immenga, Ulrich, Zuständigkeiten des mitbestimmten Aufsichtsrats, ZGR 1977, S. 249–291.

Institut für Gesellschaftsrecht der Universität zu Köln, Stellungnahme zum Grünbuch der EU-Kommission vom 5. 4. 2011: Europäischer Corporate Governance-Rahmen, NZG 2011, S. 975–981.

Jäger, Axel, Die Beratung des Vorstands als Teil der Überwachungsaufgabe des Aufsichtsrats, DStR 1996, S. 671–676.

Jäger, Axel, Die Entwicklung der Judikatur zur AG im Jahr 2010, NZG 2011, S. 210–217.

Jaschke, Thomas, Die betriebswirtschaftliche Überwachungsfunktion aktienrechtlicher Aufsichtsräte, Köln, 1989.

Jaspers, Philipp, Voraussetzungen und Rechtsfolgen der Unabhängigkeit eines Aufsichtsratsmitgliedes nach dem BilMoG, AG 2009, S. 607–615.

Jensen, Michael C., Organization Theory and Methodology, 58 Acc. Rev. (1983), S. 319–339.

Jensen, Michael C., The Modern Industrial Revolution, Exit, and the Failure of Internal Control Systems, 48 J. Fin. (1993), S. 831–880.

Jensen, Michael C.; Meckling, William H., Theory Of The Firm: Managerial Behavior, Agency Costs And Ownership Structure, 3 J. Fin. Econ. (1976), S. 305–360.

Jensen, Michael C.; Murphy, Kevin J., Performance Pay and Top-Management Incentives, 98 J. Pol. Econ. (1990), S. 225–264.

Jochmann-Döll, Andrea, Interne Lohngerechtigkeit durch gleichen Lohn für gleichwertige Arbeit, in: *Schanz*, Handbuch Anreizsysteme, Stuttgart, 1991, S. 274–294.

Johannsen-Roth, Tim; Kießling, Arne, Das Amt des Ehrenvorsitzenden des Aufsichtsrats- Rechtsrahmen und praktische Gestaltung, NZG 2013, S. 972–978.

Jost, Peter-J., Die Prinzipal-Agenten-Theorie im Unternehmenskontext, in: *Jost/ Backes-Gellner*, Die Prinzipal-Agenten-Theorie in der Betriebswirtschaftslehre, Stuttgart, 2001, S. 11–43.

Jost, Peter-J.; Webers, Stefan T., Humankapitalinvestitionen und Delegation von Entscheidungen, ZfB 2001, S. 183–201.

Jung, Peter, Der Unternehmergesellschafter als personaler Kern der rechtsfähigen Gesellschaft, Tübingen, 2002.

Jung, Stefanie, Tendenzen der Corporate Governance: Diskussion um die fachliche Qualifikation von Aufsichtsratsmitgliedern, WM 2013, S. 2110–2121.

Jürgenmeyer, Michael, Das Unternehmensinteresse, Heidelberg, 1984.

Kämpfer, Georg; Hönsch, Henning, Zur Entwicklung der Aufsichtsratsregulierung, in: *Kessler/ Herzig*, Unternehmensbesteuerung, München, 2010, S. 531–554.

Kästner, Karin, Aktienrechtliche Probleme der D&O-Versicherung, AG 2000, S. 113–122.

Kästner, Karin, Steuerrechtliche Probleme der D&O-Versicherung, DStR 2001, S. 195–200.

Kiethe, Kurt, Höchstgrenzen für Vorstandsbezüge im Maßnahmenkatalog der Bundesregierung zur Aktienrechtsreform 2003 – verfassungswidrig und standortgefährdend, BB 2003, S. 1573–1579.

Kittner, Michael, Unternehmensverfassung und Information – Die Schweigepflicht von Aufsichtsratsmitgliedern, ZHR 136 (1972), S. 208–251.

Kling, Michael, Die Angemessenheit der Vorstandsvergütung gemäß § 87 AktG n.F., DZWIR 2010, S. 221–232.

Klusen, Norbert, Zielsetzung, Planung und Kontrolle von Massnahmen der beruflichen Weiterbildung in der erwerbswirtschaftlichen Unternehmung, Diss. Berlin, 1985.

Knapp, Christoph, Die Entwicklung des Rechts des Aufsichtsrats- Aktuelle Gesetze und Rechtsprechung für die Praxis, DStR 2010, S. 56–62.

Knapp, Christoph, Die Entwicklung des Rechts des Aufsichtsrats im Jahr 2010 Aktuelles für die Praxis aus Gesetzgebung und Rechtsprechung (Teil 1), DStR 2011, S. 177–180.

Koch, Raphael, Unzulänglichkeiten im Übernahmerecht? Das Verhinderungsverbot aus institutionenökonomischer Perspektive, WM 2010, S. 1155–1160.

Kolb, Charles E. M., The Delegation of Authority to Committees of the Board of Directors: Directors' Liabilities, 9 U. Balt. L. Rev. (1980), S. 189–216.

Kopel, Michael, Zur verzerrten Performancemessung in Agency-Modellen, zfbf 1998, S. 531–550.

Kor, Yasemin Y.; Misangyi, Vilmos F., Outside Directors' Industry Specific Experience And Firms' Liability Of Newness, 29 Strat. Mgmt. J. (2008), S. 1345–1355.

Kort, Michael, Interessenkonflikte bei Organmitgliedern der AG, ZIP 2008, S. 717–725.

Kort, Michael, Verhaltensstandardisierung durch Corporate Compliance, NZG 2008, S. 81–86.

Kort, Michael, Voraussetzungen der Zulässigkeit einer D & O-Versicherung von Organmitgliedern, DStR 2006, S. 799–804.

Kort, Michael, Rechtsfragen der Höhe und Zusammensetzung der Vergütung von Mitgliedern des Aufsichtsrats einer AG, in: *Kindler/ Koch/ Ulmer/ et al.,* Festschrift für Uwe Hüffer zum 70. Geburtstag, München, 2010, S. 483–500.

Kozyris, P. John, Corporate Wars And Choice Of Law, 1 Duke L. J. (2002), S. 1–99.

Kramarsch, Michael H., Organvergütung, ZHR 169 (2005), S. 112–123.

Krauel, Wolfgang; Broichhausen, Thomas N., Zu den Qualifikationsanforderungen an Aufsichtsräte in Versicherungsunternehmen vor dem Hintergrund von Solvency II – Eine Analyse anlässlich der Vorlage des Regierungsentwurfs zur Änderung des Versicherungsaufsichtsgesetzes, VersR 2012, S. 823–829.

Kremer, Thomas; von Werder, Axel, Unabhängigkeit von Aufsichtsratsmitgliedern: Konzept, Kriterien und Kandidateninformationen, AG 2013, S. 340–348.

Krieger, Gerd; Schneider, Uwe H., Handbuch Managerhaftung, 2. Auflage, Köln, 2010.

Kropff, Bruno, Der unabhängige Finanzexperte in der Gesellschaftsverfassung, in: *Bitter/Lutter/Priester/ et al.,* Festschrift für Karsten Schmidt zum 70. Geburtstag, Köln, 2009, S. 1023–1040.

Kropff, Bruno; Semler, Johannes, Münchener Kommentar zum Aktiengesetz, Band 3, 2. Auflage, München, 2004.

Kropff, Bruno; Thölke, Ulrich, Aktiengesetz 1965 – Textausgabe des Aktiengesetzes vom 6.9.1965 (Bundesgesetzbl. I S. 1089) und des Einführungstextes zum Aktiengesetz vom 6.9.1965 (Bundesgesetzbl. I S. 1185): mit Begründung des Regierungsentwurfs, Bericht des Rechtsausschusses des Deutschen Bundestages, Verweisungen und Sachverzeichnis, im Anhang: Aktiengesetz von 1937, Neuauflage 2005, Berlin.

Kunz, Alexis H.; Pfaff, Dieter, Agency theory, performance evaluation, and the hypothetical construct of intrinsic motivation, 27 Accounting, Organizations and Society (2002), S. 275–295.

Kunz, Jennifer; Quitmann, Annegret, Der Einfluss von Anreizsystemen auf die intrinsische Motivation, ZfP 2011, S. 55–76.

Lanfermann, Georg; Röhricht, Victoria, Pflichten des Prüfungsausschusses nach dem BilMoG, BB 2009, S. 887–891.

Lang, Volker; Balzer, Peter, Handeln auf angemessener Informationsgrundlage – zum Haftungsregime von Vorstand und Aufsichtsrat von Kreditinstituten, WM 2012, S. 1167–1174.

Lange, Oliver, D&O-Versicherung: Innenhaftung und Selbstbehalt, DB 2003, S. 1833–1837.

Lange, Oliver, Zulässigkeitsvoraussetzungen einer gesellschaftsfinanzierten Aufsichtsrats-D&O-Versicherung, ZIP 2001, S. 1524–1529.

Lange, Ralph; Ziegler, Susanne, Vergütung des Aufsichtsrats, in: *Orth/ Ruter/ Schichold,* Der unabhängige Finanzexperte im Aufsichtsrat, Stuttgart, 2013, S. 243–259.

Langenbucher, Katja, Zentrale Akteure der Corporate Governance: Zusammensetzung des Aufsichtsrats- Zum Vorschlag einer obligatorischen Besetzungserklärung, ZGR 2012, S. 314–342.

Lawler, Edward E., Entwicklung und Anwendung von Bewertungsmaßstäben für das Humankapital in Organisationen, in: *Schmidt,* Humanvermögensrechnung, Berlin, 1982, S. 191–222.

Lawler III, Edward E., Reward Systems, in: *Hackman/ Suttle,* Improving life at work, Santa Monica, Calif, 1977, S. 163–226.

Lazar, Christian, Managementvergütung, Corporate Governance und Unternehmensperformance – Eine modelltheoretische und empirische Untersuchung, Wiesbaden, 2007.

Lazear, Edward P., Pay Equality and Industrial Politics, 97 J. Pol. Econ. (1989), S. 561–580.

Lazear, Edward P., Personnel economics, Cambridge, Mass, 1995.

Lear, Robert W., Equal Pay for All Directors?, 2001. Abrufbar unter: http://chiefexecutive.net/equal-pay-for-all-directors, Letzter Abruf: 03.06.2014.

Lederer, Philipp, Die Haftung von Aufsichtsratsmitgliedern und nicht geschäftsführenden Direktoren – Eine rechtsvergleichende Untersuchung des deutschen, englischen und US-amerikanischen Rechts, Berlin, 2011.

Leech, Noyes E.; Mundheim, Robert H., The Outside Director Of The Publicly Held Corporation, 31 Bus. Law. (1976), S. 1799–1838.

Lehmann, Karl Heinz, Zulässigkeit von Satzungsbestimmungen über die Gewährung von Sondervergütungen an Aufsichtsratsmitglieder, DB 1966, S. 1757–1759.

Lehrl, Thorsten, Sachkunde – Zuverlässigkeit – persönliche Ausschlussgründe von Aufsichtsräten gemäß § 36 Abs. 3 KWG, BKR 2010, S. 485–500.

Leube, Berthold, Personelle Besetzung des Aufsichtsrates: Qualifikationsanforderungen und Auswahl der Aufsichtsratsmitglieder, in: *Grundei,* Der Aufsichtsrat im System der Corporate Governance, Wiesbaden, 2012, S. 202–219.

Leuering, Dieter; Simon, Stefan, Beraterverträge mit Aufsichtsratsmitgliedern, NJW-Spezial 2006, S. 171–172.

Levinthal, Daniel, A Survey of Agency Models of Organizations, 9 Journal of Economic Behavior and Organization (1988), S. 153–185.

Lieder, Jan, Der Aufsichtsrat im Wandel der Zeit – Leitlinien der geschichtlichen Entwicklung sowie der Fortentwicklung des deutschen Aufsichtsratssystems, Jena, 2006.

Lin, Laura, The Effectiveness Of Outside Directors As A Corporate Governance Mechanism: Theories And Evidence, 90 Nw. U. L. Rev. (1996), S. 898–976.

Lindenthal, Sabine, Die Kontrollfunktion des mitbestimmten Aufsichtsrats- Ein vertragstheoretischer Beitrag zur Corporate Governance-Debatte, München, 2001.

Lindert, Klaus, Anreizsysteme und Unternehmenssteuerung – Eine kritische Reflexion zur Funktion, Wirksamkeit und Effizienz von Anreizsystemen, München, 2001.

Link, Robert; Vogt, Kristin, Professionalisierung von Aufsichtsräten: Auch ein Thema für die GmbH?, BB 2011, S. 1899–1903.

Lorenz, Dirk; Pospiech, Lutz, Beratungsverträge mit Aufsichtsratsmitgliedern in Zeiten moderner Corporate Governance, NZG 2011, S. 81–86.

Loritz, Karl-Georg, Unternehmerische Mitbestimmung in deutschen Großunternehmen und Qualität der Aufsichtsratsarbeit, ZfA 2009, S. 477–540.

Louven, Christoph; Ingwersen, Malte, Wie nachhaltig muss die Vorstandsvergütung sein?, BB 2013, S. 1219–1222.

Louven, Christoph; Raapke, Julius, Aktuelle Entwicklungen in der Corporate Governance von Versicherungsunternehmen, VersR 2012, S. 257–270.

Ludwig, Sören, Die Vergütung des Aufsichtsrats – Eine Analyse unter Einbeziehung des englischen und französischen Aktienrechts, Dresden, 2011.

Ludwig, Susanne, Leitungsgremien und Aufsichtsräte im Konzern – Eine organisatorische Analyse, Wiesbaden, 1997.

Lüer, Hans-Jochem, Effizientere Aufsichtsräte durch die Bestellung eines unabhängigen Finanzexperten nach §§ 100 Abs. 5, 107 Abs. 3, 4 AktG, in: *Grunewald/ Westermann,* Festschrift für Georg Maier-Reimer zum 70. Geburtstag, München, 2010, S. 385–406.

Lüpkes, Jens-Walter, Zulässigkeit und Zweckmäßigkeit aktienkursorientierter Vergütung von Mitgliedern des Aufsichtsrats – Unter besonderer Berücksichtigung des MobilCom-Urteils des BGH vom 16. Februar 2004 zu Aufsichtsrats Stock Option Programmen, Köln, 2008.

Lutter, Marcus, Anwendbarkeit der Altersbestimmungen des AGG auf Organpersonen, BB 2007, S. 725–731.

Lutter, Marcus, Corporate Governance und ihre aktuellen Probleme, vor allem: Vorstandsvergütung und ihre Schranken, ZIP 2003, S. 737–743.

Lutter, Marcus, Defizite für eine effiziente Aufsichtsratstätigkeit und gesetzliche Möglichkeiten der Verbesserung, ZHR 159 (1995), S. 287–309.

Lutter, Marcus, Die Empfehlungen der Kommission vom 14. 12. 2004 und vom 15. 2. 2005 und ihre Umsetzung in Deutschland, EuZW 2009, S. 799–804.

Lutter, Marcus, Gebührenordnung für Aufsichtsräte?, AG 1979, S. 85–91.

Lutter, Marcus, Haftung und Verantwortlichkeit – Verantwortung von Organen und Beratern, DZWiR 2011, S. 265–270.

Lutter, Marcus, Professionalisierung des Aufsichtsrats, DB 2009, S. 775–779.

Lutter, Marcus, Entwicklung und Fortbildung des Rechts durch Entscheidung: Der Bundesgerichtshof und das Aktienrecht, in: *Canaris/ Heldrich/ Hopt,* 50 Jahre Bundesgerichtshof, München, 2000, S. 321–336.

Lutter, Marcus, Zur Zulässigkeit der Vergütung des Aufsichtsrats in Aktien der Gesellschaft, in: *Häuser/Hammen/Hennrichs,* Festschrift für Walther Hadding zum 70. Geburtstag am 8. Mai 2004, Berlin, 2004, S. S. 561–573.

Lutter, Marcus, Beraterverträge mit Aufsichtsratsmitgliedem in Gesellschaft und Konzern, in: *Aderhold,* Festschrift für Harm Peter Westermann zum 70. Geburtstag, Köln, 2008, S. 1171–1189.

Lutter, Marcus, Die personelle Auswahl von Aufsichtsratsmitglidern – die rechtliche Sicht, in: *Hommelhoff,* Handbuch Corporate Governance, Stuttgart, Köln, 2009, S. 321–330.

Lutter, Marcus, Zur Durchsetzung von Schadensersatzansprüchen gegen Organmitglieder, in: *Burgard/Hadding/Mülbert/et al.,* Festschrift für Uwe H. Schneider zum 70. Geburtstag, Köln, 2011, S. 763–770.

Lutter, Marcus; Drygala, Tim, Die besondere sachverständige Beratung des Aufsichtsrats durch seine Mitglieder, in: *Habersack,* Festschrift für Peter Ulmer zum 70. Geburtstag am 2. Januar 2003, Berlin, 2003, S. 381–397.

Lutter, Marcus; Kremer, Thomas, Die Beratung der Gesellschaft durch Aufsichtsratsmitglieder – Bemerkungen zur Entscheidung BGHZ 114, 227 ff. –, ZGR 1992, S. 87–108.

Lutter, Marcus; Krieger, Gerd, Hilfspersonen von Aufsichtsratsmitgliedern, DB 1995, S. 257–260.

Lutter, Marcus; Krieger, Gerd; Verse, Dirk A., Rechte und Pflichten des Aufsichtsrats, 6. Auflage, Köln, 2014.

Mäger, Stefan, Vergütung des Aufsichtsrats – welchen Spielraum gibt das Aktienrecht?, BB 1999, S. 1389–1394.

Manning, Bayless, The Business Judgment The Business Judgment Rule and the Director's Duty of Attention – Time for Reality, 39 Bus. Law. (1984), S. 1477–1501.

Marsch-Barner, Reinhard, Aktuelle Rechtsfragen zur Vergütung von Vorstands- und Aufsichtsratsmitgliedern einer AG, in: *Crezelius/ Hirte/ Vieweg*, Festschrift für Volker Röhricht zum 65. Geburtstag, Köln, 2005, S. 401–419.

Martens, Klaus-Peter, Eigene Aktien und Stock-Options in der Reform, AG Sonderheft 1997, S. 83–90.

Martens, Klaus-Peter, Mitbestimmungsrechtliche Bausteine in der Rechtsprechung des Bundesgerichtshofs – Besprechung der Entscheidungen BGHZ 83, 106 ff., 144 ff., 151 ff., ZGR 1983, S. 237–256.

Martens, Knuth, Managementüberwachung durch den Aufsichtsrat – Ein Beitrag zur Corporate-governance-Diskussion aus agencytheoretischer Sicht, Köln, 2000.

Martin, Christopher, Das U.S. Corporate Governance System – Verlust der Vorbildfunktion?, NZG 2003, S. 948–952.

Martinius, Philip; Zimmer, Mark, Keine Boni mehr für Aufsichtsräte?, BB 2011, S. 3014–3018.

Maser, Peter; Göttle, Maren, Rechtlicher Rahmen für die Vergütung des Aufsichtsrats, NZG 2013, S. 201–208.

Maul, Silja; Lanfermann, Georg, EU-Kommission nimmt Empfehlungen zu Corporate Governance an – Schaffung unabhängiger und transparenter Aufsichtsräte – Vergütung von Organmitgliedern, DB 2004, S. 2407–2409.

Maushake, Christina, Audit Committees – Prüfungsausschüsse im US-amerikanischen und deutschen Recht, Köln, 2009.

Mayer, Barbara; Pfeiffer, Thomas; Reichel, Astrid, Zu Anforderungen und Ausgestaltungsprinzipien von Anreizsystemen aus agencytheoretischer Sicht, BFuP 2005, S. 12–29.

Mayerhofer, Helene, Qualifikationsmanagement, in: *von Eckardstein/ Kasper/ Mayrhofer*, Management, Stuttgart, 1999, S. 489–520.

McNally, Edward M., When May Directors Vote Themselves Bonuses?, 2012. Abrufbar unter: http://www.delawarebusinesslitigation.com/2012/07/articles/when-may-directors-vote-themselves-bonuses/, Letzter Abruf: 03.06.2014.

Mentzel, Wolfgang, Unternehmenssicherung durch Personalentwicklung – Mitarbeiter motivieren, fördern und weiterbilden, 7. Auflage, Freiburg i. Br, 1997.

Merkelbach, Mathias, Professionalisierung des Aufsichtsrats, Der Konzern 2013, S. 227–234.

Merkt, Hanno; Göthel, Stephan R., US-amerikanisches Gesellschaftsrecht, 2. Auflage, Frankfurt am Main, 2006.

Mertens, Hans-Joachim, Kölner Kommentar zum Aktiengesetz, Band 2, 2. Auflage, Köln, 1995.

Mertens, Hans-Joachim; Cahn, Andreas, Kölner Kommentar zum Aktiengesetz, Band 2/1, 3. Auflage, Köln, 2009.

Mertens, Hans-Joachim; Cahn, Andreas, Kölner Kommentar zum Aktiengesetz, Band 2/2, 3. Auflage, Köln, 2013.

Mertens, Hans-Joachim, Bedarf der Abschluß einer D & O Versicherung durch die Aktiengesellschaft der Zustimmung der Hauptversammlung?, AG 2000, S. 447–452.

Mertens, Hans-Joachim, Verfahrensfragen bei Personalentscheidungen des mitbestimmten Aufsichtsrats, ZGR 1983, S. 189–214.

Mertens, Hans-Joachim, Beratungsverträge mit Aufsichtsratsmitgliedern, in: *Baur/ Hopt/ Mailänder/ Belke*, Festschrift für Ernst Steindorff zum 70. Geburtstag, am 13. März 1990, Berlin, 1990, S. 173–186.

Metten, Michael, Corporate Governance – Eine aktienrechtliche und institutionenökonomische Analyse der Leitungsmaxime von Aktiengesellschaften, Wiesbaden, 2010.

Meyer, Herbert H., The Pay-For-Performance Dilemma, 3 Organizational Dynamics (Winter 1975), S. 39–50.

Meyer, Justus; Ludwig, Sören, Aktienoptionen für Aufsichtsräte ade? – Zugleich Besprechung zu BGH, Urt. v. 16.2.2004 – II ZR 316/02, ZIP 2004, 613, ZIP 2004, S. 940–945.

Milgrom, Paul R.; Roberts, John, Economics, organization, and management, Englewood Cliffs, N.J, 1992.

Millstein, Ira M., The Professional Board, 50 Bus. Law. (1995), S. 1427–1443.

Millstein, Ira M.; MacAvoy, Paul W., The Active Board Of Directors And Performance Of The Large Publicly Traded Corporation, 98 Colum. L. Rev. (1998), S. 1283–1322.

Mincer, Jacob, Investment in Human Capital and Personal Income Distribution, 66 Journal of Political Economy (1958), S. 281–302.

Mohr, Hans, Wissen als Humanressource, in: *Clar/ Doré/ Mohr*, Humankapital und Wissen, Berlin, 1997, S. 13–27.

Möller, Rainer, Die Reichweite des guten Rufs in Markt und Meinung- Reputationsmanagement als Strategie für nachhaltiges Wachstum, VW 2012, S. 1368.

Möllers, Thomas M.J, Professionalisierung des Aufsichtsrates – Zu einer differenzierten Verantwortung der einzelnen Aufsichtsratsmitglieder, ZIP 1995, S. 1725–1735.

Müller, Christian, Agency-Theorie und Informationsgehalt, DBW 1993, S. 61–76.

Müller, Hans-Friedrich, Aufsichtsratsmandat und anwaltliche Tätigkeit, NZG 2002, S. 797–802.

Mutter, Stefan; Gayk, Thorsten, Wie die Verbesserung der Aufsichtsratsarbeit – wider jede Vernunft – die Haftung verschärft, ZIP 2003, S. 1773–1776.

National Association Of Corporate Directors, Report Of The NACD Blue Ribbon Commission, 2005 – Director Professionalism. Abrufbar unter: http://nacd.cambriasurvey.com/auth/client/nacd/en-US/media/document/nacd_blue_ribbon_report_on_director_professionalism.pdf, Letzter Abruf: 02.10.2012.

Neuberger, Oswald, Personalentwicklung, 2. Auflage, Stuttgart, 1994.

Neuhaus, Martin; Gellißen, Georg, Drittvergütungen für Aufsichtsratsmitglieder, NZG 2011, S. 1361–1365.

Noack, Ulrich, Haftungsfragen bei Vorstandsdoppelmandaten im Konzern, in: *Krieger/Lutter/K. Schmidt,* Festschrift für Michael Hoffmann-Becking zum 70. Geburtstag, München, 2013, S. 847–859.

Nonnenmacher, Rolf; Pohle, Klaus; von Werder, Axel, Aktuelle Anforderungen an Prüfungsausschüsse, DB 2009, S. 1447–1454.

Note, The Internal Affairs Doctrine: Theoretical Justifications And Tentative Explanations For Its Continued Primacy, 115 Harv. L. Rev. (2002), S. 1480–1501.

Notes, The fairness test of corporate contracts with interested directors, 61 Harv. L. Rev. (1948), S. 316–351.

Notthoff, Martin, Rechtliche Fragestellungen im Zusammenhang mit dem Abschluss einer Director's & Officer's-Versicherung – Effektiver Schutz von Vorständen und Aufsichtsräten gegen Haftungsrisiken, NJW 2003, S. 1350–1356.

Nowak, Claudia, Wahl des unabhängigen Finanzexperten nach BilMoG: Praxistipps für den Umgang mit dem neuen § 100 Abs. 5 AktG, BB 2010, S. 2423–2427.

Oliver, Pamela, Rewards and Punishments as Selective Incentives for Collective Action: Theoretical Investigations, 85 Americ. J. Sociology (1980), S. 1356–1375.

Opitz, Peter, Zur Fortbildungsverantwortung von Vorstand und Aufsichtsrat- Zugleich ein Beitrag zu §§ 25c und 25d KWG i.d.F. von Art. 1 Nr. 48 CRD IV-UmsetzungsGE, BKR 2013, S. 177–184.

Osterloh, Margit; Frey, Bruno S., Motivation, Knowledge Transfer, and Organizational Forms, 11 Organization Science (2000), S. 538–550.

Overton, Bruce, Remuneration of outside directors, in: *Foulkes,* Executive compensation, Boston, Mass, 1991, S. 383–398.

Paal, Boris P., Die persönliche Haftung – ein wirksames Mittel zur Verbesserung der Kontrolltätigkeit des Aufsichtsrats bei kapitalmarktorientierten Unternehmen? (Teil II), DStR 2005, S. 426–432.

Paefgen, Walter G., Börsenpreisorientierte Vergütung und Überwachungsaufgabe des Aufsichtsrats, WM 2004, S. 1169–1175.

Peetz, Carsten, Aufsichtsratsvergütung als nichtabzugsfähige Betriebsausgaben, GmbHR 2009, S. 977–983.

Peltzer, Martin, Beratungsverträge der Gesellschaft mit Aufsichtsratsmitgliedern: Ist das gute Corporate Governance?- Zugleich Besprechung BGH v. 20.11.2006 – II ZR 279/05, ZIP 2007, 22, ZIP 2007, S. 305–309.

Peltzer, Martin, Beratungsverträge der Gesellschaft mit Aufsichtsratsmitgliedern: Ist das gute Corporate Governance? – Zugleich Besprechung BGH v. 20.11.2006 – II ZR 279/05, ZIP 2007, 22, ZIP 2005, S. 305–309.

Peltzer, Martin, Die Haftung des Aufsichtsrats bei Verletzung der Überwachungspflicht, WM 1981, S. 346–352.

Peltzer, Martin, Keine Aktienoptionen mehr für Aufsichtsratsmitglieder, NZG 2004, S. 509–512.

Peltzer, Martin, Trial and Error – Anmerkungen zu den Bemühungen des Gesetzgebers, die Arbeit des Aufsichtsrates zu verbessern, NZG 2009, S. 1041–1047.

Peltzer, Martin, Die Vergütung des Aufsichtsrates – im Gesellschafts- und Steuerrecht, in: *Claussen/ Zimmerer,* Umbruch und Wandel, München, 1997, S. 377–394.

Peltzer, Martin, Das Zulassungsverfahren nach § 148 AktG wird von der Praxis nicht angenommen! – Warum? Was nun?, in: *Burgard/Hadding/Mülbert/et al.,* Festschrift für Uwe H. Schneider zum 70. Geburtstag, Köln, 2011, S. 953–968.

Perry, Tod, Incentive Compensation For Outside Directors And CEO Turnover, 1999. Abrufbar unter: http://papers.ssrn.com/sol3/papers.cfm?abstract_id=236033, Letzter Abruf: 03.06.2014.

Philippon, Thomas; Reshef, Ariell, An International Look at the Growth of Modern Finance: Income and Human Capital Costs, 2012. Abrufbar unter: http://people.virginia.edu/~ar7kf/papers/PR_JEP_wTABFIG_nov1.pdf, Letzter Abruf: 07.01.2013.

Philippon, Thomas; Reshef, Ariell, Wages and Human Capital in the U.S. Finance Industry: 1909–2006, 127 Quart. J. Econ. (2012), S. 1551–1609.

Picot, Arnold, Ökonomische Theorien der Organisation – Ein Überblick über neuere Ansätze und deren betriebswirtschaftliches Anwendungspotential, in: *Ordelheide/ Rudolph/ Büsselmann,* Betriebswirtschaftslehre und ökonomische Theorie, Stuttgart, 1991, S. 143–170.

Pietzke, Rudolf, Beratungsverträge mit Aufsichtsratsmitgliedern – der BGH hat jetzt das letzte Wort, BB 2012, S. 658–663.

Plagemann, Jörg, Die Vergütung des Aufsichtsrats in der börsennotierten Aktiengesellschaft – Unter besonderer Berücksichtigung leistungs- und erfolgsorientierter Vergütungsbestandteile, Hamburg, 2008.

Podolny, Joel M., A Status-based Model of Market Competition, 98 AJS (1993), S. 829–872.

Potthoff, Erich; Trescher, Karl; Theisen, Manuel René, Das Aufsichtsratsmitglied – Ein Handbuch der Aufgaben, Rechte und Pflichten, 6. Auflage, Stuttgart, 2003.

Probst, Arno; Theisen, Manuel René, Vergütung des Vorstands und des Aufsichtsrats, Der Aufsichtsrat 2012, S. 66–68.

Raapke, Julius, Die Regulierung der Vergütung von Organmitgliedern und Angestellten im Aktien- und Kapitalmarktrecht, Frankfurt am Main, 2012.

Rabin, Matthew, Incorporating Fairness into Game Theory and Economics, 83 Americ. Econ. Rev. (1993), S. 1281–1302.

Raiser, Thomas; Veil, Rüdiger, Mitbestimmungsgesetz und Drittelbeteiligungsgesetz, 5. Auflage, Berlin, 2009.

Raiser, Ludwig, Der Gleichheitsgrundsatz im Privatrecht, ZHR 111 (1948), S. 75–101.

Raiser, Ludwig, Literaturkommentar zu „Hueck, Götz: Der Grundsatz der gleichmäßigen Behandlung im Privatrecht", JZ 1959, S. 421–422.

Reichard, Michael; Kaubisch, Arndt, Sitzungsgeld für Telefon- und Videokonferenzen des Aufsichtsrats?, AG 2013, S. 150–157.

Reichert, Bernhard, Handbuch Vereins- und Verbandsrecht, 12. Auflage, Köln, 2010.

Reichert, Jochem; Ullrich, Kristin, Haftung von Aufsichtsrat und Vorstand nach dem VorstAG, in: *Burgard/Hadding/Mülbert/et al.,* Festschrift für Uwe H. Schneider zum 70. Geburtstag, Köln, 2011, S. 1017–1037.

Reinstein, Alan; Callaghan, Joe; Braiotta, Louis, JR., Corporate Audit Committees – Reducing Directors' Legal Liabilities, 61 U. Det. J. Urb. L. (1984), S. 375–389.

Ribstein, Larry E., Sarbox: The Road To Nirvana, 2004 Mich. St. L. Rev. (2004), S. 279–297.

Richter, Rudolf; Furubotn, Eirik Grundtvig, Neue Institutionenökonomik – Eine Einführung und kritische Würdigung, 4. Auflage, Tübingen, 2010.

Rieder, Markus S.; Holzmann, Daniel, Brennpunkte der Aufsichtsratsregulierung in Deutschland und den USA, AG 2010, S. 570–580.

Rieder, Markus S.; Jerg, Marcus, Anforderungen an die Überprüfung von Cornpliance-Programmen, CCZ 2010, S. 201–207.

Rieger, Harald, Gesetzeswortlaut und Rechtswirklichkeit im Aktiengesetz, in: *Lutter/ Scholz/ Sigle,* Festschrift für Martin Peltzer, Köln, 2001, S. 339–357.

Ringleb, Henrik-Michael; Kremer, Thomas; Lutter, Marcus; von Werder, Axel, Kommentar zum Deutschen Corporate Governance Kodex, 4. Auflage, München, 2010.

Ringleb, Henrik-Michael; Kremer, Thomas; Lutter, Marcus; von Werder, Axel, Kommentar zum Deutschen Corporate Governance Kodex, 5. Auflage, München, 2014.

Rittner, Fritz, Die Satzungsautonomie der Aktiengesellschaft und die innere Ordnung des Aufsichtsrats nach dem Mitbestimmungsgesetz, DB 1980, S. 2493–2503.

Rohde, Andreas, Beratungsverträge zwischen der GmbH und ihrem Aufsichtsratsmitglied, GmbHR 2007, S. 1128–1132.

Roller, Klaus R., Die Vergütung des Aufsichtsrats in Abhängigkeit vom Aktienkurs, Frankfurt am Main, 2000.

Romano, Roberta, Corporate Governance In The Aftermath Of The Insurance Crisis, 39 Emory L. J. (1990), S. 1155–1189.

Rosen, Sherwin, The Economics Of Superstars, 71 The American Economic Review (1981), S. 845–858.

Rosen, Sherwin, human capital, in: *Eatwell/ Milgate/ Newman/ Palgrave,* The New Palgrave, London, 1987, S. 681–690.

Ross, Stephen A., The Economic Theory of Agency: The Principal's Problem, 63 Americ. Econ. Rev. (1973), S. 134–139.

Roth, Markus, Wirtschaftsrecht auf dem Deutschen Juristentag 2012 – Möglichkeiten und Grenzen für staatliche und nichtstaatliche Eingriffe in die Unternehmensführung, NZG 2012, S. 881–887.

Rothschild, Michael; Stiglitz, Joseph, Equilibrium in Competitive Insurance Markets: An Essay on the Economics of Imperfect Information, 90 Quart. J. Econ. (1976), S. 629–649.

Rowland, Gregory S., Earnings Management, The SEC, And Corporate Governance: Director Liability Arising From The Audit Committee Report, 102 Colum. L. Rev. (2002), S. 168–207.

Ruoff, Michael, Der richtige Umgang mit Beratungsaufträgen an Aufsichtsratsmitglieder nach dem FreseniusUrteil des BGH, BB 2013, S. 899–905.

Säcker, Franz Jürgen, Die Anpassung der Satzung der Aktiengesellschaft an das Mitbestimmungsgesetz, DB 1977, S. 1791–1799.

Säcker, Franz Jürgen, Die Rechte des einzelnen Aufsichtsratsmitglieds, NJW 1979, S. 1521–1527.

Säcker, Franz Jürgen, Rechtliche Anforderungen an die Qualifikation und Unabhängigkeit von Aufsichtsratsmitgliedern, AG 2004, S. 180–186.

Säcker, Franz Jürgen; Boesche, Katharina Vera, Vom Gutsherren zum Gutsverwalter: Wandlungen im Aufsichtsratsrecht unter besonderer Berücksichtigung des Mannesmann-Urteils, BB 2006, S. 897–905.

Säcker, Franz Jürgen; Rixecker, Roland; Oetker, Hartmut, Münchener Kommentar zum Bürgerlichen Gesetzbuch, Band 4, 6. Auflage, München, 2012.

Sadowski, Dieter; Schröder, Michael, Freiwillige Publizität und personalpolitische Reputation, zfbf 1994, S. 127–144.

Schäfer, Frank A.; Marsch-Barner, Reinhard, Handbuch börsennotierte AG, 3. Auflage, Köln, 2014.

Schanz, Günther, Motivationale Grundlagen der Gestaltung von Anreizsystemen, in: *Schanz,* Handbuch Anreizsysteme, Stuttgart, 1991, S. 3–30.

Scheel, Wolfdieter, Aufgabenorientierte Vergütung des Aufsichtsrats einer Aktiengesellschaft, Diss. Hamburg, 1974.

Scheidl, Karl, Die Bedeutung der Entgeltgerechtigkeit für die Leistungsmotivation, in: *Schanz,* Handbuch Anreizsysteme, Stuttgart, 1991, S. 257–273.

von Schenck, Kersten, Verträge mit Beratungsunternehmen, denen ein Aufsichtsratsmitglied des beratenen Unternehmens angehört – Zugleich eine Besprechung der BGH-Entscheidungen vom 3. 7. und 20. 11. 2006, DStR 2007, S. 395–402.

von Schenck, Kersten, Arbeitshandbuch für Aufsichtsratsmitglieder, 4. Auflage, München, 2013.

Scheuffele, Friedrich; Baumgartner, Alexandra, Beratungsverträge einer GmbH mit Mitgliedern ihres (mitbestimmten) Aufsichtsrats, GmbHR 2010, S. 400–407.

Schiessl, Maximilian, Deutsche Corporate Governance post Enron, AG 2002, S. 593–604.

Schiessl, Maximilian, Gesellschafts- und mitbestimmungsrechtliche Probleme der Spartenorganisation (Divisionalisierung), ZGR 1992, S. 64–86.

Schlegelberger, Franz; Quassowski, Leo; Herbig, Gustav; et al., Aktiengesetz vom 30. Januar 1937, 2. Auflage, 1937.

Schleifer, Andrei; Vishny, Robert W., A Survey of Corporate Governance, 52 J. Fin. (1997), S. 737–783.

Schlitt, Christian, Zum Handlungsspielraum des Aufsichtsratsvorsitzenden im aktienrechtlichen Normgefüge, DB 2005, S. 2007–2013.

Schmidt, Herbert, Humanvermögensrechnung der Unternehmen – Einzel- und gesamtwirtschaftliche Argumente zur Ergänzung der betrieblichen Rechnungslegung, in: *Schmidt,* Humanvermögensrechnung, Berlin, 1982, S. 3–44.

Schmidt, Karsten; Ebke, Werner F., Münchener Kommentar zum Handelsgesetzbuch, Band 4: Drittes Buch. Handelsbücher § 238–342e HGB, 3. Auflage, München, 2013.

Schmidt, Karsten; Lutter, Marcus, Aktiengesetz Kommentar, Band 1, 2. Auflage, Köln, 2010.

Schmidtchen, Dieter, „Sunk Costs“, Quasirenten und Mitbestimmung, in: *Boettcher/ Herder-Dorneich/ Schenk,* Jahrbuch für Neue Politische Ökonomie, 6. Band, Tübingen, 1987, S. 139–163.

Schmitt, Gottfried, Begrenzung der Aufsichtsratsvergütung?, DB 1968, S. 1545–1548.

Schneider, Martin, Organisationskapital und Humankapital als strategische Ressourcen, ZfP 2008, S. 12–34.

Scholderer, Frank, Unabhängigkeit und Interessenkonflikte der Aufsichtsratsmitglieder – Systematik, Kodexänderungen, Konsequenzen, NZG 2012, S. 168–176.

Scholz, Christian, Ökonomische Humankapitalbewertung – Eine betriebswirtschaftliche Annäherung an das Konstrukt Humankapital, BFuP 2007, S. 20–37.

Scholz, Christian, Es zeiht ein Herr Becker durchs Land ... noch immer – Replik zur Kritik am Artikel zur Saarbrücker Formel, BFuP 2007, S. 59–65.

Scholz, Franz, Kommentar zum GmbH-Gesetz, Band 2, 11. Auflage, Köln, 2014.

Schönberger, Katja, Der Zustimmungsvorbehalt des Aufsichtsrates bei Geschäftsführungsmaßnahmen des Vorstands (§ 111 Abs. 4 Satz 2–4 AktG), Jena, 2006.

Schüller, Annette M., Vorstandsvergütung – Gesellschaftsrechtliche Fragen der Vergütung des Vorstands in der börsennotierten Aktiengesellschaft, Baden-Baden, 2002.

Schultz, Theodore W., Investment in Human Capital – The Role of Education and of Research, New York, 1971.

Schüppen, Matthias; Sanna, Thomas, D&O-Versicherungen: Gute und schlechte Nachrichten!, ZIP 2002, S. 550–553.

Schwalbach, Joachim, Effizienz des Aufsichtsrats, AG 2004, S. 186–190.

Schwark, Eberhard, Zum Haftungsmaßstab der Aufsichtsratsmitglieder einer AG, in: *Hadding,* Festschrift für Winfried Werner zum 65. Geburtstag am 17. Oktober 1984, Berlin, 1984, S. 841–854.

Schwark, Eberhard, Zur Angemessenheit der Vorstandsvergütung, in: *Damm/ Heermann/ Veil,* Festschrift für Thomas Raiser zum 70. Geburtstag am 20. Februar 2005, Berlin, 2005, S. 377–398.

Schweizer, Lars; Monsen, Erik; Patzelt, Holger, Anreize und Motivation für unternehmerisches Handeln in etablierten Firmen, zfbf 2008, S. 671–692.

Seibert, Ulrich, Aufsichtsrats-Reform in der 13. Wahlperiode, ZBB 1994, S. 349–353.

Seibert, Ulrich, Das VorstAG – Regelungen zur Angemessenheit der Vorstandsvergütung und zum Aufsichtsrat, WM 2009, S. 1489–1493.

Seibt, Christoph H., Deutscher Corporate Governance Kodex und Entsprechens-Erklärung (§ 161 AktG-E), AG 2002, S. 249–259.

Seibt, Christoph H., Effizienzprüfung der Aufsichtsratstätigkeit, DB 2003, S. 2107–2112.

Selter, Wolfgang, Die Pflicht von Aufsichtsratsmitgliedern zur eigenständigen Risikoanalyse, NZG 2012, S. 660–662.

Selter, Wolfgang, Haftungsrisiken von Vorstandsmitgliedern bei fehlendem und von Aufsichtsratsmitgliedern bei vorhandenem Fachwissen, AG 2012, S. 11–20.

Semler, Johannes, Ausschüsse des Aufsichtsrats, AG 1988, S. 60–67.

Semler, Johannes, Corporate Governance – Beratung durch Aufsichtsratsmitglieder, NZG 2007, S. 881–887.

Semler, Johannes, Der Aufsichtsrat – Die Karriere einer Einrichtung, NZG 2013, S. 771–779.

Semler, Johannes, Doppelmandats-Verbund im Konzern- – Sachgerechte Organisationsform oder rechtlich unzulässige Verflechtung?, in: *Lutter,* Festschrift für Ernst C. Stiefel zum 80. Geburtstag, München, 1987, S. 719–762.

Semler, Johannes, Leistungs- und erfolgsbezogene Vorstandsvergütungen, in: *Forschle/ Kaiser/ Moxter,* Rechenschaftslegung im Wandel, München, 1995, S. 599–614.

Semler, Johannes, Die Effizienzprüfung des Aufsichtsrats, in: *Damm/ Heermann/ Veil,* Festschrift für Thomas Raiser zum 70. Geburtstag am 20. Februar 2005, Berlin, 2005, S. 399–419.

Semler, Johannes, Anforderungen an die Befähigung eines Aufsichtsratsmitglieds, in: *Bitter/Lutter/Priester/ et al.,* Festschrift für Karsten Schmidt zum 70. Geburtstag, Köln, 2009, S. 1489–1505.

Semler, Johannes, Arbeitshandbuch für Aufsichtsratsmitglieder, 3. Auflage, München, 2009, S. 660–683.

Settle, Andreas; Eichborn, Julia v., Der Steuerberater als Beirat/Aufsichtsrat, DStR 2010, S. 1444–1450.

Sick, Sebastian, Die Effizienzprüfung des Aufsichtsrats- Arbeitshilfe für Aufsichtsräte 16, Hans-Böckler-Stiftung, 2. Auflage, 2011.

Siegel, Theodor, Kriterien der Vergütung des Aufsichtsrats, in: *Pohle/ von Werder/ Wiedmann,* Internationalisierung der Rechnungslegung und Corporate Governance, Stuttgart, 2003, S. 405–418.

Simoleit, Jürgen; Feldhoff, Jürgen; Jacke, Norbert, Schlüsselqualifikationen – betriebliche Berufsausbildung und neue Produktionskonzepte, in: *Braczyk,* Qualifikation und Qualifizierung, Berlin, 1991, S. 43–65.

Simons, Cornelius, Aufsichtsratssitzungen – Aufsichtsratsbeschlüsse – Sitzungsgeld, AG 2013, S. 547–554.

Sjurts, Insa, Kontrolle ist gut, ist Vertrauen besser?, DBW 1998, S. 283–298.

Sliwka, Dirk, Anreize, Motivationsverdrängung und Prinzipal-Agenten-Theorie, DBW 2003, S. 293–308.

Sliwka, Dirk, „Never Change a Winning Team" Team-Entlohnung und implizite Kooperation, zfbf 2001, S. 777–797.

Sliwka, Dirk, On the Costs and Benefits of Delegation in Organizations, 157 JITE (2001), S. 568–590.

Spence, Michael, Job Market Signaling, 87 The Quaterly Journal of Economics (1973), S. 355–374.

Spindler, Gerald; Stilz, Eberhard, Kommentar zum Aktiengesetz, Band 1, 2. Auflage, München, 2010.

Spindler, Gerald, Beratungsverträge mit Aufsichtsratsmitgliedern- Die Fresenius-Entscheidung des BGH, NZG 2012, S. 1161–1164.

Spindler, Gerald, Konzernbezogene Anstellungsverträge und Vergütungen von Organmitgliedern, in: *Bitter/Lutter/Priester/ et al.,* Festschrift für Karsten Schmidt zum 70. Geburtstag, Köln, 2009, S. 1529–1550.

Spindler, Gerald, Beratungsverträge mit Aufsichtsratsmitgliedern – Grundlage und Grenzen einer analogen Anwendung von § 114 AktG, in: *Genzow/ Grunewald/ Schulte-Nölke,* Zwischen Vertragsfreiheit und Verbraucherschutz, Festschrift für Friedrich Graf von Westphalen zum 70. Geburtstag, Köln, 2010, S. 641–658.

Spremann, Klaus, Agent and Principal, in: *Bamberg/ Spremann/ Ballwieser,* Agency theory, information, and incentives, Berlin, 1989, S. 3–37.

Staake, Marco, Der unabhängige Finanzexperte im Aufsichtsrat – Zur Besetzungsregel des neuen § 100 Abs. 5 AktG, ZIP 2010, S. 1013–1022.

Staehle, Wolfgang H.; Conrad, Peter; Sydow, Jörg, Management – Eine verhaltenswissenschaftliche Perspektive, 8. Auflage, München, 1999.

Staudinger, Julius von (Begr.); Looschelders, Dirk; Olzen, Dirk, J. von Staudingers Kommentar zum Bürgerlichen Gesetzbuch – Buch 2: Recht der Schuldverhältnisse Einleitung zum Schuldrecht. §§ 241–243 (Treu und Glauben), Berlin, 2009.

Staudinger, Julius von (Begr.); Schilken, Eberhard, J. von Staudingers Kommentar zum Bürgerlichen Gesetzbuch – Buch 1: Allgemeiner Teil §§ 164–240 (Allgemeiner Teil 5), Berlin, 2009.

Stout, Lynn A., On The Proper Motives Of Corporate Directors – (Or, Why You Don't Want To Invite Homo Economicus To Join Your Board), 28 Del. J. Corp. L. (2003), S. 1–25.

Strenger, Christian, Unabhängigkeit des Aufsichtsrats- mehr denn je relevant, Der Konzern 2012, S. 10–15.

Strine Jr., Leo E., Derivative Impact? Some Early Reflections on the Corporation Law Implications of the Enron Debacle, 57 Bus. Law. (2002), S. 1371–1402.

Suchan, Stefan; Winter, Stefan, Rechtliche und betriebswirtschaftliche Überlegungen zur Festsetzung angemessener Vorstandsbezüge nach Inkrafttreten des VorstAG, DB 2009, S. 2531–2539.

Sünner, Eckart, Die Bestellung des Finanzexperten im Aufsichtsrat, in: *Burgard/ Hadding/Mülbert/et al.,* Festschrift für Uwe H. Schneider zum 70. Geburtstag, Köln, 2011, S. 1301–1312.

Szalai, Stephan; Marz, Tino, Die Haftung des Aufsichtsrats – Überlegungen zur kollegialorganschaftlichen Haftung de lege lata und de lege ferenda, DStR 2010, S. 809–815.

Teubner, Gunther, Unternehmensinteresse – das gesellschaftliche Interesse des Unternehmens „an sich"?, ZHR 148 (1984), S. 470–488.

The American Law Institute, Principles of corporate governance – Analysis and recommendations, St. Paul, Minn, 1994.

Theisen, Manuel R., Grundsätze ordnungsgemäßer Kontrolle und Beratung der Geschäftsführung durch den Aufsichtsrat, AG 1995, S. 193–203.

Theisen, Manuel R., Peter Hommelhoff oder „Wieviel BWL braucht das Gesellschaftsrecht?", DB 2012, S. M01.

Theisen, Manuel R., Vorüberlegungen zu einer modernen Aufsichtsratsfinanzierung, BFuP 2012, S. 349–363.

Theisen, Manuel R., Zusammensetzung und Struktur der Vergütungen für den Aufsichtsrat nach dem KonTraG, DB 1999, S. 1665–1672.

Theisen, Manuel R., Die Überwachung der Unternehmungsführung- Betriebswirtschaftliche Ansätze zur Entwicklung erster Grundsätze ordnungsmässiger Überwachung, Stuttgart, 1987.

Theisen, Manuel R.; Probst, Arno, Vergütungsfragen im und für den Aufsichtsrat, DB 2012, S. 1553–1559.

Theisen, Manuel René, Die Rechtsprechung zum Mitbestimmungsgesetz 1976 -eine dritte Zwischenbilanz, AG 1993, S. 49–68.

Theisen, Manuel René, Ein guter Geist im Aufsichtsrat – Der Financial Expert, Der Aufsichtsrat 2009, S. 81.

Theisen, Manuel René, Zur Reform des Aufsichtsrats – Eine betriebswissenschaftliche Bestandsanalyse und Perspektive, in: *Dörner,* Reform des Aktienrechts, der Rechnungslegung und der Prüfung, Stuttgart, 2003, S. 431–522.

Theisen, Manuel René, Kostenstelle Aufsichtsrat, in: *Joost/ Oetker/ Paschke,* Festschrift für Franz Jürgen Säcker zum 70. Geburtstag, München, 2011, S. 487–512.

Theusinger, Ingo; Liese, Jens, Nebenleistungen an Aufsichtsratsmitglieder und der (unnötige) Ruf nach dem Gesetzgeber, CCZ 2008, S. 190–192.

Thümmel, Roderich C., Persönliche Haftung von Managern und Aufsichtsräten- Haftungsrisiken bei Managementfehlern, Risikobegrenzung und D & O-Versicherung, 4. Auflage, Stuttgart, 2008.

Thüsing, Gregor, ECLR Auf der Suche nach dem iustum pretium der Vorstandstätigkeit- Überlegungen zur Angemessenheit im Sinne des § 87 Abs. 1 Satz 1 AktG, ZGR 2003, S. 457–507.

Thüsing, Gregor, Bezüge i.S. des§ 87 AktG und Vergütung i.S. des§ 113 AktG, in: *Joost/ Oetker/ Paschke,* Festschrift für Franz Jürgen Säcker zum 70. Geburtstag, München, 2011, S. 513–526.

Thüsing, Gregor; Forst, Gerrit, Nachhaltigkeit als Zielvorgabe für die Vorstandsvergütung, GWR 2010, S. 515–518.

Thüsing, Gregor; Forst, Gerrit, Abführung von Aufsichtsratsvergütung an gewerkschaftliche Bildungseinrichtungen – Zur rechtlichen Bindung durch vertragliche oder mitgliedschaftliehe Verpflichtung, in: *Genzow/ Grunewald/ Schulte-Nölke,* Zwischen Vertragsfreiheit und Verbraucherschutz, Festschrift für Friedrich Graf von Westphalen zum 70. Geburtstag, Köln, 2010, S. 693–718.

Thüsing, Gregor; Veil, Rüdiger, Die Kosten des Aufsichtsrats im aktienrechtlichen Vergütungsregime, AG 2008, S. 359–368.

Tiedemann, Klaus, Der Untreuetatbestand – Ein Mittel zur Begrenzung von Managerbezügen?- – Bemerkungen zum „Fall Mannesmann“ –, in: *Heinrich/ Hilgendorf/*

Mitsch/ Sternberg-Lieben, Festschrift für Ulrich Weber zum 70. Geburtstag, 18. September 2004, Bielefeld, 2004, S. 319–331.

Tielmann, Jörgen, Der Beschlussvorschlag des Aktionärs an die Hauptversammlung für Wahlen zum Aufsichtsrat kraft Verlangens nach § 122 Abs. 1 oder 2 AktG – Inhalt und Grenzen, AG 2013, S. 704–712.

Tödtmann, Ulrich; Schauer, Michael, Der Corporate Governance Kodex zieht scharf, ZIP 2009, S. 995–1000.

Tshang, Yuldon Gyana, Corporate Governance bei Organisationskomplexität – Eine empirische Untersuchung moderierender Effekte in deutschen Aktiengesellschaften, Mering, 2011.

Tuschke, Anja, Aktienbasierte Entlohnung zur Bewerberauswahl am Arbeitsmarkt für Führungskräfte, zfbf 2002, S. 46–63.

Ulmer, Peter; Habersack, Mathias; Henssler, Martin, Mitbestimmungsrecht, 3. Auflage, München, 2013.

Ulmer, Peter; Habersack, Mathias; Winter, Martin, Gesetz betreffend die Gesellschaften mit beschränkter Haftung (GmbHG), Band 2, Tübingen, 2006.

Veasey, E. Norman; Finkelstein, Jesse A.; Bigler, C. Stephen, Delaware Supports Directors with a Three-Legged Stool of Limited Liability, Indemnification, and Insurance, 42 Bus. Law. (1987), S. 399–421.

Velte, Patrick, Wechsel vom Vorstand in den Aufsichtsrat mit oder ohne Cooling Off als „gute“ Corporate Governance?, WM 2012, S. 537–542.

Velte, Patrick; Weber, Stefan C., Agency-theoretische Betrachtungen zur Gehilfen- und Gatekeeper-Funktion des Abschlußprüfers sowie potentielle Zielkonflikte, BFuP 2011, S. 223–239.

Verse, Dirk A., Der Gleichbehandlungsgrundsatz im Recht der Kapitalgesellschaften, Tübingen, 2006.

Vetter, Eberhard, Aktienrechtliche Probleme der D&O Versicherung, AG 2000, S. 453–458.

Vetter, Eberhard, Aufsichtsratsvergütung und Verträge mit Aufsichtsratsmitgliedern, ZIP 2008, S. 1–10.

Vetter, Eberhard, Beratungsverträge mit Aufsichtsratsmitgliedern, AG 2006, S. 173–180.

Vetter, Eberhard, Der Prüfungsausschuss in der AG nach dem BilMoG – Aufgaben und Zusammensetzung, ZGR 2010, S. 751–793.

Vetter, Eberhard, Die Berichterstattung des Aufsichtsrates an die Hauptversammlung als Bestandteil seiner Überwachungsaufgabe, ZIP 2006, S. 257–265.

Vetter, Eberhard, Stillschweigender Grundsatzbeschluß der Hauptversammlung zur Bewilligung der Aufsichtsratsvergütung?, BB 1989, S. 442–443.

Vetter, Eberhard, Stock Options für Aufsichtsräte – ein Widerspruch?, AG 2004, S. 234–238.

Vetter, Eberhard, Zur Haftung im fakultativen Aufsichtsrat der GmbH, GmbHR 2012, S. 181–188.

Vetter, Eberhard, Neue Vorgaben für die Wahl des Aufsichtsrats durch die Hauptversammlung nach § 100 Abs. 2 Satz 1 Nr. 4 und Abs. 5 AktG, in: *Grunewald/ Westermann,* Festschrift für Georg Maier-Reimer zum 70. Geburtstag, München, 2010, S. 795–818.

Viciano Gofferje, Martin W., Unabhängigkeit als persönliche Voraussetzung für Aufsichtsratsmitglieder, Baden-Baden, 2008.

Vollmer, Lothar, Die Rechts- und Pflichtenstellung der „Vertreter der Gewerkschaften" in den Aufsichtsräten mitbestimmter Großunternehmen, BB 1977, S. 818–822.

Vollmer, Lothar; Maurer, Torsten, Beratung durch Aufsichtsratsmitglieder oder Abschlußprüfer aufgrund von Zusatzaufträgen- Sinnvolle Ergänzung gesetzlicher Kontroll- und Prüfpflichten oder unzulässige Aufgabenhäufung?, BB 1993, S. 591–597.

Wagner, Dieter, Anreizpotentiale und Gestaltungsmöglichkeiten von Cafeteria-Modellen, in: *Schanz,* Handbuch Anreizsysteme, Stuttgart, 1991, S. 91–109.

Wagner, Karin; O'Mahony, Mary; Paulssen, Marcel, Standortfaktor: Humankapital in Deutschland und die Aufholjagd der britischen Industrie, ZfB 1997, S. 947–970.

Wardenbach, Frank; Wojtek, Heuking Kühn Lüer, Ist die Aufsichtsratswahl bei fehlendem „Financial Expert" anfechtbar?, GWR 2010, S. 207–210.

Wasse, Norman, Die Internationalisierung des Aufsichtsrats – Herausforderungen in der Praxis, AG 2011, S. 685–692.

Weber-Rey, Daniela, Ausstrahlungen des Aufsichtsrechts (insbesondere für Banken und Versicherungen) auf das Aktienrecht – oder die Infiltration von Regelungssätzen?, ZGR 2010, S. 543–590.

Weber-Rey, Daniela, Der Aufsichtsrat in der europäischen Perspektive – Vorschläge und Ideen für eine wirksame Corporate Governance, NZG 2013, S. 766–771.

Weber-Rey, Daniela, Jüngste Änderungen des DCGK: Aufsichtsräte und Transparenz im Fokus, BB 2012, S. Die Erste Seite I.

Weber-Rey, Daniela, Verantwortungsdiffusion als unerwünschter Nebeneffekt weiterer Regulierungsbemühungen in der Corporate Governance, ZRP 2013, S. 151–154.

Weber-Rey, Daniela, Gesamtverantwortung und Sonderzuständigkeiten – Der Finanzexperte im Spannungsfeld Corporate Governance, in: *Orth/ Ruter/ Schichold,* Der unabhängige Finanzexperte im Aufsichtsrat, Stuttgart, 2013, S. 3–17.

Weber-Rey, Daniela, Professionalisierung des Aufsichtsrats, in: *Veil,* Unternehmensrecht in der Reformdiskussion, Tübingen, 2013, S. 161–174.

Weber-Rey, Daniela; Buckel, Jochen, Corporate Governance in Aufsichtsräten von öffentlichen Unternehmen und die Rolle von Public Corporate Governance Kodizes, ZHR 177 (2013), S. 13–49.

Weibler, Jürgen, Ökonomische vs. verhaltenswissenschaftliche Ausrichtung der Personalwirtschaftslehre – Eine notwendige Kontroverse?, DBW 1996, S. 649–665.

Weiß, Daniel M., Aktienoptionsprogramme nach dem KonTraG, WM 1999, S. 353–363.

Weiß, Daniel M., Aktienoptionspläne für Führungskräfte, Köln, 1999.

Weiss, Gunther A., Beratungsverträge mit Aufsichtsrats- und Beiratsmitgliedern in der Aktiengesellschaft und der Gesellschaft mit beschränkter Haftung, BB 2007, S. 1853–1860.

Wellkamp, Ludger, Rechtliche Zulässigkeit einer aktienkursorientierten Vergütung von Aufsichtsräten, WM 2001, S. 489–497.

von Werder, Axel, Qualifikation und Auswahl von Aufsichtsratsmitgliedern aus betriebswirtschaftlicher Sicht, in: *Hommelhoff,* Handbuch Corporate Governance, Stuttgart, Köln, 2009, S. 331–347.

von Werder, Axel; Grundei, Jens, Evaluation der Corporate Governance, in: *Hommelhoff,* Handbuch Corporate Governance, Stuttgart, Köln, 2009, S. 629–652.

Werner, Rüdiger, Die Beratung der Aktiengesellschaft durch Mitglieder ihres Aufsichtsrats – Anmerkung zum Urteil des OLG Frankfurt vom 21. 9. 2005–1 U 14/05, DB 2006 S. 942 -, DB 2006, S. 935–938.

Wettich, Carsten, (Teil-)Verzicht eines Aufsichtsratsmitglieds auf die ihm zustehende Aufsichtsratsvergütung, NZG 2009, S. 852–854.

Wilsing, Hans-Ulrich, Unabhängigkeit, Interessenkonflikte und Vergütung von Aufsichtsratsmitgliedern – Gedanken zur Kodexnovelle 2012, DStR 2012, S. 1391–1394.

Wilsing, Hans-Ulrich, Deutscher Corporate Governance Kodex, München, 2012.

Wind, Martina; Klie, Marcus, Der unabhängige Finanzexperte nach dem BilMoG – Rechtsfolgen eines abweichend von § 100 Abs. 5 AktG besetzten Aufsichtsrats, DStR 2010, S. 1339–1343.

Winkler, Karl, Materielle und formelle Bestandteile in Gesellschaftsverträgen und Satzungen und ihre verschiedenen Auswirkungen, DNotZ 1969, S. 394–414.

Winter, Stefan, Informationsoffenheit und die Vergütungszufriedenheit von Führungskräften, DBW 1996, S. 541–546.

Winter, Stefan, Möglichkeiten der Gestaltung von Anreizsystemen für Führungskräfte, DBW 1997, S. 615–629.

Winter, Stefan, Relative Leistungsbewertung – Ein Überblick zum Stand von Theorie und Empirie, zfbf 1996, S. 898–926.

Winter, Stefan, Prinzipien der Gestaltung von Managementanreizsystemen, Wiesbaden, 1996.

Wlotzke, Otfried; Wißmann, Hellmut; Koberski, Wolfgang; Kleinsorge, Georg, Mitbestimmungsrecht Kommentar, 4. Auflage, München, 2011.

Wohlmannstetter, Gottfried, Risikomanagement nach dem BilMoG, ZGR 2010, S. 472–488.

Wohltmann, Hans-Werner, Gabler Wirtschaftslexikon, Stichwort: Humankapital. Abrufbar unter: http://wirtschaftslexikon.gabler.de/Archiv/54658/humankapital-v3.html, Letzter Abruf: 03.06.2014.

Yermack, David, Remuneration, Retention, and Reputation Incentives for Outside Directors, 59 J. Fin. (2004), S. 2281–2308.

Zaumseil, Peter, Die Haftung des Aufsichtsrats auf Schadensersatz, in: *Grundei,* Der Aufsichtsrat im System der Corporate Governance, Wiesbaden, 2012, S. 420–443.

Zöllner, Wolfgang, Kölner Kommentar zum AktG, Band 5/1, 2. Auflage, Köln, 1995.

Zöllner, Wolfgang, Die Schranken mitgliedschaftlicher Stimmrechtsmacht bei den privatrechtlichen Personenverbänden, München, 1963.

Zweigert, Konrad; Kötz, Hein, Einführung in die Rechtsvergleichung auf dem Gebiete des Privatrechts, 3. Auflage, Tübingen, 1996.

Göttinger Schriften zum Wirtschaftsrecht

Herausgegeben von Olaf Deinert, Torsten Körber, Rüdiger Krause, Gerald Spindler und Andreas Wiebe

Die Schriftenreihe *Göttinger Schriften zum Wirtschaftsrecht* bietet ein Forum für herausragende Dissertationen, Monographien und Sammelbände. Inhaltlich deckt die Reihe das zivile deutsche und internationale Wirtschaftsrecht in seiner ganzen Bandbreite ab. Neben dem klassischen Handels- und Gesellschaftsrecht ist Raum für Versicherungs- und Kapitalmarktrecht sowie – den Schwerpunkten der Göttinger Fakultät entsprechend – insbesondere für medien-, wettbewerbs- und arbeitsrechtliche Thematiken.

Die Reihe richtet sich an Wissenschaftler und Praktiker in Anwaltschaft, Behörden, Verbänden und Unternehmen.

Band 1 Andreas Reißmann: Äußerungsrechtliche Schutzpflichten. Der Schutz vor herabsetzenden, unwahren und indiskreten Äußerungen im Vertragsrecht durch § 241 Abs. 2 BGB. 2012.

Band 2 Kathrin Brandt: Gleichstellungsquote im Aufsichtsrat der Aktiengesellschaft. 2012.

Band 3 Julius Raapke: Die Regulierung der Vergütung von Organmitgliedern und Angestellten im Aktien- und Kapitalmarktrecht. 2012.

Band 4 Henning Hilke: Risiko und Bankenaufsicht. Eine rechtsvergleichende Analyse der präventiven Begrenzung bankbetrieblicher und systemischer Risiken. 2014.

Band 5 Patrick Alexander Andrä: Bilanzierung von Immaterialgüterrechten nach HGB und IFRS. 2014.

Band 6 Mohamed Bou Sleiman: Contingent Convertible Bonds. Zweck, Ausgestaltung und rechtliche Rahmenbedingungen. 2015.

Band 7 Florian Krack: Möglichkeiten individueller Aufsichtsratsvergütungen in der deutschen Aktiengesellschaft. 2015.

www.peterlang.com

For the avoidance of doubt, input of the whole or any part of this publication into any generative artificial intelligence model, chatbot, program, software or technology is expressly prohibited without the prior written consent of the publisher.